Dona Benta

comer bem

Dona Benta

comer bem

78ª edição
São Paulo - 2021

Diretor-presidente: **Jorge Yunes**

Gerente editorial: **Luiza Del Monaco**

Editor: **Ricardo Lelis**

Assistente editorial: **Júlia Braga Tourinho**

Coordenadora de arte: **Juliana Ida**

Suporte editorial: **Juliana Bojczuk**

Assistentes de arte: **Daniel Mascellani, Valquíria Palma e Vitor Castrillo**

Produtora Editorial: **Camile Mendrot | Ab Aeterno**

Projeto Gráfico: **Sabrina Lotfi Hollo**

Ilustrações: **Osvaldo Sanches Sequetin**

Cores: **Tina Tocci Moscon**

Pesquisa Histórica: **Ana Cândida Costa, Leonardo Colin e Therezinha Casella**

Edição de Texto: **Patrícia Vilar | Ab Aeterno**

Coordenadora de Produção: **Ana Clara Suzano**

Assistente de Produção: **Leandra Pinzegher e Luany Molissani | Ab Aeterno**

Diagramação: **Arleth Rodrigues, Clarice Rodrigues, Leonardo Marani e Sergio Ricardo de Mula | Ab Aeterno**

Capa: **Domitila Carolino | Olé Estúdio**

Gerente de marketing: **Carolina Della Nina**

Analista de marketing: **Michelle Henriques**

Assistente de marketing: **Heila Lima**

78ª edição - São Paulo - 2021
1ª reimpressão

Dados Internacionais de Catalogação na Publicação (CIP)
de acordo com ISBD

E64d Equipe Editorial Nacional

Dona Benta : comer bem / Equipe Editorial Nacional. - 78. ed. - São Paulo : Editora Nacional, 2021.
1.056 p. : 15,6cm x 23cm.

ISBN: 978-65-5881-005-6

1. Culinária. 2. Receitas. I. Título.

2021-2339 CDD 641.5
CDU 641.5

Elaborado por Vagner Rodolfo da Silva – CRB-8/9410

Índice para catálogo sistemático:
1. Culinária : Receitas 641.5
2. Culinária : Receitas 641.5

NACIONAL

Rua Gomes de Carvalho, 1.306 – 11º andar – Vila Olímpia
São Paulo – SP – 04547-005 – Brasil – Tel.: (11) 2799-7799
www.editoranacional.com.br – atendimento@grupoibep.com.br

SUMÁRIO

Apresentação

Apresentação

Ah, minha abençoada Dona Benta! Quando aquela sábia anciã, enfurnada em um maravilhoso sítio, cuidando das reinações de seus netinhos, imaginaria que fosse virar um livro de receitas? Aliás, o livro de receitas número um do Brasil. O mais querido, o mais vendido. É verdade! Poucos livros tiveram tanto destaque nas estantes dos lares brasileiros como *Dona Benta*. Com seu jeitão de bíblia culinária, lançado em 1940, veio para ficar. Subiu no pódio e continua na liderança até hoje. Não somente por causa da apetitosa coleção de receitas, reunindo originalmente 1.001 gostosuras. Nascia também como um fantástico manual da arte de bem viver e bem servir. Não cabia a um exemplar tão valioso apenas apresentar fórmulas culinárias. *Dona Benta* propunha um estilo de vida.

Dona Benta chega ao século XXI renovado. Mas calma, puristas. Foi só um *lifting* discreto. As receitas continuam intactas em sua essência. As 1.001 da primeira edição com o passar dos anos se transformaram em mais de 1.500. Coube ao talentoso culinarista Luiz Cintra renovar o acervo. Ex-dono de restaurante e *chef* afiado, Cintra cortou receitas repetitivas, corrigiu medidas, sugeriu substituições como a da banha de porco por gordura vegetal, óleos ou azeites, mais adequados a tempos de estresse e colesterol ruim. Também acrescentou receitas que ninguém imaginava que estivessem fora do livro. Tabule já tinha, mas dá para imaginar *Dona Benta* sem quibe? Pois é, não tinha.

Também não estavam no compêndio delícias que são a alma do Brasil: cambuquira, arroz de carreteiro e camarão na moranga. Todos os clássicos foram testados, portanto quem nunca pôs o pé na cozinha ficará à vontade para prepará-los. Não há como errar. Fazer caldinho de feijão ficou mais fácil com o novo passo a passo. E que delícia um sagu de vinho! Pois, pela primeira vez, *Dona Benta* ensina o doce roxinho, roxinho e de verdade. Nada daquelas misturas prontas e artificiais que estão à venda em supermercados. Também está de volta o cuscuz à paulista, feito na panela, que há tempos desaparecera em um corte.

Se a tradição foi reverenciada com a manutenção de receitas originais, agora há também um passeio por receitas de todos os cantos do planeta. *Dona Benta* ganhou um toque chique e cosmopolita com o acréscimo de 200 novidades. Ninguém mais vai ficar sem canapé de carpaccio, chutney de manga ou shitake oriental com shoyu. Nem mesmo sem a salada Caesar, criada pelo italiano Caesar Cardini, em 1924, que tinha ficado de fora porque era pouco difundida no Brasil na época em que o livro foi criado. Massas e mais massas foram agregadas. Tem até um capelete à romanesca – glória das cantinas paulistanas. E, a partir de agora, os risotinhos caipiras brasileiros convivem com dois risotos italianos clássicos: o de açafrão e o de cogumelos secos. Nesse menu cabem ainda salmão com maracujá, tomate seco, quiche, sardinhas na brasa, filé ao molho mostarda, hambúrguer e bauru.

As sobremesas não foram esquecidas. Afinal, os brasileiros herdaram dos portugueses a predileção pelos doces. Do bolo floresta negra, passando pelo brownie, à torta de nozes-pecã, o novo *Dona Benta* dá água na boca. Tem tiramisu, tem crepe suzette, tem musse de jaca... Isso mesmo, musse da rugosa frutona asiática que muitos pensam ser brasileira.

Outra lacuna sentida foi a ausência do maior drinque brasileiro: a caipirinha. A batida de cachaça, limão e cana, patrimônio nacional, vem acompanhada da caipirosca, sua prima preparada com vodca. De Veneza, desembarcou o Bellini, magnífica criação de Giuseppe Cipriani no Harry's Bar, com pêssego fresco e o hoje tão apreciado prosecco. Ainda entre as bebidas, Cintra incluiu uma receita infalível de cappuccino à brasileira,mistura de café solúvel, chocolate e leite em pó que caiu no gosto nacional. Não se trata, porém, do original italiano, um café espresso coberto por espuma de leite temperada com chocolate ou canela em pó.

Dona Benta, que, na 75ª edição, passou por uma reformulação geral para se tornar o *best-seller* culinário do século XXI, posição que ocupou com folga ao longo do século XX, nasceu de uma proposta ambiciosa e arrojada. A ideia original partiu do diretor de produção da Companhia Editora Nacional, Rubens de Barros Lima, que, na época, notou a ausência de títulos de culinária no catálogo da empresa. Para colaborar na organização da 1ª edição da obra e revisar sua 2ª edição, contratou-se Alduino Estrada, que trouxe sugestões da culinária mineira, e da senhora Lygia Estrada, sua esposa, que havia traduzido receitas francesas e as experimentara.

Nasceu assim um verdadeiro tratado culinário, contendo receitas coletadas junto às tradicionais famílias brasileiras, em especial as de São Paulo. Trataram de incluir também uma seleção de pratos clássicos internacionais. Outra preocupação foi rechear o livro com preciosas dicas sobre como montar cardápios, receber amigos e enfeitar a mesa. Era o máximo do requinte. Sem ser esnobe, o livro falou ao coração das famílias brasileiras.

Sobre os menus para diversas ocasiões, orienta a edição de 1942: "Devem ser simples, agradáveis e variados. (...) Não determinamos prato, apenas estabelecemos uma certa ordem de escolha. O resto ficará a cargo das donas de casa, que segundo as suas predileções combinarão à vontade as receitas". Melhor ainda é o conselho para organizar os arranjos de mesa: "A decoração da mesa deve obedecer a um princípio de distinção que, à primeira vista, impressione agradavelmente. Nada de complicações e atravancamentos que a tornem pesada aos nossos olhos. As linhas simples e sóbrias são as que mais atraem". Pois é, na primeira metade do século XX *Dona Benta* fechava com o atualíssimo princípio de que menos é mais. Simples e chique.

Nada pode ser mais valioso para o neocozinheiro que a explicação sobre a importância das saladas: "É um dos pratos que mais põe em evidência o capricho e o bom gosto de uma dona de casa. Preparada com arte, esmero e cuidado, ela enfeita a mesa e predispõe favoravelmente os convidados". Um bom começo é garantia de que a refeição será um completo sucesso.

Seguindo uma tradição iniciada no século XIX com a publicação de *O cozinheiro nacional*, em suas pioneiras edições, *Dona Benta* trazia um saboroso prefácio e convidava a ler os aforismos cunhados por Jean Anthelme Brillat-Savarin (1755-1826), primeiro francês a definir gastronomia, no livro *A fisiologia do gosto*; prefácio esse intitulado "Os aforismos da fisiologia do paladar". Com humor, ensina o mestre francês na quarta de suas 13 máximas: "Dize-me o que comes e te direi quem és".

A introdução brinda os grandes *gourmets* da história, muitos deles escritores renomados que nutriam devoção quase beata pela culinária. Estão lá os notáveis franceses Alexandre Dumas, Chateaubriand e Émile Zola, assim como os portugueses Eça de Queirós, Souza Almada e Bulhão Pato, entre outros exemplos universais. Eram esses homens amantes devotados da boa mesa. Do grande Ramalho Ortigão havia até uma citação na abertura do capítulo de molhos:"O molho é a essência da flor e o suco da fruta. É ele que define o acepipe e lhe transmite qualidades peculiares".

Desaparecidos em cortes de um facão abusado, todos os textos mais a antiga bibliografia sugerida na 1ª edição estão de volta, distribuídos ao longo do livro ou no capítulo "Curiosidades". Até a edição 74, publicada pela última vez no início de 2003, *Dona Benta* ainda ensinava a matar perus, como se a ave não fosse encontrada até em mercearias. E temperada! Nesta edição, a informação está nas "Curiosidades".

Livro repleto de histórias incríveis, *Dona Benta* nunca teve um autor. Curiosamente, o nome escolhido originalmente era "Comer bem". Diferentemente do que se pode pensar, não foi Monteiro Lobato, o criador da famosa vovó do Sítio do Picapau Amarelo, quem sugeriu acrescentar o nome de sua personagem ao título. A ideia partiu de Octalles Marcondes Ferreira, que acompanhava de perto todo o processo de elaboração da obra. Provavelmente o editor-presidente acreditava que todos iriam se interessar por receitas daquela senhora tão carinhosa. Ironicamente, Dona Benta nunca encostou em um fogão, de tão envolvida com seus romances. Em toda a saga infantil, a grande quituteira sempre foi Tia Nastácia. Mas quem passou para a história com a fama de cozinheira talentosa foi Dona Benta, um nome tão forte que quase ninguém se lembra de *Comer bem*, expressão transformada em aposto.

Com tantos predicados, *Dona Benta* era consumido como se fosse bolinho quente com café: aos montes e com gula. A edição de estreia, em 1940, foi uma fornada de 20 mil livros. Imagine isso: em plena Segunda Guerra, em um país onde apenas 44% da população acima de 15 anos era alfabetizada e cujo total de habitantes ultrapassava os 41 milhões. Em dois anos, a 1ª edição estava esgotada. Mais 15 mil exemplares foram lançados em 1942 para atender a um ávido público feminino – sem chauvinismo, nessa época cozinha era, sim, um assunto de mulheres.

Aliás, toda a década de 1940 foi marcada por grandes tiragens. Em 1943, imprimiu-se da 3ª à 10ª edição, em um total de quase 17 mil livros. O ano seguinte foi ainda mais alvissareiro, saltando da 11ª à 16ª edição e tirando do forno 27 mil exemplares. Pouco? Que nada. *Dona Benta* consolidava o posto de eterno *best-seller*, cultuado pelas donas de casa. Com o fim da guerra, em 1945, imprimiram-se mais 20 mil exemplares, saltando para a 20ª edição. Em escalada ascendente, os números continuaram apontando para cima – 1946: 34 mil exemplares; 1948: 45 mil exemplares; 1950: 41 mil exemplares. No intervalo de pouco mais de uma década, atingia-se a marca recorde da 43ª edição.

A devoção das brasileiras pelas receitas de *Dona Benta* ao longo dos anos tornou o livro um fenômeno editorial. É o único no meio culinário a ter vendido a cifra recorde de 1 milhão de exemplares. Como os números falam por si, dá para imaginar quantas avós, mães e netas no país foram formadas pela escola culinária de *Dona Benta*. Uma tradição passada de geração para geração.

Quando chegou às lojas, em 15 de julho de 1940, *Dona Benta* estampava na capa o desenho de J. U. Campos, mantido até hoje como grande identidade visual do livro. Nesses 63 anos de história, virada a primeira página, o leitor ingressa em um universo de receitas que sofreram poucas alterações, mesmo com as interferências efetuadas. À medida que ia se renovando,

Dona Benta lançava bossa. Na década de 1950, incluiu o coquetel de camarão no receituário, e a entrada francesa com toques americanizados virou *coqueluche* no Brasil, para usar uma expressão da época.

Ainda nos anos 1950, ocorreram inclusões gráficas radicais, e algumas páginas foram ilustradas com fotos coloridas distribuídas ao longo dos capítulos. Na década seguinte, as fotografias aumentaram para 124, reunidas em um único caderno. Sofisticadíssimo na época, o estrogonofe passou a ter uma versão de frango. O nome era o mais divertido: picadinho metido a besta. Entrou na 52ª edição como se fosse um charmoso manuscrito.

Com a intenção de acompanhar as mudanças tecnológicas entre os equipamentos de cozinha, a panela de pressão ingressava no livro acompanhada de uma explicação para decifrar a nova e extraordinária engenhoca com jeitão de bicho de sete cabeças. Nos anos 1980, ganharam espaço freezers, micro-ondas e outros eletrodomésticos que revolucionaram a noção de cozinhar. Com a abertura do país às importações, o livro carecia de um sopro de contemporaneidade, providenciado por Luiz Cintra na 75ª edição. Hoje, os brasileiros consomem, cotidianamente, produtos raros, que, no passado, eram privilégio dos muito ricos. Mais do que isso, a indústria brasileira da alimentação aperfeiçoou-se, produz mais e melhor. De olho nessas mudanças, a nova edição traz crostini de Parma, salada do mar com arroz selvagem e outras gostosuras.

Diferentemente de muitos outros livros brasileiros de receitas que viraram curiosidade para pesquisadores de história da alimentação, *Dona Benta* continua vivo, íntegro. As pessoas querem e precisam continuar aprendendo o trivial caprichado. Quer coisa mais difícil que fazer um arroz soltinho? *Dona Benta* ensina. Bater um bolo para o lanche da tarde da criançada? *Dona Benta* ensina. São essas receitas do cotidiano que povoam a memória, muitas vezes com um delicioso sabor de infância. Com certeza, *Dona Benta* vai continuar com a gente por, no mínimo, mais um século!

Arnaldo Lorençato
Primavera de 2003

UTILIZANDO ESTE LIVRO

Utilizando Este Livro

"A única cousa que vale no Universo é a vida; tudo o que vive se nutre."

BRILLAT-SAVARIN. TEXTO DA EDIÇÃO DE 1942 DE *DONA BENTA*.

Desde 1946 *Dona Benta* vem ajudando as famílias brasileiras a cozinhar no dia a dia. São receitas práticas, que podem ser preparadas sem nenhuma dificuldade.

Neste livro, você encontrará receitas para todas as ocasiões, bem como algumas sugestões de cardápios. Incluímos também uma série de informações a respeito dos alimentos e dicas de preparo e armazenagem. Os ingredientes utilizados nas receitas são facilmente encontrados em feiras-livres e supermercados, exceto alguns produtos específicos, que podem ser adquiridos em casas especializadas.

As receitas do livro servem de 4 a 6 pessoas, e a maioria delas não requer muito tempo para o preparo. Utilizamos as medidas-padrão de culinária. Algumas são receitas clássicas, outras, regionais e algumas, criativas. Sinta-se à vontade para adaptá-las aos ingredientes disponíveis em sua região, bem como para aproveitar as dicas para criar novos pratos. Outro item com que nos preocupamos foi incluir uma tabela de pesos e medidas para que as receitas possam ser executadas com maior confiabilidade.

Para obter melhores resultados, siga estas dicas práticas:

- Antes de escolher a receita, confira a geladeira e verifique se existe algum alimento que esteja próximo do vencimento. Se houver, escolha a receita a partir desse ingrediente. Essa medida simples evita desperdícios e pode resultar em deliciosas opções.
- Selecione as receitas com antecedência a fim de se abastecer com os produtos necessários. Caso não encontre determinado ingrediente, verifique se é possível substituí-lo. Se não for, prepare outra receita.
- Leia atentamente a receita inteira antes de decidir prepará-la.
- Separe os ingredientes antes de começar a trabalhar na receita e atente para que não falte nenhum item. Pese e meça os ingredientes antes de começar. Quando tudo está à mão, fica mais fácil elaborar o prato.
- Avalie se é possível preparar a receita no tempo de que você dispõe. Caso contrário, deixe-a para outra ocasião e opte por um prato que possa ser preparado a tempo.
- Verifique se dispõe dos equipamentos necessários para a elaboração da receita.
- Uma vez iniciado o trabalho, prossiga sem interrupções. Isso vai favorecer o resultado final.

Equipamentos e Utensílios

Equipamentos e Utensílios

"Uma cozinha limpa e bem arrumada, por mais pobre que seja, é o índice mais expressivo e que mais eloquentemente fala sobre as virtudes dos seus donos. A tradição holandesa nesse particular é admirável e vem sendo, de perto, seguida com desvelo pelos povos do norte da Europa e pelos americanos. Por que não devemos segui-la também?"

Texto da edição de 1944 de *Dona Benta*.

ESCOLHA DOS UTENSÍLIOS

Equipamentos e utensílios de copa e cozinha são muito importantes para o preparo e o serviço de alimentos. Portanto, quanto mais bem equipada a sua cozinha, mais chances você terá de conseguir bons resultados no preparo das receitas. Além do aspecto prático e técnico, bons equipamentos são mais duráveis e geram economia a longo prazo. Escolha sempre utensílios de fabricantes conhecidos e evite comprar por impulso. Adquira somente o indispensável, pois, além do dinheiro, você economiza espaço nos armários e prateleiras.

Estão disponíveis no mercado panelas de ferro, aço inoxidável, cobre, alumínio, níquel, pedra, porcelana, ágata e vidro temperado. Quais são as melhores e mais higiênicas? Sem dúvida as de inox, vidro, porcelana ou ágata. Mas isso não significa que não se possam usar as outras variedades, desde que com certo cuidado.

Panelas de metal exigem atenção especial, principalmente as de cobre, quando não são estanhadas interiormente. O perigo do uso de panelas e utensílios de cobre é o **azinhavre**, que é potencialmente venenoso. Deve-se também evitar colocar ácidos e líquidos salgados, gordurosos ou oleosos em vasilhas de cobre. Os tachos feitos desse metal devem ser conservados bem limpos e brilhantes. Nunca se deve deixar esfriar neles qualquer alimento. Para areá-los, além dos produtos industrializados disponíveis, pode-se usar laranja azeda e sal, ou limão e sal, ou vinagre e sal. Às vezes, condenamos os alimentos como responsáveis pelas perturbações em nossa saúde e, no entanto, elas podem ser ocasionadas pela ação de substâncias tóxicas resultantes do cozimento em equipamentos inadequados.

As vasilhas de barro vidrado não são muito recomendáveis, pois o vidro interno dificilmente se conserva intacto por muito tempo. Qualquer descuido pode acarretar danos, porque a ação do fogo destrói a substância vítrea que recobre os recipientes.

As panelas, caldeirões e demais peças de aço inoxidável são muito resistentes e duráveis, além de não liberarem substâncias tóxicas durante o cozimento. São fáceis de lavar e proporcionam uma boa distribuição de calor, o que resulta em um cozimento perfeito.

Quanto aos raladores, espremedores, colheres, pegadores, escumadeiras e conchas, escolha sempre os de inox, que não produzem reações químicas nos alimentos.

Panelas de pedra ou de barro apresentam a desvantagem de serem pesadas, além de se quebrarem com facilidade. No entanto, são interessantes para o preparo de alguns pratos típicos, como moqueca e feijoada. O ponto positivo desse tipo de panela é que ela pode ser levada diretamente à mesa, além de conservar a temperatura do alimento por mais tempo.

Os utensílios de ferro esmaltado ou de ágata não apresentam perigo algum, têm baixo custo e são bons condutores de calor. As chocolateiras e cafeteiras esmaltadas são as que mantêm a bebida aquecida por mais tempo e as que melhor preservam o seu sabor típico. Para o chá, no entanto, deve-se preferir bules de louça ou porcelana.

Convém abolir todos os utensílios que contenham chumbo em sua composição, caso de algumas panelas de barro.

As facas devem ter qualidade. As boas facas são mais duráveis e diminuem os riscos de acidentes, pois as bem afiadas cortam melhor, exigindo menor esforço. Escolha preferencialmente as feitas de aço. Sua durabilidade depende dos cuidados que tomamos com elas. A principal causa de danos às facas é cortar alimentos em superfícies inadequadas, como mármore, granito e inox. Cortando alimentos sobre tábuas de altileno, vidro ou bambu você estará garantindo a durabilidade de suas facas e a higiene de sua cozinha.

Os recipientes para armazenar alimentos também são importantes. Escolha os de plástico, policarbonato ou vidro, com tampa de fechamento hermético. Tenha sempre uma boa variedade de tamanhos e prefira recipientes que possam ir ao *freezer*.

LISTA BÁSICA DE UTENSÍLIOS

A quantidade e o tamanho dos utensílios devem ser avaliados de acordo com o número de pessoas que normalmente são servidas às refeições. Deve-se levar em conta ainda a capacidade do fogão e do forno e o espaço disponível para guardar esses objetos.

Salvo os casos de famílias pequenas ou de pessoas que moram sozinhas, é melhor escolher panelas e recipientes médios ou grandes, pois os utensílios pequenos são de pouca utilidade; além disso, pequenas quantidades podem ser preparadas em recipientes maiores.

A seguir, apresentamos uma lista básica de utensílios para montar uma cozinha. Alguns são imprescindíveis; outros, embora aparentemente supérfluos, facilitam muito o preparo das receitas e a organização do espaço.

PANELAS

- 2 panelas pequenas (1 litro)
- 2 panelas médias (2 a 4 litros)
- 1 panela grande (6 a 8 litros)
- 1 caldeirão médio (8 litros)
- 1 frigideira antiaderente pequena (15 cm)
- 1 frigideira antiaderente grande (25 cm)
- 1 frigideira de ferro ou inox (25 cm)
- 2 caçarolas médias (2 a 4 litros)
- 1 caneca para ferver leite e água
- 1 chaleira
- 1 panela de pressão

ASSADEIRAS E FÔRMAS

- Assadeiras retangulares, em 3 tamanhos
- Assadeiras redondas, em 2 tamanhos
- Fôrma redonda com aro removível, para torta, em 2 tamanhos
- Fôrma para bolo (2 unidades)
- Fôrma para pudim (com furo no meio)
- Forminhas individuais para pudim
- Forminhas individuais para empada
- Fôrma rasa, para torta, de vidro refratário
- Travessas de vidro refratário, em 3 tamanhos

DIVERSOS

- Escorredor de macarrão
- Peneiras de arame ou plástico, em 2 tamanhos
- Conjunto de tigelas de vidro ou inox
- Recipientes quadrados, com tampa
- Conjunto de potes ou latas para mantimentos
- Escorredor de arroz
- Pilão e socador
- Espremedor de alho
- Espremedor de limão
- Espremedor de batata
- Raladores de queijo e de legumes
- Descaroçador de azeitonas
- Cortador de ovos cozidos
- Funil
- Pincel para pincelar massas
- Coadores, em 2 tamanhos
- Rolo para abrir massas
- Tábuas para cortar pão, legumes e carnes
- Conjunto de concha, escumadeira, espátula e garfo longo
- Pinça longa para assados
- Espátula para raspar tigelas e panelas (pão-duro)
- Batedor de arame (*fouet*) para molhos
- Tesoura para trinchar aves
- Tesoura para uso exclusivo da cozinha
- Abridor de latas
- Suporte de filtro para café
- Escorredor de pratos
- Carretilha para massas

FACAS

- Conjunto de facas com 3 tamanhos
- Faca para desossar
- Faca para legumes
- Faca serrilhada para pão

MEDIDORES

- Conjunto de medidas em xícaras
- Conjunto de medidas em colheres
- Jarra com graduação
- Copo medidor
- Balança para cozinha
- Termômetro para forno e para caldas

LOUÇAS, TALHERES E COPOS

- Pratos de pão
- Pratos de mesa
- Pratos fundos para sopas e massas
- Pratos para sobremesa
- Xícaras de chá
- Xícaras de café
- Xícaras de consomê (opcional)
- Tigelas individuais de sobremesa
- Taças de sorvetes e musses
- Garfos de mesa, de peixe e de sobremesa
- Colheres de sopa e de sobremesa
- Facas de mesa e de sobremesa
- Colheres de chá
- Colheres de café
- Talheres de serviço em geral
- Sopeira
- Saladeira
- Molheira
- Açucareiro
- Manteigueira
- Galheteiro
- Saleiro e paliteiro
- Compoteira e fruteira
- Travessas para servir
- Conjunto de bules para leite, chá e café
- Suportes de travessas (inox, madeira, cortiça etc.)
- Garrafa térmica
- Cesta para pão
- Jogo de copos para água, vinho tinto, vinho branco e outros tipos de bebida
- Jarra para água

PARA O BAR

- Copos longos
- Copos old fashioned
- Copos para short drinks
- Copos para conhaque
- Taças para champanhe
- Taças de licor
- Taças para vinho tinto e branco
- Saca-rolhas
- Abridor de garrafas
- Pinça e balde para gelo
- *Mixing glass* (copo misturador)
- Colher de cabo longo
- Coqueteleira de inox
- Dosador
- Espremedor de limão para caipirinha

ELETRODOMÉSTICOS

- Geladeira
- Batedeira
- Liquidificador
- Torradeira
- Espremedor de frutas ou centrífuga
- Freezer
- Multiprocessador
- Moedor de carne elétrico (opcional)
- Cafeteira (opcional)
- Faca elétrica (opcional)
- Iogurteira (opcional)
- Aparelho para waffle (opcional)
- Forno de micro-ondas (opcional)
- Sorveteira elétrica (opcional)
- Panquequeira elétrica (opcional)
- Grill elétrico (opcional)

Dicas de Cozimento

Dicas de Cozimento

"A arte de agradar tem parte dos seus segredos na cozinha. Quantas querências *não se resolvem com a política e a lábia dos bons pratos? Os embaixadores têm os mestres de cozinha na conta de hábeis diplomatas."*

TEXTO DA EDIÇÃO DE 1942 DE *DONA BENTA*.

O FOGÃO

Acenda os queimadores assim que a panela estiver pronta para ser colocada sobre o fogo. As chamas devem ser reguladas de maneira a não subir pelos lados das panelas. Apague os queimadores antes de retirar a panela do fogo.

Assim que começar a fervura, reduza o fogo ao estritamente necessário para manter a temperatura. As chamas devem ser azuladas; chamas brancas ou amareladas indicam problemas com a regulagem de seu fogão.

A panela a ser utilizada deve estar perfeitamente limpa. Esse cuidado, além de garantir a higiene, favorece o cozimento. Utilize as panelas com suas respectivas tampas sempre que solicitado na receita. Panelas sem tampa consomem mais gás.

Os queimadores devem ser mantidos limpos para que seus orifícios não entupam.

As panelas devem ter o fundo plano, para assegurar melhores resultados. Devem, preferencialmente, ter as laterais bem verticais, além de cobrir inteiramente a boca do fogão. As tampas devem ser bem justas.

PANELA DE PRESSÃO

Muito útil, esse utensílio economiza tempo e energia. Escolha uma marca confiável, pois o equipamento requer precauções ao ser utilizado. Tome cuidado ao abrir a tampa após o cozimento. Aguarde até que não haja mais pressão, pois pode ser perigoso abrir a panela enquanto ainda houver pressão em seu interior. A seguir, fornecemos uma tabela que indica o tempo médio de cozimento dos alimentos em panelas de pressão.

ALIMENTO	TEMPO APROXIMADO DE COZIMENTO (APÓS A FERVURA)
Carne ensopada	30 minutos
Bolinho de carne	10 minutos
Carne fresca	30 minutos
Carne de porco	20 minutos
Costela de porco	10 minutos
Frango ensopado	20 minutos
Língua de boi	60 minutos
Peixe de couro	8 a 10 minutos
Peixe de escamas	6 a 8 minutos
Abóbora (cortada)	3 a 5 minutos
Batata	8 minutos
Berinjela	1 minuto
Beterraba	25 minutos
Brócolis	2 a 3 minutos
Canjica	35 minutos
Couve	2 a 3 minutos
Couve-flor	2 a 3 minutos
Ervilha	12 minutos
Lentilha	20 a 25 minutos
Repolho	2 minutos
Tomate	2 a 3 minutos
Vagem	2 a 3 minutos
Arroz	5 minutos
Canja	20 a 25 minutos
Feijão	25 minutos
Grão-de-bico	30 minutos
Sopa de batata	15 minutos
Sopa de carne	45 minutos
Sopa de feijão	30 minutos
Sopa de legumes	3 a 5 minutos
Sopa de verduras	20 a 25 minutos

O FORNO

O êxito no preparo de um prato depende muito do desempenho do forno. Você pode seguir uma receita em todos os detalhes com o máximo cuidado e usar ingredientes da melhor qualidade, mas, se não assar em um forno bem regulado, os resultados podem ser desastrosos.

Veja no quadro abaixo as denominações geralmente dadas ao forno segundo o grau de calor. Na coluna da direita, as temperaturas médias correspondentes a essas denominações.

FORNO	TEMPERATURA (°C)
Lento, brando ou baixo	160
Regular ou médio	180
Quente ou alto	200
Forte ou bem quente	250
Morto ou arrefecido	Depois de apagado

PROVA DE FORNO

A melhor maneira de verificar a temperatura do forno é utilizando um termômetro específico para essa finalidade. Para quem não possui o termômetro, uma dica prática para testar o calor do forno é colocar dentro dele, alguns minutos depois de aceso, um pedaço de papel sulfite branco: o forno será *brando* ou *baixo* se o papel, depois de 2 minutos, ainda conservar a cor natural; *médio* ou *regular* se o papel, em 1½ minuto, ficar amarelado; e *quente* ou *forte* se o papel escurecer imediatamente.

Antes de colocar qualquer coisa no forno, verifique a temperatura. Procure sempre dispor a fôrma ou a assadeira no centro do forno, a fim de aproveitar o calor por igual.

Alguns fogões têm indicadores especiais que marcam a temperatura. Nos fogões elétricos, esse trabalho é facilitado pelo controle automático, que pode ser ajustado à temperatura adequada.

INGREDIENTE	TEMPO APROXIMADO DE FORNO
Carne de vaca	50 minutos (ao ponto) por quilo
Carneiro	45 minutos por quilo
Frango	40 minutos por quilo
Leitão	3 horas, em média (dependendo do peso)
Peixe	15 minutos por quilo limpo
Pernil de porco	1 hora por quilo
Peru	3 horas, em média (dependendo do peso)
Porco	1 e ½ hora, em média, por quilo
Vitela	1 hora, em média, por quilo

Cinco a 8 minutos são suficientes para que o forno a gás atinja a temperatura necessária. Reduza a chama à metade logo que os bolos, as tortas e outros doces começarem a corar. Ao assar carne ou pão, o fogo deve ser apagado uns 10 minutos antes de retirar do forno. Isso resulta em razoável economia.

Rosbife, empadas e os pratos e bolos que, nas receitas, trouxerem essa indicação são assados em forno forte.

As massas, pastas e doces que requeiram essa temperatura são assados em forno médio, conforme a indicação na receita. É o caso de certas tortas de frutas, caixinhas de massas, folhados, bombocados, pastéis de coco, pudins e bolos.

Em forno baixo, devem ser assados os flans, as terrines, os tomates secos e outras receitas com essa indicação.

Para torrar pães e fatias de pão de ló e assar suspiros, o forno deve ser brando, com temperatura bem amena. Essa temperatura serve também para secar alguns doces.

Cozimento no Forno

Algumas receitas pedem que a carne seja cozida em um líquido no forno. Se seu forno for grande, cozinhe diversos pratos ao mesmo tempo. Coloque as assadeiras e panelas de maneira que o calor circule por todos os lados. Faça o possível para não abrir a porta do forno até a hora de retirar os alimentos.

PARA ASSAR

Ajuste o controle na temperatura indicada. Coloque o alimento em forno preaquecido, cozinhando por peso e no tempo indicado na tabela. Não é preciso refogar ou regar os assados. Verifique regularmente para não deixar que os alimentos passem do ponto.

TABELA DAS TEMPERATURAS PARA FORNO ELÉTRICO

ALIMENTO	TEMPERATURA (°C)	TEMPO
Maçãs assadas	180	20 a 45 minutos
Biscoitos	225	12 a 15 minutos
Batatas assadas	180	40 a 60 minutos
PÃO		
Branco (fermento)	180	50 a 60 minutos
Muffins	220	15 a 30 minutos
Doce (fermento)	200	15 a 30 minutos
BOLO		
De xícara	175	20 a 25 minutos
De claras	180	20 a 30 minutos
Pão de ló	125	50 a 60 minutos
SOBREMESAS		
Cremes (leite)	160	45 a 60 minutos
Bombas	180	40 a 45 minutos
Merengues	155	5 a 8 minutos
MASSA PARA TORTA		
Duas camadas (recheio cru)	225	35 a 50 minutos
Duas camadas (recheio cozido)	220	20 a 50 minutos
Massa pastelão	225	8 a 10 minutos
Pudins	175	45 a 120 minutos
Suflês	175	45 a 60 minutos

ALIMENTO	TEMPERATURA (°C)	TEMPO
Carnes recheadas	180	35 a 45 minutos
Carne em caçarola	160	120 a 180 minutos
Peixe	220	20 a 60 minutos
Peixe assado ou recheado	180	15 a 20 minutos
Presunto fresco	130	20 a 25 minutos
Carneiro	155	25 a 30 minutos
Porco	155	25 a 30 minutos
Vitela	155	25 a 30 minutos
Alimentos já cozidos	230	15 a 20 minutos
Carne mal passada	180	15 a 18 minutos
Carne ao ponto	180	15 a 20 minutos
Carne bem passada	180	20 a 25 minutos
Filés	180	15 a 20 minutos
Galinha	155	25 a 30 minutos
Pato	155	25 a 30 minutos
Peru	155	30 a 35 minutos

Forno de Micro-ondas

Desenvolvidos inicialmente para descongelar alimentos, hoje também o utilizamos para preparar receitas. Sua maior vantagem é a rapidez. Não alteram o sabor dos alimentos e a comida não fica com gosto de requentada. No entanto, têm limitações: não se pode usar nada de metal dentro deles, por exemplo. Por questões de segurança, leia atentamente o manual.

DICAS DE CONGELAMENTO

Dicas de Congelamento

"Hoje em dia, com a evolução e as necessidades decorrentes das complexas exigências da vida moderna, a cozinha, sob qualquer dos seus aspectos, tem o seu valor indiscutível. A felicidade, na vida, depende do seu sucesso. Embora pareça tal afirmativa um paradoxo, ninguém seria capaz de contestá-la de boa fé."

TEXTO DA EDIÇÃO DE 1942 DE *DONA BENTA*.

O freezer é um congelador doméstico que permite conservar, por um tempo mais longo, alimentos in natura e pratos preparados. O freezer não é o congelador de uma geladeira comum, como muitos imaginam. Um congelador comum mantém os alimentos à temperatura aproximada de 0 °C a 4 °C. O freezer congela a -10 °C ou menos. Bons equipamentos chegam a -30 °C. Quanto mais baixa a temperatura, maior a garantia de que o alimento não desenvolverá fungos e bactérias e de que irá manter as características nutricionais intactas. Nem por isso seu gasto de energia é maior que o do refrigerador comum. Veja algumas dicas que podem ajudar na hora de congelar alimentos.

- Todo alimento a ser congelado deve ser previamente limpo e higienizado. As carnes devem ser aparadas para eliminar nervos e gorduras escuras. Os legumes devem ser branqueados e os peixes, lavados e limpos.
- Os alimentos cozidos conservam-se congelados por mais tempo e em melhores condições.
- Para um congelamento perfeito, os alimentos devem ser acondicionados em sacos plásticos próprios, extraindo-se o máximo de ar do saco. Criar uma condição de vácuo favorece a qualidade do congelamento.
- Armazene os alimentos em porções pequenas, mais fáceis de serem descongeladas.
- Evite congelar alimentos em blocos ou em recipientes muito volumosos, principalmente na altura, pois, dessa maneira, o centro do alimento demora a atingir a temperatura ideal e pode deteriorar-se.
- Não coloque o alimento diretamente no freezer se ainda estiver quente. Espere esfriar ou, preferencialmente, dê um choque térmico. Por exemplo, cozinhe cenouras em rodelas e, assim que estiverem no ponto, escorra e coloque em uma tigela com água e gelo. Escorra novamente e embale para congelar.
- Etiquete tudo o que será congelado, anotando o tipo de alimento e a data do congelamento.
- Por melhores que sejam as condições de congelamento, 180 dias é o limite para que os alimentos se mantenham em bom estado. Não é conveniente conservá-los no freezer por prazo maior.
- Caso vá congelar determinada receita em um pote de vidro, não o tampe imediatamente, isto é, coloque o produto no vidro, leve-o ao freezer e, após o produto estar congelado, tampe hermeticamente. Os líquidos se expandem quando congelados, e, se o vidro estiver tampado durante esse processo, certamente vai quebrar.
- Se descongelar determinado produto, consuma-o imediatamente e não volte a congelá-lo.
- Algumas receitas não congelam bem, como o purê de batatas, os ovos cozidos, algumas musses e gelatinas. Ovos inteiros não devem ser congelados.
- O descongelamento dos alimentos deve ser feito da seguinte maneira: transfira para a geladeira o alimento e deixe que descongele naturalmente. Outra opção é o forno de micro--ondas, que pode ser bastante útil para essa tarefa.

Para utilizar o freezer e tirar proveito de todas as vantagens que ele oferece, frequente um curso de congelamento ou se informe em *sites* ou livros especializados.

Pesos e Medidas

Pesos e Medidas

"Nossas avós sempre têm nos seus guardados, entre velhas lembranças, orações e cartas dos tempos idos, receitas do bom tempo, receitas que lembram a casa grande, *a* fazenda *e as* tias *e* sinhás *doceiras, tão hábeis no preparo de quitutes gostosos, com sabor pronunciadamente brasileiro. Para facilitar o trabalho da leitora gentil que quiser, nos dias festivos, fazer uma surpresa aos avós velhinhos, damos, a seguir, a redução, para gramas, das libras e onças das velhas receitas:"*

Texto da edição de 1944 de *Dona Benta*.

Pesos e Medidas

Sempre que determinada receita pede medidas como xícaras e colheres, a tendência é pesarmos e medirmos os ingredientes empregando utensílios caseiros, pela facilidade de estarem à mão. É preciso, no entanto, levar em conta que o tamanho das xícaras e das colheres varia bastante; consequentemente, não existe uniformidade. O correto é utilizar medidores padronizados, que são encontrados em lojas de artigos para culinária.

Meça os líquidos sempre no nível dos olhos, usando uma jarra graduada.

Depois de medir a farinha, peneire-a sobre um pedaço de papel alumínio ou uma vasilha, para que ela fique bem fina e leve. Quando a receita incluir pequenas quantidades de ingredientes em pó (sal, pimenta, canela etc.), peneire todos eles com a farinha de trigo, para que fiquem perfeitamente distribuídos.

Ao medir ingredientes secos em xícaras ou colheres, nunca os aperte, salvo se isso for solicitado na receita.

Coloque os ingredientes nos medidores delicadamente. Retire o excesso com as costas da lâmina de uma faca, para nivelar.

Se a receita pede uma colher cheia (de sopa ou de chá), coloque duas rasas. Nunca use colheres de seu faqueiro; utilize sempre colheres-medida.

Não meça condimentos sobre o recipiente em que está fazendo o preparo, pois podem derramar e comprometer a receita.

Equivalência de Medidas e Pesos

Com a relação a seguir, procuramos uniformizar algumas medidas, de maneira que não haja dificuldade na utilização de utensílios mais comuns.

- 1 litro equivale a 5 xícaras (chá).
- 1 garrafa equivale a 3 ½ xícaras (chá).
- 1 copo de água comum equivale a 250 ml.
- 1 prato fundo nivelado equivale a aproximadamente 200 g.

- 1 xícara (chá) de líquido equivale a 16 colheres (sopa).
- 1 xícara (chá) rasa de açúcar equivale a 120 g.
- 1 xícara (chá) de manteiga equivale a 200 g.
- ¼ de xícara (chá) de líquido equivale a 4 colheres (sopa).
- ⅓ de xícara (chá) de líquido equivale a 6 colheres (sopa).
- ½ xícara (chá) de líquido equivale a 10 colheres (sopa).
- ⅔ de xícara (chá) de líquido equivale a 12 colheres (sopa).
- ¾ de xícara (chá) de líquido equivale a 14 colheres (sopa).
- 1 colher (sopa) equivale a 15 ml.
- 1 colher (chá) equivale a 5 ml.
- 1 colher (sopa) de líquido equivale a 3 colheres (chá).
- 1 cálice equivale a 9 colheres (sopa) de líquido.
- 1 pitada é o tanto que se pode segurar entre as pontas de dois dedos ou ½ colher (chá).

Quando falamos em **copo**, são 250 ml de volume; **xícara**, 225 ml; **punhado**, a porção que pode ser apanhada com a mão.

Quando na receita indicamos apenas xícara (chá), deve-se entender que nos referimos à quantidade que se obtém enchendo a xícara com açúcar ou farinha, retirando-a cheia e nivelando-a.

Quando indicamos colher (sopa), estamos nos referindo à colher-medida de 15 ml, tamanho clássico. Sempre que for usada outra colher (sobremesa, chá ou café), essa distinção estará indicada na receita. Para as colheres também há 3 quantidades básicas: rasa, cheia e bem cheia.

A pequena diferença, para mais ou para menos, resultante do emprego de medidas "a olho" é compensada pelas aproximações decorrentes do uso das mesmas medidas para todos os ingredientes. Não há prejuízo, portanto.

Como vimos, é difícil estabelecer proporções rigorosas, pela própria diversidade da natureza dos ingredientes. Nem todos os ovos têm o mesmo peso, e, às vezes, a diferença entre eles é bastante sensível. Há ainda a tendência que temos em modificar as receitas, adaptando-as ao nosso modo e gosto. Uns querem mais doce, outros, mais salgado, uns gostam mais de pimenta, outros, de manteiga etc. Por aí se percebe que é quase impossível satisfazer a todos igualmente. Procuramos, em consequência disso, um meio-termo que agrade à média dos paladares.

Validade dos Alimentos

Validade dos Alimentos

"Os que têm indigestões ou se embriagam, não sabem comer nem beber: são os delinquentes da mesa."

BRILLAT-SAVARIN. TEXTO DA EDIÇÃO DE 1942 DE *DONA BENTA*.

Validade dos Alimentos

Não existe norma definida quanto à validade dos alimentos que consumimos. Alguns são bastante perecíveis, outros se conservam por mais tempo. No caso de produtos industrializados, a legislação obriga os fabricantes a registrar o prazo de validade nas embalagens. Portanto, o melhor a fazer é conferir as datas de validade e, se muito próximas, evitar comprar o produto.

Cabe a nós mesmos fiscalizarmos tudo o que se refere às condições dos alimentos que compramos, preparamos e consumimos.

Algumas Regras

- Verifique a data de fabricação e o prazo de validade.
- Examine criteriosamente a embalagem, descartando latas estufadas (o mesmo vale para a embalagem de iogurte), amassadas e enferrujadas.
- Verifique se o balcão frigorífico expositor está funcionando.
- Não compre nada cuja embalagem esteja danificada ou aberta.
- Cada alimento tem o seu odor característico. Não se acanhe, no caso de dúvida, em cheirar. Odores estranhos são sempre indício de deterioração.
- Após a compra, coloque os alimentos na geladeira o mais rapidamente possível. Os ingredientes não se conservarão se, após a compra, permanecerem 2 ou 3 horas fora de suas condições habituais de refrigeração.

Ingredientes

Ingredientes

"O sal é um condimento indispensável na cozinha. Mas a sua graça está na justa medida. Em excesso torna a comida intragável; a sua falta deixa-a insossa. Diz-se geralmente que as cozinheiras que carregam muito no sal têm a mão pesada. É uma verdade."

TEXTO DA EDIÇÃO DE 1944 DE *DONA BENTA*.

Ingredientes

- É necessário escolher cuidadosamente os ingredientes a serem empregados nas receitas, seja para os salgados, seja para os doces. A boa qualidade favorece a economia e garante a qualidade dos pratos, tanto em relação ao sabor quanto aos nutrientes.

- Não deixe de observar também a higiene dos utensílios de cozinha. Muitas vezes perdemos um bolo, um pudim ou um assado por causa do cheiro ou do sabor transmitido por um recipiente que não estava em condições necessárias de limpeza.

Carnes em Geral

As carnes devem ser adquiridas em mercados e açougues de confiança, preferencialmente cortadas e pesadas na hora. Exija o selo do Ministério da Agricultura (SIF), inspeção e controle do produto. As carnes devem ter aspecto e aroma agradáveis, coloração avermelhada e um bom teor de umidade. Verifique se estão armazenadas em baixa temperatura; nunca compre carnes expostas em balcões sem refrigeração.

A carne moída deve ser fresca. Não compre carne moída exposta, pois ela se contamina com maior facilidade em virtude da maior exposição às bactérias.

As carnes de frango e de galinha devem ser compradas resfriadas ou congeladas e embaladas individualmente. A pele deve ter coloração clara, e o odor deve ser neutro. Lave-a bem em água corrente antes de utilizar na receita.

A carne suína também deve ser adquirida de fornecedores idôneos. Exija o selo de inspeção federal e se certifique sobre a origem do produto.

EMBUTIDOS, FRIOS E DEFUMADOS

São produtos à base de carne, geralmente suína. Existem centenas de tipos de embutidos, desde as mais simples salsichas até os mais sofisticados presuntos. Existem diversos produtores artesanais de linguiças, salsichas e frios. Caso você os compre de pequenos produtores, é sempre aconselhável verificar as condições de higiene em que são preparados. Na outra ponta estão as grandes indústrias, que produzem quase todas as variedades de frios, embutidos e defumados. É preferível comprar produtos dessas empresas, pois elas respeitam todas as normas de higiene. Os defumados se conservam por mais tempo; já os frios, depois de fatiados, devem ser consumidos no dia, pois tendem a oxidar e se deterioram com facilidade.

Verifique sempre a data de fabricação, o aspecto da embalagem e a aparência do produto.

ENLATADOS EM GERAL

O mercado oferece uma enorme variedade de produtos enlatados. Escolha sempre os de fabricantes confiáveis e verifique a data de fabricação e a validade dos produtos. Nunca compre alimentos cujas latas estejam amassadas, danificadas ou estufadas.

Os enlatados se conservam bem desde que respeitadas as datas de validade. Guarde-os em local livre de umidade e calor.

FRUTAS

Nem verdes nem maduras demais. As frutas devem ser consumidas assim que chegarem ao estado de maturação. O excesso produz a fermentação dos açúcares naturais, prejudicando o sabor. As frutas que denominamos "passadas" estão nessa situação. Também devemos evitar consumir frutas verdes. A acidez pode ser nociva à saúde e não é agradável ao paladar. Dê preferência às frutas cruas, que têm mais propriedades nutricionais que as cozidas. A fervura, como o cozimento, destrói algumas vitaminas e sais minerais hidrossolúveis.

Examine a aparência da fruta, cheire-a para descobrir se o aroma é agradável e confira se tem amassados ou pontos escuros na casca. Compre somente o necessário para o consumo da semana.

INGREDIENTES SECOS

Os chamados ingredientes secos, como farinhas, fubás, polvilhos e demais pós, não só devem ser de ótima procedência e qualidade como devem achar-se em bom estado de conservação, livres de umidade e de bolor. É aconselhável peneirá-los previamente. Se expostos por muito tempo ao ar, ou se velhos e deteriorados, nunca dão bom resultado.

LATICÍNIOS

Leite, creme, manteiga, queijos e iogurtes. Esses são alguns dos laticínios mais consumidos no Brasil. Com a industrialização ficou mais fácil adquirir produtos de qualidade. Escolha os de fabricantes conhecidos, verifique as embalagens e os prazos de validade. Guarde-os sempre na geladeira.

LEGUMES E VERDURAS

Procure consumir legumes e verduras colhidos no dia ou na véspera. Dessa maneira, você estará garantindo o máximo de vitaminas e sais minerais em suas receitas.

É muito importante lavar bem e esterilizar as verduras e legumes, pois eles normalmente são tratados com pesticidas. Por estarem em contato com a terra, podem estar contaminados por parasitas e bactérias, principalmente se foram irrigados com água de qualidade suspeita.

O emprego de água salgada para a lavagem dos legumes, embora comum, não é o mais aconselhável. Caso não possa utilizar produtos industrializados para esterilizar legumes e verduras, o mais recomendável é acrescentar à água em que vai lavá-los uma colher (sobremesa) de vinagre. Em seguida, escalde a verdura ou o legume em água fervente, deixando escorrer por uns minutos. Com esse processo, a verdura cozinhará em menos tempo, perderá qualquer mau cheiro e se conservará fresca, oferecendo um aspecto mais apetitoso. A lavagem cuidadosa em água corrente também dá bons resultados, desde que se respingue vinagre por entre as folhas e os talos.

OVOS

O consumo de ovos crus oferece um risco altíssimo de contaminação pela bactéria salmonela. Nunca os ofereça crus para crianças e idosos.

Escolha ovos de tamanho médio e verifique se estão todos intactos na bandeja.

Um bom teste é mergulhá-los em uma tigela com água. Eles devem afundar. Os que subirem à superfície estão estragados.

Quebre-os sempre separadamente, um por um. Desconfie daqueles cuja gema desmanchar. Prefira sempre ovos frescos, de procedência conhecida. Os ovos de granja são os melhores.

PEIXES E CRUSTÁCEOS

Os peixes e frutos do mar estão entre os ingredientes que maiores cuidados requerem, pelo fato de serem altamente perecíveis e de apresentarem alto risco de contaminação, que podem produzir toxinas bastante perigosas à nossa saúde.

Compre-os somente em fornecedores de confiança. Pescados não devem ficar expostos em balcões por mais de dois dias. Verifique se o balcão está bem refrigerado e se o peixe está exposto sobre uma camada de gelo.

Verifique se as guelras estão com uma coloração avermelhada e brilhante. A carne do peixe deve ser firme ao toque, isto é, se apertada com o dedo indicador, deve voltar imediatamente; se ficar uma marca funda, o peixe não está bom. Outra dica é verificar os olhos do peixe, que devem estar brilhantes.

Camarões devem ser adquiridos frescos. Os congelados valem como segunda opção. Uma dica é segurar um camarão pela cauda e balançar firmemente. A cabeça deverá continuar presa ao corpo. Em camarões "passados", normalmente a cabeça solta-se com facilidade.

Não tenha vergonha de cheirar pescados e frutos do mar. Eles devem ter aroma agradável e fresco, lembrando o cheiro do mar.

Na dúvida, opte sempre por descartar o ingrediente.

Ervas, Especiarias e Condimentos

Ervas, Especiarias e Condimentos

"No olvide que a veces más puede un guiso bien sazonado que el más sabio de los maquillajes."

TEXTO DA EDIÇÃO DE 1944 DE *DONA BENTA*.

Ervas, Especiarias e Condimentos

- Ervas, especiarias e condimentos são ingredientes que servem para enriquecer as receitas, acrescentando a elas sabor e aroma, realçando e valorizando o ingrediente principal. Servem também como elementos de decoração e acabamento.
- A maioria das especiarias é encontrada em forma de pó, como a pimenta-do-reino, a noz-moscada e o cominho. Quando utilizadas em forma de grão ou em pedaços, devem ser retiradas da preparação antes de servir.
- As ervas aromáticas podem ser encontradas frescas ou secas, dependendo da época do ano. Se utilizar ervas secas, lembre-se de que os sabores e aromas são mais concentrados, portanto reduza um pouco a quantidade.
- Evite comprar ervas secas e especiarias em embalagens muito grandes. Compre sempre o necessário para algumas receitas, pois, com o passar do tempo o, aroma e o sabor tendem a diminuir.

Açafrão

De sabor e aroma delicado, dá uma coloração amarela à receita e pode ser usado em massas. É empregado em algumas receitas com frutos do mar, aves, risotos e na tradicional paella, além da preparação de licores. Quando em pistilos, deve ser colocado em líquido morno antes de ser adicionado à receita – normalmente vinho branco ou água. Se em pó, pode ser adicionado diretamente à preparação.

Açafrão-da-terra

O açafrão-da-terra ou cúrcuma é uma raiz de coloração amarela que, transformada em pó, é utilizada em substituição ao açafrão dito verdadeiro (a planta de origem europeia anteriormente descrita). Em termos de sabor e aroma, eles não têm nenhuma semelhança. Têm em comum a capacidade de dar coloração amarela à receita. A cúrcuma é também a base para o preparo de curries e de alguns pratos da culinária asiática.

Aipo

Também conhecido como salsão, suas folhas são extremamente aromáticas e podem ser utilizadas em saladas, sopas, molhos e caldos. As sementes são adicionadas a picles e conservas em geral. Seus talos podem ser consumidos crus, em forma de salada, ou refogados. É ainda um dos ingredientes básicos dos refogados à moda italiana, utilizados em receitas de ensopados.

Alcaparra

É uma flor colhida ainda em botão e conservada, geralmente, em vidros, em uma mistura de vinagre e sal. De sabor marcante, enriquece molhos, saladas, peixes e carnes. Combina com molhos à base de manteiga e de tomate e com maionese.

ALECRIM

Erva aromática com odor agradável e forte. Muito utilizada na região do Mediterrâneo, é ingrediente indispensável em assados à base de carne, peixe, pães e massas. Faz um casamento perfeito com azeite de oliva e alho.

ALFAVACA

Também conhecida como segurelha, pode ser utilizada em receitas à base de carnes vermelhas e aves. Combina também com molho de tomate ou manteiga com ervas.

ALHO

O alho é um dos ingredientes mais importantes na culinária. Utilizado em quase todas as culturas gastronômicas, acrescenta sabor e aroma marcantes a muitos pratos tradicionais. Salvo se indicado em grandes quantidades na receita, deve ser utilizado com cuidado, pois pode sobrepor-se ao sabor dos ingredientes principais, dominando o sabor final da receita. Quando refogar o alho, evite dourá-lo em excesso, pois isso fará com que a preparação fique indigesta e com um sabor levemente amargo.

ALHO-PORÓ

Da mesma família das cebolas, possui bulbo branco, folhas verdes e longas. A parte branca é utilizada em refogados, como recheio de tortas e quiches, em massas e diversos molhos. A parte verde é indicada para aromatizar caldos, sopas e ensopados.

AZEITONA

Esse é um dos ingredientes mais importantes na culinária do Mediterrâneo. Utilizado como antepasto, no preparo de molhos e como decoração, é indispensável em algumas pizzas, nas empadinhas e em recheios para pastel.

CANELA

É a casca de uma árvore e pode ser usada aos pedaços (em pau) ou moída (em pó).

Em pau, emprega-se em doces de massa ou em calda e em sobremesas caseiras, como os doces brasileiros de abóbora, coco e outros. Em pó, pode ser salpicada em doces, em frutas, nos mingaus e em outras receitas. A culinária do Oriente Médio utiliza a canela como um de seus principais temperos, inclusive para pratos salgados.

CARIL

O caril tem sabor exótico e é geralmente conhecido como curry. Compõe-se de uma mistura de várias especiarias. A base é a cúrcuma. Existem misturas que contêm até 16 diferentes especiarias e ervas. É o tempero básico de pratos indianos. Normalmente utilizado em ensopados de frango ou de pescados.

CEBOLA

Ingrediente indispensável na culinária, a cebola é a base da maioria dos refogados e entra na preparação de milhares de receitas. Pode ser utilizada das mais variadas formas: crua, refogada, assada, frita ou cozida. Combina com praticamente tudo.

CEBOLINHA

A cebolinha (cebola-de-cheiro) é da mesma família da cebola comum. Seu sabor é delicado e agradável. Pode ser usada como tempero para diversas receitas. Bastante utilizada na culinária típica brasileira, faz um bom par com a salsinha e com o coentro.

CHEIRO-VERDE

É uma mistura de cebolinha com salsa. Fresco ou desidratado, esse tempero é indicado para dar sabor e aroma aos refogados, aos ensopados e aos assados em geral.

COENTRO

As folhas do coentro são aromáticas e podem ser empregadas para tempero de peixes e moquecas.

As sementes (em grão ou em pó) constituem saboroso condimento para assados de carne de porco, picles e pães salgados. Também é um ingrediente utilizado em cozinhas mais exóticas, como a tailandesa e a mexicana.

COGUMELOS

Segundo os franceses, os cogumelos trazem para a mesa o aroma do bosque. Atualmente, encontramos várias qualidades de cogumelos, como os Paris, os shitake, os shimeji entre outros. Cogumelos frescos devem ser limpos com um pano em vez de lavados. Há também os cogumelos secos ou desidratados, que possuem sabor forte e marcante. Devem ser reidratados antes de serem utilizados nas receitas. E os em conserva, que estão prontos para consumo.

COLORAU

O colorau, também conhecido como colorífico, é extraído do pimentão vermelho ou das sementes do urucuzeiro, árvore nativa brasileira. Emprega-se para dar coloração vermelho-alaranjada a arroz, patês, molhos, aves e carnes de todos os tipos, na tradicional moqueca capixaba e em outras receitas.

COMINHO

É uma semente pequena e alongada. Pode ser utilizado em grãos, para polvilhar pães salgados, ou em pó, como tempero de carnes de panela ou de assados. É uma especiaria básica da culinária regional nordestina.

Por apresentar sabor forte, deve ser usado moderadamente, pois tende a dominar os sabores da receita.

CRAVO-DA-ÍNDIA

O cravo-da-índia tem a forma de um pequeno botão de flor, aroma forte e picante. Utiliza-se inteiro em doces de frutas, seja em calda ou em pasta. É empregado também em bebidas, como quentão e vinho quente à brasileira. Em pó (pequena quantidade), serve para temperar carnes, ensopados e receitas de bolos, tortas e pães.

DILL

Saborosa e aromática erva, de gosto levemente anisado e parecido com o das folhinhas de erva-doce. Bastante empregado em receitas com peixes, nos molhos com iogurte e em algumas receitas com legumes.

ERVA-DOCE (SEMENTES)

Suas sementes são usadas em pães, doces, bolos, biscoitos e tortas. Servem também para aromatizar o chá que entra na composição da geleia de mocotó.

ESTRAGÃO

Erva de folhas longas e finas, bastante aromática, utilizada largamente na culinária francesa. Alguns bons vinagres são aromatizados com estragão. O clássico molho Bernaise leva em sua composição essa saborosa e perfumada erva.

Gengibre

A raiz do gengibre tem sabor picante e aroma muito acentuado. No norte do Brasil, ela é usada para temperar alguns pratos típicos, como a moqueca de peixe e o tradicional quentão. Na culinária oriental, é um dos ingredientes de base. Indispensável como acompanhamento para sushis e sashimis. Em pó, pode ser utilizado como aromatizante para biscoitos, bolos e tortas.

Gergelim

As sementes de gergelim são usadas ao natural ou torradas. Ao natural, são polvilhadas sobre massas de pães, tortas e biscoitos. Torradas, são mais apropriadas para o polvilhamento de massas com calda de mel à chinesa, doces árabes e alguns pratos da culinária oriental.

Hortelã

A hortelã fresca é muito utilizada na culinária árabe. Outro clássico é a geleia de hortelã, que acompanha receitas de carneiro e cordeiro. Entra, ainda, no preparo de refrescos, drinques e licores.

Kümmel

Conhecido no Brasil por alcaravia, é muito utilizado por alemães e húngaros para dar sabor característico a alguns de seus pratos mais comuns, como saladas de batatas, patês, chucrute, pães, bolos e biscoitos.

Louro

O louro é utilizado como aromatizante e estimulante do apetite. Encontrado em folhas secas ou frescas na maioria dos mercados, serve para aromatizar carnes de todos os tipos, ensopados, caldos e marinadas. É utilizado também no cozimento de castanhas.

Manjericão

O manjericão é bastante aromático, sendo usado na preparação de molhos de tomate, no tradicional pesto genovês, em saladas, cremes, pastas e tortas.

Manjerona

De aroma e sabor delicados, a manjerona é usada no cozimento de presunto tipo tender, em molhos de tomate (com ou sem carne) e em assados de carne de porco.

Molho Inglês

Condimento bastante utilizado na culinária, realça o sabor de algumas receitas e torna-se ingrediente principal de outras. Combina com carnes em geral e fica ótimo em sanduíches e molhos. Na sua composição básica entram anchovas, cravo-da-índia, vinagre e açúcar.

Mostarda

Condimento preparado a partir das sementes de mostarda misturadas com vinagre e cúrcuma, para dar cor. Encontrada em várias preparações diferentes, é indicada como acompanhamento para carnes, salsichas e embutidos em geral. Entra também na preparação de molhos, como o molho mostarda, servido com filé-mignon.

Noz-moscada

A noz-moscada é uma noz aromática. Ralada, serve para dar um sabor característico a sopas, molhos, recheios de carne e frango, aves e carnes ensopadas ou assadas. Utilizada na medida certa, confere um sabor delicado aos pratos. Utilizada em excesso, pode ser prejudicial à saúde em virtude dos princípios ativos contidos em seus óleos essenciais.

Orégano

O orégano tem aroma forte e tanto pode ser usado fresco como seco. Indicado para aromatizar pizzas e outros pratos da culinária italiana, seu sabor tende a dominar a receita, portanto deve ser utilizado com moderação. Para liberar mais sabor e aroma do orégano fresco, ao adicioná-lo à receita esfregue as folhinhas entre os dedos.

Papoula (Sementes)

A semente da papoula tem sabor agradável e textura crocante. Como condimento, pode ser salpicada em massas de petit-four, biscoitos, strudel e pães. Usa-se também em algumas receitas salgadas.

Páprica

A páprica doce é extraída de pimentões vermelhos secos. Já a páprica picante é o resultado da pulverização de pimentas vermelhas secas ao sol. Tanto uma quanto a outra servem para dar sabor e cor a diversas receitas, como o goulash. Bastante comum na culinária húngara, alemã e polonesa, o ingrediente também é utilizado na Espanha.

Pimenta-branca

A pimenta-branca é extraída do mesmo fruto da pimenta-do-reino. Menos aromática e menos picante, o uso de ambas é o mesmo, mas a pimenta-branca dá um aspecto melhor ao tempero de sopas claras, maioneses, salpicões de legumes com carnes brancas ou presunto e pratos à base de molho branco, porque sua cor não se destaca.

Pimenta-de-caiena

É uma espécie de pimenta vermelha seca e transformada em finíssimo pó. Muito ardida, deve ser utilizada com cautela. Uma das pimentas mais utilizadas na culinária do sul dos Estados Unidos.

Pimenta-calabresa

É a pimenta vermelha seca e transformada em flocos. Destaca-se por ser muito picante. Pode ser acrescentada a refogados, bem como na finalização da receita. Utilize-a com moderação, pois ao ser aquecida ela libera óleos essenciais que conferem bastante ardor à receita.

Pimenta-da-jamaica

Apreciada especiaria, também conhecida como pimenta-síria ou tempero ba-har, seu sabor e seu aroma lembram uma combinação de canela, noz-moscada e cravo. Útil no preparo de picles, peixes, frangos, carnes e alguns doces.

Pimenta-de-cheiro

As pimentas-de-cheiro são facilmente identificáveis. São bolinhas vermelhas ou amarelas muito usadas na culinária brasileira, principalmente na baiana. Seu sabor é mais suave e menos picante que o da maioria das pimentas; o aroma é agradável e estimula o apetite.

PIMENTA-DO-REINO

Também conhecida como pimenta-preta, preferencialmente deve ser moída na hora, para manter suas características de aroma e sabor. Podem ser utilizados os grãos inteiros no preparo de caldos, conservas e molhos básicos.

PIMENTA-MALAGUETA

Pequena, porém poderosa, essa é uma das pimentas mais ardidas, sendo muito usada na cozinha regional brasileira.

PIMENTA-VERDE

É o poivre-vert dos franceses, a pimenta-do-reino que foi colhida antes de amadurecer e que dá aos pratos um sabor todo especial. Levemente picante e perfumada, serve especialmente para temperar carne bovina. O prato mais conhecido entre os preparados com ela é o filé ao poivre-vert.

RAIZ-FORTE

De aroma intenso e acentuado sabor, é usada ralada, para temperar patês de queijo, saladas cruas de pepino ou rabanete, arenque e molhos.

SAL

Tempero usado mundialmente, em quase todos os pratos. De sua exata dosagem depende o sucesso ou o fracasso de um prato. Entra também na composição de doces, pois realça o sabor. É encontrado em várias formas: refinado, marinho, grosso e em pedras. O sal marinho é o mais indicado para a culinária, pois proporciona à receita um sabor bastante agradável e pouco ácido.

SALSA

Um dos temperos mais usados na cozinha, de sabor agradável e aroma suave, a salsa complementa as mais variadas receitas. Pode ser encontrada nas espécies lisa ou crespa, sendo esta a mais indicada para a decoração dos pratos.

SALSÃO

O mesmo que *aipo*.

SÁLVIA

Erva de folhas ligeiramente acinzentadas, aromáticas e levemente azedas. Utilizada para o tempero de assados em geral, molhos de sabor forte e carnes de carneiro, cabrito e porco. Bastante utilizada na culinária italiana, combina com molhos à base de manteiga.

SEGURELHA

O mesmo que *alfavaca*.

TOMILHO

Mais uma erva importantíssima na culinária internacional. De pequenas folhas arredondadas, com sabor delicado, lembrando o do orégano, porém mais suave, entra no tempero de carnes e aves em geral, combinando com tomates, batatas e legumes. O azeite e o alho são companheiros ideais para o tomilho.

VINAGRE

Esse é mais um ingrediente importante. Sua origem é muito antiga, sendo o resultado da acidulação de vinho, arroz, álcool ou maçãs. O mais comum é o vinagre de vinho branco. O de arroz é utilizado em toda a culinária asiática, e o de maçãs, em algumas culturas europeias e norte-americanas. Indispensável em molhos para salada e em algumas marinadas para carnes.

ZIMBRO

O zimbro tem os frutos parecidos com as pimentas-pretas, porém um pouco maiores. Usa-se no preparo de chucrute e em outros pratos da culinária alemã. Muito utilizado no preparo de receitas à base de carnes fortes, pode ser usado também em molhos.

Sugestões de Cardápios

Sugestões de Cardápios

"O menu (ementa, cardápio, lista, carta) *deve ser organizado atendendo-se ao paladar e às conveniências higiênicas das pessoas às quais é servido. Não há mister que sejam eles complexos e aparatosos, como supõem os 'novos ricos'. Devem, pelo contrário, ser simples, agradáveis e variados. Não é a quantidade e nem os exteriorismos que os valorizam, mas, sim, a qualidade e esta se manifesta pelo esmero da confecção, variação e valor, sob o ponto de vista nutritivo, das iguarias e dos acepipes apresentados."*

Texto da edição de 1944 de *Dona Benta*.

Cardápios

CARDÁPIOS

A escolha do cardápio deve ser feita levando em conta vários fatores. O número de pessoas que irão fazer a refeição, preferências individuais, capacidade técnica para a execução das receitas e disponibilidade de ingredientes são pontos fundamentais a serem avaliados. Não é necessário que o cardápio seja complexo e sofisticado, como supõem alguns. Pelo contrário, quanto mais simples e variado, maiores as chances de sucesso. O importante é ter sempre como maior preocupação a qualidade dos ingredientes e o esmero em preparar as receitas.

Entre comer e saber comer existe uma grande diferença. É erro supor que a escolha, a confecção e o arranjo dos pratos, na constituição do almoço ou do jantar, possam ser feitos arbitrariamente, sem levar em conta as condições e as necessidades orgânicas. Além da parte estética, a refeição deve ser balanceada, oferecendo fontes de proteínas, carboidratos e vitaminas. Portanto, os cardápios devem unir o útil ao agradável, ou seja, sabor, aroma, apresentação e qualidade nutricional.

Incluímos neste capítulo uma série de sugestões de cardápios, que podem compor a base de algumas refeições. Sinta-se à vontade para alterar e modificar as escolhas. Não existe regra fixa.

CARDÁPIOS CONTEMPORÂNEOS

Para o dia a dia, procure servir receitas simples com ingredientes frescos, frutas, legumes, verduras e grãos, que são importantes fontes de nutrientes. Não exagere no consumo de carnes e varie sempre a carne a ser servida.

Ofereça peixes e frutos do mar pelo menos uma vez por semana. No Brasil, o arroz e o feijão são quase obrigatórios nas mesas, porém faça variações com os tipos de feijão e substitua-o algumas vezes por lentilha, grão-de-bico ou ervilha.

Para refeições mais elaboradas e formais, pode-se seguir a ordem: entrada quente ou fria; primeiro prato, normalmente massa ou risoto; prato principal à base de carne, ave ou pescado, servido com guarnições e acompanhamentos; sobremesas e frutas.

ALMOÇO INFORMAL

1 Petiscos em geral, embutidos fatiados, queijos, azeitonas, castanhas etc.

2 Saladas em geral, musses, galantines, carpaccio etc.

3 Carnes e aves em geral, peixes e frutos do mar, massas, risotos e tortas. Os acompanhamentos e as guarnições devem ser escolhidos conforme o prato.

4 Pudins, flans, musses, sorvetes, tortas, compotas, gelatinas etc.

5 Frutas da estação descascadas e cortadas.

6 Café e chás.

ALMOÇO FORMAL

1 Canapés, patês, queijos e embutidos fatiados, nozes em geral etc.

2 Terrines, musses salgadas, saladas compostas, consomê (no inverno) etc.

3 Massas em geral, risotos, crepes, quiches etc.

4 Carnes em geral, peixes e frutos do mar, assados etc., com acompanhamentos adequados ao prato.

5 Crepes, flans, charlotes, pavês, frutas flambadas etc.

6 Frutas da estação descascadas e fatiadas.

7 Petit-fours, chocolatinhos, trufas de chocolate etc.

8 Café e chás.

JANTAR INFORMAL

1 Petiscos em geral, castanhas, amendoins, patês etc.

2 Sopas, cremes e caldos nos dias mais frios.

3 Saladas nos dias mais quentes.

4 Carnes, aves, pescados, tortas, panquecas ou massas etc.

5 Compotas, tortas, pudins etc.

6 Café e chás.

JANTAR FORMAL

1 Damascos, pistaches, amêndoas, nozes, patês e canapés.

2 Sopas elaboradas e cremosas servidas com torradas ou croûtons.

3 Saladas elaboradas podem ser servidas como entrada nos dias mais quentes.

4 Suflês, folhados, frutos do mar, saladas mornas etc.

5 Pescados, carnes, aves, massas em geral, risotos etc. Escolha as guarnições de acordo com o prato principal.

6 Crepes, bavaroises, pavês e terrines, sorvetes enformados, tortas etc.

7 Frutas da estação e queijos de primeira linha.

8 Petit-fours, chocolatinhos, trufas de chocolate etc.

9 Café, chás e digestivos.

DICAS PARA COMPOR CARDÁPIOS

1 Opte sempre por receitas que utilizem ingredientes da estação. Assim você garante a qualidade dos produtos.

2 Escolha receitas que sejam viáveis de serem preparadas no tempo que você tem disponível e com o equipamento que possui.

3 Evite ser repetitivo na utilização dos ingredientes. Por exemplo, se utilizar tomates na salada, não sirva massa com molho de tomates nem tomates assados como acompanhamento. Se for servir um prato à base de creme de leite, como o estrogonofe, evite servir creme chantilly na sobremesa, e assim por diante.

4 Escolha a sequência dos pratos respeitando a intensidade dos sabores de cada receita: se servir um prato muito forte no início da refeição, os pratos seguintes não serão valorizados.

5 Certifique-se de que os convidados não possuam restrições alimentares ou alergias. Nada pior do que servir algo de que as pessoas não gostem e que, por educação, são obrigadas a comer.

ALMOÇOS PARA O DIA A DIA

1 Salada mista (pág. 138) com molho tradicional (pág. 170), arroz básico (pág. 345), feijão simples (pág. 369), bife acebolado (pág. 520) e batata frita (pág. 291). Sobremesa: frutas da estação.

2 Salada de agrião (pág. 136) com molho tradicional (pág. 170), arroz básico (pág. 345), frango à caçadora simples (pág. 486) e polenta básica (pág. 381). Sobremesa: musse de maracujá cremosa (pág. 719).

3 Salada de alface (pág. 136), salada de batata à alemã (pág. 144), salsichas cozidas, repolho roxo agridoce (pág. 337) e arroz básico (pág. 345). Sobremesa: torta de maçã sem massa (pág. 899).

4 Salada de chicória (pág. 137) com molho de gorgonzola (pág. 168), arroz básico (pág. 345), feijão simples (pág. 369) e madalena de carne (pág. 532). Sobremesa: frutas da estação.

5 Salada de abobrinha com hortelã (pág. 142) e capelete à romanesca (pág. 395). Sobremesa: sorvete tipo italiano (pág. 926).

6 Salada siciliana (pág. 161), posta de peixe com molho de alcaparra (pág. 605), batata sauté (pág. 293) e arroz básico (pág. 345). Sobremesa: creme rápido de chocolate (pág. 667).

7 Salada de cenoura ou beterraba cruas (pág. 137) com molho rosé (pág. 170), frango assado com limão (pág. 489), batata assada (pág. 289) e arroz com amêndoa (pág. 347). Sobremesa: torta de morango com chantilly (pág. 902).

8 Salada de alface (pág. 136) e de tomate (pág. 140) com molho mostarda (pág. 169), arroz e feijão à moda cubana (pág. 359), costeleta de porco frita (pág. 546) e chuchu na manteiga (pág. 313). Sobremesa: abacaxi gelado.

9 Salada de moyashi (pág. 139), arroz básico (pág. 345) e frango xadrez (pág. 490). Sobremesa: pudim de laranja (pág. 688).

10 Salada de pupunha (pág. 158), picanha ao forno (pág. 513), arroz à grega (pág. 346), brócolis cozidos (pág. 306) e batata portuguesa (pág. 292). Sobremesa: pavê de coco (pág. 694).

11 Salada mista (pág. 138) com molho tradicional (pág. 170), arroz básico (pág. 345), purê de abóbora (pág. 280), couve à mineira (pág. 316) e carne-seca desfiada (pág. 535). Sobremesa: manjar branco (pág. 672).

12 Salada Caesar (pág. 146) com molho Caesar (pág. 168) e risoto à moda americana (pág. 361). Sobremesa: torta de nozes-pecã (pág. 903).

ALMOÇOS PARA CONVIDADOS

SUGESTÃO 1

1 Antepastos: pasta de salmão (pág. 110) e pasta de tomate seco (pág. 111) com torradas. Sirva com os drinques na sala.

2 Entrada: carpaccio (pág. 120).

3 Primeiro prato: risoto italiano de cogumelo seco (pág. 363).

4 Prato principal: vitela assada (pág. 539) servida com brócolis cozidos (pág. 306) e batata assada (pág. 289).

5 Sobremesas: pavê de passas e creme (pág. 696) e frutas da estação.

6 Café, chás e petit-fours.

SUGESTÃO 2

1 Antepastos: petit-four salgado (pág. 195), canapé de patê (pág. 103) e dip de legumes (pág. 108). Sirva com os drinques na sala.

2 Entrada: musse de salmão (pág. 126) servida com salada verde.

3 Primeiro prato: nhoque de ricota (pág. 407).

4 Prato principal: codorna com uva-itália (pág. 500) servida com purê de mandioquinha (pág. 328) e bolinha de cenoura (pág. 311).

5 Sobremesas: bavaroise de chocolate (pág. 704) e frutas da estação.

6 Café, chás e petit-fours.

SUGESTÃO 3

1 Antepastos: queijo brie com geleia de framboesa (pág. 113) e pasta de ervas finas (pág. 111) com torradas. Sirva com os drinques na sala.

2 Entrada: salada de lula (pág. 153).

3 Prato principal: lombo à toscana (pág. 553) servido com purê de batata (pág. 298) e vagem na manteiga (pág. 341).

4 Sobremesa: crepe com morango flambado (pág. 917).

5 Café, chás e petit-fours.

SUGESTÃO 4

1 Antepastos: amendoins torrados, castanhas-de-caju torradas e amêndoas torradas.

2 Entrada: casquinha de siri (pág. 121) ou salada de pupunha (pág. 158).

3 Prato principal: bobó de camarão (pág. 621) servido com arroz com castanha-do-pará (pág. 350) e molho para bobó de camarão (pág. 622).

4 Sobremesas: quindão cremoso (pág. 685) e frutas da estação.

5 Café, chás e petit-fours.

SUGESTÃO 5

1 Antepastos: crostini de búfala (pág. 107) e crostini primavera (pág. 106). Sirva com os drinques na sala.

2 Entrada: salada do mar com arroz selvagem (pág. 154).

3 Prato principal: cordeiro com purê de batata-roxa (pág. 569) servido com tomate à provençal (pág. 338).

4 Sobremesas: torta-musse de chocolate (pág. 899) e frutas da estação.

5 Café, chás e petit-fours.

JANTARES PARA O DIA A DIA

1 Salada de tomate (pág. 140) e salada de alface (pág. 136) com molho italiano (pág. 170), arroz básico (pág. 345) e torta de frango (pág. 434). Sobremesa: frutas da estação.

2 Sopa de mandioquinha (pág. 255), arroz básico (pág. 345), escalope de frango com laranja (pág. 484) e cenoura glacée (pág. 311). Sobremesa: torta gelada de doce de leite (pág. 896).

3 Salada de acelga com abacaxi (pág. 143), estrogonofe rápido (pág. 511), batata palha (pág. 291) e arroz básico (pág. 345). Sobremesa: crepe com calda de laranja (pág. 916).

4 Sopa-creme de palmito (pág. 257), arroz básico (pág. 345), filé de pescada com molho tártaro (pág. 611) e batata sauté (pág. 293). Sobremesa: frutas da estação.

5 Salada caprese (pág. 147) e macarrão com pesto genovês (pág. 400). Sobremesa: musse rápida de morango (pág. 720).

6 Sopa de caldo de feijão (pág. 250), bolo de carne simples (pág. 530), batata sauté (pág. 293), arroz básico (pág. 345) e purê de batata (pág. 298). Sobremesa: pudim de laranjas (pág. 688).

7 Caldo verde (pág. 232), bacalhau gratinado (pág. 618) e arroz com amêndoa (pág. 347). Sobremesa: ovos moles de Aveiro (pág. 674).

8 Salada de grão-de-bico (pág. 150), arroz básico (pág. 345), panqueca com carne (pág. 412) e couve-flor à milanesa (pág. 317). Sobremesa: creme de abacate (pág. 666).

9 Salada de pepino (pág. 139) com molho de iogurte (pág. 168), arroz básico (pág. 345) e moussaka (pág. 534). Sobremesa: musse de limão (pág. 718).

10 Salada de couve-flor (pág. 138) com molho italiano (pág. 170), ossobuco à ambrosiana (pág. 519), arroz à piemontesa (pág. 346) e vagem na manteiga (pág. 341). Sobremesa: tiramisu (pág. 695).

11 Salada lombarda com pera (pág. 153) com molho de gorgonzola (pág. 168) e quiche Lorraine (pág. 432). Sobremesa: musse branca com calda de chocolate (pág. 716).

12 Sopa de cebola (pág. 245), rosbife de filé (pág. 514), arroz com legumes (pág. 351) e bolo de batata ao forno (pág. 294). Sobremesa: creme de papaia com cassis (pág. 667).

JANTARES PARA CONVIDADOS

SUGESTÃO 1

1 Antepastos: aperitivos (pág. 95) e canapé de carpaccio (pág. 100). Sirva com as bebidas na sala.

2 Entrada: flan de parmesão (pág. 125).

3 Prato principal: coelho com presunto cru e aspargo (pág. 573) servido com batata cozida e frita (pág. 290). Opcional: arroz básico (pág. 345).

4 Sobremesas: bavaroise de baunilha (pág. 705) e uvas frescas.

5 Café, chás e petits-fours.

SUGESTÃO 2

1 Antepastos: canapé de caviar (pág. 105) e canapé de salmão defumado (pág. 105). Sirva com os drinques na sala.

2 Entrada: figo com presunto (pág. 125).

3 Prato principal: escalope de vitela ao madeira (pág. 541) servido com arroz na fôrma com parmesão (pág. 360) e aspargo especial (pág. 289).

4 Sobremesas: suflê de chocolate (pág. 723) e morango com creme chantilly (pág. 658).

5 Café, chás e petit-fours.

SUGESTÃO 3

1 Antepasto: aperitivos (pág. 95). Sirva com os drinques na sala.

2 Entrada: sopa-creme de aspargo (pág. 242).

3 Prato principal: salmão com molho holandês (pág. 613) servido com batata gratinada (pág. 289) e cenoura glacée (pág. 311).

4 Sobremesa: crêpes Suzettes (pág. 917) com sorvete de creme (pág. 924).

5 Café, chás e petit-fours.

SUGESTÃO 4

1 Antepastos: aperitivo (pág. 95), queijo brie com geleia de framboesa (pág. 113) e patê caseiro (pág. 127) com torradas.

2 Entrada: musse de salmão (pág. 126) com salada de folhas verdes.

3 Prato principal: costeleta de vitela alla milanese (pág. 540) servida com polenta cremosa com cogumelo (pág. 381).

4 Sobremesas: suflê de maçã (pág. 724) e torta-musse de chocolate (pág. 899).

5 Café, chás e petit-fours.

SUGESTÃO 5

1 Antepastos: aperitivo (pág. 95), damasco com queijo cremoso (pág. 107) e espetinho de melão com presunto (pág. 108). Sirva com os drinques na sala.

2 Entrada: salada de camarão (pág. 147).

3 Prato principal: frango à moda de Parma (pág. 487) servido com purê de batata (pág. 298) e couve-flor refogada (pág. 319).

4 Sobremesas: musse clássica de chocolate (pág. 715) e frutas da estação.

5 Café, chás e petits-fours.

ALMOÇOS DE SÁBADO

1 Feijoada completa (pág. 375) servida com couve à mineira (pág. 316), arroz básico (pág. 345), caldinho de feijão (pág. 230), laranjas descascadas e farinha de mandioca. Sobremesas: salada de frutas da estação e compotas variadas.

2 Salada de folhas verdes variadas com molho tradicional (pág. 170), cassoulet (pág. 370), arroz escaldado (pág. 345), batatas e cenouras cozidas. Sobremesas: uvas frescas e ovos nevados (pág. 675).

3 Salada de folhas verdes variadas com molho de iogurte (pág. 168), salada de tomate (pág. 140) e quiche Lorraine (pág. 432). Sobremesa: frutas da estação.

4 Salada de palmito (pág. 139), moqueca de namorado (pág. 602), angu baiano para peixe (pág. 379) e arroz básico (pág. 345). Sobremesa: goiaba em calda (pág. 748) com queijo fresco.

ALMOÇOS DE DOMINGO

1 Churrasco variado de carnes acompanhado de salada mista (pág. 138), arroz de carreteiro (pág. 356), farofa e molho vinagrete (pág. 479). Sobremesas: melancia e abacaxi.

2 Caponata siciliana (pág. 119) com pão italiano, salada napolitana (pág. 156), lasanha (pág. 398), chicória ou escarola refogada (pág. 312) e franguinho de leite (pág. 492). Sobremesas: figos e melão.

3 Salada de grão-de-bico (pág. 150), bacalhoada portuguesa (pág. 620) e arroz básico (pág. 345). Sobremesas: frutas da estação e ovos moles de Aveiro (pág. 674).

4 Salada de folhas verdes variadas, salada de batata à alemã (pág. 144), rosbife de lagarto (pág. 514), salada de repolho (pág. 140) e pepino em conserva a frio (pág. 331). Sobremesa: Strudel de maçã (pág. 906) com creme chantilly (pág. 658).

ALMOÇO DE PÁSCOA

Salada de folhas verdes, bolinha de melão com Parma (pág. 119), penne com abóbora e espinafre (pág. 407), perna de carneiro assada à gringo (pág. 570), brócolis à romana (pág. 306) e batata cozida e frita (pág. 290). Sobremesas: torta de ameixa à italiana (pág. 890) e espumone (pág. 668).

ALMOÇO PARA O DIA DAS MÃES

Salada de folhas verdes variadas com molho italiano (pág. 170), quiche de alho-poró (pág. 432), camarão ao forno com requeijão (pág. 625) ou camarão com curry (pág. 626), arroz básico (pág. 345) e batata palha (pág. 291). Sobremesa: torta tradicional de morango (pág. 902) ou torta de maçã à francesa (pág. 898).

ALMOÇO PARA O DIA DOS PAIS

Salada napolitana (pág. 156), macarrão aos quatro queijos (pág. 401), tournedo com cogumelo (pág. 518), vagem na manteiga (pág. 341) e cenoura glacée (pág. 311). Sobremesas: musse com calda de chocolate (pág. 716) e frutas da estação.

Ceias para o Natal

Sugestão 1

1 Salada Waldorf (pág. 163)
2 Salada verde com molho tradicional (pág. 170)
3 Tênder à Califórnia (pág. 560)
4 Peru à brasileira (pág. 496)
5 Arroz com amêndoa (pág. 347)
6 Bobó de camarão (pág. 621)
7 Capelete à romanesca (pág. 395)
8 Bavaroise de morango (pág. 706)
9 Fios de ovos (págs. 795, 796)
10 Torta de cereja (pág. 893)
11 Bolo de Natal (pág. 834)
12 Frutas da estação

Sugestão 2

1 Cuscuz de panela (pág. 124)
2 Salada de pupunha (pág. 158)
3 Salada verde com molho rosé (pág. 170)
4 Tênder à Virgínia (pág. 561)
5 Peru recheado à mineira (pág. 498)
6 Arroz com champanhe (pág. 350)
7 Gravatinhas com salmão (pág. 398)
8 Quindim tradicional (pág. 685)
9 Torta de maçã com nozes (pág. 898)
10 Bolo de Natal (pág. 834)
11 Frutas da estação

CEIAS PARA O RÉVEILLON

SUGESTÃO 1

1 Salada de folhas verdes com molho de gorgonzola (pág. 168)
2 Salada do mar com arroz selvagem (pág. 154)
3 Lombo com abacaxi (pág. 551)
4 Rigatone recheado (pág. 409)
5 Arroz com castanha-do-pará (pág. 350)
6 Lentilha com tomate (pág. 326)
7 Manjar branco (pág. 672)
8 Torta tradicional de morango (pág. 902)
9 Frutas da estação

SUGESTÃO 2

1 Salada de lentilha (pág. 153)
2 Salada russa (pág. 160)
3 Salada Texas (pág. 162)
4 Rosbife de filé (pág. 514)
5 Camarão na moranga (pág. 627)
6 Canelone de ricota (pág. 395)
7 Arroz à grega (pág. 346)
8 Torta gelada de doce de leite (pág. 896)
9 Musse de maracujá com calda (pág. 719)
10 Bavaroise de chocolate (pág. 704)
11 Frutas da estação

Refeições temáticas

Refeições temáticas

Refeições Temáticas

Brasileira

Acarajé (pág. 374), vatapá de peixe (pág. 606), arroz básico (pág. 345) e bobó de camarão (pág. 621). Sobremesa: quindão cremoso (pág. 685).

Cuscuz de panela (pág. 124) com molho de camarão e peixe assado recheado (pág. 603). Sobremesa: manjar branco (pág. 672).

Lombo à mineira (pág. 550), couve à mineira (pág. 316), arroz básico (pág. 345) e tutu de feijão (pág. 371). Sobremesa: goiaba em calda (pág. 748).

Árabe

Na verdade, são receitas do Oriente Médio do norte da África, porém popularmente conhecidas como sendo de cozinha árabe.

Pasta de grão-de-bico (pág. 112), pasta de berinjela (pág. 110), pão sírio, tabule (pág. 166), quibe de forno (pág. 533) e arroz com amêndoa e frango (pág. 347). Sobremesa: doces típicos (encontrados em docerias especializadas).

Italiana

Antepastos variados (escolher no capítulo de antepastos), salada caprese (pág. 147), risoto italiano de cogumelo seco (pág. 363), saltimbocca à romana (pág. 518) e espinafre na manteiga. Sobremesa: tiramisu (pág. 695).

Antepastos variados (escolher no capítulo de antepastos), salada de folhas verdes com molho italiano (pág. 170), polenta grelhada com calabresa (pág. 383), peixe inteiro com molho de camarão (pág. 609) e batata cozida ou assada (pág. 289). Sobremesas: zabaione (pág. 680) e uvas frescas.

Norte-americana

Coxinha de frango picante (pág. 484), salada Caesar (pág. 146), salada americana de repolho (pág. 143), costelinha de porco agridoce (pág. 547), batata assada (pág. 289), feijão assado à moda americana (pág. 369) e milho verde cozido em água e sal. Sobremesa: torta americana de maçã (pág. 891) ou cheesecake com framboesa (pág. 889).

Francesa

Salada de folhas verdes com molho mostarda (pág. 169), filé ao molho de pimenta-verde (pág. 515), batata sauté (pág. 293) e cenoura glacée (pág. 311). Sobremesas: charlote anglaise (pág. 699), peras e queijos variados.

Portuguesa

Sardinha na brasa (pág. 614), salada de fava verde (pág. 138), caldo verde (pág. 232), bacalhau à moda do Porto (pág. 619). Sobremesa: arroz-doce com leite (pág. 678).

Espanhola

Antepasto de pimentão I (pág. 97), fritada espanhola de batata (pág. 296), salada de grão-de-bico e bacalhau (pág. 150), coelho à andaluza (pág. 571) e arroz escaldado (pág. 345). Sobremesa: torta de frutas secas (pág. 895).

Montagens e Arranjos de Mesa

Montagens e Arranjos de Mesa

"... bouquets de flores formando guirlandas, orquídeas esparsas, folhagens rendilhadas, espigas maduras entre castiçais de faiança ou porcelana, cristais de bacarat, vidros multicores da Boêmia e pratos de vidro laqueados de ouro, combine tudo harmoniosamente, acentuando os tons e os reflexos de maior efeito e batize a guarnição que criar com esses elementos e outros mais simples ou mais ricos, com um nome que lhe parecer mais adequado..."

CONSTANCE SPRY. TEXTO DA EDIÇÃO DE 1942 DE *DONA BENTA*.

MONTAGENS E ARRANJOS DE MESA

REFEIÇÕES INFORMAIS

1 Para as refeições do dia a dia, uma montagem simples é mais conveniente, colocando sobre a mesa somente o necessário para o serviço.

2 A toalha de mesa deve estar sempre impecável, e a utilização de jogos americanos também é uma boa opção. Para refeições informais, pode-se utilizar guardanapos de papel, que são mais práticos.

3 Se quiser um toque mais elaborado, coloque no centro da mesa um pequeno arranjo com flores ou ainda uma fruteira com frutas frescas. Velas à mesa nunca devem ser utilizadas no almoço.

4 Arrume a mesa de maneira básica, isto é, em frente a cada cadeira, o prato de serviço, garfo de serviço à esquerda do prato e faca à direita, com a lâmina voltada para o prato. Os talheres de sobremesa podem ser colocados à frente do prato, paralelos à mesa. Copo sempre à direita do prato. Os guardanapos devem ser colocados dobrados sobre o prato ou ao lado direito, junto à faca.

5 Não enrole os guardanapos nem os coloque dentro dos copos; a estética não será agradável.

6 Outra opção é o serviço americano, quando os pratos ficam empilhados sobre a mesa, os talheres dispostos lado a lado, os copos bem arrumados e os guardanapos dobrados e sobrepostos. Esse estilo de serviço permite a cada um servir-se e sentar-se onde preferir. O estilo americano é muito útil e prático quando temos mais convidados que cadeiras à mesa.

REFEIÇÕES FORMAIS

1 Quando recebemos convidados de cerimônia, devemos dar mais atenção aos detalhes na organização da mesa. Toalhas impecavelmente limpas ou jogos americanos de materiais de boa qualidade, nada de plástico. No centro da mesa, deve ser colocado um arranjo de flores ou frutas que não seja muito alto para não atrapalhar a conversação.

2 A montagem dos lugares é um pouco mais elaborada. Prato de mesa à frente de cada cadeira. Ao lado esquerdo do prato raso, pode ser colocado um pratinho para pão. Garfos devem ser colocados à esquerda do prato e facas à direita, com as lâminas voltadas para dentro. Colheres de sopa e sobremesa também são colocadas à direita. A ordem dos talheres deve ser seguida levando em consideração os pratos a serem oferecidos. De fora para dentro são colocados os garfos de entrada, para peixe (se estiver servindo), para o prato principal e para a sobremesa. O mesmo acontece com as facas e as colheres. Os guardanapos devem ser dobrados em formato triangular e colocados sobre o prato ou ao lado das facas. Os copos devem seguir esta ordem, da esquerda para a direita: água, vinho tinto e vinho branco.

3 As travessas nas quais será servida a refeição podem ser colocadas em um bufê ou aparador. O serviço também pode ser empratado, isto é, os pratos já vêm montados e decorados da cozinha.

4 Para refeições mais sofisticadas, pode-se realizar o serviço à francesa, no qual as receitas são servidas nas baixelas por copeiras ou copeiros. Nesse caso, cada convidado se serve quando a travessa lhe é apresentada.

Refeições Temáticas

1 Você pode organizar uma refeição temática, isto é, um almoço ou jantar em que sirva receitas de culturas específicas. Para completar o clima, além das receitas é necessário ambientar a mesa, sempre que possível, de forma a reforçar o tema da refeição. Por exemplo: se for preparar um jantar italiano focando a culinária das cantinas, utilize toalhas xadrezes, garrafas de vinho podem ser utilizadas como suporte para velas, uma cesta de pão italiano no centro da mesa, música adequada, e assim por diante. Um cardápio típico de cozinha baiana pede decoração com recipientes de barro, folhas de bananeira, muitas frutas tropicais e flores.

2 Caso não possua utensílios para decorar a mesa de acordo o tema da refeição, utilize o básico, pois assim não terá como errar.

Brunch

1 Brunch é uma mistura de café da manhã com almoço, ou seja, uma refeição servida entre as 11 e as 16 horas. Deve ser servido em mesa do tipo bufê, na qual as sugestões ficam montadas em travessas e com os utensílios apropriados.

2 Obrigatoriamente um brunch bem montado deve oferecer vinho espumante, suco de laranja, pães e frios variados, ovos, que podem ser mexidos ou poché, quiches e tortas, salmão defumado, um ou dois tipos de salada, uma massa ou crepe, frutas, bolos e tortas doces. No mais, utilize a criatividade. Nunca se deve preparar um brunch para menos de 12 convidados, pois só dessa forma se pode dispor uma boa variedade de sugestões.

Lanche da Tarde

1 Muitas famílias ainda têm o hábito de servir um lanche à tarde, principalmente nos finais de semana. É uma ótima opção para organizar um encontro entre amigos.

2 Para montar uma mesa para o lanche da tarde, prepare alguns sanduíches pequenos de pão de fôrma com recheios delicados como patê, peito de peru, queijos e pasta de ricota. Coloque também na mesa uma cesta com pães pequenos do tipo croissant ou pão doce, manteiga, geleias, mel, bolos do tipo inglês e algumas tortas, que podem ser de frutas, como maçã.

3 Você pode servir chá em bules apropriados, uma pequena leiteira deve ser colocada na mesa com leite quente, um recipiente com limão fatiado, açucareiro e adoçantes. Pode-se servir também café e leite e chocolate quente, principalmente se tiver crianças na casa. Além de sucos de frutas naturais.

4 Xícaras de chá ou canecas são indispensáveis, assim como pratinhos, garfos, facas e colheres de sobremesa.

Churrasco

1 Quando for preparar um churrasco para convidados, organize a mesa em local próximo à churrasqueira. Dessa forma, os convidados ficarão perto do anfitrião-churrasqueiro e poderão se servir à vontade. Sobre a mesa coloque os pratos, talheres, guardanapos e demais utensílios. Arrume as saladas em saladeiras grandes e procure realçar o colorido. Coloque os molhos em molheiras e não se esqueça de colocar pães à disposição dos convidados.

2 Para decorar a mesa, use utensílios de madeira, palha e materiais rústicos. O churrasco é uma refeição informal e não combina com pratarias e cristais.

Fondues

1 Se a receita escolhida for fondue, lembre-se de que não deve exagerar no número de convidados, pois a refeição deve ser feita à mesa de forma que eles possam se servir com facilidade. De 6 a 8 pessoas é um número ideal. Dessa maneira fica mais fácil para que se sirvam e a conversa ficará mais interessante.

2 Os pães devem ser colocados em cestas, de forma a estarem ao alcance de todos. Coloque um prato pequeno na frente de cada convidado, bem como garfos apropriados e copos para água e vinho.

3 Você pode colocar na mesa uma travessa com frios fatiados, cebolinhas e pepinos em conserva e batatinhas cozidas. São bons acompanhamentos para as fondues.

Queijos e Vinhos

É sempre agradável receber convidados para um encontro à base de queijos e vinhos. Essa é uma maneira informal de receber que sempre faz sucesso, principalmente nos dias mais frios. Organize os queijos distribuindo-os em tábuas apropriadas sobre a mesa. Os queijos mais utilizados são: brie, emmenthal, gruyére, provolone, camembert, gorgonzola ou roquefort, mozarela de búfala, queijos de cabra tipo chévre ou boursin, parmesão em lascas, itálico, gouda, port salut e fontina. Para acompanhá-los, coloque na mesa cestas com pães variados do tipo baguete, italiano, ciabatta, francês e torradas em geral. Outros acompanhamentos tradicionais são uvas, damascos e frutas secas.

ETIQUETA À MESA

Almoços e jantares mais formais requerem certa atenção com relação aos procedimentos de etiqueta. Alguns detalhes são importantes para o sucesso do acontecimento. Destacamos a seguir os pontos mais relevantes.

1 Os convites devem ser feitos com uma semana de antecedência, para que os convidados possam se programar. É importante informar o traje desejado, visando, assim, evitar constrangimentos.

2 Verifique se as pessoas convidadas não têm algum tipo de problema entre si; é constrangedor convidar para a mesma mesa indivíduos que não se relacionam.

3 Certifique-se de que o cardápio proposto satisfaz o grupo; não é raro determinado convidado não gostar de certas receitas ou ingredientes. Uma boa dica é não inventar muito, pois o clássico quase sempre agrada a todos. No entanto, se o grupo convidado apreciar a boa mesa, sinta-se à vontade para servir pratos mais exóticos.

4 Confira na cozinha se está tudo pronto. Só então chame os convidados para a mesa.

5 O convidado de honra sempre se senta à direita da anfitriã e a convidada de honra ou esposa do convidado senta-se à direita do anfitrião.

6 Procure distribuir os convidados de forma harmônica pela mesa, evitando grupos masculinos e femininos.

7 Os anfitriões são os últimos a se sentar à mesa.

8 Os anfitriões são os últimos a se servir, certificando-se de que os convidados estão devidamente acomodados e servidos.

9 Normalmente os convidados esperam todos estarem servidos para iniciar a refeição. Portanto, não demore a servir, para que a comida não esfrie nos pratos.

10 Verifique o serviço de bebidas e não deixe os convidados com os copos vazios, salvo se assim eles desejarem.

11 Sempre que for servir vinhos, sirva também água.

12 Espere que todos terminem a entrada para retirar os pratos para a próxima receita, e assim por diante, até o final da refeição.

13 Ofereça, mas não insista, para que os convidados repitam. Deixe-os à vontade para se servirem da quantidade suficiente para satisfazê-los.

14 O café pode ser servido na sala, junto com licores e digestivos.

Dicas e Truques

Dicas e Truques

*"**Ganso à moda Viena.** – Mata-se o ganso, depena-se em seco, limpa-se bem, lava-se e enxuga-se perfeitamente por dentro e por fora com uma toalha grossa. Feito isso, põe-se numa vasilha um copo de vinho branco, um pires bem cheio de castanhas cozidas e 4 maçãs partidas em pedaços bem miúdos; mistura-se tudo e deixa-se ficar umas duas horas. À noite, depois do jantar, põe-se esse recheio dentro do ganso, costura-se..."*

TRECHO DE RECEITA RECUPERADO DA EDIÇÃO DE 1944 DE *DONA BENTA*.

DICAS E TRUQUES

ALHO MAIS SABOROSO

Descasque o dente de alho, corte ao meio no sentido do comprimento e elimine o miolo (ou gérmen) de coloração esverdeada. Quando for utilizar alho em refogados, não deixe que doure demais, pois o sabor poderá ficar amargo e o alho se tornará indigesto.

CLARAS EM NEVE BEM BATIDAS

Para bater as claras em neve com perfeição, coloque-as em um recipiente livre de quaisquer traços de água ou oleosidade. Adicione uma pitada de sal ou gotas de limão e ligue a batedeira. O ideal é que as claras estejam em temperatura ambiente.

CREME CHANTILLY PERFEITO

Antes de bater o creme de leite fresco para preparar o chantilly, coloque-o no freezer por alguns minutos. Quanto mais gelado o creme de leite, melhor ficará o chantilly. Depois, é só bater e acrescentar o açúcar lentamente.

COMO CONGELAR MORANGOS FRESCOS

Para congelar morangos, lave-os bem, retire o talo e enxugue-os levemente em papel absorvente, depois, passe os morangos por açúcar, retirando o excesso. Coloque em recipientes apropriados com tampa e leve ao freezer por até 120 dias.

CONFERINDO O FERMENTO PARA BOLOS

Para conferir se o fermento químico em pó está ativo, coloque uma colher de chá do fermento em um copo com água bem quente. Se a água borbulhar vigorosamente é porque o fermento ainda está ativo.

CONSERVANDO ERVAS FRESCAS

Para conservar por mais tempo folhas de ervas frescas, coloque-as em um vidro forrado com papel absorvente, tampe bem e guarde na geladeira.

COZINHANDO MASSAS NA PERFEIÇÃO

Utilizar água filtrada para o cozimento das massas diminui o gosto do cloro, e deixa o sabor da massa mais delicado. A proporção ideal para o cozimento é de 100 g de massa para cada litro de água e 10 g de sal. Adicione o sal após a água levantar fervura.

CUIDADOS COM CALDAS QUENTES

Caldas preparadas com açúcar são potencialmente perigosas, pois podem causar sérias queimaduras em razão das altas temperaturas que atingem. Um cuidado que se deve tomar ao preparar caldas é colocar ao lado do fogão uma tigela com água e bastante gelo. Caso respingue calda na pele, mergulhe imediatamente a parte afetada na água com gelo.

Economizando Gás

O consumo de gás pode ser reduzido pela metade com atitudes bem simples. Por exemplo, assim que a água ferver, abaixe o fogo. Não é necessário manter o fogo alto; a fervura se manterá estável mesmo com a chama baixa.

Frutas Secas em Bolos

Para que as uvas-passas e frutas cristalizadas não afundem na massa do bolo, passe-as na farinha de trigo antes de acrescentar à massa. Dessa maneira, elas ficarão distribuídas por igual quando o bolo assar.

Para Eliminar o Cheiro de Alho das Mãos

Esfregue as mãos em uma colher de inox debaixo de água corrente; utilize a colher como se fosse um sabonete.

Para Eliminar o Cheiro de Repolho

Quando cozinhamos repolho, um forte odor sulfuroso espalha-se no ar. Colocar uma pitada de açúcar na água do cozimento reduz a intensidade do odor.

Para não Salgar a Receita

Sempre que for preparar alimentos líquidos como sopas, caldos e cremes, deixe para colocar o sal no final da receita. Como os líquidos reduzem durante o cozimento, se o sal for adicionado no início, a sua concentração aumentará e não será possível fazer a correção.

PARA TORTAS MAIS CROCANTES

1 Para massas de torta salgada você pode optar por utilizar manteiga ou gordura vegetal hidrogenada. A manteiga dá mais sabor, porém a gordura produz tortas mais crocantes e assadas na perfeição porque resiste mais tempo no forno sem queimar.

2 Utilize assadeiras de vidro refratário. Elas evitam que o calor reflita, absorvendo-o melhor e assando o fundo e a tampa da torta por igual.

TOMATES MENOS ÁCIDOS

Um dos fatores que aumentam a acidez dos molhos de tomate é a utilização de panelas e utensílios de alumínio. Prepare molhos de tomate em panelas de inox, vidro, pedra, ferro ou barro.

RETIRAR A PELE DOS PIMENTÕES

1 Lave os pimentões e unte-os com óleo. Coloque-os diretamente sobre a chama do fogão, virando regularmente para que a pele fique toda chamuscada. Coloque os pimentões em um saco de papel e feche. Deixe no saco por 5 minutos. Retire e elimine a pele, que sairá com facilidade.

2 Outra opção é colocar os pimentões no forno bem quente até as peles estarem queimadas. Retire-os do forno, deixe esfriar e remova a pele.

RETIRAR A PELE DOS TOMATES

1 Para retirar a pele dos tomates com facilidade, faça um corte raso em formato de x na parte superior dos tomates. Coloque água para ferver e, quando estiver fervente, adicione os tomates.

2 Deixe na água por um minuto e escorra, colocando os tomates imediatamente em uma tigela com água e gelo. É só retirar a pele dos tomates, que sairá com facilidade.

ANTEPASTOS

Antepastos

"São substâncias ligeiras e apetitosas com que se iniciam as refeições. Servem como excitante ou estimulante, preparando favoravelmente o estômago para os pratos de entrada. Bem apresentados, guarnecem a mesa e entretêm os convidados até que sejam servidos os demais pratos."

TEXTO DA EDIÇÃO DE 1944 DE *DONA BENTA*.

ANTEPASTOS

APERITIVOS

- *Quando você oferece um almoço ou jantar para convidados, estas são algumas sugestões para servir com os drinques e bebidas que antecedem os antepastos e canapés. Coloque-os em recipientes pequenos, sempre ao alcance dos convidados. Normalmente se disponibilizam várias opções na mesa de centro.*

1 Amêndoas torradas e salgadas

2 Amendoins

3 Pistaches na casca

4 Batatas chips

5 Damascos

6 Nozes

7 Uvas-passas

8 Peras secas

9 Azeitonas verdes

10 Queijos firmes cortados em cubos

11 Frios e embutidos fatiados e arrumados

Uma opção mais sofisticada pode ser preparada com uma mistura de damascos picados, nozes, amêndoas e uvas-passas e servida em recipientes charmosos. Essa preparação é chamada de mélange.

AMEIXA COM BACON

- *24 ameixas secas sem caroço*
- *1 xícara (chá) de água*
- *2 colheres (sopa) de açúcar*
- *24 fatias de bacon*

1 Coloque as ameixas para ferver com água, para que amoleçam um pouco.

2 Enrole uma fatia de bacon em cada ameixa e prenda com um palito.

3 Arrume-as em uma assadeira e leve ao forno para que o bacon fique dourado e crocante. Escorra em papel absorvente e sirva.

ANTEPASTO DE BERINJELA

- *2 berinjelas médias descascadas*
- *1 litro de água*
- *1 colher (sopa) de vinagre*
- *1 colher (chá) de sal, para branquear as berinjelas*
- *½ xícara (chá) de azeite*
- *¼ de xícara (chá) de vinagre branco*
- *1 pitada de pimenta-branca*
- *1 colher (sopa) de orégano*
- *½ xícara (chá) de azeitonas pretas sem caroço e fatiadas*

1 Corte as berinjelas em tiras finas e reserve.

2 Leve a água ao fogo e, quando ferver, junte as berinjelas, o vinagre e o sal. Deixe ferver, por três minutos . Retire do fogo e escorra as berinjelas. Deixe esfriar.

3 Coloque as berinjelas em um recipiente com tampa e acrescente os ingredientes restantes. Acerte o ponto do sal e misture bem. Tampe o recipiente e leve à geladeira por 24 horas.

4 Sirva com pão italiano ou como entrada, com salada de folhas verdes.

Nota: Para incrementar, acrescente tirinhas de pimentão vermelho assado.

ANTEPASTO NAPOLITANO

- *300 g de tomates-cereja*
- *300 g de mozarela de búfala*
- *Sal e pimenta-do-reino*
- *20 folhas de manjericão*
- *1 colher (chá) de orégano*
- *4 colheres (sopa) de azeite*
- *1 colher (sopa) de vinagre*

1 Lave bem os tomates-cereja e seque com um pano. Corte os tomates ao meio e esprema-os levemente para eliminar parte das sementes. Coloque as metades em uma tigela funda.

2 Corte a mozarela de búfala em cubos de 2 cm a 3 cm e coloque na tigela.

3 Salpique a mistura com sal e pimenta-do-reino. Junte o orégano e as folhas de manjericão.

4 Adicione o azeite e o vinagre. Misture bem e leve à geladeira por 1 hora antes de servir.

ANTEPASTO DE PIMENTÃO I

- *6 pimentões grandes*
- *1 cebola grande cortada em fatias finas*
- *½ xícara (chá) de azeitonas sem caroço*
- *4 colheres (sopa) de azeite*
- *2 colheres (sopa) de vinagre*
- *Sal e pimenta-do-reino*

1 Lave os pimentões, seque e coloque sobre uma grelha. Leve ao fogo, virando os pimentões para que assem por igual. Se preferir, asse-os sobre a grade do forno.

2 Lave os pimentões em água corrente, eliminando sua pele. Corte-os ao meio e descarte as sementes. Corte em tiras de 2 cm e arrume em um recipiente com tampa.

3 Misture todos os outros ingredientes em uma tigela e despeje sobre os pimentões. Tampe a tigela e leve à geladeira por até uma semana.

4 Sirva como entrada.

ANTEPASTO DE PIMENTÃO II

- *3 pimentões vermelhos*
- *3 pimentões amarelos*
- *2 dentes de alho*
- *¼ de xícara (chá) de azeite*
- *Vinagre*
- *Sal e pimenta-do-reino*
- *2 colheres (sopa) de alcaparras*
- *Orégano*

1 Asse os pimentões sobre uma grelha colocada sobre o queimador do fogão ou no forno quente até que a pele fique ligeiramente escura.

2 Retire os pimentões do fogo, lave em água corrente e elimine a pele e as sementes. Corte em fatias de 2 cm de largura.

3 Fatie os dentes de alho finamente.

4 Tempere os pimentões com o azeite, o vinagre, o sal e a pimenta-do-reino. Acrescente o alho e misture.

5 Cubra com as alcaparras, salpique o orégano e leve à geladeira por 2 horas.

Nota: Este antepasto dura na geladeira por até uma semana.

Antepasto Picante de Berinjela

- *1 kg de berinjelas médias*
- *¾ de xícara (chá) de sal*
- *1 xícara (chá) de vinagre de vinho tinto*
- *1 xícara (chá) de azeite*
- *4 dentes de alho*
- *2 folhas de louro*
- *1 colher (sopa) de orégano*
- *1 colher (chá) de pimenta calabresa em flocos*

1 Descasque as berinjelas e corte em fatias de ½ cm de espessura no sentido do comprimento. Corte as fatias em palitos. Misture os palitos de berinjela com o sal. Coloque em uma peneira e deposite um peso sobre as berinjelas. Deixe descansar por 1 hora para perder totalmente a água.

2 Após 1 hora, esprema bem e lave os filetes de berinjela em água corrente para retirar o sal. Esprema até retirar o máximo de líquido possível. Coloque novamente em uma tigela e acrescente o vinagre. Deixe descansar por mais 2 ou 3 horas. Esprema novamente muito bem, elimine o vinagre e acrescente o azeite, o alho, as folhas de louro, o orégano e a pimenta calabresa.

3 Coloque em um vidro, tampe e deixe descansar por mais 12 horas na geladeira.

4 Sirva com pão italiano.

Azeitona com Filé de Anchova Rolmop

- *12 filés de anchovas salgadas*
- *24 azeitonas verdes*

1 Lave bem as anchovas para eliminar o sal. Remova as espinhas.

2 Descaroce as azeitonas e recheie cada uma com ½ filezinho de anchova.

3 Sirva em uma travessa.

Azeitona Recheada

- *36 azeitonas verdes*
- *2 pimentões vermelhos em conserva*

1 Descaroce cuidadosamente as azeitonas.

2 Corte o pimentão vermelho em tirinhas bem fininhas, recheie as azeitonas com elas e sirva.

AZEITONA TEMPERADA

- *500 g de azeitonas pretas*
- *1 colher (sopa) de orégano*
- *1 colher (chá) de pimenta calabresa em flocos*
- *1 dente de alho picado*
- *1 xícara (chá) de azeite*
- *Sal*

1 Com a ponta de uma faca, espete três vezes cada azeitona.

2 Coloque as azeitonas em uma tigela e misture-as aos demais ingredientes.

3 Cubra com papel-alumínio e guarde na geladeira por aproximadamente 12 horas antes de servir.

BATATINHA APERITIVO

- *1 kg de batatas tipo bolinha cozidas com casca*
- *2 cebolas*
- *3 dentes de alho*
- *2 pimentões verdes ou vermelhos*
- *4 tomates meio verdes sem sementes*
- *1 maço de salsa*
- *1 xícara (chá) de azeite*
- *½ xícara (chá) de vinagre*
- *1 colher (chá) de sal*
- *1 colher (café) de pimenta-do-reino*

1 Espete todas as batatas uma ou duas vezes com um garfo e coloque em uma tigela.

2 Triture ou pique grosseiramente a cebola, o alho, o pimentão, o tomate e a salsa e junte às batatas.

3 Junte os temperos , mexa para misturar bem e tampe a tigela. Leve à geladeira por 24 horas.

Nota: *Essas batatas se conservam em geladeira por até uma semana, desde que sejam mexidas diariamente. Se quiser um tempero mais forte, adicione orégano.*

BERINJELA À MODA ORIENTAL

- *2 berinjelas médias*
- *6 colheres (sopa) de molho de soja*
- *2 colheres (sopa) de água*
- *1 colher (chá) de suco de limão*
- *1 colher (chá) de gengibre ralado*
- *1 dente de alho pequeno picado*
- *1 colher (sopa) de cebolinha fatiada*
- *Azeite para untar a assadeira*

1 Descasque as berinjelas e fatie no sentido do comprimento com espessura de 0,5 cm. Aqueça o forno em temperatura média.

2 Unte uma assadeira com um pouco de azeite.

3 Arrume as fatias de berinjela na assadeira em uma só camada. Se necessário, utilize duas assadeiras. Asse as fatias de berinjela até ficarem macias.

4 Deixe esfriar levemente e enrole as fatias como pequenos rocamboles. Em uma panela pequena, misture o molho de soja, a água, o suco de limão, o gengibre, o alho e a cebolinha, aqueça levemente, sem deixar ferver, e sirva com os rolinhos de berinjela.

CANAPÉ DE ATUM

- *1 talo de salsão (aipo) pequeno*
- *1 lata de atum*
- *⅓ de xícara (chá) de maionese*
- *Sal e pimenta-branca*
- *Pão de fôrma torrado e cortado em rodelas*
- *Picles de pepino*

1 Pique finamente o talo de salsão. Amasse ou triture o atum e tempere-o com a maionese, o sal e a pimenta-branca. Adicione o salsão picado e misture bem.

2 Com a pasta obtida, cubra as rodelas de pão de fôrma. Decore cada canapé com uma fatia de picles de pepino.

CANAPÉ DE CARPACCIO

- *6 fatias de pão de fôrma*
- *Maionese*
- *12 fatias de carpaccio (ver nota)*
- *4 colheres (sopa) de queijo parmesão ralado grosso*

Molho:

- *2 colheres (sopa) de alcaparras picadas*
- *1 colher (chá) de mostarda*
- *4 colheres (sopa) de suco de limão*
- *1 colher (chá) de molho inglês*
- *Sal e pimenta-do-reino*
- *⅓ de xícara (chá) de azeite*
- *1 colher (sopa) de salsa picada*

1 Para o molho, pique as alcaparras finamente. Coloque em um recipiente a mostarda, o suco de limão, o molho inglês, o sal e a pimenta-do-reino. Misture bem e acrescente o azeite, misturando para incorporar bem. Acrescente as alcaparras e a salsa e misture. Na hora de servir, misture novamente o molho.

2 Para a montagem, toste as fatias de pão de fôrma em uma torradeira. Passe um pouco de maionese sobre cada fatia. Arrume sobre cada torrada 2 a 3 fatias de carpaccio (depende do diâmetro da carne).

3 Coloque uma colher (sopa) do molho sobre cada fatia e espalhe com uma colher. Corte cada torrada em 4 e arrume os canapés em uma travessa oval. Salpique o queijo parmesão ralado grosso.

4 Para um efeito mais decorativo, salpique salsa picada.

Nota: *O carpaccio é preparado com lagarto bovino, limpo e congelado inteiro. Depois de congelada, a carne é cortada em fatias finíssimas (quase transparentes) em um cortador de frios. Essa carne é servida crua. Atualmente, pode-se encontrar carpaccio pré-fatiado na maioria dos grandes supermercados.*

CANAPÉ DE CAVIAR

- *Fatias de pão de centeio ou pão preto*
- *2 colheres (sopa) de manteiga amolecida*
- *50 g de caviar*
- *Gotas de suco de limão*

1 Corte as fatias de pão em rodelas ou quadradinhos.

2 Passe uma camada fina de manteiga sobre as fatias do pão e, sobre elas, o caviar.

3 Sirva como hors-d'oeuvre (entrada), pingando algumas gotas de limão sobre o caviar.

CANAPÉ DE KANI COM MANGA

- *100 g de kani kama (ver nota)*
- *1 colher (chá) de mostarda*
- *1 colher (sopa) de ketchup*
- *⅓ de xícara (chá) de maionese*
- *Sal e pimenta-do-reino*
- *10 fatias de pão de fôrma*
- *1 manga firme*
- *1 colher (sopa) de sementes de gergelim torradas*

1 Pique finamente o kani kama. Coloque em uma tigela e acrescente a mostarda e o ketchup. Misture e adicione a maionese. Tempere com o sal e a pimenta-do-reino e misture novamente.

2 Corte as fatias de pão em rodelas de 4 cm utilizando um cortador. Coloque as rodelas de pão em uma assadeira e leve ao forno aquecido para tostarem levemente.

3 Descasque a manga e corte-a em pequenos cubos.

4 Cubra cada torradinha com um pouco da mistura de kani e decore com um pedaço de manga.

5 Salpique as sementes de gergelim.

Nota: *Kani kama é um preparado industrializado à base de surubim (peixe) prensado. O sabor é parecido com o da carne de caranguejo. É encontrado em supermercados e peixarias.*

CANAPÉ DE LAGOSTA

- *2 caudas de lagosta pequenas*
- *Fatias de pão de fôrma*
- *Maionese*
- *Sal*
- *Azeitonas pretas picadas*

1 Cozinhe as caudas de lagosta em água fervente. Corte-as em fatias finas ou pique-as.

2 Torre as fatias de pão de fôrma e, com um cortador, corte rodelas de 4 cm.

3 Passe um pouco de maionese sobre cada rodela de pão e arrume um pedaço de lagosta por cima. Salpique um pouco de sal e decore com pedacinhos de azeitona.

Canapé de Ostra à Russa

- *Pão de fôrma cortado em rodelas e torrado*
- *Manteiga*
- *Caviar*
- *Ostras frescas*
- *Suco de limão*

Passe manteiga nas rodelas de pão ainda quentes e cubra-as com um pouco de caviar. Faça uma cavidade no centro de cada canapé, coloque nela uma ostra fresca e pingue sobre ela 2 gotas de limão. Sirva imediatamente.

Canapé de Ovo I

- *10 fatias de pão de fôrma branco*
- *150 g de cream cheese*
- *Sal e pimenta-do-reino*
- *3 gemas de ovos previamente cozidos*
- *30 castanhas de caju pequenas*

1 Corte as fatias de pão em rodelas. Com um garfo, bata o cream cheese com um pouco de sal e pimenta-do-reino. Passe uma camada do queijo batido sobre cada rodela de pão.

2 Rale as gemas já cozidas no ralo médio do ralador.

3 Passe a face coberta com queijo de cada canapé nas gemas raladas. Coloque uma castanha de caju no centro de cada um deles.

4 Coloque os canapés em uma bandeja e leve à geladeira por 10 minutos antes de servir.

Canapé de Ovo II

- *4 ovos cozidos*
- *1 colher (chá) de mostarda*
- *100 g de manteiga amolecida*
- *1 colher (sopa) de suco de limão*
- *Sal e pimenta-branca*
- *Torradas de pão branco ou quadrados de pão de centeio*
- *Azeitonas picadas*

1 Pique os ovos cozidos em pedaços miúdos e misture com a mostarda, a manteiga, o suco de limão, o sal e a pimenta-branca.

2 Passe a mistura obtida sobre as torradas de pão branco ou sobre os quadrados de pão de centeio.

3 Decore com pedacinhos de azeitona.

CANAPÉ DE PATÊ

- *10 fatias de pão de centeio (fôrma)*
- *150 g de patê de presunto*
- *15 azeitonas verdes*
- *Cenouras em conserva cortadas em cubinhos*

1 Corte o pão em rodelas e passe uma espessa camada de patê sobre elas.

2 Descaroce as azeitonas e corte-as em rodelas finas.

3 Coloque duas rodelas de azeitona sobre cada canapé e ponha dentro delas um cubinho de cenoura.

4 Arrume os canapés em uma bandeja e deixe-os na geladeira por 10 minutos antes de servir.

CANAPÉ DE PICLES

- *3 colheres (sopa) de picles variados picados + um pouco para decorar*
- *⅓ de xícara (chá) de maionese*
- *½ colher (chá) de mostarda*
- *Pão de fôrma cortado em rodelas*

1 Misture os picles picados, a maionese e a mostarda e passe a mistura sobre as rodelas de pão de fôrma.

2 Decore os canapés com os pedacinhos dos picles variados.

CANAPÉ DE PRESUNTO

- *150 g de presunto*
- *50 g de manteiga*
- *Sal*
- *Pimenta-branca*
- *Pão de fôrma torrado e cortado em triângulos*
- *Cerejas em calda bem escorridas*

1 Triture o presunto em um processador e misture a manteiga para obter uma pasta cremosa. Tempere com o sal e a pimenta-branca.

2 Passe a mistura obtida sobre os triângulos de pão de fôrma previamente torrados.

3 Decore com as cerejas.

CANAPÉ DE REQUEIJÃO

- *50 g de bacon fatiado*
- *10 fatias de pão de fôrma branco*
- *150 g de requeijão*
- *100 g de pepinos em conserva*

1 Doure o bacon em uma frigideira, escorra e deixe esfriar. Triture grosseiramente.

2 Corte o pão em rodelas de 4 cm e passe o requeijão sobre elas. Salpique um pouco do bacon triturado.

3 Corte o pepino em rodelas de 0,5 cm de espessura e ponha uma no centro de cada canapé.

4 Coloque os canapés na bandeja e leve à geladeira por 10 minutos antes de servir.

CANAPÉ DE QUEIJO

- *100 g de manteiga*
- *100 g de queijo parmesão ralado*
- *Sal*
- *Pimenta-branca*
- *Pão de fôrma cortado em rodelas ou quadrados*
- *Nozes*

1 Amasse e misture com um garfo a manteiga e o queijo ralado. Tempere com o sal e a pimenta-branca.

2 Espalhe a mistura obtida sobre as rodelas ou quadrados de pão de fôrma.

3 Decore cada canapé com um pedaço de noz.

CANAPÉ DE SALAME

- *10 fatias de pão de centeio (fôrma)*
- *50 g de manteiga*
- *100 g de salame tipo milanês fatiado*
- *15 azeitonas pretas pequenas*
- *Couve-flor em picles*

1 Corte o pão em rodelas e passe uma camada fina de manteiga sobre elas.

2 Ponha uma rodela de salame sobre cada canapé.

3 Corte as azeitonas ao meio, no sentido do comprimento, e elimine os caroços. Elimine o talo da couve-flor.

4 Coloque meia azeitona e um pequeno pedaço de couve-flor no centro de cada rodela de salame.

5 Arrume os canapés em uma travessa e deixe-os na geladeira durante 10 minutos antes de servir.

CANAPÉ DE SALMÃO DEFUMADO

- *100 g de cream cheese*
- *1 colher (chá) de cebola bem picada*
- *1 colher (sopa) de suco de limão*
- *Sal e pimenta-do-reino*
- *6 fatias de pão de centeio*
- *100 g de salmão defumado fatiado*
- *Alcaparras para decorar*

1 Misture bem o cream cheese com a cebola, o suco de limão, o sal e a pimenta-do-reino.

2 Corte o pão em quadradinhos. Espalhe um pouco da mistura de queijo sobre cada quadrado.

3 Arrume sobre o queijo uma pequena fatia de salmão e decore com as alcaparras.

CANAPÉ DE SARDINHA

- *1 lata de sardinhas em água*
- *⅓ de xícara (chá) de maionese*
- *1 colher (chá) de cebola picada*
- *1 colher (chá) de salsa picada*
- *Sal e pimenta-do-reino*
- *Pão de fôrma sem casca*
- *Salsa crespa para decorar*

1 Com um garfo, amasse as sardinhas (sem as espinhas).

2 Adicione a maionese, a cebola, a salsa, o sal e a pimenta-do-reino. Misture bem. Passe a pasta obtida nas fatias de pão de fôrma e corte em quadradinhos.

3 Decore com ramos de salsa crespa.

Cebolinha em Conserva

- *500 g de cebolas pequenas para conserva (pirulito)*
- *2 xícaras (chá) de água*
- *1 xícara (chá) de vinagre branco*
- *2 colheres (sopa) de sal*
- *12 grãos de pimenta-do-reino*
- *3 ou 4 dentes de alho inteiros*
- *2 folhas de louro*

1 Descasque as cebolas e coloque para ferver com a água, o vinagre, o sal, a pimenta-do-reino em grãos, os dentes de alho e as folhas de louro.

2 Quando a água começar a ferver, apague o fogo.

3 Deixe-as esfriar e guarde-as em um vidro hermeticamente fechado e esterilizado. Conserve na geladeira.

Crostini Primavera

- *4 tomates firmes*
- *1 dente de alho picado finamente*
- *1 pitada de orégano*
- *Folhas de manjericão*
- *Sal*
- *3 colheres (sopa) de azeite*
- *Torradinhas de baguete, pão francês ou pão italiano*

1 Corte os tomates ao meio no sentido horizontal e elimine as sementes. Pique em cubos de 1 cm e coloque em uma tigela. Acrescente o alho, o orégano, as folhas de manjericão e um pouco de sal. Misture e regue com o azeite.

2 Cubra as torradinhas com a mistura de tomates e leve ao forno preaquecido para amornar. Sirva.

Crostini de Parma

- *Torradas de baguete, pão francês ou pão italiano*
- *6 figos firmes*
- *2 colheres (sopa) de mel*
- *150 g de presunto cru tipo Parma*

1 Corte o pão em fatias de 1 cm. Coloque em uma assadeira e leve ao forno bem quente para torrarem levemente. Reserve.

2 Lave bem os figos, mantendo as cascas, e corte-os em fatias de 0,5 cm. Espalhe algumas gotas de mel sobre cada torrada, coloque uma fatia de figo e um pouco do presunto cru enrolado.

3 Arrume em uma travessa e sirva.

CROSTINI DE BÚFALA

- *6 filés de anchovas*
- *50 g de manteiga*
- *150 g de mozarela de búfala*
- *Torradas de baguete, pão francês ou pão italiano*

1 Coloque em um processador as anchovas, a manteiga e a mozarela. Processe para obter uma pasta firme.

2 Espalhe a pasta sobre as torradinhas e leve ao forno preaquecido para derreter a mozarela.

3 Sirva quente.

CROSTINI IMPERIAL

- *3 ovos cozidos com as gemas e as claras separadas*
- *3 colheres (sopa) de manteiga*
- *3 colheres (chá) de mostarda em pó*
- *1 pitada de caril (curry)*
- *1 pitada de pimenta-de-caiena*
- *Sal*
- *¼ de limão*
- *Torradas*

1 Amasse as gemas e misture-as com a manteiga.

2 Junte o restante dos ingredientes, menos as claras, e mexa bem.

3 Adicione, por fim, as claras picadas em pedacinhos.

4 Arrume a mistura sobre as torradas e coloque em uma bandeja ou travessa.

DAMASCO COM CREAM CHEESE

- *24 damascos (secos)*
- *4 colheres (sopa) de cream cheese*
- *24 metades de nozes*

1 Corte os damascos ao meio sem separar as metades.

2 Coloque um pouco do cream cheese no meio de cada unidade e sobre o queijo coloque uma metade de noz.

3 Feche delicadamente cada damasco, sem apertar.

4 Arrume em uma travessa e sirva.

DIP DE LEGUMES

- *Cenouras cortadas em palitos*
- *Salsão cortado em palitos*
- *Pepino cortado em palitos*
- *Molhos (ver nota)*

1 Arrume os palitos de legumes em uma travessa ou tigela com gelo triturado.

2 Sirva com os molhos de sua preferência.

Nota: *Escolha um ou mais molhos no capítulo de molhos para salada (pág. 167).*

ERVA-DOCE APERITIVO

- *1 pé de erva-doce fresca*
- *3 colheres (sopa) de azeite*
- *1 colher (sopa) de suco de limão*
- *1 colher (sopa) de água*
- *1 pitada de sal*
- *1 pitada de pimenta-branca*

1 Separe os talos do bulbo da erva-doce. Corte o bulbo em triângulos com 2 cm de base por 6 cm de lado e arrume-os na travessa em que vai servi-los.

2 Separadamente, misture todos os demais ingredientes e coloque em uma molheira.

3 Sirva a erva-doce com o molho como aperitivo, acompanhando fatias de pão italiano e azeitonas.

ESPETINHO DE MELÃO COM PRESUNTO

- *3 fatias de melão*
- *250 g de presunto*
- *1 xícara (chá) de uvas-Itália cortadas ao meio*

1 Corte o melão em quadrados de 3 cm e embrulhe cada um deles em meia fatia de presunto.

2 Com espetinhos de bambu, prenda uma uva ao presunto e ao melão.

3 Guarde os espetinhos na geladeira até a hora de servir.

OVOS DE CODORNA

- *24 ovos de codorna cozidos e descascados*
- *2 colheres (sopa) de azeite*
- *Orégano*
- *Sal*

Coloque os ovos em um recipiente e adicione os ingredientes restantes. Misture bem.

Nota: Os ovos de codorna também podem ser servidos com molho rosé *(pág. 170).*

OVOS DUROS

- *6 ovos*
- *Folhas de alface*
- *Vinagre*
- *Mostarda*
- *Azeite*
- *Sal e pimenta-do-reino*

1 Cozinhe os ovos em água fervente por 8 a 10 minutos.

2 Retire-os e mergulhe em água fria.

3 Descasque, corte os ovos ao meio e arrume sobre folhas de alface.

4 Tempere à vontade com, o vinagre, a mostarda, o azeite, o sal e a pimenta-do-reino.

OVOS RECHEADOS

- *6 ovos*
- *1 colher (chá) de mostarda*
- *3 colheres (sopa) de maionese*
- *Sal e pimenta-do-reino*
- *Folhas de salsa*
- *Lâminas de azeitona*
- *Folhas de miolo de alface*

1 Cozinhe os ovos em água fervente por 12 minutos. Transfira-os para uma tigela com água e gelo e deixe esfriar completamente. Descasque-os.

2 Corte os ovos ao meio no sentido do comprimento.

3 Retire as gemas e coloque-as em uma tigela. Amasse-as com a ajuda de um garfo, adicionando a mostarda e a maionese. Tempere a mistura com sal e pimenta-do-reino.

4 Encha as cavidades das claras com a mistura.

5 Decore com as folhas de salsa e as lâminas de azeitona.

6 Arrume os ovos recheados em uma travessa com o fundo previamente forrado com as folhas de miolo de alface.

PASTA DE BERINJELA

- 4 berinjelas médias
- 1 dente de alho
- Sal
- 4 colheres (sopa) de molho tahine
- 3 colheres (sopa) de suco de limão
- Azeite
- Hortelã
- Pão sírio

1 Lave as berinjelas e faça alguns furos na casca com a ajuda de um garfo. Asse-as sobre a chama do fogão ou em forno bem quente até estarem macias e as cascas, levemente queimadas.

2 Corte ao meio, retire a polpa e coloque em uma tigela. Em um pilão, soque o dente de alho com um pouco de sal e misture ao molho tahine, depois, coloque o suco de limão. Despeje na tigela e amasse bem com um garfo. Se necessário, acrescente 2 colheres (sopa) de água fria. Acerte o ponto do sal.

3 Regue com o azeite, decore com folhas de hortelã e sirva com pão sírio.

Nota: *Tahine é uma pasta preparada com gergelim. É encontrada em alguns supermercados e em casas de produtos árabes.*

PASTA BÁSICA DE RICOTA PARA CANAPÉS

- 250 g de ricota fresca
- ¼ de xícara (chá) de creme de leite
- Sal e pimenta-do-reino

Coloque a ricota em um processador, adicione metade do creme de leite e processe para incorporar. Se a pasta ainda estiver muito firme, acrescente mais creme de leite até obter uma textura cremosa e estável. Tempere com o sal e a pimenta-do-reino.

PASTA DE SALMÃO

- 1 receita de pasta básica de ricota (pág. 110)
- 60 g de salmão defumado
- 1 colher (sopa) de ketchup
- Pão de centeio
- Alcaparras para decorar

1 Processe a pasta básica de ricota com o salmão e o ketchup.

2 Corte o pão de centeio em rodelas e toste levemente no forno. Espalhe a pasta sobre as torradinhas e decore com as alcaparras.

3 Se preferir, pode colocar a pasta em um pequeno recipiente e servir oferecendo torradinhas à parte.

PASTA DE ERVAS FINAS

- *1 receita de* pasta básica de ricota *(pág. 110)*
- *1 colher (chá) de salsa picada*
- *1 colher (chá) de manjericão picado*
- *1 colher (chá) de cebolinha picada*
- *½ colher (chá) de hortelã picada*
- *½ colher (chá) de tomilho*
- *Torradinhas de pão de fôrma*
- *Folhas de manjericão ou de salsa para decorar*

1 Coloque a pasta básica de ricota em uma tigela e adicione as ervas bem picadas. Misture com uma colher.

2 Espalhe sobre as torradinhas e decore com as folhas inteiras de manjericão ou de salsa.

3 Se preferir, coloque a pasta em um pequeno recipiente e sirva oferecendo torradinhas à parte.

PASTA DE TOMATE SECO

- *50 g de tomates secos*
- *1 dente de alho pequeno*
- *2 colheres (sopa) de azeite*
- *1 receita de* pasta básica de ricota *(pág. 110)*
- *1 pitada de orégano*
- *Torradinhas de pão de fôrma*
- *Folhas de manjericão*

1 Coloque em um processador os tomates secos, o alho e o azeite. Processe para obter uma pasta, adicionando pouco a pouco a pasta de ricota. Retire do processador e acrescente o orégano. Verifique o ponto do sal e, se necessário, faça a correção. Misture bem.

2 Espalhe sobre as torradinhas e decore com folhas de manjericão.

3 Se preferir, coloque a pasta em um pequeno recipiente e sirva oferecendo torradinhas à parte.

PASTA DE GRÃO-DE-BICO

- *2 xícaras (chá) de grãos-de-bico*
- *Bicarbonato de sódio*
- *1 dente de alho pequeno*
- *Sal*
- *6 colheres (sopa) de molho tahine*
- *2 colheres (sopa) de suco de limão*
- *Azeite*
- *Salsa picada*
- *Páprica doce*
- *Pão sírio*

1 Coloque os grãos-de-bico de molho em água fria, com uma pitada de bicarbonato de sódio, por 8 horas. Escorra e cozinhe em água fervente por cerca de 50 minutos ou até que esteja bem macio. Escorra e reserve um pouco da água do cozimento.

2 Reserve alguns grãos-de-bico inteiros.

3 Soque o dente de alho com uma pitada de sal. Coloque o grão-de-bico escorrido em um processador ou liquidificador, acrescente o molho tahine, o alho socado e o suco de limão. Processe até obter uma pasta homogênea. Se estiver muito grossa, junte um pouco do caldo de cozimento.

4 Coloque em uma travessa, decore com os grãos-de-bico inteiros, a salsa picada e um fio de azeite e salpique a páprica. Sirva com pão sírio.

Nota: *Tahine é uma pasta preparada com gergelim. É encontrada em alguns supermercados e em casas de produtos árabes.*

PEPINO AGRIDOCE

- *500 g de pepino japonês*
- *½ xícara (chá) de açúcar*
- *¼ de xícara (chá) de vinagre branco*
- *1 colher (chá) de sal*
- *½ colher (chá) de sementes de mostarda*

Fatie os pepinos finamente. Coloque em um recipiente de vidro e acrescente os ingredientes restantes. Misture bem. Tampe e leve à geladeira por 24 horas antes de servir.

PEPINO APERITIVO

- *4 pepinos firmes*
- *Sal e pimenta-do-reino*
- *3 colheres (sopa) de vinagre*
- *1 cebola pequena fatiada*

1 Descasque os pepinos, corte-os em rodelas finas e polvilhe com sal.

2 Depois de alguns minutos, escorra a água dos pepinos. Arrume as rodelas em um prato grande ou em pratinhos e polvilhe levemente com pimenta-do-reino. Adicione o vinagre e misture. Decore com anéis de cebola.

QUADRADINHO DE QUEIJO E CEREJA

- *500 g de queijo prato*
- *1 xícara (chá) de cerejas ao marasquino*

1 Corte o queijo em quadradinhos.

2 Coloque sobre cada quadradinho uma cereja.

3 Espete-os com um palito.

QUEIJO BRIE COM GELEIA DE FRAMBOESA

- *250 g de queijo brie*
- *4 colheres (sopa) de geleia de framboesa*
- *Torradas de baguete ou de pão italiano*

1 Coloque o queijo em um prato ou travessa e leve ao micro-ondas na potência máxima por 1 a 2 minutos.

2 Cubra o queijo com a geleia e sirva bem quente com as torradinhas.

RABANETE APERITIVO

- *24 rabanetes pequenos*
- *Sal*

1 Escolha rabanetes médios e redondos, de carnação igual e que não sejam ocos nem muito esbranquiçados por dentro.

2 Lave-os bem. Corte a extremidade da raiz e as folhas e coloque os rabanetes em uma travessa. Salpique sal.

Nota: *Para uma apresentação mais sofisticada, corte os rabanetes em flor, deixando as cascas presas apenas pela extremidade do cabo.*

SARDELA

- *200 g de tomates maduros*
- *800 g de pimentões vermelhos*
- *¾ de xícara (chá) de azeite*
- *3 dentes de alho picados*
- *2 colheres (sopa) de orégano*
- *1 colher (café) de pimenta calabresa em flocos*
- *1 colher (chá) de sementes de erva-doce*
- *40 g de anchovas*
- *Sal*
- *Pão italiano*

1 Retire o talo dos tomates, corte-os ao meio e esprema levemente para eliminar as sementes. Corte os pimentões ao meio, elimine o talo e retire as sementes. Leve os tomates e os pimentões ao liquidificador e bata até obter um creme homogêneo. Em uma panela, coloque ⅓ de xícara (chá) de azeite, leve ao fogo e aqueça bem. Acrescente o alho picado e doure levemente. Adicione metade do orégano, a pimenta calabresa e as sementes de erva-doce, misture por um minuto e acrescente o purê de tomates e pimentões. Abaixe o fogo e cozinhe com a panela semiaberta por cerca de 1 hora. Se necessário, coloque um pouco de água. No final do cozimento você deve obter um creme sem água.

2 Amasse as anchovas com um garfo e acrescente um pouco de azeite para formar uma pasta. Coloque a pasta na sardela, misture bem, junte o orégano restante e leve ao fogo baixo por mais 5 minutos, mexendo sem parar. Retire do fogo e, aos poucos, vá acrescentando o azeite restante, misturando bem com uma colher de pau. Acerte o ponto do sal. Deixe esfriar e guarde na geladeira.

3 Sirva com o pão italiano.

Tomate Seco em Conserva

- *1 kg de tomates*
- *2 colheres (sopa) de sal*
- *4 colheres (sopa) de açúcar*
- *6 dentes de alho*
- *1 xícara (chá) de azeite*
- *1 colher (sopa) de orégano*

1 Escolha tomates firmes e com bastante polpa, preferencialmente do tipo Débora. Misture o sal e o açúcar. Reserve. Retire os talos dos tomates. Corte-os ao meio no sentido horizontal e elimine as sementes.

2 Lave bem os tomates cortados, por dentro e por fora. Seque com papel absorvente, tomando cuidado para não machucar a polpa. Salpique a mistura de sal e açúcar dentro dos tomates. Coloque as metades em uma grelha com a parte cortada para baixo e deixe descansar por 1 hora, para perder líquido. Vire a parte cortada para cima e leve ao forno à temperatura de 80 °C a 90 °C por 1½ hora. Vire os tomates novamente e deixe no forno por mais 1½ hora. Deixe esfriar.

3 Faça uma mistura com o azeite, o alho cortado em fatias e o orégano. Coloque a mistura em um vidro com tampa após os tomates estarem frios. Junte os tomates e deixe curtir por algumas horas. Conserve na geladeira.

ENTRADAS

Entradas

"Convidar alguém é encarregar-se de seu prazer durante todo o tempo que ele permanece em nossa casa."

BRILLAT-SAVARIN. TEXTO DA EDIÇÃO DE 1942 DE *DONA BENTA*.

ENTRADAS

BOLINHA DE MELÃO COM PARMA

- *1 melão pequeno*
- *100 g de queijo parmesão*
- *150 g de presunto cru tipo Parma*

1 Corte o melão ao meio e, com um boleador, faça bolinhas com a polpa.

2 Arrume as bolinhas em taças ou saladeiras individuais.

3 Rale o parmesão utilizando o lado grosso do ralador.

4 Corte as fatias de presunto em tiras finas e distribua sobre as bolinhas de melão. Salpique um pouco do queijo ralado.

5 Leve à geladeira por 1 hora.

6 Mantenha na geladeira até o momento de servir.

CAPONATA SICILIANA

- *1 berinjela grande*
- *1 pimentão vermelho*
- *1 pimentão amarelo*
- *1 abobrinha média*
- *1 cebola média*
- *2 talos de salsão*
- *2 dentes de alho*
- *6 colheres (sopa) de azeite*
- *1 colher (sopa) de açúcar*
- *⅓ de xícara (chá) de vinagre de vinho tinto*
- *1 colher (sopa) de uvas-passas*
- *Sal e pimenta-do-reino*
- *2 colheres (sopa) de alcaparras*
- *Nozes para decorar*

1 Corte a berinjela, os pimentões, a abobrinha, a cebola e o salsão em cubos de 2 cm. Pique finamente os dentes de alho.

2 Coloque o azeite em uma panela média e aqueça bem. Acrescente os cubos de berinjela e refogue por 2 minutos. Acrescente o alho, a cebola e os pimentões e refogue por um minuto.

3 Misture o açúcar ao vinagre e coloque na panela. Deixe reduzir e acrescente as uvas-passas.

4 Cozinhe até que o líquido reduza e tempere com o sal e a pimenta-do-reino. Adicione as alcaparras e misture. Retire do fogo e deixe esfriar. Arrume em uma travessa e decore com as nozes. Mantenha na geladeira por 2 horas antes de servir.

5 Sirva com pão italiano ou salada verde.

CARPACCIO

- *24 fatias de carpaccio pronto (ver nota)*
- *4 colheres (sopa) de parmesão ralado grosso*

Molho:

- *⅓ de xícara (chá) de azeite*
- *2 colheres (sopa) de suco de limão*
- *½ colher (chá) de mostarda*
- *1 colher (chá) de alcaparras picadas*
- *1 colher (chá) de salsa picada*
- *½ colher (chá) de molho inglês*
- *Sal e pimenta-do-reino*

1 Prepare o molho, misturando todos os ingredientes em um vidro com tampa. Tampe e agite fortemente para incorporar. Reserve.

2 Arrume 6 fatias de carpaccio em cada prato, sobrepondo-as levemente e formando um círculo. Distribua o molho pelos pratos, espalhando-o com as costas de uma colher. Salpique cada porção com o queijo ralado.

3 Sirva imediatamente com torradas.

Nota: *O carpaccio é preparado com lagarto bovino, limpo e congelado inteiro. Depois de congelado, é cortado em fatias finíssimas (quase transparentes) em um cortador de frios para a montagem da receita. A carne é servida crua. Atualmente, pode-se encontrar carpaccio pré-fatiado na maioria dos grandes supermercados.*

CASQUINHA DE CAMARÃO

- *100 g de pão francês*
- *1 xícara (chá) de leite de coco*
- *½ xícara (chá) de leite*
- *2 tomates*
- *1 cebola média*
- *2 dentes de alho*
- *½ pimentão verde*
- *½ pimenta dedo-de-moça*
- *3 colheres (sopa) de óleo*
- *500 g de camarões sete-barbas*
- *2 colheres (sopa) de farinha de trigo*
- *Sal e pimenta-do-reino*
- *1 colher (sopa) de tomilho picado*
- *Farinha de rosca e parmesão ralado*

1 Corte o pão francês em cubos, coloque em uma tigela e cubra com o leite de coco e o leite. Deixe que o pão fique bem embebido. Retire a pele e as sementes dos tomates e pique finamente.

2 Pique a cebola, o alho, o pimentão verde e a pimenta dedo-de-moça. Aqueça o óleo em uma panela e acrescente os ingredientes picados. Refogue em fogo baixo por 10 minutos e acrescente os camarões e os tomates. Mexa bem e salpique a farinha de trigo. Misture e acrescente o pão e o leite em que ficou de molho.

3 Mexa sem parar até que o pão desmanche e a mistura esteja bem cremosa. Retire do fogo, tempere com o sal e a pimenta-do-reino e acrescente o tomilho. Deixe esfriar completamente.

4 Recheie conchinhas utilizadas para servir casquinhas de siri ou então refratários individuais, salpique a farinha de rosca e o parmesão ralado e leve ao forno para gratinar.

5 Para que as conchinhas não fiquem balançando, forre com sal grosso o fundo da travessa em que serão servidas.

CASQUINHA DE SIRI ESPECIAL

- *150 g de manteiga*
- *300 g de cebolas raladas*
- *4 dentes de alho amassado*
- *1 kg de carne de siri*
- *500 g de tomates sem pele e sem sementes*
- *4 pimentões verdes picados finamente*
- *150 g de azeitonas sem caroços picadas finamente*
- *150 g de queijo minas ralado*
- *3 pimentas-malagueta esmagadas*
- *½ pacote de pão de fôrma*
- *500 ml de leite*
- *1 lata de creme de leite*
- *150 g de farinha de rosca ou queijo ralado*
- *Sal*

1 Coloque em uma panela a manteiga, as cebolas, o alho amassado e a carne de siri. Deixe fritar em fogo baixo durante 20 minutos. Vá mexendo para não queimar.

2 Junte os tomates batidos no liquidificador e deixe cozinhar por 15 minutos ou até que estejam bem incorporados à carne de siri.

3 Acrescente os pimentões, as azeitonas picadas, o queijo ralado e as pimentas-malagueta, com o fogo sempre baixo e mexendo de vez em quando para não grudar.

4 Enquanto isso, ponha o pão de fôrma de molho no leite por 10 minutos e, depois, bata no liquidificador por 3 minutos, em velocidade média.

5 Junte o pão ao refogado da panela e deixe que engrosse (cerca de 5 minutos), mexendo sempre para não grudar.

6 Quando estiver um creme bem denso, acrescente o creme de leite sem soro, mexa bem e deixe no fogo baixo por mais 3 minutos, sem deixar ferver.

7 Retire do fogo.

8 Encha as casquinhas de siri com o creme, espalhando bem com uma colher, salpique a farinha de rosca ou o queijo ralado.

9 Na hora de servir, ponha para gratinar no forno preaquecido a 170 °C durante 10 minutos.

10 Leve à mesa bem quente.

COQUETEL DE ASPARGO

- *150 g de presunto em um só pedaço*
- *1 lata de aspargos escorridos e cortados em 3 pedaços*
- *½ abacaxi (pérola) descascado e picado*
- *2 colheres (sopa) de creme de leite*
- *½ xícara (chá) de maionese*
- *1 colher (café) de sal*
- *Pimenta-branca*
- *Folhas de salsa (para decorar)*

1 Corte o presunto em cubos pequenos.

2 Misture todos os ingredientes.

3 Divida a mistura em taças de coquetel (de camarão) ou em saladeiras individuais.

4 Decore cada taça com uma folha de salsa e leve à geladeira por 2 horas.

COQUETEL DE CAMARÃO I

- *500 g de camarões com casca*
- *¾ de litro de água fervente*
- *1 colher (sobremesa) de sal*
- *1 xícara (chá) de creme de leite*
- *¼ de xícara (chá) de suco de tomate*
- *1 colher (sopa) de molho inglês*
- *1 colher (sopa) de gim*
- *1 pitada de sal*

1 Cozinhe os camarões na água fervente temperada com o sal durante 7 minutos.

2 Retire os camarões da água, descasque-os e lave-os na mesma água. A seguir, elimine essa água.

3 Pique metade dos camarões, conservando inteiros os outros. Leve à geladeira.

4 Misture o creme de leite, o suco de tomate , o molho inglês, o gim e a pitada de sal. Leve a mistura para gelar.

5 No momento de servir, coloque no fundo de cada taça individual um pouco de molho e de camarões picados, cobrindo com mais molho.

6 Decore com 3 camarões inteiros em volta de cada taça.

COQUETEL DE CAMARÃO II

- *250 g de camarões pequenos cozidos*
- *2 xícaras (chá) de maionese*
- *¾ de xícara (chá) de creme de leite*
- *½ xícara (chá) de ketchup*
- *1 colher (sobremesa) de molho inglês*
- *1 colher (sopa) de gim*
- *Sal e pimenta-do-reino*
- *500 g de camarões médios cozidos*

1 Pique grosseiramente os camarões pequenos e coloque--os em uma tigela. Adicione a maionese, o creme de leite, o ketchup, o molho inglês e o gim. Tempere com um pouco de sal e pimenta-do-reino e misture bem. Leve à geladeira.

2 Coloque a mistura em taças individuais, sobre gelo moído, e enfeite com os camarões médios inteiros ao redor das taças.

3 Leve para gelar até a hora de servir.

COQUETEL DE MELÃO

- *½ melão médio descascado e picado*
- *1 xícara (chá) de queijo branco fresco*
- *1 colher (café) de sal*
- *1 pitada de pimenta-branca*
- *½ xícara (chá) de creme de leite*
- *½ xícara (chá) de maionese*
- *1 colher (chá) de mostarda*
- *Páprica (para polvilhar)*
- *Cebolinha fatiada*

1 Misture o melão e o queijo, tempere com o sal e a pimenta-branca. Acrescente o creme de leite, a maionese e a mostarda.

2 Arrume o coquetel em taças ou saladeiras individuais de vidro.

3 Polvilhe com uma pitada de páprica no centro de cada taça ou saladeira. Complete a decoração com as fatias de cebolinha.

4 Leve à geladeira por 2 horas antes de servir.

COQUETEL DE TOMATE

- *1 vidro de suco de tomate gelado*
- *2 filés de anchovas*
- *Sal e pimenta-do-reino*
- *1 pitada de açúcar*
- *1 xícara (chá) de creme de leite gelado e sem soro*
- *6 colheres (sobremesa) de ricota fresca triturada*
- *6 folhas de manjericão*

1 Coloque o suco de tomate, os filés de anchovas, o sal, a pimenta-do-reino, o açúcar e o creme de leite no liquidificador e bata por 3 minutos.

2 Distribua a mistura por 6 copos de coquetel. Ponha em cada um 1 colher (sobremesa) da ricota e sobre ela uma folha de manjericão.

CUSCUZ DE PANELA

- *5 xícaras (chá) de farinha de milho em flocos*
- *500 g de camarões pequenos limpos (reserve as cascas caso queira preparar o caldo)*
- *1 xícara (chá) de azeite*
- *1 cebola graúda picada*
- *2 dentes de alho picados*
- *1 folha de louro*
- *6 talos de cebolinha fatiada*
- *1 colher (sopa) de salsa picada*
- *10 tomates sem pele bem picados*
- *2 xícaras (chá) de água ou caldo de camarão (pág. 229)*
- *300 g de palmito picado*
- *150 g de ervilhas*
- *2 colheres (chá) de sal*
- *1 xícara (chá) de farinha de mandioca crua*
- *1 tomate fatiado*
- *1 lata de sardinhas em conserva*
- *2 ovos cozidos*
- *Folhas verdes*

1 Esfarele os flocos de farinha de milho com as mãos ou passe por uma peneira grossa.

2 Coloque em uma panela grande o azeite e leve ao fogo. Acrescente a cebola e o alho e refogue em fogo baixo até a cebola estar bem macia e transparente. Adicione a folha de louro, a cebolinha e a salsa, misture bem e refogue por 2 minutos. Junte os tomates e refogue em fogo baixo por 10 minutos, ajudando com um garfo a desmanchá-los. Coloque a água ou o caldo e ferva por 15 minutos em fogo baixo, aumente o fogo e acrescente o palmito picado, as ervilhas e os camarões. Tempere com o sal e cozinhe por 10 minutos em fogo baixo.

3 Acrescente, aos poucos, as farinhas de milho e de mandioca, cozinhando por cerca de 10 minutos e mexendo sem parar até que o cuscuz se solte da panela.

4 Unte uma fôrma de bolo (furo no meio) com azeite e coloque fatias de tomate, sardinhas e fatias de ovo cozido nas laterais. Encha com o cuscuz, apertando bem, desenforme e sirva quente ou frio, acompanhado de salada verde.

ENTRADA FRIA DE CAMARÃO

- *500 g de camarões cozidos, descascados e limpos*
- *2 colheres (sopa) de ketchup*
- *30 g de picles picados*
- *2 colheres (sopa) de suco de limão*
- *1 colher (chá) de molho inglês*
- *Sal e pimenta-do-reino*
- *Alface picada*
- *24 ovos de codorna cozidos*
- *12 azeitonas pretas sem caroço*

1 Misture os camarões com o ketchup, os picles picados, o suco de limão, algumas gotas de molho inglês, o sal e a pimenta-do--reino.

2 Arrume essa mistura em uma travessa e guarneça com a alface.

3 Decore com os ovos de codorna e as azeitonas pretas.

FIGO COM PRESUNTO

- *½ xícara (chá) de vinagre balsâmico (ver nota)*
- *¼ de xícara (chá) de açúcar*
- *1 pitada de sal*
- *12 figos firmes*
- *300 g de presunto cru em fatias*

1 Em uma pequena panela, coloque o vinagre balsâmico e o açúcar. Acrescente uma pitada de sal e leve ao fogo baixo por cerca de 8 minutos para obter o ponto de caramelo leve. Retire do fogo, deixe esfriar e reserve. Lave bem os figos, retire o cabinho e corte-os em 4 gomos (deixe a casca).

2 Arrume as fatias de presunto cru em uma travessa e decore com os figos. Regue com um fio do caramelo balsâmico e sirva. Se o caramelo estiver muito espesso depois de frio, dilua-o com algumas gotas de balsâmico. Se preferir, descasque os figos.

Nota: O vinagre balsâmico é encontrado em supermercados e em casas de produtos para gourmets. É importado da Itália, e seu nome original é aceto balsamico. O balsâmico é um vinagre preparado com mosto de uvas e envelhecido por pelo menos 7 anos.

FLAN DE PARMESÃO

- *2 colheres (sopa) de manteiga*
- *2 colheres (sopa) de farinha de trigo*
- *1 xícara (chá) de creme de leite fresco*
- *½ xícara (chá) de leite*
- *2 ovos*
- *1 gema*
- *½ xícara (chá) de parmesão ralado*
- *Sal e pimenta-do-reino*
- *Noz-moscada*
- Molho de tomate *(pág. 465)*

1 Aqueça o forno a 140 °C. Unte forminhas individuais (de pudim) com manteiga ou óleo. Coloque a manteiga em uma panela, adicione a farinha de trigo, leve ao fogo e cozinhe até obter a consistência de pasta. Adicione, aos poucos, o creme de leite e o leite, misturando bem.

2 Deixe ferver até engrossar um pouco. Retire do fogo e deixe esfriar levemente. Despeje um pouco da mistura sobre os ovos e a gema, mexa e despeje tudo na panela novamente. Adicione o parmesão, misturando muito bem, e tempere com o sal, a pimenta-do-reino e a noz-moscada.

3 Coloque nas forminhas, cubra cada uma com papel-alumínio e leve ao forno para assar em banho-maria. Asse por aproximadamente 1½ hora.

4 Deixe amornar para retirar da fôrma. Sirva morno com o molho de tomate.

MELÃO COM PRESUNTO

- *1 melão*
- *200 g de presunto cru fatiado*

1 Corte o melão em 6 ou 8 fatias no sentido do comprimento.

2 Corte a polpa, destacando-a da casca, em todo o comprimento, mas mantenha-a sobre a casca. Corte essas fatias em 6 ou 8 pedaços transversais.

3 Desvie cada pedaço dos outros, de modo que fique um ziguezague de pedaços e coloque fatias de presunto entre eles.

4 Arrume as porções em um prato e conserve na geladeira até o momento de servir.

MUSSE DE SALMÃO

- *1 colher (sopa) de gelatina em pó incolor*
- *½ cebola pequena picada*
- *150 g de salmão defumado*
- *1 xícara (chá) de maionese*
- *2 colheres (sopa) de ketchup*
- *1 colher (sopa) de suco de limão*
- *1 cubo de caldo de peixe*
- *½ xícara (chá) de água fervente*
- *1 xícara (chá) de creme de leite*
- *Óleo*
- *Salada verde*

1 Cubra a gelatina com um pouco de água fria e deixe hidratar. Em um liquidificador, coloque a cebola, o salmão, a maionese, o ketchup e o suco de limão. Bata até obter uma pasta bem lisa.

2 Dissolva a gelatina e o caldo de peixe na água fervente e acrescente à mistura. Bata até obter um creme homogêneo. Deixe esfriar levemente.

3 Bata levemente o creme de leite e acrescente delicadamente à mistura de salmão.

4 Unte uma fôrma com um pouco de óleo e despeje a mistura dentro dela.

5 Leve à geladeira por 6 a 8 horas, no mínimo.

6 Sirva com salada verde.

PALMITO PUPUNHA ASSADO

- *2 pedaços de palmito pupunha de 22 cm cada*
- *4 colheres (sopa) de azeite*
- *1 dente de alho pequeno*
- *1 colher (chá) de suco de limão*
- *1 colher (sopa) de salsa picada*
- *½ colher (chá) de alecrim fresco picado*
- *Sal*

1 Corte os pedaços de pupunha ao meio no sentido do comprimento.

2 Aqueça o forno e coloque os palmitos sobre a grelha ou leve para grelhar em uma churrasqueira.

3 Asse os palmitos até que estejam macios no centro.

4 Aqueça o azeite em uma frigideira e adicione o dente de alho. Quando o alho estiver dourado, retire-o do azeite e descarte-o. Retire a frigideira do fogo e adicione o suco de limão, a salsa, o alecrim e uma pitada de sal ao azeite.

5 Retire os palmitos do forno com cuidado e arrume-os em uma travessa. Salpique um pouco de sal e regue com o azeite de ervas.

PATÊ CASEIRO

- *1 kg de fígado de frango*
- *2 xícaras (chá) de leite*
- *400 g de toucinho gordo*
- *3 pães franceses amanhecidos*
- *1 cebola pequena bem picada*
- *1 dente de alho*
- *1 colher (sopa) de conhaque*
- *1 colher (chá) de mostarda*
- *2 colheres (chá) de gelatina em pó incolor*
- *3 ovos*
- *Sal e pimenta-do-reino*
- *⅔ de xícara (chá) de creme de leite*

1 Coloque os fígados de molho no leite frio. Leve-os cobertos à geladeira por 24 horas.

2 Escorra bem os fígados e seque levemente com papel absorvente.

3 Corte o toucinho em cubos. Remova com uma faca a casca escura dos pãezinhos. Descarte. Coloque no processador os fígados, o toucinho, os pãezinhos sem casca, a cebola, o alho, o conhaque, a mostarda, a gelatina, os ovos, cerca de 1½ colher (chá) de sal e pimenta-do-reino a gosto.

4 Processe até obter uma pasta lisa e cremosa. Passe por uma peneira (não muito fina) e coloque em outro recipiente. Acrescente o creme de leite e vá misturando delicadamente.

5 Forre com papel-alumínio uma fôrma de aproximadamente 25x6x10 cm ou uma fôrma de bolo inglês, coloque a mistura dentro e cubra com papel-alumínio.

6 Leve ao forno em banho-maria.

7 Asse em forno médio por 50 minutos. Retire do forno e deixe esfriar.

8 Leve à geladeira por 12 horas. Corte fatias grossas e arrume em pequenas travessas.

9 Sirva com torradas.

ROCAMBOLE GELADO DE BATATA

- *1 kg de batatas cozidas com casca*
- *Sal e pimenta-do-reino*
- *1 cebola ralada*
- *2 ou 3 colheres (sopa) de maionese*
- *2 colheres (sopa) de suco de limão*
- *Recheio (ver nota)*

1 Descasque e amasse as batatas ainda quentes.

2 Tempere com o sal, a cebola ralada, a maionese, o suco de limão e a pimenta-do-reino e misture bem formando uma massa. Deixe esfriar.

3 Cubra uma mesa com um pano de prato limpo e umedecido ou um pedaço de filme de PVC e abra a massa em formato retangular com 0,5 cm de espessura e coloque sobre um pano de prato umedecido ou um pedaço de plástico filme. Recheie, enrole com a ajuda do pano, coloque em uma travessa de servir, leve à travessa de servir, cubra com maionese e decore a seu gosto.

Nota: *Escolha um dos seguintes recheios ou utilize o que sua imaginação sugerir: Maionese com queijo e presunto fatiados, presuntada amassada com azeitonas picadas, maçã ácida cortada em cubos com temperos a gosto, atum amassado com cheiro-verde picadinho ou peito de frango desfiado com azeitonas. Refogado de camarões ou de palmito. Patê de salmão ou de ricota com ervas.*

SHITAKE ORIENTAL

- *200 g de cogumelos shitake (ver nota)*
- *3 colheres (sopa) de manteiga*
- *Glutamato*
- *2 colheres (sopa) de saquê*
- *2 colheres (sopa) de molho de soja*
- *1 colher (sopa) de cebolinha fatiada*

1 Retire os talos dos cogumelos.

2 Leve uma frigideira grande ao fogo e coloque a manteiga. Deixe a manteiga derreter e acrescente os cogumelos mexa para que dourem dos dois lados.

3 Quando os cogumelos estiverem dourados, salpique o glutamato. Regue com o saquê e deixe evaporar levemente. Acrescente o molho de soja e misture bem. Arrume em uma travessa e salpique a cebolinha.

4 Sirva quente.

Nota: *Shitake é uma espécie de cogumelo servido na maioria dos restaurantes japoneses. É encontrado com certa facilidade em feiras-livres e supermercados.*

TARTAR DE BETERRABA

- *500 g de beterrabas*
- *1 cebola pequena*
- *2 pepinos em conserva*
- *3 colheres (sopa) de alcaparras*
- *1 colher (sopa) de maionese*
- *1 colher (chá) de molho inglês*
- *1 colher (sopa) de suco de limão*
- *2 colheres (sopa) de salsa picada*
- *Gotas de molho de pimenta vermelha*
- *Sal e pimenta-do-reino*

1 Asse as beterrabas, com casca, em forno médio por cerca de 90 minutos. Descasque, corte-as em 8 pedaços e coloque no processador; pulse até obter a textura de carne moída grossa.

2 Pique a cebola finamente e coloque em uma tigela; pique finamente os pepinos em conserva e acrescente à tigela, fazendo o mesmo com as alcaparras. Coloque a beterraba triturada na tigela, misture todos os outros ingredientes e mexa delicadamente.

3 Para uma apresentação sofisticada, coloque um aro de 10 cm no centro de cada prato, encha com o tartar e remova o aro.

4 Sirva acompanhado de salada verde.

TOMATE RECHEADO

- *6 tomates maduros e firmes*
- *Sal e pimenta-do-reino*
- *4 ovos cozidos*
- *¼ de xícara (chá) de maionese*
- *1 colher (chá) de mostarda*
- *1 colher (chá) de salsa picada*
- *Alface picada*

1 Lave os tomates e corte os talos e retire as sementes.

2 Polvilhe com o sal e a pimenta-do-reino e reserve.

3 Amasse as gemas dos ovos cozidos e misture um pouco de maionese e mostarda.

4 Pique as claras e misture-as com a salsa.

5 Recheie os tomates com as gemas até a metade e complete com as claras.

6 Arrume em uma travessa para servir e guarneça com a alface picada.

SALADAS

Saladas

Saladas Básicas

Saladas Elaboradas

Molhos para Salada

"A salada é um dos pratos que mais põem em evidência o capricho e o bom gosto de uma dona de casa. Preparada com arte, esmero e cuidado, ela enfeita a mesa e predispõe favoravelmente os convidados.

Antigamente a salada era um prato modesto, sem grandes foros de valia. As rendilhadas chicórias, as viçosas alfaces e os requestados agriões se contentavam em ser apresentados com a simples graça de uma ponta de sal e um fiozinho de azeite e de vinagre."

TEXTO DA EDIÇÃO DE 1944 DE *DONA BENTA*.

DICAS E INFORMAÇÕES

Siga as indicações contidas nas receitas.

Evite preparar saladas de folhas com muita antecedência, pois elas tendem a ficar murchas.

Quando utilizar legumes cozidos para as saladas, preste atenção ao ponto do cozimento para que os legumes mantenham certa textura. Uma boa dica é preparar uma tigela com água e gelo e, assim que os legumes estiverem no ponto, escorrê-los e transferi-los para essa água. Isso fará com que o cozimento seja interrompido e manterá os legumes com textura firme.

Sempre que possível, utilize azeite extra virgem para o tempero. Além de ser mais saboroso, ele é saudável.

O sal marinho realça o sabor das saladas.

Para preparações mais elaboradas, retire a pele e as sementes dos tomates.

Se for utilizar cebola crua nas saladas, corte-a em fatias e lave-as em água corrente para diminuir a acidez.

Cuide para que os ovos cozidos duros não fiquem escuros, o que pode causar má impressão.

Use sempre frutas descascadas e sem caroços.

As anchovas devem ser bem limpas, sem espinhas.

Escolha preferencialmente ingredientes da estação e livres de agrotóxicos.

Não aproveite legumes passados nem folhas amareladas.

Lave bem as folhas e os legumes. Coloque-os de molho por 15 minutos em uma solução de água com hipoclorito de sódio, se não tiver disponível, use um pouco de vinagre, mas esta última não é a forma ideal de higienizá-las.

Componha as saladas de forma a criar um visual agradável, com contraste de cores e texturas.

SALADAS BÁSICAS

Saladas Básicas

Estas receitas são básicas e simples, em sua maioria utilizando somente um ou dois ingredientes. São saladas ideais para o dia a dia, por serem de fácil preparo. Para temperá-las, confira as receitas de molhos para salada e escolha o que mais lhe agradar.

SALADA DE ABOBRINHA

Lave algumas abobrinhas e corte-as em rodelas bem finas. Tempere com o molho escolhido e guarneça com bastante cebola também cortada em rodelas.

SALADA DE AGRIÃO

Retire as folhas de agrião do talo principal, lave bem, tempere com o molho escolhido e guarneça com rodelas de cebola e tomate.

SALADA DE ALFACE

Utilize as folhas de alface inteiras ou picadas. Uma opção mais sofisticada é a salada feita com o miolo da alface: usam-se apenas as folhas brancas, inteiras, que são temperadas na mesa.

SALADA DE AZEDINHA

Pique finamente as azedinhas. Tempere com o molho escolhido e guarneça com cebolas cortadas em rodelas.

SALADA DE ACELGA

Afervente ligeiramente as folhas de acelga, pique-as grosseiramente e arrume em uma travessa. Tempere com o molho escolhido e guarneça com bastante cebola e pimentão vermelho cortados em rodelas. Decore com azeitonas pretas.

SALADA DE BATATA

Cozinhe algumas batatas, corte-as em pedaços pequenos e tempere com o molho escolhido (ela deve ser temperada pelo menos uma hora antes de ser servida). Enfeite com alface picadinha, ovos cozidos, azeitonas e rodelas de tomate.

Salada de Beterraba

Cozinhe as beterrabas, descasque, corte em rodelas, tempere e decore com azeitonas pretas.

Salada de Brócolis

Cozinhe os brócolis em água levemente salgada, escorra e arrume-os em uma travessa. Tempere com o molho escolhido e decore com ovos cozidos cortados em quatro e filezinhos de anchovas.

Salada de Cenoura

Cozinhe as cenouras em água levemente salgada, escorra, corte em rodelas e coloque em uma travessa. Tempere e guarneça com tomate e cebola também cortados em rodelas.

Salada de Cenoura ou Beterraba Cruas

Descasque as cenouras ou beterrabas cruas e rale-as no lado grosso do ralador. Tempere e guarneça com alface cortada fininha e ovos cozidos cortados em quatro.

Salada de Chicória

Utilize folhas de chicória tenras e inteiras ou folhas de chicória comum bem picadas. Tempere e guarneça com rodelas de tomate e de cebola.

Salada de Chuchu

Descasque os chuchus, corte-os em fatias no sentido do comprimento e cozinhe em água levemente salgada. Escorra bem, tempere com o molho escolhido e salpique salsa picada.

SALADA DE COUVE-FLOR

Cozinhe os buquês de couve-flor em água levemente salgada, escorra bem e arrume-os em uma saladeira. Tempere com o molho escolhido e enfeite com folhas de alface e ovos cozidos cortados em rodelas.

SALADA DE ERVA-DOCE

Corte o bulbo da erva-doce em palitos ou à juliana, tempere com o molho escolhido e guarneça com folhas de alface.

SALADA DE ERVILHA FRESCA

Cozinhe as ervilhas frescas em água levemente salgada até que fiquem al dente. Escorra, coloque em uma travessa e tempere com o molho escolhido.

SALADA DE FAVA VERDE

Cozinhe as favas verdes em água levemente salgada, escorra bem, coloque em uma travessa e tempere com o molho escolhido. Guarneça com cebola, ovos e tomate cortados em rodelas.

SALADA DE FEIJÃO-VERDE

Cozinhe o feijão-verde com água levemente salgada até que fique al dente. Escorra bem e tempere com o molho escolhido. Guarneça com pimentão vermelho e verde, cebola e tomate cortados em rodelas.

SALADA MISTA

Arrume folhas de alface em uma travessa. Coloque sobre elas batatas cozidas cortadas em rodelas. Intercale cenouras cozidas cortadas em rodelas, cebola crua fatiada, tomate, palmito e ovos cozidos cortados em rodelas. Complete a salada com presunto cozido e queijo prato fatiados, formando rolinhos. Decore com algumas azeitonas. Tempere com o molho escolhido.

SALADA DE MOYASHI (BROTO DE FEIJÃO)

Branqueie o moyashi, fervendo-o por um minuto em água levemente salgada. Escorra bem e deixe esfriar. Tempere com o molho escolhido.

SALADA DE NABO

Cozinhe os nabos em água levemente salgada, escorra, corte em rodelas, tempere e acrescente uma pitada de pimenta-branca ou algumas gotas de molho de pimenta para finalizar.

SALADA DE PALMITO

Se o palmito for em conserva, escorra o líquido e coloque-o de molho em água filtrada por 15 minutos. Corte em rodelas e tempere com o molho escolhido. Se estiver utilizando palmito fresco, consulte a *salada de pupunha* (pág. 158).

SALADA DE PEPINO

Descasque os pepinos no sentido do comprimento, deixando algumas listas de casca. Corte em rodelas ou em pequenos cubos. Tempere e sirva.

SALADA DE PEPINO À ITALIANA

Corte os pepinos em rodelas e arrume em uma travessa. Guarneça um lado com anchovas em conserva e azeitonas, e o outro lado com tomate e cebola cortados em rodelas.

SALADA DE QUIABO

Cozinhe os quiabos em água com um pouco de sal, escorra, corte em rodelas e coloque em uma travessa. Tempere e enfeite com folhas de alface. Acrescente tomates e ovos cozidos cortados em gomos.

Salada de Rabanete

Descasque os rabanetes e corte-os em rodelas. Tempere. Sirva com uma guarnição de alface e azeitonas pretas.

Salada de Repolho

Corte o repolho bem fininho. Salpique um pouco de sal, coloque em uma peneira e deixe escorrer um pouco da água que o repolho soltar, ele, então, dará uma pequena murchada, o que o torna mais tenro. Tempere e sirva.

Salada de Salsão

Retire as folhas dos talos do salsão e, delicadamente, com uma faca, retire os fios que ficam do lado de fora dos talos. Corte os talos à juliana fina e tempere. Guarneça a salada com queijo cortado em palitos grossos.

Salada de Tomate

Você pode usar tomates meio verdes ou vermelhos de textura firme, ou uma mistura dos dois. Corte em rodelas e tempere. Guarneça com cebola, pimentões (vermelhos e verdes) também cortados em rodelas finas e folhas de alface.

Salada de Vagem

Limpe as vagens e corte-as bem fino no sentido do comprimento. Cozinhe em água levemente salgada com a panela destampada. Escorra bem, deixe esfriar e tempere.

Saladas Elaboradas

Saladas Elaboradas

As receitas a seguir são de saladas mais elaboradas, preparadas com diversos ingredientes. Algumas são boas opções como pratos únicos, já outras podem ser servidas como entrada ou acompanhamento. Sinta-se à vontade para substituir as quantidades e os ingredientes, criando suas próprias composições.

Salada de Abacate

- *1 abacate maduro e firme*
- *2 colheres (sopa) de suco de limão*
- *3 colheres (sopa) de azeite*
- *4 gotas de molho de pimenta vermelha*
- *Sal*
- *Folhas de alface para guarnição*

1 Descasque o abacate e corte a polpa em cubos. Coloque em uma tigela e acrescente o suco de limão, o azeite, o sal e o molho de pimenta. Misture delicadamente.

2 Guarneça com folhas de alface.

Salada de Abobrinha com Hortelã

- *4 abobrinhas italianas*
- *1 cebola pequena*
- *1 colher (sopa) de hortelã ou salsa picada*
- *4 colheres (sopa) de azeite*
- *1 colher (sopa) de vinagre*
- *Orégano*
- *Sal e pimenta-do-reino*

1 Corte as abobrinhas em rodelas não muito finas e afervente-as em água e sal sem deixar que amoleçam demais. Escorra bem e deixe esfriar.

2 Corte a cebola em fatias finas.

3 Arrume as abobrinhas em uma travessa, coloque por cima a cebola e salpique salsa ou hortelã.

4 Misture o azeite com o vinagre, o sal, a pimenta-do-reino e o orégano. Regue a salada com esse molho e leve à geladeira por 30 minutos antes de servir.

SALADA DE ACELGA COM ABACAXI

- *1 pé pequeno de acelga*
- *2 fatias de abacaxi*
- *3 colheres (sopa) de uvas-passas*
- *1 colher (sopa) de suco de limão*
- *⅓ de xícara (chá) de creme de leite*
- *3 colheres (sopa) de azeite*
- *Sal*

1 Lave bem e seque as folhas de acelga com um pano limpo. Pique as folhas grosseiramente. Coloque-as em uma tigela funda.

2 Corte o abacaxi em cubos de 2 cm e acrescente à tigela. Adicione as uvas-passas e regue com o suco de limão, o creme de leite e o azeite.

3 Salpique um pouco de sal e misture bem. Sirva.

SALADA AMERICANA DE REPOLHO

- *2 colheres (sopa) de uvas-passas*
- *4 xícaras (chá) de repolho cortado fino (cerca de 600 g)*
- *2 colheres (sopa) de cebola picada*
- *1 cenoura ralada em ralo grosso*
- *1 colher (chá) de mostarda em pó (opcional)*
- *2 colheres (sopa) de açúcar*
- *4 colheres (sopa) de vinagre branco*
- *¼ de xícara (chá) de maionese*
- *1 colher (café) de sal de aipo*
- *Sal e pimenta-branca*

1 Hidrate as uvas-passas deixando-as de molho por 10 minutos em um pouco de água fervente, escorra e reserve.

2 Coloque o repolho em uma tigela e misture bem com a cebola e a cenoura.

3 Dissolva a mostarda em pó e o açúcar no vinagre e leve ao fogo até dar o ponto de fervura. Retire e acrescente à mistura de repolho. Mexa bem.

4 Acrescente a maionese, tempere com o sal de aipo, a pimenta-branca e, se necessário, mais um pouco de sal. Acrescente as uvas-passas, misture bem e leve à geladeira por 12 horas antes de servir.

5 Opcionalmente, pode-se acrescentar meio pimentão verde cortado em tiras bem finas.

SALADA DE BACALHAU

- *500 g de bacalhau*
- *1 colher (sopa) de cebola picada*
- *1 tomate cortado em cubos pequenos*
- *6 colheres (sopa) de azeite*
- *2 colheres (sopa) de vinagre*
- *Sal e pimenta-do-reino*

1 Coloque o pedaço de bacalhau de molho em água fria por 24 horas para dessalgar. Guarde em recipiente com tampa na geladeira enquanto estiver fazendo esse processo. Troque a água pelo menos três vezes nesse período.

2 Escorra o bacalhau e cozinhe por 15 minutos em água fervente. Escorra e elimine as peles e espinhas. Desfie grosseiramente e coloque em uma tigela.

3 Acrescente a cebola, o tomate, o azeite, o vinagre e a pimenta-do-reino. Misture bem e prove o sal; se necessário, acrescente um pouco mais.

4 Leve à geladeira por 2 horas. Sirva com salada verde.

SALADA DE BATATA À ALEMÃ

- *500 g de batatas descascadas e cortadas em cubos de 2 cm*
- *1 cebola pequena triturada*
- *½ colher (sopa) de salsa picada*
- *1 colher (sopa) de azeite*
- *½ xícara (chá) de iogurte*
- *1 colher (sopa) de maionese*
- *Folhas de alface*
- *Azeitonas pretas*

1 Cozinhe a batata picada em água fervente levemente salgada. Escorra a batata e, enquanto ainda estiver morna, misture com todos os temperos.

2 Arrume a salada numa travessa e, se quiser, guarneça com folhas de alface. Decore com azeitonas pretas.

3 Sirva acompanhada de frios e salsichas.

SALADA DE BATATA ESPECIAL

- *3 xícaras (chá) de batatas cozidas cortadas em cubos*
- *1 xícara (chá) de salsão picado*
- *3 colheres (sopa) de azeite*
- *1 colher (sopa) de vinagre*
- *1 colher (café) de sal*
- *1 pitada de pimenta-branca*
- *6 salsichas cozidas cortadas em rodelas*
- *2 colheres (sopa) de picles picados*
- *2 colheres (sopa) de maionese*
- *Folhas de salsão*

1 Misture as batatas ainda mornas com o salsão e tempere com o azeite, o vinagre, o sal e a pimenta-branca. Deixe descansar por 10 minutos.

2 Acrescente todos os outros ingredientes, misture bem e arrume a salada na travessa em que a vai servir.

3 Decore com folhas de salsão.

SALADA DE BATATA COM OVO

- *500 g de batatas*
- *4 ovos cozidos*
- *1 cebola pequena*
- *⅓ de xícara (chá) de maionese*
- *2 colheres (sopa) de cheiro-verde picado*
- *Sal*
- *2 colheres (sopa) de suco de limão*

1 Descasque as batatas e corte-as em cubos de 2 cm.

2 Cozinhe a batata em água fervente sem deixar que amoleça demais. Escorra.

3 Descasque e pique grosseiramente os ovos. Pique a cebola. Misture os ingredientes em uma tigela, adicionando a maionese, o cheiro-verde, o sal e o suco de limão.

4 Leve à geladeira até a hora de servir.

SALADA DE BERINJELA

- *Sal*
- *1 colher (sopa) de sementes de erva-doce*
- *2 berinjelas grandes*
- *2 colheres (sopa) de cebola picada*
- *2 colheres (sopa) de salsa picada*
- *12 azeitonas pretas sem caroço picadas*
- *¼ de xícara (chá) de azeite*
- *2 colheres (sopa) de vinagre*

1 Coloque para ferver 4 xícaras (chá) de água com 2 colheres (sopa) de sal e as sementes de erva-doce.

2 Corte as berinjelas em rodelas e coloque na água fervente. Cozinhe até estarem macias. Coloque em uma peneira e deixe escorrer bem.

3 Quando as berinjelas estiverem frias, arrume, em uma travess, camadas de berinjela, cebola, salsa e azeitonas; repita até terminarem os ingredientes.

4 Misture o azeite ao vinagre e adicione um pouco de sal. Regue a preparação com o molho e leve à geladeira por 4 horas. Sirva com salada verde.

SALADA DE BERINJELA ASSADA

- *2 berinjelas*
- *1 dente de alho amassado*
- *2 colheres (sopa) de cebola finamente picada*
- *2 colheres (sopa) de cheiro-verde picado*
- *Sal*
- *4 colheres (sopa) de azeite*

1 Espete as berinjelas com um garfo ou espeto e asse-as na chama do fogão, de modo que a casca fique quebradiça.

2 Espere esfriar, descasque as berinjelas e amasse-as. Tempere com o alho, a cebola, o cheiro-verde, o sal e o azeite.

3 Leve à geladeira até a hora de servir.

SALADA DE BROTO DE FEIJÃO

- *1 punhado de broto de feijão*
- *1 cenoura ralada em ralo grosso*
- *2 colheres (sopa) de cebolinha fatiada*
- *4 colheres (sopa) de molho de soja*
- *2 colheres (sopa) de azeite ou óleo de gergelim*
- *2 colheres (sopa) de vinagre de arroz*
- *¼ de xícara (chá) de amendoim torrado*

1 Escalde rapidamente os brotos de feijão, ponha-os para escorrer e leve à geladeira para esfriar bem.

2 Coloque os brotos em uma tigela e adicione a cenoura e a cebolinha. Misture bem e regue com o molho de soja, o azeite ou óleo e o vinagre. Misture novamente.

3 Coloque em uma travessa e salpique o amendoim torrado.

SALADA CAESAR

- *2 pés de alface americana*
- *½ xícara (chá) de croûtons (ver nota)*
- *½ xícara (chá) de* molho Caesar *(pág. 168)*
- *4 colheres (sopa) de parmesão ralado grosso*

1 Lave e seque bem as folhas de alface.

2 Rasgue as folhas grosseiramente e coloque em uma saladeira funda.

3 Acrescente os croûtons e o molho. Misture bem.

4 Salpique a salada com o parmesão ralado grosso.

Nota: *Para preparar os croûtons, corte 4 fatias de pão de fôrma em cubos de 2 cm. Espalhe em uma assadeira e regue com um pouco de azeite. Leve ao forno para que os quadradinhos dourem por igual. Deixe esfriar e guarde em potes herméticos.*

SALADA DE CAMARÃO

- *500 g de camarões médios limpos*
- *½ xícara (chá) de molho rosé (pág. 170)*
- *Alface*
- *12 azeitonas verdes graúdas*
- *4 ovos cozidos*
- *1 colher (sopa) de alcaparras*

1 Cozinhe os camarões em água fervente levemente salgada.

2 Escorra, deixe esfriar e tempere com o molho.

3 Forre uma travessa com alface picada e coloque os camarões por cima.

4 Enfeite com azeitonas, pedaços de ovos cozidos e alcaparras.

SALADA CAPRESE

- *4 tomates vermelhos e firmes*
- *8 bolas de mozarela de búfala*
- *Sal*
- *½ colher (chá) de orégano*
- *3 colheres (sopa) de azeite*
- *¼ de xícara (chá) de folhas de manjericão*

1 Lave bem os tomates e corte em fatias.

2 Corte as bolas de mozarela em fatias.

3 Arrume sobrepondo alternadamente fatias de tomate e de mozarela.

4 Salpique um pouco de sal e o orégano.

5 Regue a salada com o azeite e decore com as folhinhas de manjericão.

SALADA DE CARNE DESFIADA

- *600 g de músculo bovino*
- *¼ de xícara (chá) de azeite*
- *¼ de xícara (chá) de vinagre*
- *Sal e pimenta-do-reino*
- *2 cebolas médias picadas*
- *4 tomates cortados em cubos*
- *1 pimentão verde picado*
- *1 colher (sopa) de salsa picada*
- *Folhas de alface*

1 Cozinhe a carne em água fervente levemente salgada até que esteja bem macia; deixe esfriar e desfie. Coloque em uma tigela.

2 Tempere a carne com o azeite, o vinagre, o sal e a pimenta-do-reino.

3 Acrescente a cebola, o tomate, o pimentão e a salsa. Misture bem.

4 Deixe na geladeira por 2 horas e sirva com uma guarnição de folhas de alface.

SALADA DE COGUMELO COM QUEIJO

- *1 xícara (chá) de cogumelos em conserva picados*
- *1 xícara (chá) de queijo prato cortado em cubos*
- *½ xícara (chá) de ervilhas em conserva ou frescas cozidas al dente*
- *1 colher (sopa) de cebola ralada*
- *1 colher (sopa) de azeite*
- *2 colheres (sopa) de vinho branco seco*
- *1 colher (café) de sal*
- *1 colher (café) de molho de pimenta*
- *1 colher (sopa) de maionese*
- *1 pé de chicória ou alface cortado finamente*

1 Misture os cogumelos, o queijo prato, as ervilhas, a cebola, o azeite, o vinho branco, o sal e o molho de pimenta, deixando tomar gosto por 20 minutos. Junte a maionese e misture bem.

2 Arrume as folhas de chicória ou alface em uma travessa. Cubra com a mistura.

3 Sirva como entrada.

SALADA EXÓTICA

- *4 laranjas-pera*
- *2 bananas*
- *2 maçãs*
- *1 fatia grossa de abacaxi*
- *12 uvas itália cortadas ao meio*
- *Sal e pimenta-branca*
- *¼ de xícara (chá) de creme de leite*
- *¼ de xícara (chá) de maionese*
- *Alface cortada finamente para guarnição*

1 Limpe, descasque e pique as laranjas, as bananas, as maçãs e o abacaxi, acrescentando as metades de uva.

2 Tempere com o sal, a pimenta-branca, o creme de leite e a maionese, misturados em partes iguais.

3 Ponha em uma travessa e guarneça com a alface picada. Sirva acompanhando fatias de peru ou lombinho canadense defumado.

SALADA DE FEIJÃO-BRANCO

- *1 kg de feijão-branco*
- *½ xícara (chá) de azeite*
- *½ xícara (chá) de vinagre branco*
- *1 cebola grande bem picada*
- *½ xícara (chá) de salsa bem picada*
- *Sal e pimenta-do-reino*
- *4 ovos cozidos*

1 Cozinhe o feijão em água e sal até que fique bem macio.

2 Depois de pronto, escorra e coloque em uma travessa.

3 Tempere com o azeite, o vinagre branco, a cebola, a salsa, a pimenta-do-reino e o sal.

4 Decore com os ovos cozidos cortados em gomos.

Nota: Pode-se misturar a essa salada 2 latas de atum em conserva.

SALADA DE FEIJÃO-FRADINHO

- *2 xícaras (chá) de feijão-fradinho cozido*
- *4 colheres (sopa) de azeite*
- *2 colheres (sopa) de vinagre*
- *1 cebola pequena picada*
- *1 pimentão vermelho picado*
- *1 colher (sopa) de salsa picada*
- *Sal e pimenta-do-reino*

1 Coloque todos os ingredientes em uma tigela funda. Misture bem.

2 Cubra o recipiente e leve à geladeira por algumas horas antes de servir.

Nota: Esse prato também pode ser preparado com feijão-verde.

SALADA DE FRANGO DESFIADO

- *2 peitos de frango*
- *Sal*
- *1 folha de louro*
- *1 cebola pequena picada*
- *1 talo de salsão (aipo) picado*
- *4 colheres (sopa) de cheiro-verde picado*
- *4 colheres (sopa) de maionese*
- *1 colher (chá) de suco de limão*
- *Alface e rúcula*

1 Cozinhe o frango em água, com o sal e a folha de louro.

2 Quando o frango estiver macio, escorra e desfie. Coloque em uma tigela.

3 Tempere com a cebola, o salsão e o cheiro-verde picado. Adicione a maionese.

4 Prove o sal e acrescente o suco de limão.

5 Ponha para gelar. Sirva sobre folhas de alface e rúcula.

SALADA DE GRÃO-DE-BICO

- *1 xícara (chá) de grão-de-bico*
- *2 tomates sem sementes*
- *1 cebola pequena picada*
- *4 colheres (sopa) de cheiro-verde picado*
- *2 colheres (sopa) de suco de limão*
- *6 colheres (sopa) de azeite*
- *Sal*

1 Cozinhe o grão-de-bico, sem deixar que fique macio demais. Escorra e reserve.

2 Corte o tomate em pequenos cubos.

3 Junte o grão-de-bico, a cebola, o cheiro-verde e os tomates. Tempere com o suco de limão, o azeite e o sal.

4 Misture bem e ponha para gelar.

Nota: *Pode-se adicionar a essa salada cubos pequenos de bacon frito.*

SALADA DE GRÃO-DE-BICO E BACALHAU

- *300 g de bacalhau*
- *1 xícara (chá) de grão-de-bico*
- *Sal*
- *2 colheres (sopa) de cebola picada*
- *1 tomate sem sementes cortado em cubos*
- *1 colher (sopa) de salsa picada*
- *4 colheres (sopa) de azeite*
- *2 colheres (sopa) de suco de limão*
- *Pimenta-do-reino*

1 Deixe o bacalhau de molho por 24 horas, em um recipiente com tampa na geladeira. Troque a água por três vezes nesse período. Escorra o bacalhau e leve para cozinhar em água fervente por 15 minutos. Escorra o bacalhau, elimine as peles e as espinhas e desfie-o em pedaços pequenos.

2 Cozinhe o grão-de-bico em água e sal e, quando estiver macio, escorra e reserve.

3 Misture o grão-de-bico, o bacalhau desfiado, a cebola, o tomate e a salsa, misturando bem.

4 Tempere com o azeite, o suco de limão e a pimenta-do-reino. Corrija o sal e leve à geladeira.

SALADA HAMBURGUESA

- *1 couve-flor*
- *200 g de vagem*
- *2 cenouras*
- *2 tomates*
- *4 alcachofras*
- *3 colheres (sopa) de vinagre*
- *5 colheres (sopa) de azeite*
- *1 colher (chá) de sal*
- *½ colher (chá) de pimenta-do-reino*
- *1 cebola fatiada*
- *100 g de aspargos*
- *¼ de xícara (chá) de maionese*

1 Cozinhe a couve-flor, as vagens e as cenouras, separadamente, em água levemente salgada. Corte cada vegetal em pedaços pequenos, mantendo-os em vasilhas separadas.

2 Retire a pele dos tomates e corte-os em rodelas.

3 Cozinhe as alcachofras e retire os fundos.

4 Misture o vinagre, o azeite, o sal, a pimenta-do-reino e as fatias de cebola e tempere cada um dos vegetais separadamente com esse molho.

5 Arrume os aspargos, em pé, no centro de uma travessa funda de servir. Retire e descarte os pedaços de cebola das vasilhas em que os vegetais foram temperados. Coloque montinhos desses vegetais ao redor dos aspargos, procure fazer um contraste de cores.

6 Decore com pitangas de maionese.

SALADA DE LAGOSTA

- *500 g de cauda de lagosta cozida*
- *Azeite, suco de limão, sal e pimenta-do-reino*
- *1 colher (sopa) de cebola picada*
- *1 colher (chá) de salsa picada*
- *4 ovos cozidos*
- *12 azeitonas pretas*
- *Folhas de miolo de alface*

1 Corte a cauda de lagosta em cubos.

2 Tempere com o azeite, o suco de limão, o sal e a pimenta-do-reino.

3 Acrescente a cebola e a salsa.

4 Guarneça com as folhas de miolo de alface, os ovos cozidos cortados em rodelas e as azeitonas pretas.

SALADA DE LEGUMES

- *1 xícara (chá) de vagens cozidas cortadas em pedaços de 3 cm*
- *2 xícaras (chá) de cenouras cozidas e cortadas em rodelas*
- *1 pimentão verde ou vermelho picado*
- *1 colher (sopa) de cebola picada*
- *2 rabanetes cortados em rodelas*
- *½ pepino cortado em rodelas*
- *2 colheres (sopa) de azeite*
- *1 colher (sopa) de suco de limão*
- *1 colher (chá) de sal*
- *2 colheres (sopa) de maionese*
- *1 rabanete cortado em forma de flor*

1 Misture todos os ingredientes, menos a maionese, e deixe descansar por 15 minutos.

2 Adicione a maionese à mistura.

3 Decore a salada com um rabanete cortado em forma de flor.

4 Sirva como entrada ou acompanhando filés de peixe ou carnes frias.

SALADA DE LEGUMES MARINADOS

- *1 couve-flor (pequena) cozida*
- *2 cenouras (médias) cozidas e cortadas à juliana*
- *1 lata de aspargos cortados em 3 pedaços*
- *1 pimentão verde ou vermelho cortado à juliana*
- *1 talo de salsão*
- *½ xícara (chá) de azeite*
- *3 colheres (sopa) de vinagre*
- *1 cebola pequena ralada*
- *½ colher (café) de pimenta-branca*
- *1 colher (chá) de sal*

1 Coloque os legumes em uma travessa e regue-os com todos os temperos.

2 Mexa cuidadosamente.

3 Cubra a travessa com papel-alumínio e leve à geladeira por 4 horas.

SALADA DE LENTILHA

- *2 xícaras (chá) de lentilha cozida*
- *4 colheres (sopa) de azeite*
- *2 colheres (sopa) de vinagre*
- *Sal e pimenta-do-reino*
- *2 colheres (sopa) de cebola picada*
- *1 colher (sopa) de pimentão vermelho picado*
- *1 colher (sopa) de salsa picada*

1 Tempere a lentilha com o azeite, o vinagre, o sal e a pimenta--do-reino.

2 Adicione a cebola, o pimentão vermelho e a salsa picada e misture bem.

3 Cubra e leve à geladeira por 4 horas.

Nota: *Você pode conservar esse prato na geladeira, coberto, por até uma semana.*

SALADA LOMBARDA COM PERA

- *1 maço de rúcula*
- *2 peras firmes*
- *½ xícara (chá) de* molho de gorgonzola *(pág. 168)*
- *¼ de xícara (chá) de nozes picadas*

1 Lave e seque as folhas de rúcula. Rasgue-as grosseiramente e arrume em uma travessa.

2 Descasque as peras e corte-as ao meio. Elimine as sementes e fatie finamente as metades.

3 Arrume decorativamente as peras sobre a rúcula, regue com o molho e salpique as nozes.

4 Sirva imediatamente para que as peras não oxidem.

SALADA DE LULA

- *500 g de lulas limpas*
- *2 folhas de louro*
- *6 talos de salsão*
- *1 tomate firme*
- *24 azeitonas verdes*
- *2 colheres (sopa) de cebola picada*
- *1 pimenta dedo-de-moça picada*
- *1 colher (sopa) de salsa picada*
- *2 colheres (sopa) de suco de limão*
- *4 colheres (sopa) de azeite*
- *Sal*

1 Corte as lulas em anéis. Coloque uma panela com 2 litros de água para ferver, acrescente as folhas de louro, junte os anéis de lula e ferva por um minuto. Escorra e coloque imediatamente em uma tigela com água e gelo. Reserve.

2 Corte o salsão em cubos. Retire as sementes do tomate e corte-o em cubos. Corte as azeitonas em lâminas. Em um recipiente, coloque as lulas, o salsão, o tomate, a azeitona, a cebola, a pimenta dedo-de-moça e a salsa e misture bem.

3 Em uma tigela, misture o suco de limão com um pouco de sal e o azeite e incorpore bem. Regue a salada com esse molho e leve à geladeira até a hora de servir.

SALADA DO MAR COM ARROZ SELVAGEM

- *1 xícara (chá) de arroz selvagem*
- *200 g de lulas limpas*
- *300 g de camarões médios com casca*
- *200 g de vieiras limpas (opcional)*
- *200 g de vôngoles (opcional)*
- *1 envelope de açafrão (1 g)*
- *1 xícara (chá) de arroz parbolizado*
- *2 colheres (sopa) de cebola picada*
- *1 tomate graúdo sem sementes e cortado em cubos*
- *1 talo de salsão picado grosseiramente*
- *2 colheres (sopa) de salsa picada*
- *1 colher (sopa) de cebolinha picada*
- *1 colher (sopa) de manjericão picado*
- *3 colheres (sopa) de suco de limão*
- *Sal e pimenta-do-reino*
- *6 colheres (sopa) de azeite*
- *Alface, radicchio e rúcula*

1 Lave o arroz selvagem e coloque-o para cozinhar em uma panela com 5 xícaras de água fervente. Acrescente 1 colher (chá) de sal. Cozinhe por cerca de 50 minutos ou até que o arroz esteja no ponto. Corte as lulas em anéis e reserve. Coloque em uma panela, 3 xícaras de água e leve à fervura, acrescente 1 colher (chá) de sal e acrescente os camarões com as cascas. Ferva por 5 ou 6 minutos e retire-os da panela com uma escumadeira.

2 Acrescente os anéis de lula à panela e ferva por 2 minutos. Retire, acrescente as vieiras, ferva por 3 minutos e retire. Coloque os vôngoles na casca, ferva até que as conchinhas se abram e retire. Complete a água em que cozinhou os frutos do mar para obter cerca de 2 xícaras, acrescente o açafrão e misture bem. Coloque o arroz parbolizado para cozinhar nesse caldo de açafrão e frutos do mar.

3 Cozinhe o arroz até que esteja macio, escorra e elimine o caldo de cozimento. Descasque e limpe os camarões, colocando-os em uma tigela funda. Acrescente os anéis de lula, as vieiras e os dois tipos de arroz já cozidos. Junte a cebola, o tomate, o salsão e as ervas. Misture tudo muito bem.

4 Em outro recipiente, misture o suco de limão, o sal, a pimenta-do-reino e o azeite. Despeje sobre a salada, misture bem e leve à geladeira por 4 horas. Para servir, forre uma saladeira com folhas de alface, radicchio e rúcula.

5 Despeje a salada sobre as folhas e decore com as conchinhas de vôngole.

SALADA DE MEXILHÃO

- *300 g de mexilhões cozidos*
- *3 colheres (sopa) azeite*
- *2 colheres (sopa) de suco de limão*
- *1 colher (sopa) de cebola picada*
- *1 colher (chá) de salsa picada*
- *Sal e pimenta-do-reino*

1 Tempere os mexilhões com o azeite, o suco de limão, a cebola, a salsa, o sal e a pimenta-do-reino.

2 Coloque em uma tigela e leve à geladeira por 4 horas para descansar.

3 Sirva imediatamente e evite guardar as sobras.

SALADA DE MILHO VERDE

- *3 xícaras (chá) de milho verde cozido*
- *4 tomates maduros e firmes*
- *1 cebola picada*
- *2 colheres (sopa) de cheiro-verde picado*
- *2 colheres (sopa) de maionese*
- *1 colher (sopa) de suco de limão*
- *1 pitada de pimenta-branca*

1 Se estiver usando milho verde em lata, coloque-o num escorredor ou em uma peneira durante 5 minutos, para que fique bem escorrido.

2 Corte os tomates ao meio e elimine as sementes. Pique em cubos de 1 cm.

3 Coloque o milho e os tomates em uma tigela. Acrescente os ingredientes restantes e misture bem.

4 Arrume a salada em uma travessa e decore com folhas de alface.

5 Sirva acompanhando peixe frito ou grelhado ou carnes de qualquer tipo grelhadas ou assadas.

SALADA MISTA COM REPOLHO

- *1 repolho pequeno*
- *2 cenouras*
- *2 ou 3 pimentões vermelhos*
- *2 colheres (sopa) de cebola picada*
- *2 colheres (sopa) de cheiro-verde picado*
- *4 colheres (sopa) de maionese*
- *Orégano*
- *Sal*
- *Suco de limão*

1 Pique o repolho em fatias finas e reserve.

2 Rale as cenouras no ralo grosso e reserve.

3 Pique os pimentões vermelhos. Junte os vegetais em uma travessa, acrescente a cebola e o cheiro-verde e tempere com a maionese e o orégano.

4 Corrija o sal e acrescente o suco de limão. Leve à geladeira até a hora de servir.

SALADA NAPOLITANA

- *1 pão italiano amanhecido*
- *10 tomates vermelhos e firmes*
- *Sal e pimenta-do-reino*
- *Folhas de manjericão*
- *Orégano*
- *½ xícara de azeite*
- *3 colheres (sopa) de vinagre*
- *1 dente de alho picado finamente*

1 Compre o pão com uma semana de antecedência e deixe que fique bem ressecado.

2 Corte o pão em cubos de 2 cm e reserve.

3 Corte os tomates ao meio e elimine as sementes, picando cada metade em cubos de 3 cm. Coloque-os em uma travessa funda e tempere o sal e a pimenta-do-reino. Acrescente as folhas de manjericão e o orégano.

4 Em um recipiente com tampa, coloque o azeite, o vinagre o dente de alho picado, acrescente um pouco de sal, tampe e misture bem. Em uma travessa, junte os tomates e os cubos de pão, misture muito bem e regue com o molho.

5 Cubra e leve à geladeira por 24 horas antes de servir.

SALADA ORIENTAL

- *1 xícara (chá) de broto de feijão*
- *2 cenouras médias*
- *2 pepinos japoneses*
- *1 pedaço de nabo*
- *3 colheres (sopa) de açúcar*
- *5 colheres (sopa) de vinagre de arroz*
- *½ colher (café) de óleo de gergelim torrado*
- *Glutamato*
- *Gergelim torrado*

1 Escalde o broto de feijão por 30 segundos em água fervente e deixe esfriar.

2 Lave bem a cenoura, o nabo e o pepino, corte-os em formato de palitos finos e coloque em um recipiente. Acrescente os brotos de feijão.

3 Em outro recipiente, misture o açúcar, o vinagre, o óleo e o glutamato e misture bem. Regue a salada com esse molho e salpique o gergelim torrado. Sirva como entrada.

SALADA DE PALMITO COM SALMÃO

- *1 lata ou vidro de palmito*
- *50 g de salmão defumado*
- *3 colheres (sopa) de azeite*
- *1 colher (sopa) de suco de limão*
- *1 colher (sopa) de alcaparras picadas*
- *Sal e pimenta-do-reino*
- *1 colher (sopa) de salsa picada*

1 Escorra a água dos palmitos, corte em rodelas de 3 cm e arrume em uma travessa.

2 Corte o salmão em tiras e arrume-as sobre os palmitos.

3 Misture o azeite, o limão e as alcaparras. Acerte o sal e a pimenta-do-reino e regue a salada.

4 Salpique a salsa picada e sirva.

SALADA DE PEPINO RECHEADO

- *2 pepinos de tamanho médio*
- *½ litro de água*
- *1 colher (chá) de sal*
- *150 g de presunto cortado em cubos pequenos*
- *1 vidro pequeno de cogumelos picados*
- *1 colher (chá) de salsa picada*
- *½ xícara (chá) de maionese*
- *½ colher (café) de páprica picante*
- *Galhinhos de hortelã ou salsa*

1 Lave os pepinos e corte um bom pedaço das extremidades, ficando com a parte bem verde. A seguir, corte-os ao meio, de modo que cada pedaço fique com aproximadamente 7 cm.

2 Faça uma cavidade no centro de cada metade, deixando intacta uma pequena parte, que servirá de fundo.

3 Coloque os quatro pedaços de pepino em uma tigela, junte a água e o sal e deixe de molho por 20 minutos. Passado esse tempo, escorra a água e reserve os pepinos.

4 Em uma vasilha, misture todos os outros ingredientes. Encha as cavidades dos pepinos com essa mistura.

5 Arrume os pepinos em um prato e decore com galhinhos de hortelã ou salsa.

SALADA DE PUPUNHA

- *2 pedaços de palmitos de pupunha in natura com 20 cm cada*
- *4 colheres (sopa) de suco de limão*
- *4 colheres (sopa) de azeite*
- *Sal*
- *1 colher (sopa) de salsa picada*

1 Corte os palmitos de pupunha ao meio no sentido do comprimento. Com a ajuda de uma faca, descarte a parte dura da casca, deixando somente o miolo macio.

2 Coloque água gelada em uma tigela e adicione metade do suco de limão.

3 Corte o miolo do palmito em tiras finas ou desfie com as mãos. Coloque na tigela com a água e deixe de molho por 15 minutos.

4 Escorra bem e tempere com o suco de limão restante, o azeite e o sal. Misture bem e coloque em uma saladeira.

5 Salpique a salsa picada e sirva.

SALADA DE QUIABO

- *500 g de quiabos lavados*
- *2 colheres (sopa) de suco de limão*
- *1 colher (chá) rasa de sal*
- *1 cebola grande cortada em rodelas*
- *2 pimentões vermelhos cortados em rodelas*
- *3 ovos cozidos e cortados em 4*

Molho:

- *3 colheres (sopa) de suco de limão*
- *2 colheres (sopa) de azeite*
- *1 colher (sopa) de salsa picadinha*
- *1 colher (café) de sal*
- *1 pitada de pimenta-do-reino*

1 Limpe os quiabos e corte sua ponta superior. Mergulhe-os, inteiros, em água fervente, com suco de limão e sal. Deixe de molho por 10 minutos e escorra a água. Corte-os em pedaços miúdos.

2 Arrume os quiabos, cebola, os pimentões e os ovos cozidos, nessa ordem, em uma travessa.

3 Misture todos os ingredientes do molho e regue a salada.

4 Sirva como entrada.

SALADA DE RÁBANO

- *4 rábanos, de tamanho médio, e cortados em rodelas finas*
- *1 colher (chá) rasa de sal*
- *2 colheres (sopa) de azeite*
- *1 colher (sopa) de vinagre*
- *1 colher (café) de molho de pimenta*

1 Tempere os rábanos com o sal e deixe descansando por 10 minutos ou até que o sal dissolva. Escorra bem o líquido e elimine-o.

2 Tempere os rábanos com o azeite, o vinagre e o molho de pimenta.

3 Deixe descansar por 15 minutos.

4 Sirva a salada acompanhando fatias de carne cozida.

SALADA RÁPIDA DE REPOLHO

- *3 xícaras (chá) de repolho branco cortado fininho*
- *1 colher (café) de sal*
- *1 pitada de pimenta-branca*
- *1 colher (sopa) de suco de limão*
- *2 colheres (sopa) de maionese*
- *1 galho de salsa*

1 Tempere o repolho com o sal, a pimenta-branca e o suco de limão, e deixe descansar por 10 minutos.

2 Adicione a maionese e misture bem.

3 Decore com um galhinho de salsa.

4 Sirva acompanhando filés de peixe ou fatias de carne fria.

Outras opções para salada de repolho:

Salada de repolho com atum – adicione uma lata pequena de atum desfiado e 2 colheres (sopa) de ketchup.

Salada de repolho com peixe – acrescente uma xícara (chá) de peixe cozido e desfiado e 2 colheres (sopa) de ketchup.

Salada de repolho com camarão – acrescente uma xícara (chá) de camarão cozido e 2 colheres (sopa) de ketchup.

SALADA DE RICOTA

- *500 g de ricota*
- *4 colheres (sopa) de azeite*
- *½ colher (chá) de sal*
- *½ colher (chá) de pimenta-do-reino*
- *2 colheres (sopa) de maionese*
- *2 colheres (sopa) de suco de limão*
- *½ cebola pequena ralada*
- *1 colher (sopa) de salsa picada finamente*
- *Alface*
- *1 pepino*
- *1 tomate*
- *1 rabanete*

1 Amasse a ricota para que ela desmanche. Misture o azeite com o sal e a pimenta-do-reino.

2 Adicione a maionese, o suco de limão, a cebola, a salsa e misture com a ricota.

3 Conserve na geladeira até a hora de servir.

4 Na hora de servir, lave as folhas de alface e pique-as, misturando ao creme.

5 Arrume em uma travessa, decorando com o pepino, o tomate e o rabanete cortados em rodelas.

SALADA RUSSA

- *4 batatas cozidas*
- *2 cenouras cozidas*
- *100 g de vagens cozidas*
- *1 cebola pequena picada*
- *2 talos de salsão picados*
- *½ xícara (chá) de ervilhas em conserva*
- *½ xícara (chá) de maionese*
- *Sal*

1 Corte as batatas e as cenouras em cubos de 2 cm e as vagens em pedaços de 1 cm. Coloque em uma tigela e adicione as ervilhas, o salsão e a cebola. Misture.

2 Adicione a maionese e mexa delicadamente. Acerte o ponto do sal e leve à geladeira por 4 horas. Sirva com salsichas ou rosbife.

SALADA RUSSA COMPLETA

- *1 couve-flor pequena cozida*
- *½ vidro de palmito em conserva*
- *½ lata de aspargos em conserva*
- *1 lata de ervilhas*
- *1 lata de atum em azeite*
- *1 lata de sardinha em molho de tomate*
- *4 batatas cozidas e cortadas em cubos*
- *2 cenouras cozidas e cortadas em cubos*
- *100 g de vagens cozidas e picadas*
- *Azeitonas para decorar*
- Molho tradicional *(pág. 170)*

1 Corte a couve-flor de maneira que apareçam os buquês inteiros e reserve.

2 Corte o palmito em rodelas e os aspargos ao meio, deixe-os em recipientes separados. Tempere esses legumes e as ervilhas, separadamente, com um pouco de sal.

3 No centro de uma travessa, arrume o atum, a sardinha e algumas azeitonas.

4 Tempere, separadamente, as batatas, as cenouras e as vagens. Arrume todos os legumes na travessa em montinhos ao redor do atum e da sardinha.

5 Acompanhe a salada com galheteiro de azeite e vinagre e molheira com o molho tradicional.

Nota: Se quiser, substitua a sardinha e o atum por frios.

SALADA SICILIANA

- *2 laranjas*
- *1 erva-doce*
- *1 cebola pequena*
- *4 filés de anchovas*
- *¼ de xícara (chá) de azeite*
- *2 colheres (sopa) de vinagre*
- *Sal e pimenta-do-reino*
- *12 azeitonas pretas graúdas*

1 Descasque as laranjas, retire toda a parte branca expondo a polpa. Com uma faca afiada, corte entre as membranas para separar os gomos da laranja. Reserve.

2 Lave bem o bulbo da erva-doce, corte ao meio no sentido do comprimento e fatie finamente. Coloque em uma saladeira.

3 Descasque a cebola e corte-a em fatias finas. Lave em água corrente para eliminar a acidez e seque.

4 Pique finamente as anchovas e coloque em um recipiente. Adicione o azeite e o vinagre e misture bem. Acrescente os gomos de laranja à saladeira com a erva-doce, cubra com os anéis de cebola e regue com o molho.

5 Salpique um pouco de pimenta-do-reino e, se necessário, sal.

6 Decore com as azeitonas pretas.

SALADA TEXAS

- *Folhas verdes variadas*
- *2 ovos cozidos*
- *100 g de bacon*
- *½ xícara (chá) de batata palha*

Para o molho:

- *2 colheres (sopa) de mel*
- *2 colheres (sopa) de mostarda*
- *1 colher (chá) de vinagre*
- *3 colheres (chá) de óleo de milho*
- *¼ de xícara (chá) de água*
- *Sal e pimenta-do-reino*

1 Lave, higienize as folhas e deixe escorrer para que fiquem bem secas. Descasque os ovos e reserve. Corte o bacon em cubos e doure-os em uma frigideira até que estejam bem crocantes. Escorra sobre papel absorvente.

2 Para o molho, coloque todos os ingredientes em um vidro com tampa e agite vigorosamente para misturar bem. Rasgue as folhas verdes com as mãos e coloque em uma saladeira funda. Despeje o molho e misture bem.

3 Cubra a salada com os cubos de bacon e com a batata palha.

4 Rale os ovos cozidos sobre a salada utilizando o lado grosso de um ralador. Sirva.

SALADA DE TOMATE

- *4 tomates firmes e grandes*
- *3 colheres (sopa) de azeite*
- *1 colher (sopa) de vinagre*
- *Sal e pimenta-do-reino*
- *Orégano*
- *Cebola ou pimentão (opcional)*

1 Escolha tomates grandes e não completamente maduros, corte-os em rodelas finas, tempere com sal e pimenta-do-reino e regue com o azeite e o vinagre.

2 Salpique o orégano.

Nota: *Se quiser, misture a essa salada fatias de cebola ou de pimentão.*

SALADA DE VAGEM ESPECIAL

- *500 g de vagens cortadas finamente*
- *1 cebola pequena picada finamente*
- *1 dente de alho triturado*
- *2 colheres (sopa) de anchovas picadas*
- *2 colheres (sopa) de vinagre*
- *2 colheres (sopa) de azeite*
- *1 colher (café) de molho de pimenta*
- *2 colheres (sopa) de queijo ralado*
- *1 colher (café) de sal*

1 Cozinhe rapidamente as vagens em água fervente e levemente salgada.

2 Escorra as vagens, arrume-as em uma travessa e misture todos os ingredientes

3 Leve a salada à geladeira por 4 horas antes de servir ou sirva-a no dia seguinte.

SALADA DE VERÃO

- *½ xícara (chá) de* molho rosé *(pág. 170)*
- *1 xícara (chá) de croûtons (ver nota)*
- *1 pé de alface americana*
- *1 xícara (chá) de grão-de-bico cozido*
- *1 beterraba ralada*
- *2 cenouras raladas*
- *100 g de queijo prato ralado grosso*

1 Prepare os croûtons e o molho rosé.

2 Monte a salada em taças, começando com a alface picada e alternando os ingredientes. Cubra com o molho e salpique o queijo ralado.

Nota: *Para preparar os croûtons, corte 4 fatias de pão de forma em cubos de 2 cm. Espalhe em uma assadeira e regue com um pouco de azeite. Leve ao forno para que os quadradinhos dourem por igual. Deixe esfriar e guarde em potes herméticos.*

SALADA WALDORF

- *250 g de talos de salsão cortados em tiras finas*
- *250 g de maçãs descascadas e cortadas em cubos pequenos*
- *½ xícara (chá) de nozes*
- *⅔ de xícara (chá) de maionese*
- *1 colher (sopa) de suco de limão*
- *4 colheres (sopa) de creme de leite*
- *1 pitada de sal*

1 Coloque o salsão, as maçãs e as nozes em uma tigela.

2 À parte, misture a maionese, o suco de limão, o creme de leite e o sal.

3 Misture bem o molho aos outros ingredientes e leve à geladeira até o momento de servir.

Nota: *Essa é a forma clássica de preparar a salada Waldorf. Outra opção pode ser prepará-la com laranja, frango desfiado ou outros ingredientes. Por exemplo, adicione uma laranja pera descascada e cortada em cubos e um peito de frango desfiado previamente cozido em água, sal e cheiro-verde. Inclua também mais duas colheres (sopa) de maionese e uma colher (sopa) de creme de leite.*

SALADA WALDORF COM SALMÃO

- *3 xícaras (chá) de maçãs picadas*
- *1 colher (sopa) de suco de limão*
- *1 xícara (chá) de salsão picado*
- *1 xícara (chá) de nozes picadas*
- *1 xícara (chá) de maionese*
- *½ colher (café) de sal*
- *200 g de salmão defumado fatiado*
- *2 colheres (sopa) de azeite*
- *1 colher (sopa) de vinagre*
- *¼ de xícara (chá) de nozes para enfeitar*
- *Miolo de 2 pés de alface*

1 Junte aos pedaços de maçã o suco de limão (para que eles não escureçam), o salsão, as nozes picadas, ⅔ da maionese e o sal.

2 Arrume a salada na travessa e cubra-a com a maionese restante.

3 Lave os filés de salmão em água filtrada, seque-os e coloque em um prato. Misture o azeite e o vinagre e espalhe, em fio, sobre o salmão. Deixe de molho nesse tempero por 15 minutos.

4 Enfeite a salada com as nozes, coloque as folhas de alface em volta e, sobre elas, ponha as fatias de salmão, formando rolinhos.

SALPICÃO FÁCIL

- *4 batatas médias cortadas em cubos pequenos*
- *4 cenouras médias raladas no ralador mais grosso*
- *1 lata de ervilhas*
- *½ xícara (chá) de maionese*
- *1 pimentão verde picado*
- *1 pimentão vermelho picado*
- *2 talos de salsão picados*
- *1 maço de salsa picada*
- *2 cebolas médias bem picadas*
- *3 xícaras (chá) de peito de frango cozido e cortado em cubos pequenos*
- *Sal, pimenta-do-reino e limão*

1 Cozinhe as batatas em água e sal, escorra, deixe esfriar e misture com a cenoura e as ervilhas.

2 Misture a maionese com todos os outros ingredientes, e, depois com a mistura de batata, cenoura e ervilha.

3 Prove e corrija os temperos se necessário. Coloque em uma travessa, decore e leve à geladeira até a hora de servir.

SALPICÃO DE FRANGO

Etapa 1

- *2 peitos de frango*
- *1 colher (chá) rasa de sal*
- *1 dente de alho triturado*
- *1 pitada de pimenta-do-reino*
- *1 colher (sopa) de suco de limão*

Etapa 2

- *3 xícaras (chá) de água*
- *1 cebola pequena cortada em rodelas*
- *1 cenoura descascada e cortada ao meio*
- *1 maço pequeno de cheiro-verde amarrado*
- *1 tomate cortado em 4*

Etapa 3

- *5 batatas de tamanho médio descascadas*
- *1 pimentão vermelho grande cortado em rodelas*
- *2 talos de salsão (aipo) fatiados*
- *2 maçãs ácidas cortadas em tiras ou cubos*
- *½ lata de ervilhas em conserva*

Etapa 4

- *1 colher (chá) de sal*
- *1 colher (sopa) de salsa picada*
- *1 colher (sopa) de cebola ralada*
- *1 colher (sopa) de vinagre branco*
- *2 colheres (sopa) de azeite*

Etapa 5

- *1 xícara (chá) de maionese*

1 Tempere os peitos de frango com todos os ingredientes relacionados na etapa 1 e deixe-os marinando por 30 minutos.

2 Coloque os peitos de frango e seus temperos, assim como todos os ingredientes da etapa 2, em uma panela. Tampe-a e leve ao fogo, deixando ferver durante 30 minutos ou até que os peitos de frango fiquem cozidos. Retire o frango da panela e desfie, eliminando a pele e os ossos. Reserve a carne desfiada, pique a cenoura e reserve-a. Deixe na panela o caldo com os temperos.

3 Cozinhe as batatas no caldo que sobrou. Deixe esfriar um pouco, pique e reserve. Misture as batatas com o frango, as cenouras, o pimentão, o salsão, as maçãs e as ervilhas.

4 Tempere o salpicão com os ingredientes indicados para a etapa 4 e deixe descansar durante 10 minutos.

5 Adicione a maionese ao salpicão e misture tudo muito bem. Feito isso, arrume em uma travessa.

6 Leve o salpicão à geladeira por 2 horas antes de servir.

7 Sirva como entrada.

Nota: Esse salpicão pode ficar na geladeira por 2 dias.

SALPICÃO DE PRESUNTO

- *500 g de cenouras descascadas e raladas em ralador grosso*
- *4 pimentões verdes ou vermelhos picados*
- *1 talo de salsão pequeno e cortado em tiras finas*
- *1 maçã descascada, fatiada e cortada em tiras*
- *1 colher (sobremesa) rasa de sal*
- *½ colher (chá) de pimenta-branca*
- *¼ de xícara (chá) de vinho branco seco*
- *¼ de xícara (chá) de azeite*
- *150 g de presunto cortado em tiras finas*
- *1 xícara (chá) de maionese*
- *Galhinhos de salsa*

1 Coloque as cenouras, os pimentões, o salsão e a maçã em uma tigela. Tempere com o sal, a pimenta-branca, o vinho branco e o azeite. Deixe descansar por 30 minutos ou mais.

2 Adicione o presunto e, em seguida, metade da maionese. Misture bem.

3 Arrume o salpicão em uma travessa e cubra-o com a maionese restante.

4 Decore com galhinhos de salsa.

Nota: Esse salpicão pode ficar na geladeira por até uma semana. Se quiser, pode substituir o presunto por frango cozido. Os vegetarianos podem preparar o mesmo prato sem presunto nem frango.

TABULE

- *1 xícara (chá) de trigo para quibe*
- *1 cebola pequena*
- *4 tomates*
- *1 pepino*
- *2 talos de cebolinha*
- *Sal e pimenta-do-reino*
- *1 maço de hortelã pequeno picada*
- *1½ xícara de salsa picada*
- *4 colheres (sopa) de azeite*
- *4 colheres (sopa) de suco de limão*
- *Pimenta síria (opcional)*

1 Deixe o trigo de molho em água morna durante 30 minutos.

2 Escorra a água do trigo e esprema com as mãos, para deixá-lo bem seco.

3 Corte a cebola, os tomates e o pepino em pequenos cubos. Fatie finamente a cebolinha.

4 Misture o trigo aos ingredientes picados.

5 Tempere tudo com o sal, a pimenta-do-reino, a hortelã, a salsa, o azeite o limão e a pimenta síria.

6 Misture bem e leve à geladeira até a hora de servir.

Molhos para Salada

Molhos para Salada

MOLHO CAESAR

- *2 colheres (sopa) de vinagre*
- *1 colher (sopa) de suco de limão*
- *1 colher (chá) de mostarda*
- *4 colheres (sopa) de maionese*
- *1 dente de alho pequeno*
- *2 filés de anchovas em conserva (opcional)*
- *⅓ de xícara (chá) de óleo de milho*
- *Sal e pimenta-do-reino*

1 Coloque no liquidificador o vinagre, o suco de limão, a mostarda, a maionese, o alho e as anchovas. Bata bem para incorporar.

2 Com o liquidificador ligado, vá adicionando o óleo em fio para emulsionar o molho, que deverá ficar com a textura de um creme. Tempere com o sal e a pimenta-do-reino.

3 Conserve na geladeira.

MOLHO DE GORGONZOLA

- *100 g de queijo gorgonzola*
- *¼ de xícara (chá) de maionese*
- *¼ de xícara (chá) de leite*
- *Pimenta-do-reino*
- *1 colher (chá) de vinagre*
- *¼ de xícara (chá) de creme de leite fresco*
- *Sal*

1 Corte o queijo em pedaços não muito grandes.

2 Bata no liquidificador o queijo, a maionese e o leite até obter um molho cremoso.

3 Tempere com a pimenta-do-reino e o vinagre.

4 Bata mais uma vez no liquidificador. Coloque a mistura em uma tigela e junte delicadamente o creme de leite. Acerte o ponto do sal.

5 Conserve na geladeira.

MOLHO DE IOGURTE

- *¾ de xícara (chá) de iogurte natural*
- *2 colheres (sopa) de azeite*
- *1 colher (chá) de suco de limão*
- *½ colher (chá) de sal*
- *Ervas picadas (hortelã, manjericão, endro e/ou salsa)*

1 Coloque o iogurte em uma pequena tigela e adicione os outros ingredientes.

2 Misture delicadamente com a ajuda de um garfo.

3 Conserve na geladeira.

MOLHO MIL ILHAS

- *1 xícara (chá) de maionese*
- *3 colheres (sopa) de ketchup*
- *¼ de xícara (chá) de suco de tomate*
- *2 colheres (sopa) de azeitonas verdes picadas*
- *1 colher (sopa) de pimentão verde picado*
- *1 colher (sopa) de cebola picada*
- *2 colheres (sopa) de salsa picada*
- *Sal e pimenta-do-reino*

1 Coloque em uma tigela a maionese, o ketchup e suco de tomate.

2 Bata com um garfo ou batedor de arame até obter um creme bem liso.

3 Misture os ingredientes restantes, acerte o ponto do sal e da pimenta-do-reino. Sirva sobre saladas.

MOLHO MOSTARDA

- *6 colheres (sopa) de azeite*
- *1 colher (sopa) de vinagre*
- *1 colher (chá) de mostarda*
- *1 colher (sopa) de água*
- *Sal*

1 Coloque todos os ingredientes em um vidro. Tampe e agite fortemente.

2 Conserve na geladeira.

MOLHO ORIENTAL

- *2 colheres (sopa) de molho de soja*
- *1 colher (sopa) de suco de limão*
- *1 colher (chá) de açúcar mascavo*
- *2 colheres (sopa) de azeite*

1 Misture bem todos os ingredientes e utilize imediatamente na salada.

2 Para um toque especial, adicione algumas gotas de óleo de gergelim torrado.

MOLHO ROSÉ

- *⅓ de xícara (chá) de maionese*
- *4 colheres (sopa) de ketchup*
- *½ colher (chá) de molho inglês*
- *1 colher (sopa) de conhaque ou gim*
- *½ xícara (chá) de creme de leite*
- *Sal e pimenta-do-reino*

1 Bata rapidamente no liquidificador todos os ingredientes menos o creme de leite.

2 Coloque em uma tigela e acrescente o creme de leite, misturando delicadamente.

3 Acerte o ponto do sal e da pimenta-do-reino. Conserve na geladeira.

MOLHO TRADICIONAL

- *2 colheres (sopa) de vinagre branco ou de vinho tinto*
- *½ colher (chá) de sal*
- *6 colheres (sopa) de azeite*
- *Pimenta-do-reino*

1 Coloque em um recipiente o vinagre e o sal. Misture bem para dissolver o sal.

2 Acrescente o azeite aos poucos, batendo com um garfo para incorporar. Junte uma pitada de pimenta-do-reino.

3 Conserve na geladeira.

Nota: *O vinagre pode ser substituído por suco de limão na mesma proporção.*

MOLHO ITALIANO

- *6 colheres (sopa) de azeite*
- *2 colheres (sopa) de vinagre de vinho tinto*
- *1 colher (sopa) de vinho tinto seco*
- *1 dente de alho pequeno*
- *Orégano*
- *Sal e pimenta-do-reino*

1 Coloque todos os ingredientes em um vidro. Tampe e agite bem.

2 Deixe o molho descansar por 1 hora.

3 Descarte o dente de alho e use o molho na salada.

Sanduíches

Sanduíches

"Havia, na Inglaterra, um lord, proprietário de ricas terras e jogador inveterado, o qual passava horas e horas diante do pano verde, esquecido da vida e do mundo. Tal era a sua obsessão pelo jogo, que nem a fome o fazia arredar pé da mesa recoberta de pano verde. (...) Assim que o criado lhe apresentou a bandeja, o nosso lord, sem abandonar o seu posto, cortou com uma faca algumas fatias de carne e, colocando-as entre dois pedaços de pão, foi mastigando sem perder um só movimento do jogo e nem interrompê-lo por um segundo sequer."

TEXTO DA EDIÇÃO DE 1944 DE DONA BENTA.

SANDUÍCHES

SANDUÍCHE AMERICANO

- *8 fatias de pão de fôrma*
- *150 g de presunto fatiado*
- *150 g de queijo prato fatiado*
- *Manteiga*
- *4 ovos*
- *Folhas de alface*
- *1 tomate fatiado*
- *Sal*

1 Toste levemente as fatias de pão em uma torradeira ou no forno. Reserve.

2 Coloque em uma frigideira 2 fatias de presunto e por cima 2 de queijo. Leve ao fogo baixo para que o queijo derreta.

3 Em outra frigideira, adicione um pouco de manteiga e frite 1 ovo, tempere com sal.

4 Coloque o presunto com o queijo derretido sobre uma fatia do pão, em cima, coloque o ovo frito (gema dura) e cubra com as folhas de alface e as fatias de tomate. Coloque outra fatia de pão por cima e pressione levemente para fechar o sanduíche.

5 Faça o mesmo para montar os outros sanduíches.

SANDUÍCHE DE ATUM

- *1 talo de salsão*
- *1 colher (sopa) de cebola picada*
- *1 lata de atum*
- *4 colheres (sopa) de maionese*
- *1 colher (chá) de mostarda*
- *8 fatias de pão de fôrma integral*
- *Sal*
- *Folhas de alface*
- *Fatias de tomate*

1 Pique o salsão e coloque em uma tigela juntamente com a cebola, o atum, a maionese, a mostarda e uma pitada de sal. Misture bem os ingredientes. Monte os sanduíches colocando sobre 4 fatias um pouco da mistura de atum.

2 Cubra com as folhas de alface, as fatias de tomate e as fatias de pão restantes.

BAURU

- *½ xícara (chá) de água*
- *150 g de mozarela ralada grosso*
- *150 g de queijo prato ralado grosso*
- *4 pães tipo francês*
- *200 g de rosbife*
- *2 tomates fatiados*
- *Sal e orégano*
- *Pepinos em conserva*

1 Coloque a água para ferver em uma frigideira antiaderente, acrescente os queijos e cozinhe em fogo baixo, misturando para que derretam totalmente. Retire do fogo.

2 Corte o pão francês ao meio e retire o miolo da tampa. Cubra a outra metade do pão com fatias de rosbife e distribua um pouco do creme de queijos, coloque 3 fatias de tomate sobre o queijo e tempere com o sal e o orégano. Acrescente fatias de pepinos em conserva e feche o sanduíche. Repita com os outros pães.

CACHORRO-QUENTE

- *Pães para cachorro-quente*
- *Salsichas aferventadas*

Acompanhamentos:

- *Mostarda, ketchup,* batata palha *(pág. 291) e/ou* purê de batata *(pág. 298) e maionese*

1 Afervente as salsichas e aqueça os pães. Corte os pães ao meio e coloque uma salsicha em cada pão.

2 Sirva com os acompanhamentos.

CLUB SANDUÍCHE

- *12 fatias de pão de fôrma torradas*
- *4 colheres (sopa) de maionese*
- *200 g de peito de peru fatiado*
- *Fatias de tomate*
- *8 fatias de queijo prato*
- *8 fatias de bacon fritas*
- *Folhas de alface*

1 Coloque as fatias de pão em uma assadeira e leve ao forno para que dourem levemente, ou então use a torradeira.

2 Coloque 4 fatias de pão sobre uma superfície plana e distribua a maionese sobre elas. Acrescente sobre cada uma as fatias de peito de peru e as rodelas de tomate. Coloque outra fatia de pão e passe maionese. Cubra com o queijo, o bacon e a alface.

3 Cubra com as fatias de pão restantes. Prenda as fatias com 2 palitos e corte na diagonal.

HAMBÚRGUER

- *500 g de contrafilé moído com a gordura*
- *500 g de coxão mole ou patinho moído*
- *Sal e pimenta-do-reino*
- *8 pães de hambúrguer*

1 Amasse bem com as mãos os dois tipos de carne. Divida em 8 bolas com cerca de 120 g cada. Molde uma bola de carne entre 2 sacos plásticos e comprima com o fundo de um prato, pressionando até que a carne tenha a espessura de 1 cm. Faça o mesmo com a carne restante.

2 Grelhe os hambúrgueres em uma chapa, grelha ou frigideira. Após grelhados, tempere-os com o sal e a pimenta-do-reino.

3 Corte pães ao meio e coloque a carne em cada um.

Nota: *Para o preparo do cheeseburguer, basta cobrir a carne na chapa com o queijo de sua preferência e abafar com a tampa de uma panela para que o queijo derreta. Se preferir um hambúrguer mais temperado, misture à carne moída um pacote de sopa de cebola.*

MOZARELA EM CARROÇA

- *12 fatias de pão francês*
- *1 xícara (chá) de leite frio*
- *12 fatias de mozarela*
- *Farinha de trigo*
- *Ovo batido*
- *Óleo*

1 Passe rapidamente cada fatia do pão em um prato com leite frio e disponha em uma travessa.

2 Coloque uma fatia de mozarela sobre 6 fatias de pão.

3 Cubra as fatias de pão restantes e aperte entre as mãos, com cuidado, para grudar e sair o excesso de leite.

4 Passe levemente na farinha de trigo, depois, no ovo batido, e frite no óleo quente até dourar de ambos os lados.

5 Sirva quente.

SANDUÍCHE DE CAMARÃO

- *Manteiga*
- *12 fatias de pão de fôrma*
- *1 xícara (chá) de camarões refogados e picados*
- *½ xícara (chá) de maionese*
- *1 colher (sopa) de salsa picada*
- *12 azeitonas pretas ou verdes*

1 Passe manteiga levemente em um lado de cada fatia do pão e doure-as no forno ou em uma frigideira.

2 Misture bem o camarão com a maionese. Adicione a salsa picada.

3 Cubra 6 fatias de pão com a maionese de camarão.

4 Espalhe um pouco de salsa picada sobre o recheio dos sanduíches.

5 Feche os sanduíches com as 6 fatias de pão restantes.

6 Decore com as azeitonas.

SANDUÍCHE DE FRANGO

- *2 peitos de frango cozidos*
- *2 colheres (sopa) de cebola picada*
- *1 colher (sopa) de pepinos em conserva picados*
- *2 colheres (sopa) de salsão picado*
- *1 colher (sopa) de salsa picada*
- *Sal e pimenta-do-reino*
- *6 colheres (sopa) de maionese*
- *Fatias de pão de centeio ou integral*
- *Fatias de tomate*
- *Folhas de alface*

1 Desfie os peitos de frango e coloque em uma tigela, acrescente a cebola, os pepinos em conserva, o salsão e a salsa. Tempere com um pouco do sal e da pimenta-do-reino e junte a maionese. Misture bem e reserve.

2 Monte cada sanduíche utilizando 3 fatias de pão. Sobre a primeira ponha um pouco do recheio de frango, cubra-o com fatias de tomate e salpique um pouco de sal. Coloque outra fatia de pão sobre o recheio, cubra com mais recheio e sobre ele ponha folhas de alface. Cubra com as fatias de pão restantes, aperte levemente e corte os sanduíches na diagonal.

Sanduíche de Maçã e Roquefort

- *250 g de queijo roquefort*
- *100 g de manteiga*
- *⅓ de xícara (chá) de nozes picadas*
- *1 talo de salsão picado*
- *¼ de xícara (chá) de uvas-passas*
- *Sal e pimenta-do-reino*
- *2 maçãs verdes*
- *2 colheres (sopa) de suco de limão*
- *16 fatias de pão integral*
- *Folhas de rúcula*

1 Amasse bem o queijo roquefort com a manteiga (ambos devem estar em temperatura ambiente). Coloque em uma tigela e acrescente as nozes, o salsão e as uvas-passas, tempere com o sal e a pimenta-do-reino. Reserve.

2 Descasque as maçãs e corte-as em fatias finas. Regue-as com o suco de limão. Reserve.

3 Espalhe um pouco do creme de roquefort sobre 8 fatias de pão, distribua um pouco da maçã fatiada e cubra com folhas de rúcula. Feche os sanduíches com as fatias de pão restantes.

Sanduíche de Maionese Arco-Íris

- *4 gemas (2 cozidas e 2 cruas)*
- *1 colher (café) de sal*
- *2 colheres (café) de mostarda*
- *½ colher (café) de pimenta-do-reino*
- *1 colher (chá) de suco de limão*
- *½ colher (café) de molho inglês*
- *Óleo de milho*
- *500 g de camarões cozidos e picados*
- *2 ovos cozidos e picados*
- *2 colheres (sopa) de picles bem picados*
- *1 beterraba cozida e picada*
- *Tomates cortados finamente*
- *Alface picada*
- *Fatias de pão de fôrma (sem a casca)*

1 Para fazer a maionese, junte as gemas cozidas e as cruas passadas em uma peneira com o sal, a mostarda, a pimenta-do-reino, o limão e o molho inglês. Misture tudo muito bem, leve ao liquidificador e bata despejando um fio de óleo, sem parar de bater, até o ponto desejado ou seja, até que vire um creme firme.

2 Misture a maionese com os camarões cozidos, os ovos, os picles, a beterraba, os tomates cortados e a alface.

3 Distribua essa mistura sobre metade das fatias de pão, cubra com as fatias restantes, aperte um pouco e corte em pedaços de dois dedos de largura.

4 Ponha em uma assadeira e leve ao forno quente para dourar levemente.

5 Sirva imediatamente.

Nota: *Ao fazer maionese em casa, nunca despeje o óleo nos ovos de uma vez, ele sempre deve entrar em um fio fino, até alcançar o ponto desejado. Você pode usar azeite no lugar do óleo, porém o azeite tem um gosto mais marcante.*

SANDUÍCHE DE SALMÃO DEFUMADO

- *4 colheres (sopa) de cream cheese*
- *2 colheres (sopa) de iogurte*
- *1 colher (sopa) de alcaparras picadas*
- *1 colher (sopa) de suco de limão*
- *Sal e pimenta-do-reino*
- *4 fatias de pão de centeio*
- *100 g de salmão defumado*
- *2 pepinos em conserva fatiados*
- *Folhas de alface americana*
- *Fatias de cebola (opcional)*

1 Misture o cream cheese com o iogurte e as alcaparras. Tempere com o suco de limão, o sal e a pimenta-do-reino.

2 Distribua o creme sobre 2 fatias de pão e cubra com o salmão fatiado. Por cima, coloque os pepinos em conserva, as folhas de alface e as fatias de cebola, se desejar. Cubra o sanduíche com as fatias de pão restantes.

SANDUÍCHE À MARINHEIRA

- *1 lata de sardinha em óleo*
- *½ xícara (chá) de maionese*
- *1 colher (sopa) de manteiga*
- *2 colheres (sopa) cheiro-verde*
- *1 colher (sopa) de cebola picada*
- *Sal*
- *Pão de fôrma ou francês*

1 Amasse a sardinha e misture a maionese, a manteiga, o cheiro-verde, a cebola e o sal.

2 Passe o recheio sobre uma fatia de pão e cubra com outra.

3 Sirva.

SANDUÍCHE MISTO-QUENTE

- *Pãezinhos franceses ou pão de fôrma*
- *Manteiga*
- *Queijo prato fatiado*
- *Presunto fatiado*

1 Abra os pãezinhos ao meio e passe em cada parte uma leve camada de manteiga.

2 Coloque, como recheio, uma fatia de queijo prato e, sobre ela, uma fatia de presunto.

3 Aperte levemente as duas partes e leve os pãezinhos ao forno ou à sanduicheira.

4 Sirva quente.

SANDUÍCHE NATURAL COM NOZES

- *350 g de ricota fresca*
- *2 colheres (sopa) de azeite*
- *1 colher (sopa) de suco de limão*
- *1 colher (sopa) de salsa picada*
- *Sal e pimenta-do-reino*
- *Iogurte (opcional)*
- *3 colheres (sopa) de damascos picados*
- *2 colheres (sopa) de nozes picadas*
- *8 fatias de pão de fôrma integral*
- *Folhas de alface*
- *1 cenoura ralada grosso*
- *1 beterraba pequena crua e ralada grosso*

1 Coloque a ricota em uma tigela e amasse muito bem com um garfo. Acrescente o azeite, o suco de limão, a salsa, o sal e a pimenta-do-reino. Misture bem para obter uma pasta bem lisa. Adicione um pouco de iogurte se quiser que a mistura fique mais cremosa. Misture os damascos e as nozes.

2 Monte os sanduíches, espalhando essa pasta de ricota sobre metade da quantidade de fatias pão, cubra com as folhas de alface, a cenoura e a beterraba. Cubra o recheio com as fatias de pão restantes.

SANDUÍCHE DE PERNIL

- *Pão francês*
- *Molho inglês ou molho de pimenta*
- Pernil assado fatiado *(pág. 556)*

1 Corte o pão ao meio e borrife-o com um pouco do molho inglês.

2 Distribua as fatias de pernil sobre o pão e regue com um pouco do molho do pernil.

SANDUÍCHE COM PATÊ DE AZEITONA

- *2 xícaras (chá) de azeitonas pretas*
- *½ xícara (chá) de azeite*
- *Pão de centeio cortado em quadradinhos*

1 Descaroce as azeitonas.

2 No liquidificador, bata as azeitonas com o azeite.

3 Deixe a pasta na geladeira por 20 minutos.

4 Sirva com o pão de centeio cortado em quadradinhos.

SANDUÍCHE ANITA

- *Manteiga*
- *1 pão de fôrma sem a casca*
- *200 g de mozarela fatiada*
- *200 g de presunto fatiado*
- *2 tomates*
- *2 gemas*
- *1 copo de leite*
- *1 lata de creme de leite sem soro e gelado*
- *Queijo ralado*

1 Unte um refratário ou assadeira com a manteiga. Passe manteiga nas fatias de pão de fôrma e forre o refratário.

2 Sobre o pão coloque as fatias de mozarela e; sobre ela, disponha as fatias de presunto. Sobre o presunto, espalhe uma camada de rodelas de tomate, terminando com uma nova camada de fatias de pão. Reserve.

3 Bata no liquidificador as gemas com o leite. Desligue o liquidificador e, sem bater, misture o creme de leite.

4 Coloque a mistura obtida sobre o pão; polvilhe bastante queijo ralado e leve ao forno quente para gratinar.

5 Sirva quente ou frio.

SOYUS

- *3 tomates grandes*
- *1 colher (sopa) de cebola ralada*
- *2 ovos cozidos picados*
- *1 xícara (chá) de patê de presunto*
- *1 colher (sopa) de salsa picada*
- *3 colheres (sopa) de maionese*
- *Pão de fôrma*
- *Folhas de alface e rodelas de pepino (opcional)*

1 Pique os tomates e junte-os aos outros ingredientes em uma tigela.

2 Coloque a mistura entre metade da quantidade de fatias do pão de fôrma.

3 Querendo, ponha também folhas de alface e rodelas de pepino e feche os sanduíches com as fatias de pão restantes.

SANDUÍCHE À PROVENÇAL

- *1 filão de pão italiano*
- *1 dente de alho descascado*
- *2 colheres (sopa) de vinagre de vinho tinto*
- *3 colheres (sopa) de azeite*
- *Sal e pimenta-do-reino*
- *2 tomates firmes fatiados*
- *2 latas de atum*
- *¼ de xícara (chá) de folhas de manjericão*
- *12 azeitonas pretas sem caroço*
- *1 colher (sopa) de alcaparras*
- *4 filés de anchovas*
- *1 ovo cozido picado*

1 Corte o pão no sentido horizontal, separando-o em duas partes, a tampa e a parte de baixo do pão. Retire um pouco do miolo das duas partes e esfregue-as com o dente de alho.

2 Regue as metades com o vinagre e o azeite, salpique um pouco do sal e da pimenta-do-reino.

3 Distribua sobre a parte de baixo do pão metade da quantidade de tomates, cubra com o atum, salpique as folhas de manjericão, coloque as azeitonas e alcaparras picadas grosseiramente, decore com os filés de anchovas e coloque o ovo cozido. Cubra com a outra metade dos tomates e com a parte de cima do pão.

4 Embrulhe em papel-alumínio e deixe descansar por 30 minutos para que o pão se encharque com os líquidos.

5 Corte em fatias e sirva.

TROUXINHA DE PRESUNTO

- *3 xícaras de (chá) de farinha de trigo*
- *4 colheres (café) de fermento em pó*
- *1 colher (café) de sal*
- *1½ xícara (chá) de leite*
- *250 g de presunto*
- *Manteiga*
- *Tomate*
- *Farinha de trigo*

1 Peneire a farinha de trigo com o fermento e o sal. Acrescente o leite e faça uma massa de boa consistência. Deixe-a descansar por 1 hora.

2 Passe o presunto pelo processador, junte uma colherada de manteiga e misture bem.

3 Com o rolo, abra a massa na grossura de 0,2 cm e corte-a em quadrados de aproximadamente 12 cm.

4 Ponha um pouquinho da mistura de presunto em cada quadrado, junte os 4 lados, colocando um sobre o outro e enfeite com uma rodela de tomate. Asse em fôrma untada com manteiga e polvilhada de farinha de trigo, em forno quente, durante cerca de 20 minutos.

Salgadinhos

Salgadinhos

"A gulodice é um ato de nosso julgamento pelo qual damos preferência às cousas que agradam ao nosso paladar."

BRILLAT-SAVARIN. TEXTO DA EDIÇÃO DE 1942 DE *DONA BENTA.*

SALGADINHOS

BISCOITINHO DE CEBOLA

- *1 cebola grande*
- *1 pimenta vermelha sem sementes*
- *Pimenta-do-reino*
- *½ xícara (chá) de leite*
- *500 g de farinha de trigo*
- *1 colher (sopa) de fermento em pó*
- *3 colheres (sopa) de amido de milho*
- *½ colher (sopa) de sal*
- *1 xícara (chá) de queijo parmesão ralado*
- *2 ovos*
- *200 g de manteiga*

1 Bata no liquidificador a cebola, as pimentas e o leite.

2 Transfira para uma tigela. Acrescente os outros ingredientes e amasse.

3 Abra a massa com o rolo até a espessura de 0,5 cm (massa grossa).

4 Corte em tiras de 1,5 cm por 7 cm e leve ao forno em assadeira untada. Asse em forno preaquecido até que os biscoitinhos estejam bem dourados. Deixe esfriar.

BISCOITINHO DE QUEIJO

- *½ xícara (chá) de queijo parmesão ralado*
- *½ xícara (chá) de manteiga*
- *1 xícara (chá) de farinha de trigo*

1 Amasse o queijo com a manteiga e vá incorporando a farinha aos poucos até formar uma massa lisa.

2 Faça rolos de massa com a espessura de um lápis. Em seguida, corte-os e faça argolinhas.

3 Arrume as argolinhas em assadeira untada com manteiga e polvilhada com farinha de trigo.

4 Asse, em forno preaquecido, em temperatura média, até os biscoitos ficarem corados.

BISCOITINHO SALGADO

- *2 colheres (sopa) de banha ou gordura vegetal*
- *2 colheres (sopa) de manteiga*
- *2 colheres (sopa) de leite*
- *2 colheres (sopa) de queijo parmesão ralado*
- *1 colher (café) de sal*
- *Farinha de trigo quanto baste*
- *1 gema*
- *Queijo ralado para polvilhar*

1 Junte a banha, a manteiga, o leite, o queijo e o sal e adicione a farinha de trigo aos poucos e amasse até formar uma massa lisa.

2 Com um rolo abra a massa até a espessura de 0,5 cm, corte os biscoitinhos no formato de sua preferência, pincele-os com a gema e polvilhe com queijo ralado.

3 Asse em forno quente.

BOLINHA DE QUEIJO

- *200 g de queijo prato moído ou ralado*
- *200 g de queijo parmesão ralado*
- *2 colheres (sopa) cheias de farinha de trigo*
- *2 ou 3 claras batidas em neve*
- *Óleo*

1 Coloque em uma tigela os queijos e a farinha de trigo. Misture para incorporar e adicione as claras batidas em neve.

2 Unte as mãos com um pouco de óleo e faça bolinhas com a massa.

3 Aqueça uma abundante quantidade de óleo em uma panela e doure as bolinhas de queijo. Escorra em papel absorvente. Sirva quente.

BOLINHO DE QUEIJO

- *250 g de queijo minas meia cura*
- *4 ovos*
- *1 colher (chá) de polvilho azedo*
- *Sal e noz-moscada*
- *Óleo*

1 Misture o queijo com os ovos e junte o polvilho, o sal e a noz-moscada.

2 Pegue as porções com uma colher e pingue em óleo quente para fritar.

COXINHA DE FRANGO I

- *2 peitos de frango*
- *1 xícara (chá) de caldo de frango*
- *6 batatas médias cozidas*
- *½ xícara (chá) de leite*
- *1 colher (sopa) de salsa picada*
- *Sal, pimenta-do-reino e noz-moscada*
- *Farinha de trigo*
- *Óleo*

Para empanar:

- *2 ovos*
- *Farinha de rosca*

1 Cozinhe os peitos de frango no caldo, deixe esfriar e desfie, reservando o caldo do cozimento.

2 Passe as batatas no espremedor e coloque-as em uma panela. Acrescente o leite, 1 xícara do caldo reservado, a salsa, o sal, a noz-moscada e a pimenta-do-reino. Leve ao fogo e misture bem. Vá mexendo e acrescentando farinha de trigo aos poucos até obter uma massa de textura consistente e que se solte do fundo da panela. Retire do fogo e deixe esfriar.

3 Faça bolinhas de massa do tamanho de bolinhas de pingue-pongue. Achate-as entre as mãos, coloque um pouco de peito de frango desfiado e termine de moldar, dando o formato de coxinha.

4 Passe pelos ovos levemente batidos e pela farinha de rosca.

5 Frite em abundante óleo fervente.

COXINHA DE FRANGO II

Massa:
- *1 xícara (chá) de água*
- *¼ de colher (café) de sal*
- *1 colher (sobremesa) de manteiga*
- *1 xícara (chá) de farinha de trigo*

Recheio:
- *½ cebola picada*
- *5 colheres (sopa) de óleo*
- *1 peito de frango*
- *2 tomates (sem pele) picados*
- *1 pimentão cortado ao meio*
- *½ colher (café) de sal*
- *1 pitada de pimenta-do-reino*
- *½ xícara (chá) de água fervente*

Para a fritura:
- *2 ovos batidos*
- *Farinha de rosca*
- *Óleo*

1 Para a massa, leve ao fogo a água, o sal e a manteiga. Assim que levantar fervura, adicione a farinha. Mexa bem para incorporar. Sem parar de mexer, deixe cozinhar por 5 minutos aproximadamente ou até aparecer uma crosta fina no fundo da panela.

2 Retire a massa do fogo e leve a uma mesa polvilhada com farinha. Deixe a massa esfriar um pouco e amasse com as mãos até ficar macia.

3 Prepare o recheio levando a cebola e o óleo ao fogo. Quando a cebola dourar, adicione o peito de frango cortado em quatro pedaços. Refogue e adicione os tomates, o pimentão, o sal e a pimenta-do-reino.

4 Tampe a panela e deixe cozinhar. De vez em quando, pingue um pouco de água fervente. Não deixe que o molho seque, porque, dessa forma, o frango ficará ressecado, demorando mais tempo para cozinhar. Retire do fogo logo que estiver macio e desfie-o. Elimine a pele e os ossos.

5 Retire o pimentão do molho, pique e misture-o à carne desfiada.

6 Deixe o recheio esfriar.

7 Divida a massa em 12 partes. Modele, com as mãos, uma cavidade em cada porção da massa e coloque ali uma colher (sopa) de recheio. Aperte a extremidade de cada uma, dando-lhe a forma de coxinha. Depois de recheadas, passe-as nos ovos batidos e na farinha de rosca.

8 Frite 2 ou 3 de cada vez em óleo bem quente.

9 Escorra em papel absorvente e sirva.

COXINHA DE GALINHA

- *4 colheres (sopa) de óleo*
- *1 cebola pequena picada*
- *2 dentes de alho picados*
- *1 galinha pequena cortada em pedaços*
- *Sal*
- *2 xícaras (chá) de água*
- *3 copos de leite*
- *3 ovos*
- *½ xícara (chá) de farinha de trigo*

Para empanar:

- *Farinha de rosca*
- *2 ovos levemente batidos*
- *Óleo*

1 Refogue em óleo a cebola e o alho, acrescente a galinha e tempere com o sal. Adicione a água e cozinhe em fogo baixo até a carne ficar macia e soltando dos ossos. Retire os ossos do caldo e separe toda a carne, desprezando as peles. Reserve os ossos.

2 Coe o caldo em que a galinha foi cozida e acrescente o leite. Meça quantas xícaras de líquido obteve e reserve 3 xícaras. Junte os ovos com a farinha e adicione à mistura de leite, mexendo bem para não empelotar. Leve ao fogo para engrossar, mexendo até que fique em um ponto consistente. Ainda quente, coloque o creme obtido, às colheradas, sobre uma superfície fria (mármore ou alumínio) polvilhada com farinha de rosca e deixe esfriar.

3 Ponha em cima de cada colherada (depois de fria) um pouco da carne de galinha desfiada, enrole o creme sobre si mesmo e espete em uma das pontas (até o meio) um osso de galinha bem raspado. Passe a parte do creme na farinha de rosca, depois nos ovos batidos, novamente na farinha de rosca e frite em óleo bem quente.

CROQUETE DE CARANGUEJO

- *250 g de carne de caranguejo*
- *1 cebola pequena picada*
- *3 colheres (sopa) de óleo*
- *¼ de xícara (chá) de manteiga*
- *¼ de xícara (chá) de farinha de trigo*
- *1½ xícara (chá) de leite*
- *1 colher (sopa) de salsa picada*
- *1 colher (chá) de molho de pimenta vermelha*
- *Sal e pimenta-do-reino*
- *Farinha de rosca para empanar*
- *Óleo*

1 Limpe bem a carne de caranguejo.

2 Pique finamente a cebola. Coloque o óleo em uma frigideira e acrescente a cebola. Refogue até que a cebola esteja macia, retire do fogo e reserve.

3 Em uma panela pequena, coloque a manteiga e a farinha de trigo, leve ao fogo e cozinhe por 2 a 3 minutos. Acrescente o leite aos poucos, misturando sem parar. Junte o refogado de cebola e cozinhe por cerca de 15 minutos, ou até obter um creme grosso, com a textura de mingau encorpado. Retire do fogo e acrescente a carne de caranguejo, a salsa, o molho de pimenta, o sal e a pimenta-do-reino.

4 Espalhe em uma assadeira e leve à geladeira para esfriar.

5 Molde croquetes com a massa de caranguejo, passe pela farinha de rosca e retire o excesso.

6 Aqueça bastante óleo em uma panela e frite os croquetes até que estejam bem dourados. Escorra em papel absorvente e sirva acompanhados de gomos de limão.

Croquete de Bacalhau

- *250 g de bacalhau*
- *3 batatas grandes*
- *1 cebola picada finamente*
- *1 dente de alho espremido*
- *1 tomate sem pele*
- *Salsa e cebolinha*
- *1 pimentão vermelho pequeno*
- *Farinha de trigo*
- *1 ovo batido*
- *Farinha de rosca*
- *Óleo*

1 Deixe o bacalhau de molho em água, em uma tigela tampada na geladeira, por 36 horas para dessalgar (troque essa água por quatro a cinco vezes durante esse período). Afervente o bacalhau e retire as espinhas e a pele.

2 Na mesma água em que o bacalhau foi cozido, cozinhe as batatas.

3 Moa em um processador, juntos, o bacalhau, a cebola o alho, o tomate, a salsa, a cebolinha e o pimentão. Refogue a mistura em pouco óleo e deixando ficar bem seca.

4 Esprema as batatas e junte ao bacalhau, acrescente o ovo e um pouco de farinha de trigo.

5 Misture tudo muito bem e acrescente mais farinha de trigo até dar oponto para enrolar, molde os croquetes.

6 Passe os croquetes no ovo batido e na farinha de rosca e frite-os em óleo quente.

Croquete de Carne I

- *500 g de carne moída*
- *3 colheres (sopa) de óleo*
- *1 cebola picada*
- *1 colher (sopa) de cheiro-verde*
- *Sal e pimenta-do-reino*
- *2 gemas*
- *Farinha de rosca*
- *2 claras*
- *Ovo batido ou leite*
- *Óleo*

1 Refogue a carne moída com o óleo, deixando bem seco. Acrescente a cebola e refogue por mais alguns minutos até ficar macia.

2 Acrescente o cheiro-verde e retire do fogo. Tempere com o sal e a pimenta-do-reino. Adicione as gemas e mexa bem. Coloque a farinha de rosca aos poucos até formar uma mistura homogênea.

3 Volte a panela ao fogo e cozinhe mais um pouco. Retire do fogo e deixe esfriar. Se não der liga para enrolar os croquetes, acrescente as claras sem bater e misture bem.

4 Molde os croquetes, passe-os no ovo batido ou leite e na farinha de rosca.

5 Retire o excesso de farinha e frite os croquetes em óleo quente. Escorra em papel absorvente.

CROQUETE DE CARNE II

- *500 g de patinho em bifes*
- *2 colheres (sopa) de óleo*
- *2 colheres (sopa) de cebola picada*
- *1 colher (sopa) de salsa picada*
- *1 colher (chá) de sal*
- *¼ de colher (chá) de noz-moscada*
- *¼ de colher (chá) de pimenta-do-reino*
- *2 ovos*
- *2 colheres (sopa) farinha de trigo*
- *¼ de xícara (chá) de leite*
- *Farinha de rosca*
- *Óleo*

1 Corte a carne em cubinhos.

2 Aqueça o óleo em uma panela e acrescente a cebola picada. Refogue até que esteja bem macia, acrescente os cubinhos de carne e deixe dourar levemente, evitando mexer na carne para que ela não solte muito líquido. Assim que estiver bem sequinha, acrescente a salsa, o sal, a noz-moscada e a pimenta-do-reino. Misture bem. Coloque em um processador e bata até obter um patê de carne. Se necessário, misture um pouco de leite para ajudar a bater.

3 Despeje a massa em uma panela, acrescente 1 ovo e a farinha de trigo dissolvida no leite. Misture bem e leve ao fogo, cozinhando essa massa por cerca de 3 minutos, ou até que se desprenda do fundo da panela. Deixe esfriar e leve à geladeira por algumas horas.

4 Bata levemente o ovo restante e coloque a farinha de rosca em um prato.

5 Molde os croquetes, passe pelo ovo, depois pela farinha de rosca e frite-os em abundante óleo quente.

6 Escorra em papel absorvente e sirva.

CROQUETE DE PRESUNTO E AZEITONA

- *1½ colher (sopa) de manteiga*
- *2½ colheres (sopa) de farinha de trigo*
- *½ xícara (chá) de leite*
- *100 g de presunto cru fatiado e picado*
- *80 g de azeitonas pretas picadas*
- *3 ovos cozidos picados*
- *Sal e pimenta-do-reino*

Para a fritura:

- *2 ovos*
- *2 colheres (sopa) de água*
- *¼ de xícara (chá) de farinha de trigo*
- *¼ de xícara (chá) de farinha de rosca*
- *Óleo*

1 Derreta a manteiga em uma panela pequena e acrescente a farinha de trigo. Cozinhe em fogo médio por cerca de 2 minutos , mexendo sempre. Junte o leite pouco a pouco, misturando bem. Cozinhe por 3 minutos e acrescente o presunto, as azeitonas e os ovos cozidos, misturando bem.

2 Espalhe a massa em um prato e leve à geladeira por cerca de 40 minutos.

3 Em uma tigela, misture os ovos com a água.

4 Coloque a farinha de trigo em um prato fundo e a de rosca em outro. Retire a massa da geladeira e prepare os croquetes. Passe pela farinha de trigo, depois pelos ovos e finalmente pela farinha de rosca.

5 Frite em óleo quente até estarem dourados.

6 Escorra em papel absorvente e sirva quente.

CROQUETE DE QUEIJO

- *5 claras*
- *300 g de queijo ralado (parmesão, provolone, prato ou outro queijo de sabor forte e textura firme)*
- *½ xícara (chá) de amido de milho*
- *Farinha de rosca*
- *Óleo*

1 Bata as claras em uma batedeira até ficarem bem firmes.

2 Acrescente o queijo e a amido de milho. Misture com uma colher ou batedor.

3 Enrole os croquetes e passe-os pela farinha de rosca.

4 Frite, aos poucos, em óleo quente. Escorra-os sobre papel absorvente.

5 Sirva quente.

MINICUSCUZ

- *1 xícara (chá) de azeite*
- *½ cebola média picada*
- *1 dente de alho picado finamente*
- *¼ de xícara (chá) de salsa picadinha*
- *500 g de camarões limpos*
- *2 xícaras (chá) de água*
- *Sal e pimenta-do-reino*
- *3 xícaras (chá) de farinha de milho em flocos*
- *1 lata de sardinhas*
- *Manteiga (para untar as forminhas)*
- *Azeitonas*
- *Ovos cozidos fatiados (ou palmitos)*
- *Ervilhas*
- *Ramos de salsa*

1 No azeite, refogue a meia cebola, o alho e a salsa. Junte os camarões e, quando ficarem vermelhos, acrescente a água, o sal e a pimenta-do-reino. Tampe e deixe cozinhar por 10 minutos. Com uma escumadeira, retire os camarões da panela e reserve o caldo. Descasque os camarões.

2 Em uma tigela, coloque a farinha de milho, junte as sardinhas e o caldo dos camarões e misture tudo muito bem, formando uma massa. Se a massa estiver muito seca, adicione um pouco mais de água.

3 Unte forminhas (individuais para muffin) com manteiga e ponha no fundo de cada uma um camarão, uma azeitona, uma fatia de ovo cozido ou palmito, algumas ervilhas e, por cima, massa suficiente para encher a forminha. Aperte bem e coloque as forminhas em uma assadeira com um dedo de água (banho-maria), asse em forno quente durante 15 minutos.

4 Deixe esfriar, retire das forminhas, decore com ramos de salsa e sirva.

EMPADINHA DE CAMARÃO

Massa:

- *½ xícara (chá) de farinha de trigo*
- *¼ de xícara (chá) de manteiga*
- *1 pitada de sal*
- *1 pitada de fermento em pó*
- *2 gemas*
- *⅓ de xícara (chá) de leite*

Recheio:

- *500 g de camarões descascados e limpos*
- *3 colheres (sopa) de manteiga*
- *1 cebola pequena picada*
- *2 dentes de alho*
- *Sal e pimenta-do-reino*
- *2 tomates sem pele e sem sementes*
- *2 colheres (sopa) de farinha de trigo*
- *1 xícara (chá) de leite*
- *2 gemas*
- *1 ovo cozido descascado e picado*
- *2 colheres (sopa) de azeitonas picadas*
- *1 colher (sopa) de salsa picada*
- *½ xícara (chá) de palmito picado*
- *Manteiga para untar as forminhas*
- *Gema para pincelar*

1 Coloque a farinha em uma tigela. Adicione no centro da farinha a manteiga, o sal, o fermento e as gemas. Amasse adicionando o leite até que os ingredientes fiquem bem homogêneos.

2 Enrole a massa em plástico filme e leve-a à geladeira por 30 minutos.

3 Para o recheio, corte os camarões em pedaços, lave-os muito bem e refogue em uma panela com a manteiga, a cebola batidinha, o sal, o alho, a pimenta-do-reino e os tomates picados.

4 Depois de tudo bem refogado, junte um pouco de água, para formar um molho, e deixe cozinhar por alguns minutos. Retire a panela do fogo e adicione a farinha de trigo desmanchada no leite e as gemas. Misture tudo muito bem e leve novamente ao fogo para que o molho engrosse. (Não deixe de mexer, para que o recheio não encaroce.)

5 Engrossado o molho, acrescente o ovo cozido, as azeitonas, a salsa e o palmito picado. Acerte o ponto do sal e da pimenta-do-reino. Deixe o recheio esfriar.

6 Abra a massa com o rolo e forre forminhas de empada untadas com manteiga.

7 Encha as massas com o recheio de camarão, cubra com uma tampa de massa, pincele com a gema levemente batida e leve ao forno por aproximadamente 30 minutos, para assar e dourar.

EMPADINHA DE GALINHA

Massa:

- *½ xícara (chá) de farinha de trigo*
- *¼ de xícara (chá) de manteiga*
- *1 pitada de sal*
- *1 pitada de fermento em pó*
- *2 gemas*
- *⅓ de xícara (chá) de leite*

Recheio:

- *500 g de carne de galinha cozida e desfiada*
- *3 colheres (sopa) de manteiga*
- *1 cebola pequena picada*
- *2 dentes de alho*
- *Sal e pimenta-do-reino*
- *2 tomates sem pele e sem sementes*
- *2 colheres (sopa) de farinha de trigo*
- *1 xícara (chá) de leite*
- *2 gemas*
- *2 colheres (sopa) de azeitonas picadas*
- *1 colher (sopa) de salsa picada*
- *½ xícara (chá) de palmito picado*
- *Manteiga para untar as forminhas*
- *Gema para pincelar*

1 Coloque a farinha em uma tigela. Adicione no centro da farinha a manteiga, o sal, o fermento e as gemas. Amasse adicionando o leite até que os ingredientes fiquem bem homogêneos. Enrole a massa em plástico filme e leve à geladeira por 30 minutos.

2 Refogue a galinha desfiada em uma panela com a manteiga, a cebola, o alho, o sal, a pimenta-do-reino e os tomates picados. Depois de tudo bem refogado, junte um pouco de água ou o caldo do cozimento do frango, para formar um molho, e deixe cozinhar por alguns minutos.

3 Retire a panela do fogo e adicione a farinha de trigo desmanchada no leite e as gemas. Misture tudo muito bem e leve novamente ao fogo para que o molho engrosse. (Não deixe de mexer, para que o recheio não encaroce.)

4 Engrossado o molho, acrescente as azeitonas, a salsa e o palmito. Acerte o ponto de sal e de pimenta-do-reino. Deixe o recheio esfriar.

5 Abra a massa com o rolo e forre forminhas de empada untadas com manteiga.

6 Encha as massas com o recheio de galinha, cubra com uma tampa de massa, pincele com a gema levemente batida e leve ao forno por aproximadamente 30 minutos, para assar e dourar.

EMPADINHA DE PALMITO

Massa:
- *½ xícara (chá) de farinha de trigo*
- *¼ de xícara (chá) de manteiga*
- *1 pitada de sal*
- *1 pitada de fermento em pó*
- *2 gemas*
- *⅓ de xícara (chá) de leite*

Recheio:
- *2 xícaras (chá) de palmito picado*
- *3 colheres (sopa) de manteiga*
- *1 cebola pequena picada*
- *2 dentes de alho*
- *Sal e pimenta-do-reino*
- *1½ xícara (chá) de leite*
- *4 colheres (sopa) de farinha de trigo*
- *2 colheres (sopa) de azeitonas picadas*
- *1 colher (sopa) de salsa picada*
- *Manteiga para untar as forminhas*
- *Gema para pincelar*

1 Coloque a farinha em uma tigela. Adicione no centro da farinha a manteiga, o sal, o fermento e as gemas. Amasse adicionando o leite até que os ingredientes fiquem bem homogêneos. Enrole a massa em plástico filme e leve à geladeira por 30 minutos.

2 Refogue o palmito em uma panela com a manteiga, a cebola, o alho, o sal, a pimenta-do-reino e os tomates picados. Depois de tudo bem refogado, junte um pouco de água, para formar um molho, e deixe cozinhar por alguns minutos.

3 Retire a panela do fogo e adicione a farinha de trigo desmanchada em um pouco de leite. Misture tudo muito bem e leve novamente ao fogo. Adicione o leite restante e cozinhe para que o molho engrosse. (Não deixe de mexer, para que o recheio não encaroce.)

4 Engrossado o molho, acrescente as azeitonas e a salsa. Acerte o ponto de sal e de pimenta-do-reino. Deixe o recheio esfriar.

5 Abra a massa com o rolo e forre forminhas de empada untadas com manteiga.

6 Encha as massas com o recheio de palmito, cubra com uma tampa de massa, pincele com a gema levemente batida e leve ao forno por aproximadamente 30 minutos para assar e dourar.

EMPADINHA DE QUEIJO

Massa:
- *6 colheres (sopa) de queijo ralado*
- *3 colheres (sopa) de manteiga*
- *4 colheres (sopa) de leite*
- *1 colherinha (café) de sal*
- *8 colheres (sopa) de farinha de trigo*

Recheio:
- *150 g de queijo ralado*
- *2 xícaras (chá) de leite*
- *4 ovos*
- *Manteiga para untar as forminhas*

1 Prepare a massa misturando o queijo, a manteiga, o leite e o sal em uma tigela e vá adicionando farinha até a massa ficar em ponto de poder ser aberta.

2 Abra a massa com um rolo, corte-a em pequenos círculos e forre as forminhas untadas com manteiga.

3 Para fazer o recheio, bata no liquidificador o queijo, o leite e os ovos.

4 Ponha em cada massa colheradas do recheio até mais ou menos a metade, polvilhe uma pitada de queijo ralado e leve ao forno quente por 20 a 30 minutos.

PETIT-FOUR SALGADO

- *3½ xícaras (chá) de farinha de trigo*
- *½ colher (chá) de fermento em pó*
- *1½ xícara (chá) de manteiga*
- *1 colher (chá) de sal*
- *2 ovos inteiros*
- *2 gemas*
- *1 ovo ligeiramente batido*

1 Coloque a farinha, o fermento, a manteiga, o sal, os ovos e as gemas em uma tigela. Amasse com as mãos até obter uma massa homogênea.

2 Leve a massa à geladeira por uma hora. Depois, abra-a com o rolo até a espessura de 0,5 cm. Corte os petit-fours com um cortador redondo, pincele-os com o ovo batido e coloque-os em assadeira untada e enfarinhada. Se gostar, salpique sementes de erva-doce ou papoula, ou ainda parmesão ralado.

3 Asse em forno quente até ficarem corados.

ENROLADINHO DE SALSICHA

- *400 g de farinha de trigo*
- *3 gemas*
- *3 colheres (sopa) de manteiga*
- *1 colher (sopa) de banha*
- *1 colher (chá) de sal*
- *1 xícara (chá) de leite*
- *1 kg de salsichas frescas*
- *1 clara levemente batida*
- *Queijo parmesão ralado*
- *Óleo*

1 Coloque a farinha de trigo em uma tigela, faça uma cavidade no centro e coloque as gemas, a manteiga, a banha, o sal e o leite. Amasse bem e deixe repousar por cerca de 10 minutos.

2 Em seguida, abra a massa com um rolo e corte-a em pequenos triângulos. Coloque um pedaço de salsicha sobre cada triângulo de massa e enrole formando um rolinho.

3 Passe-os na clara batida e no queijo ralado.

4 Frite em óleo quente até dourar.

MINIQUIBE

- *1 xícara (chá) de trigo (fino) para quibe*
- *500 g de carne moída 2 vezes*
- *1 cebola média bem picada*
- *1 colher (sopa) de salsa picada*
- *2 colheres (sopa) de hortelã picada*
- *2 colheres (sopa) de suco de limão*
- *Sal e pimenta síria*
- *Óleo*

1 Lave bem o trigo em água corrente e deixe de molho por 30 minutos. Escorra e esprema bem para retirar o excesso de água.

2 Coloque a carne em uma tigela e acrescente a cebola e o trigo. Acrescente a salsa, a hortelã, o limão, o sal e a pimenta síria, amasse bem e leve à geladeira por 1 hora.

3 Aqueça bastante óleo em panela.

4 Molde os quibes em seu tradicional formato alongado com cerca de 5 cm.

5 Frite até estarem bem dourados e crocantes por fora. Escorra em papel absorvente.

6 Sirva com gomos de limão.

MINIPIZZA

- *150 g de manteiga*
- *150 g de ricota fresca*
- *1 pitada de sal*
- *Farinha de trigo para ligar a massa*
- *2 tomates cortados em cubos pequenos*
- *Sal*
- *200 g de mozarela em fatias*
- *Orégano*
- *Azeite*

1 Amasse bem a manteiga, a ricota e o sal. Junte, aos poucos, a farinha de trigo, até que a massa fique macia e desgrude das mãos. Deixe repousar durante 30 minutos.

2 Abra a massa com o rolo, deixando-a com cerca de 0,5 cm de espessura.

3 Com um cortador próprio (ou uma xícara de chá ou um copo), corte a massa em rodelas e ponha em cada uma um pouco de tomate picadinho, o sal, as fatias de mozarela, e o orégano e o azeite.

4 Leve ao forno bem quente durante cerca de 20 minutos.

RISSOLE DE CAMARÃO

Recheio:

- *2 colheres (sopa) de óleo*
- *½ cebola picada*
- *1 dente de alho picado*
- *1 tomate sem pele e sem sementes*
- *200 g de camarões pequenos*
- *Sal e pimenta-do-reino*
- *1 colher (sopa) de salsa picada*
- *Farinha de trigo (se necessário)*

Massa:

- *1 xícara (chá) de leite*
- *1 colher (sopa) de manteiga*
- *½ colher (chá) de sal*
- *1 xícara (chá) de farinha de trigo*
- *2 ovos*
- *Farinha de rosca*
- *Óleo*

1 Coloque o óleo em uma frigideira, leve-a ao fogo e acrescente a cebola e o alho. Refogue até a cebola estar bem macia e acrescente o tomate picado. Cozinhe até que os líquidos evaporem, acrescente os camarões e refogue rapidamente (cerca de 3 minutos). Tempere com o sal e a pimenta-do-reino e acrescente a salsa picada. Se o recheio estiver muito líquido, acrescente um pouco de farinha de trigo para engrossar levemente. Deixe esfriar.

2 Para a massa, coloque em uma panela o leite, a manteiga e o sal e leve ao fogo. Assim que ferver, apague o fogo e despeje a farinha de uma só vez. Misture muito bem e leve ao fogo novamente para cozinhar a massa, mexendo até que ela se solte da panela (cerca de 4 minutos). Deixe esfriar.

3 Abra a massa com um rolo em uma superfície salpicada com farinha de trigo. Com um copo, corte círculos de 6 cm a 8 cm, coloque um pouco de recheio no meio de cada círculo e feche-os como pastéis. Bata levemente os ovos em uma tigela e coloque a farinha de rosca em outra.

4 Passe os rissoles pelo ovo batido, depois pela farinha de rosca e coloque-os para fritar em abundante óleo quente. Escorra em papel absorvente e sirva.

5 Pode-se também assar os rissoles, depois de empanados, em uma assadeira antiaderente.

SALGADINHO DE ANCHOVA

- *500 g de farinha de trigo*
- *200 g de banha de porco*
- *50 g de manteiga*
- *1 gema*
- *½ colher (sobremesa) de sal*
- *½ xícara (chá) de água, aproximadamente*
- *Gema de ovo para pincelar*
- *1 lata pequena de anchovas*

1 Misture a farinha de trigo com a banha, a manteiga, a gema e o sal. Adicione a água aos poucos até formar uma massa homogênea que não grude nas mãos. Leve a massa à geladeira por 30 minutos.

2 Abra a massa com o rolo e corte-a em retângulos pequenos com o auxílio de uma faca enfarinhada.

3 Pincele com gema de ovo e coloque um pedaço de anchova em cada retângulo.

4 Leve ao forno durante 15 minutos.

TORCIDINHO

- *250 g de farinha de trigo*
- *½ colher (chá) de fermento em pó*
- *½ colher (chá) de sal*
- *100 g de manteiga gelada*
- *6 colheres (sopa) de leite*
- *1 gema*
- *Sal grosso*

1 Peneire a farinha com o fermento e o sal.

2 Com a ponta dos dedos, incorpore a manteiga à mistura de farinha.

3 Misture a gema no leite e junte à massa. Amasse somente para que elas fiquem homogêneas.

4 Abra a massa com um rolo, corte-a em tiras de 10 cm por 1 cm e torça-as.

5 Pincele com a gema e salpique um pouco de sal grosso triturado. Leve ao forno médio por 10 a 15 minutos.

Ovos, Omeletes e Suflês

Ovos, Omeletes e Suflês

*"**Omelete com pão**. – Embeba um pedaço de pão em leite; reduza-o a uma pasta; junte os ovos batidos; tempere de sal; mexa muito bem e frite-o como os demais omeletes."*

Receita recuperada da edição de 1944 de Dona Benta.

Ovos

Omeletes

Suflês

Ovos

Ovos

Ovos à Moda Galega

- *2 pimentões maduros*
- *2 cebolas grandes*
- *3 colheres (sopa) de óleo ou azeite*
- *2 xícaras (chá) de água*
- *1 folha de louro*
- *1 ramo de tomilho*
- *Sal e pimenta-do-reino*
- *Noz-moscada*
- *4 ovos*

1 Fatie finamente os pimentões e as cebolas. Refogue em óleo ou azeite.

2 Junte água o suficiente para cobrir os ingredientes. Tempere com o louro, o tomilho, o sal, a pimenta-do-reino e uma pitada de noz-moscada. Deixe cozinhar lentamente em panela tampada, mexendo de vez em quando.

3 Assim que as cebolas e os pimentões estiverem bem macios, passe tudo por uma peneira, para obter um molho espesso. Coloque o molho em uma frigideira ou panela bem larga.

4 Quebre cuidadosamente os ovos sobre o molho. Tempere com um pouco de sal e cozinhe em fogo baixo até que os ovos fiquem firmes. Sirva com pão.

Ovos à Mourisca

- *6 cenouras*
- *150 g de manteiga*
- *Açúcar*
- *Sal e pimenta-do-reino*
- *6 fatias de presunto*
- *1 lata de ervilhas*
- *6 ovos*
- *Óleo*

1 Descasque e cozinhe as cenouras em água e sal. Corte-as em rodelas e refogue na manteiga, temperando com uma pitada de açúcar, sal e pimenta-do-reino.

2 Frite ligeiramente as fatias de presunto e arrume-as em um prato. Coloque sobre cada uma delas 1 colher de ervilhas e 1 de cenouras.

3 Frite os ovos em óleo e coloque-os por cima do prato, tempere com sal e pimenta-do-reino.

4 Sirva quente.

Ovos ao Forno com Bacon

- *6 fatias de bacon*
- *1 colher (chá) de molho inglês*
- *4 ovos*
- *Sal e pimenta-do-reino*
- *4 colheres (sopa) de leite ou creme de leite*
- *2 colheres (sopa) de queijo parmesão ralado*
- *Torradas para acompanhar*

1 Coloque as fatias de bacon em uma frigideira e leve ao fogo para que dourem. Elimine a gordura e deixe esfriar. Pique grosseiramente e distribua em 4 ramequins individuais. Coloque um pouco de molho inglês sobre o bacon e adicione cuidadosamente um ovo em cada ramequin.

2 Tempere os ovos com o sal e a pimenta-do-reino e cubra cada um com 1 colher (sopa) de creme de leite ou leite. Salpique o parmesão. Coloque em uma assadeira e leve ao forno por cerca de 12 minutos, ou até que os ovos estejam no ponto de sua preferência.

3 Sirva com torradas.

Ovos com Linguiça

- *250 g de linguiça*
- *2 colheres (sopa) de manteiga*
- *6 tomates sem pele bem picados*
- *1 cebola pequena picada*
- *2 colheres (sopa) de cheiro-verde*
- *4 ovos*
- *2 colheres (sopa) de queijo parmesão ralado*
- *Sal*

1 Remova a pele das linguiças, desfaça-as e refogue na manteiga até que comecem a dourar. Adicione os tomates, a cebola picada e o cheiro-verde.

2 Quando tiver refogado muito bem e os tomates já estiverem desfeitos, junte um pouquinho de água, formando um molho.

3 Afaste, com uma colher, a carne da linguiça para um lado e quebre, no vazio aberto, os ovos. Em seguida, polvilhe o queijo parmesão ralado, tampe a frigideira e deixe mais uns minutos no fogo para que os ovos cozinhem, mas sem ficar duros.

4 Sirva na própria frigideira.

Ovos com Molho à Moda do Norte

- *1 colher (sopa) de óleo*
- *½ colher (sopa) de cebola picada*
- *2 tomates sem pele e sem sementes*
- *1 colher (sopa) de massa de tomate*
- *Sal*
- *1 colher (sopa) de cheiro-verde picado*
- *1 pitada de pimenta-do-reino*
- *½ pimenta-verde amassada (opcional)*
- *1 colher (sopa) de azeite de dendê (opcional)*
- *4 ovos*

1 Em uma panela com o óleo, refogue a cebola, quando ela estiver transparente, adicione os tomates picados e refogue mais um pouco.

2 Adicione a massa de tomate e água que baste (cerca de ½ xícara). Tempere com sal; acrescente o cheiro-verde, a pimenta-do-reino, a pimenta-verde e, se quiser, o azeite de dendê.

3 Deixe tudo ferver muito bem e, então, quebre os ovos no molho, tampando a panela para que cozinhem.

4 Sirva quente.

Ovos com Carne Moída

- *¼ de xícara (chá) de óleo*
- *1 cebola bem picada*
- *1 dente de alho picado*
- *500 g de carne moída*
- *1 xícara (chá) de tomate picado sem pele*
- *1 colher (chá) de sal*
- *1 pitada de pimenta-do-reino*
- *4 ovos*

1 Em uma frigideira alta, esquente o óleo e refogue a cebola e o alho. Adicione a carne moída e refogue até dourar. Coloque os tomates e um pouco de água, de modo que não fique seco, mas com um pouco de molho. Cozinhe para que os tomates se desmanchem (cerca de 20 minutos). Se necessário, adicione mais água. Coloque o sal e a pimenta-do-reino.

2 Cave com uma colher alguns vazios na carne moída e quebre dentro deles os ovos inteiros.

3 Tampe a frigideira para que os ovos cozinhem, e sirva quente, na própria frigideira ou em um prato, tomando cuidado para que os ovos não se quebrem.

4 Acompanhe com arroz branco ou purê de batatas.

Ovos em Creme

- *1 colher (sopa) de manteiga*
- *4 fatias de presunto*
- *4 fatias finas de queijo*
- *4 ovos bem frescos*
- *Sal*
- *¼ de xícara (chá) de nata ou creme de leite*

1 Unte com manteiga um refratário pequeno e arrume no fundo dele as fatias de presunto.

2 Disponha sobre o presunto as fatias de queijo. Quebre por cima os ovos, tempere com sal e cubra com uma camada de nata ou creme de leite.

3 Leve ao forno quente por alguns minutos, sem deixar que os ovos cozinhem em excesso.

4 Sirva quente.

Ovos Fritos Simples

- *2 colheres (sopa) de manteiga*
- *4 ovos*
- *Sal*
- *Pimenta-do-reino*

1 O ideal é preparar os ovos um a um.

2 Coloque em uma frigideira um pouco de manteiga e deixe derreter.

3 Quando a manteiga estiver borbulhando, coloque o ovo, temperando com uma pitada de sal e pimenta-do-reino.

4 Assim que a clara firmar, retire o ovo da frigideira e sirva.

5 Se preferir ovos com a gema dura, tampe a frigideira para que o calor cozinhe a gema por cima.

Ovos Fritos com Presunto

- *2 colheres (sopa) de óleo*
- *4 fatias de presunto*
- *4 ovos*
- *Queijo parmesão ou meia cura (opcional)*
- *Molho inglês*
- *Sal e pimenta-do-reino*

1 Em uma frigideira, coloque o óleo e espere esquentar.

2 Frite as fatias de presunto e quebre por cima os ovos. Se quiser, coloque sobre o presunto algumas fatias de queijo e quebre os ovos sobre elas.

3 Retire do fogo assim que as claras firmarem.

4 Regue, ao servir, com um pouco de molho inglês. Tempere com sal e pimenta-do-reino.

Ovos Mexidos à Beiroa

- *4 ovos*
- *Sal*
- *1 colher (sopa) de salsa picada*
- *2 colheres (sopa) de cebola picada*
- *2 colheres (chá) de manteiga*
- *Pimenta-do-reino (opcional)*

1 Quebre os ovos e bata-os ligeiramente com o sal, a salsa e a cebola.

2 Em uma frigideira, coloque a manteiga e leve ao fogo, quando a manteiga tiver derretida, coloque os ovos batidos e mexa delicadamente até que cozinhem.

3 Se for de seu gosto, tempere com pimenta-do-reino.

Ovos Mexidos com Presunto

- *6 ovos*
- *2 colheres (sopa) de leite*
- *100 g de presunto picado*
- *1 colher (sopa) de salsa picada*
- *Sal*
- *2 colheres (sopa) de manteiga*

1 Bata ligeiramente os ovos em uma tigela com o leite e misture com o presunto e a salsa. Tempere com um pouco de sal.

2 Coloque na frigideira a manteiga e leve ao fogo, assim que ela derreter, despeje os ovos batidos. Mexa para que os ovos cozinhem por igual.

3 Sirva quente.

Ovos Mexidos com Queijo

- *6 ovos*
- *3 colheres (sopa) de água*
- *1 colher (sopa) de queijo parmesão ralado*
- *1 colher (sopa) de salsa picada*
- *150 g de queijo prato fatiado e picado*
- *2 colheres (sopa) de manteiga*
- *Sal*

1 Quebre os ovos em uma tigela e bata-os ligeiramente com a água, o parmesão e a salsa.

2 Acrescente o queijo prato e misture.

3 Leve ao fogo uma frigideira com a manteiga e, quando ela estiver derretida, despeje os ovos. Mexa regularmente para que cozinhe por igual. Corrija o sal, se necessário.

4 Sirva com torradas.

Nota: *Pode-se acrescentar a essa receita um tomate firme sem sementes cortado em cubinhos.*

Ovos Mexidos com Salmão

- *1 colher (sopa) de cebola picada*
- *2 colheres (sopa) de manteiga*
- *6 ovos*
- *4 colheres (sopa) de creme de leite*
- *Sal e pimenta-do-reino*
- *100 g de salmão defumado*
- *1 colher (chá) de dill (ver nota) picado (opcional)*
- *Torradas para acompanhar*

1 Coloque água em uma frigideira grande e leve ao fogo para preparar um banho-maria. Coloque a cebola e a manteiga em outra panela e refogue até que as cebolas estejam transparentes. Retire do fogo e coloque a panela no banho-maria.

2 Bata levemente os ovos em uma tigela e acrescente o creme de leite. Coloque os ovos na panela que está em banho-maria, tempere com o sal e a pimenta-do-reino e mexa regularmente até que os ovos comecem a firmar. Acrescente o salmão e o dill picados.

3 Sirva sobre torradas.

Nota: *Dill é uma erva aromática com sabor levemente anisado, parecido com o dos ramos da erva-doce.*

Ovos Quentes

- 4 ovos
- Sal

1 Coloque água para ferver em uma panela pequena. Assim que iniciar a fervura, coloque os ovos e comece a marcar o tempo. Em 4 minutos os ovos estarão no ponto.

2 Retire com uma escumadeira e passe por 30 segundos em água corrente fria.

3 Os ovos estarão no ponto. Quebre-os ao meio e, com a ajuda de uma colher, remova-os das cascas, colocando-os em pequenos recipientes. Tempere com sal.

Nota: *Existem recipientes especiais para servir ovos quentes, nos quais o ovo fica apoiado na própria casca.*

Ovos Moles Mexidos

- *4 ovos*
- *4 colheres (sopa) de leite*
- *2 colheres (sopa) de manteiga*
- *Sal e pimenta-do-reino*
- *Fatias de pão torrado*

1 Quebre os ovos em uma tigela e adicione o leite.

2 Misture ligeiramente. Em uma frigideira, derreta a manteiga e, assim que estiver bem quente, despeje os ovos e mexa depressa, não deixando que cozinhem demais. Tempere com o sal e a pimenta-do-reino.

3 Sirva com fatias de pão torrado.

Ovos Poché

- *3 xícaras (chá) de água*
- *1 colher (sopa) de vinagre*
- *4 ovos*
- *Sal*

1 Coloque a água e o vinagre em uma pequena panela e leve ao fogo.

2 Assim que levantar fervura, com uma colher, mexa a água de modo que forme um redemoinho, quebre dentro do redemoinho um ovo, com cuidado para que não se desmanche.

3 Após 4 minutos, retire com uma escumadeira e transfira para uma travessa. Repita com todos os ovos. Tempere com o sal.

4 Sirva os ovos misturados em uma sopa ou com qualquer molho de sua preferência.

OMELETES

Omeletes

OMELETE SIMPLES

- *4 ovos*
- *Sal e pimenta-do-reino*
- *Salsa picada (opcional)*
- *2 colheres (sopa) de água*
- *1 colher (sopa) de manteiga*

1 Quebre os ovos em uma tigela.

2 Tempere com o sal e a pimenta-do-reino, misture a salsa picadinha e bata com um garfo ou com um batedor, juntando a água.

3 Em uma frigideira, leve a manteiga ao fogo e, assim que ela tiver derretido, despeje por cima o batido de ovos, de forma que este se esparrame bem, tomando todo o fundo da frigideira.

4 Quando a omelete estiver frita embaixo, o que levará cerca de 2 minutos, levante as bordas com o auxílio de dois garfos e vá enrolando a omelete como um rocambole. Deixe fritar dos dois lados.

5 Sirva sozinha ou, se quiser, com molho de tomate ou queijo ralado.

Nota: Se quiser uma omelete mais leve, bata primeiro as claras em neve e depois junte as gemas.

OMELETE COM ERVAS

- *4 ovos*
- *Sal e pimenta-do-reino*
- *2 colheres (sopa) de água*
- *1 colher (sopa) de salsa picada*
- *1 colher (chá) de cebolinha picada*
- *½ colher (chá) de tomilho fresco*
- *2 colheres (sopa) de manteiga*

1 Prepare um batido de ovos, como para uma omelete simples.

2 Junte as ervas aos ovos batidos e proceda como para a omelete simples.

Omelete de Cogumelo

- *4 ovos*
- *Sal e pimenta-do-reino*
- *2 colheres (sopa) de água*
- *¼ de xícara (chá) de cogumelos picados*
- *2 colheres (sopa) de manteiga*

1 Prepare um batido de ovos, como para uma omelete simples.

2 Refogue os cogumelos com a manteiga por alguns minutos. Tempere com o sal e a pimenta-do-reino.

3 Junte os ovos batidos ao refogado e proceda como para a omelete simples.

Omelete ao Leite

- *3 ovos*
- *1 xícara (chá) de leite*
- *2 colheres (sopa) de farinha de trigo*
- *2 colheres (sopa) de queijo parmesão ralado*
- *Sal*
- *1 colher (sopa) de cheiro-verde picado*
- *1 pitada de fermento em pó*
- *2 colheres (sopa) de manteiga*

1 Bata os ovos: primeiro as claras em neve, misturando depois as gemas.

2 Junte o leite, a farinha de trigo, c queijo ralado, o sal, o cheiro-verde e o fermento.

3 Bata tudo muito bem e frite na manteiga como as outras omeletes.

OMELETE COM CAMARÃO

- *3 ovos*
- *Sal e pimenta-do-reino*
- *1 colher (chá) de salsa picada*
- *1 colher (sopa) de água*
- *1 colher (sopa) de manteiga*
- *100 g de camarão cozido e picado*

1 Faça um batido de ovos como para uma omelete simples.

2 Em uma frigideira, derreta a manteiga e frite o camarão, depois de cozido e picado em pedacinhos, na manteiga.

3 Misture batido de ovos ao camarão e frite como as outras omeletes, não deixando que pegue no fundo da frigideira.

OMELETE COM QUEIJO

- *4 ovos*
- *Sal e pimenta-do-reino*
- *1 colher (sopa) de salsa picada*
- *1 colher (sopa) de água*
- *2 colheres (sopa) de queijo parmesão ralado*
- *1 colher (sopa) de manteiga*
- *Queijo parmesão ralado para finalizar*

1 Prepare os ovos como para uma omelete simples, juntando o queijo ralado.

2 Frite na manteiga, como explicado na receita de omelete simples.

3 Polvilhe mais parmesão ralado ao servir.

Suflês

Suflês

O suflê é um prato fácil de ser preparado e sempre faz sucesso. São receitas simples com ovos, farinha, manteiga, purês, vegetais, carnes, peixes ou aves. Pode-se preparar suflês com a maioria dos ingredientes.

Algumas dicas são importantes para que a receita fique perfeita:

1 O recipiente ideal para assar suflês é o refratário de cerâmica branca canelada (ramequin), disponível em vários tamanhos. Para as nossas receitas, o ideal é preparar os suflês em recipientes para 1 litro.

2 Ramequins individuais são uma opção elegante para servir suflês.

3 Unte sempre o recipiente com manteiga e, preferencialmente, polvilhe farinha de rosca, que ajuda o suflê a deslizar na parede da fôrma, permitindo um crescimento uniforme.

4 Suflês devem ser assados em forno quente preaquecido, mas, se o recipiente for grande, o ideal é colocar em forno bem quente por 10 minutos, e em seguida, baixar a temperatura para média até terminar de assar.

5 Não abra o forno enquanto o suflê estiver assando, porque ele corre o risco de ficar murcho ou não crescer.

6 As claras não devem estar geladas para serem batidas em neve.

7 As claras em neve, se batidas em excesso, ficam opacas e com aspecto de secas, e isso faz com que o suflê tenha menos força para crescer.

8 Assim que o suflê sai do forno, ele começa a murchar, por isso, ele deve ser levado à mesa assim que ficar pronto, programe-se para isso.

SUFLÊ DE ALHO-PORÓ COM SALMÃO

- *3 alhos-porós*
- *50 g de salmão defumado*
- *3 colheres (sopa) de manteiga*
- *2 colheres (sopa) de farinha de trigo*
- *2 xícaras (chá) de leite*
- *Sal e pimenta-branca*
- *4 ovos separados*
- *2 colheres (sopa) de queijo parmesão ralado*
- *Manteiga para untar*
- *Farinha de rosca*

1 Fatie finamente as partes brancas e verde-claras dos alhos-porós. Reserve a parte mais escura para outras receitas. Lave bem.

2 Pique as fatias de salmão e reserve.

3 Coloque a manteiga em uma panela e leve ao fogo. Adicione as fatias de alho-poró e refogue lentamente para que fiquem bem macias. Salpique a farinha de trigo e misture. Refogue por 2 minutos e adicione o leite aos poucos. Misture sem parar, cozinhando para engrossar o creme. Tempere com o sal e a pimenta-branca.

4 Adicione o salmão ao creme de alho-poró e misture. Retire do fogo, coloque as gemas e o parmesão, misture bem e verifique o ponto do sal.

5 Bata as claras em ponto de neve firme e incorpore-as delicadamente ao creme de alho-poró e salmão.

6 Unte um refratário apropriado para suflês e enfarinhe com a farinha de rosca. Coloque a massa no recipiente e leve ao forno quente preaquecido, por aproximadamente 20 minutos, para assar e ficar bem dourada.

7 Sirva imediatamente.

SUFLÊ DE ASPARGO

- *1 maço de aspargos frescos ou 1 lata de aspargos*
- *2 colheres (sopa) de manteiga*
- *2 colheres (sopa) de farinha de trigo*
- *2 xícaras (chá) de leite quente*
- *4 colheres (sopa) de queijo parmesão ralado*
- *3 ovos separados*
- *Sal e pimenta-do-reino*
- *100 g de queijo fresco em pequenos cubos*
- *Manteiga para untar*
- *Queijo ralado*

1 Se os aspargos forem frescos, cozinhe-os em água fervente levemente salgada.

2 Pique grosseiramente os aspargos e reserve.

3 Em uma panela, derreta a manteiga, junte a farinha de trigo e deixe tostar um pouco.

4 Adicione o leite quente e deixe engrossar, mexendo sem parar.

5 Retire do fogo, acrescente o queijo ralado, as gemas, o sal e a pimenta-do-reino.

6 Mexa bem e junte os aspargos e os cubos de queijo.

7 Bata as claras em neve e incorpore delicadamente à mistura.

8 Coloque a massa em uma fôrma refratária untada com manteiga e polvilhada com queijo ralado. Encha até ¾ da forma.

9 Leve ao forno quente preaquecido por cerca de 20 minutos.

Nota: Pode-se também assar em forminhas individuais untadas, colocando-as em uma assadeira com água (banho-maria).

SUFLÊ DE BACALHAU

- *500 g de bacalhau*
- *300 g de batatas*
- *½ xícara (chá) de leite*
- *5 ovos separados*
- *2 colheres (sopa) de queijo parmesão ralado*
- *2 colheres (sopa) de manteiga*
- *Farinha de rosca*
- *Sal, se necessário*
- *Manteiga para untar*

1 Deixe o bacalhau de molho em um recipiente com tampa, na geladeira, por 24 horas (troque a água três vezes nesse período). Cozinhe em água fervente, remova a pele e as espinhas e desfie bem.

2 Cozinhe as batatas, descasque e passe pelo espremedor.

3 Junte as batatas ao bacalhau. Adicione o leite, as gemas, o queijo ralado e a manteiga derretida. Experimente e corrija o sal se necessário.

4 Misture tudo muito bem.

5 Bata as claras em neve e incorpore delicadamente à mistura de batatas. Despeje em um refratário untado com manteiga e polvilhado com farinha de rosca.

6 Asse em forno quente preaquecido.

7 Sirva com o molho de sua preferência.

Nota: Pode-se misturar à massa de bacalhau ingredientes como alcaparras, azeitonas, uvas-passas e ervas frescas.

SUFLÊ DE BATATA

- *500 g de batatas cozidas com sal*
- *½ xícara (chá) de creme de leite*
- *200 g de manteiga*
- *5 ovos, sendo as claras batidas em neve*
- *Sal e pimenta-do-reino*
- *Manteiga para untar*
- *Farinha de rosca*

1 Passe as batatas cozidas pelo espremedor.

2 Junte o creme de leite, aos poucos, mexendo sempre e, em seguida, a manteiga derretida e as gemas.

3 Mexa muito bem e, por último, misture as claras em neve.

4 Tempere com o sal e a pimenta-do-reino.

5 Coloque em um refratário previamente untado com manteiga e polvilhado com farinha de rosca. Asse em forno quente preaquecido.

6 Sirva logo que retirar do forno.

SUFLÊ DE BERINJELA

- *3 berinjelas médias*
- *2 colheres (sopa) de manteiga*
- *2 colheres (sopa) de farinha de trigo*
- *1½ xícara (chá) de leite*
- *3 ovos, sendo as claras batidas em neve*
- *4 colheres (sopa) de queijo parmesão ralado*
- *Sal*

1 Corte as berinjelas ao meio no sentido do comprimento. Cozinhe em água fervente por 8 minutos. Escorra. Com a ajuda de uma colher, retire um pouco da polpa de cada metade de forma a fazer uma cavidade. Reserve a polpa e as metades.

2 Leve ao fogo a manteiga e quando derreter acrescente a farinha de trigo. Assim que tomar cor, adicione o leite e cozinhe, misturando até engrossar bem. Amasse a polpa reservada das berinjelas e adicione à panela.

3 Retire do fogo e junte as gemas e o queijo parmesão, com uma pitada de sal. Adicione as claras em neve e misture delicadamente.

4 Misture tudo muito bem e distribua esse recheio nas metades das berinjelas.

5 Coloque as metades em uma assadeira ou travessa refratária. Salpique mais um pouco de parmesão e leve ao forno quente preaquecido por cerca de 20 minutos ou até que os suflês fiquem corados.

6 Retire do fogo e sirva quente.

SUFLÊ DE CAMARÃO

- *1 colher (sopa) de manteiga*
- *1 colher (sopa) de farinha de trigo*
- *2 xícaras (chá) de leite*
- *Sal e pimenta-branca*
- *4 ovos separados*
- *5 colheres (sopa) de queijo parmesão ralado*
- *200 g de camarões cozidos e picados*
- *Ervilhas ou palmito picado (opcional)*
- *Manteiga para untar*
- *Farinha de rosca*

1 Derreta a manteiga em uma panela. Junte a farinha de trigo e misture com uma colher de pau. Adicione o leite aos poucos e mexa bem para não encaroçar.

2 Deixe cozinhar um pouco, tempere com o sal e a pimenta-branca e retire do fogo.

3 Junte as gemas batidas, o queijo e os camarões. Opcionalmente, pode-se adicionar ervilhas ou palmito picado.

4 Bata as claras em neve e incorpore delicadamente.

5 Leve ao forno quente preaquecido em um refratário untado e polvilhado de farinha de rosca e deixe assar por mais ou menos 40 minutos.

6 Sirva quente.

SUFLÊ DE CHUCHU

- *3 chuchus*
- *2 colheres (sopa) de manteiga*
- *1 colher (sopa) de farinha de trigo*
- *1½ xícara (chá) de leite*
- *3 ovos, sendo as claras batidas em neve*
- *4 colheres (sopa) de queijo parmesão ou similar ralado*
- *Sal*

1 Descasque os chuchus, corte-os ao meio no sentido do comprimento. Cozinhe em água fervente por 5 minutos. Escorra. Com a ajuda de uma colher, retire um pouco da polpa de cada metade, fazendo uma cavidade nos chuchus. Reserve a polpa e as metades.

2 Coloque em uma panela e leve ao fogo a manteiga e a farinha de trigo. Assim que tomar cor, adicione o leite e cozinhe misturando até engrossar bem. Amasse a polpa reservada dos chuchus e adicione à panela.

3 Retire do fogo e junte as gemas e o queijo parmesão, com uma pitada de sal.

4 Misture tudo muito bem e distribua recheando as metades dos chuchus.

5 Coloque as metades em uma assadeira ou travessa refratária, cubra com as claras em neve e leve ao forno quente preaquecido para dourar.

6 Retire do fogo e sirva quente.

SUFLÊ DE COGUMELO

- *2 colheres (sopa) de manteiga*
- *1 xícara (chá) de cogumelos frescos picados*
- *2 colheres (sopa) de farinha de trigo*
- *2 xícaras (chá) de leite*
- *1 colher (chá) de sal*
- *3 gemas*
- *1 colher (sopa) de salsa picada*
- *3 claras*
- *Manteiga para untar*
- *Farinha de rosca*

1 Leve a manteiga ao fogo para derreter. Acrescente os cogumelos picados e doure-os durante 5 minutos.

2 Polvilhe a farinha sobre os cogumelos e misture. Refogue por um minuto.

3 Incorpore o leite aos poucos, mexendo bem após cada adição, e tempere com sal.

4 Retire do fogo. Adicione as gemas e a salsa. Deixe esfriar. Incorpore delicadamente as claras em neve.

5 Coloque a massa em uma fôrma para suflê, untada com manteiga e polvilhada de farinha de rosca.

6 Leve ao forno quente preaquecido por 20 minutos e sirva em seguida.

SUFLÊ DE COUVE-FLOR

- *1½ xícara (chá) de couve-flor cozida e picada*
- *1½ xícara (chá) de* molho bechamel *(pág. 461)*
- *1 colher (sopa) de queijo parmesão ralado*
- *1 pitada de sal*
- *3 gemas*
- *4 claras*
- *Manteiga para untar*
- *Farinha de rosca*

1 Misture a couve-flor, o molho bechamel ainda quente, o queijo, o sal e as gemas. Mexa bem e deixe esfriar um pouco.

2 Bata as claras em neve e adicione à mistura delicadamente.

3 Coloque a massa em uma fôrma refratária média para suflê, previamente untada com manteiga e polvilhada de farinha de rosca.

4 Leve ao forno preaquecido e asse por 20 minutos.

Nota: Pode-se substituir a couve-flor por outros legumes cozidos, como cenoura ou alcachofra.

SUFLÊ DE ESCAROLA

- *2 xícaras (chá) de escarola cozida em água e sal*
- *2 colheres (sopa) de manteiga*
- *3 colheres (sopa) de farinha de trigo*
- *2 xícaras (chá) de leite fervente*
- *1 pitada de pimenta-do-reino*
- *1 colher (café) rasa de sal*
- *4 gemas*
- *4 claras*
- *Manteiga para untar*
- *Farinha de rosca*

1 Esprema a escarola, escorrendo todo o líquido possível. Pique finamente e reserve.

2 Leve a manteiga ao fogo até derreter, polvilhe a farinha e vá mexendo, para dourá-la, durante 3 ou 4 minutos.

3 Adicione o leite fervente aos poucos, mexendo bem após cada adição.

4 Acrescente a escarola, a pimenta-do-reino, o sal e as gemas.

5 Retire do fogo e deixe esfriar um pouco. Misture as claras em neve, coloque a massa em uma fôrma média para suflê untada com manteiga e polvilhada de farinha de rosca e asse em forno quente preaquecido por 20 minutos.

6 Sirva logo a seguir.

SUFLÊ DE ESPINAFRE

- *1 maço de espinafres*
- *2 colheres (sopa) de manteiga*
- *2 colheres (sopa) de farinha de trigo*
- *1½ xícara (chá) de leite*
- *4 ovos separados*
- *3 colheres (sopa) de queijo parmesão ralado*
- *1 pitada de noz-moscada*
- *Sal e pimenta-do-reino*
- *Manteiga para untar*
- *Farinha de rosca*

1 Lave bem as folhas de espinafre e coloque-as em uma panela com um pouco de água. Tampe e cozinhe até que as folhas fiquem macias (cerca de 5 minutos). Retire da panela e coloque em uma peneira. Aperte bem, para eliminar o máximo de líquido possível. Pique finamente o espinafre e reserve.

2 Coloque a manteiga em uma panela, quando derreter, adicione a farinha de trigo, misturando sem parar. Aos poucos, acrescente o leite até engrossar o creme.

3 Retire do fogo e acrescente as gemas levemente batidas, o espinafre, o queijo ralado, a noz-moscada, o sal e a pimenta-do-reino. Misture. Bata as claras em neve e incorpore delicadamente ao creme de espinafre.

4 Unte com manteiga um refratário apropriado para suflês e polvilhe de farinha de rosca, coloque a massa em até ¾ da borda. Leve ao forno bem quente preaquecido por aproximadamente 20 minutos para que o suflê asse e adquira uma coloração dourada.

SUFLÊ DE HADDOCK

- *¾ de xícara (chá) de leite*
- *500 g de haddock*
- *200 g de batatas*
- *4 ovos separados*
- *2 colheres (sopa) de queijo parmesão ralado*
- *1 colher (sopa) de salsa picada*
- *Sal e pimenta-do-reino*
- *Manteiga para untar*
- *Farinha de rosca*

1 Coloque o pedaço de haddock em uma panela e cubra com o leite. Leve ao fogo baixo e cozinhe para que o peixe fique bem macio. Retire o peixe e reserve o leite.

2 Cozinhe as batatas, descasque-as e passe-as pelo espremedor.

3 Desfie o haddock e adicione à batata amassada. Acrescente o leite reservado, as gemas, o queijo ralado, a salsa picada, o sal e a pimenta-do-reino.

4 Misture tudo muito bem.

5 Bata as claras em neve e incorpore delicadamente à massa. Despeje em um refratário apropriado untado de manteiga e polvilhado com farinha de rosca.

6 Asse em forno quente.

SUFLÊ DE MILHO VERDE

- *3 espigas de milho verde*
- *2 colheres (sopa) de manteiga*
- *2 colheres (sopa) de farinha de trigo*
- *1 xícara (chá) de leite fervente*
- *1 cebola ralada*
- *1 colher (chá) de sal*
- *1 pitada de pimenta-branca*
- *3 ovos separados*
- *3 colheres (sopa) de queijo ralado*
- *Manteiga para untar*
- *Farinha de rosca*

1 Debulhe as espigas e cozinhe os grãos em água fervente até ficarem macios. Em seguida, escorra a água e passe o milho pelo liquidificador.

2 Leve a manteiga ao fogo e, quando derreter, polvilhe a farinha, mexendo até dourá-la.

3 Acrescente o leite pouco a pouco, mexendo bem após cada adição.

4 Junte a cebola, o sal, a pimenta -branca, as gemas, o queijo e o milho cozido e triturado. Mexa bem e retire do fogo.

5 Adicione as claras batidas em neve.

6 Despeje a massa em uma fôrma refratária untada com manteiga e polvilhada de farinha de rosca e leve para assar, em forno quente preaquecido, por 25 minutos.

7 Sirva, sozinho ou com arroz, acompanhando peixe, frango ou carne.

SUFLÊ DE PALMITO

- *1 lata pequena de palmitos escorridos*
- *2 colheres (sopa) de manteiga*
- *2 colheres (sopa) de farinha de trigo*
- *1½ xícara (chá) de leite*
- *3 ovos separados*
- *3 colheres (sopa) de queijo parmesão ralado*
- *Sal*
- *1 pitada de noz-moscada*
- *Manteiga*
- *Farinha de rosca*

1 Pique bem os palmitos.

2 Em uma panela, coloque a manteiga e leve ao fogo, quando derreter acrescente a farinha de trigo. Cozinhe misturando sem parar até obter uma pasta (cerca de 2 minutos). Adicione o leite aos poucos, misturando bem para não formar grumos.

3 Retire do fogo e junte as gemas e o queijo ralado, com uma pitada de sal.

4 Misture tudo muito bem e acrescente o palmito e a noz-moscada.

5 Bata as claras em neve e adicione delicadamente à mistura.

6 Unte com manteiga um refratário apropriado para suflês, polvilhe farinha de rosca e despeje a mistura. Leve ao forno quente preaquecido para que o suflê asse e fique bem dourado.

7 Sirva imediatamente.

SUFLÊ DE PEIXE

- *3 ovos separados*
- *1 colher (sopa) de manteiga derretida*
- *1 colher (sopa) de farinha de trigo*
- *1 xícara (chá) de creme de leite*
- *3 colheres (sopa) de queijo parmesão ralado*
- *1 pitada de sal e pimenta-do--reino*
- *1 xícara (chá) de peixe cozido desfiado*
- *Manteiga para untar*
- *Farinha de rosca*

1 Bata as claras em neve.

2 Em uma panela, coloque a manteiga e a farinha e leve ao fogo até obter uma pasta. Retire do fogo e adicione o creme de leite, o queijo ralado e as gemas. Misture bem e tempere com o sal e a pimenta-do-reino. Acrescente o peixe.

3 Incorpore delicadamente as claras em neve.

4 Asse em forno médio preaquecido em forma refratária previamente untada com manteiga e polvilhada de farinha de rosca.

SUFLÊ DE QUEIJO

- *3 ovos separados*
- *1 colher (sopa) de manteiga derretida*
- *1 xícara (chá) de queijo prato ralado grosso*
- *2 colheres (sopa) de farinha de trigo*
- *1 colher (café) de pimenta-do--reino*
- *Sal*
- *1 lata de creme de leite*
- *Manteiga para untar*
- *Farinha de rosca*

1 Bata as claras em neve e acrescente as gemas e a manteiga, sem parar de bater.

2 Retire da batedeira e misture levemente a farinha de trigo e o queijo, usando uma colher de pau.

3 Tempere com a pimenta-do-reino e o sal e coloque por último, o creme de leite.

4 Misture bem e asse em forno médio preaquecido, em fôrma untada com manteiga e polvilhada de farinha de rosca.

SUFLÊ DE QUEIJO GORGONZOLA

- *150 g de queijo gorgonzola*
- *1 colher (sopa) de manteiga*
- *2 colheres (sopa) de farinha de trigo*
- *1¼ xícara (chá) de leite*
- *½ xícara (chá) de creme de leite*
- *4 ovos separados*
- *1 colher (sopa) de parmesão ralado*
- *Noz-moscada*
- *Sal e pimenta-do-reino*
- *Manteiga para untar*
- *Farinha de rosca*

1 Corte o queijo em pequenos cubos. Coloque em uma panela e acrescente a manteiga. Leve ao fogo, misturando para que os ingredientes derretam e se incorporem. Adicione a farinha de trigo, mexendo sem parar, e aos poucos acrescente o leite até engrossar o creme. Coloque o creme de leite e continue mexendo, em fogo brando, para engrossar mais um pouco a mistura.

2 Retire do fogo e acrescente as gemas levemente batidas, a noz-moscada, o sal e a pimenta-do-reino. Misture. Bata as claras em neve e incorpore delicadamente ao creme de queijo.

3 Unte com manteiga um refratário apropriado para suflês, polvilhe farinha de rosca e encha de massa até ¾ da borda. Leve ao forno bem quente preaquecido por aproximadamente 20 minutos para que o suflê asse e adquira uma coloração dourada. Polvilhe queijo ralado.

SUFLÊ DE QUEIJO PARMESÃO

- *150 g de farinha de trigo*
- *2½ xícaras (chá) de leite frio*
- *1 colher (café) de sal*
- *1 pitada de pimenta-branca*
- *1 colher (sopa) de manteiga*
- *6 colheres (sopa) de queijo parmesão ralado*
- *4 gemas*
- *4 claras*
- *Manteiga para untar*
- *Farinha de rosca*

1 Dissolva a farinha de trigo no leite; junte o sal e a pimenta-branca; leve ao fogo e mexa, até ferver, por 8 a 10 minutos.

2 Retire do fogo; adicione a manteiga, o queijo e as gemas. Misture.

3 Incorpore delicadamente as claras em neve.

4 Coloque a massa em uma fôrma média para suflê previamente untada com manteiga e polvilhada de farinha de rosca.

5 Asse, durante 20 minutos, em forno quente preaquecido.

6 Sirva a seguir.

SUFLÊ DE QUITANDEIRA

- *3 xícaras (chá) de leite*
- *3 colheres (sopa) de farinha de trigo*
- *6 ovos separados*
- *4 colheres (sopa) de queijo minas ralado*
- *1 colher (sopa) de amido de milho*
- *Sal e pimenta-do-reino*
- *Manteiga para untar*
- *Farinha de rosca*

1 Faça um mingau bem cozido com o leite e a farinha. Misture as gemas, o queijo e o amido de milho. Tempere com o sal e a pimenta-do-reino. Reserve.

2 Bata as claras em neve e incorpore delicadamente ao creme de queijo.

3 Depois de tudo bem misturado, coloque em um refratário fundo, untado com manteiga e polvilhado de farinha de rosca, e leve ao forno quente preaquecido para assar.

4 Sirva com assados ou com bifes.

SUFLÊ DE TOMATE SECO

- *150 g de* tomates secos em conserva *(pág. 115)*
- *2 colheres (sopa) de manteiga*
- *2 colheres (sopa) de farinha de trigo*
- *1½ xícara (chá) de leite*
- *4 ovos separados*
- *2 colheres (sopa) de folhinhas de manjericão*
- *Sal e pimenta-do-reino*
- *2 colheres (sopa) de parmesão ralado*
- *Manteiga para untar*
- *Farinha de rosca*

1 Pique finamente os tomates secos e reserve.

2 Derreta a manteiga em uma panela. Adicione a farinha de trigo, misturando sem parar, e aos poucos acrescente o leite até engrossar o creme.

3 Retire do fogo e junte as gemas levemente batidas, os tomates secos, o manjericão, o sal e a pimenta-do-reino. Misture. Bata as claras em neve e incorpore delicadamente ao creme de tomates secos.

4 Unte com manteiga e polvilhe farinha de rosca um refratário apropriado para suflês e coloque a massa até ¾ da borda. Leve ao forno bem quente preaquecido por aproximadamente 20 minutos para que o suflê asse e adquira uma coloração dourada. Polvilhe queijo ralado.

Caldos, Sopas e Cremes

Caldos, Sopas e Cremes

Caldos

Sopas e Cremes

CALDOS

Os caldos fazem parte da base da culinária; são muito úteis no preparo de ensopados e molhos e indispensáveis no preparo de sopas e cremes.

Nada substitui um bom caldo preparado em casa, principalmente se for cozido com calma, para extrair todos os sabores e aromas dos ingredientes utilizados.

Se for necessário clarear um caldo de carne ou de galinha, ferva-o, preparando como indicado nas receitas e, em seguida, passe por um pano grosso. Depois de coado, misture 2 claras de ovo batidas, torne a ferver e coe em um guardanapo úmido.

Esse processo serve para todas as qualidades de carnes e aves.

SUBSTITUTOS PARA CALDO CASEIRO

Caso não seja possível preparar o caldo com ingredientes frescos e naturais, alguns substitutos estão disponíveis no mercado. São os caldos concentrados em cubos ou em pó. Dilua-os em água fervente na proporção indicada na embalagem. Normalmente, um cubo de caldo concentrado é diluído em 500 ml de água.

Lembre-se que os **caldos industrializados já contêm sal**, portanto cuidado ao acrescentar sal nas receitas.

CALDO BÁSICO DE CARNE

- *2 colheres (sopa) de óleo*
- *1 kg de carne bovina com osso (ossobuco)*
- *100 g de presunto tipo italiano (opcional)*
- *2½ litros de água*
- *2 cenouras cortadas ao meio*
- *2 talos de salsão (aipo)*
- *1 cebola média*
- *2 tomates cortados em 4*
- *1 alho-poró picado grosseiramente*
- *1 folha de louro*
- *Sal*

1 Coloque o óleo em um caldeirão e doure a carne com o osso e o presunto. Cubra com a água e ferva por 15 minutos, retirando a espuma que se formar na superfície com a ajuda de uma escumadeira. Adicione os legumes e a folha de louro.

2 Tampe a panela e deixe ferver em fogo baixo durante 2 horas ou por mais tempo, até que a carne esteja se soltando do osso. Se necessário, adicione mais um pouco de água.

3 Tempere o caldo com o sal e deixe ferver um pouco mais.

4 Quando o caldo estiver apurado, coe-o. Está pronto.

5 Depois de cozida, a carne pode ser desfiada e utilizada em outras receitas.

Nota: Pode-se substituir o ossobuco por outras carnes, como coxão duro, músculo ou peito.

Caldo Básico de Galinha ou Frango

- *1 kg de galinha ou frango*
- *100 g de presunto tipo italiano (opcional)*
- *2½ litros de água*
- *2 cenouras*
- *2 talos de salsão (aipo)*
- *1 cebola grande*
- *2 tomates sem pele e sem sementes*
- *2 cravos-da-índia*
- *1 folha de louro*
- *Sal*

1 Corte a galinha ou frango em pedaços.

2 Coloque a galinha e o presunto em um caldeirão. Leve ao fogo e refogue por 5 minutos. Cubra com a água e ferva por 10 minutos, retirando com uma escumadeira a espuma que se formará na superfície.

3 Pique os legumes grosseiramente e adicione à panela com os cravos e o louro. Tampe a panela e deixe ferver em fogo baixo durante 2 horas ou por mais tempo, até que a carne comece a se despregar dos ossos. Se necessário, adicione mais um pouco de água.

4 Tempere o caldo com sal e deixe ferver um pouco mais.

5 Quando o caldo estiver apurado, coe-o. Está pronto.

6 O que resta da galinha pode ser desfiado e utilizado em outras receitas.

Nota: *Se preferir um caldo com menos gordura, retire as peles da galinha antes de iniciar a receita. Ou então coloque o caldo pronto e coado na geladeira para que a gordura se solidifique, podendo ser descartada com facilidade.*

Caldo de Legumes

- *2 cebolas grandes*
- *3 cenouras*
- *2 chuchus*
- *¼ de repolho pequeno*
- *2 tomates*
- *1 dente de alho descascado*
- *Óleo*
- *2 litros de água*
- *1 cravo-da-índia*
- *10 grãos de pimenta-do-reino*
- *1 alho-poró*
- *4 talos de salsa*
- *Sal*

1 Pique grosseiramente todos os legumes. Coloque o óleo em um caldeirão e adicione os legumes picados. Refogue por 3 minutos e cubra com a água.

2 Ferva por 10 minutos em fogo baixo e adicione o cravo, os grãos de pimenta-do-reino, o alho-poró e os talos de salsa.

3 Cozinhe por mais 20 minutos em panela destampada. Tempere com pouco sal.

4 Coe e utilize na receita.

CALDO BÁSICO DE PEIXE

- *1 cebola grande*
- *1 alho-poró*
- *2 cenouras*
- *600 g de cabeças e espinhas de peixe*
- *2 litros de água*
- *10 grãos de pimenta-do-reino*
- *1 folha de louro*
- *Sal*

1 Pique grosseiramente os vegetais.

2 Coloque as cabeças e as espinhas de peixe em um caldeirão. Cubra com a água e ferva por 3 minutos. Abaixe o fogo e, com a ajuda de uma escumadeira, retire a espuma da superfície.

3 Adicione os ingredientes restantes e ferva em fogo baixo por 20 minutos. Deixe esfriar e coe.

4 Acerte o ponto do sal e utilize na receita.

CALDO DE CAMARÃO

Prepare como a receita de caldo de peixe, substituindo as cabeças e as espinhas de peixe por cabeças e cascas de camarões.

CALDO DE CARNE COM ESPINAFRE E OVOS

- *100 g de folhas de espinafre*
- *4 colheres (sopa) de água*
- *1 colher (sopa) de manteiga*
- *2 gemas*
- *Sal*
- *3 colheres (sopa) de creme de leite*
- *4 xícaras (chá) de* caldo básico de carne *(pág. 227)*
- *Torradas de pão cortadas em cubos*

1 Abafe as folhas de espinafre com a água.

2 Passe-as em uma peneira para escorrer o excesso de água e misture com a manteiga, as gemas, o sal e o creme de leite.

3 Leve a mistura obtida ao fogo em banho-maria e deixe cozinhar por 2 ou 3 minutos.

4 Após o cozimento, adicione o caldo fervente e sirva com as torradas.

CALDO DE CARNE COM FARINHA DE MILHO

- *4 xícaras (chá) de* caldo básico de carne *(pág. 227)*
- *6 ovos*
- *Farinha de milho o quanto baste*

1 Faça um bom caldo básico de carne ou use caldo de carne em tabletes e, pouco antes de servi-lo, quebre dentro dele tantos ovos quantas forem as pessoas à mesa.

2 Deixe os ovos cozinharem, mas de modo que as gemas fiquem um pouco moles.

3 Quando os ovos estiverem no ponto, retire-os com uma escumadeira e arrume-os nos pratos (um em cada prato) ou na sopeira.

4 Engrosse o caldo com um pouco de farinha de milho e despeje-o por cima dos ovos.

Nota: ***Esse caldo também é conhecido como Escaldado.***

CALDINHO DE FEIJÃO

- *1 xícara (chá) de feijão-mulatinho*
- *1 paio pequeno*
- *1 folha de louro*
- *4 xícaras (chá) de água*
- *30 g de bacon*
- *Azeite*
- *2 colheres (sopa) de cebola picada*
- *2 dentes de alho picados*
- *1 colher (sopa) de pimentão picado*
- *Sal e pimenta-do-reino*
- *Cebolinha e coentro picados*

1 Coloque o feijão de molho em água fria por 4 horas. Escorra. Retire a pele do paio, coloque-o em uma panela de pressão e acrescente o feijão e as folhas de louro. Cubra com a água, tampe a panela e leve ao fogo para cozinhar por cerca de 35 minutos. Deixe esfriar na panela. Retire o paio e corte em fatias finas. Reserve.

2 Pique o bacon e coloque em uma panela com o azeite. Leve ao fogo baixo para que o bacon libere sua gordura. Quando a gordura estiver bem quente, adicione a cebola, o alho e o pimentão. Refogue bem e despeje na panela com o feijão. Tempere com o sal e a pimenta-do-reino. Leve ao fogo novamente e ferva por 10 minutos.

3 Deixe amornar e bata o liquidificador. Passe por uma peneira e mantenha aquecido.

4 Coloque no fundo de cada canequinha de cerâmica para servir o caldinho algumas fatias do paio e despeje o caldinho quente. Salpique cebolinha e coentro.

CALDO COM MASSA

- *1 caldo básico de carne (pág. 227) ou cubos de caldo de carne dissolvidos em água*
- *Macarrão ou qualquer massa de sopa*
- *Queijo parmesão ou queijo meia cura ralado*

1 Em um bom caldo de carne, cozinhe o macarrão (ou qualquer massa para sopa).

2 Sirva com queijo parmesão ralado.

CALDO DE MOCOTÓ

- *1 mocotó serrado em rodelas*
- *3 colheres (sopa) de azeite*
- *8 xícaras (chá) de água*
- *2 folhas de louro*
- *1 cravo-da-índia*
- *½ xícara (chá) de cebola bem picada*
- *2 tomates sem pele e sem sementes*
- *2 dentes de alho picados*
- *½ pimenta dedo-de-moça picada*
- *Folhinhas de coentro*
- *Sal*
- *2 colheres (sopa) de salsa picada*
- *1 colher (sopa) de cebolinha picada*

1 Lave muito bem o mocotó, de preferência com a ajuda de uma escova. Coloque em uma panela de pressão o azeite e aqueça. Acrescente o mocotó, cubra com a água e adicione as folhas de louro e o cravo. Leve para ferver sem tampar a panela e, com uma escumadeira, remova a espuma que se formar na superfície.

2 Quando eliminar toda a espuma, adicione a cebola, os tomates, o alho, a pimenta dedo-de-moça, o coentro e um pouco de sal. Tampe a panela e cozinhe em pressão por cerca de 1 hora em fogo baixo.

3 Retire do fogo, deixe esfriar para eliminar a pressão e abra a panela. Descarte as folhas de louro e o cravo. Retire os pedaços de mocotó e verifique se estão bem macios. Descarte os ossos e pique a carne, colocando-a novamente na panela. Leve ao fogo novamente e ferva por mais 20 minutos em fogo baixo.

4 Acerte o ponto do sal. Coloque em canequinhas ou pratos fundos e salpique a salsa e a cebolinha picadas.

CALDO VERDE

- *1 kg de batatas descascadas e cortadas em 4*
- *1 paio de 200 g*
- *1½ litro de água*
- *1 maço de couve-manteiga, sem talos e cortado finamente*
- *2 colheres (sopa) de azeite*
- *1 colher (café) de sal*

1 Coloque as batatas, o paio e a água em uma panela e leve ao fogo, deixando cozinhar até as batatas ficarem macias.

2 Retire a panela do fogo. Passe as batatas pelo espremedor e coloque-as na água do cozimento.

3 Elimine a pele do paio, corte-o em rodelas finas e junte aos ingredientes da panela.

4 Leve a panela novamente ao fogo e, quando o caldo ferver, adicione a couve. Deixe ferver por 3 minutos, com a panela destampada, para que a couve fique bem verde.

5 Quando a couve estiver macia, tempere com o azeite e o sal e deixe ferver por mais 2 minutos.

6 Sirva bem quente.

CALDO VERDE FÁCIL

- *4 xícaras (chá) de* caldo básico de carne *(pág. 227)*
- *1 xícara (chá) de purê de batatas*
- *2 xícaras (chá) de couve--manteiga fatiada finamente*
- *Sal*
- *150 g de paio ou toucinho defumado (bacon) (opcional)*

1 Prepare o caldo de carne e junte o purê de batatas.

2 Acrescente a couve-manteiga em tiras muito finas. Cozinhe, com a panela destampada, durante cerca de 15 minutos. Acerte o sal.

Nota: ***Você poderá juntar também, durante o cozimento da couve, pedacinhos de paio ou toucinho defumado.***

CALDO VERDE E AMARELO

- *2 colheres (sopa) de óleo*
- *½ colher (chá) de alho socado com sal*
- *500 g de cebola ralada*
- *2 litros de água*
- *1 xícara (chá) de fubá mimoso*
- *1 maço de couve picado bem fininho*
- *2 ovos batidos*

1 Faça um refogado com o óleo, o alho socado e a cebola.

2 Acrescente a água e, quando ferver, polvilhe o fubá, mexa bem para não empelotar e acrescente a couve picada.

3 Logo que a couve estiver cozida, despeje os ovos e mexa.

4 Prove o sal e sirva bem quente.

CONSOMÊ

Consomê (*consommé*, em francês) é um caldo de carne ou galinha bem encorpado que, depois de clarificado, fica transparente como chá.

O consomê normalmente é servido bem quente, em xícaras maiores que as de chá e com duas asas, acompanhado de salgadinhos especiais. Outra opção é servi-lo em canecas.

Em dias de muito calor, pode também ser servido frio, com gelo picado.

Se o consomê ficar sem cor, adicione ½ colher (sopa) de açúcar queimado e tempere o caldo com mais um pouco de sal.

Se o caldo ficar fraco, dissolva 1 ou 2 cubos de caldo concentrado de carne em pouca água e coe. Em seguida, misture ao consomê.

Se não quiser preparar o caldo básico, prepare o consomê com cubos de caldo concentrado de carne ou galinha, seguindo as instruções da embalagem, e coe.

CONSOMÊ

- *1½ litro de* caldo básico de carne *(pág. 227)*
- *300 g de patinho bovino moído*
- *1 cenoura pequena picada*
- *1 talo de salsão picado*
- *1 alho-poró picado*
- *2 claras batidas em neve*
- *Sal*

1 Prepare o caldo e coloque na geladeira até a gordura subir à superfície e endurecer. Retire-a com uma colher.

2 Misture a carne moída, a cenoura, o salsão e o alho-poró, fazendo uma massa. Adicione as claras batidas em neve e mexa delicadamente.

3 Coloque em uma panela e adicione o caldo frio. Misture delicadamente e leve para ferver. Ferva por 50 minutos. Retire a espuma que vem à superfície com uma escumadeira.

4 Deixe o caldo esfriar e coe-o em um pano de prato molhado colocado sobre uma peneira.

5 Acerte o ponto do sal.

6 Sirva quente, acompanhado com uma das guarnições sugeridas a seguir.

Nota: *A mesma receita pode ser preparada com caldo de frango e substituindo o patinho moído por peito de frango também moído.*

BOLINHAS DE QUEIJO PARA CONSOMÊ

- *3 gemas*
- *3 colheres (sopa) de queijo parmesão ralado*

1 Coe as gemas e misture-as com o queijo.

2 Amasse a mistura com um garfo até obter uma massa que dê ponto de enrolar. Se for preciso, acrescente um pouco mais de queijo.

3 Enrole a massa, formando bolinhas do tamanho de avelãs.

4 Coloque as bolinhas no consomê bem quente 2 minutos antes de servi-lo. As bolinhas cozinharão no próprio caldo.

CUBINHOS DE GEMAS PARA CONSOMÊ

- *3 gemas*
- *3 colheres (sopa) de leite*
- *Sal*
- *Manteiga*

1 Bata as gemas ligeiramente e acrescente o leite e o sal.

2 Coe em uma peneira e despeje a massa em uma fôrma refratária previamente untada com manteiga. Cubra a fôrma com uma tampa ou papel-alumínio e leve ao forno para cozinhar, em banho-maria, durante 10 minutos ou até espetar um palito na massa e tirá-lo seco.

3 Retire a massa do forno, deixe esfriar e corte-a em cubos de 1,5 cm.

4 Coloque alguns cubos em cada xícara e despeje sobre eles o consomê quente.

5 Sirva a seguir.

PÃO FRITO PARA CONSOMÊ

- *6 fatias de pão de fôrma*
- *4 colheres (sopa) de manteiga*

1 Corte o pão em cubos pequenos.

2 Coloque metade da manteiga em uma frigideira e leve ao fogo até esquentar.

3 Frite o pão aos poucos e vá adicionando a manteiga restante.

4 Coloque o pão frito em uma travessa ou cestinha para as pessoas se servirem, salpicando o pão no consomê.

Sopas e cremes

Sopas e cremes

Canja Simples

- 1 galinha ou frango
- 2 colheres (sopa) de óleo
- 2 cebolas médias fatiadas
- 3 litros de água
- 4 tomates picados
- 1 folha de louro
- 1 ramo de manjerona
- 4 ramos de salsa
- 2 cebolinhas
- Sal
- ½ xícara (chá) de arroz

1 Limpe a galinha, corte-a em pedaços e leve para refogar no óleo, junte a cebola e refogue até ficar transparente.

2 Cubra com a água, adicione os tomates, a folha de louro, a manjerona, a salsa e a cebolinha. Tempere com o sal e deixe cozinhar até que a carne fique bem macia, cerca de 1½ hora em fogo bem baixo.

3 Retire os pedaços de galinha do caldo e reserve. Coe o caldo em uma peneira ou pano limpo e reserve. Desfie a galinha, eliminando as peles, cartilagens e ossos.

4 No caldo coado (aproximadamente 2 litros), coloque o arroz e leve novamente ao fogo.

5 Quando o arroz estiver quase cozido, junte a galinha desfiada.

6 Deixe no fogo até que o arroz fique bem mole, desfazendo-se. Acerte o ponto do sal e sirva bem quente.

Nota: *Para uma canja com menos gordura, retire as peles da galinha antes de preparar o caldo. Outra opção é, após preparar e coar o caldo, colocá-lo na geladeira por algumas horas para que a gordura se solidifique na superfície, podendo ser facilmente descartada.*

Canja com Legumes

- 1 receita de canja simples (pág. 236)
- Legumes

Prepare a receita de canja simples. Cozinhe no caldo alguns legumes, como cenouras e vagens, cortados em pequenos cubos.

SOPA ARTUSINA

- *1 litro de* caldo básico de carne *(pág. 227)*
- *1 colher (sopa) de semolina*
- *1 colher (sopa) de farinha de arroz*
- *1 colher (sopa) de fécula de batata*
- *1 colher (sopa) de manteiga*
- *1 colher (sopa) de farinha de trigo*
- *2 gemas*
- *1 xícara (chá) de leite*
- *Sal*
- *2 colheres (sopa) de queijo parmesão ralado*
- *1 colher (sopa) de salsa picada*

1 Prepare o caldo de carne.

2 Em outra panela, misture semolina, a farinha de arroz, a fécula de batata, a manteiga, a farinha de trigo, as gemas e o leite.

3 Depois de tudo bem misturado, despeje o caldo por cima e leve ao fogo para engrossar. Tempere com um pouco de sal.

4 No momento de servir, coloque na sopeira e salpique o queijo parmesão e a salsa.

SOPA ALEMÃ COM BOLINHAS DE MASSA

- *2 litros de* caldo básico de carne *(pág. 227)*
- *500 g de farinha de trigo*
- *3 ovos*
- *Sal e noz-moscada*
- *Salsa picada*

1 Prepare o caldo de carne e reserve.

2 Misture a farinha de trigo com os ovos, o sal, a noz-moscada e a salsa. Se a massa não der liga, junte um pouquinho de água para que amoleça.

3 Quando o caldo de carne estiver fervendo, vá tirando bocados da massa, fazendo bolinhas e jogando-as no caldo. Quando subirem à superfície, estarão prontas.

4 Sirva quente.

SOPA DE ABACATE

- *4 colheres (sopa) de manteiga*
- *¼ de xícara (chá) de cebola ralada*
- *1 colher (chá) de alho picado*
- *1½ colher (sopa) de farinha de trigo*
- *1 litro de* caldo básico de galinha ou frango *(pág. 228)*
- *2 abacates médios maduros*
- *1 colher (sopa) de suco de limão*
- *Sal*

1 Leve a manteiga ao fogo, adicione a cebola e o alho e refogue ligeiramente.

2 Polvilhe a farinha sobre a panela e mexa para que não encaroce.

3 Adicione o caldo fervente aos poucos, mexendo bem após cada adição. Reduza o fogo e deixe ferver.

4 Descasque os abacates, pique, junte o suco de limão e bata no liquidificador.

5 Junte o abacate à sopa, deixe esquentar e desligue o fogo antes de ferver. Tempere com o sal.

6 Sirva logo a seguir.

SOPA DE AGRIÃO

- *6 xícaras (chá) de* caldo básico de carne *(pág. 227)*
- *4 batatas médias descascadas, cozidas e passadas no espremedor*
- *1 maço de agrião (só as folhas)*
- *1 colher (sopa) de manteiga*
- *Sal*

1 Em uma panela, misture o caldo e as batatas amassadas ainda quentes.

2 Leve ao fogo e deixe levantar fervura.

3 Adicione o agrião e deixe ferver por apenas 2 minutos.

4 Acrescente a manteiga e, se preciso, um pouco de sal. A sopa está pronta.

Nota: Você pode substituir o caldo de carne por 3 cubos de caldo industrializado diluídos em 6 xícaras (chá) de água fervente.

SOPA DE ALFACE COM ARROZ

- *2 pés de alface picados grosseiramente*
- *2 colheres (sopa) de manteiga*
- *1 litro de água fervente*
- *1 xícara (chá) mal cheia de arroz*
- *1 colher (chá) de sal*

1 Em uma panela, coloque a alface e metade da manteiga, refogando um pouco.

2 Junte a água fervente e o arroz, tampe a panela e deixe cozinhar até o arroz ficar macio.

3 Acrescente a manteiga restante e o sal. Ferva novamente por mais 5 minutos.

4 Sirva com *croûtons* (pág. 146) ou torradas.

SOPA DE ALFACE COM MACARRÃO

Prepare a sopa de alface com arroz (receita anterior), substituindo o arroz por algum tipo de macarrão de corte pequeno, próprio para sopa (argola, letrinhas, padre-nosso, conchinha).

SOPA DE ALHO-PORÓ COM BATATA

- *6 alhos-porós*
- *8 batatas médias*
- *2 colheres (sopa) de manteiga*
- *6 xícaras (chá) de* caldo básico de carne *(pág. 227)*
- *Sal e pimenta-do-reino*

1 Lave bem e fatie finamente os alhos-porós. Descasque as batatas e corte-as ao meio.

2 Derreta a manteiga em uma caçarola funda e refogue os alhos-porós. Quando estiverem macios, adicione o caldo de carne e as batatas. Abaixe o fogo e leve para ferver até que as batatas fiquem macias.

3 Assim que as batatas estiverem bem cozidas, passe-as no espremedor e junte-as de novo à sopa, deixando ferver mais um pouco. Acerte o ponto do sal e, se quiser, adicione um pouco de pimenta-do-reino.

Sopa de Aveia

- *1 litro de* caldo básico de carne ou galinha *(págs. 227, 228)*
- *6 colheres (sopa) de aveia*
- *Sal*

1 Cozinhe a aveia no caldo fervente por cerca de 15 minutos.

2 Depois de cozida, você pode servir a sopa mais rústica ou passá-la por uma peneira. Tempere com sal e pimenta--do-reino.

3 Sirva com pedacinhos de pão torrados com manteiga ou *croûtons* (pág. 146).

Nota: Para uma sopa mais grossa, aumente a quantidade de aveia.

Sopa Castelhana

- *5 tomates maduros*
- *4 xícaras (chá) de água*
- *2 cubos de caldo de galinha*
- *1 pimentão verde picadinho*
- *1 colher (sopa) de cebola picadinha*

1 Pique os tomates e leve-os ao fogo com 2 xícaras (chá) de água, deixando ferver por 5 minutos.

2 Retire, bata no liquidificador, passe por uma peneira e leve novamente ao fogo.

3 Acrescente o restante da água já quente, o caldo de galinha, o pimentão e a cebola.

4 Ferva por alguns minutos e sirva quente com torradas.

SOPA DE CEVADA

- *1 colher (sopa) de manteiga*
- *1 colher (sopa) de farinha de trigo*
- *1 litro de água fervendo*
- *250 g de cevada*
- *1 receita de* caldo de galinha *(pág. 228) ou 2 tabletes de caldo industrializado*
- *2 gemas*
- *Sal*

1 Em uma panela funda, derreta a manteiga e, em seguida, junte a farinha de trigo.

2 Misture bem e despeje em cima a água quente.

3 Torne a misturar e, quando a água for se tornando esbranquiçada, acrescente a cevada.

4 Deixe no fogo e vá juntando água quente à medida que esta for reduzindo, até que a cevada fique cozida.

5 Coe tudo em uma peneira fina e torne a levar a sopa ao fogo, acrescentando um pouco de caldo de galinha bem temperado ou os tabletes já dissolvidos em um pouco de água quente.

6 Deixe ferver por mais 10 minutos e engrosse com as gemas desmanchadas em um pouco de caldo frio ou água.

7 Prove o sal e sirva com torradas fritas em manteiga.

SOPA-CREME DE ABÓBORA

- *600 g de abóbora-moranga picada*
- *1 litro de água*
- *3 galhos de salsa amarrados*
- *2 cebolas médias cortadas em 4*
- *2 colheres (sopa) rasas de farinha de trigo*
- *1 litro de leite*
- *Sal*
- *1 colher (sopa) de manteiga*

1 Em uma panela, coloque a abóbora, a água, a salsa e as cebolas. Tampe-a.

2 Leve ao fogo e cozinhe até que a abóbora fique bem macia.

3 Retire a abóbora da água e bata no liquidificador. Reserve.

4 Dissolva a farinha de trigo no leite, leve ao fogo e mexa até ferver bem. Acrescente a abóbora reservada e o sal. Ferva por mais 3 minutos, junte a manteiga e desligue o fogo.

VARIAÇÕES DA SOPA-CREME

SOPA-CREME DE CENOURA

Substitua a abóbora da *sopa-creme de abóbora* (pág. 241) por 500 g de cenoura.

SOPA-CREME DE INHAME

Substitua a abóbora da *sopa-creme de abóbora* (pág. 241) por 400 g de inhame.

SOPA-CREME DE MANDIOCA

Substitua a abóbora da *sopa-creme de abóbora* (pág. 241) por 400 g de mandioca.

SOPA-CREME DE MANDIOQUINHA

Substitua a abóbora da *sopa-creme de abóbora* (pág. 241) por 500 g de mandioquinha.

SOPA-CREME DE CARÁ

Substitua a abóbora da *sopa-creme de abóbora* (pág. 241) por 400 g de cará.

SOPA-CREME DE ASPARGO

- *2 colheres (sopa) de manteiga*
- *1 cebola pequena picada finamente*
- *1 lata pequena de aspargos*
- *2 xícaras (chá) de* caldo básico de galinha ou frango *(pág. 228)*
- *2 colheres (sopa) de amido de milho*
- *2 xícaras (chá) de leite*
- *Sal*

1 Coloque a manteiga em uma panela e adicione a cebola. Leve ao fogo e refogue até que a cebola fique bem macia. Adicione metade dos aspargos picados e refogue por mais 3 minutos. Regue com o caldo e cozinhe por 5 minutos em fogo baixo.

2 Dissolva o amido de milho no leite frio e despeje na panela, misturando bem. Cozinhe por 10 minutos ou mais para o creme engrossar.

3 Retire do fogo e deixe esfriar um pouco. Bata no liquidificador até obter um creme liso. Coloque novamente na panela e adicione a metade restante dos aspargos. Acerte o ponto do sal. Se o creme estiver muito grosso, adicione mais um pouco de caldo ou leite.

4 Sirva bem quente.

SOPA-CREME DE BETERRABA

- *3 beterrabas grandes cozidas com a casca*
- *3 xícaras (chá) de* caldo básico de carne *(pág. 227)*
- *¼ de xícara (chá) de vinho branco seco*
- *1 xícara (chá) de creme de leite*
- *Sal e pimenta-do-reino*

1 Descasque as beterrabas, corte-as em fatias finas e depois corte-as ao meio ou pique-as.

2 Coloque as beterrabas cuidadosamente no caldo e deixe ferver, em fogo brando, por 10 minutos.

3 Acrescente o vinho e o creme de leite, sem deixar ferver para que não talhe. Tempere com sal e pimenta-do-reino. Sirva bem quente.

SOPA DOURADA DE ABÓBORA

- *1 litro de água fervente*
- *2 cubos de caldo de carne ou galinha*
- *1 kg de abóbora*
- *1 xícara (chá) de arroz cru*
- *1 colher (sopa) de manteiga*
- *1 cebola bem picada*
- *1 dente pequeno de alho picado*
- *1 litro de leite*
- *2 colheres (sopa) de queijo ralado*
- *1 colher (sopa) de salsa picada*
- *1 lata de creme de leite*
- *Sal*

1 Dilua os cubos de caldo de carne ou galinha na água fervente e junte a abóbora e o arroz, cozinhando tudo junto.

2 Depois do cozimento, bata tudo no liquidificador e reserve.

3 Faça um refogado com a manteiga, a cebola e o alho.

4 Junte o leite e a abóbora batida com o arroz. Deixe ferver, mexendo sempre.

5 Adicione o queijo ralado e a salsa. Apague o fogo e acrescente o creme de leite. Verifique o sal.

6 Sirva quente.

SOPA POLONESA DE BETERRABA

- *2 colheres (sopa) de manteiga*
- *2 beterrabas*
- *2 alhos-porós*
- *1 cebola*
- *½ repolho*
- *1 talo de salsão*
- *2 litros de* caldo básico de carne *(pág. 227)*
- *Sal e pimenta-do-reino*
- *1 colher (chá) de salsa picada*
- *Dill picado (opcional)*
- *Creme de leite azedo*

1 Refogue na manteiga as beterrabas, os alhos-porós, a cebola, o repolho e o talo de salsão, tudo previamente cortado em palitos finos.

2 Deixe cozinhar lentamente, durante cerca de 30 minutos, com a panela tampada, e acrescente o caldo de carne. Ferva lentamente por mais uma hora.

3 Misture bem e tempere com o sal e a pimenta-do-reino moída na hora.

4 Ao servir, acrescente em cada prato um pouco de salsa picada ou dill e uma colherada de creme de leite azedo.

SOPA DE CARNE COM LEGUMES

- *500 g de coxão mole limpo*
- *2½ litros de água*
- *3 batatas médias*
- *2 cenouras grandes*
- *1 chuchu descascado e picado*
- *1 nabo descascado e picado*
- *250 g de repolho picado*
- *150 g de vagens cortadas em pedaços*
- *1 xícara (chá) de ervilhas frescas*
- *¼ de xícara (chá) de óleo*
- *1 cebola cortada em rodelas*
- *1 alho-poró picado*
- *2 tomates sem pele picados*
- *Sal*

1 Coloque a carne, em água fria, na panela de pressão.

2 Tampe a panela e leve ao fogo. Cozinhe em fogo baixo por uma hora depois que pegar pressão. Deixe esfriar e abra a panela.

3 Coloque a carne e a água do cozimento em uma panela maior. Deixe ferver e junte as batatas, as cenouras, o chuchu, o nabo, o repolho e as vagens. Tampe a panela e deixe cozinhar por 20 minutos.

4 Junte as ervilhas e deixe cozinhar por mais 10 minutos ou até que todos os legumes fiquem macios.

5 À parte, refogue no óleo a cebola, o alho-poró e o tomate.

6 Junte o refogado e o sal à sopa e ferva por mais 10 minutos.

7 Retire a carne e desfie.

8 Misture a carne desfiada à sopa e sirva quente.

SOPA DE CASTANHA PORTUGUESA

- *2 xícaras (chá) de castanhas portuguesas cozidas e descascadas*
- *1 litro de* caldo básico de galinha ou frango *(pág. 228)*
- *Sal*

1 Passe as castanhas ainda quentes em um espremedor de batatas.

2 Junte o caldo e as castanhas em uma panela e deixe ferver, em fogo brando, por 7 minutos.

3 Tempere com um pouco de sal, pois as castanhas são adocicadas.

4 Sirva acompanhada de torradas com manteiga.

SOPA DE CEBOLA

- *600 g de cebolas cortadas em rodelas*
- *4 colheres (sopa) de manteiga*
- *5 colheres (sopa) de farinha de trigo*
- *6 xícaras (chá) de* caldo básico de carne ou galinha *(págs. 227, 228)*
- *2 colheres (sopa) de vinho branco seco*
- *Sal e pimenta-do-reino*
- *6 torradas de pão francês*
- *2 colheres (sopa) de queijo ralado*

1 Coloque as cebolas e a manteiga em uma panela, leve-a ao fogo e frite as cebolas até ficarem ligeiramente douradas.

2 Polvilhe com farinha, mexendo para não encaroçar.

3 Adicione o caldo fervente pouco a pouco, mexendo bem após cada adição.

4 Junte o vinho e leve para ferver por 5 minutos. Verifique o ponto do sal e da pimenta-do-reino e, se necessário, adicione mais um pouco. Distribua a sopa em cumbucas refratárias.

5 Coloque uma torrada em cada cumbuca, mergulhe-a na sopa e polvilhe com queijo.

6 Leve as cumbucas ao forno até a sopa gratinar. Sirva a seguir.

Nota: *As cumbucas não são essenciais, mas são a maneira tradicional de servir a sopa de cebola.*

Sopa-creme de Cogumelo

- *2 colheres (sopa) de manteiga*
- *1 cebola pequena bem picada*
- *200 g de cogumelos frescos ou em conserva*
- *500 ml de* caldo básico de galinha ou frango *(pág. 228)*
- *2 xícaras (chá) de leite*
- *1 colher (sopa) de amido de milho*
- *2 gemas*
- *Sal e pimenta-branca*

1 Leve ao fogo a manteiga e a cebola e refogue ligeiramente. Adicione os cogumelos e refogue até estarem macios.

2 Regue com o caldo e ferva.

3 Em um recipiente à parte, misture o leite com o amido de milho e as gemas. Despeje na sopa, misturando sem parar até engrossar levemente.

4 Retire do fogo e deixe esfriar um pouco. Bata a sopa em um liquidificador até que esteja bem lisa. Coloque novamente na panela e ferva por mais 3 minutos.

5 Tempere com o sal e a pimenta-branca. Sirva bem quente.

Sopa de Couve-flor

- *1 litro de* caldo de legumes *(pág. 228) ou industrializado*
- *1 couve-flor média*
- *½ xícara (chá) de sêmola*
- *Sal e pimenta-do-reino*
- *2 colheres (sopa) de manteiga*
- *2 gemas*

1 Cozinhe a couve-flor no caldo de carne ou em água com sal e cheiro-verde. Retire a couve-flor do caldo e reserve. Pique a couve-flor.

2 Dissolva a sêmola em água fria ou em um pouco de caldo frio, mexendo bem para não encaroçar, adicione ao caldo reservado e cozinhe para engrossar. Tempere com o sal e a pimenta-do-reino.

3 Volte a sêmola estiver cozida, junte a manteiga e as gemas levemente batidas. Misture bem.

4 Coloque em cada prato a couve-flor picada e cubra com o caldo de sêmola.

SOPA-CREME DE COUVE-FLOR

- *1 couve-flor média*
- *4 batatas médias descascadas e picadas*
- *1 litro de água*
- *500 ml de leite*
- *1 pitada de noz-moscada*
- *1 colher (chá) de sal*
- *1 colher (sopa) de manteiga*

1 Coloque a couve-flor, as batatas e a água em uma panela. Tampe e leve ao fogo para cozinhar os legumes.

2 Retire a panela do fogo, deixe esfriar um pouco e bata os legumes com a água do cozimento no liquidificador.

3 Volte a mistura obtida à panela com o leite, o sal e a noz--moscada e deixe ferver em fogo brando por 15 minutos até a sopa apurar.

4 Acrescente a manteiga e sirva.

Nota: *Se quiser, antes de bater no liquidificador, reserve uma xícara (chá) de couve-flor cozida, pique e, no momento de servir, distribua pelos pratos, colocando a sopa sobre a couve-flor.*

SOPA DE ERVILHA SECA

- *1 xícara (chá) de ervilhas secas*
- *1½ litro de água ou* caldo de legumes *(pág. 228)*
- *3 batatas médias descascadas e picadas*
- *1 cebola grande picada*
- *2 colheres (sopa) de manteiga*
- *1 pitada de noz-moscada*
- *Sal*

1 Lave a ervilha e deixe de molho na água de um dia para o outro.

2 Coloque a ervilha e a água ou o caldo em uma panela e leve ao fogo, deixando ferver por 45 minutos.

3 Acrescente as batatas e deixe cozinhar até que elas e as ervilhas fiquem moles.

4 Apague o fogo, deixe esfriar um pouco e bata no liquidificador. (O resultado deve dar um litro. Se faltar, acrescente água.) Reserve.

5 Frite ligeiramente a cebola na manteiga, coe a manteiga e adicione-a ainda quente com a noz-moscada e o sal à sopa.

6 Ferva por mais 5 minutos e sirva.

SOPA DE FARINHA DE MILHO

- *1 litro de* caldo básico de galinha ou frango *(pág. 228)*
- *1 xícara (chá) de farinha de milho*
- *Sal*

1 Coloque o caldo e a farinha de milho em uma panela, misture bem e deixe ferver, em fogo brando, por 7 minutos. Acerte o ponto do sal.

2 Sirva a sopa acompanhada de torradas com manteiga ou *croûtons* (pág. 146).

SOPA SICILIANA DE FRUTOS DO MAR

- *200 g de camarões limpos*
- *300 g de polvo cozido*
- *200 g de lulas cortadas em anéis*
- *1½ kg de postas de peixes variados*
- *Sal e pimenta-do-reino*
- *1 cebola grande picada*
- *3 dentes de alho picados*
- *3 colheres de sopa de salsa picada*
- *½ xícara (chá) de azeite*
- *½ xícara (chá) de vinho branco seco*
- *100 g de* tomates secos em conserva *(pág. 115)*
- *4 xícaras (chá) de água*
- *6 bolachas água-e-sal*

1 Tempere os pescados com o sal e a pimenta-do-reino. Em uma panela funda, refogue a cebola, o alho e a salsa no azeite, em fogo baixo, por cerca de 10 minutos. Acrescente o vinho, deixe reduzir e junte os tomates secos picados grosseiramente.

2 Refogue por mais 2 minutos e adicione a água. Leve para ferver. Vá acrescentando os pescados, começando pelos de textura mais firme e terminando com os mais macios. Cozinhe até que os peixes estejam no ponto, cerca de 20 minutos, dependendo das espécies utilizadas. Verifique o ponto do sal e da pimenta-do-reino.

3 Bata as bolachas no liquidificador até formar uma farinha. Retire os pescados do caldo da panela junto com ⅓ do caldo e coloque em uma travessa de servir.

4 Leve a panela de volta ao fogo para ferver e acrescente aos poucos a farinha da bolacha para obter uma sopa cremosa. Sirva a sopa ao lado dos pescados.

SOPA BÁSICA DE FEIJÃO

- *1½ litro de* caldo básico de carne *(pág. 227)*
- *2 xícaras (chá) de feijão cozido, ainda quente, batido no liquidificador*
- *1 dente de alho grande cortado em fatias*
- *2 colheres (sopa) de azeite*
- *Sal*

1 Misture o caldo e o feijão batido em uma panela. Se quiser uma sopa mais fina, coe o feijão, eliminando as cascas.

2 Frite o alho ligeiramente no azeite. Elimine o alho.

3 Misture o azeite ao caldo de feijão, deixe levantar fervura e tempere com o sal.

4 Sirva a sopa acompanhada de *croûtons* (pág. 146).

SOPA DE FEIJÃO COM COUVE

- *1½ litro de* caldo básico de carne *(pág. 227)*
- *2 xícaras (chá) de água*
- *½ maço de couve fatiado finamente*
- *2 xícaras (chá) de feijão cozido e batido no liquidificador*
- *1 dente de alho grande cortado em fatias*
- *2 colheres (sopa) de azeite*
- *Sal e pimenta-do-reino*

1 Acrescente a água ao caldo de carne e cozinhe a couve até ficar macia.

2 Junte o feijão batido. Se quiser uma sopa mais fina, coe o feijão antes de misturá-lo, eliminando as cascas.

3 Frite o alho ligeiramente no azeite. Elimine o alho.

4 Misture o azeite ao caldo e deixe ferver. Verifique o sal e tempere com a pimenta-do-reino.

5 Sirva acompanhada de *croûtons* (pág. 146).

SOPA DE FEIJÃO COM LEGUMES

- *1½ litro de* caldo básico de carne *(pág. 227)*
- *2 xícaras (chá) de feijão cozido, ainda quente, batido no liquidificador*
- *1 dente de alho grande cortado em fatias*
- *2 colheres (sopa) de azeite*
- *1 xícara (chá) de cenoura, vagem, batata e ervilha previamente cozidas*
- *Sal*

1 Misture o caldo e o feijão batido em uma panela. Se quiser uma sopa mais fina, coe o feijão antes, eliminando as cascas.

2 Frite o alho ligeiramente no azeite. Elimine o alho.

3 Misture o azeite ao caldo de feijão, acrescente os legumes, deixe levantar fervura, verifique o sal e sirva, acompanhada de *croûtons* (pág. 146).

SOPA DE CALDO DE FEIJÃO

- *1 xícara (chá) de feijão cozido*
- *3 xícaras (chá) do caldo do cozimento do feijão*
- *2 colheres (sopa) de azeite*
- *1 cebola picada*
- *2 dentes de alho picados*
- *Sal*
- *Salsa, cebolinha e coentro picados*

1 Bata o feijão cozido no liquidificador, passe por uma peneira e leve ao fogo, com o caldo do cozimento, para ferver um pouco.

2 À parte, refogue no azeite a cebola e o alho e tempere com o sal. Adicione esse refogado ao caldo de feijão, que já deve ter fervido e estar um pouco engrossado. Salpique as ervas picadas e sirva quente.

3 Se preferir, passe tudo novamente por uma peneira e sirva com *croûtons* (pág. 146).

Nota: *Querendo, você pode cozinhar macarrão para sopa (argola, padre-nosso, letrinhas, conchinha) no caldo de feijão, depois de coado pela segunda vez.*

SOPA DE FEIJÃO-BRANCO

- *1 xícara (chá) de feijão-branco*
- *1½ litro de água*
- *3 batatas médias descascadas e picadas*
- *1 colher (sopa) de vinho branco seco*
- *1 cebola grande triturada*
- *1 colher (sopa) de manteiga*
- *1 pitada de noz-moscada*
- *1 colher (chá) de sal*

1 Lave o feijão e deixe de molho de um dia para o outro.

2 Em uma panela, coloque o feijão e a água e leve ao fogo, cozinhe por 45 minutos.

3 Acrescente as batatas e deixe cozinhar até que elas e o feijão fiquem macios.

4 Desligue o fogo, deixe esfriar um pouco e bata no liquidificador. O resultado deve render um litro. Se faltar, complete com água. Coe, acrescente o vinho e reserve.

5 Frite ligeiramente a cebola na manteiga, coe e adicione a manteiga ainda quente, a noz-moscada e o sal à sopa.

6 Ferva por mais 5 minutos e sirva.

SOPA DE FEIJÃO-BRANCO COM CENOURA

- *6 xícaras (chá) de* caldo básico de carne ou galinha *(págs. 227, 228)*
- *4 cenouras*
- *50 g de toucinho defumado (bacon)*
- *2 xícaras (chá) de feijão-branco*
- *Sal e pimenta-do-reino*
- *Óleo*
- *2 linguiças frescas fatiadas e fritas*

1 No caldo, cozinhe as cenouras com o pedaço de toucinho defumado.

2 Em outra panela, cozinhe o feijão-branco. Quando o feijão estiver bem macio, bata-o no liquidificador ou passe-o por uma peneira fina.

3 Retire as cenouras cozidas do caldo de carne, corte-as em rodelas e torne a juntá-las ao caldo.

4 Junte também ao caldo o feijão-branco batido. Tempere com o sal e a pimenta-do-reino.

5 Na hora de servir a sopa, adicione as fatias de linguiça fresca fritas.

SOPA DE FEIJÃO COM ARROZ

- *1½ litro de* caldo básico de carne *(pág. 227)*
- *½ xícara (chá) de arroz*
- *1 xícara (chá) de água*
- *2 xícaras (chá) de feijão cozido*
- *1 dente de alho grande cortado em fatias*
- *2 colheres (sopa) de azeite*
- *Sal*

1 Acrescente ao caldo de carne o arroz e a xícara de água e cozinhe para que o arroz fique macio.

2 Bata o feijão ainda quente no liquidificador.

3 Misture o feijão batido na panela com o caldo e o arroz. Se quiser uma sopa mais fina, coe o feijão antes de misturar, para eliminar as cascas.

4 Frite o alho ligeiramente no azeite. Elimine o alho.

5 Misture o azeite na sopa e deixe ferver por um minuto. Tempere com o sal.

6 Sirva acompanhada de *croûtons* (pág. 146).

SOPA DE FEIJÃO COM MACARRÃO

Prepare a receita anterior substituindo o arroz por macarrão próprio para sopa (argola, padre-nosso, letrinhas, conchinha) ou por espaguetes ou cabelinhos de anjo quebrados em pedaços pequenos.

SOPA DE FEIJÃO COM CARNE

- *500 g de carne cortada em cubos grandes*
- *1 paio*
- *1 cebola grande*
- *2 litros de água*
- *500 g de feijão*
- *1 maço de mostarda fresca*
- *1 xícara (chá) de macarrão para sopa (opcional)*
- *Sal e pimenta-do-reino*

1 Cozinhe todos os ingredientes (exceto a mostarda) na panela de pressão por 40 minutos.

2 Retire as carnes e bata o feijão cozido com o caldo e a cebola no liquidificador. Passe-o na peneira e coloque novamente na panela.

3 Quando o caldo levantar fervura, acrescente as folhas de mostarda. Se quiser um caldo mais consistente, junte o macarrão para sopa. Acerte o ponto do sal e da pimenta-do-reino.

4 Sirva bem quente com os pedaços das carnes e torradas.

SOPA DE GALINHA COM LEGUMES

- *1 galinha*
- *1 maço pequeno de cheiro-verde*
- *Sal*
- *5 cenouras*
- *2 nabos pequenos*
- *6 batatas pequenas*
- *1 alho-poró*
- *3 colheres (sopa) de manteiga*
- *1 cebola grande fatiada*
- *4 tomates*

1 Corte a uma galinha em pedaços e cozinhe em uma panela funda com o buquê de cheiro-verde, o sal, as cenouras, os nabos, as batatas e o alho-poró. O fogo deve ser brando, para que a galinha cozinhe bem.

2 À parte, faça um refogado com 1 colher (sopa) de manteiga, a cebola e os tomates picados. Junte esse refogado à sopa.

3 Quando a galinha estiver cozida e se desfazendo, retire-a do caldo, separe os ossos da carne, desfie a carne e refogue, à parte, com 1 colher (sopa) de manteiga.

4 Bata os legumes no liquidificador ou passe em uma peneira.

5 Junte tudo novamente, adicione o restante da manteiga e leve ao fogo para que ferva mais um pouco. Tempere com o sal.

6 Sirva bem quente.

SOPA DE GRÃO-DE-BICO COM ESPINAFRE

- *1 xícara (chá) de grão-de-bico*
- *1½ litro de água*
- *5 batatas médias descascadas e picadas*
- *1 cebola grande triturada*
- *1 colher (sopa) de manteiga*
- *½ maço de espinafre*
- *1 pitada de noz-moscada*
- *1 colher (chá) de sal*

1 Lave o grão-de-bico, cubra com água e deixe de molho de um dia para o outro.

2 Coloque o grão-de-bico e a água em uma panela e leve ao fogo, deixe ferver por 45 minutos.

3 Acrescente as batatas e deixe cozinhar até que elas e o grão-de-bico fiquem macios.

4 Desligue o fogo, deixe esfriar um pouco e bata no liquidificador. O resultado deve dar um litro. Se não der, complete com água. Coe e reserve.

5 Refogue ligeiramente a cebola na manteiga, coe e adicione a manteiga ainda quente, o espinafre, a noz-moscada e o sal à sopa.

6 Ferva por mais 5 minutos e sirva.

SOPA DELICIOSA

- *3 litros de água*
- *½ maço de couve*
- *½ repolho pequeno*
- *¼ de xícara (chá) de arroz*
- *50 g de toucinho defumado (bacon)*
- *200 g de abóbora*
- *500 g de carne (ponta de agulha) cortada em cubos grandes*
- *3 nabos*
- *3 cenouras*
- *3 batatas*
- *1 cebola*
- *1 batata-doce*
- *1 maço pequeno de cheiro-verde*
- *Sal*

1 Em uma panela, leve ao fogo a água com sal. Quando a água ferver, coloque para cozinhar as folhas de couve, as de repolho, o arroz, o toucinho defumado, a abóbora, a carne, os nabos, as cenouras, as batatas, a cebola inteira e a batata-doce.

2 Junte um buquê de cheiro-verde e deixe cozinhar até que grande parte da água evapore e fique um bom cozido na panela.

3 Retire a carne e o toucinho, bata a sopa de legumes no liquidificador, prove o sal e sirva.

Nota: *Você pode picar a carne e o toucinho em pedaços bem pequenos e misturar à sopa.*

SOPA FRANCESA

- *1 litro de* caldo básico de carne *(pág. 227)*
- *5 batatas picadas*
- *3 alhos-porós picados*
- *1 maço pequeno de azedinha picada*
- *½ folha de louro*
- *Cravo-da-índia em pó*
- *½ xícara (chá) de ervilhas frescas ou favas verdes*
- *¼ de xícara (chá) de creme de leite ou nata*
- *Sal*

1 Cozinhe no caldo as batatas, o alho-poró e algumas folhas de azedinha. Acrescente o louro e uma pitada de cravo-da-índia.

2 À parte, cozinhe as ervilhas, bata no liquidificador ou passe-as em uma peneira fina e adicione o creme de leite, misturando para obter um purê.

3 Quando as batatas e os demais ingredientes estiverem bem cozidos, bata no liquidificador ou passe tudo por uma peneira fina e leve de novo ao fogo brando.

4 Vá engrossando a sopa com o purê de ervilhas e deixe ferver mais um pouco. Tempere com o sal.

5 Sirva com fatias de pão fritas na manteiga.

Sopa Juliana

- 2 cenouras descascadas e cortadas à juliana
- 2 batatas descascadas e cortadas à juliana
- 1 nabo descascado e cortado à juliana
- 150 g de vagens cortadas à juliana
- ½ xícara (chá) de ervilhas frescas
- 250 g de repolho cortado fininho
- 1 litro de água fervente
- 1 colher (café) de sal
- 1 litro de caldo básico de carne ou galinha (págs. 227, 228)
- 2 colheres (sopa) de manteiga
- 1 alho-poró picado ou 1 cebola média ralada

1 Cozinhe todos os legumes na água fervente e, quando estiverem macios, tempere com o sal.

2 Acrescente o caldo de carne ou galinha e mantenha a sopa em fogo brando.

3 Leve ao fogo a manteiga e frite o alho-poró (ou a cebola), ligeiramente. Adicione um pouco do caldo dos legumes e refogue.

4 Coe o refogado e acrescente o líquido à sopa, deixe ferver mais um pouco.

5 Sirva quente.

Nota: *Juliana é o nome dado ao tipo de corte dos legumes quando são cortados em fatias e depois em palitos finos.*

Sopa de Mandioca

- 1 litro de caldo básico de carne ou galinha (págs. 227, 228)
- 300 g de mandioca descascada e cortada em cubos grandes
- Sal

1 Leve o caldo para ferver e cozinhe a mandioca, em panela tampada, até ficar bem macia.

2 Bata no liquidificador, tempere com o sal e sirva com fatias de pão torradas com manteiga.

Sopa de Mandioquinha

Prepare a receita de *Sopa de Mandioca* substituindo a mandioca por mandioquinha.

SOPA DE MILHO VERDE

- *14 espigas de milho verde*
- *1½ litro de* caldo básico de galinha ou frango *(pág. 228)*
- *Sal*

1 Rale 12 espigas de milho verde cruas no ralo grosso do ralador, coe o caldo obtido em um guardanapo úmido e junte-o ao caldo de galinha.

2 Debulhe as 2 espigas restantes e adicione os grãos à mistura dos 2 caldos.

3 Leve a sopa ao fogo para que engrosse um pouco e os grãos cozinhem. Tempere com o sal.

4 Sirva quente.

Nota: A sopa também pode ser feita sem os grãos.

SOPA-CREME DE MILHO VERDE

- *1 lata de milho verde*
- *500 ml de leite*
- *2 colheres (sopa) de manteiga*
- *1 cebola cortada em rodelas*
- *500 ml de* caldo básico de galinha ou frango *(pág. 228)*
- *1 colher (sopa) de amido de milho*
- *2 gemas*
- *Sal*

1 Reserve ½ xícara (chá) do milho e triture o restante.

2 Coe o milho triturado e acrescente o leite. Reserve.

3 Leve a manteiga ao fogo e refogue a cebola. Retire a cebola da manteiga com uma escumadeira e reserve a manteiga.

4 Leve o caldo ao fogo.

5 Adicione metade do leite, no restante do leite dissolva o amido de milho. Separadamente, quebre as gemas.

6 Adicione o leite com o amido de milho, as gemas, a manteiga reservada e os grãos de milho à sopa, mexendo bem para não empelotar. Tempere com um pouco de sal.

7 Deixe levantar fervura, prove o sal e desligue o fogo.

8 Sirva quente.

SOPA-CREME DE PALMITO

- *2 colheres (sopa) de manteiga*
- *1 cebola pequena picada*
- *1 lata pequena de palmito picado*
- *500 ml de* caldo básico de galinha ou frango *(pág. 228)*
- *500 ml de leite*
- *2 colheres (sopa) de amido de milho*
- *Salsa picada (opcional)*
- *Sal e pimenta-branca (opcional)*

1 Leve ao fogo a manteiga e a cebola. Frite a cebola ligeiramente, mas não deixe tomar cor. Adicione metade dos palmitos picados e refogue por mais 3 minutos.

2 Adicione o caldo e metade do leite e ferva por um minuto. Dissolva o amido de milho no leite restante e despeje na sopa. Misture para incorporar e cozinhe, mexendo sempre para não empelotar, até que a sopa comece a engrossar.

3 Retire do fogo, deixe esfriar um pouco, bata no liquidificador e coe. Coloque novamente na panela e adicione o palmito picado restante. Tempere com o sal e, se gostar, com pimenta-branca. Salpique um pouco de salsa.

4 Aqueça bem e sirva.

SOPA DE PEPINO

- *2 pepinos grandes cortados em 4 no sentido do comprimento, sem sementes e picados*
- *2 colheres (sopa) de manteiga*
- *1 litro de* caldo básico de galinha ou frango *(pág. 228)*
- *¼ de xícara (chá) de gengibre fresco descascado e ralado*
- *1 talo de cebolinha-verde picado*
- *1 colher (chá) de sal*
- *1 pitada de pimenta-do-reino*
- *½ pepino pequeno cortado em rodelas, para enfeitar*

1 Coloque os pepinos picados e a manteiga em uma panela. Leve ao fogo e refogue ligeiramente.

2 Junte ao refogado o caldo de galinha fervente, o gengibre e a cebolinha e deixe cozinhar em fogo médio durante 10 minutos.

3 Tempere a sopa com o sal e a pimenta e ferva por mais 5 minutos.

4 Coloque as rodelas de pepino nos pratos e despeje sobre elas a sopa quente.

SOPA DE PÃO

- *12 fatias grossas de pão francês*
- *1 litro de* caldo básico de carne ou de galinha *(págs. 227, 228)*
- *Sal e pimenta-do-reino*
- *4 colheres (sopa) de queijo parmesão ralado*

1 Coloque dentro da sopeira as fatias de pão.

2 Despeje por cima um bom caldo de carne ou de galinha fervente.

3 Tempere com um pouco de sal e pimenta-do-reino.

4 Sirva com queijo parmesão ralado.

SOPA RÚSTICA DE REPOLHO

- *1 kg de batatas médias descascadas*
- *1½ litro de água*
- *1 cebola média ralada*
- *300 g de repolho picado*
- *1 tomate picado sem pele (opcional)*
- *1 colher (chá) de sal*
- *1 pitada de pimenta-do-reino*
- *3 colheres (sopa) de azeite*

1 Rale as batatas no lado grosso do ralador ou pique-as bem.

2 Coloque a água e a cebola em uma panela e leve ao fogo para ferver.

3 Acrescente as batatas, o repolho e, se quiser, o tomate, deixando cozinhar até que fiquem macios. Mexa de vez em quando para que as batatas não grudem no fundo da panela.

4 Tempere com o sal, a pimenta e o azeite, deixando ferver por mais 5 minutos.

5 Sirva a seguir.

Nota: Com a mesma receita da sopa rústica de repolho, você pode preparar sopa de couve, de escarola, de acelga ou de almeirão.

SOPA TOSCANA

- *1 xícara (chá) de feijão-branco*
- *8 xícaras (chá) de água*
- *1 cenoura*
- *1 abobrinha*
- *2 talos de salsão*
- *1 cebola grande*
- *50 g de toucinho*
- *3 colheres (sopa) de azeite*
- *½ repolho*
- *2 tomates*
- *4 fatias de pão italiano ou outro*
- *2 dentes de alho*
- *Sal e pimenta-do-reino*

1 Coloque o feijão de molho em água fria por 4 horas. Escorra e elimine a água. Coloque em uma panela a água e leve para ferver. Acrescente o feijão e cozinhe até que esteja macio (cerca de 40 minutos). Reserve com o líquido do cozimento.

2 Corte a cenoura em rodelas, a abobrinha e o salsão em cubos e pique grosseiramente a cebola. Corte o toucinho em cubos de 1 cm e coloque em uma panela funda com o azeite. Refogue em fogo baixo até que o toucinho comece a dourar. Acrescente a cebola, o salsão e a cenoura e refogue por cerca de 5 minutos. Com uma escumadeira, retire metade dos feijões do caldo de cozimento, leve os feijões restantes com o caldo para um liquidificador, bata bem e acrescente ao refogado na panela. Misture bem e acrescente o repolho picado grosseiramente. Cozinhe por 20 minutos e junte as abobrinhas e os feijões reservados.

3 Retire as peles e as sementes dos tomates, corte-os em cubos ou tiras e acrescente à sopa. Toste levemente as fatias de pão e esfregue-as com os dentes de alho. Corte em cubos de 2 cm e acrescente à sopa.

4 Misture bem e tempere a sopa com o sal e a pimenta-do-reino. Se a sopa estiver muito espessa, acrescente um pouco de água. Regue com azeite e sirva.

Sopa Rústica de Vagem

- *1 kg de batatas descascadas*
- *1½ litro de água*
- *1 cebola média ralada*
- *300 g de vagens cortadas na diagonal*
- *1 colher (chá) de sal*
- *1 pitada de pimenta-do-reino*
- *3 colheres (sopa) de azeite*

1 Rale as batatas no lado grosso do ralador ou pique-as bem.

2 Coloque a água e a cebola em uma panela e leve ao fogo para ferver.

3 Acrescente as batatas e as vagens, deixando cozinhar até que fiquem macias. Mexa de vez em quando para que as batatas não grudem no fundo da panela.

4 Tempere com o sal, a pimenta-do-reino e o azeite, deixando ferver por mais 5 minutos.

5 Sirva a seguir.

Sopa Pavesa

- *2 colheres (sopa) de manteiga*
- *6 fatias de pão tipo italiano*
- *6 ovos inteiros ou 12 gemas*
- *6 xícaras (chá) de* caldo básico de carne *(pág. 227)*
- *Sal*
- *½ xícara (chá) de* molho de tomate *(pág. 465)*
- *4 colheres (sopa) de queijo ralado*

1 Derreta a manteiga, frite as fatias de pão e pcoloque-as em 6 pratos fundos.

2 Acrescente 1 ovo inteiro ou 2 gemas sobre cada fatia de pão. Cubra cada um com 1 xícara (chá) do caldo de carne fervente. Se necessário, tempere o caldo com um pouco de sal.

3 Finalize os pratos colocando 1 colher (café) de molho de tomate em cada um e polvilhe bastante queijo ralado.

Sopa Provençal

- *1½ litro de água*
- *8 dentes de alho picados*
- *1 maço pequeno de cheiro-verde*
- *½ xícara (chá) de azeite*
- *Sal*
- *2 gemas*

1 Em uma panela funda, coloque a água, o alho, o cheiro-verde, o azeite e o sal.

2 Deixe ferver por cerca de 20 minutos e engrosse o caldo com as gemas desmanchadas à parte com um pouco do caldo, mexendo bem. Coe o caldo diretamente sobre fatias de pão torrado já colocadas nos pratos.

SOPA-CREME DE QUEIJO

- *1½ litro de* caldo básico de galinha ou frango *(pág. 228)*
- *2 colheres (sopa) de amido de milho*
- *2 gemas*
- *1½ xícara (chá) de leite*
- *1 xícara (chá) de queijo ralado*
- *Sal*

1 Prepare o caldo e deixe ferver em fogo brando.

2 Dissolva o amido de milho e as gemas no leite, misture ao caldo e mexa até ferver bem.

3 Adicione o queijo e desligue o fogo, não deixando a sopa ferver, para não talhar. Acerte o ponto do sal.

4 Sirva bem quente.

SOPA DE CAMARÃO

- *500 g de camarões médios com casca*
- *1 litro de água fervente*
- *Sal*
- *2 colheres (sopa) rasas de amido de milho*
- *½ xícara (chá) de vinho branco seco*
- *½ colher (café) de páprica*
- *2 colheres (sopa) de manteiga*
- *1 cebola média picada*

1 Lave os camarões, retire as barbas mais longas e os olhos, cortando-os com uma tesoura, pois a tinta poderá escurecer o caldo.

2 Cozinhe os camarões na água fervente, temperando-os com o sal, mas não os deixe ferver mais do que 7 minutos.

3 Retire os camarões da água e reserve a água.

4 Descasque os camarões e reserve as cascas.

5 Limpe os camarões, tirando as tripas com um palito, e reserve-os.

6 Coloque as cascas na água do cozimento do camarão, tampe a panela e leve ao fogo brando por 20 minutos.

7 Retire a panela do fogo e deixe esfriar um pouco.

8 Soque as cascas e as cabeças dos camarões, ainda dentro da água do cozimento. Em seguida, coe em uma peneira forrada com um pano de prato úmido, obtendo um caldo de camarão.

9 Coloque esse caldo em uma panela. Você deve ter 1 litro de caldo, se não tiver acrescente mais um pouco de água. Leve ao fogo até ferver.

10 Dissolva o amido de milho no vinho branco, adicione a páprica e misture ao caldo. Deixe ferver em fogo brando por 10 minutos, mexendo de vez em quando.

11 Em outra panela, leve a manteiga ao fogo e refogue a cebola até ela dourar. Coe e acrescente a manteiga quente ao caldo de camarão.

12 Junte ao caldo os camarões cozidos inteiros ou picados (como preferir). Ferva por 2 minutos.

13 Sirva com pão torrado ou *croûtons* (pág. 146).

SOPA ROSADA DE CAMARÃO

- *1 kg de camarões com casca*
- *6 xícaras (chá) de água*
- *Sal*
- *1 cebola média picada*
- *1 dente de alho picado*
- *2 colheres (sopa) de manteiga*
- *4 tomates bem vermelhos batidos no liquidificador*
- *Pimenta-do-reino*
- *2 colheres (sopa) de semolina ou farinha de trigo*
- *¼ de xícara (chá) de creme de leite*
- *2 colheres (sopa) de salsa picada*

1 Lave os camarões e descasque-os.

2 Coloque as cascas em uma panela com a água fervente e sal. Cozinhe em fogo baixo por 20 minutos e coe.

3 Leve os camarões para cozinhar no caldo coado das cascas. Cozinhe por 6 minutos.

4 Retire os camarões do caldo e pique-os finamente, ou triture-os em um processador. Reserve. Meça o caldo e complete com um pouco de água para obter novamente as 6 xícaras.

5 Refogue a cebola e o alho na manteiga, adicione os tomates batidos e uma pitada de pimenta-do-reino. Junte o refogado ao caldo, engrossando-o com a semolina ou farinha de trigo. Ferva por 10 minutos e passe por uma peneira. Tempere com o sal e adicione os camarões triturados e o creme de leite.

6 Aqueça bem e sirva salpicando a salsa.

SOPA DE VÔNGOLE OU MARISCO

- *1 kg de vôngoles ou mariscos com cascas*
- *1½ litro de* caldo básico de peixe *(pág. 229) ou água*
- *3 colheres (sopa) de azeite*
- *1 cebola grande triturada*
- *1 alho-poró picado*
- *½ xícara (chá) de vinho branco seco*
- *1 colher (chá) de sal*
- *1 pitada de pimenta-do-reino*
- *1 colher (sopa) de salsa picada*

1 Lave muito bem os vôngoles.

2 Em uma panela funda, coloque os vôngoles e cubra com água, tampe e leve ao fogo por 5 minutos.

3 Quando as conchas dos vôngoles começarem a abrir, retire os vôngoles de dentro e reserve.

4 Coe essa água do cozimento, em um pano de prato limpo e misture ao caldo de peixe.

5 Em outra panela refogue com o azeite, a cebola e o alho-poró até dourarem. Acrescente o caldo de peixe e, quando começar a ferver, deixe cozinhar por 15 minutos.

6 Junte o vinho, o sal, a pimenta-do-reino, a salsa e os vôngoles que estavam reservados. Deixe cozinhar por 5 minutos.

7 Sirva a seguir.

Nota: *Descarte os vôngoles ou mariscos que não se abrirem durante o cozimento, pois significa que estão estragados.*

Verduras, Legumes e Batatas

Verduras, Legumes e Batatas

"A boa alimentação requer o uso das verduras. Associados à carne e ao pão, os vegetais facilitam a digestão por seus sucos, além de atuarem como excitante pelos sais que contêm."

DR. PROUST. TEXTO DA EDIÇÃO DE 1944 DE DONA BENTA.

Fava

Jiló

Lentilha

Mamão Verde

Mandioca

Mandioquinha

Milho Verde

Palmito

Pepino

Pimentão

Quiabo

Repolho

Tomate

Vagem

Informações

Abóbora

Escolha sempre abóboras de casca lisa, sem rachaduras ou partes moles.

Conserve a abóbora, inteira, em lugar fresco e seco.

Depois de cortada, descasque, retire as sementes, lave e deixe escorrer bem. Acondicionada em sacos plásticos dura 4 dias na geladeira.

Ela pode ser cozida (em sopas), ensopada e utilizada em doces (em calda ou cristalizada).

Abobrinha

Dê preferência a abobrinhas bem firmes e de cor verde-brilhante ou amarela. Rejeite as que estiverem com rachaduras ou marcas de bichos.

Depois de lavada e seca, a abobrinha pode ser preparadas com ou sem casca.

Utilize em saladas, refogados, suflês, omeletes etc.

Acelga

Escolha sempre acelgas com talos brancos e folhas verde-claras.

Remova folha por folha.

Lave as folhas em água corrente e escorra bem, lave.

Conserve a acelga em saco plástico, na geladeira, por 5 dias.

Ela pode ser consumida crua, branqueada (em saladas), cozida (em sopas), refogada e frita (em pratos orientais).

Agrião

Na hora da compra, escolha o maço que tiver folhas verdes, brilhantes e sem marcas de insetos.

Para limpar o agrião, solte os galhos do maço e escolha aqueles com folhas bem verdes, elimine as folhas amarelas ou imperfeitas. Deixe somente os talos mais tenros.

Lave em água corrente e deixe escorrer bem.

Conserve no saco plástico por 2 dias na geladeira.

Use o agrião em saladas e sopas.

ALCACHOFRA

Prefira alcachofras com caules firmes e folhas verde-escuras levemente arroxeadas. Rejeite as que tiverem folhas ressecadas. Guarde, tal como comprou, em saco plástico, na geladeira, de um dia para o outro.

Corte as pontas das folhas com tesoura e raspe a terra na parte interna. Lave em água corrente, escorra bem e cozinhe em água fervente com vinagre e sal.

Estão no ponto quando se puxa uma folha e esta se destaca facilmente.

ALFACE

Seja lisa ou crespa, escolha alfaces com folhas frescas e bem fechadas no centro do pé.

Para limpá-la, separe as folhas e lave uma por uma cuidadosamente. Deixe as folhas secarem no escorredor por 5 minutos.

Use em saladas, sopas e refogados.

Conserve a alface em saco plástico, na geladeira, por, no máximo, 5 dias.

ALHO

Prefira alhos de cabeça ou dentes perfeitos e casca lisa. Faça uma ligeira pressão para verificar se não estão murchos dentro da casca.

Para utilizar, descasque os dentes, lave e seque com papel absorvente.

Se for armazenar, guarde as cabeças, com a própria casca, em lugar seco.

Use como tempero de peixes, aves, carnes, molhos etc.

ALHO-PORÓ

Lave bem a ponta branca e as folhas do alho-poró.

Depois de escorrido e seco, pode ser conservado na geladeira por 3 dias.

Use, de preferência, só a parte branca como tempero de vinhas d'alho e marinadas. Também é um bom recheio para quiches e tortas.

As folhas podem ser aproveitadas para enriquecer caldos para ensopados de carnes, aves ou legumes.

Almeirão

Compre almeirões de folhas bem verdes e firmes.

Elimine as folhas imperfeitas, lave água corrente e escorra bem.

Guarde-o em saco plástico, na geladeira, por 3 dias.

Use o almeirão em saladas ou refogado com alho e azeite.

Aspargo

Escolha aspargos com as hastes firmes e tenras.

Lave bem em água corrente.

Escorra e deixe secar em uma peneira ou no escorredor.

Pode ser armazenado em saco plástico, na geladeira, por até 4 dias.

Os aspargos são utilizados somente depois de cozidos. Entram no preparo de sopas, saladas de legumes, pratos ao molho branco etc.

Batata-doce

Escolha batatas-doces de casca perfeita e que não sejam de tamanho grande. As médias podem ser cozidas inteiras, com casca e em menos tempo.

Armazene em lugar seco e arejado, por até 15 dias.

A batata-doce assada no forno ou frita fica mais gostosa e macia quando previamente cozida. Não deixe ficar muito macia.

Batata-inglesa

Escolha batatas de casca lisa e perfeita. Rejeite as de cor esverdeada ou que estiverem germinando, pois são prejudiciais à saúde.

Armazene em lugar arejado e seco, por 15 ou 20 dias.

Quando cozinhar batatas descascadas, aproveite a água para fazer sopas, pois parte dos nutrientes das batatas ficam nessa água.

Berinjela

Escolha sempre berinjelas de textura firme e de cor roxa uniforme e lustrosa, sem buracos de bichos.

Depois de lavadas e secas, podem ser guardadas com a casca, na geladeira, por uma semana.

Use a berinjela em patês, antepastos, assada no forno etc.

Beterraba

Escolha beterrabas de cor vermelho-vinho bem concentrado e de tamanho médio, de casca lisa e sem rachaduras, com folhas brilhantes.

Corte os talos, deixando 3 cm. Não corte a parte terminal, para evitar que ela perca líquido durante o cozimento. Lave bem e escorra.

As beterrabas podem ser guardadas, depois de secas, em saco plástico, na geladeira, por até 4 dias.

Use a beterraba crua cortada fininho ou ralada em saladas. Ela também pode ser, misturada com frutas, em sucos.

Ao cozinhar a beterraba, é importante eliminar o característico gosto de terra.

Brócolis

Escolha brócolis de folhas e flores bem verdes e caules tenros.

Corte os caules rijos e as folhas, que podem ser aproveitados em sopas e refogados e elimine as flores amareladas.

Guarde bem lavados e bem escorridos em saco plástico, na geladeira, por 2 dias.

Broto de Bambu

Escolha brotos de bambu tenros e com raiz clara.

Retire as folhas e corte o broto em pedaços, eliminando a parte rija. Pode ser cozido e, posteriormente, incluído nas receitas.

Guarde o broto de bambu na geladeira, em saco plástico, por 2 ou 3 dias.

Use em ensopados e em pratos orientais.

Cará

Na hora da compra, escolha o cará que tenha a casca marrom e que não apresente marcas de bolor.

Retire a casca, lave e pique de acordo com a receita.

Armazene, tal como se compra, em lugar arejado e seco.

Assim como a batata, o cará é utilizado em sopas, ensopados e outros pratos.

Cebola

Escolha cebolas consistentes, com casca brilhante e bem secas. Rejeite as com manchas escuras. Armazene em lugar seco e arejado.

Para descascar e picar cebolas sem chorar, deixe-as de molho em água durante 10 minutos.

Use a cebola em sopas e temperos de todos os tipos.

Cenoura

Escolha cenouras lisas, firmes, sem irregularidades e de cor uniforme.

Para utilizar sem casca, raspe a casca com uma faca ou com o descascador para legumes e lave bem. Corte de acordo com a receita.

A cenoura pode ser armazenada depois de lavada e escorrida, mas devem ficar com a casca.

Deixe na gaveta de legumes da geladeira, em saco plástico, por 1 a 2 semanas.

Chicória ou Escarola

A chicória também é conhecida como escarola.

Compre chicórias de folhas bem verdes e talos claros. Rejeite as que tiverem folhas amareladas.

Corte um pouco do talo da base, lave as folhas depois de escolhidas, uma por uma, em água corrente.

A chicória pode ser guardada, depois de escorrida e seca, em saco plástico, na geladeira, por até 4 dias.

Ela pode ser usada crua, em saladas, e cozida, em sopas. Refogada, acompanha outros pratos. Pode ainda ser empregada como recheio de torta salgada.

Chuchu

Escolha chuchus bem verdes e tenros.

Descasque, corte ao meio e retire a semente que fica em sua parte central interna.

Lave bem e corte de acordo com o prato que vai preparar.

Conserve na geladeira, depois de lavado e seco, com casca por até 2 semanas.

Use o chuchu cozido, refogado, ao molho branco, em suflês etc.

Cogumelo

Na hora da compra, escolha cogumelos de aparência perfeita e bem claros.

Guarde sem lavar, em saco plástico, na geladeira, de um dia para o outro. O cogumelo é muito perecível.

Na hora de usar, limpe o cogumelo com um pano seco ou papel absorvente, não lave em água corrente ou deixe de molho, pois ele é muito poroso e vai absorver muita água, perdendo seu sabor.

Couve

Escolha maços de folhas bem verdes, frescas e sem manchas. Folhas amareladas indicam que a couve está velha. Lave, e escorra bem e guarde na geladeira, em saco plástico, por 3 dias.

Para que a couve fique bem verde, cozinhe em água fervente com a panela destampada. Pressione de vez em quando com a escumadeira para que fique bem mergulhada na água. Tempere com sal. O cozimento se dará em cerca de 7 minutos.

Couve-de-bruxelas

Escolha couves-de-bruxelas de cor verde-clara e folhas perfeitas.

Retire uma camada das folhas externas e lave em água corrente, escorra bem e prepare. Guarde sem lavar, em saco plástico, na geladeira, por 2 dias.

Utilize cozidas em saladas ou com carnes assadas.

COUVE-FLOR

Escolha couves-flores que estejam com as folhas externas em bom estado, os talos firmes e uniformes e as flores sem intervalo.

Retire as folhas e separe os galhos.

Lave bem os buquês e escorra. Conserve em saco plástico, na geladeira, por uma semana. A couve-flor deve ser cozida em água fervente, com a panela tampada.

Aproveite as folhas verdes para sopas e legumes.

ENDÍVIA

As endívias são da família das chicórias. Escolha as bem firmes e de coloração verde-clara. Separe as folhas e lave em água corrente. Utilize em saladas ou refogada, como acompanhamento.

ERVA-DOCE

Na hora da compra, escolha ervas-doces de talos bem firmes e cor verde-clara.

Separe talo por talo e retire as fibras com uma faca bem afiada.

Lave bem e corte de acordo com o prato que vai servir.

Guarde a erva-doce por 4 dias na geladeira.

Use como aperitivo ou em salada.

ERVILHA

Escolha as de vagens, tenras e de cor verde-clara.

As ervilhas frescas devem ser cheias e firmes.

Retire as fibras das extremidades superiores e inferiores das vagens.

Lave bem e escorra.

Retire as ervilhas das vagens, lave e escorra.

Guarde as ervilhas em saco plástico, na geladeira, por até 3 ou 4 dias.

As ervilhas frescas cozidas podem ser usadas em saladas, risotos, cuscuz, omeletes e guarnições de pratos de peixe, aves e carnes etc.

Espinafre

Dê preferência ao espinafre de folhas frescas, verde-escuras, firmes, limpas e sem marcas de bichos.

Retire as folhas dos talos mais grossos, lave bem, escorra e deixe de molho em água, durante 30 minutos. As folhas do espinafre devem ser lavadas uma por uma, com escovinha. Somente desse modo você as deixará bem limpas.

Escorra e guarde o espinafre em saco plástico, na geladeira, por 2 dias.

Utilize em sopas, em omeletes, como recheio de pizzas e no preparo de massas. É comum utilizarmos o caldo do cozimento das hortaliças, mas a água resultante do cozimento do espinafre não é benéfica ao organismo, devendo ser eliminada.

Cozinhe o espinafre com pouca água e em panela tampada, porque suas folhas liberam bastante líquido e desmancham rapidamente.

O espinafre é utilizado em sopas, omeletes e cremes. Pode também ser feito na manteiga, acompanhando filé de peixe, carne ou aves grelhadas.

Favas

Escolha favas de casca verde-clara e com grãos bem cheios.

Descasque, lave e escorra bem.

Conserve em saco plástico, na geladeira, por até 3 dias.

Gengibre

Na hora da compra, escolha gengibres de casca perfeita e raiz de textura firme.

O gengibre pode ser guardado, tal como se compra, na gaveta de legumes da geladeira por um mês.

É usado, com ou sem casca, picado ou ralado, no preparo do quentão, bebida típica das festas juninas, além de molhos, chutney e pratos da culinária oriental.

O gengibre tem sabor forte, por isso deve ser usado em pequenas quantidades.

Inhame

Na hora da compra, escolha inhames de textura firme e casca sem manchas.

Guarde, sem descascar, em lugar fresco e arejado. Para utilizar o inhame, descasque e lave bem.

O inhame é indicado para a alimentação infantil, pelo alto teor energético. Use em sopas e purês de legumes.

Jiló

Escolha jilós de textura firme, com casca lisa e esverdeada.

Elimine o caule, lave e corte de acordo com a receita.

Mandioca

Na hora da compra, prefira a mandioca que tem polpa branca ou amarelada, uniforme, com casca que se solta com facilidade.

Descasque, lave e escorra para utilizá-la.

Ela pode ser armazenada sem descascar, em saco plástico, na geladeira, por 2 dias. Também pode ser guardada descascada e coberta com água, em uma vasilha, por 5 ou 6 dias, na geladeira.

A mandioca é rija. Cozinhe na panela de pressão e pode ser guardada depois de cozida, em um recipiente com tampa na geladeira. Use-a cozida, frita, em bolinhos e até em calda de açúcar, como doce caseiro.

Mandioquinha ou Batata-baroa

Escolha mandioquinhas de cor amarela e casca uniforme.

Descasque, lave, escorra e corte de acordo com o prato que vai preparar.

Depois de lavada e seca, mas sem descascar, ela pode ser guardada na gaveta de legumes da geladeira.

A mandioquinha, por ser um alimento altamente energético e de boa consistência, seja nos purês, seja nas sopas, é aconselhada para a alimentação infantil.

Milho Verde

Prefira espigas de milho frescas, com folhas bem verdes. Se estiverem à venda sem casca, verifique se a ponta inferior é afilada e macia. Isso significa que estão em boas condições.

Retire as folhas e os cabelos das espigas de milho, lave bem e escorra. Estão prontas para o uso.

Guarde as espigas sem retirar as folhas, em saco plástico, na geladeira, por 2 dias apenas.

As espigas de milho verde podem ser cozidas ou assadas na churrasqueira e servidas com manteiga.

Mostarda

Escolha mostardas com folhas escuras perfeitas e talos firmes, mas tenros.

Escolha folha por folha e lave bem. Escorra e pique de acordo com a receita.

A mostarda pode ser guardada na geladeira, em saco plástico, por 5 dias.

Use, bem picadinha, em saladas, cozidos ou sopas.

Moyashi (broto de feijão)

O moyashi é o broto do feijão.

Na hora da compra, escolha brotos brancos ou muito claros.

Retire a raiz de cada broto, lave-o bem e escorra.

Guarde o moyashi em saco plástico, na geladeira, por 1 ou 2 dias no máximo.

Use, ligeiramente aferventado, em saladas, ou refogado, acompanhando carnes.

Nabo

Prefira nabos de casca lisa e brilhante e textura firme. As folhas devem ser verde-escuras e os talos, firmes.

Limpe a raiz do nabo descascando-a com faca. Lave bem e corte de acordo com a receita.

As folhas devem ser escolhidas uma a uma, perfeitas e sem marcas de bichos. Lave bem, escorra e pique conforme o prato que vai preparar.

Guarde os nabos depois de lavados e secos, mas sem descascar na gaveta de legumes da geladeira, por até 10 dias.

Use nabo cozido. Em sopas, pode-se usar a raiz e as folhas picadinhas.

PALMITO

O palmito pode ser comprado fresco ou em conserva.

Se optar por palmito fresco, escolha palmitos tenros.

Para prepará, corte em pedaços de 10 cm com faca de aço inox. Retire a casca exterior, que é dura, mas deixe uma das camadas grossas que envolvem a parte macia. Lave em água misturada com suco de limão. Cozinhe em água fervente com o suco de um limão e sal.

O palmito precisa de cuidados especiais para não oxidar. A panela precisa ser de inox ou vidro. Quando o palmito estiver macio, retire a camada grossa que ficou para protegê-lo e deixe-o esfriar na água do cozimento. Coloque o palmito e essa água em um vidro e leve-o à geladeira. Conserve-o desse modo por uma semana.

Empregue o palmito em saladas, omeletes, recheios de torta, salgadinhos e guarnições de pratos.

PEPINO

Escolha pepinos de textura firme, com casca bem verde e lisa.

Lave e seque-os bem. Se quiser, descasque ou deixe parte da casca, como se ficassem listrados.

O pepino deve ser servido com casca, porque é nela que se concentram as substâncias que facilitam a sua digestão.

Guarde os pepinos, depois de lavados e secos, na gaveta de legumes da geladeira, por até 10 dias.

Use em saladas e picles.

PIMENTÃO

Escolha pimentões com forma regular e textura firme. Rejeite os que apresentarem partes moles.

Depois de lavado, corte o pimentão em quatro e retire as sementes.

Para rechear, retire as sementes e as fibras pela extremidade do caule.

Guarde, depois de lavado e seco, na gaveta de legumes da geladeira, por até 10 dias.

Use cru ou em molhos e algumas saladas. Use também assado em antepastos e ensopados. O sabor do prato será muito melhor do que se usar pimentão cru.

Quiabo

Escolha os quiabos mais tenros, cheios e firmes, com cor verde-clara.

Elimine os cabos e lave em água corrente.

Seque bem e guarde em saco plástico, na geladeira, por até 4 dias.

Na hora de cozinhar, coloque um pouco de suco de limão ou vinagre na água, para evitar que se desprenda sua goma viscosa.

Rabanete

Escolha rabanetes de casca lisa, firmes, sem rachaduras e sem manchas.

Retire as folhas e lave bem.

Utilize em saladas, descascados ou não e cortados em rodelas.

Guarde os rabanetes com 2 cm de caule, lavados e secos, em saco plástico, na geladeira, por até uma semana.

Os rabanetes guardados com as folhas conservam-se na geladeira por menos tempo.

Repolho

Claro ou roxo, escolha sempre o mais pesado e firme. A parte central externa (cabo) deve ser firme e clara. Quando escura, indica que o repolho está velho.

Elimine as folhas externas; lave bem e escorra.

O repolho pode ser guardado inteiro, em saco plástico, na geladeira, por 1 ou 2 semanas. Quando não for utilizado totalmente, comece a cortar as folhas na parte superior, evitando cortá-lo ao meio, o que faz com que estrague mais depressa.

O repolho deve ser branqueado antes de ser utilizado.

Para branqueá-lo, ferva a água, acrescente o repolho e deixe ferver por 3 minutos. Elimine a água e o repolho estará pronto para ser utilizado em qualquer prato.

Salsão ou aipo

Escolha salsões de folhas verde-claras e talos brancos, mas tenros.

Destaque as folhas dos talos, escolha as perfeitas; lave-as em água corrente e escorra bem. Lave os talos, um por um, escorra, dê um talho na parte externa do talo e, com a mesma faca, puxe os fios, eliminando-os.

Use as folhas do salsão em sopas e caldos, para enriquecer o sabor dos pratos. Os talos são usados crus em saladas, maioneses, salpicões de legumes etc.

Guarde o salsão lavado e bem escorrido, em saco plástico, na geladeira, por até 3 dias.

Tomate

Para saladas, prefira tomates rijos, firmes e maduros. Para sucos, molhos, sopas, refogados etc., escolha os mais maduros e vermelhos, sem marcas.

Lave bem e seque o tomate com um pano.

Retire a pele do tomate mergulhando-o por 3 minutos em água fervente.

O tomate pode ser guardado, depois de lavado e seco, em saco plástico ou na gaveta de legumes da geladeira por uma semana.

Vagem

Escolha vagens verdes ou claras, de cor brilhante. Não devem ser moles nem escuras nas extremidades.

Lave, escorra e remova os fios ao longo dos dois lados com o auxílio de uma faca afiada. Dê um talho em cada extremidade da vagem e, em um só movimento, puxe o fio.

Corte as vagens de acordo com o prato que vai preparar.

Guarde, depois de lavadas e secas, em saco plástico, na geladeira, por uma semana.

Cozinhe a vagem em pouca água, porque esse vegetal libera bastante líquido.

ABÓBORA REFOGADA

- *1 kg de abóbora madura*
- *Sal*
- *3 colheres (sopa) de óleo*
- *2 dentes de alho socados*
- *1 cebola picadinha*
- *Pimenta (opcional)*
- *Cheiro-verde picadinho*

1 Descasque a abóbora, corte em pedaços pequenos e refogue em uma panela com o óleo, o sal, o alho e a cebola.

2 Depois de refogar um pouco, tampe a panela e deixe cozinhar em fogo brando.

3 Após o cozimento, acrescente a pimenta (opcional), prove o sal, desligue o fogo e acrescente cheiro-verde.

PURÊ DE ABÓBORA

- *1 kg de abóbora*
- *Sal*
- *2 colheres (sopa) de farinha de trigo*
- *1 xícara (chá) de leite*
- *4 colheres (sopa) de manteiga*
- *2 gemas*

1 Descasque a abóbora, corte-a em pedaços pequenos e cozinhe em água fervente com um pouco de sal.

2 Passe a abóbora no espremedor de batatas.

3 Desmanche a farinha de trigo no leite frio.

4 Coloque o purê em uma panela com um pouco de manteiga e o leite engrossado com a farinha. Tempere com sal e deixe cozinhar por cerca de 15 minutos, mexendo sempre.

5 Junte as gemas e torne a mexer até que tudo fique homogêneo.

6 Retire do fogo e sirva.

PURÊ DE ABÓBORA CREMOSO

- *1 kg de abóbora cozida em água e sal*
- *1 xícara (chá) de* molho branco *(pág. 463)*
- *2 gemas*
- *1 colher (sopa) de manteiga*
- *Sal*

1 Passe a abóbora cozida no espremedor. Coloque em uma panela, adicione o molho branco, leve ao fogo e mexa até formar um purê uniforme.

2 Retire do fogo e adicione as gemas e a manteiga. Leve novamente ao fogo, mexa até que obtenha consistência cremosa. Tempere com sal.

3 Sirva como acompanhamento de peixe ou carne de porco.

QUIBEBE

- *⅓ de xícara (chá) de óleo*
- *1 cebola média ralada*
- *2 dentes de alho triturados*
- *1 pimenta-verde amassada*
- *1 kg de abóbora madura picada*
- *2 xícaras (chá) de* caldo de carne fervente *(pág. 227)*
- *1 colher (café) de açúcar*
- *Sal*

1 Coloque o óleo, a cebola e o alho em uma panela e leve ao fogo até corar a cebola. Acrescente a pimenta, a abóbora, o caldo fervente e o açúcar.

2 Tampe a panela e deixe cozinhar em fogo médio por 20 minutos ou até a abóbora ficar macia. Com uma colher de pau, soque a abóbora, para desmanchá-la, mas deixe pedaços maiores, não deve ficar tão liso quanto um purê.

3 Acerte o sal.

Observação: *Você pode também usar abóbora cozida em água e sal, preparando depois um refogado feito com todos os outros temperos.*

Nota: *Esse é um prato regional brasileiro.*

ABÓBORA COM CARNE MOÍDA

- *¼ de xícara (chá) de óleo*
- *1 cebola grande picada*
- *1 dente de alho picado*
- *500 g de carne moída*
- *6 tomates sem pele e sem sementes*
- *2 colheres (sopa) de cheiro-verde*
- *Sal e pimenta-do-reino*
- *1/2 xícara (chá) de água*
- *500 g de abóbora em pedaços*

1 Coloque o óleo, a cebola e o alho em uma panela; leve ao fogo até que a cebola fique dourada.

2 Junte a carne e mexa até fritar.

3 Acrescente os tomates, o cheiro-verde, o sal e a pimenta-do-reino. Adicione a água, tampe parcialmente a panela e deixe cozinhar, em fogo brando, com o próprio vapor da carne, por cerca de 10 minutos.

4 Adicione os pedaços de abóbora e cozinhe em fogo baixo até estarem bem macios, se necessário, adicione mais um pouco de água.

5 Sirva com arroz branco.

ABÓBORA SIMPLES

- *500 g de abóbora sem casca*
- *½ colher (café) de sal*
- *2 colheres (sopa) de manteiga*
- *1 colher (sopa) cheia de salsa picada*
- *1 pitada de pimenta-branca*

1 Corte a abóbora em cubos e afervente em água com sal.

2 Coloque a manteiga com a salsa e a pimenta-branca em uma panela e leve ao fogo, em banho-maria. Quando a manteiga começar a derreter, mexa constantemente, para que a manteiga fique espessa.

3 Escorra a abóbora e coloque em uma travessa. Regue com a manteiga derretida.

ABOBRINHA À DORÉ

- *500 ml de água*
- *2 abobrinhas médias cortadas em rodelas*
- *1 colher (café) de sal*
- *Farinha de trigo o quanto baste*
- *2 ovos ligeiramente batidos*
- *1 xícara (chá) de óleo*

1 Em uma panela, leve a água ao fogo. Quando levantar fervura, acrescente as abobrinhas e tempere com o sal. Deixe ferver por 3 minutos.

2 Escorra e deixe esfriar.

3 Passe as rodelas de abobrinha na farinha de trigo e nos ovos batidos e, a seguir, frite-as dos dois lados no óleo quente.

4 Depois de fritas, escorra as abobrinhas e coloque-as sobre papel absorvente.

5 Sirva acompanhando peixe, arroz e feijão ou carne.

ABOBRINHA FRITA

- *2 abobrinhas*
- *2 xícaras (chá) de água*
- *1 colher (sopa) de sal*
- *1 xícara (chá) de óleo*
- *Farinha de trigo o quanto baste*
- *Queijo parmesão ralado*

1 Corte as abobrinhas em rodelas regulares, deixe-as de molho em água e sal por 10 minutos. Passe por um escorredor e deixe escorrer bem.

2 Frite no óleo quente ou, se preferir, passe-as primeiro em farinha de trigo e depois frite.

3 Sirva quentes, polvilhadas com queijo parmesão ralado.

Abobrinha com Cogumelo

- *300 g de cogumelos frescos variados*
- *2 colheres (sopa) de manteiga*
- *¼ de xícara (chá) de vinho branco seco*
- *60 g de queijo gorgonzola*
- *Sal e pimenta-do-reino*
- *4 abobrinhas italianas*
- *1½ xícara (chá) de creme de leite fresco*
- *200 g de queijo provolone ralado*
- *4 gemas*
- *Noz-moscada*

1 Utilize cogumelos tipo shitake, Paris ou outros. Fatie-os finamente e reserve.

2 Coloque 1 colher (sopa) de manteiga em uma frigideira e acrescente os cogumelos. Refogue até estarem macios, regue com o vinho branco. Deixe o vinho reduzir pela metade, abaixe o fogo e acrescente o queijo gorgonzola cortado em pedaços pequenos. Misture bem até que o queijo se desmanche, tempere com o sal e a pimenta-do-reino e reserve.

3 Corte as abobrinhas ao meio no sentido do comprimento. Com uma colher, retire as sementes e um pouco da polpa, fazendo canoinhas. Coloque em abundante água fervente e cozinhe por 5 minutos. Escorra e reserve.

4 Em uma panela, coloque a manteiga restante com o creme de leite, leve para ferver, acrescente o provolone ralado e misture bem. Bata as gemas levemente, retire a mistura de creme de leite do fogo e acrescente as gemas, misturando rapidamente. Volte com a panela ao fogo baixo e mexa por um minuto. Reserve.

5 Coloque as metades de abobrinhas em um refratário, recheie com os cogumelos refogados e cubra com o creme de provolone. Salpique a noz-moscada e leve ao forno para gratinar levemente.

Abobrinha com Ovos

- *2 abobrinhas italianas*
- *2 colheres (sopa) de manteiga*
- *1 cebola pequena picada*
- *4 ovos*
- *Sal e pimenta-do-reino*

1 Corte as abobrinhas em cubos de 1 cm.

2 Aqueça a manteiga em uma frigideira grande e adicione a cebola; refogue e acrescente as abobrinhas. Refogue em fogo baixo para que fiquem macias.

3 Bata ligeiramente os ovos e adicione ao refogado, misturando bem até que os ovos fiquem cozidos.

4 Tempere com sal e pimenta-do-reino.

ABOBRINHA RECHEADA

- *6 xícaras (chá) de água*
- *2 colheres (sopa) de sal*
- *6 abobrinhas italianas*
- *200 g de carne moída*
- *1 cebola pequena picada*
- *1 dente de alho picado*
- *2 tomates sem pele e sem sementes*
- *3 colheres (sopa) de óleo*
- *1 colher (chá) de salsa picada*
- *10 azeitonas sem caroço picadas*
- *2 ovos cozidos picados*
- *Sal e pimenta-do-reino*
- *Fatias de bacon*

1 Em uma panela, coloque a água e o sal, leve ao fogo e, quando ferver, adicione as abobrinhas. Cozinhe por 15 minutos, retire as abobrinhas e deixe que esfriem. Pique os tomates.

2 Prepare um refogado com a carne moída, a cebola, o alho, os tomates picados e o óleo. Depois de pronto, junte a salsa, retire do fogo e misture as azeitonas e os ovos cozidos. Acerte o ponto do sal e da pimenta-do-reino.

3 Corte as abobrinhas ao meio no sentido do comprimento e, com a ajuda de uma colher, retire um pouco da polpa de cada metade. Reserve as metades e adicione a polpa retirada ao refogado de carne.

4 Encha as metades com o refogado de carne.

5 Cubra cada metade com uma fatia de bacon e arrume em uma assadeira.

6 Leve ao forno preaquecido até que o bacon esteja crocante (cerca de 20 minutos).

7 Sirva com arroz branco e purê de batata.

PURÊ DE ABOBRINHA

- *4 abobrinhas*
- *1 colher (sopa) de manteiga*
- *1 xícara (chá) de leite*
- *1 colher (sopa) de farinha de trigo*
- *2 gemas*
- *Sal*

1 Retire a casca das abobrinhas, corte as abobrinhas em pedaços regulares e cozinhe em água e sal.

2 Após o cozimento, passe-as no espremedor de batatas e coloque o purê obtido em uma panela. Junte a manteiga e o leite misturado com a farinha de trigo.

3 Misture e deixe cozinhar por 15 minutos, mexendo sempre.

4 Junte as gemas e torne a mexer, até que tudo fique bem homogêneo.

5 Retire do fogo, tempere com um pouco de sal e sirva.

ACELGA À MILANESA

- *1 pé de acelga*
- *1 litro de água*
- *1 colher (chá) de sal*
- *1 xícara (chá) de farinha de trigo*
- *3 ovos ligeiramente batidos*
- *1 xícara (chá) de farinha de rosca*
- *1½ xícara (chá) de óleo*
- *1 colher (sopa) de queijo ralado*

1 Separe os talos das folhas da acelga; corte-os ao meio no sentido do comprimento e, a seguir, em pedaços de 6 cm, reservando as folhas para, depois, refogá-las ou fazer sopa.

2 Leve ao fogo a água e, quando ferver, junte os talos de acelga, tempere com o sal e ferva por cerca de 3 minutos.

3 Escorra a água e deixe a acelga esfriar.

4 Depois de frios, passe um por um dos talos na farinha de trigo, nos ovos batidos e na farinha de rosca.

5 Leve o óleo ao fogo e, quando estiver quente, frite os talos de acelga dos dois lados. Escorra o excesso de óleo e coloque-os sobre papel absorvente.

6 Arrume os talos fritos e escorridos em uma travessa e polvilhe o queijo.

7 Sirva como acompanhamento para peixes fritos ou bifes.

ACELGA GRATINADA

- *1 pé de acelga*
- *1 litro de água*
- *½ maço pequeno de cheiro-verde amarrado*
- *1 colher (chá) de vinagre*
- *Sal*
- *¼ de xícara (chá) de manteiga derretida*
- *½ xícara (chá) de queijo parmesão ralado*
- *Farinha de rosca*

1 Cozinhe as folhas de acelga na água com cheiro-verde, o vinagre e o sal.

2 Depois de cozidas, deixe-as escorrer bem e arrume-as, em um prato refratário, do seguinte modo: uma camada de manteiga, uma das folhas cozidas, outra de manteiga e uma de queijo ralado, e assim por diante, até serem aproveitadas todas as folhas, em camadas sucessivas e alternadas de acelga, manteiga e queijo ralado.

3 Para completar, acrescente uma camada de queijo e, sobre ela, uma de farinha de rosca.

4 Leve ao forno quente preaquecido até gratinar.

ACELGA COM MOLHO BRANCO

- *1 pé de acelga*
- *Sal*
- *1 colher (sopa) de suco de limão*
- *2 xícaras (chá) de* molho branco *(pág. 463)*
- *2 colheres (sopa) de queijo ralado*

1 Com a ajuda de uma faca pequena, retire os talos (parte branca) da acelga, cozinhe-os água fervente com um pouco de sal. A parte verde das folhas pode ser reservada para o preparo de saladas.

2 Assim que os talos estiverem cozidos e macios, escorra e arrume em um refratário, regando com o suco de limão.

3 Cubra com o molho branco e salpique o queijo ralado.

4 Leve ao forno quente preaquecido para dourar.

5 Sirva como acompanhamento de carnes e aves.

ALCACHOFRA COZIDA I

- *4 alcachofras grandes*
- *4 xícaras (chá) de água*
- *¼ de xícara (chá) de vinagre*
- *Sal*

1 Corte o talo da parte de baixo das alcachofras, deixando um pedacinho de 1 cm. Apare as pontas das folhas e lave bem a alcachofra. Coloque de molho na água com o vinagre para não ficarem escuras.

2 Cozinhe as alcachofras em abundante água fervente com sal. Para saber se estão cozidas, puxe uma folhinha se ela se soltar facilmente, retire as alcachofras do fogo e coloque para escorrer.

3 Sirva quente ou fria, com as seguintes opções de molhos: maionese cremosa, manteiga derretida ou ainda com molho de azeite, sal e vinagre.

4 Sirva os molhos à parte.

ALCACHOFRA COZIDA II

- *4 alcachofras cozidas (pág. 286) grandes*
- *4 colheres (sopa) de azeite*
- *2 colheres (sopa) de suco de limão*
- *2 colheres (sopa) de água filtrada*
- *½ colher (café) de sal*
- *3 gotas de molho de pimenta*

1 Arrume as alcachofras no prato em que vai servi-las.

2 Misture todos os outros ingredientes na molheira e mexa bem.

3 Sirva as alcachofras acompanhadas do molho.

Nota: *Para comer as alcachofras, solte as folhas uma de cada vez, mergulhe-as no molho e mastigue a parte polpuda.*

ALCACHOFRA NA MANTEIGA

- *6 alcachofras de cozidas (pág. 286) de tamanho médio*
- *2 colheres (sopa) de manteiga*
- *1 colher (sopa) de farinha de rosca*
- *1 colher (sopa) de salsa picada*
- *1 colher (chá) de suco de limão*
- *½ colher (café) de sal*
- *1 pitada de pimenta-branca*
- *½ xícara (café) de vinho branco seco*
- *Batatas cozidas ou purê de batata*

1 Retire todas as folhas das alcachofras cozidas; lave rapidamente os fundos, que são a parte aproveitável, e corte-os em quatro.

2 Leve 1 colher (sopa) da manteiga ao fogo e, quando estiver derretida, junte as alcachofras, tampe a panela e deixe refogar em fogo lento por 10 minutos ou até ficarem macias.

3 Arrume as alcachofras na travessa em que vai servi-las, mas conserve-as quentes.

4 Em uma frigideira, leve ao fogo, a manteiga restante. Quando estiver derretida, polvilhe a farinha de rosca, mexa e adicione os ingredientes restantes, menos as batatas cozidas.

5 Depois que levantar fervura, espalhe o molho obtido sobre as alcachofras preparadas.

6 Sirva acompanhadas das batatas cozidas.

ALCACHOFRA RECHEADA

- 4 alcachofras e cozidas *(pág. 286)*
- *3 colheres (sopa) de óleo*
- *1 cebola média triturada*
- *1 dente de alho amassado*
- *1 xícara (chá) de carne bovina moída*
- *1 xícara (chá) de tomates sem pele e sem sementes picados*
- *½ xícara (chá) de* caldo de carne *(pág. 227)*
- *½ xícara (chá) de presunto picado*
- *2 colheres (sopa) de cheiro-verde picado*
- *1 colher (chá) de sal*
- *½ colher (café) de pimenta-do-reino*
- *2 colheres (sopa) de queijo ralado*

1 Reserve as alcachofras.

2 Leve ao fogo o óleo, a cebola e o alho em uma panela; refogue a carne, junte o tomate e o caldo; adicione o presunto, o cheiro-verde, o sal e a pimenta-do-reino e refogue um pouco mais. Retire do fogo e deixe esfriar.

3 Recheie as alcachofras usando uma colher (chá) e coloque-as em um prato refratário untado com margarina.

4 Polvilhe o queijo sobre as alcachofras e leve-as ao forno quente preaquecido por 10 minutos.

5 Sirva com arroz branco.

ASPARGO À MAÎTRE-D'HÔTEL

- *1 lata de aspargos ou aspargos frescos cozidos*
- *4 colheres (sopa) de manteiga*
- *Queijo parmesão ralado*

1 Escorra os aspargos e arrume-os em um prato refratário.

2 Regue com a manteiga derretida e polvilhe bastante queijo parmesão ralado.

3 Leve ao forno quente preaquecido para gratinar.

4 Sirva quente.

ASPARGO ESPECIAL

- *1 lata de aspargos ou aspargos frescos cozidos*
- *3 colheres (sopa) de manteiga*
- *2 ovos cozidos amassados*
- *2 colheres (sopa) de farinha de rosca*
- *1 colher (sopa) de salsa picada*

1 Abra a lata de aspargos, elimine a água e coloque em uma tigela; cubra com água filtrada. Reserve. Leve a manteiga ao fogo em uma frigideira e deixe-a dourar. Junte os ovos cozidos amassados com garfo ou passados por peneira grossa. Polvilhe a farinha de rosca e a salsa. Mexa bem e reserve.

2 Escorra os aspargos em uma peneira. Espalhe o molho quente sobre eles. Sirva imediatamente.

BATATA ASSADA

- *Batatas*
- *Azeite*
- *Sal*
- *Manteiga*

1 Lave bem as batatas, sem tirar a casca. Fure-as com um garfo, unte com o azeite, polvilhe com o sal e leve ao forno quente preaquecido em uma assadeira pequena.

2 Depois de assadas (você pode confirmar se estão prontas espetando um palito, que deverá entrar facilmente), coloque-as em uma travessa e leve à mesa.

3 Sirva com manteiga à parte.

BATATA GRATINADA

- *1 cebola grande*
- *50 g de bacon*
- *500 g de batatas descascadas*
- *Sal e pimenta-do-reino*
- *1 xícara (chá) de creme de leite fresco*

1 Pique grosseiramente a cebola. Corte o bacon em pequenos cubos e doure em uma frigideira, adicione a cebola e refogue por 2 minutos. Reserve. Descasque as batatas e rale no lado grosso do ralador. Coloque as batatas e o bacon em um recipiente e tempere com o sal e a pimenta-do-reino. Misture bem.

2 Coloque a mistura em um refratário e regue com o creme de leite. Leve ao forno quente preaquecido por cerca de 40 minutos para dourar. Sirva como guarnição para carnes.

BATATAS CHIPS

- *3 batatas médias*
- *Água e sal*
- *2 xícaras (chá) de óleo*
- *1 colher (café) de sal*

1 Descasque as batatas, lave e corte em fatias bem finas, preferencialmente com um fatiador para legumes.

2 Mergulhe as fatias de batata em água e sal durante 10 minutos. Escorra e seque-as bem com um pano.

3 Frite em óleo muito quente e, a seguir, coloque para escorrer em papel absorvente.

4 Tempere com sal.

BATATA COZIDA E FRITA

- *1 kg de batatas pequenas*
- *Água e sal para o cozimento*
- *Óleo para fritura*
- *Sal*

1 Cozinhe as batatas, com as cascas, em água com sal.

2 Descasque cuidadosamente as batatas cozidas e frite em óleo bem quente, até ficarem todas bem douradas.

3 Polvilhe com sal e sirva como acompanhamento para bifes, assados, peixes ou aves.

BATATA ENSOPADA

- *6 batatas grandes descascadas*
- *2 colheres (sopa) de óleo*
- *1 cebola picada*
- *1 colher (chá) de sal com alho*
- *8 tomates sem pele e sem sementes*
- *Pimenta-do-reino*
- *2 colheres (sopa) de cheiro-verde*
- *1 folha de louro*

1 Corte as batatas em pedaços grandes.

2 Leve ao fogo uma panela com o óleo, a cebola e o sal com alho. Deixe refogar um pouco. Pique os tomates e junte ao refogado. Cozinhe por 5 minutos e adicione as batatas, uma pitada de pimenta-do-reino, o cheiro-verde e um pedacinho de folha de louro. Refogue mais um pouco e junte água em quantidade suficiente para que as batatas cozinhem.

3 Amolecidas as batatas, amasse 2 pedaços com um garfo, para engrossar o molho.

Nota: ***Complete o prato juntando algumas salsichas, ou pedaços de linguiça, ou fatias de presunto, ou ainda fatias de mortadela ou salame.***

BATATA FRANCESA

- *3 batatas médias*
- *2 xícaras (chá) de óleo*
- *1 colher (café) de sal*

1 Descasque as batatas, lave e corte em palitos finos com cerca de 5 cm de comprimento.

2 Lave de novo em água, seque com um pano de prato limpo e frite em óleo quente, mexendo cuidadosamente de vez em quando.

3 Assim que estiverem douradas, retire do óleo e escorra no papel absorvente.

4 Tempere com sal.

BATATA FRITA

- *3 batatas médias*
- *2 xícaras (chá) de óleo*
- *1 colher (café) de sal*

1 Descasque e lave as batatas e seque com um pano de prato limpo. Corte as batatas em cubos ou palitos grossos.

2 Leve o óleo ao fogo e, quando estiver quente, coloque um pouco das batatas, espalhando-as bem na frigideira e mexendo cuidadosamente de vez em quando. Assim que estiverem douradas, retire do óleo com a escumadeira e coloque sobre papel absorvente. Repita até terminarem as batatas.

3 Polvilhe o sal e sirva imediatamente.

BATATA PALHA

- *3 batatas médias*
- *2 xícaras (chá) de óleo*
- *Sal*

1 Descasque as batatas, lave e corte-as bem fininho com um cortador próprio ou uma faca bem afiada. Lave bem em água corrente. Coloque em um pano de prato limpo e seque bem.

2 Frite aos poucos em óleo quente, mexendo cuidadosamente.

3 Quando estiverem com cor de palha, retire do óleo e escorra sobre papel absorvente.

4 Tempere com sal somente na hora de servir.

BATATA PORTUGUESA

- *3 batatas médias*
- *2 xícaras (chá) de óleo*
- *1 colher (café) de sal*

1 Descasque as batatas, lave e corte-as em palitos grossos de aproximadamente 7 cm de comprimento por 1 cm de espessura.

2 Lave de novo em água, seque com um pano de prato limpo e frite em óleo quente, mexendo de vez em quando.

3 Assim que estiverem douradas, retire do óleo e escorra em papel absorvente.

4 Depois de escorridas, tempere com sal.

BATATA COM QUEIJO

- *12 batatas*
- *4 colheres (sopa) de manteiga*
- *¼ de xícara (chá) de queijo ralado*
- *Sal e pimenta-do-reino*

1 Descasque, lave e cozinhe as batatas em água com sal; escorra e passe-as pelo espremedor.

2 Unte com manteiga um refratário e arrume nele as seguintes camadas: batata amassada, queijo, porções de manteiga e uma pitada de pimenta-do-reino até terminar todos os ingredientes.

3 Termine com queijo e a manteiga derretida e leve ao forno quente preaquecido.

4 Quando adquirir uma cor dourada, retire do forno e sirva.

BATATA SAUTÉ

- *500 g de batatas*
- *3 colheres (sopa) de manteiga*
- *Sal e pimenta-do-reino*
- *1 colher (sopa) de salsa picada*

1 Cozinhe as batatas com casca em água fervente. Cuide para que não fiquem moles demais. Escorra as batatas e espere esfriar um pouco.

2 Descasque as batatas e corte em fatias de 1 cm. Aqueça bem a manteiga em uma frigideira, acrescente as batatas e deixe que dourem levemente.

3 Tempere com o sal e a pimenta-do-reino e salpique salsa. Sirva bem quente.

BOLINHO DE BATATA

- *12 batatas médias*
- *2 colheres (sopa) de parmesão ralado*
- *1 colher (sopa) de salsa picada*
- *1 colher (sopa) de cebolinha picada*
- *1 ovo*
- *½ xícara (chá) de leite*
- *Sal*
- *Farinha de trigo*
- *Óleo*

1 Descasque, lave e cozinhe as batatas em água fervente com um pouco de sal.

2 Escorra e passe as batatas no espremedor Coloque em uma tigela.

3 Adicione o queijo ralado, a salsa e a cebolinha, o ovo e o leite. Salpique um pouco de sal. Misture e adicione farinha de trigo o suficiente para que a massa não fique muito mole. Misture bem.

4 Aqueça o óleo em uma panela e frite a massa de batatas às colheradas, virando-as para que dourem por igual.

5 Escorra os bolinhos com uma escumadeira e coloque em papel absorvente. Sirva quente.

Bolinho de Batata Recheado

- *Massa do* bolinho de batata *(pág. 293)*
- *Sugestões de recheio: espinafre com manteiga, carne moída, camarão refogado, carne-seca desfiada, queijo etc.*

1 Enfarinhe bem a palma das mãos, pegue porções da massa, aperte-as, coloque no meio um pouco do recheio escolhido e enrole-os.

2 Quando todos os bolinhos estiverem prontos, passe-os na farinha de trigo e frite-os, dos dois lados, em óleo bem quente, até corarem.

3 Escorra em papel absorvente e sirva quente.

Bolo de Batata ao Forno

- *12 batatas*
- *1 colher (sopa) de manteiga*
- *1 ovo inteiro*
- *2 colheres (sopa) de queijo ralado*
- *Sal e de pimenta-do-reino*
- *Salsa picadinha*
- *1 cebola pequena triturada*
- *Farinha de trigo*
- *1 gema*

1 Descasque, lave e cozinhe as batatas em água e sal.

2 Escorra, passe no espremedor e coloque em uma vasilha funda.

3 Junte a manteiga, o ovo, o queijo ralado, o sal, a pimenta-do-reino, a salsa e a cebola, misturando tudo muito bem.

4 Adicione farinha de trigo (o suficiente para que a massa não fique mole) e torne a misturar bem.

5 Arrume a massa em um refratário untado com manteiga, pincele sobre eles a gema levemente batida e leve ao forno quente preaquecido.

6 Assim que adquirir uma coloração dourada, retire o bolo do forno e sirva quente.

Bolo de Batata Recheado

- *Massa do* bolo de batata ao forno *(pág. 294)*
- *1 ovo*
- *Sugestões de recheios: espinafre com manteiga, carne moída, camarões refogados, carne-seca desfiada, queijo etc.*

1 Forre um refratário untado com manteiga com metade da massa, coloque por cima o recheio escolhido, cubra-o com a outra metade da massa e trace sobre ela alguns arabescos, usando para isso uma faca ou o cabo de uma colher.

2 Pincele com o ovo ligeiramente batido e leve o bolo ao forno quente preaquecido.

3 Quando adquirir uma bonita cor dourada, retire do forno e sirva quente.

Casadinho de Batata

- *12 batatas médias*
- *2 gemas*
- *1 colher (sopa) de manteiga*
- *200 g de camarões*
- *2 colheres (sopa) de óleo*
- *2 colheres (sopa) de cebola triturada*
- *3 tomates picados sem pele e sem sementes*
- *Pimenta vermelha (opcional)*
- *Cheiro-verde picadinho*
- *Farinha de trigo*
- *Sal*

1 Descasque as batatas, cozinhe em água e sal, passe no espremedor, junte 1 gema e a manteiga. Misture muito bem e reserve.

2 Faça um refogado de camarões com o óleo, a cebola e o tomate. Corte os camarões em pedaços, junte a pimenta (se gostar), o cheiro-verde e um pouquinho de água. Abafe para que os camarões cozinhem.

3 Quando o refogado estiver quase seco, retire do fogo e deixe esfriar.

4 Faça bolinhas com a massa de batatas e achate cada uma delas com a palma das mãos. Coloque o recheio na massa e cubra com outra.

5 Depois de todos os casadinhos prontos, pincele-os com a outra gema e leve ao forno quente preaquecido em assadeira polvilhada com farinha de trigo.

Croquete de Batata

- *12 batatas*
- *1 colher (sopa) de manteiga*
- *2 gemas*
- *2 colheres (sopa) de queijo ralado*
- *Sal*
- *Farinha de trigo*
- *2 ovos batidos*
- *Farinha de rosca*
- *Óleo*

1 Descasque, lave e cozinhe as batatas em água com sal.

2 Escorra e passe as batatas no espremedor.

3 Junte a manteiga, as gemas e o queijo ralado, misturando tudo muito bem. Acerte o ponto do sal.

4 Faça pequenos croquetes e passe cada um deles na farinha de trigo.

5 Depois de todos prontos, passe os croquetes nos ovos batidos e, a seguir, na farinha de rosca. Frite em óleo quente até ficarem dourados.

6 Escorra e coloque sobre papel absorvente.

7 Sirva quente como acompanhamento.

Fritada Espanhola de Batata

- *1 kg de batatas*
- *Sal e pimenta-do-reino*
- *½ xícara (chá) de azeite*
- *2 cebolas grandes fatiadas finamente*
- *6 ovos*

1 Descasque as batatas e corte-as em fatias finas; tempere com sal e pimenta-do-reino. Aqueça ¼ de xícara (chá) do azeite em uma frigideira antiaderente, coloque as batatas e deixe em fogo médio até que estejam douradas e crocantes.

2 Em outra frigideira, doure lentamente as cebolas em 3 colheres (sopa) de azeite. Tempere com sal e pimenta-do-reino e reserve.

3 Em uma tigela, bata os ovos e tempere com sal e pimenta-do-reino. Acrescente as cebolas reservadas. Escorra as batatas com uma escumadeira e misture-as delicadamente aos ovos.

4 Limpe a frigideira antiaderente e acrescente o restante do azeite. Junte a mistura de batatas e coloque em fogo baixo para dourar a parte inferior (cerca de 10 minutos). Deslize a fritada sobre um prato maior do que a frigideira, cubra a fritada com a frigideira e vire o conjunto como se fosse uma omelete. Deixe dourar novamente por cerca de 5 minutos. Sirva morna como entrada ou com salada.

RÖSTI DE BATATA

- *60 g de bacon*
- *400 g de batata*
- *Sal e pimenta-do-reino*
- *4 colheres (sopa) de cebola picada*
- *2 colheres (sopa) de manteiga*

1 Corte o bacon em cubos.

2 Coloque água para ferver e escalde por 3 minutos as batatas com a casca. Escorra e deixe as batatas esfriarem completamente.

3 Descasque as batatas e rale-as utilizando o lado grosso do ralador. Coloque em uma tigela e tempere com um pouco de sal e pimenta-do-reino.

4 Coloque os cubos de bacon em uma frigideira e leve ao fogo para dourar. Adicione a cebola e refogue até que fique macia. Retire da frigideira com uma escumadeira e adicione às batatas raladas. Misture bem.

5 Elimine a gordura do bacon que se formou na frigideira. Coloque novamente a frigideira no fogo e adicione metade da manteiga. Aqueça bem e coloque a mistura de batatas.

6 Com a ajuda de uma espátula, dê às batatas a forma de uma panqueca grossa. Tempere com sal. Doure o lado de baixo. Coloque um prato sobre a frigideira e vire o rösti sobre ele. Coloque a manteiga restante e deslize o rösti novamente para a frigideira para dourar o outro lado.

7 Quando os dois lados estiverem dourados sirva quente.

Purê de Batata

- *600 g de batatas*
- *2 colheres (sopa) de manteiga*
- *¼ de xícara (chá) de leite*
- *Sal*

1 Descasque, lave e cozinhe as batatas inteiras em água com sal.

2 Escorra e passe-as no espremedor.

3 Em uma panela fora do fogo, coloque a batata amassada e adicione a manteiga e leite o suficiente para obter uma mistura cremosa.

4 Misture tudo muito bem, bata um pouco e, então, leve a panela ao fogo por alguns minutos, mexendo sempre, para que o purê não pegue no fundo.

5 Depois de pronto, torne a bater mais um pouco.

6 Sirva quente, com bifes, carne moída, espinafre com manteiga ou qualquer ensopado. Pode-se também arrumá-lo em pirâmide no meio de um prato, circundando-o com costeletas ou salsichas com molho.

Nota: Pode-se adicionar ao purê uma pitada de noz-moscada ralada ou de pimenta branca.

Batata-doce Frita I

- *500 g de batatas-doces*
- *Óleo*
- *Sal*

1 Afervente as batatas com casca, tendo o cuidado de não deixar cozinhar demais.

2 Retire-as da água, deixe que esfriem, descasque, corte em rodelas grossas e frite em (não muito) óleo bem quente.

3 Quando adquirirem uma cor dourada, coloque em uma peneira e tempere com sal.

4 Sirva como guarnição de bifes, assados, costeletas etc.

BATATA-DOCE FRITA II

- *500 g de batatas-doces*
- *Sal*
- *Óleo*

1 Descasque as batatas debaixo de água corrente, corte em rodelas grossas e deixe de molho em água com sal.

2 Pouco antes de servir, frite em bastante óleo bem quente, em uma panela funda.

3 Assim que estiverem bem douradas, coloque em uma peneira e escorra bem.

4 Sirva como guarnição de bifes, assados, costeletas etc.

PURÊ DE BATATA-DOCE

- *600 g de batata-doce*
- *2 colheres (sopa) de manteiga*
- *¼ de xícara (chá) de leite*
- *¼ de colher (chá) de essência de baunilha (opcional)*
- *Sal*

1 Descasque, lave e cozinhe as batatas inteiras em água com sal.

2 Escorra e passe-as pelo espremedor.

3 Em uma panela fora do fogo, coloque a batata-doce amassada e adicione manteiga e leite o suficiente para obter uma mistura cremosa.

4 Misture tudo muito bem, bata um pouco e então leve a panela ao fogo por alguns minutos, mexendo sempre, para que o purê não pegue no fundo.

5 Depois de pronto, torne a bater mais um pouco, adicionando a baunilha.

6 Sirva quente.

TORTA DE BATATA

Massa:
- *500 g de purê de batata (pág. 298)*
- *1 tablete de caldo de galinha*
- *1 xícara (chá) de leite*
- *½ xícara (chá) de queijo ralado*
- *2 colheres (sopa) de manteiga*
- *Pimenta-do-reino*
- *3 gemas*

Recheio:
- *1 cebola batida*
- *1 pimentão vermelho cortado fino*
- *2 colheres (sopa) de óleo de milho*
- *1 tablete de caldo de galinha*
- *2 xícaras (chá) de sobras de frango assado ou cozido*
- *Suco de 2 tomates ou ½ xícara (chá) de purê de tomates*
- *½ colher (chá) de pimenta-do-reino*
- *Salsa picada (a gosto)*
- *2 colheres (sopa) de amido de milho*
- *2 xícaras (chá) de leite*
- *1 xícara (chá) de pão picado e torrado*
- *1 xícara (chá) de maionese*

Cobertura:
- *3 claras em neve bem firmes*
- *½ xícara (chá) de maionese*

1 Para preparar a massa, faça 500 g purê de batata. Dissolva o tablete de caldo de galinha no leite e misture o purê de batata, junte o queijo ralado, a manteiga e a pimenta-do-reino. Bata bem, amorne e adicione as gemas.

2 Prepare o recheio fritando a cebola e o pimentão no óleo de milho. Junte o tablete de caldo de galinha, a carne de frango, o suco de tomates e a pimenta-do-reino. Deixe ferver por 10 minutos. Adicione a salsa e amido de milho diluído no leite, engrosse o refogado e retire do fogo. Deixe amornar e misture o pão e a maionese.

3 Unte um refratário com manteiga e coloque uma camada de massa.

4 Despeje o recheio e cubra com o resto da massa.

5 Faça a cobertura, batendo as claras em neve bem firmes e acrescentando delicadamente a maionese.

6 Espalhe a cobertura sobre a torta e leve ao forno médio preaquecido até ficar bem dourada.

BERINJELA BORGONHESA

- *4 berinjelas*
- *Água e sal*
- *2 colheres (sopa) de manteiga*
- *¼ de xícara (chá) de queijo ralado*
- *1½ xícara de* molho branco *(pág. 463)*
- *3 ovos*
- *Sal*

1 Descasque as berinjelas e corte-as no sentido do comprimento, em 3 fatias. Cozinhe em água fervente com sal (Não deixe amolecer demais).

2 Depois do cozimento, escorra as berinjelas e, em um refratário, faça a seguinte arrumação: uma camada de berinjela, um pouco de manteiga passada com uma faca, queijo ralado polvilhado, outra camada de berinjela e assim por diante, até acabarem os ingredientes.

3 À parte, faça um molho branco e despeje por cima das berinjelas.

4 Separe as claras das gemas dos ovos e bata-as em neve. Misture delicadamente às gemas, também levemente batidas, tempere com sal e coloque sobre o molho branco.

5 Leve ao forno quente preaquecido para corar.

BERINJELA À PARMIGGIANA

- *Óleo*
- *3 berinjelas médias*
- *Farinha de trigo*
- *Sal*
- *2 xícaras (chá) de* molho de tomate *(pág. 465)*
- *3 colheres (sopa) de parmesão ralado*

1 Aqueça o óleo em uma panela.

2 Corte as berinjelas em fatias de 0,5 cm. Passe as fatias em farinha de trigo e retire o excesso. Frite aos poucos no óleo quente. Escorra em papel absorvente. Tempere com um pouco de sal.

3 Coloque um pouco do molho de tomate no fundo de um refratário, cubra com fatias de berinjela frita e espalhe mais um pouco de molho, alternando até terminarem os ingredientes, finalizando com o molho. Salpique o parmesão e leve ao forno preaquecido para dourar o queijo.

Nota: *Você pode cobrir a preparação com mozarela fatiada e levar ao forno para que derreta bem.*

BERINJELA COM RICOTA

- *2 berinjelas médias*
- *1 xícara (chá) de farinha de trigo*
- *1 xícara (chá) de óleo para fritura*
- *1 colher (sopa) de manteiga*
- *1 cebola média picada*
- *1 xícara (chá) de tomates sem pele e sem sementes batidos no liquidificador*
- *1 folha de manjericão*
- *Sal e pimenta-do-reino*
- *1 xícara (chá) de ricota fresca triturada*
- *1 colher (sopa) de queijo ralado*

1 Descasque as berinjelas, corte-as em fatias finas e deixe-as de molho em água e sal durante 15 minutos.

2 Escorra a água e seque as fatias de berinjela com um pano.

3 Passe as fatias, uma por uma, na farinha de trigo, frite no óleo quente e reserve.

4 À parte, leve a manteiga e a cebola ao fogo até que a cebola fique transparente. Acrescente então o tomate, a folha de manjericão, o sal e a pimenta-do-reino e deixe ferver em fogo brando. Quando levantar fervura, retire a folha de manjericão e reserve o molho obtido.

5 Em um refratário untado com manteiga, arrume uma camada de fatias de berinjela, outra bem fina de ricota, uma de molho de tomate e assim por diante, de modo que a última camada seja de ricota.

6 Polvilhe o queijo ralado e leve a ao forno quente preaquecido por 10 minutos ou até derreter o queijo ralado.

7 Sirva com arroz branco.

Nota: *1. Se quiser, você pode substituir a ricota por ½ xícara (chá) de queijo ralado, polvilhando-o na mesma sequência em que é colocada a ricota. Terá, então, berinjela com queijo.*

2. A ricota também pode ser substituída por mais molho de tomate. Nesse caso, dobre a quantidade do molho indicada na receita. Você terá, assim, berinjela com tomate.

Berinjela com Tomate e Cebola

- *3 berinjelas*
- *1 cebola grande*
- *3 tomates sem pele e sem sementes*
- *2 colheres (sopa) de manteiga*
- *1 dente de alho*
- *Sal e pimenta-do-reino*
- *2 xícaras (chá) de* molho de tomate *(pág. 465)*
- *1 colher (sopa) de amido de milho*
- *500 ml de leite*
- *Queijo ralado*
- *Farinha de rosca*

1 Corte as berinjelas em rodelas, ferva-as rapidamente em água e sal (não deixe que amoleçam muito) e escorra em uma peneira.

2 Corte a cebola e os tomates em fatias.

3 Leve a manteiga ao fogo, frite a cebola com o dente de alho amassado e os tomates e acrescente o sal e a pimenta, deixando refogar bem.

4 Unte um refratário com manteiga, polvilhe a farinha de rosca e arrume em camadas: berinjela, refogado de cebola com tomate, molho de tomate, outra de berinjela e assim até acabar, sendo a última de berinjela.

5 Dissolva o amido de milho no leite, tempere com sal e coloque sobre as berinjelas.

6 Polvilhe, por fim, o queijo ralado e a farinha de rosca e leve ao forno quente preaquecido para tostar.

Berinjela à Mineira

- *2 berinjelas grandes*
- *4 dentes de alho*
- *500 g de tomates sem pele e sem sementes*
- *¼ de xícara (chá) de azeite*
- *1 cebola picadinha*
- *Sal e pimenta-do-reino*
- *Queijo parmesão ralado*

1 Descasque as berinjelas e corte-as ao meio no sentido do comprimento. A seguir, com a ponta de uma faca, faça alguns cortes no lado de fora de cada pedaço e introduza ½ dente de alho em cada corte.

2 Corte os tomates em pedaços, reserve. Separe 2 colheres (sopa) do azeite, leve o restante ao fogo e refogue a cebola, junte os tomates, o sal e a pimenta-do-reino. Cozinhe durante 10 minutos, mexendo de vez em quando.

3 Unte um refratário com o restante do azeite, coloque as berinjelas e despeje o molho sobre elas.

4 Polvilhe o queijo ralado e leve ao forno médio preaquecido durante cerca de 40 minutos.

BERINJELA SAUTÉ

- *2 berinjelas grandes*
- *8 colheres (sopa) de azeite*
- *1 dente de alho amassado*
- *1 colher (sopa) de caldo de carne em pó*

1 Lave bem as berinjelas e corte-as em pedaços pequenos retangulares. Enxugue-os com um pano.

2 Leve uma frigideira ao fogo com o azeite e, quando estiver bem quente, doure os pedaços de berinjela por aproximadamente 5 minutos.

3 Adicione o alho e o caldo de carne. Tampe a panela. Deixe no fogo por mais 5 minutos. Mexa os ingredientes cuidadosamente, dando algumas sacudidelas na panela.

PURÊ DE BERINJELA

- *2 berinjelas grandes descascadas*
- *2 colheres (sopa) de manteiga*
- *2 colheres (sopa) de queijo ralado*
- *1 pitada de sal*

1 Corte as berinjelas em pedaços e afervente em água e sal. Quando estiverem macios, escorra.

2 Triture a berinjela no processador ou amasse com um garfo até obter uma pasta.

3 Leve a pasta, a manteiga e o queijo ao fogo, mexendo sempre até que se transformem em um purê consistente.

4 Verifique o sal. Sirva com peixe frito ou bifes.

TORTA DE BERINJELA

Massa:

- *3 ovos inteiros*
- *1½ xícara (chá) de leite*
- *½ xícara (chá) de óleo*
- *½ xícara (chá) de queijo ralado*
- *2 xícaras (chá) de farinha de trigo*
- *1 colher (sopa) de fermento em pó*
- *1 colher (sopa) rasa de sal*

Recheio:

- *1 berinjela descascada e cortada em tiras*
- *2 colheres (sopa) de cheiro-verde picado*
- *5 tomates em rodelas*
- *1 cebola picada*
- *1 colher (sopa) de vinagre*
- *Sal e pimenta-do-reino*
- *Orégano*
- *Azeitonas sem caroço*
- *2 ovos cozidos cortados em rodelas*

1 Bata todos os ingredientes da massa no liquidificador.

2 Afervente a berinjela em água e sal até ficar macia e escorra. Junte os outros ingredientes do recheio, menos os ovos.

3 Unte uma assadeira, coloque metade da massa, espalhe o recheio sobre a massa, coloque os ovos por cima e despeje o resto da massa por cima de tudo.

4 Leve ao forno médio preaquecido para assar.

BETERRABA À LA POULETTE

- *4 beterrabas médias*
- *2 colheres (sopa) de manteiga*
- *1 colher (sopa) de farinha de trigo*
- *1 xícara (chá) de caldo de legumes*
- *Sal*
- *1 gema*

1 Cozinhe as beterrabas, corte em rodelas e reserve.

2 Leve a manteiga ao fogo e, quando estiver derretida, misture a farinha de trigo, desfazendo bem. Acrescente então um pouco do caldo e deixe ferver até que o molho engrosse.

3 Quando o molho estiver pronto, junte a beterraba e deixe mais um pouco no fogo. Acerte o ponto do sal.

4 Na hora de servir, coloque a beterraba no prato de servir e desmanche a gema no molho que ficou na panela. Despeje o molho sobre a beterraba e leve à mesa.

BRÓCOLIS COZIDOS

- *1 ou 2 maços de brócolis*
- *1 colher (sopa) de vinagre*
- *4 xícaras (chá) de água*
- *1 pitada de açúcar*
- *Sal*
- *Azeite*
- *Vinagre*
- *Cheiro-verde picadinho*

1 Retire as folhas e descasque os talos, lave e deixe de molho em água com o vinagre durante 10 minutos.

2 Leve a água água com sal e o açúcar ao fogo, quando estiver fervendo, coloque os brócolis e cozinhe rapidamente.

3 Depois de cozidos, escorra os brócolis e tempere com azeite, sal, vinagre e cheiro-verde.

BRÓCOLIS À ROMANA

- *1 maço de brócolis*
- *3 ou 4 colheres (sopa) de óleo*
- *3 dentes de alho picados*
- *Sal e pimenta-do-reino*
- *1 copo de vinho branco seco ou caldo de carne*

1 Limpe bem os brócolis e separe as flores das folhas.

2 Em uma frigideira funda, leve ao fogo o óleo e o alho.

3 Quando o alho começar a mudar de cor, junte as folhas e refogue por alguns minutos. Adicione então as flores (que cozinharão mais depressa), o sal e a pimenta-do-reino. Tampe e deixe cozinhar durante 10 minutos, mexendo de vez em quando.

4 Junte o vinho branco seco, tampe e deixe cozinhar, vagarosamente, até os brócolis ficarem tenros.

5 Sirva quente, acompanhando carnes, frangos etc.

BROTO DE BAMBU COZIDO

- *2 brotos de bambu descascados*
- *3 litros de água*
- *1 colher (chá) de bicarbonato de sódio*
- *1 colher (sobremesa) de sal*

1 Leve metade da quantidade de água ao fogo e, quando ela ferver, junte os brotos de bambu. Acrescente o bicarbonato e deixe ferver bem até os brotos ficarem macios.

2 Retire do fogo, elimine a água e lave os brotos em água corrente. Reserve.

3 Leve o restante da água ao fogo e, quando levantar fervura, junte os brotos de bambu. Deixe cozinhar até ficarem mais macios ainda.

4 Tempere com o sal e deixe ferver um pouco mais. Desligue o fogo e deixe os brotos esfriarem na própria água.

5 Coloque os brotos com a água do cozimento em um pote de vidro com tampa e conserve na geladeira por até um mês. Está pronto para ser incluído em outros pratos.

Nota: O broto de bambu é muito usado pelos orientais e pode substituir o palmito em diversas receitas.

BROTO DE FEIJÃO REFOGADO

- *500 g de brotos de feijão*
- *2 colheres (sopa) de óleo*
- *1 colher (sopa) de molho inglês*
- *1 pitada de pimenta-do-reino*
- *Sal*

1 Refogue os brotos de feijão no óleo, em fogo forte e mexendo sempre.

2 Adicione o molho inglês e a pimenta-do-reino.

3 Tampe a panela e deixe os brotos de feijão refogarem por mais 2 minutos, até que fiquem macios. Tempere com um pouco de sal.

4 Sirva acompanhando frango ou carnes.

Nota: Os brotos de feijão também são conhecidos como moyashi. Para um toque oriental nessa receita, substitua o molho inglês por 2 colheres (sopa) de molho de soja.

CAMBUQUIRA REFOGADA

- *1 maço de cambuquira (brotos e flores da abóbora, da abobrinha ou do chuchu)*
- *1 colher (sopa) de vinagre*
- *3 colheres (sopa) de óleo*
- *2 dentes de alho socados*
- *Cheiro-verde picado*
- *Sal e pimenta-do-reino*

1 Limpe bem a cambuquira, jogando fora os fios dos talos e as folhas maiores que estiverem duras.

2 Pique tudo bem miudinho e lave bem.

3 Deixe de molho por aproximadamente 5 minutos em uma mistura de água com o vinagre, para eliminar as impurezas.

4 Refogue no óleo, com o alho e o cheiro-verde.

5 Depois de tudo bem refogado, abaixe o fogo e tampe a panela.

6 Tempere com sal e pimenta-do-reino.

CARURU REFOGADO

- *1 maço de caruru*
- *4 colheres (sopa) de óleo*
- *2 ou 3 dentes de alho*
- *Cebolinha-verde*
- *Salsa*
- *Sal*

1 Remova folha por folha dos talos do caruru, lave bem e refogue em uma panela com o óleo, o alho, a cebolinha e a salsa picadas.

2 Tampe a panela e deixe cozinhar por 10 a 15 minutos. Se nesse tempo secar um pouco, pingue água quente.

3 Tempere com sal e sirva.

CEBOLA AO FORNO

- *12 cebolas pequenas (pirulito)*
- *1 colher (chá) de açúcar*
- *½ colher (chá) de sal*
- *500 ml de água fervente*
- *3 colheres (sopa) de manteiga derretida*
- *¾ de xícara (chá) de farinha de rosca*

1 Coloque as cebolas em uma tigela. Adicione o açúcar e o sal e despeje a água fervente. Deixe a água amornar e escorra as cebolas.

2 Coloque as cebolas em um refratário untado com manteiga e polvilhado com a farinha de rosca. Regue com a manteiga derretida e polvilhe com a farinha de rosca.

3 Leve ao forno quente preaquecido por cerca de 20 minutos ou até que as cebolas fiquem douradas.

4 Sirva acompanhando filés de peixe e fatias de carne assada, especialmente lagarto.

CEBOLA RECHEADA À MAÎTRE-D'HÔTEL

- *6 cebolas médias descascadas*
- *500 ml de água*
- *Sal*
- *1 peito de frango picado*
- *1 dente de alho triturado*
- *1 colher (sopa) de suco de limão*
- *1 pitada de pimenta-branca*
- *1 colher (chá) de sal*
- *3 colheres (sopa) de óleo*
- *½ xícara (chá) de suco de tomate*
- *½ xícara (chá) de* caldo de galinha *(pág. 228)*
- *2 fatias de pão de fôrma amolecidas em água*
- *1 colher (chá) de salsa picada*
- *1 colher (sopa) de queijo ralado*
- *1 colher (sopa) de farinha de rosca*
- *1 colher (sopa) de manteiga derretida*

1 Corte a extremidade das cebolas e reserve-as.

2 Leve a água e o sal ao fogo, assim que ferver, coloque as cebolas.

3 Afervente as cebolas durante 5 minutos, tempere com sal e, quando estiverem macias, escorra.

4 Corte as cebolas ao meio, retire o miolo e arrume as partes a serem recheadas em refratário untado com manteiga, reserve.

5 Tempere o peito de frango com o alho, o suco de limão, a pimenta-branca e o sal.

6 Em uma panela, leve o óleo ao fogo até esquentá-lo bem. Frite o peito de frango e, quando estiver dourado, acrescente o suco de tomate e o caldo de galinha. Tampe a panela e deixe cozinhar em fogo brando até a carne ficar macia e secar o molho. Retire do fogo e deixe esfriar um pouco.

7 Em um processador, triture o frango com os temperos em que foi cozido e as fatias de pão amolecidas na água. Acrescente a salsa e misture.

8 Leve o recheio ao fogo, mexa até ficar homogêneo, retire do fogo e deixe amornar.

9 Recheie as cebolas e polvilhe o queijo e a farinha de rosca. Regue com a manteiga derretida e leve ao forno quente por 15 minutos para gratinar.

10 Sirva com arroz branco.

Nota: O miolo das cebolas pode ser aproveitado para sopas, molhos ou para acompanhar legumes cozidos.

CEBOLA RECHEADA COM CARNE MOÍDA

- *¼ de xícara (chá) de óleo*
- *1 cebola média picada*
- *1 dente de alho picado*
- *500 g de carne bovina moída*
- *1 xícara (chá) de tomate picado*
- *Sal e pimenta-do-reino*
- *8 cebolas grandes descascadas*
- *1½ (chá) xícara de* molho de tomate *(pág. 465)*
- *4 colheres (sopa) de queijo ralado*
- *4 colheres (sopa) de farinha de rosca*
- *2 colheres (sopa) de manteiga*

1 Para o recheio, coloque o óleo, a cebola e o alho em uma panela e leve ao fogo até que a cebola fique dourada.

2 Junte a carne e mexa até fritá-la.

3 Acrescente os tomates, tempere com o sal e a pimenta-do-reino, tampe a panela e deixe cozinhar, em fogo brando, com o próprio vapor da carne.

4 Se necessário, acrescente um pouquinho de água.

5 Cozinhe as cebolas em água e sal, sem deixar que fiquem muito moles.

6 Escorra as cebolas, corte ao meio, faça uma cavidade no centro de cada uma e recheie com a carne moída.

7 Arrume as cebolas recheadas em um refratário, regue com o molho de tomate, polvilhe o queijo ralado e a farinha de rosca e, por último, coloque sobre elas um pouco de manteiga derretida.

8 Leve para corar em forno quente.

Nota: *Você pode variar o recheio a seu gosto, empregando, por exemplo, camarão cozido picado ou espinafre picado e passado na manteiga.*

CENOURA COM MOLHO BRANCO

- *6 cenouras*
- *1 xícara (chá) de* molho branco *(pág. 463)*
- *1 colher (chá) de salsa picada*
- *Sal*

1 Descasque as cenouras e corte em fatias não muito finas, no sentido do comprimento.

2 Leve para cozinhar em água com sal.

3 Escorra as cenouras e arrume em uma travessa. Regue com o molho branco e salpique a salsa.

4 Sirva como acompanhamento para peixes e carnes grelhadas.

CENOURA FRITA

- *6 cenouras médias*
- *Sal*
- *Óleo*
- *Queijo ralado*

1 Descasque as cenouras corte em palitos. Deixe de molho em água com sal por alguns minutos.

2 Escorra bem e frite em óleo bem quente.

3 Polvilhe quanto ainda estiverem quentes com queijo ralado e sirva.

CENOURA GLACÉE

- *3 cenouras médias descascadas e cortadas em rodelas finas*
- *500 ml de água fervente*
- *1 colher (café) de sal*
- *1 colher (sopa) de manteiga*
- *1 colher (café) de açúcar*

1 Cozinhe as cenouras na água fervente e, quando estiverem macias, tempere com o sal.

2 Ferva por mais alguns minutos e escorra a água do cozimento, que deve ter reduzido muito.

3 Coloque a manteiga em uma panela e, quando derreter, acrescente as cenouras. Mexa cuidadosamente e adicione o açúcar. Tampe a panela e deixe cozinhar em fogo brando, sacudindo-a de vez em quando para as cenouras não pegarem no fundo. Em 5 minutos ficam prontas.

4 Sirva como acompanhamento de filé ou frango.

BOLINHA DE CENOURA

- *5 cenouras médias descascadas e raladas bem fininho*
- *2 colheres (sopa) de farinha de trigo*
- *1 colher (café) rasa de sal*
- *1 colher (sopa) de suco de limão*
- *1 xícara (chá) de farinha de trigo para empanar*
- *2 ovos ligeiramente batidos*
- *2 xícaras (chá) de óleo para fritar*

1 Misture às cenouras raladas a farinha de trigo, o sal e o suco de limão. Mexa bem e deixe a massa descansar por 30 minutos.

2 Com duas colheres, faça bolinhas do tamanho de uma noz, passe-as na farinha e nos ovos batidos e frite no óleo quente.

3 Retire as bolinhas do óleo e escorra sobre papel absorvente.

4 Sirva com salada de alface e legumes crus ou como acompanhamento de filés de peixe, de frango ou carne assada.

Purê de Cenoura

- *600 g de cenouras*
- *1 colher (sopa) de manteiga*
- *1 gema*
- *¼ de xícara (chá) de creme de leite fresco ou leite integral*
- *Sal e pimenta-do-reino*

1 Descasque as cenouras e corte-as em pedaços de 2 cm. Cozinhe em água levemente salgada. Quando estiverem bem macias, escorra e passe pelo espremedor de batata.

2 Coloque em uma panela com a manteiga. Misture a gema com o creme de leite e acrescente ao purê. Leve ao fogo e cozinhe novamente até obter uma consistência bem cremosa.

3 Acerte o tempero com o sal e a pimenta-do-reino.

Chicória (Escarola) à Maître-d'hôtel

- *1 maço de chicória (escarola)*
- *1 colher (chá) de vinagre*
- *1 colher (sopa) de manteiga*
- *2 colheres (sopa) de cebola picada*
- *2 dentes de alho picados*
- *½ xícara (chá) de leite*
- *1 colher (chá) de farinha de trigo*
- *Sal e pimenta-do-reino*

1 Elimine as folhas de fora, que são mais duras, lave as outras e ferva rapidamente em água com sal e o vinagre.

2 Escorra bem, pique e coloque em uma panela.

3 Junte a manteiga, a cebola, o alho, o leite e a farinha de trigo. Misture bem e deixe cozinhar mais um pouco. Tempere com o sal e a pimenta-do-reino.

4 Sirva sobre fatias finas de pão torrado, enfeitando com pedacinhos de ovos cozidos.

Chicória (Escarola) Refogada

- *1 ou 2 pés de chicória (escarola)*
- *1 colher (sopa) de óleo*
- *2 colheres (sopa) de cebola picada*
- *2 dentes de alho picados*
- *Sal*

1 Lave as folhas e pique-as bem fininho.

2 Coloque o óleo em uma panela, aqueça e adicione a cebola e o alho, deixando fritar um pouco.

3 Junte a chicória e refogue durante 2 ou 3 minutos – o tempo de cozinhar, sem tampar a panela.

4 Tempere com um pouco de sal. Sirva quente como acompanhamento.

Chuchu Recheado com Camarão

- *4 chuchus grandes*
- *¼ de xícara (chá) de óleo*
- *1 cebola picada*
- *1 dente de alho picado*
- *500 g de camarões pequenos limpos e picados*
- *1 xícara (chá) de tomates sem pele picados*
- *1 colher (sopa) de cheiro-verde picado*
- *Sal e pimenta-do-reino*
- *4 colheres (sopa) de farinha de rosca*
- *2 colheres (sopa) de manteiga derretida*

1 Descasque os chuchus e afervente-os em água e sal. Corte os chuchus ao meio no sentido do comprimento e retire o caroço e um pouco da polpa, deixando no centro de cada parte uma cavidade.

2 Para o recheio, coloque o óleo, a cebola e o alho em uma panela e leve ao fogo até que a cebola fique dourada. Acrescente os camarões e refogue.

3 Acrescente os tomates e o cheiro-verde e cozinhe em fogo alto para secar o líquido. Acerte o ponto do sal e da pimenta-do-reino.

4 Encha cada cavidade dos chuchus com um pouco do recheio e coloque em uma assadeira.

5 Salpique um pouco de farinha de rosca e regue com a manteiga derretida. Leve ao forno para dourar.

Chuchu na Manteiga

- *4 chuchus*
- *4 xícaras (chá) de água*
- *2 colheres (sopa) de sal*
- *60 g de manteiga derretida*

1 Descasque os chuchus, retire o caroço do centro e cozinhe-os em água com sal.

2 Escorra, corte em fatias grossas, regue com a manteiga derretida e sirva.

Chuchu Refogado

- *2 ou 3 chuchus*
- *2 colheres (sopa) de óleo*
- *½ colher (chá) de sal com alho*
- *1 cebola pequena picadinha*
- *2 talos de cebolinha-verde*
- *1 colher (sopa) de salsa picada*
- *Sal e pimenta-do-reino*

1 Descasque os chuchus em água fria, untando as mãos com um pouco de óleo, para não pegar a goma. Retire o caroço do centro e corte a polpa dos chuchus em cubos pequenos.

2 Lave o chuchu picado e escorra.

3 Em uma panela coloque o óleo, o sal com alho e a cebola e leve para refogar.

4 Acrescente o chuchu, tampe a panela e cozinhe em fogo brando, a fim de que o chuchu cozinhe no vapor que se formar.

5 Depois do cozimento, adicione a cebolinha e a salsa, acrescente a pimenta-do-reino e deixe mais um pouco no fogo para tomar o gosto dos cheiro-verde. Acerte o ponto do sal e sirva.

Chuchu com Molho Branco

- *4 chuchus bem tenros*
- *1 litro de água*
- *1 colher (sopa) de sal*
- *1½ xícara (chá) de* molho branco *(pág. 463)*

1 Descasque os chuchus, corte-os em rodelas e afervente na água com sal. Cozinhe até que estejam macios. Escorra.

2 Arrume em uma travessa e cubra com o molho branco.

Cogumelo na Manteiga

- *300 g de cogumelos frescos*
- *2 colheres (sopa) de manteiga*
- *1 dente de alho*
- *2 colheres (sopa) de vinho branco seco*
- *1 colher (chá) de salsa picada*
- *Sal e pimenta-do-reino*

1 Corte os cogumelos em lâminas finas. Aqueça a manteiga em uma frigideira e adicione o dente de alho. Refogue em fogo baixo para que o alho comece a dourar.

2 Aumente a chama do fogão e adicione os cogumelos. Refogue até estarem macios. Regue com o vinho branco e deixe evaporar. Salpique a salsa e tempere com sal e a pimenta-do-reino.

Nota: Pode-se preparar da mesma maneira cogumelos tipo shitake ou shimeji.

COGUMELO À PROVENÇAL

- *2 colheres (sopa) de azeite*
- *100 g de bacon fatiado*
- *3 dentes de alho picados*
- *1 xícara (chá) de suco de tomate*
- *250 g de cogumelos frescos*
- *¼ de xícara (chá) de vinho branco seco*
- *½ xícara (chá) de água*
- *1 pepino em conserva picado*
- *4 anchovas em conserva picadas*
- *1 colher (sopa) de salsa picada*
- *1 colher (café) de sal*
- *½ colher (café) de pimenta-do-reino*

1 Leve ao fogo o azeite, o bacon e o alho, fritando-os ligeiramente.

2 Acrescente o suco de tomate, os cogumelos, o vinho, a água, o pepino as anchovas e a salsa, tempere com o sal e a pimenta-do-reino, tampe a panela e deixe cozinhar em fogo médio por 15 minutos ou até reduzir o molho.

3 Sirva com arroz branco ou com carne grelhada ou assada.

COUVE RASGADA COM ANGU

- *1 maço de couve-manteiga*
- *2 colheres (sopa) de óleo*
- *4 dentes de alho picados*
- *2 talos de cebolinha-verde*
- Angu de fubá *(pág. 379)*

1 Lave as folhas de couve uma por uma, rasgue-as com as mãos entre os veios e torne a lavá-las.

2 Em uma panela, coloque o óleo, o alho e a cebolinha picada finamente, deixando esquentar.

3 Quando estiver quente, refogue a couve durante 5 minutos, sem tampar a panela, mexendo de vez em quando.

4 Sirva com angu de fubá.

COUVE À MINEIRA

- *1 maço de couve-manteiga*
- *500 ml de água fervente*
- *2 colheres (sopa) de óleo*
- *1 cebola pequena picada*
- *1 dente de alho triturado*
- *Sal e de pimenta-do-reino*

1 Lave bem e retire os talos da parte central da couve. Coloque as folhas umas sobre as outras, enrole-as e fatie o mais fino possível.

2 Leve o óleo, a cebola e o alho ao fogo, mexendo até fritá-los. Acrescente a couve, o sal e a pimenta-do-reino. Refogue por 3 minutos.

3 Sirva quente.

Nota: *Tradicionalmente, a couve à mineira acompanha a feijoada ou o lombo à mineira, mas pode ser servida com diversas receitas.*

COUVE-TRONCHUDA

- *1 maço de couve-tronchuda*
- *1 colher (chá) de vinagre*
- *1 xícara (chá) de* molho de tomate *(pág. 465)*

1 Limpe a couve, tirando as folhas velhas e separando as novas dos talos.

2 Lave bem as folhas novas e as leve para cozinhar em água com sal e o vinagre.

3 Escorra e sirva com o molho de tomate.

Couve-flor à Milanesa

- *1 couve-flor*
- *2 ovos*
- *1 xícara (chá) de farinha de trigo*
- *Óleo*
- *Sal*

1 Limpe e lave bem a couve-flor em água corrente. Coloque de molho em água com vinagre por 15 minutos.

2 Corte separando os buquezinhos e aferventе-os em água levemente salgada, de modo que não fiquem moles demais. Escorra e deixe amornar.

3 Separe os ovos e bata as claras em neve. Em uma tigela, bata as gemas com um garfo e adicione uma pitada de sal. Misture delicadamente as claras em neve às gemas. Reserve.

4 Passe os buquês, um por um, na farinha de trigo e depois nos ovos batidos.

5 Frite os buquezinhos em óleo quente sem deixar que escureçam. Escorra em papel absorvente. Se necessário, salpique um pouco de sal.

Couve-flor ao Creme

- *1 couve-flor média cozida em água com sal*
- *2 colheres (sopa) de amido de milho*
- *3 xícaras (chá) de leite*
- *2 gemas*
- *1 colher (café) de sal*
- *1 colher (chá) de manteiga*
- *1 colher (sopa) de queijo ralado*

1 Separe a couve-flor em buquês, coloque-os em um refratário untado com manteiga e reserve.

2 Dissolva o amido de milho no leite, junte as gemas, o sal e a manteiga. Leve ao fogo e, sempre mexendo, deixe ferver por um minuto até formar um creme.

3 Despeje o creme sobre a couve-flor e polvilhe o queijo ralado.

4 Leve ao forno quente preaquecido por 15 minutos para gratinar.

Couve-flor com Molho Branco

- *1 couve-flor*
- *6 xícaras (chá) de água*
- *2 colheres (sopa) de sal*
- *1 colher (sopa) de vinagre*
- *1 xícara (chá) de* molho branco *(pág. 463)*

1 Limpe e lave a couve-flor. Coloque de molho em água com vinagre por 15 minutos.

2 Coloque a água para ferver e adicione o sal e o vinagre. Junte a couve-flor inteira ou partida em buquezinhos.

3 Depois de cozida, arrume em uma travessa despeje o molho branco por cima e sirva quente.

Couve-flor com Molho de Manteiga

- *1 couve-flor*
- *3 colheres (sopa) de manteiga*
- *½ colher (café) de sal*
- *1 pitada de pimenta-do-reino*
- *1 colher (sopa) cheia de salsa picada*

1 Limpe e lave bem a couve-flor. Coloque de molho por 30 minutos em água com um pouco de vinagre. Escorra.

2 Leve a couve-flor, inteira ou separada em buquezinhos, para cozinhar em água levemente salgada.

3 Coloque a manteiga em uma panela e leve ao fogo para derreter e aquecer bem. Adicione o sal, a pimenta-do-reino e a salsa. Misture bem e espalhe sobre a couve-flor.

Couve-flor Gratinada

- *½ xícara (chá) de queijo ralado*
- *2 colheres (sopa) de farinha de rosca*
- *1 colher (sopa) de manteiga*
- *1 couve-flor cozida e temperada com sal*

1 Misture o queijo ralado com a farinha de rosca. Unte um refratário com manteiga e polvilhe um pouco dessa mistura.

2 Arrume os buquês de couve-flor de modo que cubram o fundo do refratário. Coloque entre eles pedacinhos de manteiga e polvilhe a mistura de queijo e farinha restante.

3 Leve ao forno quente por 15 minutos ou até gratinar.

4 Sirva acompanhando filés de peixe, bifes, frango e carne assada.

COUVE-FLOR GRATINADA COM CREME

- *1 couve-flor*
- *2 colheres (sopa) de manteiga*
- *2 colheres (sopa) de farinha de trigo*
- *2 xícaras (chá) de leite*
- *Sal, pimenta-do-reino e noz--moscada*
- *Farinha de rosca*
- *2 colheres (sopa) de parmesão ralado*

1 Divida a couve-flor em quatro partes e cozinhe rapidamente em água com sal. Corte em pedaços.

2 Coloque em uma panela a manteiga e a farinha de trigo. Leve ao fogo e mexa bem. Adicione o leite aos poucos, misturando para obter um creme liso. Cozinhe por 5 minutos em fogo baixo. Tempere o molho com o sal, a pimenta-do-reino e uma pitada de noz-moscada.

3 Unte um refratário com um pouco de manteiga e salpique farinha de rosca. Arrume os pedaços de couve-flor no refratário e cubra com o molho branco.

4 Coloque mais uns pedacinhos de manteiga sobre a preparação. Polvilhe a farinha de rosca e o parmesão. Leve ao forno quente preaquecido durante cerca de 25 minutos.

COUVE-FLOR REFOGADA

- *1 couve-flor*
- *2 colheres (sopa) de óleo*
- *½ colher (chá) de sal com alho*
- *2 colheres (sopa) de cebola picada*
- *2 tomates picados*
- *1 colher (sopa) de cheiro-verde picado*

1 Limpe e lave bem a couve-flor em água corrente.

2 Corte os buquezinhos e leve-os para refogar em uma panela com o óleo, o sal com alho, a cebola e os tomates.

3 Junte algumas colheres de água e o cheiro-verde e abafe para cozinhar.

ERVILHA FRESCA REFOGADA

- *1 xícara (chá) de ervilhas frescas*
- *2 colheres (sopa) de manteiga*
- *1 colher (sopa) de cebola picada*
- *1 pitada de açúcar*
- *Sal e pimenta-do-reino*

1 Cozinhe as ervilhas em água com pouco sal em panela destampada. Escorra e reserve.

2 Leve ao fogo uma panela com a manteiga, e a cebola e refogue até a cebola ficar transparente, adicione o açúcar.

3 Acrescente as ervilhas e refogue por 3 a 4 minutos. Tempere com o sal e a pimenta-do-reino.

4 Sirva com carne assada, bifes ou frango.

ERVILHA SECA À INGLESA

- *1 xícara (chá) de ervilhas secas*
- *150 g de presunto fatiado*
- *2 colheres (sopa) de manteiga*
- *1 cebola pequena bem picada*
- *2 tomates sem pele e sem sementes picados*
- *1 colher (sopa) de salsa picada*
- *Sal*

1 Lave as ervilhas em água corrente e coloque de molho em água fria por algumas horas.

2 Cozinhe as ervilhas em água com sal e escorra-as, deixando reservada a água em que foram cozidas.

3 Corte as fatias de presunto em tiras finas.

4 Refogue a cebola na manteiga e adicione os tomates e as tiras de presunto.

5 Quando o presunto estiver bem refogado, junte as ervilhas, a salsa e um pouco da água do cozimento. Acerte o ponto do sal.

6 Deixe ferver cerca de 10 minutos e sirva.

PURÊ DE ERVILHA SECA

- *200 g de ervilhas secas*
- *1 litro de água*
- *1 colher (chá) de sal*
- *2 colheres (sopa) de manteiga*
- *1 pitada de noz-moscada*

1 Deixe as ervilhas de molho na água de um dia para o outro.

2 Coloque as ervilhas e a água em que demolharam em uma panela e leve ao fogo.

3 Cozinhe as ervilhas até ficarem macias e tempere com sal. Deixe ferver até as ervilhas se desmancharem. Apague o fogo.

4 Quando as ervilhas estiverem mornas, bata no liquidificador com a água do cozimento.

5 Coloque o purê na panela e leve ao fogo, cozinhando até secar o líquido. Acrescente a manteiga e a noz-moscada e mexa até o purê engrossar.

6 Sirva morno ou frio, acompanhando salsichas ou frios.

ESPINAFRE À BÚLGARA

- *1 maço de espinafre cozido*
- *2 colheres (sopa) de manteiga*
- *1 cebola média bem picada*
- *2 colheres (sopa) de salsa picada*
- *1 colher (sopa) de farinha de trigo*
- *1 ovo ligeiramente batido*
- *1 xícara (chá) de queijo prato cortado em cubos pequenos*

1 Escorra bem o espinafre e reserve-o.

2 Leve a manteiga e a cebola ao fogo em uma panela. Quando a cebola estiver dourada, acrescente a salsa e o espinafre. Refogue durante 5 minutos.

3 Salpique a farinha sobre o refogado e mexa para dourá-la. Acrescente o ovo batido e o queijo, misturando bem. Aqueça bem, mas não deixe ferver.

4 Sirva acompanhado de arroz branco e carnes grelhadas.

ESPINAFRE À MODA DE FLORENÇA

- *1 maço de espinafre*
- *2 colheres (sopa) de queijo ralado*
- *2 colheres (sopa) de creme de leite*
- *2 gemas de ovos cozidos*
- *½ colher (chá) de suco de limão*
- *Fatias de pão torrado com manteiga*

1 Escolha as folhas e os brotos dos espinafres e afervente em água com sal por cerca de 5 minutos.

2 Escorra e esprema com a ajuda de uma escumadeira, para que saia toda a água. Deixe esfriar.

3 Junte o queijo ralado, o creme de leite, as gemas e o suco de limão.

4 Misture tudo muito bem e distribua sobre fatias de pão torrado. Coloque em uma assadeira e leve ao forno quente preaquecido por 5 minutos.

ESPINAFRE COM OVOS

- *1 maço de espinafre*
- *½ xícara (chá) de água*
- *½ colher (chá) de sal*
- *1 colher (sopa) de manteiga*
- *1 colher (sopa) de farinha de trigo*
- *1 xícara (chá) de leite*
- *1 pitada de sal*
- *Suco de 1 limão*
- *4 ovos cozidos cortados em rodelas*

1 Leve o espinafre ao fogo com a água e o e sal.

2 Cozinhe por 10 a 15 minutos, escorra, esprema bem e pique fino ou passe na máquina de moer carne.

3 Em uma panela, coloque a manteiga e junte a farinha, mexa sem parar e, quando começar a mudar de cor, adicione o leite e o sal. Acrescente os espinafres.

4 Misture tudo no fogo durante 3 ou 4 minutos. Junte o suco de limão e sirva acompanhado com os ovos cozidos.

ESPINAFRE ESPECIAL

- *2 maços de espinafre*
- *1½ xícara de leite*
- *2 colheres (sopa) de manteiga*
- *4 gemas*
- *½ colher (sopa) de farinha de trigo*
- *2 colheres (sopa) de queijo ralado*
- *4 claras em neve*
- *Sal*

1 Lave bem o espinafre e cozinhe em um pouco de água fervente.

2 Escorra e pique finamente. Em seguida, esprema até tirar toda a água.

3 Coloque em uma tigela e adicione o leite e a manteiga derretida. Misture e coloque as gemas, a farinha de trigo, o queijo ralado e metade das claras batidas em neve. Tempere com sal.

4 Misture e despeje em forminhas refratárias (ramequins) untadas com manteiga.

5 Coloque o restante das claras em neve sobre cada forminha com uma pitada de sal.

6 Leve ao forno quente.

ESPINAFRE À POPEYE

- *8 fatias de pão de fôrma*
- *3 colheres (sopa) de manteiga*
- *3 ovos*
- *1½ xícara de leite*
- *Sal*
- *2 colheres (sopa) de cebola picadinha*
- *2 maços de espinafre (cozidos, espremidos e picados)*
- *150 g de queijo prato picado*

1 Retire a casca do pão de fôrma e besunte levemente as fatias com manteiga.

2 Cubra o fundo de um refratário untado com manteiga com 4 fatias de pão. Bata ligeiramente os ovos, junte o leite e uma pitada de sal. Misture tudo e acrescente de 8 a 10 colheradas dessa mistura em cima do pão, no fundo do refratário.

3 Na manteiga restante, doure a cebola e junte os espinafres. Refogue durante alguns minutos.

4 Deixe esfriar, junte o queijo, misture bem e coloque tudo por cima do pão, no refratário, sem apertar.

5 Cubra com as demais fatias de pão.

6 Despeje o restante da mistura de leite e ovos, deixe descansar por 15 minutos. Asse em forno médio preaquecido por 30 minutos.

7 Sirva quente.

FAVA EM AZEITE

- *2 xícaras (chá) de favas verdes*
- *¼ de xícara (chá) de azeite*
- *1 cebola pequena picada*
- *1 colher (sopa) de salsa picada*
- *Sal e pimenta-do-reino*

1 Cozinhe as favas em água e sal.

2 Depois de escorrê-las bem, refogue no azeite com a cebola, a salsa, o sal e a pimenta-do-reino.

Nota: Este prato pode ser servido quente ou frio, como salada.

FAVA NA MANTEIGA

- *2 xícaras (chá) de favas verdes*
- *1 maço pequeno de cheiro-verde amarrado*
- *2 colheres (sopa) de manteiga*
- *Sal e pimenta-do-reino*

1 Cozinhe as favas em água fervente com um pouco de sal e o cheiro-verde até ficarem bem macias, mas sem se desfazerem. Descarte o cheiro-verde.

2 Escorra em uma peneira e reserve.

3 Derreta a manteiga, acrescente as favas e mexa devagar, tempere com o sal e a pimenta-do-reino.

4 Sirva quente.

FAVA À MODA DE SINTRA

- *1½ xícara de favas de verdes*
- *1 colher (sopa) de manteiga*
- *1 colher (sopa) de farinha de trigo*
- *1 xícara (chá) de água*
- *Sal e pimenta-do-reino*
- *1 cebola picada*
- *1 colher (sopa) de salsa picada*
- *1 gema*

1 Cozinhe, por cerca de 10 minutos, as favas em água fervente, com a panela destampada. Tenha o cuidado de deixá-las bem mergulhadas na água.

2 Retire do fogo, e deixe escorrer bem.

3 Derreta a manteiga, junte a farinha de trigo e mexa para que misture bem, acrescente a água, o sal, a pimenta-do-reino, a cebola e a salsa, deixe apurar um pouco e, em seguida, coloque a gema. Mexa bem até engrossar e ficar um molho bem encorpado.

4 Acrescente as favas ao molho e deixe esquentar bem.

5 Retire do fogo e leve à mesa.

FAVA GUISADA COM PAIO

- *4 colheres (sopa) de óleo ou banha de porco*
- *1 cebola grande cortada em rodelas*
- *Sal e pimenta-do-reino*
- *1 colher (chá) de alecrim fresco picado*
- *1 paio*
- *1 xícara (chá) de* caldo de carne *(pág. 227) ou água*
- *2 xícaras (chá) de favas cozidas*

1 Refogue no óleo as rodelas de cebola, e tempere com o sal, a pimenta-do-reino e o alecrim.

2 Retire a pele do paio e corte-o em finas fatias.

3 Acrescente o paio cortado em rodelas ao refogado e mexa por alguns minutos.

4 Adicione o caldo de carne, deixe ferver e acrescente as favas. Cozinhe até que fiquem completamente apuradas e cozidas. Acerte o ponto do sal e sirva como acompanhamento ou com arroz branco.

Nota: *O paio pode ser substituído por linguiça calabresa, salsicha ou presunto cortado em cubos.*

JILÓ À MILANESA

- *3 ovos ligeiramente batidos*
- *1 colher (sobremesa) de orégano*
- *1 colher (chá) de sal*
- *1 pitada de pimenta-do-reino*
- *10 jilós cortados em fatias*
- *2 xícaras (chá) de farinha de rosca*
- *Óleo*

1 Misture os ovos, o orégano, o sal, a pimenta-do-reino e as fatias de jiló e deixe descansar por 30 minutos.

2 Passe as fatias de jiló na farinha de rosca, em seguida, novamente nos ovos batidos e na farinha de rosca mais uma vez.

3 Aqueça bem o óleo e frite as fatias de jiló até ficarem douradas. Retire com uma escumadeira e coloque-as sobre papel absorvente.

4 Sirva como acompanhamento para bifes ou peixes fritos.

LENTILHA À BEIROA

- *1 xícara (chá) de lentilhas*
- *2 colheres (sopa) de manteiga*
- *1 cebola cortada em rodelas finas*
- *1 colher (sopa) rasa de farinha de trigo*
- *Sal e pimenta-do-reino*

1 Deixe as lentilhas de molho em água fria por algumas horas.

2 Escorra as lentilhas e leve para cozinhar. Quando estiverem cozidas, retire as lentilhas da água, deixando a água da cocção reservada.

3 Em uma frigideira, coloque a manteiga e refogue a cebola. Quando a cebola estiver dourada, acrescente a farinha de trigo e mexa até que tome cor.

4 Coloque as lentilhas na frigideira, mexa e vá adicionando uma boa parte da água de cocção reservada.

5 Tempere com sal e pimenta-do-reino e sirva depois de cerca de 30 minutos de cozimento.

LENTILHA COM TOMATE

- *1 xícara (chá) de lentilhas*
- *6 tomates*
- *1 colher (sopa) de manteiga ou azeite*
- *1 cebola cortada em rodelas*
- *Sal*

1 Coloque as lentilhas em água fria e leve para cozinhar.

2 Retire a pele e as sementes dos tomates e pique-os finamente.

3 Depois de cozidas, escorra bem as lentilhas.

4 Em uma panela, coloque a manteiga e refogue a cebola.

5 Acrescente as lentilhas, tempere com sal, adicione o tomate e cozinhe até que os tomates se desfaçam bem.

6 Sirva quente.

MAMÃO VERDE REFOGADO

- *1 mamão verde*
- *2 colheres (sopa) de azeite*
- *1 colher (chá) de sal com alho*
- *1 cebola picada*
- *2 tomates picados sem pele e sem sementes*
- *2 colheres (sopa) de cheiro-verde picado*
- *1 pitada de pimenta-do-reino*
- *1 folha de louro*
- *Sal e pimenta-do-reino*

1 Raspe um pouco da casca do mamão, parta-o ao meio, elimine as sementes, corte em cubos e deixe de molho por 30 minutos em água fria. Escorra bem.

2 Em uma panela com azeite, refogue o sal com o alho, a cebola e os tomates.

3 Junte o mamão, continue a refogar mais um pouco e adicione o cheiro-verde, a pimenta-do-reino, a folha de louro e 3 colheres (sopa) de água.

4 Tampe a panela e deixe cozinhar em fogo baixo até que o mamão esteja macio. Tempere com o sal e a pimenta-do-reino.

MANDIOCA COZIDA

- *1 kg de mandioca*
- *2 litros de água*
- *2 colheres (sopa) de sal*
- *Manteiga (opcional)*

1 Descasque a mandioca e corte em pedaços aproximadamente 8 cm.

2 Coloque para ferver a água com o sal e cozinhe os pedaços de mandioca até estarem macios. Coloque em uma peneira para escorrer bem.

3 Tempere com sal e coloque um pouco de manteiga por cima, se quiser.

MANDIOCA FRITA

- *1 kg de mandioca*
- *2 litros de água*
- *2 colheres (sopa) de sal*
- *500 ml de óleo*

1 Descasque a mandioca e corte em pedaços de aproximadamente 8 cm.

2 Coloque para ferver a água com o sal e cozinhe os pedaços de mandioca até estarem macios. Coloque em uma peneira para escorrer bem.

3 Corte os pedaços de mandioca em quatro partes no sentido do comprimento.

4 Aqueça o óleo e doure a mandioca. Escorra em papel absorvente.

5 Antes de servir, tempere com um pouco de sal.

Nota: *Você pode servir como antepasto ou guarnição da carne de panela ou assada.*

BOLINHO DE MANDIOCA

- *2 xícaras (chá) de mandioca cozida*
- *1 colher (sopa) de cebola*
- *1 colher (sopa) de salsa picada*
- *2 ovos*
- *2 colheres (sopa) de queijo ralado*
- *1 colher (chá) de fermento em pó*
- *1 colher (chá) de sal*
- *1 pitada de pimenta-do-reino*
- *1 xícara (chá) de óleo*

1 Triture a mandioca no processador ou amasse-a com o garfo.

2 Junte a cebola, a salsa, os ovos, o queijo, o fermento, o sal e a pimenta. Misture tudo muito bem.

3 Leve o óleo ao fogo em uma frigideira e, quando estiver quente, faça bolinhos com a massa com o auxílio de duas colheres de sobremesa. Frite-os deixando corar por igual. Retire com uma escumadeira, escorra e coloque sobre papel absorvente.

4 Sirva como acompanhamento de arroz, feijão e bifes ou pratos simples.

MANDIOQUINHA SIMPLES

- *500 g de mandioquinha*
- *2 colheres (sopa) de manteiga*
- *1 colher (sopa) de cebola picada*
- *Salsa e cebolinha picadas*
- *Sal e pimenta-do-reino*

1 Descasque as mandioquinha e leve para cozinhar em água levemente salgada.

2 Depois de cozidas, corte em pedaços regulares.

3 Aqueça a manteiga em uma panela e adicione a cebola. Refogue para que a cebola fique bem macia e adicione a mandioquinha. Refogue por mais alguns minutos. Tempere com as ervas, o sal e a pimenta-do-reino.

4 Sirva como guarnição para carnes em geral.

PURÊ DE MANDIOQUINHA

- *600 g de mandioquinha*
- *2 colheres (sopa) de manteiga*
- *1 gema*
- *½ xícara (chá) de creme de leite fresco ou leite integral*
- *2 colheres (sopa) de parmesão ralado*
- *Sal e pimenta-do-reino*

1 Descasque as mandioquinhas e cozinhe em água levemente salgada. Quando estiverem macias, escorra e passe pelo espremedor de batatas.

2 Coloque a mandioquinha amassada em uma panela, acrescente a manteiga, a gema e o creme de leite, leve ao fogo e cozinhe, misturando até obter uma consistência bem cremosa.

3 Junte o parmesão e tempere com o sal e a pimenta-do-reino.

MANDIOQUINHA COM PICADINHO

- *500 g de carne bovina*
- *¼ de xícara (chá) de óleo*
- *1 cebola picada*
- *1 dente de alho picado*
- *1 xícara (chá) de tomates sem pele picados*
- *Sal*
- *1 pitada de pimenta-do-reino*
- *300 g de mandioquinha*

1 Corte a carne em cubos de 2 cm. Coloque o óleo, a cebola e o alho em uma panela e leve ao fogo até que a cebola fique dourada. Adicione a carne e mexa até fritá-la.

2 Acrescente os tomates, o sal e a pimenta-do-reino, tampe a panela e deixe cozinhar, em fogo brando, com o próprio vapor da carne. Cozinhe até que a carne esteja macia (o tempo de cozimento irá depender da carne que estiver utilizando). Se necessário, acrescente um pouquinho de água.

3 Misture as mandioquinhas descascadas e cortadas em pedaços no picadinho e deixe cozinhar na panela bem tampada.

4 Tudo bem cozido, acerte o ponto do sal e da pimenta-do-reino, retire do fogo e sirva quente.

BOLINHO DE MILHO VERDE

- *6 espigas de milho verde*
- *3 ovos separados*
- *1 xícara (chá) rasa de farinha de trigo*
- *1 pimenta vermelha amassada*
- *2 colheres (sopa) de cheiro-verde picado*
- *1 colherinha (chá) de fermento em pó*
- *Sal*
- *Óleo*

1 Cozinhe o milho e retire os grãos das espigas com uma faca.

2 Bata as claras e as gemas separadamente e junte ao milho, acrescente, a farinha de trigo, a pimenta, o cheiro-verde e o fermento, tempere com sal e misture tudo muito bem.

4 Se a massa tiver ficado dura, amoleça-a com um pouco de leite.

3 Com duas colheres, forme os bolinhos e frite dos dois lados no óleo bem quente.

Nota: *Em vez das espigas, você pode usar uma lata de milho verde.*

CREME DE MILHO VERDE I

- *1 lata de milho verde*
- *1 colher (sopa) de manteiga*
- *1 xícara (chá) de* molho branco *(pág. 463)*
- *1 colher (sopa) de salsa picada*
- *Sal*

1 Refogue o milho na manteiga por 3 minutos. Adicione o molho branco e cozinhe alguns minutos para que engrosse bem.

2 Adicione a salsa e tempere com um pouco de sal.

3 Sirva acompanhando carnes e aves.

CREME DE MILHO VERDE II

- *8 espigas de milho*
- *2 xícaras (chá) de leite*
- *2 colheres (sopa) de fubá mimoso*
- *2 colheres (sopa) de manteiga*
- *1 cebola pequena picada*
- *Sal*

1 Rale o milho de 6 espigas embeba os sabugos em leite, raspando-os em seguida. Adicione o leite e passe o mingau obtido por uma peneira fina.

2 Junte o fubá mimoso, misture bem e acrescente os grãos das outras duas espigas, separando-os das espigas com uma faca.

3 Refogue a cebola na manteiga, adicione o mingau à panela e cozinhe até engrossar. Acerte o ponto do sal e sirva.

VIRADO DE MILHO VERDE

- *1 xícara (chá) de milho verde debulhado*
- *¼ de xícara (chá) de óleo*
- *Sal*
- *2 dentes de alho*
- *1 cebola pequena picada*
- *Salsa picada*
- *Cebolinha fatiada finamente*
- *1½ xícara (chá) de farinha de milho*

1 Cozinhe o milho verde e, tão logo esteja cozido, refogue (como se fosse feijão) com o óleo, o sal, o alho e a cebola.

2 Despeje, aos poucos, a farinha de milho, mexendo sempre. Se o óleo for pouco, acrescente mais ½ colher (sopa), de modo que o virado fique molhado.

3 Ao tirar do fogo, junte a salsa e a cebolinha, misture bem.

4 Enfeite com cubos fritos de presunto ou rodelas de salsicha fritas.

Nota: *Você pode substituir o milho verde debulhado por uma lata de milho verde.*

Palmito Refogado

- *1 lata ou vidro de palmito*
- *2 colheres (sopa) de manteiga*
- *1 colher (sopa) de salsa picada*
- *Sal e pimenta-do-reino*

1 Escorra bem os palmitos e lave em água corrente. Afervente por 15 minutos em água levemente salgada. Retire, deixe esfriar e corte em pedaços de 1 cm a 2 cm.

2 Aqueça a manteiga em uma frigideira grande e adicione os palmitos. Refogue até que estejam bem quentes.

3 Salpique a salsa e acerte o ponto do sal e da pimenta-do-reino.

Creme de Palmito

- *1 vidro de palmitos*
- *2 colheres (sopa) de manteiga*
- *1 colher (sopa) de cebola picada*
- *1 alho-poró em fatias*
- *1 xícara (chá) de* caldo de carne *(pág. 227)*
- *2 colheres (sopa) de amido de milho*
- *1 xícara (chá) de leite*
- *2 gemas*
- *1 colher (chá) de salsa picada*
- *Sal*

1 Escorra e pique os palmitos grosseiramente.

2 Coloque em uma panela a manteiga, adicione a cebola e o alho-poró. Refogue até estarem macios e acrescente o caldo de carne e o palmito. Cozinhe por 2 minutos.

3 Em um recipiente, junte o amido de milho, o leite e as gemas. Adicione essa mistura à panela e misture bem. Cozinhe para que o creme engrosse. Acerte o ponto do sal e salpique a salsa.

4 Sirva quente acompanhando carnes grelhadas.

Pepino em Conserva a Frio

- *500 g de pepinos pequenos para conserva*
- *Sal*
- *2 dentes de alho*
- *12 grãos de pimenta-do-reino*
- *2 ramos de estragão*
- *1 cebola fatiada*
- *Vinagre*

1 Escolha pepinos bem tenros, limpe-os com um guardanapo e acondicione-os em uma saladeira ou terrina, alternando uma camada de pepinos e uma de sal, de modo que todos os pepinos fiquem cobertos de sal. Deixe-os assim durante 24 horas.

2 Passadas as 24 horas, leve os pepinos durante 30 minutos em uma peneira, a fim de que escorram bem.

3 Acondicione os pepinos em vidros de boca larga. Junte o alho, a pimenta-do-reino, o estragão, a cebola e encha os vidros com um bom vinagre.

4 Os pepinos, assim, conservam-se por muito tempo.

Pepinos em Conserva a Quente

- *500 g de pepinos para conserva*
- *Sal*
- *Vinagre*
- *½ pimentão vermelho*
- *2 ramos de estragão*
- *12 grãos de pimenta-do-reino*
- *2 dentes de alho*
- *2 cebolas pequenas (pirulito)*

1 Escolha pepinos bem tenros, limpe-os com um guardanapo e acondicione-os em uma saladeira ou terrina: uma camada de pepinos, uma de sal, outra de pepinos, outra de sal, de modo que todos os pepinos fiquem cobertos de sal. Deixe-os assim.

2 Depois de 24 horas, leve os pepinos durante 30 minutos a uma peneira para que escorram bem.

3 Coloque os pepinos em uma saladeira ou terrina, cubra-os inteiramente com vinagre aquecido, tampe e deixe em infusão por 24 horas. Os pepinos ficarão amarelados.

4 Retire os pepinos e leve o vinagre ao fogo.

5 Quando o vinagre começar a ferver, coloque os pepinos, deixando-os na fervura cerca de uns 5 minutos. Eles vão readquirir a coloração verde.

6 Retire do fogo, deixe esfriar e coloque os pepinos, o pimentão em pedaços, o estragão, a pimenta-do-reino, o alho e as cebolas em vidros. Cubra tudo com vinagre e tampe.

7 Sirva depois de alguns dias.

Pimentão Frito

- *4 pimentões verdes ou vermelhos*
- *Sal e pimenta-do-reino*
- *Azeite*

1 Corte os dos cabos dos pimentões, abra-os ao meio no sentido do comprimento, elimine as sementes, tempere com o sal e a pimenta-do-reino e frite em azeite.

2 Escorra em papel absorvente e coloque em uma travessa.

3 Ao levá-los à mesa, regue com um fio de azeite.

Pimentão à Napolitana

- *4 colheres (sopa) de manteiga*
- *2 xícaras (chá) de farinha de rosca crua*
- *Sal*
- *2 ou 3 anchovas sem espinhas e picadinhas*
- *2 colheres (sopa) de salsa picada*
- *12 azeitonas pretas grandes, sem caroço, picadas*
- *2 ou 3 colheres (sopa) de água*
- *6 pimentões vermelhos sem pele*
- *1 xícara (chá) de* molho de tomate *(pág. 465)*
- *2 colheres (sopa) de azeite*

1 Coloque a manteiga em uma frigideira grande. Aqueça bem e adicione a farinha de rosca. Vá misturando como se estivesse preparando uma farofa, para que a farinha fique levemente dourada. Tempere com um pouco de sal.

2 Retire do fogo, coloque em uma tigela e adicione as anchovas, a salsa, as azeitonas pretas e a água. Misture bem.

3 Retire o fundo e as sementes dos pimentões e recheie-os com a mistura.

4 Arrume os pimentões em um recipiente que possa ir ao forno.

5 Faça um molho simples de tomates e despeje-o sobre os pimentões. Regue com o azeite e leve ao forno médio por 30 minutos.

Pimentão à Piemontesa

- *6 pimentões verdes ou vermelhos*
- *Sal e pimenta-do-reino*
- *1 xícara (chá) de* molho de tomate *(pág. 465)*
- *½ xícara (chá) de farinha de rosca*
- *¼ de xícara (chá) de queijo parmesão ralado*
- *12 azeitonas sem caroço picadas*
- *1 ovo cozido picado*
- *2 colheres (sopa) de salsa picada*
- *2 colheres (sopa) de uvas-uvas-passas*
- *2 colheres (sopa) de manteiga derretida*
- *½ xícara (chá) de caldo (de sua preferência) ou água*
- *Queijo parmesão ralado*

1 Limpe os pimentões, corte uma tampa na parte do cabo (deixando-a de reserva), retire com cuidado as sementes, escalde-os e tempere com sal e pimenta-do-reino.

2 Para o recheio, faça um molho de tomate bem grosso e misture nele a farinha de rosca e o queijo ralado. Acrescente as azeitonas, o ovo cozido, a salsa e as uvas-passas.

3 Recheie os pimentões e tampe-os, prendendo as tampas com palitos.

4 Em um refratário, coloque metade da quantidade de manteiga derretida, adicione o caldo e acerte o sal.

5 Coloque os pimentões no refratário, despeje por cima o restante da manteiga derretida, polvilhe queijo ralado e leve ao forno para assar por 30 minutos.

Pimentão Recheado à Bolonhesa

- *6 pimentões verdes ou vermelhos*
- *½ xícara (chá) de óleo*
- *1 cebola picada*
- *1 dente de alho picado*
- *500 g de carne bovina moída*
- *1 xícara (chá) de tomates picados*
- *12 azeitonas sem caroço picadas*
- *2 colheres (sopa) de uvas-passas*
- *1 colher (sopa) de salsa picadinha*
- *Sal e pimenta-do-reino*
- *2 ovos cozidos bem picados*
- *Azeite*
- *Queijo ralado*

1 Corte uma tampa pelo lado do cabo dos pimentões (reserve as tampas) e elimine as sementes.

2 Para o recheio, coloque o óleo, a cebola e o alho em uma panela e leve ao fogo até que a cebola fique dourada. Junte a carne e mexa até fritá-la. Acrescente os tomates, as azeitonas, as uvas-passas, a salsa, o sal e a pimenta-do-reino. Deixe cozinhar em fogo brando até que o recheio adquira uma consistência firme. Adicione os ovos e misture. Recheie os pimentões e coloque as tampas, prendendo-as com um palito.

3 Coloque os pimentões em uma assadeira pequena, regue-os com azeite e asse-os no forno por uns 30 minutos.

4 Ao retirá-los do forno, polvilhe o queijo ralado.

Quiabo Cozido

- *300 g de quiabos*
- *2 colheres (sopa) de óleo*
- *1 cebola pequena picada*
- *2 tomates sem pele e sem sementes*
- *Sal e pimenta-do-reino*

1 Corte as pontas e os cabos dos quiabos. Faça um refogado com o óleo, a cebola, os tomates, o sal e a pimenta-do-reino e acrescente os quiabos.

2 Sirva quente, acompanhando carne assada, bifes ou frango.

QUIABO COM CARNE MOÍDA

- *¼ de xícara (chá) de óleo*
- *1 cebola picada*
- *1 dente de alho picado*
- *500 g de carne moída ou picada*
- *1 xícara (chá) de* molho de tomate *(pág. 465)*
- *1 colher (sopa) de cheiro-verde picado*
- *Sal*
- *1 pitada de pimenta-do-reino*
- *300 g de quiabos lavados*
- Angu de fubá *(pág. 379)*

1 Em uma panela, coloque o óleo, a cebola e o alho, leve ao fogo até que a cebola fique dourada. Junte a carne e mexa até fritá-la.

2 Acrescente o molho de tomate, o cheiro-verde, o sal e a pimenta-do-reino. Tampe a panela e deixe cozinhar, em fogo brando, com o próprio vapor da carne. Cozinhe por cerca de 20 minutos. Se precisar, acrescente um pouquinho de água.

3 Corte os quiabos em rodelas de um dedo e adicione à carne moída. Cozinhe até que os quiabos fiquem macios. Acerte o ponto do sal.

4 Prepare o angu de fubá, molde-o em uma fôrma e coloque-o no meio de um prato, vire por cima dele a carne moída com os quiabos.

BOLO DE LEGUMES

- *¼ de repolho*
- *½ couve-flor*
- *3 cenouras*
- *100 g de vagens*
- *4 ovos separados*
- *1 colher (sopa) de manteiga derretida*
- *Sal*
- *2 colheres (sopa) de queijo ralado*

1 Cozinhe o repolho, a couve-flor, as cenouras e as vagens, separadamente, em água levemente salgada.

2 Tudo bem cozido, corte em pequenos pedaços.

3 Unte uma fôrma de bolo e vá dispondo nela os legumes em camadas alternadas.

4 Bata as claras em neve, junte as gemas, a manteiga derretida e o sal, despejando tudo sobre os legumes.

5 Salpique por cima o queijo ralado.

6 Leve ao forno quente, em banho-maria, por alguns minutos.

Repolho Ensopado

- *1 repolho*
- *4 tomates sem pele e sem sementes*
- *2 colheres (sopa) de óleo*
- *1 cebola picada finamente*
- *Salsa picada*
- *Sal*

1 Escolha e lave as folhas de um repolho. Enrole-as, formando um maço, e corte-as em fatias finas. Pique bem os tomates.

2 À parte, faça um refogado com o óleo, a cebola, os tomates e a salsa.

3 Coloque o repolho no refogado e tempere com sal. Cozinhe com a panela tampada.

Repolho Recheado

- *1 repolho*
- *1 bouquet garni (amarrado de ervas como tomilho, louro, salsa, alecrim e alho-poró)*
- *Recheio de carne, peixe ou camarão (à sua escolha)*
- *2 colheres (sopa) de óleo*
- *8 tomates sem pele e sem sementes*
- *2 cebolas pequenas picadas*
- *Sal e pimenta-do-reino*
- *Queijo ralado*

1 Escolha uma porção de folhas inteiras de um repolho e leve-as para cozinhar, com o bouquet garni, em água temperada com sal.

2 Assim que estiverem ligeiramente cozidas, retire-as do fogo e escorra.

3 Faça, à parte, um refogado de carne, peixe ou camarão, coloque um pouco no meio de cada folha e enrole, formando charutinhos.

4 Em uma panela grande, que caibam todos os charutos em uma só camada no fundo, coloque o óleo, os tomates e a cebola e refogue, tempere com sal e pimenta-do-reino e adicione os charutinhos, tampe e deixe o reponho terminar de cozinhar.

5 Sirva com o molho que se formou na panela e polvilhe o queijo ralado.

Nota: *O recheio mais simples é feito com um pouco de manteiga, carne picada ou moída, cebolas picadas, tomates, salsa, sal e pimenta. Junte um pouco de miolo de pão embebido em leite e, se quiser tornar o recheio mais rico, um pouco de presunto ou linguiça moída e azeitonas sem caroço.*

COUVE-DE-BRUXELAS SALTEADA

- *300 g de couve-de-bruxelas*
- *2 colheres (sopa) de manteiga*
- *1 cebola pequena ralada*
- *1 colher (sopa) de salsa picada*
- *1 pitada de sal*
- *1 pitada de pimenta-do-reino*

1 Aferventе a couve-de-bruxelas em água levemente salgada.

2 Leve a manteiga e a cebola ao fogo até a cebola ficar transparente. Acrescente a couve-de-bruxelas, a salsa, o sal e a pimenta-do-reino. Não tampe a panela, sacudindo-a até saltear bem a couve.

3 Sirva quente, acompanhando carnes assadas ou grelhadas.

REPOLHO ROXO AGRIDOCE

- *2 maçãs*
- *2 colheres (sopa) de óleo*
- *4 fatias de bacon picadas*
- *1 cebola média cortada em rodelas*
- *1 dente de alho picado*
- *1 repolho roxo médio, picado finamente*
- *1 xícara (chá) de caldo de carne (pág. 227) fervente*
- *½ colher (café) de pimenta-do-reino*
- *1 colher (chá) de açúcar*
- *1 colher (sopa) de vinagre*

1 Descasque as maçãs e corte em cubos de 2 cm.

2 Coloque o óleo e o bacon em uma panela e leve ao fogo até dourar. Junte a cebola e o alho. Refogue até que comecem a dourar. Acrescente as maçãs. Frite ligeiramente.

3 Acrescente o repolho, o caldo, a pimenta-do-reino e o açúcar. Tampe a panela e deixe cozinhar em fogo médio por 15 minutos ou até o repolho ficar macio.

4 Adicione o vinagre e misture bem. Retire do fogo.

5 Sirva como acompanhamento de pratos alemães, carne ou pato assado.

Tortilhão de Repolho

- *1 repolho*
- *1 bouquet garni (amarrado de ervas como tomilho, louro, salsa, alecrim e alho-poró)*
- *Recheio de carne, peixe ou camarão*
- *Manteiga*
- *200 g de presunto gordo*
- *6 colheres (sopa) de queijo ralado*
- *2 ovos*
- *Sal e pimenta-do-reino*

1 Escolha uma porção de folhas inteiras de um repolho e leve-as para cozinhar com o bouquet garni em água levemente salgada. Assim que estiverem macias, retire do fogo e escorra.

2 Prepare, à parte, um refogado com carne, peixe ou camarão.

3 Unte uma fôrma com manteiga, coloque no fundo tiras de presunto gordo e arrume por cima algumas folhas de repolho, de maneira que fiquem bem abertas. Sobre elas, coloque uma camada de recheio e polvilhe queijo ralado, nova camada de folhas de repolho, outra de recheio, salpicando sempre queijo entre uma e outra, até quase encher a fôrma. Espalhe por cima um pouco de manteiga derretida e os ovos bem batidos.

4 Leve ao forno não muito quente. Retire assim que a camada de cima estiver bem corada.

5 Retire da fôrma e enfeite o prato com salsichas ou com folhas de alface.

Tomate à Provençal

- *4 tomates firmes e vermelhos*
- *4 dentes de alho bem picados*
- *1 colher (sopa) de alcaparras picadas*
- *4 filés de anchovas bem picados*
- *1 colher (chá) de tomilho*
- *2 colheres (sopa) de salsa picada*
- *1 colher (chá) de cebolinha picada*
- *1 xícara (chá) de pão francês amanhecido e bem seco*
- *3 colheres (sopa) de manteiga*
- *Sal*

1 Corte os tomates ao meio e elimine as sementes. Corte uma fina fatia da parte arredondada de cada metade para fazer uma base em que o tomate se apoie. Unte um refratário com um pouco de manteiga e arrume as metades de tomates.

2 Em uma tigela misture o alho, as alcaparras, as anchovas, o tomilho, a salsa e a cebolinha. Rale o pão no lado grosso do ralador e adicione à mistura. Coloque a manteiga e o sal e amasse bem para incorporar todos os ingredientes.

3 Recheie as metades dos tomates com essa mistura. Leve ao forno preaquecido para que os tomates assem e uma crosta dourada se forme no recheio. Sirva como entrada ou acompanhamento.

TOMATE RECHEADO COM MAIONESE

- *4 tomates grandes lavados*
- *½ colher (chá) de sal*
- *1 pitada de pimenta-do-reino*
- *2 colheres (sopa) de maionese*
- *1 maçã pequena descascada e picada*
- *2 colheres (café) de suco de limão*
- *2 batatas médias cozidas e picadas*
- *1 pimentão verde ou vermelho limpo e picado*
- *1 colher (chá) de cebola ralada*
- *1 colher (chá) de salsa picada*
- *1 xícara (chá) de frango cozido e desfiado*
- *Folhas de alface para guarnecer*

1 Corte a parte superior dos tomates e, com uma faca afiada, retire as sementes. Lave rapidamente e vire-os sobre um pano de copa. Depois de escorridos, polvilhe a parte interna com o sal e a pimenta-do-reino. Reserve.

2 Misture todos os ingredientes da maionese e recheie os tomates.

3 Arrume as folhas de alface em uma travessa, coloque os tomates sobre elas.

TOMATE RECHEADO COM CARNE MOÍDA

- *2 colheres (sopa) de óleo*
- *300 g de carne moída*
- *1 cebola pequena picada*
- *1 dente de alho*
- *½ xícara (chá) de purê de tomate*
- *1/2 xícara (chá) de água*
- *1 colher (chá) de salsa picada*
- *Sal e pimenta-do-reino*
- *½ xícara (chá) de palmito picado*
- *6 tomates grandes*
- *4 colheres (sopa) de queijo ralado*
- *4 colheres (sopa) de farinha de rosca*
- *2 colheres (sopa) de manteiga derretida*

1 Coloque em uma panela o óleo e a carne moída. Refogue em fogo alto para dourar a carne. Adicione a cebola e o alho. Refogue por mais 3 minutos e regue com o purê de tomate e a de água. Cozinhe em fogo baixo até que o líquido seque. Salpique a salsa e tempere com sal e pimenta-do-reino. Adicione o palmito e reserve.

2 Corte uma tampa na parte dos cabos dos tomates (reserve as tampas), remova as sementes e recheie-os com o refogado de carne e palmito. Cubra com o queijo ralado e a farinha de rosca.

3 Feche os tomates com as tampas e pincele com um pouco de manteiga derretida. Leve ao forno para assar por 20 minutos.

Vagem com Ovo

- *500 g de vagens*
- *Sal*
- *1 colher (sopa) de açúcar*
- *2 colheres (sopa) de óleo*
- *1 cebola pequena picada*
- *4 ovos*

1 Retire os fiapos das laterais das vagens e leve-as para cozinhar em água fervente com sal e o açúcar.

2 Depois de cozidas, escorra bem.

3 Faça um refogado com o óleo e a cebola em uma frigideira funda e coloque as vagens nela.

4 Faça com a colher quatro cavidades entre as vagens, quebre um ovo em cada uma e tampe a frigideira, deixando que os ovos cozinhem em fogo lento, sem que as gemas endureçam. Tempere com sal.

5 Retire com cuidado da frigideira para que os ovos não se rompam.

Nota: *O mesmo prato pode ser preparado também com as vagens picadinhas. Se gostar, você pode regar as vagens com um pouco de molho de tomates.*

Vagem Cozida

- *500 g de vagens*
- *Sal*
- *1 colher (café) de açúcar*
- *2 colheres (sopa) de manteiga*
- *1 colher (chá) de suco de limão*

1 Quebre as pontas e os cabos das vagens e retire os fiapos das laterais.

2 Ferva um pouco de água em uma panela e adicione o sal e o açúcar. Coloque as vagens e cozinhe para que fiquem macias.

3 Aqueça uma panela e adicione a manteiga. Assim que derreter, adicione um pouco de sal e o suco de limão.

4 Escorra as vagens e adicione ao molho de manteiga. Misture bem.

5 Sirva como acompanhamento para carnes, aves ou peixes.

VAGEM NA MANTEIGA

- *300 g de vagens*
- *3 colheres (sopa) de manteiga*
- *Sal*
- *1 colher (sopa) de salsa picada*

1 Retire os fiapos das laterais das vagens e cozinhe-as em água fervente com sal.

2 Escorra e leve as vagens de novo ao fogo com a manteiga. Tempere com sal e a salsa picada e retire do fogo assim que tomarem bem o gosto da manteiga.

VAGEM RELÂMPAGO

- *4 colheres (sopa) de óleo*
- *1 cebola grande ralada*
- *1 xícara (chá) de tomate batido no liquidificador*
- *500 g de vagens cozidas e cortadas em 3 pedaços*
- *1 colher (chá) de molho inglês*
- *1 pitada de sal*

1 Leve o óleo e a cebola ao fogo até que ela fique dourada. Junte o tomate e deixe ferver um pouco.

2 Acrescente as vagens, o molho inglês e o sal. Tampe a panela e deixe ferver, em fogo brando, por 4 minutos.

3 Sirva com purê de batata, polenta, arroz branco ou carnes.

VIRADO DE VAGEM

- *½ xícara (chá) de óleo*
- *1 cebola média ralada*
- *1 xícara (chá) de tomate batido no liquidificador*
- *1 pimenta-cumari socada*
- *500 g de vagens picadas fino e aferventadas em água e sal*
- *1 colher (chá) de sal*
- *1 xícara (chá) de farinha de milho*

1 Coloque o óleo e a cebola em uma panela e leve ao fogo até dourar a cebola. Acrescente o tomate e a pimenta. Tampe a panela e deixe ferver por 3 minutos.

2 Junte as vagens e o sal à panela. Quando levantar fervura, adicione a farinha de milho aos poucos, e mexa bem, até ficar com a consistência de um virado de feijão úmido.

3 Coloque em uma travessa funda e sirva bem quente.

Nota: Prato regional brasileiro próprio para acompanhar costeletas de porco, lombo assado ou vitelas fritas.

Arroz

Arroz

Arroz

ARROZ BÁSICO

- *4 xícaras (chá) de água*
- *1 cebola pequena picada*
- *2 colheres (sopa) de óleo*
- *2 xícaras (chá) de arroz branco*
- *1 folha de louro (opcional)*
- *Sal*

1 Coloque a água para ferver – sempre o dobro da quantidade de arroz que você for utilizar. Pique finamente a cebola. Coloque óleo em uma panela e leve ao fogo. Quando estiver bem quente, junte a cebola. Mexa e deixe dourar levemente.

2 Adicione o arroz e mexa bem. Misture e refogue por mais 2 ou 3 minutos, despeje a água fervente, a folha de louro e mexa bem. Tempere com sal. Abaixe o fogo. Tampe a panela e deixe cozinhar até a água secar totalmente. Vá provando para ver se o arroz já está cozido. Caso contrário, acrescente mais um pouco de água.

3 Quando a água secar no fundo da panela, apague o fogo e deixe o arroz descansar em panela tampada por 10 minutos. Com a ajuda de um garfo, solte bem o arroz. Sirva.

ARROZ ESCALDADO

- *8 xícaras (chá) de água*
- *1 cebola grande descascada*
- *4 colheres (chá) de sal*
- *1 folha de louro*
- *2 colheres (sopa) de manteiga*
- *2 xícaras (chá) de arroz branco*

1 Coloque em uma panela grande a água, a cebola, o sal, a folha de louro e a manteiga. Leve para ferver.

2 Assim que começar a ferver, coloque o arroz e tampe a panela. Abaixe o fogo e cozinhe por cerca de 15 minutos.

3 Retire um pouco de arroz com um garfo e experimente para ver se está no ponto. Se estiver, escorra imediatamente em uma peneira. Balance a peneira para retirar todo o excesso de água. Descarte a folha de louro e a cebola.

4 Coloque em uma travessa e sirva.

ARROZ À GREGA

- *2 cenouras*
- *100 g de vagem*
- *½ pimentão vermelho*
- *2 colheres (sopa) de manteiga*
- *1 receita de* arroz básico *(pág. 345)*
- *Sal*

1 Descasque as cenouras e cozinhe em água fervente levemente salgada. Na mesma água, cozinhe as vagens. Escorra e reserve o líquido do cozimento.

2 Corte as cenouras em cubos de 1 cm. Corte o pimentão também em cubos de 1 cm. Fatie finamente as vagens.

3 Coloque a manteiga em uma panela e adicione o pimentão picado. Refogue por 1 minuto e adicione os cubos de cenoura e a vagem. Refogue por 3 minutos e adicione o arroz. Misture bem. Se ficar muito seco, adicione um pouco da água do cozimento dos legumes.

4 Acerte o ponto do sal e sirva.

ARROZ À PIEMONTESA

- *1 receita de* arroz básico *(pág. 345)*
- *150 g de cogumelos frescos*
- *2 colheres (sopa) de manteiga*
- *2 colheres (sopa) de vinho branco seco*
- *¼ de xícara (chá) de creme de leite fresco ou longa vida*
- *¼ de xícara (chá) de queijo parmesão ralado*
- *Sal*

1 Prepare a receita do arroz básico e reserve.

2 Fatie finamente os cogumelos e refogue-os em uma panela com a manteiga. Quando estiverem macios, regue com o vinho branco e deixe evaporar.

3 Adicione o arroz à panela e mexa bem. Misture em fogo baixo para aquecer o arroz e adicione o creme de leite e o queijo ralado. Se necessário, acerte o ponto do sal.

4 Misture novamente e sirva.

ARROZ CARIBENHO

- *2 xícaras (chá) de* arroz básico *(pág. 345)*
- *1½ xícara (chá) de feijão-preto cozido*
- *¼ de xícara (chá) de azeite*
- *1 cebola grande picada finamente*
- *4 colheres (sopa) de coentro picado*
- *2 colheres (sopa) de molho inglês*
- *Sal*

1 Cozinhe o arroz e o feijão de modo tradicional. Escorra o feijão e reserve o líquido. Coloque em uma panela o azeite e leve ao fogo para que aqueça bem. Adicione a cebola e metade do coentro.

2 Refogue em fogo baixo para que a cebola doure. Regue com o molho inglês e acrescente o feijão com um pouco do líquido de cozimento. Aqueça e adicione o arroz.

3 Misture e tempere com o sal e o coentro restante. Misture novamente e sirva com banana-da-terra frita.

ARROZ COM AMÊNDOA

- *1 litro de água*
- *1 colher (sopa) de manteiga*
- *1 cebola pequena inteira*
- *1 colher (chá) de sal*
- *500 g de arroz*
- *150 g de amêndoas torradas e picadas ou laminadas*

1 Em uma panela, coloque a água, a manteiga, a cebola e o sal.

2 Quando ferver, acrescente o arroz e deixe cozinhar até que a água seque.

3 Retire a cebola. Coloque o arroz em uma travessa e misture delicadamente as amêndoas.

ARROZ COM AMÊNDOA E FRANGO

- *2 peitos de frango*
- *2 colheres (sopa) de óleo*
- *½ cebola média picada*
- *1 dente de alho espremido*
- *1 folhinha de louro*
- *Sal*
- *4 xícaras (chá) de água*
- *1½ xícara (chá) de arroz*
- *1 colher (sopa) de manteiga*
- *¼ de xícara (chá) de uvas-passas sem sementes*
- *½ xícara (chá) de amêndoas picadas ou laminadas*

1 Refogue os peitos de frango no óleo e acrescente a cebola, o alho, o louro, o sal e a água.

2 Deixe cozinhar até ficar bem macio.

3 Desfie o frango e reserve; reserve também 3½ xícaras da água em que ele foi cozido.

4 Prepare o arroz como de costume usando a água em que o frango foi cozido.

5 Em panela à parte, refogue o frango desfiado na manteiga, acrescente as uvas-passas e as amêndoas. Tempere com um pouco de sal e reserve.

6 Quando o arroz estiver pronto, arrume-o em uma travessa rasa e coloque por cima o frango com as amêndoas e as passas.

7 Sirva quente.

ARROZ COM CAMARÃO

- *1 kg de camarões grandes*
- *Sal e pimenta-do-reino*
- *3 ramos de coentro*
- *1 colher (sopa) de manteiga*
- *1 cebola picada*
- *200 g de tomate sem pele picadinho*
- *1 colher (sopa) de extrato de tomate*
- *1 xícara (chá) de água*
- *3 xícaras (chá) de arroz básico (pág. 345)*

1 Afervente os camarões com água, sal e o coentro; descasque-os, separe três dos maiores e reserve o restante.

2 Refogue na manteiga a cebola, o tomate e o extrato de tomate, e acrescente a água.

3 Deixe cozinhar um pouco, coe e, no caldo obtido, coloque os camarões reservados (inteiros ou picados, como preferir).

4 Faça um arroz branco solto e, quando pronto, misture o caldo com os camarões.

5 Na hora de servir, coloque tudo em uma travessa e enfeite com os três camarões maiores que ficaram separados, abrindo-os ao meio e ao comprido, formando uma flor sobre o arroz.

ARROZ COM CAMARÃO SECO

- *1 kg de camarões secos*
- *2 colheres (sopa) de óleo*
- *500 g de arroz*
- *1 cebola média picada*
- *2 dentes de alho picados*
- *4 tomates maduros picados*
- *1 folha de louro*
- *Cheiro-verde*
- *Sal*
- *Polpa de tomate (opcional)*

1 Retire as cabeças e as cascas dos camarões, reserve e afervente os camarões.

2 Soque as cabeças e as cascas e afervente-as separadamente.

3 Passe as cabeças e as cascas aferventadas em uma peneira e misture o caldo que sobrou à água para o cozimento do arroz.

4 Refogue no óleo o arroz com a cebola picada, o alho e os tomates.

5 Depois de tudo bem refogado, junte ao arroz a água medida para o cozimento do arroz, a folha de louro, o cheiro-verde e o sal. Se gostar, pode juntar também um pouco de polpa de tomate.

6 Quando o arroz estiver quase seco, adicione os camarões aferventados, misture tudo muito bem e deixe ainda alguns minutos no fogo.

Nota: *Este arroz não deve ficar seco, mas sim úmido e macio.*

ARROZ COM CAMARÃO À MODA DO NORTE

- *1 kg de camarões secos*
- *3 colheres (sopa) de óleo ou azeite*
- *1 cebola grande picada*
- *2 dentes de alho*
- *500 g de tomates maduros*
- *1 folha de louro*
- *2 colheres (sopa) de cheiro-verde*
- *Pimenta-verde picada*
- *Sal e pimenta-do-reino*
- *1 colher (sopa) de polpa de tomate*
- *1 receita de* arroz básico *(pág. 345)*
- *½ xícara (chá) de leite de coco*
- *1 colher (sopa) de azeite de dendê*

1 Retire as cascas e as cabeças dos camarões, soque-as e afervente-as.

2 Passe por uma peneira e reserve a água.

3 Afervente os camarões e refogue em óleo ou azeite com a cebola e o alho.

4 Depois de bem refogados, adicione os tomates bem picados, metade da folha de louro, o cheiro-verde, a pimenta-verde e a pimenta-do-reino, a polpa de tomate e água o suficiente para fazer um molho, deixando no fogo para que os camarões cozinhem bem. Se o molho ficar muito reduzido, junte mais um pouco de água.

5 Prepare a receita de arroz básico, utilizando a água que foi usada para aferventar as cascas e cabeças dos camarões.

6 Quando o molho de camarões estiver pronto, junte o leite de coco e torne a levá-lo ao fogo.

7 Assim que o molho ferver, retire do fogo, e acrescente o azeite de dendê previamente aquecido em banho-maria.

8 Em uma travessa, arrume uma camada de arroz, outra de camarões com o molho, outra de arroz, e assim até o fim.

9 Sirva bem quente.

ARROZ COM CASTANHA-DO-PARÁ

- *1 litro de água*
- *1 colher (sopa) de manteiga*
- *1 cebola pequena inteira*
- *1 colher (chá) de sal*
- *500 g de arroz*
- *150 g de castanhas-do-pará torradas e picadas*

1 Coloque a água, a manteiga, a cebola e o sal em uma panela.

2 Quando ferver, junte o arroz e deixe cozinhar até que o líquido seque. Apague o fogo e deixe o arroz na panela por mais 10 minutos. Retire a cebola e misture as castanhas-do--pará.

3 Sirva em seguida.

ARROZ COM CHAMPANHE

- *2 colheres (sopa) de manteiga*
- *1 cebola pequena picada*
- *2 xícaras (chá) de arroz*
- *1 xícara (chá) de cogumelos picados*
- *1 litro de* caldo básico de galinha ou frango *(pág. 228)*
- *½ xícara (chá) de vinho espumante seco*
- *300 g de mozarela picada ou queijo brie*
- *2 colheres (sopa) de queijo parmesão ralado*
- *Sal*

1 Leve a manteiga e a cebola ao fogo.

2 Quando dourar, junte o arroz e mexa até fritar bem.

3 Misture os cogumelos e adicione, de uma só vez, o caldo de galinha.

4 Deixe ferver em fogo baixo.

5 Quando o caldo secar, adicione o espumante e deixe secar por mais 5 minutos.

6 Desligue o fogo e, com um garfo, acrescente, misturando levemente, a mozarela ou o brie.

7 Polvilhe o queijo ralado e sirva imediatamente.

Nota: *Você pode substituir o caldo básico de galinha por 2 tabletes de caldo industrializado diluídos em 1 litro de água fervente.*

ARROZ COM GALINHA

- *1 kg de galinha cortada em pedaços*
- *Sal*
- *3 dentes de alho picados*
- *Cheiro-verde*
- *2 colheres (sopa) de óleo*
- *1 cebola grande picada*
- *4 tomates sem pele picados*
- *Água fervente*
- *2 xícaras (chá) de arroz*
- *1 folha pequena de louro*

1 Tempere os pedaços de galinha com o sal, o alho e o cheiro-verde.

2 Leve ao fogo uma panela com óleo e, quando estiver quente, junte os pedaços de galinha e refogue muito bem.

3 Quando os pedaços de galinha estiverem dourados, adicione a cebola, deixando refogar por mais algum tempo.

4 Acrescente os tomates, refogue mais um pouco e junte água fervente o suficiente para cozinhar os pedaços de galinha. Cozinhe por 30 minutos.

5 Acrescente o arroz e mais água fervente de modo que ela cubra até 3 cm acima do arroz.

6 Acrescente a folha de louro e mais cheiro-verde, se quiser, tampe a panela para que cozinhe, em fogo forte, por alguns minutos.

7 Abaixe o fogo e deixe que o arroz e a carne de galinha cozinhem completamente, se necessário, acrescentando mais um pouco de água fervente.

Nota: Este arroz não deve ficar seco, e sim úmido e macio.

ARROZ COM LEGUMES

- *½ cebola picada*
- *4 colheres (sopa) de óleo*
- *1 xícara (chá) de arroz*
- *½ colher (chá) de sal*
- *2 xícaras (chá) de água*
- *2 cenouras cozidas em água e sal e picadas*
- *½ xícara (chá) de ervilhas*
- *½ xícara (chá) de cogumelos em conserva fatiados*

1 Leve a cebola picada e o óleo ao fogo. Deixe a cebola dourar, junte o arroz e frite por 2 minutos. Em seguida, tempere com o sal e acrescente a água.

2 Tampe a panela e deixe cozinhar até que a água seque, o que demora cerca de 20 minutos.

3 Desligue o fogo e deixe a panela tampada por 10 minutos.

4 Adicione as cenouras, as ervilhas e os cogumelos ao arroz, mexendo levemente com um garfo.

5 Sirva quente.

ARROZ COM MILHO VERDE

- *1 xícara (chá) de arroz*
- *2 colheres (sopa) de óleo*
- *2 colheres (sopa) de cebola picada*
- *½ xícara (chá) de milho verde em lata*
- *1 tablete de caldo de galinha*
- *2 xícaras (chá) de água fervente*
- *Sal, se necessário*
- *Salsa picada*

1 Refogue o arroz com óleo e cebola e mexa bastante.

2 Acrescente o milho verde, mexa mais um pouco e adicione o tablete de caldo de galinha desmanchado em um pouco de água fervente.

3 Cubra com a água fervente, mexa e tampe a panela. Abaixe o fogo e cozinhe até que a água seque. Desligue o fogo e deixe o arroz descansar com a panela tampada por 10 minutos.

4 Antes de servir, acrescente a salsa picada.

ARROZ AO FALSO MOLHO PARDO

- *1 galinha cortada em pedaços*
- *Sal*
- *2 dentes de alho picados*
- *Cheiro-verde*
- *1 pacote de creme de cebola*
- *600 ml de cerveja escura*
- *4 colheres (sopa) de óleo*
- *2 xícaras (chá) de arroz*
- *1 cebola bem picada*
- *4 tomates sem pele picados*
- *5 xícaras (chá) de água fervente*
- *2 folhas de louro*
- *Salsa e cebolinha*

1 Tempere os pedaços de galinha com o sal, o alho e o cheiro-verde. Coloque os pedaços de galinha em um recipiente de modo que fiquem lado a lado. Polvilhe o creme de cebola, regue com a cerveja e deixe descansar na geladeira por 2 horas.

2 Leve ao fogo uma panela com o óleo e, quando estiver quente, adicione os pedaços de galinha, refogando muito bem.

3 Quando a galinha estiver dourada por igual, coloque na panela o arroz e a cebola, deixando refogar por mais algum tempo.

4 Acrescente os tomates, refogue mais um pouco e coloque a água fervente. Corrija o sal se necessário e, se quiser, acrescente o restante da cerveja em que a galinha ficou marinando.

5 Acrescente o louro, a salsa e a cebolinha e tampe a panela para que cozinhe, em fogo forte, por alguns minutos.

6 Abaixe o fogo para que o arroz e a galinha cozinhem lentamente. Se a água secar antes de ficarem cozidos, vá adicionando água fervente até que estejam macios e suculentos. Então, deixe a água secar.

Arroz com Ovos e Ervilha

- *1 receita de* arroz básico *(pág. 345)*
- *1 colher (sopa) de manteiga*
- *1 lata de ervilhas*
- *4 ovos*
- *2 colheres (sopa) de cheiro-verde picado*
- *Sal*
- *2 colheres (sopa) de óleo*
- *2 colheres (sopa) de queijo parmesão (opcional)*

1 Faça um arroz básico e, depois de pronto, acrescente a manteiga e as ervilhas (sem a água da conserva).

2 Bata os ovos (primeiro as claras, depois as gemas). Adicione o sal e o cheiro-verde.

3 Leve uma frigideira com o óleo ao fogo e frite os ovos batidos. Quando a parte de baixo estiver frita, mexa os ovos com um garfo, deixando pedaços de tamanho regular.

4 Mexa um pouco para que todos os pedaços fritem por igual. Junte a fritada ao arroz e sirva logo em seguida, polvilhado com queijo parmesão, se preferir.

Arroz com Repolho

- *2 colheres (sopa) de óleo ou azeite*
- *200 g de linguiça*
- *1 cebola picada*
- *Sal*
- *1 dente de alho picado*
- *3 tomates sem pele picados*
- *½ repolho branco*
- *2 xícaras (chá) de arroz*
- *5 xícaras (chá) de água fervente*
- *1 ramo de salsa*
- *1 ramo de manjerona*

1 Coloque o óleo em uma panela e leve ao fogo. Fatie as linguiças.

2 Quando o óleo estiver quente, adicione os pedaços de linguiça e deixe fritar um pouco. Acrescente a cebola, o sal, o alho e os tomates. Refogue muito bem.

3 Junte ao refogado as folhas inteiras de repolho e o arroz.

4 Refogue tudo mais um pouco e acrescente a água fervente. Junte a salsa e a manjerona. Cozinhe até dar ponto. Acerte o sal e sirva.

Nota: Este arroz também fica muito gostoso quando se acrescentam a ele batatas-doces partidas ao meio.

ARROZ COM PEIXE

- *1 kg de peixe de carne firme*
- *4 colheres (sopa) de óleo*
- *1 cebola picada*
- *Sal*
- *2 dentes de alho picados*
- *4 tomates sem pele picados*
- *2 xícaras (chá) de arroz*
- *Ramos de cheiro-verde*
- *1 folha de louro*
- *Pimenta-verde (opcional)*
- *Água fervente*
- *2 colheres (sopa) de manteiga*
- *Azeitonas e ovos cozidos para decorar*

1 Retire as espinhas e a pele do peixe, corte-o em pedaços e refogue-os em uma panela com o óleo, a cebola, o sal e o alho.

2 Quando os pedaços de peixe estiverem dourados, junte os tomates, o arroz, o cheiro-verde, um pedacinho de folha de louro e, se gostar, pimenta-verde amassada.

3 Deixe refogar mais um pouco e cubra com a água fervente. Tampe a panela e deixe cozinhar em fogo forte.

4 Quando o arroz estiver secando, abaixe o fogo.

5 Depois de seco, adicione a manteiga e torne a tampar a panela.

6 Na hora de servir, revolva o arroz com um garfo e retire o cheiro-verde.

7 Sirva enfeitado com azeitonas grandes e pedaços de ovo cozido.

ARROZ COM POLVO

- *1 polvo médio*
- *1 maço pequeno de cheiro-verde*
- *2 folhas de louro*
- *4 colheres (sopa) de azeite*
- *2 xícaras (chá) de arroz*
- *3 tomates picados sem pele*
- *1 cebola média picada*
- *Sal*
- *Azeitonas pretas grandes para decorar*
- *Salsa picada*

1 Lave bem o polvo, retire a areia das ventosas (o que se consegue batendo nelas fortemente com uma colher de pau), lave-o novamente e cozinhe em uma panela coberto com água. Adicione o cheiro-verde e as folhas de louro.

2 Quando estiver mole (espete um garfo para saber), retire-o da água. Reserve a água e meça 5 xícaras; se faltar, complete com água. Corte o polvo em pedaços de tamanho regular e leve para refogar em uma panela com o azeite.

3 Quando os pedaços estiverem dourados, junte o arroz, os tomates, a cebola e o sal.

4 Refogue mais um pouco e cubra tudo com a água reservada. Prove o sal e deixe cozinhar em fogo forte.

5 Quando estiver quase seco, diminua para fogo baixo.

6 Na hora de servir, revolva o arroz com um garfo, enfeite com as azeitonas e salpique a salsa.

ARROZ COM SUÃ

- 1 kg de suã (parte inferior do lombo do porco) em pedaços
- Sal
- 3 dentes de alho amassados
- Cheiro-verde
- 3 colheres (sopa) de óleo
- 2 cebolas picadas
- 2 xícaras (chá) de arroz
- 4 tomates sem pele picados
- Água fervente
- Salsa e cebolinha

1 Tempere os pedaços de suã com o sal, o alho e o cheiro--verde.

2 Em uma panela com o óleo, refogue a cebola, junte os pedaços de suã e continue refogando até que fiquem bem corados.

3 Junte ao refogado a cebola e o arroz, refogue mais um pouco, acrescente os tomates refogue de novo até que desmanchem e junte água fervente até cobrir o arroz, ficando uns três dedos acima dele.

4 Quando o arroz estiver cozido, junte a salsa e a cebolinha.

Nota: *Este arroz não deve ficar seco, e sim macio, com um pouco de caldo. Cozinhe sempre em panela tampada.*

ARROZ COM TOMATE

- 4 colheres (sopa) de óleo
- 2 xícaras (chá) de arroz
- 2 tomates sem pele e sem sementes picados
- 2 colheres (sopa) de cebola picada
- Sal
- 1 dente de alho picado
- 1 colher (chá) de colorau
- 1 folha de louro ou 1 ramo de salsa
- 4 xícaras (chá) de água fervente

1 Leve 2 colheres (sopa) do óleo ao fogo em uma panela.

2 Quando o óleo estiver quente, adicione o arroz, mexendo sempre, para não pegar na panela. Se começar a pegar, acrescente mais um pouco de óleo.

3 Depois de bem frito o arroz (quando não estiver mais formando grumos, afaste-o um pouco no centro, de forma a ver o fundo da panela, e coloque o restante do óleo, os tomates, a cebola, o sal, o alho e o colorau.

4 Misture bem os temperos ao arroz até que os tomates fiquem completamente desmanchados. Adicione a folha de louro ou a salsa.

5 Junte a água fervente. Assim que levantar fervura, abaixe o fogo, tampe a panela e deixe até que o arroz cozinhe por igual. Não mexa o arroz quando ele estiver cozinhando.

6 Na hora de servir, descarte a folha de louro ou a salsa e, com a ajuda de um garfo, misture delicadamente o arroz para que os grãos se soltem bem.

ARROZ DE CARRETEIRO

- *600 g de carne-seca*
- *150 g de toucinho*
- *2 colheres (sopa) de azeite*
- *1 xícara (chá) de cebola picada*
- *2 dentes de alho picados finamente*
- *2 xícaras (chá) de arroz*
- *5 xícaras (chá) de água fervente*
- *3 tomates sem pele e sem sementes picados*
- *¼ de xícara (chá) de salsa picada*

1 Lave a carne para eliminar parte do sal. Corte-a em pedaços grandes. Coloque-os em um recipiente e cubra com água fria. Deixe de molho por 12 horas, trocando a água por três vezes no decorrer desse tempo. Escorra, seque bem e reserve.

2 Corte o toucinho em cubos pequenos e coloque-os em uma panela de ferro juntamente com o azeite. Misture bem e leve ao fogo para dourar o toucinho. Adicione os cubos de carne e frite-os por 10 minutos ou até dourar.

3 Coloque a cebola e o alho na panela e refogue em fogo baixo por 3 minutos, misturando regularmente. Adicione 1 xícara (chá) de água e cozinhe a carne por mais 30 minutos.

4 Adicione o arroz e refogue por 5 minutos. Acrescente os tomates e refogue mais um pouco. Adicione as 4 xícaras de água restantes.

5 Assim que ferver novamente, tampe a panela ecoloque em fogo baixo.

6 Cozinhe o arroz por cerca de 20 minutos. Apague o fogo e deixe descansar por 5 minutos. Adicione a salsa misture delicadamente. Sirva como acompanhamento para churrascos.

ARROZ FRITO

- *½ xícara (chá) de óleo*
- *2 xícaras (chá) de arroz*
- *¼ de xícara (chá) de cebola picada*
- *2 tomates sem pele e sem sementes picados*
- *4 xícaras (chá) de água fervente*
- *2 ramos de salsa*
- *Sal*

1 Leve ao fogo uma panela com o óleo e, quando estiver quente, junte o arroz e vá mexendo, sem parar, até que ele frite por igual, adquirindo uma cor alourada.

2 Despeje o arroz sobre uma peneira, para que todo o óleo escorra, e torne a levar ao fogo a panela com apenas 2 colheres (sopa) de óleo, a cebola e os tomates.

3 Quando a cebola e os tomates estiverem refogados, adicione o arroz (que já deve ter escorrido bem), misture tudo e junte a água fervente.

4 Acrescente o ramo de salsa e sal, tampe a panela e cozinhe em fogo alto.

5 Quando o arroz estiver quase seco, abaixe o fogo tampe a panela e cozinhe até a água acabar de secar.

6 Antes de servir, retire os ramos de salsa e mexa o arroz com um garfo.

ARROZ DE FORNO

- *1 receita de arroz com tomate (pág. 355)*
- *2 colheres (sopa) de manteiga*
- *2 gemas*
- *4 colheres (sopa) de queijo parmesão ralado*
- *2 ovos levemente batidos*
- *Farinha de rosca*
- *12 azeitonas sem caroços*
- *2 ovos cozidos*
- *Presunto e mozarela (opcional, ver nota)*

1 Prepare a receita de arroz com tomate. Depois de pronto, e ainda quente, misture a manteiga, as gemas e metade do queijo.

2 Arrume o arroz em um refratário, alise-o bem e salpique o queijo restante. Cubra a os dois ovos batidos e polvilhe a farinha de rosca.

3 Leve ao forno preaquecido para aquecer bem e dourar.

4 Enfeite com as azeitonas e fatias de ovos cozidos.

5 Sirva bem quente.

Nota: *Você pode arrumar o arroz em duas camadas, colocando entre uma e outra fatias de presunto e mozarela.*

ARROZ INDIANO

- *500 g de arroz*
- *2 litros de água*
- *Sal*

Molho:

- *4 colheres (sopa) de manteiga*
- *1 colher (sopa) de cebolinha picada (só a parte branca)*
- *1 colher (chá) de salsa picada fininho*
- *1 peito de frango cortado em tiras finas*
- *¼ de xícara (chá) de água*
- *1 colher (sobremesa) de curry em pó (caril)*
- *1 gema*
- *½ xícara (chá) de creme de leite*
- *1 colher (café) de sal*
- *1 pitada de pimenta-branca*

1 Para o molho, leve ao fogo a manteiga, a cebolinha e a salsa.

2 Quando a cebolinha estiver dourada, adicione as tiras de frango. Acrescente a água e refogue até o líquido evaporar quase todo. Misture bem os ingredientes restantes em uma tigela e despeje a mistura sobre o refogado, mexendo sempre.

3 Logo que o molho se tornar homogêneo, retire-o do fogo. Não deixe ferver. Reserve.

4 Cozinhe o arroz na água com o sal, mexendo de vez em quando para não pegar no fundo.

5 Depois de cerca de 20 minutos de fervura em fogo alto, deve estar cozido. Escorra o arroz em uma peneira.

6 Quando o arroz estiver escorrido bem espalhe-o em uma assadeira forrada com um pano de prato úmido e leve ao forno preaquecido em temperatura média até secar bem.

7 Coloque o arroz em uma travessa, acrescente o molho de curry por cima e sirva.

ARROZ DE BRAGA

- *1 kg de pedaços de frango*
- *2 colheres (sopa) de óleo*
- *100 g de bacon picado*
- *4 tomates sem pele picados*
- *4 paios sem a pele cortados em rodelas*
- *2 linguiças portuguesas cortadas em rodelas*
- *500 g de arroz*
- *1 colher (sopa) de salsa picada*
- *1 colher (sopa) de cebolinha picada*
- *Sal e pimenta-do-reino*
- *3 folhas de repolho*
- *6 xícaras (chá) de água fervente*

1 Refogue os pedaços de frango em uma panela com o óleo e o bacon. Quando estiver tudo bem corado, junte 1 tomate picado, o paio, a linguiça e o arroz.

2 Refogue durante mais alguns minutos, junte a salsa, a cebolinha, o sal, a pimenta-do-reino e os tomates restantes, assim como as folhas de repolho, e cubra com a água fervente.

3 Deixe ferver cerca de 30 minutos em fogo baixo.

4 Se quiser, quando estiver quase pronto, divida em panelas de barro individuais, deixe ferver em fogo baixo por mais 5 minutos e sirva nas próprias panelas.

Nota: O arroz de Braga é mais gostoso quando bem úmido, com um pouco de caldo. Se for preparado em panela de barro (o que é preferível), sirva na própria panela.

ARROZ E FEIJÃO À MODA CUBANA

- *1 xícara (chá) de feijão-preto*
- *2 xícaras (chá) de* arroz básico *(pág. 345)*
- *50 g de toucinho*
- *150 g de paio*
- *150 g de presunto defumado*
- *2 colheres (sopa) de azeite*
- *1 cebola média picada*
- *1 dente de alho picado*
- *1 folha de louro*
- *1 tomate maduro*
- *Cominho*
- *4 xícaras (chá) de caldo de frango*
- *Sal e pimenta-do-reino*
- *2 colheres (sopa) de suco de limão*
- *1 colher (café) de pimenta em pó*
- *Gomos de limão*

1 Coloque o feijão de molho em água fria, por cerca de 8 horas ou por uma noite e escorra.

2 Cozinhe o arroz branco.

3 Pique finamente o toucinho, corte o paio em fatias e o presunto em cubos de 1 cm.

4 Coloque em uma panela o toucinho e o azeite. Leve ao fogo baixo e doure, acrescente as fatias de paio e os cubos de presunto, refogue por 5 minutos e acrescente a cebola, o alho e o louro. Misture bem e deixe refogar por mais 5 minutos.

5 Rale ou pique finamente o tomate e acrescente-o à panela. Tempere o cominho e acrescente o feijão escorrido. Misture e refogue por um minuto. Acrescente o caldo de frango, tampe parcialmente a panela e cozinhe por cerca de 1½ hora ou até o feijão estar macio. Tempere com sal e pimenta-do-reino. Deve sobrar cerca de 1½ xícara do caldo do cozimento. Se necessário complete com um pouco mais de água.

6 Acrescente o suco de limão e o arroz branco já cozido. Misture bem e sirva acompanhado de gomos de limão.

Nota: *Um bom acompanhamento para esta receita são bananas-da-terra fritas.*

ARROZ NA FÔRMA COM PARMESÃO

- *2 xícaras (chá) de arroz*
- *Óleo*
- *1 cebola pequena picada*
- *Sal*
- *2 tomates sem pele*
- *4 xícaras (chá) de água fervente*
- *Ramos de cheiro-verde*
- *2 colheres (sopa) de manteiga*
- *5 colheres (sopa) de queijo parmesão ralado*
- *2 ovos*

1 Refogue o arroz em um pouco de óleo, com a cebola, o sal e os tomates.

2 Depois de refogar por uns minutos, junte a água fervente e o cheiro-verde, deixe cozinhar em fogo alto.

3 Quando estiver secando, passe para fogo baixo, a fim de que seque bem.

4 Retire o cheiro-verde e junte a manteiga, o queijo e os ovos.

5 Misture tudo muito bem e leve para assar em fôrma untada com manteiga.

6 Ao servir, vire a fôrma sobre uma travessa e polvilhe com mais queijo parmesão ralado.

ARROZ RECUPERADO

- *2 colheres (sopa) de azeite ou manteiga*
- *100 g de presunto (ou mortadela)*
- *½ cebola picada*
- *3 xícaras (chá) de* arroz básico *(pág. 345)*
- *Farinha de rosca*
- *2 ovos cozidos fatiados*
- *¼ de xícara (chá) de queijo ralado*
- *2 ovos levemente batidos*

1 No azeite, refogue o presunto e a cebola. Fora do fogo, misture o arroz já cozido.

2 Em um refratário untado com manteiga e polvilhado com farinha de rosca, coloque alguns pedacinhos de presunto e 6 rodelas de ovo cozido, acrescente uma camada de arroz, polvilhe o queijo ralado e 2 ou 3 colheradas de ovo batido. Repita até terminarem os ingredientes.

3 Por fim, aperte bem e leve ao forno quente preaquecido durante 30 minutos.

4 Vire sobre uma travessa e sirva bem quente.

Nota: Você pode servir também com molho de tomate e mais queijo ralado.

Arroz à Moda Americana

- *1 cebola grande*
- *1 pimentão verde*
- *3 talos de salsão*
- *4 tomates*
- *150 g de presunto defumado*
- *250 g de linguiça calabresa*
- *80 g de bacon*
- *¼ de xícara (chá) de azeite*
- *2 dentes de alho*
- *2 xícaras (chá) de arroz*
- *4 xícaras (chá) de caldo de carne*
- *Sal e pimenta-do-reino*
- *Molho de pimenta-vermelha*
- *200 g de camarões pequenos*
- *½ xícara (chá) de salsa picada*
- *¼ de xícara (chá) de cebolinha picada*

1 Pique finamente a cebola, o pimentão e o salsão. Retire a pele dos tomates, elimine as sementes e corte-os em cubos. Corte o presunto em cubos pequenos, fatie a linguiça e pique o bacon.

2 Em uma panela, leve o azeite e o bacon ao fogo e refogue até o bacon estar dourado, acrescente o presunto e a linguiça, refogue até que dourem. Junte o salsão, o pimentão, a cebola e o alho. Abaixe o fogo e refogue por 15 minutos, misturando regularmente.

3 Coloque o arroz e refogue até que esteja levemente dourado. Acrescente os tomates e refogue por mais 5 minutos. Coloque o caldo. Adicione um pouco de sal, pimenta-do-reino e o molho de pimenta, leve para ferver e tampe a panela, cozinhando até que a metade do caldo tenha sido absorvida. Acrescente os camarões e misture levemente, tampe novamente a panela e cozinhe até que todo o caldo seja absorvido.

4 Acrescente a salsa e a cebolinha, misture bem e sirva.

Arroz com Palmito e Camarão

- *1 kg de camarões pequenos*
- *Sal e pimenta-do-reino*
- *4 dentes de alho picados*
- *4 colheres (sopa) de cebola picada*
- *4 colheres (sopa) de óleo*
- *3 colheres (sopa) de salsa picada*
- *2 colheres (sopa) de cebolinha picada*
- *1 xícara (chá) de palmito picado*
- *1 xícara (chá) de* molho de tomate *(pág. 465)*
- *2 xícaras (chá) de água fervente*
- *2 xícaras (chá) de arroz*
- *½ xícara (chá) de ervilhas em lata (escorridas)*
- *1 colher (sopa) de suco de limão*

1 Limpe os camarões e tempere com sal e pimenta-do-reino.

2 Refogue o alho e a cebola em uma panela com o óleo em fogo baixo, por cerca de 5 minutos, junte metade da quantidade de salsa e de cebolinha, misture e adicione o palmito e os camarões.

3 Refogue e junte o molho de tomate e a água fervente. Assim que começar a ferver, coloque um pouco de sal, pimenta-do-reino e o arroz, misturando bem. Tampe a panela e leve para ferver em fogo baixo até dar ponto no arroz (cerca de 20 minutos). Se secar muito, acrescente um pouco de água fervente.

4 Confira o ponto do arroz e o tempero, acrescente as ervilhas, a salsa e a cebolinha restantes e misture cuidadosamente. Tampe a panela e deixe o arroz descansar por 5 minutos. Sirva.

ARROZ COM FRANGO ENSOPADO

- *1 receita de* arroz básico *(pág. 345)*
- *1 receita de* frango ensopado com batatas *(pág. 489)*
- *2 colheres (sopa) de manteiga*
- *1 cebola picadinha*
- *6 tomates maduros*
- *½ lata de ervilhas escorridas*
- *Azeitonas sem caroço*
- *Sal*
- *¼ de xícara (chá) de queijo parmesão ralado*
- *2 ovos cozidos*

1 Prepare a receita de arroz básico e reserve.

2 Faça uma receita de frango ensopado em com batatas, mas sem as batatas.

3 Retire os ossos e as peles dos pedaços de frango e desfie a carne. Refogue na manteiga e acrescente a cebola.

4 Junte ao refogado o molho em que foi feito o ensopado. Adicione os tomates picados e sem pele, deixando tudo cozinhar mais um pouco até se formar um molho grosso. Quando o molho estiver pronto, adicione as ervilhas e algumas azeitonas. Acerte o ponto do sal.

5 Arrume, em um refratário, camadas de arroz, de carne de frango com o molho, salpique parmesão ralado, até que não haja mais ingredientes, mas de modo que a última camada seja de carne com molho salpicada com queijo ralado.

6 Enfeite com os ovos cozidos cortados em rodelas. Sirva quente.

RISOTO ITALIANO DE AÇAFRÃO

- *3 colheres (sopa) de manteiga*
- *20 g de tutano de boi (opcional)*
- *2 colheres (sopa) de cebola picada*
- *2 xícaras (chá) de arroz tipo arbóreo (ver nota)*
- *½ xícara (chá) de vinho branco seco*
- *1 envelope de açafrão*
- *1 litro de* caldo de carne *(pág. 227) fervente*
- *Sal*
- *50 g de parmesão ralado*

1 Coloque metade da manteiga em uma panela. Passe o tutano por uma peneira e acrescente-o à manteiga. Coloque a cebola, refogue até que a cebola esteja transparente, junte o arroz e misture bem para envolver todos os grãos em manteiga.

2 Regue com o vinho branco e deixe absorver; acrescente o açafrão e vá regando com o caldo, concha a concha, até o arroz estar al dente. Misture constantemente, por cerca de 18 minutos; tempere com o sal.

3 Apague o fogo e acrescente o parmesão e a manteiga restante; misture bem. Tampe a panela e deixe descansar por mais 5 minutos.

Nota: *O arroz arbóreo é importado da Itália, tem grão curto e não deve ser lavado para o preparo do risoto. Nas capitais brasileiras pode ser encontrado em supermercados. Você pode utilizar também arroz nano ou carnaroli.*

RISOTO ITALIANO DE COGUMELO SECO

- *20 g de cogumelos secos (funghi secchi)*
- *1 xícara (chá) de água fervente*
- *4 colheres (sopa) de manteiga*
- *2 colheres (sopa) de cebola picada*
- *2 xícaras (chá) de arroz tipo arbóreo (ver nota na receita anterior)*
- *½ xícara (chá) de vinho branco seco*
- *1 litro de* caldo de carne *ou* galinha *(pág. 227 e 228)*
- *Sal*
- *50 g de parmesão ralado*

1 Lave bem os cogumelos e coloque-os de molho por 30 minutos na água fervente. Escorra, reserve o líquido e pique os cogumelos.

2 Coloque metade da manteiga e a cebola em uma panela larga. Leve ao fogo e refogue até que a cebola esteja transparente; coloque o arroz e misture bem para envolver todos os grãos em manteiga. Acrescente os cogumelos picados e refogue por mais um minuto.

3 Regue com o vinho branco e deixe o vinho evaporar. Acrescente a água reservada (dos cogumelos) e vá regando com o caldo, concha a concha, misturando constantemente até o arroz estar al dente (aproximadamente 18 minutos). Tempere com o sal.

4 Apague o fogo e acrescente o parmesão e a manteiga restante; misture bem. Tampe a panela e deixe descansar por mais 5 minutos.

Bolinho Simples de Arroz

- *2 xícaras (chá) de* arroz básico *(pág. 345)*
- *2 ovos*
- *1 colher (chá) de manteiga*
- *2 colheres (sopa) de queijo parmesão ralado*
- *Sal*
- *1 colher (sopa) de salsa picada*
- *Leite o quanto baste*
- *Óleo*

1 Bata no processador ou liquidificador o arroz já pronto.

2 Adicione os ovos, a manteiga, o queijo parmesão ralado, o sal, a salsa picadinha e um pouco de leite (para que a massa não fique dura) e bata tudo muito bem.

3 Frite às colheradas, em óleo bem quente.

4 Sirva sobre folhas de alface.

Nota: *Os bolinhos de arroz, geralmente, são feitos com sobras de arroz.*

Bolinho Especial de Arroz

- *2 xícaras (chá) de* arroz básico *(pág. 345)*
- *½ xícara (chá) de leite*
- *2 ovos*
- *3 colheres (sopa) de parmesão ralado*
- *1 colher (sopa) de salsa picada*
- *100 g de mozarela cortada em cubos pequenos*
- *¼ de colher (chá) de noz-moscada*
- *Sal e pimenta-do-reino*
- *4 colheres (sopa) de farinha de trigo*
- *1 colher (café) de fermento em pó*
- *Óleo*

1 Coloque o arroz em uma panela e acrescente o leite. Cozinhe em fogo baixo, misturando regularmente para que o arroz fique bem macio e o leite seja absorvido de forma completa. Retire do fogo e deixe esfriar.

2 Coloque em um recipiente o arroz, os ovos, o parmesão, a salsa, a mozarela, a noz-moscada, o sal e a pimenta-do-reino. Misture bem e acrescente a farinha de trigo e o fermento.

3 A massa deve ficar em ponto que se possa moldar às colheradas. Se necessário, acrescente mais um pouco de farinha de trigo.

4 Aqueça o óleo em uma panela e vá colocando a massa às colheradas para formar os bolinhos. Frite até estarem dourados. Escorra e coloque sobre papel absorvente. Sirva quente.

Nota: *O ideal para o preparo desta receita é utilizar sobras de arroz pronto.*

TORTA DE ARROZ

Massa:

- *2 xícaras (chá) de* arroz básico *(pág. 345)*
- *2 xícaras (chá) de leite*
- *½ xícara (café) de óleo*
- *2 colheres (sopa) de farinha de trigo*
- *3 colheres (sopa) de queijo ralado*
- *Sal e pimenta-do-reino*
- *¼ de xícara (chá) de farinha de rosca*
- *1 colher (sopa) de manteiga*
- *3 ovos separados, com as claras em neve*
- *1 colher (sopa) de fermento em pó*

Recheio:

- *Palmito picado com ovos cozidos e ervilhas ou*
- *Picadinho de carne, ovos cozidos picados e azeitonas ou*
- *Molho de tomate ou*
- *A seu critério, dependendo das sobras disponíveis*

1 Com exceção das claras em neve e do fermento em pó, bata todos os ingredientes da massa no liquidificador.

2 A seguir, misture à massa as claras em neve e o fermento, mexendo bem.

3 Unte um refratário com a manteiga e polvilhe com farinha de rosca.

4 Coloque no refratário metade da massa, coloque o recheio e cubra com a outra metade.

5 Leve para assar em forno preaquecido até que fique dourado.

FEIJÃO

Feijão

Feijão

Feijão Simples

- *3 xícaras (chá) rasas de feijão*
- *2 litros de água*
- *1 folha de louro*
- *Sal*
- *3 colheres (sopa) de óleo*
- *2 dentes de alho*
- *1 cebola picada finamente*
- *Pimenta-do-reino*
- *Ramos de salsa e cebolinha (opcional)*

1 Deixe o feijão de molho em água fria por 8 a 12 horas, depois, lave bem e escorra.

2 Leve o feijão ao fogo em uma panela funda com a água, o louro e o sal. Cozinhe em fogo médio até que fique bem macio; se necessário, vá adicionando água aos poucos. Se for cozinhar na panela de pressão, cozinhe por 25 minutos em fogo baixo depois que pegar pressão.

3 Em outra panela, coloque o óleo, o alho, a cebola e a pimenta-do-reino.

4 Quando a cebola estiver corada, junte ao refogado 2 ou 3 conchas de grãos e amasse um pouco.

5 Junte ao refogado o caldo e o resto do feijão que ficou no caldeirão. Cozinhe em fogo brando para engrossar.

6 Se gostar, pode adicionar um ramo de salsa e de cebolinha.

Feijão Assado à Moda Americana

- *2 xícaras (chá) de feijão tipo jalo*
- *8 xícaras (chá) de água*
- *2 colheres (chá) de sal*
- *Pimenta-do-reino*
- *¼ de xícara (chá) de açúcar mascavo*
- *½ colher (chá) de mostarda*
- *1 cebola grande inteira*
- *150 g de toucinho magro*

1 Lave os feijões e coloque-os de molho em água fria por 8 horas. Escorra e elimine a água. Coloque os feijões em uma panela com a água e leve ao fogo baixo, cozinhando até que os feijões estejam macios (cerca de 40 minutos ou 30 minutos na panela de pressão).

2 Em uma cumbuca de barro com capacidade para 1½ litro aproximadamente, coloque o sal, a pimenta-do-reino, o açúcar mascavo e a mostarda. Misture bem.

3 Coloque os feijões com a água do cozimento na cumbuca, a água deve cobrir os feijões, se faltar, complete, e adicione a cebola inteira. Corte fatias grossas do toucinho e coloque sobre tudo. Cubra a cumbuca com papel-alumínio e leve ao forno médio preaquecido por 4 horas; se necessário acrescente um pouco de água na cumbuca na metade do tempo.

4 Nos últimos 20 minutos, retire o papel-alumínio para fazer uma pequena crosta nos feijões. Sirva com carnes grelhadas.

CASSOULET

- *2 xícaras (chá) de feijão-branco*
- *1 frango pequeno*
- *1 talo de salsão picado*
- *1 ramo de tomilho*
- *1 folha de louro*
- *4 talos de salsa*
- *1 pedaço de alho-poró*
- *100 g de toucinho*
- *6 dentes de alho descascados*
- *2 cebolas médias descascada*
- *1 cravo-da-índia*
- *2 cenouras descascadas*
- *80 g de bacon cortado em cubos*
- *Sal e pimenta-do-reino*
- *200 g de linguiça defumada*
- *400 g de tomates sem pele e sem sementes*
- *¾ de xícara (chá) de farinha de rosca*

1 Lave bem os feijões e coloque-os de molho em água fria por 4 horas. Escorra.

2 Corte o frango em 8 pedaços. Prepare os aromas, colocando em uma gaze de salsão, o tomilho, o louro, a salsa e o alho-poró. Amarre a gaze com barbante, fazendo uma trouxinha.

3 Coloque o feijão em uma panela e cubra com água suficiente para ultrapassar 10 cm dos grãos. Adicione o toucinho, 3 dentes de alho, 1 cebola espetada com o cravo-da-índia, 1 cenoura e o amarrado de aromas. Leve ao fogo e cozinhe por aproximadamente 1½ hora para que os feijões fiquem macios, se necessário, adicionando mais um pouco de água Na panela de pressão, cozinhe por 35 minutos, em fogo baixo, depois de pegar pressão.

4 Enquanto o feijão cozinha, coloque os pedaços de bacon em uma panela e leve-os ao fogo baixo para que liberem a gordura. Doure os cubos de bacon, escorra e elimine a gordura. Junte os pedaços de frango à panela. Doure bem, em fogo alto. Retire o frango da panela e coloque em papel absorvente. Retire a gordura do frango que ficou na panela e reserve. Escorra o feijão, reservando o líquido. Descarte os vegetais, o pedaço de toucinho e a trouxinha de aromas. Adicione os cubos de bacon frito ao feijão reservado e tempere com sal e pimenta-do-reino.

5 Escalde a linguiça em água fervente por 10 minutos. Escorra, retire a pele e corte em fatias. Reserve. Corte a cenoura restante em fatias grossas e pique grosseiramente as cebolas restantes.

6 Coloque a cenoura e a cebola na panela em que dourou o frango juntamente com os dentes de alho restantes picados e refogue por 10 minutos. Adicione os tomates bem picados e refogue por mais 5 minutos, coloque os pedaços de frango e tempere com sal e pimenta-do-reino. Cubra com a água do cozimento dos feijões, misture bem e cozinhe em fogo baixo por cerca de 1 hora para que o frango fique macio. Preaqueça o forno a 170 °C.

7 Em uma panela que possa ir ao forno ou cumbuca grande de barro, coloque 2 colheres (sopa) da gordura de frango reservada. Coloque metade dos feijões, cubra com as fatias da linguiça, por cima coloque pedaços de frango e regue com o molho do cozimento do frango. Cubra com o feijão restante e, se necessário, adicione um pouco de água.

8 Cubra com a farinha de rosca. Leve ao forno por cerca de 30 minutos para dourar a crosta. Sirva com arroz.

FEIJÃO COM LEITE DE COCO

- *500 g de feijão*
- *Sal*
- *1 vidro pequeno de leite de coco*
- *2 colheres (sopa) de azeite de dendê*

1 Deixe o feijão de molho por 8 a 12 horas.

2 Lave, escorra e cozinhe o feijão em água fervente até que fique macio.

3 Quando estiver cozido, bata no liquidificador e passe por uma peneira.

4 Leve o feijão batido ao fogo, deixe que engrosse e tempere com sal.

5 Quando o caldo estiver grosso, junte o leite de coco e deixe mais um pouco no fogo, até para abrir fervura.

6 Na hora de servir, coloque o feijão em uma travessa funda e regue com o azeite de dendê aquecido em banho-maria.

TUTU DE FEIJÃO

- *¼ de xícara (chá) de óleo*
- *1 cebola pequena picada*
- *3 talos de cebolinha picados*
- *2 dentes de alho picados*
- *Sal e pimenta-do-reino*
- *3 xícaras (chá) de feijão cozido*
- *Farinha de mandioca*
- *Torresmo ou bacon (opcional)*

1 Faça um refogado com o óleo, a cebola, a cebolinha, e o alho e tempere com o sal e a pimenta-do-reino.

2 Junte ao refogado o feijão cozido, com um pouco do caldo.

3 Deixe ferver um pouco e, depois, vá juntando farinha de mandioca, mexendo sempre e sem tirar a panela do fogo, até que fique com uma consistência mole.

4 Sirva enfeitado com torresmos ou pedaços de bacon fritos.

Nota: *Veja como cozinhar o feijão na página 369.*

VIRADO DE FEIJÃO

- *¼ de xícara (chá) de óleo*
- *1 cebola fatiada*
- *Cebolinha*
- *2 dentes de alho*
- *Sal e pimenta-do-reino*
- *3 xícaras (chá) de feijão cozido*
- *Farinha de milho*
- *Linguiça (opcional)*
- *Ovos fritos (opcional)*
- *Costeletas de porco grelhadas (opcional)*

1 Faça um refogado com o óleo, a cebola e a cebolinha, e o alho e tempere com o sal e a pimenta-do-reino . Junte o feijão cozido, com um pouco de caldo.

2 Deixe ferver um pouco e vá juntando a farinha de milho, mexendo sempre e sem tirar a panela do fogo, até que fique com uma boa consistência.

3 Sirva enfeitado com linguiça frita, ovos fritos ou com costeletas de porco.

Nota: *Veja como cozinhar o feijão na página 369.*

FEIJÃO-GUANDO

- *3 xícaras (chá) de feijão-guandu*
- *500 g de carne de porco defumada*
- *3 colheres (sopa) de óleo*
- *1 colher (chá) de sal com alho*
- *1 cebola picada*
- *Pimenta-do-reino*
- *1 folha de louro*
- *2 tomates sem pele*
- *Salsa e cebolinha (opcional)*
- *Ovos tantos quantas forem as pessoas a servir*

1 Debulhe o feijão, lave-o bem e leve ao fogo para ferver.

2 Em outra panela, ferva também uma quantidade de água igual à da primeira.

3 Quando as duas águas estiverem fervendo, escorra o feijão e coloque-o na água da outra panela, deixando cozinhar em fogo baixo. A água em que o feijão foi fervido ficou amarga e não deve ser usada para cozinhá-lo.

4 Se quiser, passe a carne de porco defumada por uma fervura e junte-a ao feijão.

5 Em outra panela refogue o sal com alho, a cebola, a pimenta-do-reino, um pedacinho de folha de louro e os tomates.

6 Quando a cebola estiver corada, junte ao refogado 2 ou 3 conchas de grãos e amasse um pouco.

7 Leve o restante do feijão com o caldo que ficou na panela à panela do refogado e deixe em fogo baixo para engrossar.

8 Se gostar, acrescente um galho de salsa e cebolinha para cozinhar com o feijão.

9 Pouco antes de servir, quebre os ovos e cozinhe-os dentro do feijão.

VIRADO DE FEIJÃO-GUANDO

- *¼ de xícara (chá) de óleo*
- *1 cebola picada*
- *Cebolinha*
- *Sal com alho*
- *1 pitada de pimenta-do-reino*
- *2 xícaras (chá) de feijão-guando cozido*
- *Farinha de milho*
- *Linguiça (opcional)*
- *Ovos fritos (opcional)*
- *Costeletas de porco (opcional)*

1 Faça um refogado com o óleo, a cebola, a cebolinha, o sal com o alho e a pimenta-do-reino.

2 Junte ao refogado o feijão-guando já cozido, com um pouco de caldo.

3 Deixe ferver um pouco e vá juntando a farinha de milho, mexendo sempre e sem tirar a panela do fogo, até que fique com uma boa consistência.

4 Sirva enfeitado com linguiça frita, ovos fritos ou costeletas de porco.

Nota: *Veja como cozinhar o feijão-guando na página 372.*

FEIJÃO-BRANCO

- *3 xícaras (chá) de feijão-branco*
- *2 litros de água*
- *4 colheres (sopa) de óleo*
- *2 dentes de alho*
- *1 cebola média picada*
- *1 pedacinho de folha de louro*
- *4 tomates sem pele picados*
- *Sal e pimenta-do-reino*
- *1 ramo de salsa e cebolinha (opcional)*

1 Deixe o feijão de molho em água fria por 8 horas, escorra e leve ao fogo em em uma panela com a água em fogo médio até que fique bem macio Na panela de pressão, cozinhe por 35 minutos, em fogo baixo, depois de pegar pressão.

2 Em outra panela, coloque o óleo e refogue o alho, a cebola, a folha de louro e os tomates. Tempere com o sal e a pimenta-do-reino.

3 Quando a cebola estiver corada, junte ao refogado 2 ou 3 conchas de grãos de feijão e amasse um pouco.

4 Junte ao refogado o caldo e o restante feijão e deixe cozinhar em fogo baixo para engrossar. Acerte o sal.

5 Se gostar, adicione a salsa e a cebolinha.

Nota: *Cozido com costeletas ou lombo de porco (defumados ou frescos), é muito gostoso. Também podem ser adicionados ao refogado pedaços de linguiça ou salsicha.*

FEIJÃO-VERDE

- *2 xícaras (chá) de feijão-verde*
- *2 colheres (sopa) de óleo*
- *¼ de xícara (chá) de cebola picada*
- *Sal e pimenta-do-reino*
- *Cheiro-verde*

1 Leve o feijão-verde para cozinhar em água com sal. Deixe a panela destampada, para que o feijão não perca a cor.

2 Quando estiver cozido, tempere-o com um refogado de óleo, cebola, sal, pimenta-do-reino e cheiro-verde.

3 Deixe ferver um pouco para que não fique com muito caldo. Sirva.

ACARAJÉ

- *600 g de feijão-fradinho*
- *4 cebolas médias*
- *350 g de camarões secos*
- *1 xícara (chá) de azeite de dendê*

Molho:

- *1 cebola média*
- *300 g de camarões secos*
- *5 pimentas-malagueta*
- *½ colher (chá) de sal*
- *2 colheres (sopa) de azeite de dendê*
- *5 tomates (sem pele e sem sementes) batidos no liquidificador*
- *250 g de camarões frescos descascados (de preferência médios)*

1 Deixe o feijão de molho em água fria por 12 horas.

2 Escorra os grãos e coloque pequenas porções deles dentro de um pano de prato limpo e seco. Esfregue bem, até retirar toda a casca.

3 Depois de descascados, passe os feijões pelo processador.

4 Passe pelo processador, também as cebolas e os camarões.

5 Em uma panela grande e funda, junte o feijão moído e a cebola moída com os camarões e, com uma colher de pau, bata a massa até que se formem pequenas bolhas, pois a massa vai fermentar, esse processo leva mais ou menos 10 minutos. A massa deve triplicar de volume.

6 Faça bolinhos do tamanho de um ovo e reserve.

7 Leve ao fogo, em uma frigideira pequena e funda, o azeite de dendê e aqueça por 3 minutos.

8 Aquecido o azeite, frite os acarajés de 2 em 2, primeiro de um lado (por 3 minutos), depois do outro (mais 3 minutos).

9 À medida que for retirando os acarajés da frigideira, coloque-os para escorrer em papel absorvente, e reserve.

10 Para o recheio, passe pelo processador a cebola, os camarões, a pimenta e o sal. Coloque o azeite de dendê em uma frigideira, aqueça por 2 minutos e adicione os tomates; deixe ferver por 2 minutos. Acrescente a mistura processada e mais os camarões frescos; deixe no fogo por mais 10 minutos, ou até obter um molho denso, que tanto servirá para rechear como para ser derramado sobre os acarajés.

11 Para rechear os acarajés, abra-os ao meio e coloque dentro o molho.

CROQUETE DE FEIJÃO

- *1 xícara (chá) de arroz básico (pág. 345)*
- *1 xícara (chá) de feijão simples (pág. 369) escorrido*
- *1 dente de alho amassado*
- *1 pitada de sal*
- *Cebolinha*
- *Salsa picadinha*
- *3 colheres (sopa) de queijo parmesão ralado*
- *2 colheres (sopa) de farinha de trigo*
- *½ xícara (chá) de leite*
- *1 ovo inteiro*
- *Ovo batido*
- *Farinha de rosca*
- *Óleo*

1 Passe por uma peneira ou processador as porções de feijão e arroz, perfazendo 2 xícaras (chá) de massa (usam-se, geralmente, sobras das refeições).

2 Tempere a massa com o alho, o sal, a cebolinha, a salsa e o queijo parmesão ralado.

3 Adicione a farinha de trigo dissolvida no leite e leve ao fogo, mexendo sempre, durante 10 minutos.

4 Retire do fogo, deixe esfriar e junte o ovo inteiro, misturando bem.

5 Em seguida, com as mãos e com um pouco de farinha de rosca, faça bolinhos menores que um ovo, passe-os no ovo batido e na farinha de rosca e frite em óleo bem quente.

FEIJOADA COMPLETA

- *500 g de carne de porco salgada*
- *500 g de carne-seca*
- *1 pé, 1 orelha e 1 focinho de porco salgados*
- *1 kg de feijão-preto*
- *500 g de carne bovina (ponta-de-agulha ou braço)*
- *500 g de linguiça*
- *1 paio*
- *100 g de bacon*
- *Costeletas de porco ou 500 g de lombo de porco fresco*
- *1 cebola grande picada*
- *2 colheres (sopa) de óleo*
- *3 dentes de alho amassados*
- *Cheiro-verde*
- *Sal (opcional)*

1 Deixe de molho, na véspera, a carne de porco salgada, a carne-seca, o pé, a orelha e o focinho de porco salgados.

2 No dia seguinte, de manhã, leve o feijão-preto ao fogo em uma panela grande com bastante água.

3 Em outra panela, afervente os ingredientes que ficaram de molho.

4 Uma hora depois que o feijão estiver no fogo, acrescente os ingredientes fervidos e a carne bovina, a linguiça, o paio, o bancon e as costeletas de porco.

5 Quando tudo estiver mais ou menos cozido, junte um refogado feito à parte com o óleo, a cebola, o alho e o cheiro-verde.

6 Prove o sal e deixe ferver, até que tudo fique bem cozido, em fogo baixo, para que não pegue no fundo da panela.

Nota: *Sirva acompanhada de molho, couve refogada, arroz, farinha de mandioca e laranjas doces, picadas e polvilhadas com sal fino.*

Angu, Pirão e Polenta

Angu, Pirão e Polenta

"Toute fantaisie, ou admission hors nature, doivent en être rigouresement proscrites."

TEXTO DA EDIÇÃO DE 1944 DE *DONA BENTA*.

ANGU, PIRÃO E POLENTA

ANGU BAIANO PARA PEIXE

- *4 xícaras (chá) de água ou caldo em que o peixe foi cozido*
- *1 colher (sopa) de manteiga*
- *Salsa, cebolinha e coentro picado*
- *Pimenta vermelha picada*
- *Farinha de arroz ou de mandioca*

1 Ferva um pouco de água ou caldo do peixe com a manteiga, os temperos picados e a pimenta.

2 Junte, aos poucos, a farinha de arroz ou de mandioca, mexendo sem parar, de modo a não encaroçar. O angu deve ficar bem cozido e não muito duro.

ANGU DE FUBÁ

- *4 xícaras (chá) de água*
- *1 colher (sopa) de óleo*
- *Sal*
- *2 xícaras (chá) de fubá mimoso*

1 Leve ao fogo uma panela com água, deixe ferver e tempere com o óleo e o sal.

2 Junte o fubá aos poucos, mexendo para não encaroçar, até que tome uma boa consistência e comece a desgrudar da panela.

3 Retire do fogo e vire o angu sobre um prato fundo molhado.

Pirão de Farinha de Mandioca

O pirão é um excelente acompanhamento para cozidos em geral, seja de carnes ou de pescados. Moquecas, pucheros e cozidos à moda portuguesa rendem bons caldos. Um bom pirão é preparado a partir do caldo em que foi preparado o cozido, mas pode ser feito com caldos industrializados ou mesmo com água.

- *4 xícaras (chá) de caldo de cozido ou ensopado*
- *2 colheres (sopa) de cebola picada*
- *1 colher (sopa) de óleo*
- *1 colher (sopa) de salsa ou coentro picado*
- *1 colher (sopa) de cebolinha picada*
- *Farinha de mandioca*
- *Sal*

1 Faça primeiro o cozido ou ensopado e reserve as 4 xícaras de caldo.

2 Em uma panela, refogue a cebola no óleo, adicione o caldo, acrescente a salsa e a cebolinha e deixe levantar fervura.

3 Adicione, pouco a pouco, a farinha de mandioca e mexa ininterruptamente para incorporar bem. Quanto mais farinha colocar, mais espesso ficará o pirão. Cozinhe por mais alguns minutos e acerte o ponto do sal. Sirva acompanhando o cozido.

Nota: *Você pode acrescentar ao refogado pimentão picado ou tomates cortados em cubos. Se gostar do pirão mais picante, acrescente ao refogado uma pimenta dedo-de-moça bem picada.*

Pirão de Semolina

- *6 xícaras (chá) de caldo de carne ou frango*
- *2 colheres (sopa) de manteiga*
- *2 xícaras (chá) de semolina*
- *Sal e pimenta-do-reino*

1 Coloque o caldo para ferver e adicione a manteiga. Adicione, aos poucos, a semolina, misturando bem para não encaroçar. Cozinhe por alguns minutos para adquirir a consistência desejada.

2 Acerte o ponto do sal e da pimenta-do-reino e sirva acompanhando carnes e aves cozidas ou ensopadas.

Polenta Básica

- *8 xícaras (chá) de água ou* caldo de carne ou galinha *(pág. 227 e 228)*
- *1 colher (sopa) de sal*
- *2 xícaras (chá) de fubá*
- *4 colheres (sopa) de manteiga*

1 Coloque a água para ferver e acrescente o sal. Assim que estiver fervendo vigorosamente, polvilhe o fubá, aos poucos, na água fervente. Mexa constantemente para que não empelote.

2 Cozinhe a polenta por cerca de 40 minutos, mexendo regularmente. Apague o fogo, acrescente a manteiga, misture bem e utilize conforme solicitado.

Nota: *Para uma polenta mais firme, utilize 3 xícaras (chá) de água para cada xícara de fubá. Para uma polenta mais cremosa, utilize 5 xícaras (chá) de água para cada xícara de fubá.*

Polenta Cremosa com Cogumelo

Molho:

- *40 g de cogumelos secos (funghi secchi)*
- *2 xícaras (chá) de água fervente*
- *200 g de cogumelos shitake*
- *200 g de cogumelos Paris*
- *2 colheres (sopa) de manteiga*
- *2 colheres (sopa) de cebola picada*
- *4 folhas de sálvia picadas*
- *Vinho branco*
- *60 g de queijo gorgonzola*

Polenta:

- *2 colheres (sopa) de salsa picada*
- *Sal e pimenta-do-reino*
- *6 xícaras (chá) de água fria*
- *2 colheres (chá) de sal*
- *2 xícaras (chá) de fubá mimoso*
- *60 g de queijo parmesão*
- *1½ xícara (chá) de requeijão ou cream cheese*

1 Lave bem os cogumelos secos e cubra com a água fervente. Deixe hidratar por 20 minutos. Escorra, reserve a água e pique-os finamente.

2 Fatie os shitake e os cogumelos Paris. Coloque a manteiga em uma frigideira e acrescente a cebola. Refogue para que fique bem macia e comece a dourar. Acrescente os shitake, os cogumelos Paris e a sálvia. Refogue novamente até que fiquem macios. Acrescente os cogumelos secos e misture novamente. Regue com o vinho branco e deixe evaporar.

3 Acrescente o queijo gorgonzola e misture para que derreta bem. Se necessário, acrescente 2 colheres (sopa) de água para ajudar o queijo a derreter. Tempere com o sal e a pimenta-do-reino. Adicione a salsa. Retire do fogo e reserve.

4 Coloque 4 xícaras (chá) de água para ferver em uma panela grande.

5 Coloque no liquidificador as 2 xícaras (chá) de água restantes e 2 xícaras (chá) do líquido reservado dos cogumelos secos. Adicione o sal e o fubá. Bata até obter uma pasta bem lisa. Despeje lentamente na panela com a água fervente, sem parar de mexer. Cozinhe a polenta por 30 minutos, mexendo sem parar. Se a mistura estiver pesada, acrescente um pouco mais de água fervente.

6 Junte o parmesão e misture bem. Apague o fogo e adicione o requeijão, misturando sem parar até que a polenta fique bem cremosa. Tampe a panela por 5 minutos.

7 Aqueça o molho enquanto a polenta estabiliza. Coloque-a em pratos fundos e cubra com um pouco de molho.

Polenta de Forno com Bacalhau

Polenta:

- *4 xícaras (chá) de água fria*
- *1 xícara (chá) de fubá*
- *1 colher (sopa) de sal*
- *2 colheres (sopa) de manteiga*

Molho:

- *12 azeitonas pretas sem caroço*
- *1 pimentão vermelho sem pele e sem sementes*
- *1 pimentão amarelo sem pele e sem sementes*
- *6 tomates sem pele e sem sementes*
- *4 colheres (sopa) de azeite*
- *⅓ de xícara (chá) de cebola picada*
- *2 dentes de alho picados*
- *300 g de bacalhau desfiado (dessalgado)*
- *Orégano*
- *Sal e pimenta-do-reino*
- *1 colher (sopa) de salsa picada*
- *Azeite*

1 Preaqueça o forno a 180 °C. Em um recipiente, misture bem a água, o fubá e o sal. Despeje em um refratário, distribua a manteiga em pedacinhos sobre a mistura e leve ao forno por 40 minutos. Enquanto isso, prepare o molho.

2 Corte as azeitonas em lâminas e os pimentões em tiras finas. Pique bem os tomates.

3 Coloque o azeite em uma frigideira e acrescente a cebola. Refogue até que ela comece a dourar e junte o alho. Misture e refogue por mais 1 ou 2 minutos. Coloque o bacalhau e misture. Adicione os pimentões e os tomates.

4 Misture bem e cozinhe em fogo alto por cerca de 8 minutos. Tempere com o orégano, o sal e a pimenta-do-reino. Acrescente as azeitonas.

5 Após 40 minutos, retire a polenta do forno e misture bem com um garfo. Cubra com o molho e leve ao forno por mais 10 minutos.

6 Retire e salpique a salsa picada. Sirva regando com um fio de azeite.

Polenta Frita

- *1 receita de* polenta básica *(pág. 381)*
- *Óleo*
- *Parmesão ralado (opcional)*

1 Prepare a receita de polenta básica e despeje em uma assadeira untada com óleo, deixando a polenta com cerca de 2 cm de espessura. Cubra e leve à geladeira por algumas horas.

2 Aqueça bastante óleo em uma panela. Corte a polenta em palitos (como batatas fritas) ou em quadradinhos. Doure no óleo e escorra em papel absorvente.

3 Sirva polvilhando o parmesão.

Polenta Grelhada com Calabresa

- *1 receita de polenta básica (pág. 381) firme*
- *250 g de linguiça calabresa*
- *2 colheres (sopa) de azeite*
- *1 cebola pequena*
- *½ colher (chá) de sementes de erva-doce*
- *¼ de xícara (chá) de vinho marsala ou porto*
- *2 xícaras (chá) de tomates sem pele e sem sementes picados*
- *2 xícaras (chá) de brócolis pré-cozidos*
- *Sal e pimenta-do-reino*
- *2 colheres (sopa) de salsa picada*

1 Prepare a polenta conforme indicado na receita. Despeje em um refratário em uma camada de 2 cm a 3 cm de espessura. Leve à geladeira para esfriar completamente.

2 Elimine a pele da calabresa, moa a carne no processador ou pique finamente com uma faca bem afiada.

3 Coloque o azeite em uma frigideira, aqueça e acrescente a linguiça moída. Refogue em fogo baixo para que a linguiça fique dourada. Aumente a chama e coloque a cebola picada e as sementes de erva-doce. Refogue para que a cebola comece a dourar. Regue com o vinho e adicione os tomates. Misture bem, regue com um pouco de água e cozinhe o molho por 20 minutos, amassando os tomates com a ajuda de um garfo.

4 Quando o molho estiver consistente, acrescente os brócolis e cozinhe por mais 2 minutos. Acerte o ponto do sal e da pimenta-do-reino e acrescente a salsa.

5 Corte a polenta em quadrados ou no formato desejado. Coloque sobre uma chapa ou grelha e doure bem dos dois lados. Sirva cobrindo com o molho.

FONDUE

"Fondue é o prato ideal para reunir amigos íntimos. (...) Seu acompanhamento indispensável é o pão-bengala especial, bem fininho."

Texto da edição de 1998 de *Dona Benta*.

Fondue

FONDUE

A fondue é o prato ideal para reunir amigos. A receita original vem dos Alpes suíços.

No seu preparo entram, como ingredientes principais, dois tipos de queijo, kirsch e vinho branco. Seu acompanhamento clássico é a baguete. O ideal é utilizar o pão amanhecido, pois tem textura mais firme e o queijo adere melhor a ele.

FONDUE DE QUEIJO

- *2 baguetes amanhecidas*
- *1 dente de alho (descascado)*
- *250 g de queijo gruyère ralado grosso*
- *250 g de queijo emmenthal ralado grosso*
- *2 xícaras (chá) de vinho branco seco*
- *1 colher (sobremesa) de amido de milho*
- *3 colheres (sopa) de kirsch ou vodca*
- *1 pitada de sal*
- *1 pitada de pimenta-do-reino*
- *1 pitada de noz-moscada ralada*
- *Pão-bengala*

1 Corte o pão em cubos de 2 a 3 cm e arrume-os em uma cestinha.

2 Amasse o alho levemente, sem deixar que se parta. Espete-o em um garfo e passe-o no fundo da panela própria para fondues preaquecida.

3 Coloque os queijos e o vinho na panela e leve ao fogão em fogo baixo. Logo que começarem a derreter, mexa (traçando um 8) com uma colher de pau para que os queijos não empelotem.

4 Quando os queijos estiverem derretidos, adicione o amido de milho dissolvido no kirsch, o sal, a pimenta-do-reino e a noz-moscada. Continue mexendo, como foi indicado, até que a fondue fique com textura de creme espesso, mas uniforme. Coloque a panela na espiriteira apropriada e leve à mesa.

5 Para consumir, espete um pedacinho de baguete no garfo, passe-o na fondue e deguste-o.

Nota: Com esta fondue *você pode servir também quadradinhos de pera e abacaxi ao natural ou ainda cubos de maçã.*

FONDUE DE PEIXE

- *500 g de filé de pescada branca*
- *1 colher (chá) de sal*
- *½ xícara (chá) de farinha de trigo*
- *2 ovos ligeiramente batidos*
- *1 xícara (chá) de farinha de rosca*
- *2 xícaras (chá) de óleo*
- *2 xícaras (chá) de flores de brócolis cozidos*
- *1 xícara (chá) de cebolinhas em conserva cortadas ao meio*
- *2 cenouras cozidas e cortadas em pedacinhos*

Molho de mostarda:

- *1 xícara (chá) de maionese*
- *1 colher (sopa) de mostarda*
- *1 colher (chá) de gengibre ralado*

Molho rosado:

- *1 xícara (chá) de maionese*
- *1 colher (sobremesa) de vinagre de estragão*
- *1 colher (sobremesa) de ketchup*
- *1 ramo de salsa picada*

1 Prepare o molho de mostarda do seguinte modo: misture a maionese com a mostarda. Coloque a mistura obtida em uma molheira. Polvilhe o gengibre ralado.

2 Prepare o molho rosado misturando a maionese, o vinagre de estragão e o ketchup. Coloque o molho em uma molheira e decore com a salsa picada.

3 Corte a pescada em filezinhos de 3 cm de comprimento por 1,5 cm de largura e tempere-os com o sal. Passe-os na farinha de trigo, nos ovos batidos e na farinha de rosca. Arrume-os em uma travessa.

4 Coloque o óleo na panela própria para fondue.

5 Arrume os brócolis, as cebolinhas e as cenouras em uma travessa.

6 Arrume a espiriteira na mesa, os garfos próprios, as travessas com o peixe e os legumes e as molheiras.

7 No momento de servir, esquente o óleo no fogão e, cuidadosamente, coloque a panela sobre a espiriteira acesa.

8 Sirva-se alternadamente de peixe e de legumes: espete um filezinho de peixe e frite-o, depois, passe-o no molho de sua preferência.

Nota: *A mesma receita pode ser preparada com camarões, não sendo necessário cortá-los.*

FONDUE DE BATATA

- *500 g de batatas tipo bolinha descascadas*
- *500 ml de água fervente*
- *1 colher (chá) de sal*
- *2 xícaras (chá) de óleo*
- Molhos *(pág. 389)*

1 Cozinhe as batatas na água fervente com o sal por 20 minutos.

2 Coloque-as no recipiente em que serão levadas à mesa, escorridas e frias.

3 Na panela da fondue, esquente o óleo no fogão, em fogo baixo, e, cuidadosamente, leve-o à mesa sobre a espiriteira acesa.

4 Espete com o garfo a batata e frite mergulhando, a seguir, no molho sua preferência.

Nota: *Você pode preparar um ou vários molhos para servir com esta fondue. Acompanhe com pão tipo suíço, se gostar.*

FONDUE BOURGUIGNONNE

- *350 g de filé-mignon limpo cortado em cubos de 2 a 3 cm*
- *Picles (cenoura e couve-flor)*
- *Pepinos em conserva cortados em 3 partes*
- *Sal e pimenta-do-reino*
- *Cebolinhas em conserva cortadas ao meio*
- *2 xícaras (chá) de óleo*
- *Sal e pimenta-do-reino*

1 Arrume a carne no prato em que a vai servir

2 Coloque os picles, os pepinos e as cebolinhas em outro prato.

3 Arrume sobre a mesa a espiriteira, acenda-a e coloque sobre ela a panela de fondue com o óleo já aquecido no fogão. Ao lado, disponha os garfos próprios para fondue.

4 Leve à mesa os pratos com a carne e os legumes em conserva, o galheteiro com sal e pimenta-do-reino e as molheiras.

5 Espete um pedacinho de carne no garfo e frite-o no óleo quente. Tempere com o sal e a pimenta-do-reino Passe a carne no molho de sua preferência.

Molho de iogurte rosado:

- *1 xícara (chá) de maionese*
- *½ xícara (chá) de iogurte natural*
- *1 colher (sopa) de ketchup*
- *1 pitada de sal*

Misture os ingredientes e coloque o molho em uma molheira ou tigela pequena.

Molho de queijo:

- *½ xícara (chá) de maionese*
- *1 colher (sopa) de cebola picada*
- *1 colher (chá) de alcaparras picadas*
- *2 colheres (sopa) de creme de leite*

Misture os ingredientes e coloque o molho em uma molheira ou tigela pequena.

Molho de mostarda:

- *½ xícara (chá) de maionese*
- *1 xícara (chá) de requeijão*
- *1 pitada de pimenta branca*
- *1 pitada de sal*
- *1 colher (chá) de salsa picada*

Misture os ingredientes e coloque o molho em uma molheira ou tigela pequena.

Molho com alcaparras:

- *1 colher (sopa) de mostarda amarela*
- *2 colheres (sopa) de creme de leite*
- *Sal e pimenta-do-reino*

Misture os ingredientes e coloque o molho em uma molheira ou tigela pequena.

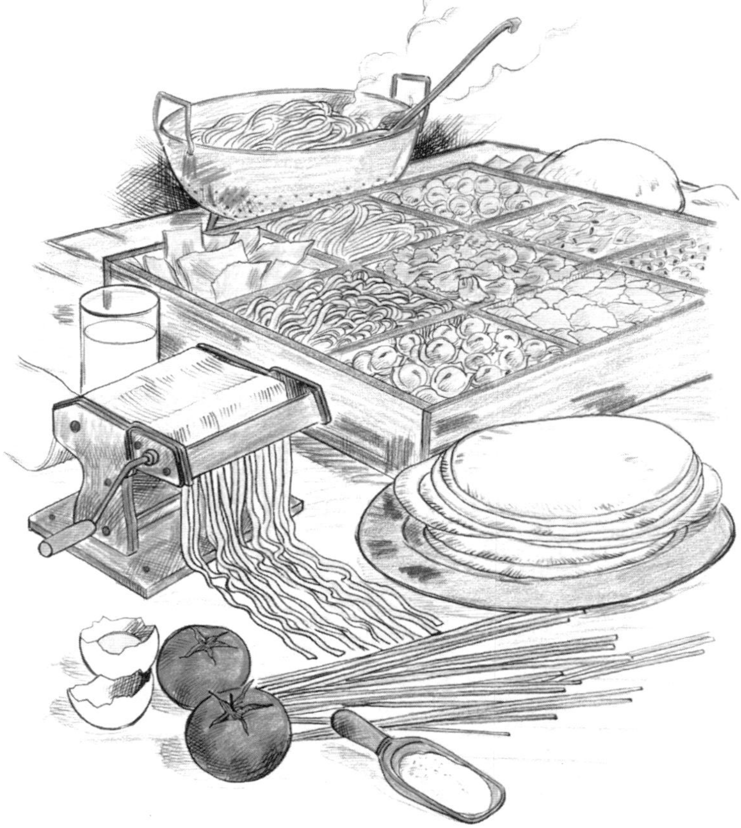

Massas e Panquecas

Massas e Panquecas

Neste capítulo, há receitas de macarrão, panquecas e outras massas. Lembramos que as quantidades proporcionais de água e farinha podem variar sensivelmente nas receitas, pois dependem de fatores como a umidade do ar e a marca da farinha. Portanto, é possível que as quantidades precisem ser ajustadas.

As massas são refeições completas e, na maioria das receitas, o preparo é fácil e rápido.

"As massas, especialmente as italianas, são, na culinária internacional, um capítulo de destaque. São pratos fortes, ricos em sabor e valor nutritivo."

TEXTO DA EDIÇÃO DE 1998 DE DONA BENTA.

MASSAS

PANQUECAS

Massas

Massas

MASSA CASEIRA PARA MACARRÃO

- *500 g de farinha de trigo*
- *6 ovos*
- *Salmoura*
- *colher (chá) de sal*
- *Água morna*

1 Em uma tigela funda, coloque a farinha de trigo e o sal, abra um buraco no centro e acrescente os ovos, um a um. Amasse, puxando a farinha de fora para dentro e misture bem aos ovos até formar uma massa. Se estiver muito seca e quebradiça, adicione, aos poucos, a água, até que a massa fique lisa e homogênea. Enrole-a em plástico filme e deixe descansar por 30 minutos.

2 Divida a massa em pedaços e abra-os com um rolo, sobre uma mesa enfarinhada, ou com a máquina própria para isso, até ficar bem fina. Coloque, os pedaços estendidos sobre panos de prato secos.

3 Depois de abrir toda a massa, leve-a novamente para a mesa enfarinhada e corte em tiras de acordo com a largura desejada, ou corte na máquina de macarrão. Estenda os fios sobre um pano de prato seco e enfarinhado até a hora de cozinhar.

MASSA CLÁSSICA PARA MACARRÃO

- *500 g de farinha de trigo*
- *5 ovos*
- *1 colher (sopa) de azeite*

1 Peneire a farinha sobre uma superfície plana e molde em formato de vulcão. Quebre os ovos no centro do vulcão e adicione o azeite. Com a ajuda de um garfo, vá incorporando a farinha aos ovos. Quando começar a se formar uma massa consistente, amasse bem com as mãos até obter uma massa lisa e elástica.

2 Se necessário, adicione um pouco mais de farinha de trigo. Coloque a massa em um saco plástico e deixe descansar por 30 minutos.

3 O ideal é abrir a massa com o cilindro apropriado, que vem acompanhado dos cortadores para talharim e tagliatelle. Caso não possua o cilindro, divida a massa em 6 pedaços e abra-os em superfície enfarinhada com a ajuda de um rolo. Corte a massa no formato desejado. Utilize imediatamente ou coloque em um varal para secar.

Nota: Nesta massa não se usa sal, pois ele é adicionado à água do cozimento.

CANELONE DE RICOTA

- *1 pacote de massa fresca para lasanha ou 1 receita de* massa clássica para macarrão *(pág. 394) aberta em formato de lasanha*
- *500 g de ricota fresca*
- *Sal*
- *Canela em pó*
- *Salsa bem picada*
- *150 g de queijo ralado*
- *1 colher (sopa) de manteiga*
- *1 pitada de noz-moscada*
- *1 receita de* molho de tomate *(pág. 465)*

Molho cremoso:

- *1 cebola*
- *1 colher (sopa) de manteiga*
- *3 colheres (sopa) de farinha de trigo*
- *2 cubos de caldo de carne*
- *500 ml de leite quente*
- *Sal*

1 Para preparar o molho cremoso, refogue a cebola na manteiga. Dissolva a farinha de trigo e o caldo de carne no leite e acrescente ao refogado, deixe cozinhar até engrossar.

2 Cozinhe a massa de lasanha em água e sal e, depois de cozida, corte-a pelo meio no sentido da largura.

3 À parte, amasse a ricota com o sal, a canela e a salsa e misture com a metade da quantidade de queijo ralado, a manteiga e a noz-moscada.

4 Com a mistura obtida, recheie os pedaços de massa de lasanha, formando pequenos rolos.

5 Monte o prato da seguinte maneira: forre um refratário com o molho de tomate; coloque sobre o molho os canelones; cubra com o molho cremoso e o queijo ralado. Leve ao forno para gratinar. Sirva quente.

Nota: Se fizer a massa, abra-a com um rolo ou cilindro e corte retângulos de 10 x 20 cm.

CAPELETE À ROMANESCA

- *60 g de cogumelos em conserva*
- *100 g de presunto*
- *2 colheres (sopa) de manteiga*
- *½ lata pequena de ervilhas*
- *1 receita de* molho branco *(pág. 463)*
- *50 g de queijo parmesão ralado*
- *¼ de xícara (chá) de creme de leite fresco*
- *Sal e pimenta-do-reino*
- *400 g de capeletes de frango*

1 Coloque água para ferver em uma panela grande e salgue levemente. Corte os cogumelos em lâminas e pique o presunto.

2 Em uma panela média, coloque a manteiga e adicione os cogumelos e o presunto. Refogue por 2 minutos e adicione as ervilhas e o molho branco. Ferva e adicione o parmesão e o creme de leite. Tempere com sal e pimenta-do-reino e mantenha o molho aquecido.

3 Coloque a massa para cozinhar na água fervente até que esteja al dente. Escorra e acrescente ao molho, misturando bem.

4 Sirva imediatamente ou coloque em um refratário, salpique parmesão ralado e leve ao forno para dourar.

ESPAGUETE AO ALHO E ÓLEO

- *500 g de macarrão tipo espaguete*
- *Água fervente e sal*
- *2 colheres (sopa) de azeite*
- *5 dentes de alho fatiados*
- *Salsa picada*

1 Cozinhe o macarrão na água com sal, tomando o cuidado de não deixá-lo amolecer demais.

2 Leve ao fogo uma panela com o azeite e o alho. Refogue, não deixando que o alho escureça.

3 Quando as fatias de alho começarem a dourar, adicione a salsa e 3 colheres (sopa) da água do cozimento do macarrão.

4 Escorra o macarrão e adicione ao refogado; misture bem.

5 Sirva bem quente.

Nota: Nesta receita o sal adicionado à água do cozimento deverá ser suficiente para temperar a massa.

ESPAGUETE À CARBONARA

- *150 g de bacon*
- *2 colheres (sopa) de azeite*
- *1 colher (sopa) de cebola picada*
- *400 g de macarrão tipo espaguete*
- *5 ovos*
- *¼ de xícara (chá) de creme de leite*
- *Sal e pimenta-do-reino*
- *4 colheres (sopa) de queijo parmesão ralado*

1 Encha uma tigela com água fervente para que a tigela fique aquecida. Corte o bacon em cubos de 1 cm. Coloque abundante água para ferver e salgue-a levemente.

2 Coloque em uma frigideira os cubos de bacon com o azeite, leve ao fogo baixo e frite até que estejam dourados; adicione a cebola picada e refogue. Apague o fogo e reserve. Coloque a massa para cozinhar.

3 Escorra a água quente da tigela e coloque nela os ovos, batendo-os levemente. Acrescente o creme de leite, o sal, a pimenta-do-reino, o refogado de bacon e cebolas e o parmesão; misture bem.

4 Quando a massa estiver no ponto, escorra e despeje diretamente na tigela com os ovos. Misture rapidamente. Sirva.

ESPAGUETE PRIMAVERA

- *4 tomates firmes*
- *Folhas de manjericão*
- *½ colher (chá) de orégano*
- *1 dente de alho*
- *4 bolas de mozarela de búfala*
- *400 g de macarrão tipo espaguete*
- *4 colheres (sopa) de azeite*
- *Sal e pimenta-do-reino*

1 Lave os tomates e corte-os ao meio no sentido horizontal. Esprema levemente para retirar as sementes. Corte a polpa em cubos de 2 cm e coloque em uma tigela funda. Acrescente o manjericão, o orégano e o alho cortado em lâminas.

2 Corte as mozarelas em cubos de 2 cm e reserve. Coloque abundante água para ferver e cozinhe o espaguete.

3 Regue os tomates com o azeite e tempere com sal e pimenta-do-reino. Acrescente os cubos de mozarela e misture delicadamente.

4 Escorra a massa e despeje imediatamente sobre o preparado de tomates. Misture bem e sirva imediatamente.

Nota: Você pode usar também 1 lata de tomate pelado no lugar dos tomates frescos.

ESPAGUETE À PUTTANESCA

- *1 receita de* molho napolitano básico *(pág. 476)*
- *400 g de macarrão tipo espaguete*
- *2 colheres (sopa) de azeite ou óleo*
- *4 filés de anchovas picados*
- *Pimenta calabresa em flocos*
- *1 colher (sopa) de alcaparras*
- *1 colher (sopa) de salsa picada*
- *8 azeitonas pretas sem caroço fatiadas*
- *Sal*

1 Prepare o molho napolitano com antecedência.

2 Coloque abundante água para ferver e salgue levemente. Quando a água ferver, coloque a massa para cozinhar, misturando para que não grude.

3 Coloque o azeite em uma panela ou frigideira grande e aqueça. Adicione as anchovas e a pimenta calabresa. Refogue por 2 ou 3 minutos e acrescente o molho napolitano.

4 Leve à fervura e cozinhe por 5 minutos. Adicione as alcaparras, a salsa e as azeitonas. Prove o ponto do sal e, se necessário, faça a correção.

5 Escorra a massa e adicione ao molho. Misture bem e sirva em uma travessa ou tigela funda.

GRAVATINHA COM SALMÃO

- *2 colheres (sopa) de manteiga*
- *1 colher (chá) de sementes de erva-doce*
- *2 alhos-porós*
- *4 colheres (sopa) de vinho branco seco*
- *100 g de salmão defumado*
- *1½ xícara (chá) de creme de leite fresco*
- *Sal e pimenta branca*
- *400 g de macarrão tipo gravatinha*
- *1 colher (chá) de salsa picada*

1 Coloque abundante água para ferver e salgue levemente. Em uma frigideira, derreta a manteiga em fogo baixo com as sementes de erva-doce. Retire do fogo e deixe repousar por 5 minutos.

2 Fatie finamente a parte branca dos alhos-porós (reserve a parte verde para aromatizar caldos e sopas).

3 Coe a manteiga e retorne à frigideira, leve ao fogo baixo até que borbulhe. Acrescente o alho-poró e refogue por 2 minutos. Misture bem e regue com o vinho branco. Deixe evaporar.

4 Acrescente metade do salmão picado grosseiramente e o creme de leite. Cozinhe em fogo baixo até o creme espessar. Acerte o sal e a pimenta branca. Cozinhe a massa al dente e acrescente ao molho, juntamente com o salmão picado restante e a salsa.

5 Sirva bem quente.

Nota: *Você pode usar também macarrão penne ou parafuso.*

LASANHA

- *1 receita de* molho à bolonhesa fácil *(pág. 467)*
- *1 receita de* molho branco *(pág. 463)*
- *500 g de massa para lasanha ou 1 receita de* massa clássica para macarrão *(pág. 394) aberta em formato de lasanha*
- *2 colheres (sopa) de manteiga*
- *Noz-moscada (opcional)*
- *500 g de mozarela em fatias*
- *¼ de xícara (chá) de queijo parmesão ralado*

1 Prepare o molho à bolonhesa e deixe esfriar. Reserve. Prepare o molho branco e reserve.

2 Cozinhe a lasanha aos poucos, em água fervente. Escorra e coloque imediatamente em uma tigela com água gelada, escorra novamente e vá colocando-a espalhada sobre um pano de prato limpo.

3 Unte um refratário com a manteiga e coloque uma camada de lasanha, uma de molho à bolonhesa, outra de lasanha, uma de molho branco (acrescente noz-moscada, se gostar) e uma de mozarela; repita a operação, terminando com uma camada de molho branco. Salpique o parmesão e leve ao forno por mais ou menos 30 minutos.

4 Sirva no refratário.

Nota: *Se fizer com a massa para macarrão, abra-a com um rolo ou cilindro e corte retângulos de 10 x 20 cm.*

MACARRÃO À BOLONHESA

- *1 receita de* molho à bolonhesa *(pág. 467)*
- *500 g de macarrão tipo espaguete*
- *Sal*
- *4 colheres (sopa) de queijo parmesão ralado*

1 Prepare o molho conforme a receita.

2 Coloque 4 litros de água para ferver em uma panela grande e adicione 2 colheres (sopa) de sal. Cozinhe a massa na água fervente.

3 Aqueça bem o molho. Escorra a massa e adicione ao molho. Misture bem e coloque em uma travessa.

4 Salpique o parmesão ralado e sirva.

MACARRÃO À FRANCESA

- *2 cubos de caldo de carne*
- *1 litro de água fervente*
- *300 g de macarrão tipo espaguete ou talharim*
- *1 colher (sopa) de manteiga*
- *2 gemas*
- *2 colheres (sopa) de leite*
- *2 colheres (sopa) de queijo ralado*

1 Dissolva os cubos de caldo de carne na água fervente.

2 Junte o macarrão e cozinhe até que esteja no ponto. Escorra.

3 Coloque o macarrão bem quente em uma travessa e adicione a manteiga, as gemas e o leite (previamente misturados). Mexa bem, para incorporar.

4 Polvilhe o queijo ralado e sirva.

MACARRÃO COM TOMATE E MANJERICÃO

- *1 receita de* molho de tomate *(pág. 465)*
- *2 colheres (sopa) de manteiga*
- *2 colheres (sopa) de queijo parmesão ralado*
- *500 g de macarrão tipo espaguete ou talharim*
- *¼ de xícara (chá) de folhas de manjericão*

1 Prepare o molho como indicado na receita.

2 Coloque em uma tigela a manteiga amolecida e o parmesão.

3 Cozinhe a massa em abundante água fervente levemente salgada. Escorra sem deixar que passe do ponto e despeje na tigela com a manteiga e o parmesão. Misture bem.

4 Cubra com o molho e salpique as folhas de manjericão.

MACARRÃO COM PESTO GENOVÊS

- *500 g de macarrão tipo talharim*
- *1 receita de* molho al pesto *(pág. 468)*

1 Cozinhe a massa em abundante água levemente salgada.

2 Coloque o molho (em temperatura ambiente) em uma tigela funda ou sopeira.

3 Escorra bem a massa e adicione-a ao molho, misturando muito bem para incorporar os ingredientes.

4 Sirva imediatamente.

MACARRÃO GRATINADO

- *500 g de macarrão tipo talharim*
- *Sal*
- *3 gemas*
- *1 receita de* molho branco *(pág. 463)*
- *¼ de xícara (chá) de creme de leite*
- *¼ de xícara (chá) de queijo parmesão ralado*
- *Farinha de rosca*

1 Cozinhe o macarrão na água fervente com sal, não deixando amolecer demais. Escorra e coloque em uma tigela. Reserve.

2 Misture as gemas ao molho branco quente e adicione o creme de leite. Acerte o ponto do sal do molho e misture-o com a massa cozida.

3 Coloque em um refratário e salpique o parmesão e um pouco de farinha de rosca.

4 Leve a massa ao forno bem quente para dourar.

Nota: Você pode adicionar ao molho tiras finas de presunto, ervilhas e cogumelos fatiados.

MACARRÃO NA MANTEIGA

- *2 litros de água fervente*
- *2 colheres (sopa) de sal*
- *300 g de macarrão tipo espaguete ou talharim*
- *3 colheres (sopa) de manteiga amolecida*
- *3 colheres (sopa) de queijo parmesão ralado*

1 Coloque a água para ferver e adicione o sal.

2 Junte o macarrão e cozinhe até que esteja no ponto. Escorra.

3 Coloque o macarrão em uma travessa, junte a manteiga e o parmesão, misture bem e sirva quente.

MACARRÃO AO FORNO COM FÍGADO DE FRANGO

- *1 cebola fatiada finamente*
- *2 colheres (sopa) de manteiga*
- *150 g de presunto picado*
- *Sal e pimenta-do-reino*
- *8 a 10 fígados de frango*
- *6 tomates maduros sem pele e sem sementes picados*
- *Farinha de trigo*
- *500 g de macarrão tipo talharim ou espaguete*
- *½ xícara (chá) de queijo ralado*
- *100 g de manteiga*
- *3 ovos*

1 Prepare o molho, dourando a cebola na manteiga. Adicione o presunto e uma pitada de pimenta-do-reino. Junte os fígados picados e os tomates. Misture bem e tempere com sal.

2 Cozinhe em fogo baixo por cerca de 20 minutos ou até que o molho esteja espesso.

3 Em bastante água com 1 colher (sopa) de sal, cozinhe a massa e escorra. Reserve.

4 Em uma fôrma redonda com furo no meio, untada com manteiga e polvilhada com farinha de trigo, coloque o macarrão em camadas leves, polvilhando cada camada com queijo ralado e pedacinhos de manteiga.

5 Bata os ovos com uma pitada de sal, despeje em cima da última camada de macarrão e leve ao forno quente durante 10 minutos.

6 Retire do forno, vire no prato que irá à mesa e coloque na cavidade e em volta o molho de fígado. Salpique mais parmesão ralado e sirva.

MACARRÃO AOS QUATRO QUEIJOS

- *500 g de macarrão (escolha o corte de sua preferência)*
- *1 receita de* molho aos quatro queijos *(pág. 469)*

1 Cozinhe a massa em água fervente levemente salgada.

2 Aqueça o molho, escorra a massa e incorpore-a ao molho.

3 Sirva bem quente.

Macarrão com Marisco

- *1 kg de mariscos ou vôngoles na casca*
- *1 talo de salsão*
- *1 cenoura pequena*
- *2 colheres (sopa) de salsa picada*
- *2 dentes de alho*
- *½ cebola*
- *½ xícara (chá) de azeite*
- *500 g de tomates sem pele e sem sementes picados*
- *Sal e pimenta-do-reino*
- *500 g de macarrão tipo talharim ou espaguete*
- *Salsa (opcional)*
- *Queijo parmesão ralado (opcional)*

1 Lave bem as conchas dos mariscos, remova os fiapos que as prendiam às pedras, coloque em uma panela sem água e leve ao fogo (para que se abram). Retire os mariscos das conchas, coe a água que se desprendeu deles e ficou na panela, reserve.

2 Pique finamente o salsão, a cenoura, a salsa, o alho e a cebola e refogue no azeite.

3 Junte os tomates, a água que sobrou dos mariscos, o sal e a pimenta-do-reino ao refogado e deixe ferver durante 15 minutos.

4 Acrescente os mariscos e deixe no fogo por mais 10 minutos. Reserve.

5 Cozinhe a massa em bastante água com sal. Escorra bem e adicione ao molho.

6 Sirva, se quiser, com salsa picadinha e parmesão ralado.

Macarrão com Sardinha à Siciliana

- *200 g de sardinhas em lata escorridas*
- *½ maço de erva-doce fatiada*
- *¼ de xícara (chá) de azeite*
- *2 colheres (sopa) de cebola picada*
- *1 colher (chá) de alho picado*
- *½ xícara (chá) de suco de laranja*
- *300 g de polpa de tomate*
- *1 colher (sopa) de uvas-passas*
- *1 colher (chá) de raspas de casca de laranja*
- *Sal e pimenta-do-reino*
- *2 colheres (sopa) de salsa*
- *500 g de macarrão tipo espaguete*

1 Limpe bem as sardinhas, retirando as espinhas. Corte a erva-doce em tiras finas.

2 Aqueça o azeite em uma frigideira e acrescente as tiras de erva-doce. Refogue por 3 minutos, acrescente a cebola e o alho. Refogue até a cebola ficar macia, coloque as sardinhas picadas grosseiramente e refogue por um minuto.

3 Regue com o suco de laranja e deixe evaporar. Acrescente a polpa de tomate e misture novamente. Abaixe o fogo e cozinhe por 5 minutos. Acrescente as uvas-passas, as raspas de casca de laranja e misture novamente, acerte o sal e a pimenta-do-reino e salpique a salsa.

4 Cozinhe o espaguete em abundante água fervente levemente salgada. Escorra e acrescente ao molho.

Nota: *Esta receita pode ser preparada com sardinhas frescas. Para tanto, limpe bem as sardinhas, remova as espinhas e escalde-as por 5 minutos em água fervente levemente salgada. Escorra, elimine as peles e pique. Utilize como as sardinhas em conserva.*

MACARRÃO ORIENTAL

- *200 g de lombo de porco*
- *½ pimentão verde*
- *½ pimentão vermelho*
- *1 cebola média*
- *1 talo de salsão*
- *1 cenoura*
- *60 g de cogumelos*
- *60 g de ervilha torta ou brócolis*
- *4 folhas de acelga*
- *500 g de macarrão oriental*
- *1 colher (sopa) de amido de milho*
- *1½ xícara (chá) de caldo de frango*
- *6 colheres (sopa) de óleo de soja*
- *3 colheres (sopa) de molho de soja*
- *1 colher (chá) de óleo de gergelim (opcional)*

1 Corte o lombo em bifes finos e os bifes em tiras. Pique os pimentões, a cebola e o salsão em cubos de 2 cm. Corte a cenoura em fatias finas e diagonais, fatie os cogumelos em lâminas e a ervilha em pedaços.

2 Pique grosseiramente as folhas de acelga e reserve. Coloque água para ferver e cozinhe a massa até estar no ponto; escorra e passe em água fria. Reserve. Dissolva o amido de milho no caldo de frango frio e reserve.

3 Aqueça 3 colheres (sopa) do óleo em uma frigideira grande em fogo alto. Quando estiver bem quente, coloque o macarrão cozido e refogue rapidamente. Coloque a massa em uma travessa e a mantenha aquecida. Na mesma panela, coloque o óleo restante e deixe aquecer novamente. Acrescente as tiras de lombo e refogue por 3 minutos. Junte a cenoura e refogue.

4 Coloque o salsão, o pimentão e a cebola, refogue por 2 minutos e acrescente as ervilhas e os cogumelos. Refogue mais 2 minutos e adicione o molho de soja.

5 Coloque o caldo de frango e acrescente as folhas de acelga. Dê ponto no molho e coloque o óleo de gergelim. Sirva o molho sobre o macarrão.

MACARRONADA DE DOMINGO

- *1 receita de* molho rústico para massas *(pág. 476)*
- *1 receita de* massa caseira ou massa clássica para macarrão *(pág. 394)*
- *Queijo parmesão ralado*

1 Faça o molho na véspera, para ficar mais saboroso.

2 Prepare a massa e cozinhe em abundante água fervente levemente salgada. Escorra e adicione ao molho bem quente.

3 Sirva salpicando bastante parmesão.

MACARRÃO COM BRACCIOLA

- *500 g de carne magra cortada em uma só fatia da grossura de um bife*
- *1 talo de salsão picado*
- *1 cenoura de tamanho médio*
- *3 dentes de alho picados*
- *Sal e pimenta-do-reino*
- *100 g de presunto cru em fatias*
- *4 colheres (sopa) de óleo*
- *1 cebola picada*
- *8 tomates bem maduros, sem pele e sem sementes picados*
- *500 g de macarrão (escolha o corte de sua preferência)*
- *Queijo parmesão ralado*

1 Estenda a carne e espalhe por cima o salsão, a cenoura e um dos dentes de alho picados. Tempere com o sal e a pimenta-do-reino. Cubra com as fatias de presunto, enrole e amarre.

2 Coloque no fogo uma panela grande com o óleo e doure o rolo de carne (bracciola) completamente por todos os lados.

3 Adicione a cebola, os dois outros dentes de alho e os tomates e deixe cozinhar, em fogo forte, com a panela aberta, por alguns minutos.

4 Tampe a panela e deixe ferver lentamente por cerca de 2 horas, até o molho ficar reduzido a quase a metade.

5 Cozinhe o macarrão em bastante água com sal, escorra e junte o molho.

6 Corte a bracciola em fatias e enfeite com elas a travessa de macarrão.

7 Sirva, quente, com o parmesão ralado.

MACARRÃO COM BRÓCOLIS

- *1 maço de brócolis*
- *½ xícara (chá) de azeite*
- *1 cebola picada*
- *3 dentes de alho picados*
- *6 tomates em pedaços e sem sementes*
- *½ xícara (chá) de água*
- *2 colheres (sopa) de salsa picada*
- *Sal e pimenta*
- *500 g de macarrão (escolha o corte de sua preferência)*
- *Queijo ralado*

1 Separe as flores do maço de brócolis, lave-as bem e cozinhe em água e sal.

2 Coloque o azeite em uma panela e refogue a cebola e alho.

3 Junte os tomates picados, a água e a salsa. Tempere com o sal e a pimenta-do-reino e deixe ferver durante alguns minutos.

4 Acrescente os brócolis escorridos e levemente picados (reserve algumas flores para enfeitar o prato) e misture tudo, deixando cozinhar mais algum tempo.

5 Cozinhe o macarrão em bastante água com sal, escorra e misture com o molho de brócolis. Leve a uma travessa de servir, polvilhe bastante queijo ralado e enfeite com as flores de brócolis reservadas. Sirva bem quente.

MACARRÃO COM MOLHO DE CAMARÃO

- *1 receita de* molho napolitano básico *(pág. 476)*
- *500 g de camarões médios limpos*
- *4 colheres (sopa) de azeite*
- *2 colheres (sopa) de cebola picada*
- *2 colheres (sopa) de vinho branco seco (opcional)*
- *Sal e pimenta-do-reino*
- *2 colheres (sopa) de salsa picada*
- *500 g de macarrão (escolha o corte de sua preferência)*
- *Ramos de salsa*

1 Prepare o molho napolitano básico e reserve.

2 Corte cada camarão em 2 pedaços.

3 Aqueça o azeite em uma panela e adicione a cebola picada. Refogue em fogo baixo para que fique bem macia. Aumente a chama do fogão e regue com o vinho branco. Adicione os pedaços de camarão. Refogue por 3 minutos e tempere com sal e pimenta-do-reino.

4 Despeje o molho reservado na panela e leve para ferver. Ferva por mais 5 minutos e apague o fogo. Tempere com a salsa, e, se necessário, mais um pouco de sal. Reserve.

5 Cozinhe a massa em abundante água fervente levemente salgada. Escorra e coloque em uma travessa.

6 Cubra o macarrão com o molho bem quente.

7 Sirva decorando com ramos de salsa.

NHOQUE DE FARINHA DE TRIGO

- *4 xícaras (chá) de leite*
- *4 xícaras (chá) de farinha de trigo*
- *Sal*
- *4 ovos*
- *1 colher (sopa) de queijo ralado*

1 Em uma panela, coloque o leite e, quando começar a ferver, acrescente a farinha e o sal. Mexa bem para que tudo se misture de maneira homogênea. Cozinhe mexendo sempre até a massa desgrudar do fundo da panela.

2 Coloque a massa sobre uma mesa enfarinhada e deixe esfriar. Amasse com os ovos e o queijo ralado.

3 Faça rolinhos, cortando pedaços de 3 cm a 4 cm.

4 Cozinhe-os em água fervente levemente salgada. Quando vierem à superfície, estarão cozidos.

5 Depois de escorridos, coloque em um prato e sirva com *molho de tomate ou à bolonhesa* (pág. 465 e 467).

NHOQUE DE BATATA

Esta é a receita básica para o preparo do nhoque. Escolha um destes molhos: *molho de tomate* (pág. 465), *molho para macarronada ou nhoque* (pág. 477), *molho à bolonhesa* (pág. 467) ou *molho aos quatro queijos* (pág. 469).

- *1 kg de batatas*
- *1 ovo*
- *300 g de farinha de trigo*
- *Sal*
- *Noz-moscada*
- *Queijo parmesão ralado*

1 Lave as batatas e coloque-as em água fervente. Ferva até que estejam macias. Escorra e passe pelo espremedor. Não é necessário tirar a casca, pois ela ficará presa no espremedor. Coloque em uma superfície plana e deixe esfriar. Assim que a batata esfriar, acrescente o ovo, a metade da farinha de trigo, o sal e a noz-moscada. Amasse bem até a massa estar com uma boa consistência. Se necessário, acrescente mais farinha de trigo.

2 Polvilhe farinha de trigo em uma mesa ou mármore, pegue porções de massa, enrole-as da grossura de um dedo, corte esses rolos em pedaços pequenos (os nhoques) e coloque-os separados em uma superfície enfarinhada. Não deixe que fiquem muito juntos, pois grudarão uns nos outros..

3 Preparados todos os nhoques, leve-os para cozinhar em água fervente com sal. Quando subirem à tona, estarão cozidos.

4 Retire os nhoques cozidos com a escumadeira e escorra bem.

5 Arrume em um prato uma camada de nhoques, polvilhe queijo ralado, cubra com o molho e vá fazendo assim até acabarem os nhoques, de modo a terminar com uma cobertura de molho.

NHOQUE DE POLENTA

- *1½ litro de água*
- *500 g de fubá*
- *Sal*
- *Molho de sua preferência, que pode ser qualquer um dos citados na receita anterior de nhoque de batata*
- *Queijo parmesão ralado*

1 Leve uma panela com a água e o sal ao fogo, quando começar a ferver, polvilhe o fubá aos poucos na água, mexendo sempre, e deixe cozinhar durante 30 minutos até formar uma polenta encorpada. Não pare de mexer até a polenta ficar pronta.

2 Despeje a polenta sobre uma superfície lisa e untada e estenda com uma faca até a grossura de 1 cm.

3 Deixe esfriar, corte em rodelas e arrume-as em um refratário untado com manteiga.

4 Cubra com o molho escolhido ou manteiga derretida e polvilhe o queijo.

5 Depois de 15 minutos em forno bem quente, sirva.

NHOQUE DE RICOTA

- *600 g de ricota*
- *1 ovo*
- *1 gema*
- *4 colheres (sopa) de farinha de trigo*
- *Sal e pimenta-do-reino*
- *Noz-moscada*
- *6 colheres (sopa) de queijo parmesão ralado*
- *4 colheres (sopa) de manteiga*
- *10 folhas de sálvia*

1 Passe a ricota por uma peneira ou amasse bem com um garfo. Coloque em uma tigela e acrescente o ovo e a gema. Misture bem. Coloque a farinha de trigo, o sal, a pimenta-do-reino, a noz-moscada e o parmesão.

2 Coloque abundante água para ferver e salgue levemente.

3 Com a massa de ricota, faça bolinhas de 5 cm. Coloque os nhoques na água fervente e cozinhe até subirem à tona. Escorra com uma escumadeira e coloque em uma travessa. Coloque a manteiga em uma frigideira e leve ao fogo. Acrescente as folhas de sálvia picadas grosseiramente. Tempere com uma pitada de sal. Regue os nhoques com essa manteiga. Se preferir, salpique mais parmesão e leve ao forno quente por 10 minutos.

Nota: Você pode servir estes nhoques cobertos com molho de tomate *(pág. 465).*

PENNE COM ABÓBORA E ESPINAFRE

- *500 g de abóbora*
- *Sal e pimenta-do-reino*
- *½ maço de espinafres*
- *50 g de bacon*
- *1 colher (sopa) de manteiga*
- *2 colheres (sopa) cebola picada*
- *1 colher (sopa) de farinha trigo*
- *1 xícara (chá) de caldo de frango*
- *½ xícara (chá) de creme de leite fresco*
- *2 colheres (sopa) de queijo parmesão ralado*
- *Noz-moscada*
- *500 g de macarrão tipo penne*

1 Descasque a abóbora e corte em cubos de 1 cm. Tempere com sal e pimenta-do-reino e leve para assar em forno preaquecido até estarem macios, porém firmes.

2 Separe as folhas de espinafre dos talos e corte-as em tiras.

3 Coloque abundante água para ferver.

4 Corte o bacon em cubinhos e coloque em uma panela. Leve ao fogo até estar bem dourado, escorra o excesso de gordura e acrescente a manteiga à panela. Coloque a cebola e refogue. Acrescente a farinha de trigo e misture bem, regue com o caldo e cozinhe por 5 minutos.

5 Acrescente os cubos de abóbora e o espinafre. cozinhe por 2 minutos. Adicione o creme de leite e o parmesão e deixe o molho engrossar levemente. Tempere com sal, pimenta-do-reino e noz-moscada.

6 Cozinhe a massa e acrescente-a ao molho. Sirva bem quente.

PENNE COM ATUM E RÚCULA

- *400 g de macarrão tipo penne*
- *1 maço de rúcula*
- *1 lata de atum em conserva*
- *4 colheres (sopa) de azeite*
- *2 dentes de alho*
- *Sal e pimenta-do-reino*

1 Coloque água para ferver, salgue levemente e cozinhe a massa.

2 Enquanto isso, pique grosseiramente a rúcula e reserve. Escorra o atum e reserve.

3 Em uma frigideira grande, coloque o azeite e os dentes de alho levemente amassados. Leve ao fogo baixo até que o alho esteja dourado; descarte o alho, retire a frigideira do fogo e acrescente o atum. Misture bem e acrescente metade da rúcula e ¼ de xícara (chá) da água do cozimento da massa, tempere com sal e pimenta-do-reino e cozinhe por um minuto.

4 Despeje esse molho em uma travessa funda. Escorra a massa e coloque-a sobre o molho, acrescente a rúcula restante e misture bem. Sirva.

PENNE PICANTE ARRABIATA

- *1 receita de* molho napolitano básico *(pág. 476)*
- *1 pimenta dedo-de-moça*
- *Sal*
- *400 g de macarrão tipo penne*
- *2 colheres (sopa) de azeite*
- *1 cebola pequena picada finamente*
- *2 colheres (sopa) de salsa picada*

1 Prepare o molho napolitano e reserve.

2 Retire as sementes da pimenta e corte-a em tiras finas.

3 Coloque bastante água para ferver em uma panela grande e adicione um pouco de sal. Assim que a água estiver fervendo, adicione a massa, misturando para não grudar.

4 Coloque em outra panela o azeite, leve ao fogo e adicione a cebola. Refogue para que fique macia e acrescente a pimenta dedo-de-moça picada. Refogue por mais 2 minutos e adicione o molho napolitano à panela. Ferva e cozinhe por 3 minutos. Adicione a salsa e acerte o sal.

5 Escorra a massa e adicione ao molho. Misture bem e sirva.

RIGATONE RECHEADO

- *500 g de macarrão tipo rigatone*
- *Queijo parmesão ralado*

Recheio 1:
- *250 g de ricota*
- *100 g de queijo parmesão ralado*
- *1 punhadinho de salsa picada*
- *1 ovo*

Recheio 2:
- *150 g de carne magra moída*
- *½ cebola*
- *Cheiro-verde*
- *½ colher (sopa) de massa de tomate*
- *100 g de presunto picado*
- *Queijo parmesão ralado*

Recheio 3:
- *Espinafre*
- *½ colher (sopa) de manteiga*
- *1 ovo*
- *Pimenta-do-reino*

- *Queijo parmesão ralado*
- *3 ovos mal batidos*
- *½ xícara (chá) de leite*
- *Sal*
- *Molho a escolher*

1 Em bastante água e sal, cozinhe os rigatones. Escorra-os quando ainda não estiverem totalmente cozidos e divida a quantidade em três tigelas.

2 Recheie uma das partes com a ricota amassada e misturada com o parmesão, a salsa e o ovo indicados para o *recheio 1.*

3 Recheie outra parte com um refogado feito com a carne e os outros ingredientes do *recheio 2.*

4 Para rechear a terceira parte dos rigatones, cozinhe, esprema, pique e passe as folhas de espinafre na manteiga, juntando (quando ainda mornas) os demais ingredientes do *recheio 3.*

5 Depois de rechear os rigatones, arrume-os em uma fôrma redonda forrada com papel-manteiga untado com manteiga, colocando-os em pé um ao lado do outro. Alterne os sabores na mesma camada ou faça camadas de sabores alternadas.

6 Polvilhe o parmesão e despeje em cima de tudo os ovos mal batidos misturados com o leite e o sal.

7 Leve ao forno quente por 30 minutos, vire sobre o prato de servir e cubra com o molho escolhido.

RAVIOLE

Massa:

- *500 g de farinha de trigo*
- *1 colher (café) de sal*
- *6 ovos*
- *1 colher (chá) de manteiga*
- *1 colher (sopa) de queijo parmesão ralado*
- *Água morna*

Recheio (a escolher):

1. *Galinha ou frango cozido e desfiado, bem temperado e misturado com um pouco de presunto picado.*
2. *Espinafre cozido bem picado e passado na manteiga.*
3. *Refogado de carne misturado com presunto ou linguiça frita picados.*

Molho:

- Molho simples para macarronada *(pág. 462)*
- *Queijo parmesão ralado*

1 Prepare a massa do seguinte modo: misture bem os ingredientes e vá juntando água morna até obter uma massa lisa e uniforme.

2 Leve a massa para uma mesa polvilhada com farinha de trigo e divida-a em 4 ou 5 pedaços.

3 Abra cada pedaço de massa com um rolo ou com a máquina de fazer macarrão, formando uma faixa fina e comprida.

4 Distribua o recheio escolhido sobre a faixa de massa, da metade para cima da largura da faixa, formando, de distância em distância, montinhos do tamanho de uma avelã.

5 Umedeça ligeiramente a beirada superior da massa e o vão que ficou entre os montinhos de recheio e dobre a parte de baixo da massa sobre a parte de cima, pressionando nos lugares onde umedeceu para que as duas partes fiquem bem coladas.

6 Corte os ravioles junto ao recheio com a boca de um cálice pequeno.

7 Cozinhe em água fervente por cerca de 10 minutos.

8 Retire-os antes de ficarem muito moles e leve para um escorredor.

9 Arrume em uma travessa uma camada de ravioles, polvilhe com parmesão ralado e cubra com um pouco do molho para macarronada. Coloque por cima outra camada de ravioles, outra de queijo e outra de molho. Repita até que não haja mais ravioles, de modo que a última camada seja de molho.

10 Se quiser, leve o prato ao forno por alguns minutos. Sirva bem quente.

TALHARIM COM BERINJELA

- *1 receita de* molho rústico para massas *(pág. 476)*
- *½ xícara (chá) de azeite*
- *2 berinjelas cortadas em fatias finas*
- *500 g de talharim fresco*
- *6 colheres (sopa) de queijo parmesão ralado*
- *Sal*

1 Prepare com antecedência o molho rústico para massas e reserve.

2 Coloque o azeite em uma frigideira e aqueça bem. Doure as fatias de berinjela e reserve.

3 Cozinhe o talharim em água com sal e escorra.

4 Em um refratário, arrume em camadas o talharim, o parmesão, um pouco do molho rústico e as berinjelas, vá fazendo assim até que acabem os ingredientes, de modo que a última camada seja de molho e parmesão ralado.

5 Leve ao forno para dourar e sirva no próprio refratário.

PANQUECAS

Panquecas

MASSA PARA PANQUECAS E CREPES

- *2 ovos*
- *2½ xícaras (chá) de leite*
- *½ colher (café) de sal*
- *5 colheres (sopa) de farinha de trigo*
- *100 g de manteiga*

1 Bata no liquidificador os ovos e o leite misturado com o sal. Misture a farinha aos poucos e deixe essa massa descansar por 10 minutos.

2 Leve ao fogo uma frigideira antiaderente de 20 cm de diâmetro (ou um pouco maior) e, quando esquentar, unte-a com manteiga.

3 Adicione 2 ou 3 colheres (sopa) da massa e gire a frigideira para que a massa se espalhe por igual. Deixe no fogo até dourar (mais ou menos 3 minutos). Vire a massa, deixe dourar um pouco do outro lado e retire-a da frigideira.

Nota: Para crepes ou panquecas menores, use frigideira com 8 cm a 12 cm de diâmetro.

PANQUECA DE CARNE

Molho:
- *500 g de tomates*
- *2 colheres (sopa) de azeite*
- *2 colheres (sopa) de cebola picada*
- *1 dente de alho picado*
- *Água*
- *Sal e pimenta-do-reino*

Recheio:
- *300 g de carne moída*
- *2 colheres (sopa) de óleo*
- *2 colheres (sopa) de cebola picada*
- *1 colher (sopa) de azeitonas picadas*
- *1 colher (sopa) de salsa picada*
- *4 tomates maduros batidos no liquidificador*
- *Sal e pimenta-do-reino*
- *1 ovo cozido picado*

Massa:
- *⅓ de xícara (chá) de farinha de trigo*
- *Sal*
- *3 ovos*
- *3 colheres (sopa) de manteiga derretida*
- *1 xícara (chá) de leite*
- *Sal*
- *⅓ de xícara (chá) de farinha de trigo*
- *Óleo*
- *Queijo parmesão ralado*

1 Para preparar o molho, retire a pele e as sementes dos tomates e pique-os grosseiramente. Em uma panela como azeite, refogue a cebola e o alho. Acrescente os tomates picados e refogue por 2 minutos, junte um pouco de água e cozinhe em fogo baixo até que os tomates estejam macios. Bata no liquidificador e passe por uma peneira. Coloque novamente na panela e deixe cozinhar até encorpar. Tempere com o sal e a pimenta-do-reino e reserve.

2 Para preparar o recheio, em outra panela, frite a carne moída com o óleo, em fogo alto, até que a carne doure. Acrescente a cebola e refogue até que ela esteja macia. Adicione as azeitonas e a salsa, refogue por mais 1 minuto e coloque os tomates batidos. Misture bem e tempere com o sal e a pimenta-do-reino. Cozinhe até que os líquidos sequem. Coloque o ovo cozido picado, misturando delicadamente. Reserve.

3 Para preparar a massa, bata no liquidificador os ovos, a manteiga, o leite e o sal, acrescente a farinha aos poucos e misture bem. Deixe a massa descansar por 10 minutos.

4 Frite as panquecas em uma frigideira antiaderente, coloque um pouco do recheio no centro de cada panqueca e enrole. Arrume em um refratário, regue com o molho, polvilhe o parmesão e leve ao forno por 10 minutos.

PANQUECA DE ESPINAFRE

- *1 receita de* massa para panquecas e crepes *(pág. 412)*
- *2 xícaras (chá) de espinafre cozido e escorrido*
- *2 colheres (sopa) de manteiga*
- *2 colheres (sopa) de cebola picada*
- *1 receita de* molho bechamel *(pág. 461)*
- *4 colheres (sopa) de queijo parmesão ralado*
- *Sal e pimenta-do-reino*

1 Prepare as massas de panqueca conforme indicado na receita e reserve.

2 Esprema bem o espinafre para retirar o excesso de água e pique-o finamente.

3 Coloque a manteiga em uma panela e adicione a cebola. Refogue até a cebola estar macia e adicione o espinafre. Misture bem e refogue por 3 minutos. Adicione ¼ de xícara (chá) do molho bechamel e metade do parmesão. Tempere com o sal e a pimenta-do-reino e deixe esfriar.

4 Para a montagem do prato, coloque um pouco do recheio de espinafre no centro de cada panqueca e enrole. Unte um refratário com um pouco de manteiga e arrume as panquecas nele. Cubra com o molho bechamel restante e salpique o parmesão que sobrou.

5 Leve ao forno quente para aquecer bem.

PANQUECA COM MOLHO DE TOMATE

- *500 ml de leite*
- *2 xícaras (chá) de farinha de trigo*
- *2 ovos*
- *Sal*
- *1 colher (chá) de fermento em pó*
- *Óleo ou manteiga*
- *Queijo ralado*
- Molho de tomate *(pág. 465)*

1 Junte o leite, a farinha de trigo, os ovos, uma pitada de sal e o fermento em pó e bata no liquidificador.

2 Depois de batida, deixe a mistura descansar por 10 minutos. (Essa massa serve para recheios doces e salgados.)

3 Unte uma frigideira pequena antiaderente com óleo ou manteiga, leve ao fogo baixo e, quando esquentar, acrescente colheradas de massa até forrar o fundo.

4 Quando a parte de baixo da massa já estiver consistente, vire-a e deixe dourar do outro lado. Repita com o restante da massa.

5 Coloque a massa em um prato, disponha o recheio no meio e dobre sobre si mesma, ou a enrole como rocambole. Faça isso com todas as massas.

6 Arrume as panquecas em um refratário, polvilhe com queijo ralado e cubra com molho de tomate.

7 Leve-as ao forno para gratinar.

Nota: Pode-se recheá-las com carne moída, frango desfiado, presunto e queijo, palmito etc.

Pastéis, Pizzas e Tortas

Pastéis, Pizzas e Tortas

"O prazer da mesa é de todas as idades, de todas as condições, de todos os países e de todos os dias. Associa-se a todos os demais prazeres, e é o último que nos resta fiel e nos consola à perda dos outros."

Brillat-Savarin. Texto da edição de 1942 de Dona Benta.

Pastéis

Pizzas

Tortas

Pastéis

Pastéis

MASSA PARA PASTEL

- *500 g de farinha de trigo*
- *2 ovos*
- *2 colheres (sopa) de óleo*
- *1 colher (sopa) de cachaça*
- *Água fria e sal*

1 Peneire a farinha de trigo sobre uma mesa ou uma superfície de mármore.

2 Arrume a farinha em formato de monte e abra um buraco no centro dele. Coloque nesse buraco os ovos, o óleo, a cachaça e um pouco de salmoura feita com água fria e sal.

3 Misture tudo muito bem, amasse e vá juntando aos poucos a salmoura até que se forme uma massa lisa e uniforme, de boa consistência (nem dura nem mole demais).

4 Coloque a massa em uma tigela funda, cubra com um pano de prato úmido e deixe descansar por pelo menos 1 hora.

MASSA PARA PASTEL COM LEITE

- *500 g de farinha de trigo*
- *2 colheres (sopa) de óleo*
- *Sal*
- *Leite*

1 Peneire a farinha de trigo, coloque em uma tigela funda e abra um buraco no meio da farinha. Nesse buraco, adicione o óleo e o sal. Vá amassando, de fora para dentro, e colocando leite até que a massa fique homogênea, nem dura nem mole.

2 Deixe a massa em repouso por algum tempo antes de utilizá-la.

PASTEL

- 1 *receita de* massa para pastel *(pág. 418)* ou massa para pastel com leite *(pág. 418)*

Recheios:

- *Recheio da* panqueca de carne *(pág. 412)*
- *Recheio da* torta de camarão *(pág. 433)*
- *Recheio da* torta de frango *(pág. 434)*
- *Recheio da* torta de palmito *(pág. 435)*

1 Descansada a massa, leve-a para uma mesa ou uma superfície de mármore (polvilhada com farinha de trigo) e divida-a em 4 ou 5 pedaços.

2 Pegue cada um dos pedaços e abra-o com um rolo, formando uma faixa comprida e fina. Ou abra-a com a máquina própria para fazer macarrão. Sobre essa faixa, deixando uma beirada de cerca de 4 dedos, de baixo para cima arrume, de distância em distância, montinhos do recheio escolhido.

3 Molhe com um pouco de água a beirada superior e nos espaços ao redor do recheio. Dobre por cima do recheio a beirada que ficou livre, aperte ao redor de cada pastel, onde a massa foi umedecida, e corte junto ao recheio com a carretilha de cortar massas. Com a ajuda de um garfo, reforce o fechamento dos pastéis e e reserve-os sobre uma mesa enfarinhada.

4 Quando todos os pastéis estiverem prontos, frite-os em um tacho ou em uma panela funda com bastante óleo, em fogo regular, cuidando para que não fiquem escuros demais.

5 Depois de fritos, retire-os com uma escumadeira e escorra bem em papel absorvente.

PASTEL EM FLOR

- *1 xícara (chá) de leite*
- *1 colher (sopa) de manteiga*
- *2 ovos*
- *1 colher (chá) de sal*
- *Farinha de trigo*
- *Óleo*

1 Para preparar a massa, coloque, em uma tigela funda, o leite, a manteiga, os ovos e o sal.

2 Misture tudo muito bem. Vá adicionando a farinha de trigo aos poucos, mexendo sempre até que se forme uma massa homogênea.

3 Sove um pouco a massa, abra-a com um rolo, enrole-a por uma das pontas, como um rocambole, e deixe repousar por 2 horas.

4 Passadas as 2 horas, corte a massa em fatias finas e abra-as com o rolo (para que fiquem mais finas ainda).

5 No centro de cada massa, coloque uma porção do recheio escolhido, dobre ao meio e depois dobre em 4. Aperte ao redor do recheio e abra as pontas que ficaram para fora.

6 Frite os pastéis em panela funda com bastante óleo bem quente e deixe escorrerem em uma peneira.

Nota: Veja sugestões de recheios na receita anterior, de pastel.

PASTEL DE FORNO

Massa:

- *2½ xícaras (chá) de farinha de trigo*
- *1 colher (chá) de fermento em pó*
- *3 ovos*
- *1 colher (sopa) de manteiga*
- *1 colher (sopa) de óleo*
- *4 colheres (sopa) de leite*
- *Sal*
- *1 colher (chá) de cachaça*
- *1 ovo batido*

Recheios:

Camarão, palmito e azeitonas; carne, azeitonas e ovos cozidos picados; frango com palmito; presunto; queijo etc.

1 Misture a farinha com o fermento e peneire-os dentro de uma tigela.

2 Adicione os ovos no centro, a manteiga, o óleo, o leite e o sal. Mexa tudo muito bem.

3 Acrescente a cachaça e torne a misturar. Em seguida, abra a massa, com um rolo, sobre uma mesa polvilhada com farinha de trigo. Corte-a em rodelas do tamanho da boca de uma taça (ou um pouco menor).

4 Sobre cada rodela, coloque uma colher do recheio escolhido. Dobre a outra parte por cima. Feche comprimindo com os dedos. Pincele com o ovo batido e leve os pastéis ao forno quente preaquecido.

5 Retire do forno assim que ficarem corados.

PIZZAS

Pizzas

MASSA PARA PIZZAS

- *2 xícaras (chá) de farinha de trigo*
- *1 colher (sopa) de açúcar*
- *1 colher (chá) de fermento em pó*
- *1 colher (chá) de sal*
- *3 colheres (sopa) de azeite ou óleo*
- *2 colheres (sopa) de cachaça*
- *⅔ de xícara (chá) de leite ou água*

1 Misture todos os ingredientes na ordem indicada e amasse.

2 Sove um pouco a massa, cubra com um pano de prato e deixe repousar por 10 minutos.

3 Se preferir duas pizzas médias, corte a massa ao meio e abra uma de cada vez. Se vai fazer uma pizza grande, abra a massa com o rolo de uma só vez e em forma circular, polvilhando farinha sempre que necessário.

4 Coloque a massa em uma assadeira levemente untada e asse em forno quente preaquecido por 10 minutos ou até que a massa fique semiassada. (Pode também assá-la, colocando-a diretamente em uma panela elétrica, fazendo duas pizzas: uma de cada vez.)

5 A partir dessa massa semipronta, siga as instruções de cada receita.

PIZZA À ALEMÃ

- *1 porção de* massa para pizzas *(pág. 422)*
- *300 g de mozarela fatiada*
- *100 g de bacon cortado em fatias*
- *1 cebola grande cortada em rodelas*
- *1 colher (sopa) de azeite*
- *1½ xícara de queijo parmesão ralado*

1 Leve a massa de pizza ao forno quente preaquecido lá até ficar quase assada.

2 Retire do forno e cubra com a mozarela. Espalhe por cima as fatias de bacon e a cebola e regue com azeite.

3 Polvilhe o parmesão e leve ao forno quente até que o queijo fique levemente tostado.

PIZZA AO ALHO E ÓLEO

- *1 porção de* massa para pizzas *semiassada (pág. 422)*
- *1 xícara (chá) de* molho de tomate *(pág. 465)*
- *6 dentes de alho picados e fritos*
- *1½ xícara (chá) de queijo parmesão ralado*

1 Espalhe o molho de tomate sobre a massa e, a seguir, o alho e o parmesão.

2 Leve ao forno quente preaquecido até gratinar e a massa ficar levemente tostada.

PIZZA DE ANCHOVA

- *1 porção de* massa para pizzas *semiassada (pág. 422)*
- *1 xícara (chá) de* molho de tomate *(pág. 465)*
- *3 tomates cortados em rodelas*
- *150 g de filé de anchovas*
- *½ xícara (chá) de azeitonas verdes*

1 Asse a massa até ficar semipronta.

2 Retire-a do forno e espalhe por cima dela o molho de tomate.

3 Coloque sobre o molho o tomate, os pedaços de filé de anchovas e as azeitonas.

4 Leve novamente ao forno quente preaquecido até que a pizza fique bem assada.

PIZZA DE ATUM

- *1 porção de* massa para pizzas *semiassada (pág. 422)*
- *1 xícara (chá) de* molho de tomate *(pág. 465)*
- *1 xícara (chá) de atum*
- *2 cebolas grandes cortadas em rodelas finas*
- *½ xícara (chá) de azeitonas pretas*

1 Espalhe o molho de tomate sobre a massa semipronta e leve ao forno quente preaquecido para assar um pouco mais.

2 Retire a massa do forno, espalhe sobre ela o atum, as cebolas e as azeitonas.

3 Leve novamente ao forno até a pizza assar bem.

PIZZA DE CALABRESA

- *1 porção de* massa para pizzas *semiassada (pág. 422)*
- *½ xícara (chá) de* molho de tomate *(pág. 465)*
- *300 g de linguiça calabresa defumada fatiada*
- *2 cebolas médias cortadas em rodelas finas*
- *½ xícara (chá) de azeitonas pretas*

1 Espalhe o molho sobre a massa semipronta e leve-a ao forno quente preaquecido por 10 minutos.

2 Retire a massa do forno e espalhe sobre ela a linguiça, as cebolas e, por fim, as azeitonas.

3 Leve outra vez ao forno para assar até que a massa fique ligeiramente tostada.

PIZZA ESPECIAL DE ESCAROLA

- *1 porção de* massa para pizzas *semiassada (pág. 422)*
- *1 xícara (chá) de* molho de tomate *(pág. 465)*
- *2 colheres (sopa) de óleo*
- *2 pés de escarolas picadas*
- *½ colher (café) de sal*
- *1 copo de requeijão*
- *8 filés de anchovas*
- *½ xícara (chá) de azeitonas pretas*

1 Em uma frigideira alta, leve o óleo ao fogo e refogue a escarola. Tampe a frigideirae deixe a escarola cozinhar com o próprio líquido, tempere com o sal.

2 Espalhe sobre a massa de pizza o requeijão, a escarola refogada, os filés de anchovas e as azeitonas.

3 Leve ao forno quente preaquecido até que a borda da massa fique bem corada.

PIZZA DIFERENTE DE REQUEIJÃO

- *1 porção de* massa para pizzas *semipronta (pág. 422)*
- *2 colheres (sopa) de ketchup*
- *1 copo de requeijão cremoso*
- *½ xícara (chá) de azeitonas pretas*

1 Sobre a massa quente, espalhe o ketchup.

2 A seguir coloque o requeijão e as azeitonas.

3 Leve ao forno quente preaquecido por 10 minutos ou até que a beirada da massa fique assada.

PIZZA À FRANCESA

- *1 porção de* massa para pizzas *semipronta (pág. 422)*
- *1 xícara (chá) de* molho de tomate *(pág. 465)*
- *150 g de presunto fatiado e cortado em tiras largas*
- *150 g de mozarela fatiada e cortada em tiras largas*
- *½ copo de requeijão*
- *2 ovos cozidos picados*
- *½ xícara (chá) de azeitonas pretas*

1 Espalhe o molho de tomate sobre a massa e leve-a ao forno quente preaquecido por 10 minutos.

2 Coloque o presunto e a mozarela sobre o molho e cubra com o requeijão. Adicione os ovos cozidos e as azeitonas.

3 Asse em forno quente por mais 10 minutos, quando a pizza já deve estar pronta.

PIZZA DE ESPINAFRE COM OVOS

- *1 porção de* massa para pizzas *semipronta (pág. 422)*
- *½ xícara (chá) de* molho de tomate *(pág. 465)*
- *1 maço de espinafre cozido e picado*
- *2 ovos cozidos cortados em rodelas*
- *1 colher (sopa) de queijo ralado*

1 Coloque o molho de tomate sobre a massa e cubra-a com o espinafre, espalhando bem com um garfo. Arrume os ovos cozidos sobre o espinafre e polvilhe o queijo.

2 Leve a pizza ao forno quente preaquecido por 15 minutos ou até ficar bem assada.

PIZZA DE FRANGO COM REQUEIJÃO

- *1 peito de frango cozido e desfiado, temperado com sal*
- *1½ xícara (chá) de* molho de tomate *(pág. 465)*
- *1 porção de* massa para pizzas *semipronta (pág. 422)*
- *1 copo de requeijão cremoso*

1 Misture o frango com o molho de tomate e espalhe sobre a massa.

2 Espalhe colheradas de requeijão sobre o frango e em volta da pizza.

3 Leve ao forno quente preaquecido por 15 minutos ou até que a pizza fique assada.

PIZZA DE MOZARELA

- *1 porção de* massa para pizzas *semipronta (pág. 422)*
- *1 xícara (chá) de* molho de tomate *(pág. 465)*
- *1 colher (sobremesa) de orégano*
- *400 g de mozarela fatiada*
- *1 colher (sopa) de azeite*

1 Espalhe o molho sobre a massa e leve-a ao forno quente preaquecido por 10 minutos.

2 Retire a massa do forno, polvilhe o orégano e espalhe sobre ela as fatias de mozarela.

3 Regue com o azeite e leve ao forno quente até derreter a mozarela.

PIZZA NAPOLITANA

- *1 porção de* massa para pizzas *(pág. 422)*
- *500 g de mozarela cortada em fatias bem fininhas*
- *10 tomates bem maduros*
- *Sal*
- *Pimenta-do-reino*
- *2 colheres (sopa) de azeite*
- *Orégano*
- *Azeite*

1 Prepare uma massa para pizza.

2 Coloque as fatias de mozarela em uma tigela com água e deixe de molho durante 30 minutos.

3 Pique os tomates e tempere com o sal, a pimenta-do-reino e o azeite.

4 Abra a massa, coloque-a na assadeira untada com azeite, espalhe por cima os tomates e uma pitada de orégano.

5 Asse em forno bem quente preaquecido durante cerca de 20 minutos.

6 Retire a mozarela da água, escorra e distribua-a por cima dos tomates. Regue com azeite e volte ao forno bem quente por 5 ou 6 minutos.

PIZZA À PORTUGUESA

- *1 porção de* massa para pizzas *semipronta (pág. 422)*
- *1 xícara (chá) de* molho de tomate *(pág. 465)*
- *200 g de presunto fatiado*
- *1 cebola grande*
- *200 g de mozarela fatiada*
- *2 ovos cozidos*
- *½ xícara (chá) de azeitonas pretas*
- *1 colher (sopa) de azeite*

1 Espalhe o molho de tomate sobre a massa e leve ao forno quente preaquecido por 10 minutos.

2 Coloque as fatias de presunto sobre a massa e cubra com a mozarela. Espalhe a cebola fatiada, os ovos cortados em rodelas e as azeitonas, intercalando-os.

3 Regue com o azeite e leve ao forno quente por mais 10 minutos ou até que a massa da beirada fique levemente tostada.

PIZZA À ROMANA

- *1 porção de* massa para pizzas *semipronta (pág. 422)*
- *1 xícara (chá) de* molho de tomate *(pág. 465)*
- *300 g de mozarela ralada grossa*
- *100 g de filés de anchovas*
- *1 colher (sopa) de azeite*

1 Espalhe o molho de tomate sobre a massa e asse-a durante 12 minutos em forno quente preaquecido.

2 Espalhe a mozarela e os filés de anchovas sobre o molho e regue com o azeite.

3 Leve ao forno por mais 8 minutos ou até que a pizza fique assada.

PIZZA DE QUATRO QUEIJOS

- *1 porção de* massa para pizzas *semipronta (pág. 422)*
- *1 xícara (chá) de* molho de tomate *(pág. 465)*
- *100 g de queijo provolone cortado em fatias*
- *100 g de mozarela cortada do mesmo modo*
- *100 g de queijo tipo parmesão ralado*
- *100 g de requeijão cremoso*
- *1 colher (sopa) de azeite*

1 Espalhe o molho de tomate sobre a massa e leve-a ao forno quente preaquecido por 10 minutos.

2 Rale o provolone e a mozarela no ralo grosso do ralador. Reserve.

3 Retire a massa do forno. Misture o parmesão, a mozarela e o provolone ralados e distribua sobre a pizza. Arrume colheradas do requeijão sobre os queijos e regue com o azeite.

4 Asse em forno quente por mais 10 minutos ou até que a massa fique assada.

PIZZA CALZONE

- *1 porção de* massa para pizzas *(pág. 422)*
- *1 porção de recheio à sua escolha*
- *1 ovo ligeiramente batido*

1 Abra a massa com o rolo, deixando-a com a espessura de 0,5 cm e formato circular.

2 Coloque a massa em uma assadeira grande ou 2 médias levemente untadas.

3 Coloque o recheio escolhido sobre metade da massa e feche-a como se fosse um grande pastel.

4 Pincele com o ovo batido e leve a pizza ao forno quente preaquecido, até que fique bem corada.

Nota: *A pizza calzone fica melhor quando o recheio não leva muito molho. Fica ótima quando preparada com vegetais cozidos e levemente temperados com sal, azeite e limão. O recheio clássico leva ricota, presunto e mozarela.*

Rocambole de Presunto

- *1 xícara (chá) de presunto moído*
- *2 xícaras (chá) de farinha de trigo*
- *4 colheres (chá) de fermento em pó*
- *1 colher (chá) de sal*
- *1 xícara (chá) de leite*
- *2 colheres (sopa) de manteiga*
- *2 ovos*

1 Misture o presunto com 1 colher (sopa) de manteiga.

2 Peneire os ingredientes secos e misture a eles o leite, o restante da manteiga e os ovos, amassando bem.

3 Abra a massa com um rolo. Espalhe o presunto sobre ela, enrole-a e, com uma faca bem afiada, corte-a em rodelas.

4 Unte uma assadeira com manteiga e arrume a massa sobre ela.

5 Asse em forno quente preaquecido durante 20 minutos.

6 Arrume em um prato e sirva, se quiser, com molho de tomate ou ketchup.

Braço Cigano

Massa:

- *50 g de fermento biológico*
- *250 ml de leite ou água morna*
- *1 colher (chá) de açúcar*
- *1 colher (sopa) de manteiga*
- *Sal*
- *Farinha de trigo*

Recheio:

- *4 tomates picados em pedaços de 2 cm*
- *Azeite*
- *Sal*
- *Orégano*
- *Vinagre*
- *100 g de presunto picado*
- *100 g de mozarela picada*
- *1 gema*
- *Manteiga derretida*

1 Para o preparo da massa, em uma tigela grande, dissolva o fermento e o açúcar no leite morno, cubra com um pano seco e deixe crescer por 10 minutos. Passado esse tempo, acrescente a manteiga e o sal e vá adicionando farinha até a massaficar homogênea e despregar da mão. Deixe crescer por 40 minutos.

2 Para o recheio, tempere os tomates com o azeite, o sal, o orégano e um pouco de vinagre.

3 Divida a massa em 3 ou 4 pedaços.

4 Abra os pedaços de massa e espalhe em cada um deles um pouco dos tomates, uma camada de presunto e outra de mozarela.

5 Enrole os pedaços de massa como um rocambole. Pincele com a gema e a manteiga misturadas e asse em forno quente preaquecido.

Tortas

Tortas

MASSA QUEBRADA PARA TORTAS

- *500 g de farinha de trigo*
- *250 ml de leite*
- *1 colher (chá) de sal*
- *125 g de manteiga*

1 Peneire a farinha de trigo sobre uma mesa ou um mármore, formando um monte.

2 Faça um buraco no centro do monte de farinha e coloque o leite, o sal e a manteiga.

3 Misture tudo devagar até que se forme uma massa homogênea. Faça uma bola, aperte-a 2 ou 3 vezes, com a palma das mãos, de encontro à mesa, e abra-a com o rolo.

4 Você pode empregá-la na preparação de pastéis, tortas e empadas.

MASSA QUEBRADA COM OVOS

- *1 kg de farinha de trigo*
- *2 ovos*
- *50 g de manteiga*
- *Sal*
- *250 ml de água*

1 Peneire a farinha de trigo sobre uma mesa ou uma superfície de mármore, formando um monte.

2 Abra um buraco no centro da farinha e adicione os ovos, a manteiga e o sal. Amasse bem.

3 Junte a água e vá misturando a farinha que está por baixo até que se forme uma massa uniforme.

4 Abra a massa com um rolo.

5 Abra e dobre a massa por quatro vezes. Deixe em repouso por cerca de 1 hora antes de usar.

6 Você pode empregá-la na preparação de empadas, tortas ou pastéis.

MASSA PODRE PARA TORTAS E EMPADAS

- *500 g de farinha de trigo*
- *5 ovos*
- *1 colher (café) de sal*
- *250 g de banha de porco ou gordura vegetal gelada*

1 Coloque a farinha de trigo em uma tigela funda e junte os ovos, o sal e a banha.

2 Amasse tudo, sem sovar, até que fique bem homogênea.

Nota: *Esta massa não precisa descansar.*

MASSA PODRE BÁSICA (PARA EMPADAS OU TORTAS)

- *1 kg de farinha de trigo*
- *400 g de banha de porco*
- *100 g de manteiga*
- *3 gemas*
- *1 xícara (chá) de água*
- *1 colher (sobremesa) de sal*

1 Misture bem todos os ingredientes.

2 Vá juntando água até formar uma massa homogênea que não grude nas mãos.

3 Utilize conforme solicitado na receita.

Nota: *Esta massa não deve ser sovada.*

MASSA PARA TORTAS SALGADAS

- *500 g de farinha de trigo*
- *3 colheres (sopa) de manteiga*
- *1 colher (sopa) de banha de porco*
- *3 ovos*
- *1 colher (sopa) de fermento em pó*
- *1 colher (sopa) de sal*
- *6 colheres (sopa) de água gelada*
- *1 gema*
- *Manteiga derretida*

1 Coloque a farinha de trigo em uma tigela funda, junte a manteiga, a banha, os ovos, o fermento, o sal e a água. Amasse muito bem e deixe a massa repousar por, pelo menos, 1 hora. Se necessário, adicione um pouco mais de água.

2 Corte a massa em dois pedaços iguais. Abra uma metade com um rolo e forre com ela uma fôrma de torta (no fundo e nos lados). Corte a massa junto às bordas da fôrma.

3 Coloque o recheio escolhido sobre a massa na fôrma e abra a outra metade da massa, cubra a torta e apare as bordas apertando as duas partes para fechar a torta.

4 Com os pedaços de massa que sobraram, faça rolinhos finos e prepare, com eles, uma grade em cima da torta, para enfeitá-la.

5 Pincele com a gema misturada com a manteiga e leve a torta ao forno quente preaquecido.

6 Quando estiver com uma bela cor dourada, sirva quente na própria fôrma.

Nota: *Esta torta também fica muito boa quando, depois de aberta finamente, é besuntada em toda a superfície com manteiga e dobrada sobre si mesma. Ao forrar a fôrma, adicione a massa dobrada assim (em dois), fazendo o mesmo ao cobri-la.*

QUICHE DE ALHO-PORÓ

Massa:

- *1¼ de xícara (chá) de farinha de trigo*
- *1 ovo*
- *1 colher de sopa de água*
- *½ colher (chá) de sal*
- *⅓ de xícara (chá) de manteiga gelada*

Recheio:

- *2 alhos-porós grandes*
- *2 colheres (sopa) de manteiga*
- *3 ovos*
- *1¼ de xícara (chá) de creme de leite*
- *100 g de queijo emmenthal ralado grosso*
- *2 colheres (sopa) de parmesão ralado*
- *Sal e pimenta-do-reino*

1 Prepare a massa colocando a farinha de trigo em uma superfície e abrindo um buraco no meio. Bata levemente o ovo com a água e o sal. Reserve. Coloque a manteiga gelada cortada em cubos no centro da farinha. Misture para incorporar. Adicione a mistura do ovo e amasse rapidamente até formar uma massa homogênea, não precisa sovar. Deixe descansar por 20 minutos.

2 Preaqueça o forno em temperatura média. Abra a massa com um rolo e forre o fundo e as laterais de uma fôrma com aro removível de 22 cm de diâmetro por aproximadamente 2 cm de altura. Com um garfo, faça alguns furos no fundo da massa e leve à geladeira.

3 Corte os alhos-porós em fatias finas. Coloque a manteiga em uma frigideira, aqueça e refogue o alho-poró até que esteja bem macio. Reserve.

4 Bata ligeiramente os ovos e acrescente o creme de leite, o emmenthal e o parmesão. Tempere com o sal e a pimenta-do-reino. Retire a massa da geladeira e espalhe sobre ela o refogado de alho-poró.

5 Cubra com o creme de ovos e leve ao forno. Asse por cerca de 30 minutos ou até o recheio firmar e a torta estar levemente dourada. Deixe esfriar um pouco antes de cortar.

QUICHE LORRAINE

Massa:

- *200 g de farinha de trigo*
- *1 ovo*
- *4 colheres (sopa) de manteiga*
- *1 colher (sopa) de água*
- *Sal*

Recheio:

- *60 g de bacon*
- *3 ovos grandes*
- *1 ½ xícara (chá) de creme de leite*
- *Sal, pimenta-do-reino e noz-moscada*
- *100 g de queijo tipo gruyère ou similar*

1 Para preparar a massa, coloque a farinha de trigo em uma tigela funda e abra um buraco no meio. Adicione no buraco o ovo e a manteiga gelada cortada em cubos. Misture com a ponta dos dedos até formar uma farofa. Acrescente a água e o sal e amasse até formar uma massa homogênea. Não sove. Faça uma bola, enrole em plástico filme e leve à geladeira por 20 minutos.

2 Preaqueça o forno em temperatura média. Abra a massa com um rolo e forre o fundo e as laterais de uma fôrma com aro removível de aproximadamente 22 cm de diâmetro por 2 cm de altura.

3 Pique o bacon e leve a uma frigideira para dourar levemente. Escorra em papel absorvente. Bata ligeiramente os ovos e acrescente o creme de leite. Tempere com o sal, a pimenta-do-reino e a noz-moscada. Retire a massa do forno e arrume sobre ela o bacon frito e o queijo cortado em cubos pequenos ou ralado grosso.

4 Cubra com o creme de ovos e leve ao forno médio preaquecido. Asse por cerca de 30 minutos ou até o recheio firmar e a torta estar levemente dourada. Deixe esfriar um pouco antes de cortar.

TORTA DE CAMARÃO

- *1 receita de* massa para tortas salgadas *(pág. 431)*

Recheio:

- *1 kg de camarões descascados e limpos*
- *4 colheres (sopa) de manteiga*
- *1 cebola picada*
- *2 dentes de alho picados*
- *4 tomates sem pele*
- *2 colheres (sopa) de farinha de trigo*
- *2 gemas*
- *1 xícara (chá) de leite*
- *Sal e pimenta-do-reino*
- *12 azeitonas sem caroço e picadas*
- *Cheiro-verde picado*
- *1 gema*
- *Manteiga derretida*

1 Prepare a massa conforme a receita.

2 Para o recheio, pique os camarões e leve-os para refogar em uma panela com a manteiga, a cebola, o alho e os tomates bem picados.

3 Depois de tudo bem refogado, junte um pouco de água, para formar um molho, e deixe cozinhar.

4 Terminado o cozimento, retire a panela do fogo e adicione a farinha de trigo e as gemas dissolvidas no leite. Misture tudo muito bem e torne a levar a panela ao fogo para que o molho engrosse. Não deixe de mexer, para de que o molho não empelote. Tempere com o sal e a pimenta-do-reino.

5 Depois que o molho engrossou, adicione as azeitonas picadas e o cheiro-verde. Deixe o recheio amornar.

6 Corte a massa em dois pedaços iguais, abra uma metade com um rolo e forre com ela uma fôrma de torta (no fundo e nos lados). Corte a massa junto às bordas.

7 Coloque o recheio sobre a massa na fôrma, abra a outra metade da massa e cubra a torta. Apare as bordas e junte a parte de cima com a de baixo para fechar a torta.

8 Com os pedaços de massa que sobraram, faça rolinhos finos e prepare com eles uma grade em cima da torta, para enfeitá-la.

9 Pincele com a gema misturada com a manteiga e leve a torta ao forno quente preaquecido.

10 Quando estiver com uma bela cor dourada, retire e deixe esfriar um pouco para desenformar.

TORTA DE FRANGO

- *1 receita de* massa para tortas salgadas *(pág. 431)*

(pág. 431)

Recheio:

- *1 frango cortado pelas juntas*
- *4 colheres (sopa) de óleo*
- *2 dentes de alho picados*
- *1 cebola grande picada*
- *Sal e pimenta-do-reino*
- *500 ml de água*
- *2 colheres (sopa) de cheiro-verde picado*
- *1 folha de louro*
- *2 colheres (sopa) de manteiga*
- *4 tomates maduros, sem pele, picados*
- *3 colheres (sopa) de farinha de trigo*
- *12 azeitonas grandes, sem caroço, picadas*
- *1 ovo cozido picado*
- *½ lata de ervilhas*
- *2 colheres (sopa) de salsa picadinha*
- *1 gema*
- *Manteiga derretida*

1 Prepare a massa conforme a receita e reserve.

2 Refogue os pedaços de frango no óleo com o alho e metade da cebola picada. Tempere com o sal e a pimenta-do-reino.

3 Junte a água, o cheiro-verde e a folha de louro, deixe cozinhar bem.

4 Quando o frango estiver cozido, separe a carne dos ossos e das peles e desfie. Reserve a água do cozimento.

5 Leve o frango para refogar na manteiga, acrescente a cebola restante e os tomates.

6 Dissolva a farinha de trigo em 2 xícaras (chá) do caldo em que o frango cozinhou reservado e junte ao refogado. Cozinhe para engrossar. Acrescente as azeitonas, o ovo e as ervilhas. Acerte o sal e a pimenta-do-reino e adicione a salsa. Deixe o recheio esfriar.

7 Corte a massa em dois pedaços iguais, abra uma metade com um rolo e forre com ela uma fôrma de torta (no fundo e nos lados), cortando a massa junto às bordas da fôrma.

8 Coloque o recheio sobre a massa na fôrma, abra a outra metade da massa e cubra a torta. Apare as bordas e junte a parte de cima com a de baixo para fechar a torta.

9 Com os pedaços de massa que sobraram, faça rolinhos finos e prepare com eles uma grade em cima da torta, para enfeitá-lo.

10 Pincele com a gema misturada com a manteiga e leve a torta ao forno quente preaquecido.

11 Quando estiver com uma bela cor dourada, retire e deixe esfriar um pouco para desenformar.

TORTA DE PALMITO

- *1 receita de* massa para tortas salgadas *(pág. 431)*

Recheio:

- *2 colheres (sopa) de manteiga*
- *1 cebola pequena picada*
- *1½ xícara de palmito picado*
- *Sal e pimenta-do-reino*
- *4 colheres (sopa) de farinha de trigo*
- *1 xícara (chá) de leite*
- *2 colheres (sopa) de salsa picada*
- *1 colher (sopa) de cebolinha picada*
- *1 gema*
- *Manteiga derretida*

1 Prepare a massa conforme a receita.

2 Coloque a manteiga em uma panela, leve ao fogo e acrescente a cebola. Refogue por 3 minutos, até a cebola ficar bem macia. Adicione os palmitos. Refogue por mais 5 minutos. Tempere com sal e pimenta-do-reino, misture e coloque a farinha de trigo.

3 Misture muito bem para desmanchar a farinha. Acrescente o leite e continue misturando para incorporar. Cozinhe em fogo baixo por cerca de 8 minutos para obter um recheio cremoso. Salpique a salsa e a cebolinha. Misture bem e deixe o recheio amornar. Preaqueça o forno em temperatura média.

4 Corte a massa em dois pedaços iguais, abra uma metade com um rolo e forre com ela uma fôrma de torta (no fundo e nos lados), cortando a massa junto às bordas.

5 Coloque o recheio sobre a massa na fôrma, abra a outra metade da massa e cubra a torta. Apare as bordas e junte a parte de cima com a de baixo para fechar a torta

6 Com os pedaços de massa que sobraram, faça rolinhos finos e prepare com eles uma grade em cima da torta, para enfeitá-la.

7 Pincele com a gema misturada com a manteiga e leve a torta ao forno quente.

8 Quando estiver com uma bela cor dourada, retire e deixe esfriar um pouco para desenformar.

TORTA DE CREME DE LEITE

Massa:

- *15 g de fermento biológico*
- *½ colher (sopa) de açúcar*
- *10 colheres (sopa) de leite morno*
- *300 g de farinha de trigo*
- *1 ovo*
- *2 colheres (sopa) de manteiga*
- *Sal*

Recheio:

- *150 g de presunto*
- *1 lata de creme de leite sem soro*
- *Uvas-passas sem semente*
- *150 g de mozarela*
- *1 gema*
- *Manteiga derretida*

1 Para o preparo da massa, em uma tigela grande, dissolva o fermento e o açúcar no leite morno, cubra com um pano seco e deixe crescer por 10 minutos.

2 Junte os outros ingredientes ao fermento já crescido e vá amassando até obter uma massa que não grude na mão.

3 Deixe a massa descansar por 15 minutos.

4 Divida a massa em dois pedaços iguais, abra uma das metades com um rolo e forre uma fôrma de torta.

5 Coloque o recheio sobre a massa na fôrma em camadas: o presunto, o creme de leite, as uvas-passas e a mozarela.

6 Abra a outra metade da massa, cubra a torta fechando bem a borda e deixe crescer por mais 30 minutos.

7 Pincele com a gema e a manteiga e leve para assar.

TORTA DE QUATRO QUEIJOS

Massa e cobertura:

- *1 receita de* massa para tortas salgadas *(pág. 431)*
- *2 ovos batidos*
- *½ xícara (chá de leite)*
- *50 g de queijo ralado*

Recheio:

- *1 dente de alho espremido*
- *1 colher (sopa) de manteiga*
- *1 cebola pequena picada*
- *1 colher (sopa) de salsa picadinha*
- *Sal*
- *250 ml de leite quente*
- *200 g de queijo prato ralado*
- *100 g de queijo provolone ralado*
- *50 g de queijo parmesão ralado*
- *½ copo de requeijão cremoso*
- *1 lata de creme de leite sem soro*
- *50 g de uvas-passas sem sementes*

1 Para fazer o recheio, derreta o alho na manteiga e coloque a cebola, a salsa, o sal, o leite e os queijos. Deixe que os queijos derretam em fogo baixo e vá mexendo sempre. Quando estiverem derretidos, desligue o fogo, verifique o sal e acrescente o creme de leite.

2 Corte a massa para tortas em dois pedaços, abra-os com um rolo e forre uma fôrma para torta com uma das massas. Sobre ela, coloque a mistura de queijos, as uvas-passas e cubra com a outra metade de massa fechando bem a torta. Misture os ovos batidos com o leite e o queijo ralado e coloque por cima da torta.

3 Leve para assar e deixe corar.

PÃES E PÃEZINHOS

Pães e Pãezinhos

"O destino das nações depende da maneira de alimentar do seu povo."

BRILLAT-SAVARIN. TEXTO DA EDIÇÃO DE 1942 DE *DONA BENTA*.

PÃES

PÃEZINHOS

PÃO DE BATATA

- *50 g de fermento biológico fresco*
- *500 ml de leite morno*
- *1 colher (sopa) de açúcar*
- *4 batatas pequenas cozidas e espremidas*
- *1 colher (sopa) de sal*
- *1 colher (sopa) de manteiga*
- *4 gemas*
- *2 claras*
- *Farinha de trigo*

1 Bata no liquidificador o fermento, o leite morno e o açúcar. Coloque a mistura em uma tigela funda, acrescente as batatas já frias, o sal a manteiga, as gemas e as claras e vá adicionando farinha e amassando até formar uma massa homogênea que se solte das mãos.
2 Forme uma bola com a massa, cubra a tigela com um pano de prato se e deixe crescer por cerca de 1 hora ou até que dobre de volume.
3 Com um rolo, abra a massa em uma superfície enfarinhada, enrole como um rocambole, coloque em uma assadeira e deixe crescer por mais 20 minutos. Asse em forno quente preaquecido.

PÃO DE BATATA-DOCE OU CARÁ

- *30 g de fermento biológico fresco*
- *500 ml de leite morno*
- *1½ xícara (chá) de açúcar*
- *500 g de batata-doce (ou cará) cozido em água e sal*
- *2 colheres (sopa) de manteiga*
- *1 colher (sopa) de banha de porco derretida*
- *5 ovos separados*
- *500 g de farinha de trigo peneirada*
- *Farinha de trigo*
- *1 gema*

1 Desmanche o fermento no leite morno com o açúcar.
2 Esprema a batata-doce ainda quente e adicione a manteiga, a banha, as gemas, as claras em neve e o fermento misturado no leite. Adicione as 500 g de farinha de trigo e sove até que a massa desgrude das mãos.
3 Cubra com um pano de prato e deixe crescer em lugar protegido de vento, em temperatura ambiente até que a mistura fique bem esponjosa (de 1½hora a 2 horas).
4 Se necessário, amasse acrescentando mais farinha de trigo aos poucos até que tome consistência de pão.
5 Continue amassando até que se formem bolhas na massa.
6 Molde pães do tamanho que preferir, coloque em assadeiras enfarinhadas, bem separados uns dos outros, cubra com um pano de prato e deixe crescer novamente. Para saber quando a massa cresceu, coloque uma bolinha feita com um pouco dela dentro de um copo com água e deixe o copo no mesmo lugar em que o restante da massa estiver crescendo: quando a bolinha sobe à tona, a massa está no ponto.
7 Com uma faca bem afiada, faça um corte no meio dos pães, no sentido do comprimento deles, pincele-os com gema e leve para assar em forno bem quente preaquecido.

PÃO DE CLÉLIA

- *2 xícaras (chá) de farinha de trigo*
- *1 colher (chá) de sal*
- *1 colher (sopa) de fermento químico em pó*
- *1 xícara (chá) de leite*
- *1 colher (sopa) de manteiga*
- *Queijo minas fatiado*
- *1 gema*

1 Peneire a farinha com o sal e o fermento.

2 Acrescente o leite, misture tudo muito bem e amasse ligeiramente.

3 Abra a massa com um rolo na espessura de um dedo.

4 Passe a manteiga em toda a superfície da massa e espalhe por cima as fatias de queijo.

5 Enrole como rocambole, pincele com gema e leve para assar em forno quente.

6 Sirva bem quente.

PÃO DE FÔRMA

- *2 colheres (sopa) de fermento biológico fresco*
- *250 ml de água morna*
- *3 colheres (sopa) de açúcar*
- *125 ml de óleo*
- *2 ovos*
- *1 colher (sopa) de sal*
- *500 g de farinha de trigo*
- *250 ml de água fria*
- *Farinha de trigo*

1 Misture o fermento com a água morna e o açúcar. Cubra com um pano de prato e deixe crescer por 10 minutos.

2 Em uma tigela, junte o fermento dissolvido, o óleo, os ovos, o sal e as 500 g de farinha, misturando bem. (Essa massa deve ter a consistência de massa de bolo.)

3 Cubra a tigela com um pano de prato e deixe crescer até dobrar o volume.

4 Depois de crescida, acrescente a água fria e amasse acrescentando a farinha de trigo até a massa não grudar mais nas mãos.

5 Depois de bem sovada a massa, corte 8 tiras e enrole-as como se fosse para nhoque.

6 Enrole as tiras, de duas em duas, entrelaçando-as, e coloque em 4 fôrmas para pão de fôrma. Cubra com um pano de prato e deixe os pães crescerem até dobrarem de tamanho.

7 Asse em forno quente preaquecido.

PÃO DE ABOBRINHA COM GRÃOS

- *1½ xícara (chá) de farinha de trigo*
- *1 xícara (chá) de açúcar mascavo*
- *1 colher (chá) de canela em pó*
- *½ colher (chá) de noz-moscada*
- *2 colheres (sopa) de sementes de linhaça*
- *2 colheres (sopa) de aveia em flocos*
- *2 colheres (sopa) de gérmen de trigo*
- *Sal*
- *2 colheres (chá) de fermento químico em pó*
- *½ xícara (chá) de óleo*
- *2 ovos*
- *¼ de xícara (chá) de iogurte*
- *1 xícara (chá) de abobrinha italiana ralada*

1 Coloque em uma tigela a farinha de trigo, o açúcar mascavo, a canela, a noz-moscada, a linhaça, a aveia, o gérmen de trigo, o sal e o fermento. Em outra tigela coloque o óleo, os ovos e o iogurte. Misture bem e despeje sobre a mistura de farinha, incorporando bem os ingredientes.

2 Acrescente a abobrinha, misture novamente, coloque em uma fôrma untada e asse em forno médio preaquecido por 30 minutos, ou até que, ao enfiar um palito no centro do pão, ele saia seco.

PÃO DE MILHO

- *4 colheres (sopa) de manteiga*
- *1¼ de xícara (chá) de farinha de trigo*
- *¾ de xícara (chá) de fubá mimoso*
- *2 colheres (chá) de fermento químico em pó*
- *⅓ de xícara (chá) de açúcar*
- *¾ de colher (chá) de sal*
- *1¼ de xícara (chá) de leite*
- *1 ovo*

1 Derreta a manteiga em fogo baixo e reserve.

2 Misture em uma tigela a farinha de trigo, o fubá, o fermento, o açúcar e o sal.

3 Em outro recipiente, misture o leite, o ovo e a manteiga derretida. Despeje os líquidos sobre os secos e misture bem.

4 Coloque a massa em uma fôrma de bolo inglês untada e asse por 10 minutos em forno alto preaquecido. Abaixe para médio e asse por mais 15 minutos. Teste com um palito enfiando-o no centro do pão. Se sair seco, o pão já estará pronto.

Pão Napolitano de Linguiça

- *50 g de fermento biológico fresco*
- *1 colher (chá) de açúcar*
- *1½ xícara (chá) de água morna*
- *1 kg de farinha de trigo*
- *1 colher (sopa) de sal*
- *250 g de linguiça calabresa defumada*
- *¼ de xícara (chá) de parmesão ralado*
- *2 colheres (sopa) de azeite*

1 Em uma tigela funda, misture o fermento com o açúcar e amasse até obter uma pasta. Acrescente metade da água morna e misture.

2 Acrescente à tigela com o fermento 1 xícara (chá) da farinha de trigo, misture e deixe a massa fermentar por 15 minutos.

3 Adicione a farinha restante e o sal, misture bem e vá acrescentando água morna aos poucos para obter uma massa lisa e macia. Amasse por 10 minutos e coloque a massa novamente na tigela. Cubra com um pano úmido.

4 Deixe a massa dobrar de volume (leva cerca de 1 hora). Fatie finamente a linguiça calabresa. Sove novamente a massa por 5 minutos e abra-a com um rolo, formando um retângulo de aproximadamente 50 cm x 40 cm.

5 Arrume a linguiça fatiada sobre a massa e salpique o parmesão. Enrole como se fosse um rocambole e, com a ponta dos dedos, aperte bem a emenda.

6 Faça uma rosca com a massa, unindo bem as extremidades. Coloque o pão em uma fôrma de bolo de 25 cm de diâmetro (com furo no meio). Cubra novamente e deixe crescer por cerca de 30 minutos. Preaqueça o forno em temperatura média. Pincele o pão com o azeite e leve ao forno para assar por cerca de 1 hora. Deixe esfriar completamente para desenformar.

Pão de Mandioca

- *1 kg de farinha de trigo*
- *30 g de fermento biológico fresco*
- *400 g de mandioca cozida e amassada*
- *1 colher (sopa) de banha de porco*
- *1 colher (sopa) de açúcar*
- *10 ovos*
- *2 colheres (chá) de sal*
- *1 colher (sopa) de manteiga*

1 Peneire a farinha, junte o fermento, amasse um pouco e, depois, acrescente os outros ingredientes e sove bastante até obter uma massa lisa e macia.

2 Molde o pão, coloque em uma assadeira untada, cubra com um pano de prato e deixe crescer até dobrar de volume. Asse em forno bem quente preaquecido até dourar.

Pão Doce de Ricota

Massa:
- *50 g de fermento biológico fresco*
- *1 xícara (chá) de leite morno*
- *2 colheres (sopa) de açúcar*
- *2 ovos*
- *1 colher (chá) de sal*
- *1 colher (sopa) de manteiga*
- *500 g de farinha de trigo*
- *1 gema*

Recheio:
- *500 g de ricota fresca*
- *100 g de uvas-passas sem sementes*
- *2 ovos*
- *1 colher (sopa) de manteiga*
- *6 colheres (sopa) de açúcar*
- *1 colher (chá) de baunilha*

1 Em uma tigela funda, misture o fermento com o leite e o açúcar. Cubra a tigela com um pano de prato e deixe o fermento crescer por 10 minutos. Acrescente os outros ingredientes e vá amassando até que a massa se solte das mãos. Divida a massa em 2 porções (para fazer 2 pães).

2 Com um rolo, abra cada massa na espessura de 0,5 cm.

3 Faça o recheio misturando todos os ingredientes.

4 Espalhe metade do recheio sobre cada porção da massa, enrole como rocambole, coloque na assadeira e deixe crescer por 2 horas.

5 Pincele com a gema e leve para assar em forno quente preaquecido.

Pão Recheado

Massa:
- *1 kg de farinha de trigo*
- *50 g de fermento biológico fresco*
- *½ xícara (chá) de água morna*
- *1 colher (chá) de sal*
- *300 g de manteiga*
- *4 ovos*
- *1 xícara (chá) de leite*
- *2 colheres (sopa) de azeite*
- *1 ovo batido (para pincelar)*

Recheio:
- *500 g de linguiça defumada fatiada*
- *300 g de bacon fatiado*
- *2 colheres (sopa) de salsa picada*

1 Para o preparo da massa, retire da quantidade de farinha indicada 1 xícara (chá) para polvilhar a massa sempre que necessário; retire mais ½ xícara (chá) para preparar o fermento. Coloque essa ½ xícara de farinha em uma tigela, junte o fermento esfarelado e amasse com um garfo. Adicione a água morna e misture bem.

2 Depois de misturado, polvilhe com um pouco de farinha, cubra com um pano de prato e deixe levedar por 10 minutos.

3 Coloque a farinha restante em uma tigela grande e, no centro, disponha todos os outros ingredientes para a massa. Misture, junte o fermento e amasse tudo muito bem, sovando a massa até torná-la bem elástica (se estiver rija, adicione um pouco mais de leite). Cubra a massa com um pano de prato e deixe crescer por 1 hora.

4 Coloque a massa sobre uma mesa polvilhada com farinha e abra-a com o rolo, em formato retangular. Intercale as fatias de linguiça com as de bacon sobre a massa e salpique a salsa.

5 Enrole a massa como rocambole e coloque em uma assadeira untada com manteiga. Cubra com um pano de prato e deixe crescer durante 1½ hora ou até dobrar de volume. Pincele com o ovo batido e leve ao forno quente preaquecido até dourar.

BAGEL

- *20 g de fermento biológico fresco*
- *¾ de xícara (chá) de água morna*
- *2½ xícaras (chá) de farinha de trigo*
- *3 colheres (chá) de açúcar*
- *1 colher (chá) de sal*
- *2 litros de água*
- *1 colher (chá) de açúcar*
- *1 ovo levemente batido*
- *Sementes de papoula ou sal grosso*

1 Coloque o fermento para desmanchar na água morna. Em uma tigela, despeje 1 xícara (chá) de farinha de trigo e o açúcar.

2 Misture bem e acrescente a água com fermento. Misture até obter uma pasta uniforme. Acrescente a farinha restante e o sal. Sove a massa por 10 minutos. Coloque-a em uma tigela, cubra com um pano de prato e deixe descansar por cerca de 30 minutos. Sove a massa novamente por mais 5 minutos e divida-a em 6 partes iguais. Faça uma bolinha com cada parte. Com um dedo, faça um furo no meio da bolinha e vá alargando o furo para fazer uma rosquinha, cerca de 15 cm de diâmetro por 1,5 cm de espessura.

3 Coloque a água para ferver com o açúcar e ferva os bagel dois a dois por cerca de 7 minutos. Escorra e coloque em uma assadeira não untada, pincele com o ovo batido e salpique a papoula ou o sal grosso. Leve ao forno médio preaquecido por cerca de 25 minutos até que estejam bem dourados.

CROISSANT

- *20 g de fermento biológico fresco*
- *250 ml de leite morno*
- *500 g aproximadamente de farinha de trigo peneirada*
- *200 g de manteiga*
- *1 colher (chá) de sal*
- *1 gema*

1 Desmanche o fermento no leite morno; junte 125 g de farinha, cubra e deixe crescer por 10 minutos.

2 Acrescente a manteiga, vá juntando o restante da farinha e o sal, acrescente mais um pouco de leite, se precisar. (Deve ficar uma massa mais para dura do que para mole.)

3 Depois de bem amassada, forme uma bola com a massa, cubra com um pano de prato seco e deixe crescer até dobrar de volume.

4 Abra a massa com 0,5 cm de espessura e corte diversos triângulos de aproximadamente 10 cm de lado. Enrole cada pãozinho da base para a ponta do triângulo e molde-os em forma de meia-lua.

5 Coloque os pães em assadeiras, cubra com um pano de prato e deixe crescerem em local longe do vento e à temperatura ambiente até dobrarem de volume. Pincele com a gema e asse em forno quente preaquecido.

PÃOZINHO BÁSICO

- *15 g de fermento biológico fresco*
- *250 ml de água morna*
- *250 ml de leite morno*
- *2 xícaras (chá) de açúcar*
- *1 xícara (chá) de óleo*
- *2 ovos*
- *1 pitada de sal*
- *Farinha de trigo*
- *1 gema*

1 Misture, em uma tigela grande, o fermento com a água, o leite e o açúcar, cubra com um pano de prato e deixe crescer por 10 minutos.

2 Depois de o fermento ter crescido adicione os outros ingredientes na tigela e vá pondo a farinha e amassando até que a massa não grude mais nas mãos.

3 Molde os pãezinhos, coloque em assadeiras untadas, cubra com um pano de prato e deixe crescer até dobrar de volume. Pincele com a gema e leve para assar em forno quente preaquecido.

PÃOZINHO COMUM

- *15 g de fermento biológico fresco*
- *1 xícara (chá) de leite morno*
- *500 g de farinha de trigo aproximadamente*
- *3 colheres (sopa) de manteiga derretida*
- *3 colheres (sopa) de açúcar*
- *1 colher (sopa) de sal*
- *2 ovos*
- *1 gema*

1 Em uma tigela grande, dissolva o fermento no leite, junte 250 g da farinha, a manteiga, o açúcar, o sal e os ovos e misture bem. Cubra a tigela com um pano de prato e deixe crescer por 10 minutos.

2 Depois de crescido o fermento, junte aos poucos o restante da farinha de trigo, amassando bem até formar uma massa homogênea e lisa.

3 Sove a massa até começar a formar bolhas. Molde os pãezinhos, coloque-os em assadeiras untadas, cubra com um pano de prato e deixe crescer até que dobrem de volume. Pincele com a gema batida e leve para assar em forno quente preaquecido.

PÃO DOCE

- *45 g de fermento biológico fresco*
- *1⅔ xícara de leite morno*
- *1 xícara (chá) de açúcar*
- *150 g de manteiga*
- *1 colher (sopa) de óleo*
- *1 colher (café) de sal*
- *3 ovos*
- *1 kg de farinha de trigo*
- *1 gema*

1 Em uma tigela funda, misture o fermento com o leite morno e o açúcar.

2 Cubra a tigela com um pano de prato e deixe o fermento crescer por 10 minutos.

3 Acrescente a manteiga, o óleo o sal e os ovos na tigela, vá pondo farinha e amassando até que a massa se solte das mãos.

4 Molde os pães coloque em assadeiras untadas, cubra com um pano de prato e deixe crescer até dobrarem de volume. Pincele com o ovo batido e leve para assar em forno preaquecido.

TRANÇA DOCE

Massa:

- *750 ml de leite*
- *500 g de farinha de trigo*
- *50 g de fermento biológico fresco*
- *8 colheres (sopa) de açúcar*
- *4 gemas*
- *2 colheres (sopa) de manteiga*
- *2 colheres (sopa) de banha de porco*
- *1 colher (chá) de sal*
- *700 g de farinha de trigo*

Recheio:

- *Frutas cristalizadas ou uvas-passas*

Calda:

- *1 xícara (café) de leite e 1 colher (sopa) de açúcar*

1 Aqueça o leite e, em uma tigela funda, misture-o com os 500 g de farinha, o fermento e o açúcar. Cubra com um pano de prato e deixe crescer por 10 minutos.

2 Depois de crescido o fermento, adicione as gemas, a manteiga, a banha, o sal e a farinha e amasse bem.

3 Divida a massa em 3 pedaços, abra-os com um rolo, espalhe as frutas cristalizadas sobre as massas, enrole-as como rocambole e faça a trança.

4 Coloque em uma assadeira, cubra com um pano de prato, deixe crescer até dobrar de volume e asse em forno preaquecido.

5 Misture o leite e o açúcar da calda e coloque-a sobre a trança depois de assada.

PÃO DOCE MARIA

- *45 g de fermento biológico fresco*
- *1⅔ xícara de leite morno*
- *1 xícara (chá) de açúcar*
- *150 g de manteiga*
- *1 colher (sopa) de óleo*
- *1 colher (café) de sal*
- *3 ovos*
- *Farinha de trigo*
- *1 gema*

1 Em uma tigela funda, misture bem o fermento, o leite e o açúcar, cubra com um pano de prato e deixe crescer por 10 minutos.

2 Acrescente os outros ingredientes na tigela, vá amassando e juntando farinha de trigo até que a massa não grude mais nas mãos.

3 Molde os pãezinhos, coloque-os em assadeiras untadas, cubra com um pano de prato e deixe crescer até dobrarem de volume. Depois de crescidos, pincele-os com a gema e leve para assar em forno quente preaquecido.

PÃOZINHO DE BATATA I

- *3 batatas de tamanho médio*
- *1 colher (sopa) de manteiga*
- *1 colher (sopa) de banha de porco*
- *2 colheres (sopa) de açúcar*
- *1 colher (chá) de sal*
- *15 g de fermento biológico fresco*
- *250 ml de leite morno*
- *3 ovos separados*
- *Farinha de trigo*
- *1 gema*

1 Descasque e cozinhe as batatas em água e sal.

2 Esprema as enquanto ainda quentes e junte a manteiga, a banha, o açúcar e o sal.

3 Adicione o fermento dissolvido no leite e os ovos, sendo as claras em neve.

4 Amasse tudo com farinha de trigo até formar uma massa lisa e homogênea.

5 Molde pãezinhos redondos, coloque em assadeiras, cubra com um pano de prato e deixe crescer até que dobrem de volume. Depois de crescidos, pincele os pãezinhos com a gema e asse em forno quente preaquecido.

PÃOZINHO DE BATATA II

- *50 g de fermento biológico fresco*
- *500 ml de leite morno*
- *4 colheres (sopa) de açúcar*
- *8 batatas médias cozidas e espremidas*
- *2 ovos*
- *1 pitada de sal*
- *1 xícara (chá) de banha de porco derretida*
- *2 colheres (sopa) de manteiga*
- *Farinha de trigo*
- *1 gema*

1 Desmanche o fermento no leite morno e no açúcar.

2 Misture o fermento com as batatas amassadas, os ovos, o sal, a banha e a manteiga. Adicione farinha e amasse bem, até que a massa não grude nas mãos.

3 Molde pãezinhos redondos e coloque-os em assadeira untada, cubra com um pano de prato e deixe crescendo até dobrarem de volume. (Coloque uma bolinha de massa dentro de um copo com água e deixe esse copo perto das assadeiras com os pãezinhos, quando a bolinha boiar, a massa terá crescido no ponto certo.)

4 Pincele os pãezinhos com a gema e leve-os para assar em forno quente preaquecido.

PÃOZINHO PARA CHÁ

- *2 ovos separados*
- *500 g de farinha de trigo*
- *2 colheres (sopa) de açúcar*
- *2 colheres (sopa) de manteiga*
- *2 colheres (sopa) de fermento químico em pó*
- *1 colher (chá) de sal*
- *Leite*

1 Bata as claras em neve, junte as gemas, torne a bater e acrescente a farinha, o açúcar, a manteiga, o fermento e o sal.

2 Retire a massa da batedeira, junte o leite aos poucos e vá amassando até ficar em ponto de moldar.

3 Faça os pãezinhos e leve-os ao forno quente preaquecido em assadeira untada.

PÃOZINHO COM CREME

Massa:

- *500 ml de leite morno*
- *30 g de fermento biológico fresco*
- *5 colheres (sopa) de açúcar*
- *2 ovos*
- *100 g de manteiga*
- *Sal*
- *Farinha de trigo*

Recheio:

- *500 ml de leite*
- *2 colheres (sopa) de amido de milho*
- *2 gemas*
- *Essência de baunilha*

1 Para preparar a massa, coloque, em uma tigela grande, o leite com o fermento e o açúcar. Cubra com um pano de prato e deixe crescer por 10 minutos. Adicione os outros ingredientes e vá juntando farinha e amassando até que a massa fique lisa e macia e não grude nas mãos. Cubra novamente com pano de prato e deixe crescer até dobrar de volume.

2 Faça o creme para o recheio: misture todos os ingredientes e leve ao fogo para engrossar.

3 Depois que a massa crescer, abra-a com o rolo (não deixe muito fina), espalhe o creme sobre ela, enrole-a como rocambole e corte em pedaços de cerca de 3 cm.

4 Arrume em uma assadeira untada e enfarinhada e leve ao forno quente preaquecido.

PÃO KUKEN (CUCA)

Massa:

- *4 ovos separados*
- *150 g de manteiga*
- *3 xícaras (chá) de açúcar*
- *1 colher (sopa) de banha de porco*
- *500 ml de leite*
- *4 xícaras (chá) de farinha de trigo*
- *1 pitada de sal*
- *1½ colher (sopa) de fermento químico em pó*

Cobertura:

- *1 colher (sopa) de banha de porco*
- *½ xícara (chá) de farinha de trigo*
- *½ xícara (chá) de açúcar*
- *2 colheres (sopa) de canela em pó*

1 Bata as claras em neve e reserve.

2 Para o preparo da massa, bata bem a manteiga com o açúcar, a banha e as gemas. Acrescente o leite, a farinha e o sal. Por último, adicione as claras bem batidas em neve e o fermento. Misture tudo, sem bater. A massa fica com a consistência de massa de bolo.

3 Para a cobertura, derreta a banha e, quando ela estiver bem quente, adicione a farinha de trigo. Retire do fogo e acrescente o açúcar e a canela; misture bem.

4 Coloque o pão em uma fôrma untada e cubra a massa ainda crua com a cobertura. Leve ao forno quente preaquecido. Depois de esfriar, corte em pedaços.

PÃO DE MEL SIMPLES

- *500 g de farinha de trigo*
- *300 g de açúcar*
- *1 colher (chá) de canela em pó*
- *1 colher (chá) de cravo moído*
- *1 colher (sobremesa) de bicarbonato*
- *4 colheres (sopa) de mel morno*
- *3 ovos inteiros*

1 Misture todos os ingredientes e amasse bem.

2 Unte e enfarinhe uma assadeira e espalhe a massa sobre ela.

3 Leve para assar em forno preaquecido.

4 Deixe esfriar.

5 Depois de frio, corte em quadradinhos e sirva.

PÃO DE MEL COM COBERTURA

Massa:

- *250 g de açúcar*
- *¼ de xícara (chá) de água*
- *250 g de mel*
- *2 ovos*
- *1 colher (chá) de canela em pó*
- *1 colher (chá) de gengibre em pó*
- *1 pitada de noz-moscada*
- *1 pitada de cravo moído*
- *500 g de farinha de trigo*
- *1 colher (chá) de bicarbonato de sódio*

Cobertura de chocolate:

- *500 g de chocolate para cobertura*

Cobertura de açúcar:

- *4 xícaras (chá) de açúcar*
- *¾ de xícara (chá) de leite*

1 Prepare a massa colocando o açúcar e a água em uma panela pequena. Leve ao fogo médio por 3 minutos, a fim de dissolver o açúcar sem queimá-lo, e adicione o mel. Deixe ferver por 5 minutos; retire a panela do fogo e deixe a mistura esfriar durante 10 minutos.

2 Adicione os ovos, a canela, o gengibre, a noz-moscada e o cravo moído. Incorpore a farinha e o bicarbonato e bata a massa durante 20 minutos ou até fazer bolhas.

3 Pegue uma colher (sopa) de massa e coloque-a sobre uma assadeira untada com manteiga e polvilhada com farinha de trigo, formando um bolinho redondo; faça os outros pãezinhos de mel do mesmo modo.

4 Asse em forno médio preaquecido ou até que fiquem dourados.

5 Retire do forno e deixe esfriar durante 1 hora. A seguir, cubra-os com a cobertura de chocolate ou com a cobertura de açúcar.

6 Preparo da cobertura de chocolate: pique o chocolate bem miúdo e derreta-o em banho-maria.

7 Preparo da cobertura de açúcar: misture o açúcar e o leite e leve ao banho-maria até o açúcar derreter bem.

8 Coloque cada pão de mel sobre um garfo e mergulhe-o na cobertura escolhida.

9 Coloque os pães de mel em uma grade para escorrer o excesso de cobertura e secarem.

10 Se foram cobertos de chocolate, deixe secando por 30 minutos; se a cobertura for de açúcar, deixe secando por 1 hora.

11 Conserve-os em recipientes fechados.

PÃO DE MINUTO I

- *4 xícaras (chá) de farinha de trigo*
- *4 colheres (sopa) de açúcar*
- *1 colher (sopa) de fermento químico em pó*
- *½ colher (sopa) de sal*
- *4 colheres (sopa) de manteiga*
- *4 ovos inteiros*
- *½ xícara (chá) de leite*

1 Em uma tigela grande, peneire os ingredientes secos, misture bem a manteiga, acrescente os ovos e vá misturando com uma colher de pau, aos poucos, o leite. (Não bata.)

2 Com uma colher de sopa, pingue porções de massa em uma assadeira não untada e asse em forno quente preaquecido.

PÃO DE MINUTO II

- *4½ xícaras (chá) de farinha de trigo peneirada*
- *4 ovos*
- *4 colheres (sopa) de açúcar*
- *2 colheres (sopa) de manteiga*
- *2 colheres (sopa) de fermento químico em pó*
- *½ colher (sopa) de sal*

1 Peneire a farinha em uma superfície, abra um buraco no meio e coloque nele todos os outros ingredientes.

2 Amasse bem até a massa não grudar mais nas mãos.

3 Molde bolinhas e coloque em assadeira untada. Leve para assar em forno quente preaquecido.

PÃO DE MINUTO DE QUEIJO

- *3 ovos separados*
- *¾ de xícara (chá) de farinha de trigo*
- *2½ colheres (sopa) de manteiga*
- *2 colheres (sopa) de açúcar*
- *1 colher (sopa) de fermento químico em pó*
- *1 pitada de sal*
- *Leite*
- *2 colheres (sopa) de queijo minas em pedaços*

1 Bata as claras em neve e adicione os outros ingredientes, deixando o queijo por último.

2 Coloque em forminhas de empada untadas com manteiga e asse em forno quente preaquecido.

PÃO DE NOZES

- *2 ovos separados*
- *2 xícaras (chá) de açúcar*
- *2 xícaras (chá) de leite*
- *2 xícaras (chá) de nozes*
- *4 xícaras (chá) de farinha de trigo*
- *2 colheres (sopa) de fermento químico em pó*
- *2 colheres (chá) de sal*

1 Bata as claras em neve. Adicione as gemas e o açúcar e torne a bater.

2 Junte à mistura os outros ingredientes, um por um. Misture muito bem, batendo sempre, e deixe descansar em temperatura ambiente, protegido do vento, por 20 minutos.

3 Coloque em uma fôrma para bolo inglês e asse em forno médio preaquecido.

PÃO DE NOZES E GERGELIM

- *500 g de farinha de trigo*
- *30 g de fermento biológico fresco*
- *¼ de xícara (chá) de água morna*
- *5 colheres (sopa) de açúcar*
- *2 colheres (sopa) de manteiga*
- *1 xícara (chá) de leite*
- *1 ovo*
- *1 gema*
- *1 xícara (chá) de nozes moídas*
- *1 ovo batido para pincelar*
- *2 colheres (sopa) de sementes de gergelim para polvilhar*

1 Coloque ½ xícara (chá) da farinha em uma tigela grande, junte o fermento e misture bem com a água morna. Cubra com um pano de prato e deixe crescer por 10 minutos.

2 Depois de crescido o fermento, coloque na tigela o restante da farinha, o açúcar, a manteiga, o leite, o ovo, a gema e as nozes moídas. Amasse bem, cubra a massa com um pano de prato e deixe crescer por 1 hora.

3 Coloque a massa em uma fôrma retangular ou, se preferir, corte-a em 15 porções e molde como pãezinhos.

4 Coloque os pãezinhos em uma assadeira untada com manteiga, cubra com um pano de prato e deixe crescer por mais 1 hora ou até dobrarem de volume.

5 Pincele com o ovo batido, polvilhe as sementes de gergelim e leve para assar em ao forno quente preaquecido.

Nota: Em pães e doces, as sementes de gergelim acentuam o sabor das nozes.

PÃO DE QUEIJO I

- *1 kg de polvilho azedo*
- *1⅔ xícara de leite morno*
- *2 colheres (sopa) de manteiga*
- *250 ml de óleo*
- *4 ovos*
- *200 g de queijo meia cura ralado*
- *100 g de queijo meia cura picado*
- *Sal*

1 Em uma tigela grande, peneire bem o polvilho e, se houver grumos, desfaça-os.

2 Abra um buraco no polvilho e acrescente o leite, a manteiga e o óleo, para escaldar o polvilho. Misture até obter uma farofa úmida.

3 Adicione os ovos e vá mexendo e sovando até a massa ficar homogênea.

4 Quando a massa estiver consistente, acrescente o queijo ralado e o queijo picado. Amasse novamente e verifique o sal.

5 Unte uma assadeira e as mãos com óleo e faça bolinhas não muito pequenas.

6 Asse em forno moderado preaquecido por 20 minutos.

PÃO DE QUEIJO II

- *800 g de polvilho doce*
- *200 g de polvilho azedo*
- *1 kg de queijo meia cura ralado*
- *4 ovos*
- *100 g de manteiga*
- *5 g de sal*
- *500 ml de leite*

1 Em uma tigela grande, misture os polvilhos, abra um buraco no centro e coloque o queijo, os ovos, a manteiga e o sal. Vá colocando o leite devagar e amassando. (Se a massa ficar mole, adicione mais polvilho doce; se ficar dura, adicione mais leite.)

2 Com o auxílio de uma concha de sorvete ou de 2 colheres, faça os pães e coloque em uma assadeira untada com óleo.

3 Asse em forno ligeiramente aberto (mais ou menos um dedo) por 20 minutos.

PÃO DE QUEIJO III

- *2 xícaras (chá) de leite*
- *1 xícara (chá) de gordura vegetal ou óleo*
- *1 colher (sobremesa) de sal*
- *2½ xícaras (chá) de polvilho doce*
- *2½ xícaras (chá) de polvilho azedo*
- *5 ovos ligeiramente batidos*
- *4 xícaras (chá) de queijo meia cura ralado*

1 Ferva o leite com a gordura e o sal.

2 Escalde os polvilhos com o leite fervente e misture-os.

3 Acrescente os ovos e vá amassando.

4 Adicione, por último, o queijo ralado; amasse bem e faça bolinhas.

5 Coloque as bolinhas em assadeira não untada e leve para assar em forno quente preaquecido.

PÃOZINHO COM UVAS-PASSAS

- *30 g de fermento biológico fresco*
- *½ xícara (chá) de leite morno*
- *200 g de farinha de trigo*
- *1 colher (sopa) de manteiga*
- *Sal*
- *3 colheres (sopa) de açúcar*
- *100 g de uvas-passas*
- *1 gema*

1 Em uma tigela grande, dissolva o fermento com o leite morno. Junte a farinha de trigo, a manteiga, uma pitada de sal e o açúcar. Misture tudo e sove bem até obter uma massa lisa e consistente.

2 Coloque as uvas-passas em água morna por 15 minutos. Retire as uvas-passas da água, escorra bem, polvilhe com um pouco de farinha de trigo e incorpore à massa.

3 Molde bolas de massa do tamanho de um ovo, coloque em assadeiras untadas com manteiga e polvilhadas de farinha de trigo.

4 Cubra com um pano de prato, deixe crescer por 30 minutos, pincele com a gema e asse em forno quente preaquecido por cerca de 20 minutos.

PÃOZINHO DE TRANÇA

- *15 g de fermento biológico fresco*
- *1 xícara (chá) de leite morno*
- *2 colheres (sopa) de manteiga*
- *1 pitada de sal*
- *6 colheres (sopa) de açúcar*
- *500 g de farinha de trigo*
- *1 gema*
- *Açúcar cristal*

1 Dissolva o fermento no leite morno. Junte a manteiga, o sal, o açúcar e 250 g de farinha de trigo e misture bem, até obter uma massa bem lisa.

2 Cubra com um pano de prato, deixe descansar por cerca de 10 minutos e adicione o restante da farinha de trigo (se a massa ficar dura demais, junte mais leite).

3 Amasse muito bem, corte a massa em vários pedaços iguais e enrole-os como para nhoque. Junte os pedaços de 3 em 3, faça as tranças e coloque em assadeira untada e enfarinhada. Cubra com um pano de prato e deixe crescer por cerca de 2 horas.

4 Pincele as tranças com a gema e polvilhe o açúcar cristal. Leve ao forno quente preaquecido por 20 a 25 minutos.

PANETONE

- *45 g de fermento biológico fresco*
- *250 ml de leite morno*
- *100 g de farinha de trigo*
- *100 g de uvas-passas*
- *50 ml de rum*
- *5 ovos*
- *250 g de manteiga*
- *2½ xícaras (chá) de açúcar*
- *½ colher (café) de sal*
- *1 kg de farinha de trigo*
- *1 colher (chá) de essência de panetone (opcional)*
- *250 g de frutas cristalizadas*
- *Raspas da casca de uma laranja*

1 Em uma tigela grande, dissolva o fermento e junte as 100 g de farinha. Cubra com um pano de prato e deixe crescer por 10 minutos. Coloque as uvas-passas de molho no rum.

2 Bata os ovos, junte-os ao fermento e misture bem.

3 Acrescente a manteiga, o açúcar, o sal, a essência de panetone (se quiser) e a farinha e amasse até obter uma massa lisa. Retire as uvas-passas do rum, escorra bem misture com as frutas cristalizadas e as raspas de laranja, polvilhe farinha de trigo e misture à massa de forma homogênea. Coloque a massa em uma tigela untada com manteiga, cubra com um pano de prato e deixe crescer até dobrar de volume.

4 Divida a massa em 3 partes e coloque-as em fôrmas para panetone de 1 kg, untadas com manteiga e polvilhadas com farinha de trigo. Deixe crescer novamente.

5 Antes de levar ao forno, com uma lâmina ou faca bem afiada, faça um corte em cruz em cima de cada panetone.

6 Leve para assar em forno quente preaquecido por 45 minutos. Passe para forno médio, para terminar de assar. Teste com um palito, se for necessário.

7 Sirva no dia seguinte.

ROLINHOS COM CANELA

- *15 g de fermento biológico fresco*
- *¾ de xícara (chá) de leite morno*
- *½ xícara (chá) de batatas cozidas e amassadas*
- *½ xícara (chá) de açúcar*
- *1 ovo*
- *¼ de xícara (chá) de água morna*
- *⅓ de xícara (chá) de manteiga*
- *1 colher (chá) de sal*
- *3 xícaras (chá) de farinha de trigo*
- *¼ de xícara (chá) de açúcar mascavo*
- *2 colheres (sopa) de canela*

1 Dissolva o fermento no leite morno e acrescente a batata amassada e o açúcar.

2 Bata o ovo levemente com a água morna, a manteiga amolecida e o sal. Acrescente à mistura do fermento e mexa bem. Acrescente a farinha aos poucos até obter uma massa lisa e macia. Coloque em uma tigela, cubra com um pano de prato e deixe crescer até dobrar de volume.

3 Abra a massa com um rolo em formato retangular. Pincele com manteiga e salpique o açúcar mascavo e a canela. Enrole como um rocambole e corte em 12 fatias. Coloque em uma assadeira untada, cubra com um pano de prato e deixe crescer novamente até dobrar de volume. Asse em forno forte preaquecido por cerca de 25 minutos.

Molhos Básicos e Simples

Molhos Básicos e Simples

"*O molho é como a essência da flor e o suco da fruta. É ele que define o acepipe e lhe transmite as qualidades peculiares.*"

RAMALHO ORTIGÃO. TEXTO DA EDIÇÃO DE 1944 DE *DONA BENTA*.

MOLHOS BÁSICOS E SIMPLES

MAIONESE COMUM I

- *2 ovos*
- *Sal e pimenta-do-reino*
- *½ colher (chá) de mostarda*
- *1 colher (sopa) de vinagre*
- *Óleo*

1 Coloque no liquidificador os ovos, o sal, a pimenta-do--reino, a mostarda e o vinagre.

2 Com o liquidificador ligado em velocidade baixa, junte o óleo em um fio até obter a consistência de maionese Não coloque o óleo todo de uma vez.

3 Verifique o sal e, se necessário, acrescente mais sal, batendo sempre.

Nota: O preparo de alimentos com ovos crus é desaconselhável por causa do risco de contaminação pela bactéria salmonela. Evite oferecer maionese preparada com ovos crus para crianças e idosos. Utilize imediatamente a preparação e, se sobrar, não conserve, mesmo que seja em geladeira.

MAIONESE COMUM II

- *2 ovos gelados*
- *1 colher (café) de sal*
- *1 colher (sopa) de suco de limão*
- *1½ xícara (chá) de óleo gelado*

1 Coloque os ovos, o sal e o suco de limão no liquidificador e bata na velocidade mínima até misturar os ingredientes.

2 Acrescente o óleo em fio até obter a consistência desejada.

Nota: O preparo de alimentos com ovos crus é desaconselhável por causa do risco de contaminação pela bactéria salmonela. Evite oferecer maionese preparada com ovos crus para crianças e idosos. Utilize imediatamente a preparação e, se sobrar, não conserve, mesmo que seja em geladeira.

MOLHO SIMPLES

- *2 colheres (sopa) de óleo*
- *1 cebola cortada em fatias*
- *2 tomates cortados em quatro*
- *1 colher (chá) de vinagre*
- *Sal e pimenta-do-reino*
- *Cheiro-verde picado*
- *Água*

1 Refogue no óleo a cebola. Junte os tomates, refogue mais um pouco e acrescente o vinagre.

2 Tempere com o sal, a pimenta-do-reino e o cheiro-verde picadinho. Se estiver muito seco, adicione um pouco de água, deixando ferver.

Nota: *Pode ser empregado em qualquer prato que requeira um molho rápido e fácil.*

MOLHO BÁSICO

- *1 cebola média cortada em rodelas*
- *2 colheres (sopa) de óleo*
- *1 dente de alho amassado ou picado*
- *2 tomates sem pele picados*
- *3 ramos de salsa*
- *1 ramo de cebolinha*
- *Água*
- *2 colheres (sopa) de extrato de tomate*
- *Sal e pimenta-do-reino*

1 Coloque as rodelas de cebola para fritar no óleo e, quando douradas, acrescente o alho.

2 Deixe fritar um pouco e adicione os tomates, a salsa e a cebolinha.

3 Desmanche os pedaços de tomate com uma colher enquanto vai refogando.

4 Adicione ½ xícara (chá) de água e o extrato de tomate, tempere com o sal e a pimenta-do-reino e deixe cozinhar por aproximadamente 5 minutos.

Nota: *Este molho serve, com pequenas variações, para qualquer prato.*

MOLHO BÁSICO PARA FRANGO

- *1 receita de* molho básico *(pág. 460)*
- *Pés de frango (para dar sabor)*
- *2 tomates sem pele bem picados*
- *Pedaços de frango em cubos*

1 Faça o molho básico e passe-o para uma panela de pressão.

2 Acrescente os pés do frango e os tomates picados. Tampe a panela e cozinhe por 10 minutos depois que pegar pressão.

3 Passados os 10 minutos, o molho está pronto. Espere a panela esfriar, destampe e elimine os pés de frango. Coloque no molho os pedaços de frango (já dourados em panela à parte) e cozinhe sem a tampa por mais 20 minutos, acrescentando um pouco de água se for necessário.

Molho Bechamel

- *1 cebola (média) picada*
- *1 xícara (chá) de água*
- *3 colheres (sopa) de manteiga*
- *2 colheres (sopa) de farinha de trigo*
- *3 xícaras (chá) de leite fervente*
- *1 folha de louro*
- *1 cravo-da-índia*
- *Sal e pimenta-do-reino*
- *Noz-moscada*

1 Coloque a cebola e a água em uma panela, tampe e cozinhe em fogo baixo até a cebola ficar macia. Escorra e passe na peneira para obter um purê de cebola.

2 Volte o purê para a panela, junte a manteiga e a farinha e leve novamente ao fogo. Mexa bem e, quando a manteiga derreter, adicione o leite aos poucos, mexendo bem após cada adição. Acrescente a folha de louro e o cravo. Cozinhe mexendo regularmente até obter uma textura cremosa. Tempere com o sal, a pimenta-do-reino e a noz-moscada.

3 Utilize conforme solicitado na receita.

Molho Bérnaise

- *1 colher (sopa) de cebola picada*
- *4 grãos de pimenta-do-reino*
- *3 colheres (sopa) de vinagre branco*
- *1 colher (sopa) de vinho branco seco*
- *1 ramo de estragão fresco*
- *1 colher (sopa) de água*
- *2 gemas*
- *160 g de manteiga*
- *Sal e pimenta branca*
- *1 colher (chá) de cebolinha picada*
- *1 colher (chá) de estragão picado*

1 Coloque em uma panela a cebola picada, os grãos de pimenta grosseiramente quebrados, o vinagre, o vinho e o estragão.

2 Leve ao fogo baixo e cozinhe até restar somente o equivalente a uma colher (sopa) de líquido na panela. Retire do fogo e acrescente a água. Misture e reserve.

3 Coloque as gemas em uma tigela de inox ou refratária, bata levemente, coe o líquido reservado sobre as gemas e bata bem.

4 Coloque a tigela sobre uma panela com água fervente (banho-maria). Com o fogo baixíssimo, vá acrescentando lentamente a manteiga, batendo com um batedor (fouet) sem parar, até encorpar bem o molho. Se estiver muito quente, retire um pouco do banho-maria e continue a bater. Assim que o molho estiver parecido com uma maionese rala, tempere com o sal e a pimenta branca. Adicione a cebolinha e o estragão picado. Retire do vapor e mantenha aquecido sem deixar ferver. Se o molho ficar muito grosso, pode ser afinado com um pouco de água morna.

5 Sirva sobre medalhões de filé grelhados ou com peixes.

MOLHO BOÊMIO

- *½ xícara (chá) de* molho branco *(pág. 463)*
- *1 gema*
- *Sal e pimenta-do-reino*
- *Gotas de vinagre*
- *1½ xícara (chá) de azeite*
- *½ colher (chá) de vinagre*
- *1 colher (chá) de mostarda*

1 Em uma tigela, misture a gema, o sal, a pimenta-do-reino e as gotas de vinagre ao molho branco.

2 Bata a mistura no liquidificador (ou batedeira), junte o azeite, o restante do vinagre, a mostarda e bata um pouco mais, até obter um creme com consistência de maionese.

Nota: *Este molho serve para misturar com legumes, camarão ou frango cozidos.*

MOLHO BRETON

- *3 gemas de ovos cozidos*
- *1 colher (café) de mostarda*
- *2 colheres (café) de salsa finamente picada*
- *Suco de 1 limão*
- *2 colheres (sopa) de manteiga*
- *Sal e pimenta-do-reino*

1 Passe as gemas por uma peneira e misture todos os ingredientes.

2 Leve ao fogo, mexendo sempre, mas não deixe ferver.

Nota: *Molho indicado para acompanhar peixes (especialmente bacalhau) e batatas.*

MOLHO SIMPLES PARA MACARRONADA

- *1 receita de* molho básico *(pág. 460)*
- *3 tomates sem pele*
- *1 lata pequena de extrato de tomate*
- *1 xícara (chá) de água*
- *1 colher (chá) de orégano*
- *Sal*

1 Faça o molho básico e passe-o para uma panela de pressão.

2 Acrescente os tomates sem pele, o extrato de tomate, a água e o orégano.

3 Tampe a panela e deixe no fogo baixo por 15 minutos após pegar pressão.

4 Acerte o sal e sirva com qualquer tipo de massa.

MOLHO BÁSICO PARA PEIXE

- *1 receita de* molho básico *(pág. 460)*
- *1 ramo de coentro*
- *1 pimenta-de-cheiro*
- *2 xícaras (chá) de água quente*
- *Sal*
- *Postas de peixe*

1 Faça o molho básico, acrescente o coentro e a pimenta-de-cheiro.

2 Deixe ferver bem e adicione a água quente.

3 Coloque nesse molho postas de peixe já temperadas e acerte o sal.

4 Abaixe o fogo e deixe cozinhar até as postas de peixe ficarem macias.

Nota: Use uma panela grande, a fim de que todas as postas fiquem cobertas pelo molho.

MOLHO BRANCO

- *2 colheres (sopa) de manteiga*
- *3 colheres (sopa) de farinha de trigo*
- *3 xícaras (chá) de leite fervente*
- *½ colher (chá) de sal*

1 Coloque a manteiga em uma panela e leve ao fogo. Quando derreter, polvilhe a farinha de trigo e cozinhe, misturando até começar a dourar.

2 Acrescente o leite pouco a pouco, mexendo bem após cada adição.

3 Tempere com sal e deixe ferver por mais alguns minutos.

Nota: Para um molho mais espesso, basta cozinhar por mais alguns minutos. Para um molho mais ralo, adicione mais leite.

MOLHO BRANCO COM PARMESÃO

- *1 receita de* molho branco *(pág. 463)*
- *¼ de xícara (chá) de queijo parmesão ralado*
- *1 pitada de noz-moscada*

Prepare o molho branco conforme a receita e adicione o parmesão e a noz-moscada.

Molho com Cogumelos

- *1 colher (sopa) de azeite*
- *1 cebola média picada*
- *3 dentes de alho picados*
- *200 g de cogumelos em conserva fatiados*
- *250 ml de vinho branco seco*
- *½ maço de salsa picada*
- *1 colher (café) de sal*
- *1 pitada de pimenta-do-reino*
- *1 colher (chá) de farinha de trigo*
- *2 colheres (sopa) de água*

1 Coloque em uma panela o azeite e refogue a cebola e o alho, acrescente os cogumelos, o vinho e a salsa e deixe ferver até o vinho evaporar.

2 Tempere com o sal e a pimenta-do-reino e deixe levantar fervura.

3 Adicione a farinha dissolvida na água e mexa até ferver, abaixe o fogo e cozinhe por mais alguns minutos até o molho engrossar um pouco.

Nota: *Este molho pode ser usado em pratos de peixe.*

Molho de Manteiga com Salsa

- *4 colheres (sopa) de manteiga*
- *2 colheres (sopa) de salsa picada*
- *Sal e pimenta-do-reino*

1 Coloque todos os ingredientes em uma panela pequena e leve-os ao fogo, em banho-maria.

2 Quando a manteiga começar a derreter, mexa constantemente, para que o molho fique espesso.

Nota: *Este molho é próprio para filés de peixe grelhados, peixe cozido e legumes.*

Molho de Manteiga com Limão

- *125 g de manteiga*
- *2 colheres (sopa) de suco de limão*
- *Sal e pimenta-do-reino*

1 Derreta a manteiga em banho-maria até ficar líquida.

2 Junte o suco de limão, o sal e a pimenta-do-reino.

3 Mexa um pouco e sirva em uma molheira.

Nota: *Molho excelente para acompanhar peixes cozidos ou grelhados.*

MOLHO DE TOMATE

Este é o molho de tomate básico utilizado em muitas das receitas do livro. Também chamado de molho al sugo, combina com massa, carnes e legumes em geral.

- *1 kg de tomates bem maduros*
- *1 ramo de salsa ou manjericão*
- *½ xícara (chá) de azeite*
- *1 cebola picada finamente*
- *1 dente de alho inteiro*
- *1 colher (sopa) de manteiga*
- *½ colher (chá) de açúcar*
- *Sal e pimenta-do-reino*

1 Lave bem os tomates, coloque em uma panela, cubra com água e cozinhe em fogo baixo por 30 minutos. Quando estiver bem cozido, passe por uma peneira, obtendo um purê e reserve.

2 Leve o azeite ao fogo, acrescente a cebola e o alho e deixe dourar. Coe esse azeite em uma peneira e junte ao purê de tomate. Leve tudo novamente ao fogo e cozinhe até obter um molho espesso.

3 Adicione a manteiga, o açúcar o sal e a pimenta-do-reino e cozinhe mais um pouco. Utilize conforme solicitado na receita.

MOLHO DE CURRY (CARIL)

- *4 colheres (sopa) de manteiga*
- *1 colher (sopa) de cebolinha picada (só a parte branca)*
- *1 colher (chá) de salsa picada finamente*
- *1 xícara (café) de água*
- *1 colher (sobremesa) de curry*
- *1 gema*
- *½ xícara (chá) de creme de leite fresco*
- *Sal e pimenta-do-reino*

1 Leve ao fogo a manteiga, a cebolinha e a salsa.

2 Quando a cebolinha estiver dourada, acrescente a água e refogue até quase todo o líquido evaporar.

3 Misture bem o curry, a gema e o creme de leite em uma tigela e despeje a mistura sobre o refogado, mexendo sempre. Tempere com o sal e a pimenta-do-reino.

4 Logo que o molho se tornar homogêneo, retire-o do fogo. Não deixe ferver.

Nota: *Este molho pode ser servido com peixes e frutos do mar, carnes e aves.*

Chutney de Manga

- *6 mangas grandes*
- *1 cebola média*
- *½ pimentão vermelho*
- *2 colheres (sopa) de uvas-uvas-passas escuras*
- *2½ xícaras (chá) de vinagre branco*
- *2 xícaras (chá) de açúcar refinado*
- *½ xícara (chá) de açúcar mascavo*
- *2 colheres (sopa) de gengibre ralado*
- *½ colher (chá) de canela em pó*
- *3 cravos-da-índia*
- *Sal*

1 Corte a polpa da manga em cubos pequenos. Reserve.

2 Pique finamente a cebola e o pimentão e hidrate as uvas--passas deixando-as de molho em um pouco de água fervente. Coloque em uma panela o vinagre e os dois tipos de açúcar, misture bem, leve ao fogo até que os açúcares dissolvam e acrescente o gengibre, a canela, os cravos e a manga.

3 Misture bem e cozinhe em fogo baixo até obter a consistência de geleia. Retire do fogo e deixe esfriar. Sirva com carnes, aves e *curries* em geral.

Nota: *Fica muito bom em sanduíches.*

Court-bouillon

- *3 xícaras (chá) de água*
- *2 xícaras (chá) de vinho branco*
- *Sal e pimenta-branca*
- *1 bouquet garni (amarrado de ervas como tomilho, louro, salsa, alecrim e alho-poró)*
- *2 cravos-da-índia*
- *1 ou 2 cenouras descascadas*
- *1 cebola grande cortada em rodelas finas*

1 Coloque a água e o vinho branco em uma panela grande. Observe se a quantidade de líquidos será o suficiente para permitir que a carne que será cozida fique completamente mergulhada. Se necessário, aumente as quantidades proporcionalmente.

2 Tempere com o sal, a pimenta-branca, o bouquet garni, o cravo-da-índia, as cenouras e a cebola.

3 Leve ao fogo e, quando estiver fervendo bem, coloque a carne, deixando cozinhar em fogo baixo.

4 Deixe a carne dentro do molho até o momento de servir.

Nota: *O court-bouillon é indicado para cozinhar carnes de peixes, vermelhas e de aves. Serve também para temperar carnes em geral para outros tipos de cozimento.*

MOLHO À BOLONHESA

- *1 kg de tomates maduros sem pele*
- *1 xícara (chá) de água*
- *¼ de xícara (chá) de óleo*
- *500 g de carne bovina moída*
- *4 colheres (sopa) de manteiga*
- *1 cebola picada*
- *1 talo de salsão picado*
- *1 cenoura pequena ralada no ralo grosso*
- *1 dente de alho picado*
- *1 folha de louro*
- *1 galho de manjericão*
- *1 pitada de noz-moscada*
- *½ colher (café) de pimenta-do-reino*
- *1 colher (chá) de sal*

1 Bata os tomates no liquidificador com a água.

2 Esquente o óleo em uma panela e frite a carne até começar a dourar. Adicione a manteiga. Coloque na panela a cebola, o salsão, a cenoura e o alho. Refogue bem por mais alguns minutos e adicione o tomate batido, o louro, o manjericão, a noz-moscada, a pimenta-do-reino e o sal.

3 Ferva em fogo baixo até o molho apurar e chegar à consistência desejada.

4 Para servir com massa, o molho deve ser mais cremoso. Já para recheios, deixe o molho apurar um pouco mais para ficar bem espesso.

MOLHO À BOLONHESA FÁCIL

- *4 colheres (sopa) de óleo*
- *500 g de carne moída (coxão mole ou patinho)*
- *500 ml de polpa de tomate*
- *2 cubos de caldo de carne*
- *1½ xícara (chá) de água fervente*

1 Leve ao fogo o óleo e, quando estiver quente, coloque a carne moída. Frite para que doure bem. Adicione a polpa de tomate e refogue por mais alguns minutos.

2 Dissolva os cubos de caldo de carne na água fervente e acrescente à panela. Cozinhe em fogo baixo por cerca de 10 minutos.

MOLHO AL PESTO

Este molho é de origem italiana e é especialmente indicado para ser servido com massas. Cozinhe a massa de sua preferência, adicione o molho (em temperatura ambiente) e misture bem. Ótimo também com carnes grelhadas.

- *⅔ de xícara (chá) de azeite*
- *1 dente de alho pequeno amassado*
- *½ xícara (chá) de nozes sem casca*
- *2 xícaras (chá) de folhas de manjericão fresco*
- *Sal*
- *½ xícara (chá) de queijo parmesão ralado*

1 Coloque em um processador ou liquidificador o azeite, o alho e as nozes. Bata por 10 segundos e adicione as folhas de manjericão. Bata bem até obter um creme espesso (se necessário, adicione mais um pouco de azeite).

2 Tempere o molho com sal e coloque em um recipiente.

3 Adicione o queijo ralado e misture bem.

MOLHO CALABRÊS PARA MACARRONADA

- *3 colheres (sopa) de óleo*
- *500 g de carne cortada em cubos pequenos*
- *2 cebolas grandes picadas finamente*
- *2 folhas de louro*
- *1 pitada de orégano*
- *1 kg de tomates maduros*
- *1 colher (chá) de sal*
- *2 colheres (sopa) de extrato de tomate*

1 Refogue no óleo, a carne, as cebolas, o louro e o orégano.

2 Deixe cozinhar lentamente até carne ficar cozida, cerca de 15 minutos.

3 Acrescente os tomates cortados ao meio.

4 Deixe cozinhar em fogo baixo até formar um molho cremoso.

5 Tempere com o sal e cozinhe um pouco mais.

6 Junte o extrato de tomate, deixe ferver mais um pouco e sirva.

Nota: *Use este molho para um pacote de macarrão cozido.*

MOLHO CARIOCA

- *2 colheres (sopa) bem cheias de pimenta-cumari ou malagueta bem curtidas*
- *1 porção de salsa picada bem fino*
- *1 pitada de sal*
- *Suco de 1 ou 2 limões-galegos*

1 Amasse bem as pimentas.

2 Junte a salsa e o sal.

3 Coloque em uma molheira e cubra com o suco de limão--galego.

Nota: *Este molho pode ser feito com pimenta-verde ardida. A preferência, porém, é pela malagueta, que é mais forte e picante. Acompanha pratos como feijoada ou cozido.*

MOLHO COQUETE

- *250 ml de leite*
- *2 colheres (sopa) de amido de milho*
- *1 colher (sopa) de manteiga*
- *2 colheres (sopa) de cebola picada*
- *Sal*
- *Salsa*
- *1 gema*

1 Despeje o leite, devagar, sobre o amido de milho, mexendo de maneira a não formar caroços.

2 Adicione os ingredientes restantes, menos a gema, e leve ao fogo para engrossar, mexendo sempre.

3 Assim que o molho tiver engrossado um pouco, retire-o do fogo e misture a gema, desmanchada, para dar cor.

Nota: *Sirva com cenouras ou couve-flor cozidas.*

MOLHO AOS QUATRO QUEIJOS

- *2 colheres (sopa) de manteiga*
- *1 dente de alho picado*
- *1 cebola pequena picada*
- *200 g de queijo mozarela ralado*
- *100 g de queijo provolone ralado*
- *100 g de queijo parmesão ralado*
- *150 g de requeijão cremoso*
- *250 ml de leite quente*
- *Sal*
- *1 lata de creme de leite sem soro*

1 Derreta a manteiga em uma panela e refogue o alho e a cebola.

2 Acrescente os queijos e o leite quente.

3 Quando os queijos estiverem derretidos e incorporados ao molho, prove o sal, desligue o fogo, acrescente o creme de leite e misture bem.

MOLHO CREMOSO COM FRANGO

- *½ peito de frango*
- *Sal*
- *1 pitada de noz-moscada ralada*
- *1 colher (chá) de pimenta-do--reino*
- *4 colheres (sopa) de molho inglês*
- *4 colheres (sopa) de manteiga*
- *1 cebola grande cortada em rodelas*
- *1 tablete de caldo de galinha*
- *4 colheres (sopa) de extrato de tomate*
- *1 lata de creme de leite*

1 Corte o peito de frango em tiras finas e tempere-as com o sal, a noz-moscada, a pimenta-do-reino e o molho inglês. Deixe marinar.

2 Leve ao fogo uma panela com a manteiga e refogue a cebola.

3 Coloque o frango na panela e misture bem.

4 Amasse o tablete de caldo de galinha e junte à panela.

5 Acrescente o extrato de tomate e deixe refogar. Prove e acerte o sal.

6 Um pouco antes de retirar do fogo, junte o creme de leite, misturando tudo muito bem, em fogo baixo (não deixe ferver).

Nota: Este molho é próprio para macarrão. Cozinhe a massa escolhida e cubra com o molho.

MOLHO DE ALCAPARRAS PARA PEIXE COZIDO

- *1½ colher (sopa) de manteiga*
- *1 colher (sopa) de farinha de trigo*
- *250 ml de leite*
- *Sal*
- *1 colher (sopa) de alcaparras*

1 Leve ao fogo 1 colher (sopa) de manteiga e a farinha de trigo.

2 Assim que dourar, junte o leite e o sal e deixe engrossar, mexendo sempre.

3 Ao retirar do fogo, acrescente o restante da manteiga e a alcaparra.

4 Sirva em uma molheira.

MOLHO DE GALINHA PARA MACARRÃO

- *1 galinha cortada em pedaços*
- *Sal*
- *4 colheres (sopa) de óleo*
- *2 dentes de alho*
- *1 cebola grande picada*
- *500 g de tomates sem pele*
- *2 colheres (sopa) de extrato de tomate*
- *1 colher (chá) de açúcar*
- *Cheiro-verde*

1 Doure os pedaços da galinha no óleo com o sal, o alho e a cebola.

2 Depois de dourados, deixe-os cozinhar bastante.

3 Quando estiverem quase macios, adicione os tomates, o extrato de tomate, o açúcar e o cheiro-verde. Cozinhe em fogo baixo para apurar o molho.

4 Quando o molho estiver pronto, retire os pedaços de galinha e sirva-os à parte, acompanhando a massa escolhida.

5 Coe o molho e com ele regue a massa.

MOLHO DE HORTELÃ

- *¾ de xícara (chá) de geleia de damasco ou de abacaxi*
- *3 colheres (sopa) de hortelã fresca picada*
- *2 colheres (sopa) de vinagre branco*

1 Misture bem todos os ingredientes e está pronto o molho.

2 Sirva acompanhando carnes assadas, especialmente de carneiro.

MOLHO DE PIMENTA

- *50 g de pimenta-malagueta verde ou vermelha*
- *1 colher (café) de sal*
- *3 colheres (sopa) de vinagre*
- *3 colheres (sopa) de azeite*

1 Coloque todos os ingredientes no copo do liquidificador e bata-os, em velocidade média, durante 3 minutos.

2 Coloque o molho em um vidro esterelizado e deixe curtir por 8 dias.

Nota: Pode acompanhar qualquer prato.

MOLHO DE SIDRA E PASSAS PARA LOMBO

- *¼ de xícara (chá) de açúcar*
- *1 colher (sopa) de amido de milho*
- *1 pitada de sal*
- *1 xícara (chá) de vinho de maçã (sidra)*
- *¼ de xícara (chá) de uvas-passas sem caroços*
- *5 cravos-da-índia inteiros*
- *4 pedaços pequenos de canela em pau*

1 Misture o açúcar, o amido de milho e o sal.

2 Junte o vinho de maçã (sidra) e as uvas-passas.

3 Junte os cravos e a canela envolvidos em uma trouxa de gaze.

4 Ferva a mistura durante cerca de 10 minutos, retire as especiarias e sirva o molho sobre fatias de lombo assado.

Nota: *Fica ótimo também sobre fatias de presunto defumado.*

MOLHO ESCABECHE

- *250 ml de azeite*
- *2 cebolas grandes cortadas em rodelas*
- *6 dentes de alho fatiados*
- *2 folhas de louro*
- *3 pimentas-verdes*
- *6 grãos de pimenta-do-reino*
- *1 colher (sopa) de extrato de tomate*
- *125 ml de água*
- *125 ml de vinagre branco*
- *1 colher (café) de sal*

1 Em uma panela, coloque o azeite , a cebola, o alho, o louro, as pimentas-verdes e os grãos de pimenta-do-reino.

2 Leve a panela ao fogo e frite a cebola até ela ficar macia.

3 Acrescente o extrato de tomate dissolvido na água, tampe a panela e deixe ferver por 5 minutos ou até que a cebola fique cozida.

4 Desligue o fogo e acrescente o vinagre e o sal.

Nota: *Use este molho para peixe frito, cobrindo as postas com ele e deixando-as na geladeira por até 3 dias.*

Molho Especial para Bifes

- *2 colheres (sopa) de manteiga*
- *2 cálices de vermute tinto*
- *1 colher (sopa) de molho inglês*
- *1 colher (sobremesa) de mostarda*
- *Salsa picada*

1 Misture todos os ingredientes e leve-os ao fogo para que fervam um pouco.

2 Cubra os bifes já prontos com o molho e salpique a salsa picada.

Molho Forte para Peixe

- *3 gemas*
- *½ xícara (chá) de azeite*
- *1 colher (chá) de mostarda*
- *4 pimentas-verdes amassadas*
- *1 pitada de pimenta-do-reino*
- *3 ou 4 colheres (sopa) do molho do próprio peixe*
- *Suco de 2 limões pequenos*
- *Sal*
- *Alcaparras (opcional)*
- *Pepinos em conserva (opcional)*

1 Coloque as gemas em uma panela. Despeje sobre elas, aos poucos, o azeite.

2 Incorpore com uma colher de pau. Junte a mostarda, as pimentas-verdes e a pimenta-do-reino. Misture tudo muito bem e leve ao fogo apenas para aquecer (não deixe ferver). Mexa sempre.

3 Logo que estiver quente, junte o molho do próprio peixe, misture bem e retire do fogo.

4 Coe e junte o caldo dos limões. Tempere com sal e despeje na molheira.

5 Querendo, adicione alcaparras e pepinos picados em conserva.

Nota: Este molho vai bem com qualquer tipo de peixe.

MOLHO HOLANDÊS

- *½ xícara (chá) de manteiga*
- *3 gemas*
- *2 colheres (sopa) de suco de limão*
- *¼ de colher (chá) de sal*
- *Pimenta-do-reino*

1 Coloque a manteiga em uma panela e leve ao fogo para derreter. Leve ao liquidificador as gemas, o suco de limão, o sal e a pimenta-do-reino. Bata por 10 segundos.

2 Quando a manteiga estiver borbulhando, adicione lentamente a manteiga. Essa operação deve durar de 30 a 40 segundos. O molho deverá ficar com a textura de maionese bem leve.

3 Retire do liquidificador e acerte o ponto do sal e da pimenta-do-reino.

4 Sirva com peixes, carnes brancas ou legumes cozidos.

MOLHO INGLÊS CASEIRO

- *15 g de pimenta-malagueta*
- *30 g de gengibre*
- *15 g de pimenta-do-reino*
- *3 cravos*
- *6 g de noz-moscada*
- *1 pé de aipo picado*
- *1 folha de louro*
- *¼ de xícara (chá) de salsa picada*
- *Orégano*
- *300 g de açúcar*
- *1½ litro de vinagre branco*
- *80 g de sal*
- *125 ml de aguardente*

1 Bata no liquidificador ou processador a pimenta-malagueta, o gengibre, a pimenta-do-reino, os cravos, a noz-moscada, o aipo, o louro, a salsa e o orégano.

2 Leve ao fogo uma panela com o açúcar e mexa sem parar, até que fique marrom (não acrescente água).

3 Junte o vinagre (sempre mexendo), o sal e os ingredientes batidos e deixe ferver por cerca de 15 a 20 minutos.

4 Retire do fogo e despeje em uma tigela Cubra com um pano de prato e deixe descansar por 5 dias.

5 Coe, misture a aguardente e deixe repousar por mais 3 dias, mexendo de vez em quando com uma colher de pau.

6 Coe definitivamente e guarde em um recipiente hermeticamente fechado pelo maior tempo possível (mais de um mês).

7 Passado esse tempo, o molho pode ser utilizado.

MOLHO MADEIRA SIMPLES

- *2 colheres (sopa) de manteiga*
- *1 colher (sobremesa) de farinha de trigo*
- *1½ xícara (chá) de molho de carne assada bem quente*
- *1 cálice de vinho madeira*
- *½ xícara (chá) de cogumelos fatiados*
- *Sal e pimenta-do-reino*

1 Leve ao fogo 1 colher (sopa) de manteiga. Quando estiver derretida, polvilhe a farinha e deixe corar bem, mexendo sempre.

2 Acrescente o molho de carne, pouco a pouco, mexendo bem após cada adição.

3 Em seguida, junte os cogumelos e o vinho madeira, deixando ferver em fogo baixo.

4 Em separado, derreta a manteiga restante em fogo baixo e deixe fritar, mexendo sempre até ficar escura.

5 Adicione essa manteiga ao molho, verifique o sal e a pimenta-do-reino (o molho de carne já contém temperos). Se precisar, adicione um pouco mais.

6 Sirva acompanhando carnes, filés grelhados e rosbifes.

Nota: Obtém-se o molho de carne *quando se prepara um assado. Retire a peça de carne da assadeira, escorra a gordura e aproveite-a para outros assados. Aos temperos (mesmo chamuscados) da assadeira acrescente 2 xícaras (chá) de água. Coloque a assadeira sobre a chama do fogão* e *deixe ferver. Raspe os temperos com uma espátula e retire do fogo. Coe o molho e use-o, ou guarde-o na geladeira por até uma semana. Na hora de usá-lo, se faltar líquido, acrescente um pouco de água.*

MOLHO MEUNIÈRE

- *100 g de manteiga*
- *2 colheres (sopa) de suco de limão*
- *1 pitada de sal*
- *1 pitada de pimenta-branca*
- *2 colheres (sopa) de alcaparras picadas*

1 Misture todos os ingredientes em uma frigideira.

2 Quando a manteiga começar a derreter, diminua o fogo e vá mexendo até misturar todos os ingredientes.

3 Sirva acompanhando batatas cozidas e filés de peixe grelhados.

MOLHO NAPOLITANO

- *1 kg de tomates maduros e firmes sem pele*
- *6 colheres (sopa) de azeite*
- *3 dentes de alho picados*
- *1 colher (chá) de orégano*
- *Sal e pimenta-do-reino*

1 Para retirar a pele dos tomates, primeiro corte o talinho. Faça um corte em forma de cruz na parte superior. Esse corte deverá ser bem superficial.

2 Leve ao fogo uma panela grande com água e, quando ferver, mergulhe os tomates por um minuto. Retire-os com uma escumadeira e transfira diretamente para um recipiente com água e pedras de gelo. Retire as peles dos tomates, que estarão soltas.

3 Corte os tomates ao meio, no sentido horizontal, e esprema levemente as metades para eliminar as sementes. Coloque sobre uma peneira por 30 minutos, para que percam um pouco de líquido. Corte as metades em cubos de aproximadamente 1,5 cm.

4 Aqueça uma panela ou frigideira grande e adicione o azeite. Coloque o alho e refogue por 2 ou 3 minutos. Acrescente os tomates picados e cozinhe em fogo forte por alguns minutos ou até que os líquidos evaporem, lembrando que os tomates devem permanecer em pedaços macios. Adicione o orégano e tempere com o sal e a pimenta-do-reino.

5 Utilize conforme solicitado na receita.

Nota: Este molho pode ser incrementado com alcaparras, azeitonas, pimenta calabresa seca, manjericão ou outros ingredientes.

MOLHO RÚSTICO PARA MASSAS

- *1 kg de tomates sem pele e sem sementes*
- *1 kg de carne bovina (lagarto ou coxão mole) cortada em cubos*
- *150 g de bacon picado grosso*
- *3 ramos de manjericão picados*
- *3 ramos de cheiro-verde picados*
- *2 dentes de alho picados grosseiramente*
- *½ colher (sobremesa) de sal*
- *½ colher (café) de pimenta-do-reino*
- *4 colheres (sopa) de óleo*

1 Bata os tomates no liquidificador e reserve.

2 Misture a carne com o bacon e tempere com o manjericão, o cheiro-verde, o alho, o sal e a pimenta-do-reino. Deixe marinar por 30 minutos.

3 Coloque o óleo em uma panela e leve ao fogo.

4 Quando estiver quente, acrescente a carne e core-a bem por todos os lados.

5 Acrescente o tomate, tampe a panela e deixe cozinhar em fogo baixo até a carne ficar bem macia e o molho, espesso. Se necessário, adicione mais um pouco de água para cozinhar totalmente a carne. Tempere com sal e pimenta-do-reino.

MOLHO PARA MACARRONADA OU NHOQUE

- *1 kg de carne bovina (alcatra, coxão mole, patinho ou coxão duro)*
- *Sal*
- *2 dentes de alho*
- *4 colheres (sopa) de óleo*
- *2 cebolas*
- *1 colher (sopa) de manteiga*
- *500 g de tomates picados*
- *1 pedaço de linguiça picante*
- *½ folha de louro*
- *Ramos de salsa*
- *1 galho de manjerona ou segurelha*
- *1 colher (sopa) de extrato de tomate*
- *1 pitada de pimenta-do-reino*
- *Água*
- *½ xícara (chá) de vinho branco*
- *1 pitada de açúcar*

1 Tempere a carne com o sal e o alho e refogue bem, em óleo quente. Deixe corar todos os lados. Adicione a cebola, a manteiga, os tomates, a linguiça, o louro, a salsa, a manjerona, o extrato de tomate e a pimenta-do-reino, acrescente água o suficiente para cobrir bem todo o pedaço de carne.

2 Deixe cozinhar em fogo baixo e, se for preciso, vá juntando mais água aos poucos.

3 Quando a carne estiver quase pronta, junte o vinho branco e o açúcar.

4 A carne deve ficar bem cozida e macia e o molho de tomate espesso. Se quiser um molho mais delicado, passe-o por uma peneira antes de misturar à massa. Sirva a carne cortada em fatias para acompanhar a massa.

MOLHO SIMPLES PARA PERU E PERNIL

- *1 colher (sopa) de farinha de trigo*
- *1 colher (sopa) de manteiga*
- *2 cebolas grandes fatiadas*
- *Água*
- *1 colher (chá) de mostarda*
- *2 colheres (sopa) de vinho tinto*
- *Sal e pimenta-do-reino*

1 Misture a farinha com a manteiga e leve ao fogo para corar.

2 Junte a cebola, um pouco de água, a mostarda e o vinho tinto.

3 Tempere com o sal e a pimenta-do-reino.

4 Deixe ferver e sirva quente.

MOLHO REMOULADE

- *1 xícara (chá) de maionese*
- *1 colher (sopa) de picles picados*
- *1 colher (sopa) de salsa picadinha*
- *3 anchovas picadas*

1 Misture todos os ingredientes delicadamente. Conserve em geladeira.

2 Use o molho com peixe cozido ou grelhado.

MOLHO ROSADO ITALIANO

- *1 kg de tomates sem pele cortados em 4*
- *1 maço de cheiro-verde*
- *250 ml de vinho branco seco*
- *1 pitada de açúcar*
- *1 colher (café) de sal*
- *1 pitada de pimenta-do-reino*
- *1 xícara (chá) de* molho branco *(pág. 463) de textura fluida*
- Caldo de carne *(pág. 227) (se precisar dar ponto)*

1 Leve o tomate, o cheiro-verde, o açúcar e o vinho branco ao fogo.

2 Deixe cozinhar, em fogo baixo, por 20 minutos, mexendo de vez em quando, para não pegar no fundo.

3 Retire do fogo, tempere com o sal e a pimenta-do-reino e deixe esfriar um pouco.

4 Bata no liquidificador e reserve.

5 Prepare o molho branco e acrescente, pouco a pouco, o tomate reservado.

6 Se necessário, deixe ferver até obter uma textura espessa, ou acrescente o caldo de carne, se preferir um molho mais fluido.

Nota: *Use este molho para um pacote de espaguete ou talharim cozido ou para legumes e cozidos.*

MOLHO ROSADO SIMPLES

- *1½ xícara (chá) de maionese*
- *½ xícara (chá) de ketchup*
- *1 pitada de sal*

1 Misture a maionese com os demais ingredientes.

2 Empregue imediatamente ou guarde na geladeira por 3 dias.

Nota: *Para utilizar com sanduíches, legumes crus ou cozidos, peixes e carnes frias.*

MOLHO TÁRTARO

- *1 xícara (chá) de maionese*
- *2 colheres (sopa) de picles picados ou alcaparras*
- *2 colheres (sopa) de pepinos em conserva picados*
- *½ colher (chá) de suco de limão*
- *1 colher (chá) de salsa picada*

1 Misture todos os ingredientes em um recipiente e coloque na geladeira por uma hora.

2 Sirva com peixes, carnes ou sanduíches.

MOLHO VELOUTÉ

- *2 xícaras (chá) de* caldo de carne, frango legumes ou peixe *(pág. 227, 228 e 229)*
- *2 colheres (sopa) de manteiga*
- *1 colher (sopa) de farinha de trigo*
- *Sal e pimenta-branca*

1 Prepare o caldo adequado para a receita. Se for uma receita com carne, use caldo de carne, e assim respectivamente.

2 Em uma panela, derreta a manteiga, junte a farinha e mexa até a farinha dourar.

3 Quando a mistura dourar, junte o caldo aos poucos, mexendo bem após cada adição.

4 Ferva por alguns minutos para dar consistência, tempere com o sal e a pimenta-branca.

5 Sirva sobre a carne ou o legume escolhido.

Nota: Este molho, por ser básico, pode ser preparado mais espesso, bastando para isso adicionar mais um pouco de farinha de trigo. Pode também ser enriquecido com vinho branco.

MOLHO VINAGRETE

- *1 xícara (chá) de azeite*
- *¼ de xícara (chá) de vinagre ou suco de limão*
- *1 colher (café) de sal*
- *1 pitada de pimenta-do-reino*

1 Misture todos os ingredientes.

2 Use em saladas de legumes (crus e cozidos), saladas de feijão-branco, lentilha ou grão-de-bico, carnes frias e grelhados.

Nota: Você pode variar o molho vinagrete adicionando 2 colheres (sopa) de cebola e 2 de cheiro-verde picado, juntando um tomate sem pele e sem sementes picado, acrescentando um ovo cozido picadinho, ou ainda pimentão picado e outras ervas de sua preferência.

Aves

"Depene e limpe o frango, abrindo para limpá-lo, embaixo das pernas e não pelas costas. Depois de bem limpo e lavado, fure-o por todas as partes com um garfo de cozinha. Esfregue-o com cheiro-verde e tempere-o com sal e alho. Unte-o todo com azeite português."

TEXTO DA EDIÇÃO DE 1942 DE DONA BENTA.

Frango e Galinha

Peru

Outras Aves

Frango e Galinha

Frango e Galinha

Como Rechear uma Ave

Coloque com cuidado um pouco de recheio na cavidade do pescoço; dobre a pele do pescoço sobre o recheio, estique-a para trás e prenda-a com um ou dois espetinhos ou palitos.

Com o peito da ave virado para cima, levante as asas em direção ao pescoço e dobre-as para baixo e para trás de maneira que permaneçam no lugar. Assim, o frango ficará na posição certa.

Aos poucos, coloque o recheio dentro da cavidade aberta na ave, sem encher demais. Em seguida, feche a cavidade, dobrando com cuidado a pele sobre a abertura e prendendo-a com espetinhos ou palitos.

Amarre as coxas e a cauda da ave com linha para que o frango mantenha sua forma.

Como Trinchar um Frango

Coloque o frango assado com as pernas para a direita (de quem trincha) e comece pelo lado de dentro, cortando a perna com a mão direita e puxando com a esquerda.

Com um garfo fazendo pressão no peito, corte fundo no lugar onde a asa se prende ao corpo, separando-a completamente.

Começando nesse ponto (onde a asa se unia ao corpo), corte fatias finas de carne branca, trabalhando sempre paralelamente ao osso do peito.

Coloque a perna em outro prato, segure-a pela coxa e corte em fatias.

Em seguida retire o recheio.

COXINHA DE FRANGO PICANTE

- *600 g de coxinhas da asa de frango*
- *Sal e pimenta-do-reino*
- *1 xícara (chá) de farinha de trigo*
- *Óleo*
- *1 colher (sopa) de açúcar mascavo*
- *2 colheres (sopa) de vinagre de maçã*
- *3 colheres (sopa) de manteiga derretida*
- *1 colher (chá) de molho de pimenta vermelha*

1 Tempere as coxinhas com sal e pimenta-do-reino.

2 Coloque a farinha de trigo em um saco plástico e coloque as coxinhas dentro. Feche o saco e balance para enfarinhar as coxinhas; depois passe por uma peneira para retirar o excesso de farinha.

3 Aqueça abundante óleo e frite as coxinhas até que fiquem bem douradas e cozidas.

4 Em uma panela pequena, coloque o açúcar, o vinagre e a manteiga. Leve ao fogo até o açúcar e a manteiga dissolverem e acrescente o molho de pimenta e o sal.

5 Escorra as coxinhas em papel absorvente e coloque-as em uma tigela. Regue com o molho e misture bem.

6 Sirva como antepasto.

ESCALOPE DE FRANGO COM LARANJA

- *2 peitos de frango*
- *Sal e pimenta-do-reino*
- *Farinha de trigo*
- *2 colheres (sopa) de manteiga*
- *2 colheres (sopa) de vinho branco*
- *½ xícara (chá) de suco de laranja*
- *2 colheres (sopa) de suco de limão*
- *⅔ de xícara (chá) de* caldo de frango *(pág. 228)*
- *2 colheres (sopa) de alcaparras*

1 Corte os peitos de frango ao meio e bata com um martelo de cozinha para obter quatro escalopes.

2 Tempere com sal e pimenta-do-reino e passe-os pela farinha de trigo. Retire o excesso.

3 Coloque, em uma frigideira, metade da quantidade de manteiga. Quando estiver borbulhando, acrescente dois escalopes e, em fogo alto, doure-os dos dois lados. Retire e reserve. Acrescente a manteiga restante e doure os outros dois escalopes.

4 Coloque todos os escalopes na frigideira. Regue com o vinho branco. Misture e deixe evaporar. Acrescente o suco de laranja e o de limão. Ferva e adicione o caldo de frango.

5 Cozinhe até que o molho encorpe. Adicione as alcaparras. Tempere com sal e pimenta-do-reino. Sirva com purê de batata.

ESTROGONOFE DE FRANGO

- *600 g de peito de frango*
- *Sal e pimenta-do-reino*
- *2 colheres (sopa) de manteiga*
- *1 cebola pequena picada*
- *½ xícara (chá) de cogumelos fatiados*
- *2 colheres (sopa) de farinha de trigo*
- *2 colheres (sopa) de conhaque*
- *1 colher (chá) de molho inglês*
- *¼ de xícara (chá) de ketchup*
- *¼ de xícara (chá) de polpa de tomate*
- *1 xícara (chá) de* caldo de frango *(pág. 228)*
- *½ xícara (chá) de creme de leite fresco*

1 Corte o peito de frango em tiras e tempere-as com um pouco de sal e pimenta-do-reino. Reserve.

2 Leve uma panela ao fogo e adicione a manteiga e a cebola picada. Refogue até que a cebola esteja macia.

3 Coloque o frango e cozinhe por 2 minutos. Adicione os cogumelos e refogue por mais 3 minutos. Salpique a farinha de trigo e misture.

4 Regue com o conhaque e deixe evaporar. Coloque o molho inglês e o ketchup. Misture bem e regue com a polpa de tomate e com o caldo de frango.

5 Cozinhe em fogo baixo por 10 minutos e acrescente o creme de leite. Acerte o sal e a pimenta-do-reino. Sirva com arroz e batata palha.

FRANGO À PASSARINHO

- *1 kg de frango em pedaços cortados à passarinho*
- *Sal*
- *2 dentes de alho amassados*
- *1 cebola picada*
- *Suco de 1 limão*
- *Óleo*
- *4 dentes grandes de alho fatiados finamente*
- *1 colher (sopa) de salsa picada*

1 Tempere os pedaços de frango com o sal, o alho, a cebola e o suco de limão.

2 Deixe o frango marinar por cerca de 30 minutos e, depois, coloque em uma peneira para escorrer.

3 Meia hora antes de servir, frite o frango em óleo fervente até que fique dourado. Mexa de vez em quando, para que todos os pedaços dourem por igual. Retire do óleo e coloque para escorrer em papel absorvente.

4 Terminada a fritura, junte ao óleo quente o alho e deixe fritar um pouco, até dourar. Escorra bem em papel absorvente.

5 Coloque os pedaços de frango em uma travessa, salpique o alho frito e a salsa e sirva bem quente.

FRANGO À CAÇADORA SIMPLES

- *1 frango cortado em pedaços*
- *Sal e pimenta-do-reino*
- *2 dentes de alho*
- *1 cebola fatiada finamente*
- *2 colheres (sopa) de cheiro-verde picado*
- *4 colheres (sopa) de óleo*
- *6 tomates sem pele e sem sementes*

1 Tempere o frango com o sal, a pimenta-do-reino, o alho, a cebola e o cheiro-verde.

2 Leve ao fogo uma panela com o óleo e, quando estiver quente, refogue os pedaços de frango até que fiquem bem fritos e dourados.

3 Adicione os tomates picados e os temperos em que o frango marinou. Tampe a panela para que a carne cozinhe com o vapor. O molho deve ficar bem reduzido. Acerte o sal e a pimenta-do-reino.

4 Sirva com fatias de pão torradas com manteiga.

FRANGO À CAÇADORA TRADICIONAL

- *1 frango cortado em pedaços*
- *Sal e pimenta-do-reino*
- *2 dentes de alho*
- *4 colheres (sopa) de óleo*
- *1 cebola fatiada finamente*
- *200 g de cogumelos shitake ou Paris frescos*
- *½ xícara (chá) de vinho branco seco*
- *6 tomates sem pele e sem sementes*
- *2 colheres (sopa) de salsa picada*

1 Tempere o frango com o sal, a pimenta-do-reino e o alho.

2 Leve ao fogo uma panela com o óleo e, quando estiver quente, refogue os pedaços de frango até que fiquem bem fritos e dourados. Coloque as fatias de cebola e refogue para que dourem levemente.

3 Acrescente os cogumelos cortados em lâminas e refogue para que fiquem macios.

4 Regue com o vinho branco e deixe reduzir à metade.

5 Adicione os tomates picados e os temperos em que o frango marinou. Tampe a panela para que a carne cozinhe com o vapor. O molho deve ficar bem reduzido. Acerte o sal e a pimenta-do-reino.

6 Salpique a salsa e sirva com fatias de pão torradas com manteiga.

Frango à Moda de Parma

- *8 escalopes de peito de frango*
- *Sal e pimenta-do-reino*
- *4 colheres (sopa) de manteiga*
- *Farinha de rosca*
- *8 fatias de presunto cru*
- *4 colheres (sopa) de vinho branco seco*
- *1 gema grande*
- *1 xícara (chá) de creme de leite fresco*
- *¼ de xícara (chá) de queijo parmesão*

1 Tempere os escalopes com sal e pimenta-do-reino. Reserve.

2 Coloque 1 colher (sopa) de manteiga em uma frigideira grande, leve ao fogo e aqueça bem. Passe os escalopes de frango na farinha de rosca e pressione bem. Coloque dois escalopes e doure dos dois lados; retire e reserve. Adicione mais um pouco de manteiga e doure mais dois escalopes. Repita até que todos estejam dourados.

3 Arrume os escalopes em um refratário e cubra cada um deles com uma de presunto cru.

4 Retire o excesso de manteiga da frigideira, deixando nela o equivalente a 2 colheres. Regue com o vinho branco e ferva. Misture a gema com o creme de leite e despeje na frigideira. Assim que ferver, apague o fogo e adicione o parmesão.

5 Tempere com sal e pimenta-do-reino e regue os escalopes. Sirva com purê de batata ou de cenoura.

Frango ao Curry Asiático

- *2 dentes de alho*
- *1 pimenta dedo-de-moça pequena*
- *1 colher (chá) de açúcar mascavo*
- *2 colheres (sopa) de suco de limão*
- *1 colher (sopa) de cúrcuma*
- *1 cebola pequena picada*
- *1 colher (sopa) de gengibre ralado*
- *500 g de peito de frango*
- *Sal e pimenta-do-reino*
- *2 colheres (sopa) de óleo*
- *1 xícara (chá) de* caldo de frango *(pág. 228)*
- *1 xícara (chá) de leite de coco*
- *Folhas de coentro e manjericão*

1 Soque em um pilão ou coloque em um processador o alho, a pimenta sem sementes, o açúcar, o limão, a cúrcuma, a cebola e o gengibre. Soque ou processe até obter uma pasta. Reserve.

2 Corte os peitos de frango em tiras e tempere com sal e pimenta-do-reino.

3 Aqueça o óleo em uma frigideira e adicione a pasta preparada. Refogue até que doure e adicione os pedaços de frango. Misture bem e cozinhe por 5 minutos. Regue com o caldo de frango. Ferva por 10 minutos em fogo baixo e adicione o leite de coco. Cozinhe por mais 5 minutos e acerte o ponto do sal.

4 Coloque em uma travessa e salpique as folhas de coentro e de manjericão.

5 Sirva com arroz branco.

FRANGO ASSADO

- *Sal e pimenta-do-reino*
- *2 dentes de alho amassados*
- *3 colheres (sopa) de vinagre*
- *1 frango inteiro limpo*
- *4 fatias de bacon*
- *2 colheres (sopa) de manteiga*

1 Faça uma marinada com o sal, a pimenta-do-reino, o alho e o vinagre.

2 Fure o frango com um garfo e passe a marinada por dentro e por fora do frango. Deixe-o marinando por cerca de 2 horas, virando-o de vez em quando.

3 Cubra o peito do frango com tiras de bacon e unte o resto dele com a manteiga.

4 Asse em forno quente preaquecido por 1 hora.

FRANGO AO FALSO MOLHO PARDO

- *1 frango cortado em pedaços*
- *Sal e pimenta-do-reino*
- *2 dentes de alho amassados*
- *1 pacote de creme de cebola*
- *600 ml de cerveja escura*
- *4 colheres (sopa) de óleo*
- *1 cebola picada*
- *4 tomates sem pele picados*
- *Cheiro-verde*

1 Em uma tigela, tempere os pedaços de frango com o sal, a pimenta-do-reino e o alho. Polvilhe o creme de cebola e regue com a cerveja escura. Cubra e leve à geladeira para marinar por 2 horas. Retire os pedaços de frango e reserve a marinada.

2 Leve ao fogo uma panela com o óleo e, quando estiver quente, coloque os pedaços de frango. Frite-os bem. Quando estiverem dourados, junte a cebola e refogue por alguns minutos.

3 Acrescente os tomates, a marinada reservada e um pouco de água; tampe a panela e deixe o frango cozinhar em fogo baixo. Tenha cuidado para que não desmanche e que reste uma boa quantidade de molho.

4 Na hora de servir, acrescente o cheiro-verde.

5 Sirva com *angu de fubá* (pág. 379).

Frango Assado com Limão

- *1 frango cortado em pedaços*
- *Sal e pimenta-do-reino*
- *¼ de xícara (chá) de azeite*
- *¼ de xícara (chá) de suco de limão*
- *4 dentes de alho amassados*
- *2 colheres (sopa) de vinho branco seco*
- *2 ramos de alecrim*

1 Tempere os pedaços de frango com o sal e a pimenta-do-reino. Em uma tigela, coloque o azeite, o suco de limão, o alho, o vinho e as folhas de alecrim. Misture bem e acrescente aos pedaços de frango.

2 Misture bem para o tempero incorporar e acerte o sal e a pimenta-do-reino. Coloque tudo em uma assadeira e leve ao forno médio preaquecido por cerca de 50 minutos ou até que os pedaços de frango estejam dourados.

3 Sirva com batatas assadas.

Frango Ensopado com Batatas

- *1 frango cortado em pedaços*
- *2 colheres (sopa) de vinagre ou suco de limão*
- *Sal e pimenta-do-reino*
- *2 dentes de alho picados*
- *1 cebola média picada*
- *2 colheres (sopa) de cheiro-verde picado*
- *½ folha de louro*
- *3 colheres (sopa) de óleo*
- *6 batatas médias descascadas*
- *4 tomates sem pele picados*

1 Tempere os pedaços de frango com o vinagre, o sal, a pimenta-do-reino, o alho, a cebola, o cheiro-verde e o louro.

2 Deixe marinar na geladeira por 1 hora ou mais.

3 Leve ao fogo uma panela com o óleo e, quando estiver quente, adicione os pedaços de frango. Reserve a marinada.

4 Deixe refogar até que o frango doure e adicione as batatas, inteiras ou cortadas ao meio.

5 Refogue mais um pouco, junte os tomates e a marinada.

6 Tampe a panela e deixe cozinhar até que as batatas fiquem macias, tendo cuidado para que não amoleçam demais.

7 Sirva com o próprio molho.

Nota: *Se gostar, poderá juntar também algumas cenouras cortadas pelo comprimento ou substituir as batatas por cenouras.*

FRANGO RECHEADO

- *1 frango inteiro aberto por baixo*
- *4 colheres (sopa) de cheiro-verde picado*
- *Sal e pimenta-do-reino*
- *2 dentes de alho amassados*
- *2 colheres (sopa) de vinagre*
- *4 colheres (sopa) de azeite ou manteiga*
- *Miúdos do frango (fígado, moela e coração) cortados em pedaços*
- *1 colher (chá) de azeite*
- *3 colheres (sopa) de manteiga*
- *1 cebola média picada*
- *2 xícaras (chá) de farinha de mandioca*
- *2 ovos cozidos picados*
- *12 azeitonas pretas sem caroço picadas*
- *Óleo*

1 Fure o frango por todas as partes com um garfo. Prepare uma mistura de cheiro-verde, sal, pimenta-do-reino, alho e vinagre e esfregue por todo o frango. Unte bem a ave com o azeite. Coloque em um recipiente com tampa e leve à geladeira por 6 a 12 horas.

2 Em uma frigideira grande, coloque o azeite os miúdos. Deixe por cerca de 3 minutos, até dourar. Vire para dourar todos os lados por igual. Retire da frigideira e pique em pedaços bem miúdos.

3 Na mesma frigideira, derreta a manteiga e refogue a cebola, adicione os miúdos e tempere com sal e pimenta-do-reino. Acrescente a farinha de mandioca e misture bem. Quando a farofa estiver amarelada, retire-a do fogo e coloque os ovos e as azeitonas.

4 Recheie o frango com a farofa e passe-lhe as pernas, em cruz, pela abertura.

5 Leve ao forno em uma assadeira untada com óleo. Cubra com papel-alumínio e asse por 30 minutos, virando-o de vez em quando e regando com o próprio molho. Retire o papel e asse por mais 30 minutos para que o frango fique bem dourado.

FRANGO XADREZ

- *4 filés de frango cortados em cubos*
- *Sal e pimenta-do-reino*
- *1 xícara (chá) de óleo de soja ou amendoim*
- *1 xícara (chá) de amendoim ou castanha de caju*
- *1 cebola grande cortada em quadrados de 2 cm*
- *1 pimentão verde cortado em quadrados de 2 cm*
- *1 pimentão vermelho cortado em quadrados de 2 cm*
- *2 talos de salsão cortados em quadrados*
- *1 colher (sopa) de amido de milho*
- *1 xícara (chá) de* caldo de frango *(pág. 228)*
- *2 colheres (sopa) de molho de soja*
- *2 colheres (sopa) de ketchup ou* molho de ostras *(ver nota)*

1 Tempere os cubos de frango com o sal e a pimenta-do-reino.

2 Coloque o óleo em uma panela e frite o amendoim; escorra e reserve.

3 No mesmo óleo, frite o frango, mas sem deixar dourar. Escorra e reserve.

4 Ainda no mesmo óleo, frite a cebola, os pimentões e o salsão, sem deixar que murchem.

5 Retire o óleo da panela e deixe o equivalente a 2 colheres (sopa). Adicione o frango, a cebola, o salsão e os pimentões já fritos.

6 Dissolva o amido de milho no caldo de frango e adicione o molho de soja e o ketchup. Misture bem e adicione à panela. Cozinhe por 1 minuto para engrossar. Acerte o ponto do sal e coloque em uma travessa. Salpique o amendoim.

7 Sirva com arroz branco.

Nota: *O molho de ostras é um molho típico chinês preparado a partir de caramelo e ostras. É o molho que dá o sabor característico daquela culinária.*

FRICASSÊ DE FRANGO

- *1 frango cortado em pedaços*
- *Miúdos do frango (fígado, moela e coração)*
- *1 colher (sopa) de manteiga*
- *1 xícara (chá) de água quente ou vinho branco*
- *Sal*
- *2 cravos-da-índia*
- *150 g de cogumelos fatiados*
- *2 gemas*
- *2 colheres (sopa) de farinha de trigo*
- *1 colher (chá) de suco de limão*

1 Deixe os pedaços de frango e os miúdos de molho, por algum tempo, em água morna.

2 Leve ao fogo uma panela com a manteiga e coloque os pedaços de frango.

3 Deixe refogar um pouco, sem tomar cor.

4 Coloque na panela a água quente, o sal e os cravos-da-índia. Cozinhe em fogo baixo.

5 Quando o frango estiver cozido, junte os cogumelos, deixando no fogo por mais algum tempo.

6 Retire os pedaços de frango e arrume-os em um prato.

7 À parte, misture as gemas, a farinha de trigo e o suco de limão, misturando tudo muito bem.

8 Junte ao molho, bem devagar, e vá mexendo sempre, até que ele engrosse. Se ficar muito grosso, adicione um pouco de água.

9 Sirva o frango com esse molho, bem quente.

Nota: *Para que o fricassê de frango fique bom, é preciso que a carne esteja bem branca.*

MAIONESE DE FRANGO

- *300 g de vagens cozidas com uma pitada de bicarbonato*
- *6 batatas cozidas sem casca*
- *6 cenouras cozidas com um pouco de sal*
- *500 g de carne de frango cozido desfiada*
- *Alface picada*
- *Cubos de tomate*

Maionese:

- *2 ovos cozidos*
- *3 gemas*
- *2 colheres (chá) de sal*
- *1 colher (chá) de mostarda*
- *Pimenta-do-reino*
- *1 colher (sopa) de vinagre*
- *Azeite*

1 Cozinhe os legumes, deixe esfriar e pique-os em pequenos pedaços. Reserve.

2 Para o preparo da maionese, passe as gemas (2 cozidas e 3 cruas) por uma peneira. Coloque no liquidificador e misture o sal, a mostarda, a pimenta-do-reino e o vinagre. Ligue o liquidificador e vá adicionando azeite em fio bem lentamente até começar a engrossar e chegar à textura de maionese. Separe um terço da quantidade de maionese e reserve.

3 Misture a maionese restante com o frango desfiado, os legumes picados e a clara dos ovos cozidos picada. Depois de todos os ingredientes bem incorporados, coloque a maionese em um prato fundo, aperte bem e leve à geladeira.

4 Depois de gelada, vire-a sobre um prato grande, cubra com a maionese reservada e enfeite com a alface e o tomate.

Franguinho de Leite

- *4 franguinhos de leite*
- *2 colheres (sopa) de suco de limão*
- *2 dentes de alho amassados*
- *Sal e pimenta-do-reino*
- *2 colheres (sopa) de cebola picada*
- *1 colher (sopa) de salsa picada*
- *Óleo*

1 Depois de bem limpos, abra os franguinhos, pelo comprimento, do lado do peito.

2 Tempere com o limão, o alho, a pimenta-do-reino, o sal, a cebola e a salsa, coloque em um recipiente fechado e leve à geladeira por 2 horas.

3 Retire os frangos da marinada, escorra e frite em óleo bem quente durante cerca de 10 minutos de cada lado (melhor ainda é colocá-los em espetos sobre brasas ou em forno bem quente durante 30 minutos).

4 Sirva-os, bem quentes, com batatas fritas ou com legumes cozidos e refogados na manteiga.

Galinha-d'angola Assada

- *1 galinha-d'angola limpa*
- *1 xícara (chá) de vinho branco*
- *Sal e pimenta-do-reino*
- *2 dentes de alho picados*
- *½ xícara (chá) de cebola picada*
- *8 fatias de toucinho fresco*
- *2 cebolas fatiadas*
- *4 tomates sem pele picados*
- *Salsa picada*
- *Fatias de pão torradas com manteiga*

1 Tempere a galinha-d'angola com o vinho branco, o sal, o alho e a cebola. Deixe marinar em um recipiente fechado em geladeira por 4 horas.

2 Coloque a galinha, com a marinada, em uma assadeira untada e cubra com as tiras de toucinho. Leve ao forno quente preaquecido e asse a galinha, regando, de vez em quando, com o molho em que foi temperada.

3 Quando estiver assada, retire a galinha da assadeira e reserve. Coloque a assadeira sobre a chama do fogão e, no óleo que ficou, refogue bem as cebolas e os tomates. Tempere com sal e pimenta-do-reino e salpique a salsa.

4 Sirva a galinha coberta com esse molho e rodeada de fatias de pão torradas com manteiga.

MAIONESE RÁPIDA DE GALINHA

- *300 g de cenouras cozidas e picadas*
- *250 g de vagens cozidas e picadas*
- *250 g de ervilhas escorridas*
- *500 g de batatas cozidas e picadas*
- *1 peito de galinha cozido e desfiado*
- *2½ xícaras (chá) de maionese*
- *1 colher (café) de pimenta-do--reino*
- *Sal*
- *Galhos de salsa*
- *Azeitonas pretas*

1 Misture os legumes cozidos com o peito de galinha desfiado, metade da quantidade de maionese e a pimenta-do-reino. Tempere com sal.

2 Coloque a mistura em uma travessa funda e leve à geladeira por algumas horas. Depois de gelada, vire-a sobre um prato de servir.

3 Cubra com a maionese restante.

4 Decore a salsa e as azeitonas.

5 Leve à geladeira até a hora de servir.

PUCHERO DE GALINHA

- *1 galinha*
- *1 bouquet garni (amarrado de ervas como tomilho, louro, salsa, alecrim e alho-poró)*
- *6 batatas médias descascadas*
- *3 cenouras descascadas*
- *2 cebolas médias*
- *1 alho-poró*
- *1 ou 2 colheres (sopa) de manteiga*
- *2 colheres (sopa) de semolina*

1 Coloque a galinha para cozinhar, em água levemente salgada, e adicione o bouquet garni. Cozinhe por 30 minutos.

2 Adicione as batatas, as cenouras, as cebolas e o alho-poró e deixe cozinhar mais, até que a galinha fique bem macia.

3 Terminado o cozimento, retire a galinha e os legumes da panela e arrume-os em uma travessa.

4 Adicione a manteiga ao caldo da panela e engrosse com a semolina ou faça um pirão.

5 Sirva a galinha com o molho e arroz branco.

VATAPÁ DE GALINHA

- *1 galinha cortada em pedaços*
- *4 colheres (sopa) de óleo*
- *1 cebola bem picada*
- *3 dentes de alho picados*
- *Cheiro-verde*
- *Sal e pimenta-do-reino*
- *Salsa, coentro e cebolinha picados*
- *Pimenta verde amassada (opcional)*
- *1½ xícara (chá) de leite de coco*
- *Farinha de arroz*
- *2 colheres (sopa) de azeite de dendê*

1 Leve os pedaços de galinha para refogar no óleo, com a cebola, o alho, o cheiro-verde, o sal e a pimenta-do-reino. Cubra com água o suficiente para cozinhar a galinha.

2 Cozida a galinha, retire-a da panela. Separe a carne dos ossos e das peles e pique-a. Tempere essa carne com a salsa, o coentro, a cebolinha e a pimenta verde.

3 Volte o caldo que ficou na panela ao fogo, adicione o leite de coco e engrosse com a farinha de arroz. Junte a carne da galinha ao caldo da panela. No momento de servir, apague o fogo e adicione o azeite de dendê previamente aquecido em banho-maria. (Não deixe ferver depois de acrescentar esse azeite.)

4 Sirva com angu de farinha de arroz.

XINXIM FÁCIL DE GALINHA

- *100 g de camarões secos*
- *1 galinha (1,5 kg)*
- *1 colher (chá) de sal*
- *½ colher (café) de pimenta-do--reino*
- *½ xícara (chá) de azeite*
- *1 cebola picada finamente ou ralada*
- *1 colher (sopa) de cheiro-verde picado*
- *1 colher (sopa) de coentro picado*
- *1 tablete de caldo de galinha dissolvido em 500 ml de água fervente*
- *2 colheres (sopa) de azeite de dendê*

1 Deixe os camarões de molho em água fria durante 2 horas. Descasque-os e pique-os.

2 Limpe a galinha, corte-a pelas juntas e tempere com o sal e a pimenta-do-reino.

3 Leve ao fogo o azeite e refogue a cebola. Quando dourarem, acrescente os pedaços de galinha e refogue. Acrescente o cheiro-verde e o coentro.

4 Junte os camarões à panela, refogue um pouco mais e adicione o caldo fervente, sempre que o molho diminuir.

5 Quando a galinha estiver macia, adicione o azeite de dendê, ferva durante 2 minutos e sirva.

Peru

Peru

Como Trinchar um Peru

Como remover a coxa

Retire a coxa pela junta. Coloque a faca entre a coxa e o corpo do peru e corte a pele na junta. Pressione a coxa para fora, dobre-a para trás e, usando a ponta da faca, separe a coxa na junta.

Como cortar a coxa em fatias

Coloque a coxa em um prato raso grande. Corte-a, começando pela parte mais fina, até a junta. Corte toda a carne em fatias.

Como cortar a carne branca

Enfie um garfo no peito, fazendo pressão (para firmar a ave). Faça um corte longo até o osso onde a asa se prende ao corpo, separando-a completamente. Começando nesse ponto (onde a asa se unia ao corpo), vá cortando fatias finas da carne branca, trabalhando sempre paralelamente ao osso do peito.

Repita toda essa operação do outro lado do peru. Em seguida, retire o recheio.

PERU À BRASILEIRA

- *1 peru inteiro sem tempero*
- *3 xícaras (chá) de vinho branco*
- *½ xícara (chá) de vinagre*
- *5 dentes de alho amassados com sal*
- *Sal*
- *2 cebolas grandes picadas*
- *1 cenoura picada*
- *4 folhas de louro*
- *10 talos de salsa lisa*
- *6 talos de cebolinhas*
- *1 ramo de manjerona*
- *1 ramo de manjericão*
- *Pimenta-do-reino*
- *Óleo*
- *Bacon em fatias*
- *Fatias de toucinho fresco*

Recheio:

- *Moela e fígado do peru*
- *4 colheres (sopa) de manteiga*
- *1 cebola grande picada*
- *4 tomates sem pele picados*
- *200 g de presunto picado*
- *24 azeitonas grandes sem caroço em rodelas*
- *1 kg, aproximadamente, de farinha de mandioca*
- *4 colheres (sopa) de salsa picada*
- *2 ovos cozidos e picados*

1 Remova a embalagem com os miúdos.

2 Lave a ave em água corrente.

3 Faça um corte junto da mitra, enfie nele as pernas do peru, dobre suas asas para trás e leve-o para uma vasilha bem grande.

4 Em uma tigela grande, misture o vinho branco, o vinagre, o alho, as cebolas, a cenoura, o louro, a salsa, a cebolinha, a manjerona, o manjericão e a pimenta-do--reino. Reserve.

5 Fure o peru por dentro e por fora, no peito, nas pernas e nas costas, com a ajuda de um garfo de cozinha. Despeje a marinada sobre o peru, esfregando-o muito bem.

6 Coloque um pouco da marinada no interior do peru.

7 Deixe o peru marinando por 12 horas.

8 De vez em quando, vire-o, deixando o peito para baixo durante a noite toda.

9 Cozinhe a moela, o fígado e o coração do peru em água levemente salgada até que fiquem bem macios.

10 Corte em pedaços pequenos e refogue em uma panela com a manteiga, a cebola picada e os tomates.

11 Depois de tudo bem refogado, acrescente o presunto, as azeitonas e a farinha de mandioca, obtendo uma farofa úmida.

12 Retire-a do fogo, prove o sal e acrescente a salsa e os ovos cozidos. Misture bem e reserve. Utilize para rechear o peru conforme indicado na receita.

13 Retire o peru da marinada e leve-o para uma superfície lisa ou uma travessa grande. Reserve a marinada.

14 Enxugue-o, com um guardanapo, por dentro e por fora.

15 Em seguida, encha a cavidade com o recheio, apertando bem e costurando a pele com linha grossa ou amarrando-a bem forte.

16 A seguir, limpe o peru todo com um guardanapo seco, besunte-o de manteiga e coloque-o em uma assadeira grande e funda untada com um pouco de óleo.

17 Cubra com as fatias de bacon e de toucinho fresco todo o peito do peru, prendendo essas fatias com palitos.

18 Cubra o peru com papel-alumínio. Coloque um pouco de óleo em cima desse papel e despeje na assadeira a marinada reservada. Leve ao forno quente preaquecido.

19 Enquanto o peru assa, regue-o de vez em quando, com o molho, que deve estar fervendo na assadeira. (Antes de regá-lo, fure o peito e as pernas do peru com um garfo.)

20 Quando o peru estiver macio, retire o papel-alumínio e continue assando para que doure bem.

21 Depois de bem dourado, retire o peru do forno e deixe-o esfriar um pouco antes de trinchá-lo.

PERU RECHEADO À MINEIRA

- *1 peru temperado como na receita de* peru à brasileira *(pág. 496)*

Recheio:

- *4 colheres (sopa) de manteiga*
- *100 g de toucinho picado*
- *Miúdos do peru*
- *300 g de carne de porco moída*
- *1 cebola pequena picada*
- *1 dente de alho picado*
- *6 fatias de presunto picadas*
- *4 xícaras (chá) de miolo de pão amolecido no vinho*
- *½ xícara (chá) de farinha de amendoim torrado*
- *2 colheres (sopa) de salsa picada*
- *Sal e pimenta-do-reino*
- *500 g de castanhas portuguesas cozidas e descascadas*
- *Óleo*
- *Bacon em fatias*
- *Fatias de toucinho fresco*

1 Tempere o peru conforme a receita.

2 Para o recheio, coloque em uma panela a manteiga e o toucinho. Refogue para que o toucinho comece a dourar e adicione os miúdos picados e a carne de porco moída. Refogue e adicione a cebola, o alho e o presunto. Misture bem e adicione o miolo de pão espremido, para eliminar o excesso de vinho.

3 Adicione a farinha de amendoim e a salsa. Tempere com sal e pimenta-do-reino. Pique grosseiramente as castanhas e adicione-as ao recheio. Reserve.

4 Retire o peru da marinada e leve-o para uma superfície lisa ou uma travessa grande. Reserve a marinada.

5 Enxugue-o, com um guardanapo, por dentro e por fora.

6 Encha a cavidade com o recheio, apertando bem e costurando a pele com linha grossa ou amarrando-a bem forte.

7 A seguir, limpe o peru todo com um guardanapo seco, besunte-o de manteiga e leve para uma assadeira grande e funda untada com um pouco de óleo.

8 Cubra com fatias de bacon e toucinho fresco todo o peito do peru, prendendo essas fatias com palitos.

9 Cubra o peru com papel-alumínio. Coloque um pouco de óleo em cima desse papel e despeje na assadeira a marinada reservada. Leve ao forno quente preaquecido.

10 Enquanto o peru assa, regue-o de vez em quando com o molho, que deve estar fervendo na assadeira. (Antes de regá-lo, fure o peito e as pernas do peru com um garfo.)

11 Quando o peru estiver macio, retire o papel-alumínio e continue assando para que ele doure bem.

12 Depois de bem dourado, retire o peru do forno e deixe-o esfriar um pouco antes de trinchá-lo.

Outras Aves

Outras Aves

CODORNAS COM UVA ITÁLIA

- *24 bagos de uva Itália*
- *8 codornas desossadas*
- *Sal e pimenta-do-reino*
- *Farinha de trigo*
- *4 colheres (sopa) de manteiga*
- *¼ de xícara (chá) de conhaque*
- *1 xícara (chá) de* caldo de frango *(pág. 228)*
- *¼ de xícara (chá) de amêndoas torradas e picadas*

1 Retire as cascas das uvas, corte-as ao meio e elimine as sementes. Reserve.

2 Tempere as codornas com sal e pimenta-do-reino. Passe-as na farinha de trigo e retire o excesso.

3 Aqueça metade da quantidade de manteiga em uma frigideira grande e doure nela quatro codornas. Retire-as e coloque em uma travessa. Coloque a manteiga restante na frigideira e doure as outras quatro codornas.

4 Coloque todas as codornas na frigideira e regue com o conhaque. Flambe e acrescente o caldo de frango. Abaixe o fogo e cozinhe por cerca de 10 minutos. Adicione as uvas e acerte o ponto de sal do molho.

5 Arrume as codornas em uma travessa e regue com o molho. Para servir, salpique as amêndoas.

CODORNA NO ESPETO

- *8 codornas desossadas*
- *4 colheres (sopa) de azeite*
- *¼ de xícara (chá) de vinho branco*
- *1 colher (sopa) de cheiro-verde picado*
- *½ cebola picada*
- *1 dente de alho picado*
- *Sal*

1 Prepare uma marinada com o azeite, o vinho branco, o cheiro-verde, a cebola, o alho e o sal.

2 Coloque as codornas na marinada em um recipiente fechado e leve à geladeira por 2 horas.

3 As codornas podem ser assadas no espeto em uma churrasqueira ou ainda em uma chapa bem quente.

MARRECO ASSADO COM FRUTAS

- *1 marreco*
- *Sal e pimenta-do-reino*
- *1 dente de alho picado*
- *1 cebola picada*
- *2 colheres (sopa) de azeite*
- *½ colher (chá) de alecrim picado*
- *1 colher (sopa) de salsa picada*
- *4 colheres (sopa) de suco de limão*
- *4 colheres (sopa) de manteiga*
- *2 maçãs descascadas*
- *8 fatias de abacaxi*
- *Açúcar*
- *12 ameixas-pretas sem caroço*
- *1 xícara (chá) de vinho branco*

1 Faça alguns furos na pele do marreco com a ajuda de um garfo.

2 Tempere a ave com o sal, a pimenta-do-reino, o alho, a cebola, o azeite, o alecrim, a salsa e o suco de limão. Coloque na marinada, em recipiente fechado, e leve à geladeira por 4 horas ou mais.

3 Arrume o marreco em uma assadeira untada, besunte-o bem com a manteiga e regue com a marinada.

4 Leve ao forno alto preaquecido e asse por 20 minutos regando regularmente com o molho da assadeira.

5 Corte as maçãs e cada fatia do abacaxi em quatro pedaços. Passe as fatias de abacaxi pelo açúcar.

6 Retire o assado do forno e arrume na assadeira as fatias de abacaxi passadas no açúcar, as maçãs e as ameixas, e regue com o vinho branco.

7 Leve ao forno novamente, abaixe a temperatura para média e asse por mais 40 minutos, regando de vez em quando com o molho da assadeira.

8 Depois de assado e bem dourado, monte o prato com fatias de carne e pedaços das frutas regados com um pouco de molho que ficou na assadeira.

PATO ASSADO

- *1 pato*
- *Sal e pimenta-do-reino*
- *2 dentes de alho amassados*
- *1 maço de cheiro-verde*
- *1 cebola bem picada*
- *4 colheres (sopa) de óleo*
- *¼ de xícara (chá) de manteiga*

1 Tempere o pato com o sal, a pimenta-do-reino, o alho, o cheiro-verde sem picar e a cebola. Deixe marinando na geladeira, em recipiente fechado, por 12 horas.

2 Em uma panela de pressão esquente o óleo, em fogo alto, e frite o pato até ficar bem corado.

3 Reduza o fogo, junte um pouco de água, tampe a panela e deixe cozinhar até ficar bem macio.

4 Quando bem macio, retire o pato da panela e besunte-o com a manteiga.

5 Coloque o pato em uma assadeira, regue com o molho em que foi cozido e leve ao forno para terminar de assar.

6 Sirva com o molho que se formou na assadeira.

PATO NOVO ASSADO

- *1 pato novo*
- *Sal e pimenta-do-reino*
- *Ramos de cheiro-verde*
- *1 cebola picada*
- *4 colheres (sopa) de manteiga*
- *Purê de maçã ou de castanhas*

1 Com um garfo, fure a carne do pato em vários lugares e tempere com o sal, a pimenta-do-reino, o cheiro-verde e a cebola picada.

2 Na hora de assar, retire o cheiro-verde, besunte bem o pato com a manteiga e leve ao forno quente preaquecido, regando-o de vez em quando com o molho que se formar na assadeira.

3 Sirva com um purê de maçã ou de castanha portuguesa.

PERDIZ GRELHADA

- *1 perdiz nova*
- *Sal e pimenta-do-reino*
- *2 colheres (sopa) de azeite*
- *4 colheres (sopa) de vinho branco*
- *2 folhas de sálvia*
- *1 colher (chá) de alecrim picado*
- *1 dente de alho pequeno picado*

1 Abra a perdiz ao meio e achate-a com uma faca, apertando-a bem. Tempere com sal e pimenta-do-reino.

2 Em um recipiente, misture o azeite, o vinho, a sálvia, o alecrim e o alho. Coloque a perdiz nessa marinada e deixe-a repousar por uma hora.

3 Coloque para assar em uma churrasqueira ou em uma chapa bem quente.

PERDIZ À FLAMENGA

- *1 perdiz*
- *Azeite, óleo ou manteiga*
- *1 cebola picada*
- *1 pimentão vermelho picado*
- *3 tomates sem pele picados*
- *1 folha de louro*
- *2 dentes de alho picados*
- *Sal e pimenta-do-reino*
- *Farinha de trigo*
- *1 xícara (chá) de* molho de tomate *(pág. 465)*
- *1 xícara (chá) de creme de leite fresco*

1 Frite ligeiramente a perdiz no azeite.

2 Depois de frita, retire do fogo e, no mesmo azeite, coloque a cebola, o pimentão, os tomates, o louro e o alho. Refogue e tempere com sal e pimenta-do-reino.

3 Adicione um pouco de farinha de trigo e deixe dourar.

4 Coloque a perdiz no refogado e adicione o molho de tomate. Deixe cozinhar lentamente em fogo baixo. Quando a perdiz estiver bem macia, adicione o creme de leite e misture. Acerte o ponto do sal e retire do fogo. Elimine a folha de louro.

5 Na hora de servir, retire a perdiz do molho e passe-o em uma peneira.

6 Coloque a perdiz em uma travessa e sirva com o molho bem quente.

CARNE BOVINA

Carne Bovina

"A denominação carne de vaca é dada nos açougues e frigoríficos à carne de boi. A qualidade da carne depende do estado e idade do animal, condições difíceis de serem averiguadas nas carnes vendidas a retalho. Bois doentes, mal-nutridos, cansados e velhos só podem fornecer carne péssima, geralmente escura e flácida e com uma gordura demasiadamente rija."

TEXTO DA EDIÇÃO DE 1944 DE *DONA BENTA*.

Os Cortes da Carne

Assados e Cozidos

Carne Moída

Carne-Seca

Vitela

Os Cortes da Carne

Os cortes e sua nomenclatura:

1. pescoço
2. acém
3. peito
4. paleta ou braço
5. fraldinha
6. ponta de agulha
7. filé-mignon
8. filé de costela
9. contrafilé ou filé de lombo
10. capa de filé
11. alcatra
12. patinho
13. coxão duro
14. coxão mole
15. lagarto
16. músculo dianteiro
17. músculo traseiro
18. aba de filé
19. maminha
20. picanha
21. cupim

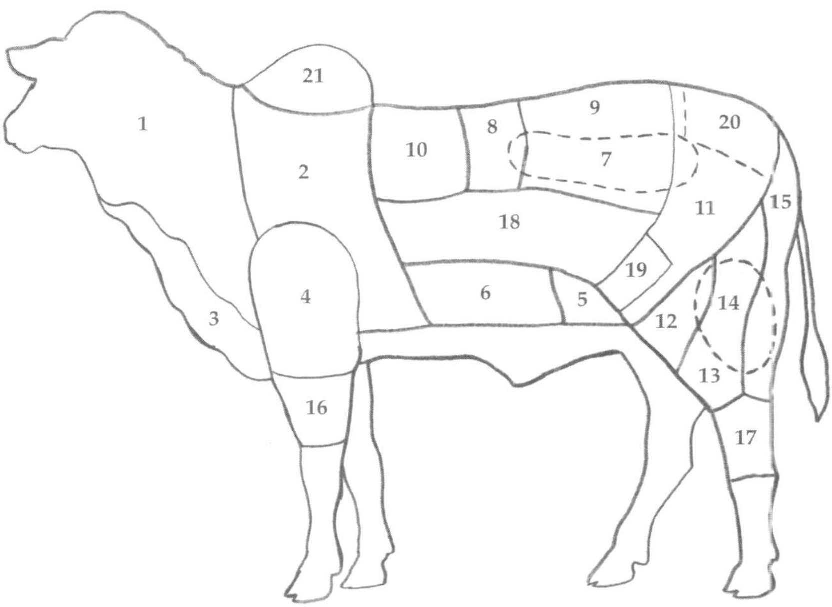

Nos açougues, podemos encontrar a denominação da carne como "de primeira" e "de segunda", classificação baseada em sua suculência, sabor e maciez. Entretanto, atualmente, esse conceito passou a ser questionado por diversos chefs e gastrônomos, pois todo corte pode ser muito bom e tudo depende do modo como será preparado e aproveitado.

As carnes de primeira nos açougues são as mais macias como alcatra, coxão mole, patinho, lagarto, picanha, contrafilé e filé-mignon. As de segunda são capa de filé, coxão duro, chuleta, paleta, fraldinha, costela, músculo dianteiro e acém.

ESCALOPE SIMPLES AO MOLHO MADEIRA

- *600 g de carne bovina (filé-mignon, alcatra ou coxão mole)*
- *Sal e pimenta-do-reino*
- *4 colheres (sopa) de óleo*
- *1 colher (sopa) de manteiga*
- *1 cebola (média) picada finamente*
- *1 colher (sopa) de farinha de trigo*
- *1 xícara (chá) de* caldo de carne *(pág. 227) fervente*
- *½ xícara (chá) de cogumelos picados*
- *½ xícara (chá) de vinho madeira*

1 Corte a carne em 8 bifes pequenos. Tempere com o sal e a pimenta-do-reino.

2 Em uma frigideira funda, coloque o óleo e frite os bifes até ficarem dourados. Retire os bifes da frigideira e reserve.

3 Leve a manteiga e a cebola à frigideira em que fritou os bifes e refogue até dourar. Polvilhe a farinha e mexa até que fique dourada.

4 Acrescente um pouco do caldo fervente e mexa bem para dissolver a farinha. Volte os bifes para a frigideira, tampe e deixe cozinhar, em fogo baixo, durante 15 minutos.

5 Adicione os cogumelos e o vinho madeira. Deixe ferver, por mais 5 minutos, em fogo médio.

6 Sirva os escalopes acompanhados de purê de batata.

Nota: O vinho madeira pode ser substituído por vinho branco seco.

CARNE DE PANELA

- *1 kg de carne bovina (coxão duro ou lagarto) em um único pedaço*
- *¼ xícara (chá) de vinagre ou vinho*
- *2 dentes de alho amassados*
- *Sal e pimenta-do-reino*
- *2 cebolas fatiadas*
- *1 folha de louro*
- *4 colheres (sopa) de óleo*

1 Fure a carne em diversos pontos com uma faca e tempere-a com o vinagre, o alho, o sal, a pimenta-do-reino, a cebola e o louro. Deixe marinando por, pelo menos, 1 hora. Reserve o molho da marinada.

2 Leve o óleo ao fogo, em uma panela de pressão, e doure todos os lados da carne até que fique bem corada.

3 Junte à carne o molho da marinada reservado e cozinhe até que fique macia (cerca de 50 minutos após pegar pressão).

4 Quando a carne estiver macia, destampe a panela e mantenha em fogo baixo até o líquido secar.

5 Assim que começar a fritar de novo, vá pingando água e fritando até a carne ficar dourada.

6 Depois de pronta, corte em fatias e sirva com o molho que ficou na panela.

CARNE DE PANELA À PORTUGUESA

- *1 receita de* carne de panela *(pág. 508)*
- *6 batatas médias*
- *4 cenouras*

1 Prepare a carne conforme indicado na receita.

2 Quando a carne estiver bem macia, acrescente as batatas descascadas (inteiras) e as cenouras, descascadas e cortadas em pedaços grandes. Adicione um pouco mais de água à panela e cozinhe até que as batatas e as cenouras fiquem macias e com uma bela cor escura.

3 Sirva a carne inteira, rodeada com as cenouras e as batatas e coberta com o molho que ficou na panela.

CARNE FRIA ACEBOLADA

- *1 lagarto bovino*
- *Sal*
- *10 grãos de pimenta-do-reino*
- *6 xícaras (chá) de água*
- *1 cebola cortada em rodelas*
- *1 cenoura*
- *1 talo de salsão*
- *1 folha de louro*

Molho:

- *¼ de xícara (chá) de azeite*
- *6 cebolas fatiadas*
- *½ xícara (chá) de vinagre*
- *½ xícara (chá) do caldo de cozimento*
- *Sal e pimenta-do-reino*
- *¼ de xícara (chá) de alcaparras*
- *10 azeitonas verdes sem caroço fatiadas*
- *2 colheres (sopa) de salsa picada*

1 Tempere a carne com o sal.

2 Coloque a água para ferver em uma panela de pressão e acrescente a cebola, a cenoura e o salsão. Acrescente o louro e os grãos de pimenta-do-reino. Ferva por 20 minutos.

3 Coloque a carne na água fervente, abaixe o fogo, tampe a panela e cozinhe por 1 hora depois que pegar pressão. Deixe esfriar no caldo. Retire da panela e reserve o líquido do cozimento.

4 Para o molho, aqueça o azeite em uma panela e acrescente as cebolas. Refogue até estarem bem macias, acrescente o vinagre e o caldo de cozimento da carne. Tempere com o sal e a pimenta-do-reino.

5 Arrume as fatias de carne em uma travessa, alternando com o molho acebolado, as alcaparras, as azeitonas e a salsa. Sirva fria como entrada ou para rechear sanduíches.

CARNE GUISADA

- *½ xícara (chá) de óleo*
- *2 cebolas picadas*
- *3 dentes de alho triturados*
- *1 kg de alcatra cortada em cubos de 4 cm*
- *1 xícara (chá) de tomates sem pele e sem sementes picados*
- *1 folha de louro*
- *2 xícaras (chá) de* caldo de carne *(pág. 227) fervente*
- *1 colher (chá) de sal*
- *½ colher (café) de pimenta-do-reino*
- *1 colher (sopa) de extrato de tomate*

1 Leve o óleo, as cebolas e os dentes de alho ao fogo em uma panela até que as cebolas fiquem coradas.

2 Acrescente a carne e mexa para corar as cebolas um pouco mais.

3 Junte o tomate, o louro e um pouco de caldo e refogue.

4 Quando o líquido tiver evaporado, acrescente o caldo que sobrou, o sal e a pimenta-do-reino. Tampe outra vez a panela e deixe cozinhar em fogo médio por 10 minutos ou até que a carne fique macia.

5 Acrescente o extrato de tomate e deixe levantar fervura. Retire do fogo e sirva acompanhada de arroz ou purê de batata.

CARNE ORIENTAL COM BRÓCOLIS

- *400 g de contrafilé em bifes*
- *2 colheres (sopa) de amido de milho*
- *½ maço de brócolis cozidos*
- *4 colheres (sopa) de óleo*
- *2 dentes de alho picados*
- *1 colher (sopa) de gengibre ralado*
- *1 cebola cortada em tiras*
- *1 pimentão vermelho cortado em tiras*
- *1 xícara (chá) de* caldo de carne ou frango *(pág. 227 e 228)*
- *2 colheres (sopa) de molho de soja*
- *1 colher (chá) de óleo de gergelim torrado*

1 Bata os bifes com cerca de 0,5 cm de espessura. Corte em tiras finas. Coloque em uma tigela e misture com metade da quantidade de amido de milho. Reserve. Pique os brócolis grosseiramente.

2 Aqueça metade da quantidade de óleo em uma frigideira e, quando estiver bem quente, adicione a carne. Misture e refogue por cerca de 3 minutos, retire da frigideira e reserve.

3 Acrescente o óleo restante à frigideira e aqueça novamente. Refogue nele o alho e o gengibre, misture bem e acrescente as tiras de cebolas e os pimentões. Refogue por 1 minuto e leve as tiras de carne novamente à frigideira.

4 Misture e adicione os brócolis. Cozinhe por 2 minutos.

5 Misture o caldo de carne com o molho de soja e o amido de milho restante. Acrescente à frigideira e deixe engrossar. Coloque o óleo de gergelim, misture bem e sirva com arroz branco.

CARNE RECHEADA COM FAROFA

- *1 kg de alcatra ou coxão mole em um único pedaço*
- *Sal e pimenta-do-reino*
- *2 dentes de alho picados*
- *2 colheres (sopa) de suco de limão*
- *1 xícara (chá) de farinha de mandioca*
- *2 colheres (sopa) de manteiga*
- *12 azeitonas sem caroço picadas*
- *1 ovo cozido picado*
- *4 colheres (sopa) de óleo*

1 Limpe a carne e abra em forma de manta com uma faca afiada, bata com um martelo para que fique bem estendida.

2 Tempere com o sal, a pimenta-do-reino, o alho e o limão.

3 À parte, para preparar a farofa, derreta a manteiga, junte a farinha de mandioca, as azeitonas e o ovo cozido.

4 Coloque a farofa no meio da manta de carne, enrole, como um rocambole, e amarre com um barbante grosso.

5 Coloque o óleo em uma panela e aqueça bem. Acrescente a carne e doure-a por todos os lados.

6 Quando a carne estiver dourada, vá pondo água aos poucos, para cozinhar, até que fique bem macia.

7 Retire o barbante da carne e corte em fatias. Sirva bem quente, acompanhada do molho que se formar na panela.

ESTROGONOFE RÁPIDO

- *500 g de filé-mignon*
- *150 g de cogumelos Paris frescos ou em conserva*
- *4 colheres (sopa) de manteiga*
- *Sal e pimenta-do-reino*
- *1 cebola grande picada finamente*
- *2 colheres (sopa) de conhaque*
- *1 colher (chá) de molho inglês*
- *2 colheres (sopa) de ketchup*
- *2 colheres (sopa) de farinha de trigo*
- *½ xícara (chá) de caldo de carne (pág. 227)*
- *½ xícara (chá) de suco de tomate*
- *½ xícara (chá) de creme de leite*

1 Corte o filé em tiras e os cogumelos em lâminas. Coloque uma panela no fogo e aqueça bem. Adicione metade da quantidade de manteiga e, quando estiver borbulhando, acrescente as tiras de carne. Essa etapa deve ser feita em 2 ou 3 vezes, pois isso evita que a carne solte muito líquido.

2 Quando estiverem douradas, tempere com um pouco de sal e pimenta-do-reino. Retire e reserve.

3 Coloque o restante da manteiga na panela e acrescente a cebola. Refogue bem para que fique macia e levemente dourada. Acrescente os cogumelos e refogue por 2 minutos. Coloque a carne novamente na panela e flambe com o conhaque.

4 Acrescente o molho inglês. Misture bem e adicione o ketchup e a farinha de trigo. Misture novamente e regue com o caldo de carne e a polpa de tomate. Cozinhe por 5 minutos. Acrescente o creme de leite e misture novamente. Aqueça bem e acerte o ponto do sal e da pimenta-do-reino. Sirva com arroz e batata palha.

ENSOPADO HÚNGARO

- *1 kg de coxão mole ou acém*
- *1 colher (sopa) de óleo*
- *¼ de xícara (chá) de vinho tinto*
- *1½ xícara (chá) de água*
- *60 g de bacon*
- *500 g de cebolas grandes bem picadas*
- *Sal e pimenta-do-reino*
- *2 colheres (sopa) de páprica doce*
- *½ xícara (chá) de pimentão verde picado*
- *¼ de xícara (chá) de creme de leite*

1 Corte a carne em cubos de 5 cm e reserve.

2 Aqueça uma frigideira e coloque o óleo e uma parte dos cubos de carne. Doure em fogo alto e transfira os cubos dourados para uma panela. Repita até que todos estejam dourados.

3 Regue a frigideira com o vinho, raspando bem com uma colher de pau. Acrescente 1 xícara de água à frigideira para soltar o caramelizado da carne e do vinho, despeje esse líquido na panela com os pedaços de carne e leve ao fogo baixo com a panela tampada.

4 Pique o bacon e coloque na frigideira. Refogue em fogo baixo para que libere a gordura e doure levemente. Acrescente as cebolas, aumente o fogo e doure. Tempere com o sal, a pimenta-do-reino e a páprica, misture bem e regue a frigideira com o restante da água. Despeje o conteúdo na panela em que está cozinhando a carne, acrescente o pimentão e cozinhe em fogo baixo, com a panela tampada, por cerca de 2 horas ou até que a carne esteja macia – se necessário, acrescentando um pouco de água à panela.

5 Acerte o sal e a pimenta-do-reino e cozinhe mais um pouco com a panela destampada para que o molho engrosse um pouco.

6 Adicione o creme de leite, misture e retire do fogo.

7 Sirva com macarrão passado na manteiga.

LAGARTO À VIENENSE

- *1½ kg de lagarto em um único pedaço*
- *Sal e pimenta-do-reino*
- *1 dente de alho amassado*
- *2 colheres (sopa) de óleo*
- *1 colher (sopa) de farinha de trigo*
- *1 colher (sopa) de extrato de tomate*
- *250 ml de água fervente*
- *250 ml de vinho tinto*
- *150 g de bacon bem picado*
- *2 cebolas grandes cortadas em rodelas*
- *150 g de ameixas pretas sem caroço*

1 Fure o lagarto em vários lugares com a ponta de uma faca e tempere-o com o sal, a pimenta-do-reino e o alho. Deixe marinando por 2 horas.

2 Frite o lagarto no óleo quente até dourar por igual.

3 Retire a carne da panela e junte a farinha de trigo, mexendo bem para não tostar nem encaroçar.

4 Volte a carne à panela, junte o extrato de tomate dissolvido na água fervente, o vinho, bacon e as cebolas e deixe cozinhar por cerca de 3 horas em panela comum ou por 60 minutos, depois de pegar pressão, em panela de pressão.

5 Vire a carne de vez em quando e cuide para que ela não fique seca, se isso acontecer, vá pingando água aos poucos.

6 Cerca de 15 minutos antes de retirar a carne do fogo, coloque as ameixas.

7 Sirva acompanhada do molho que ficou no fundo da panela.

PICANHA AO FORNO

- *2 dentes de alho picados*
- *Pimenta-do-reino*
- *1 colher (sopa) de alecrim picado*
- *4 colheres (sopa) de azeite*
- *2 colheres (sopa) de vinho branco seco*
- *1 picanha em um único pedaço*
- *1 kg de sal grosso*

1 Misture em um recipiente o alho, a pimenta-do-reino, o alecrim, o azeite e o vinho. Espalhe esse tempero sobre a picanha e deixe marinando por 1 hora.

2 Preaqueça o forno em temperatura alta. Coloque o sal grosso em uma assadeira para forrá-la completamente e coloque a picanha sobre o sal, com o lado da gordura para cima.

3 Asse por 30 minutos.

4 Vire a picanha, colocando o lado da gordura para baixo.

5 Asse por mais 20 minutos. Retire do forno e espere 5 minutos para fatiar a carne.

6 Sirva com farofa, arroz e molho vinagrete.

ROSBIFE DE FILÉ-MIGNON

- *1 kg de filé-mignon em um único pedaço*
- *1 colher (chá) de sal*
- *4 colheres (sopa) de vinho branco*
- *1 colher (sopa) de cebola picada*
- *1 dente de alho amassado*
- *1 pitada de pimenta-branca*
- *3 colheres (sopa) de manteiga*

1 Amarre a carne com barbante em todo o comprimento. Tempere com o sal, o vinho branco, a cebola, o alho e a pimenta-branca. Deixe marinar por 30 minutos.

2 Coloque uma assadeira de alumínio grossa sobre dois bicos de gás do fogão e adicione nela 1 colher (sopa) de manteiga.

3 Quando a manteiga estiver bem quente, coloque a carne e vá fritando-a de todos os lados colocando mais manteiga aos poucos, para a carne não grudar. (Faça isso até que o rosbife fique bem tostado.)

4 Regue com mais um pouco de vinho e deixe a carne até que o líquido seque.

Nota: ***O rosbife deve ficar malpassado por dentro.***

ROSBIFE DE LAGARTO

- *1½ kg de lagarto limpo em um único pedaço*
- *Sal e pimenta-do-reino*
- *¼ de xícara (chá) de mostarda escura*
- *½ xícara (chá) de óleo*

1 Tempere o lagarto com o sal e a pimenta-do-reino.

2 Pincele a carne com a mostarda, coloque em um recipiente fechado e leve à geladeira para marinar por 3 horas. Preaqueça o forno e aqueça em temperatura alta. Aqueça o óleo em uma assadeira de alumínio grossa sobre o fogão (uma que a carne caiba facilmente).

3 Coloque a carne no óleo quente e doure por todos os lados (15 minutos aproximadamente). Retire e transfira para uma assadeira limpa. Coloque no forno forte por 10 minutos, apague o fogo e deixe a carne por mais 5 minutos. Retire, deixe esfriar completamente e fatie bem fino.

Filé ao Molho Mostarda

- *800 g de filé-mignon*
- *2 colheres (sopa) de manteiga*
- *Sal e pimenta-do-reino*
- *¼ de xícara (chá) de conhaque*
- *2 colheres (sopa) de mostarda*
- *1 xícara (chá) de* molho branco *(pág. 463)*
- *¼ de xícara (chá) de creme de leite fresco*

1 Corte a carne em oito escalopes de aproximadamente 100 g cada.

2 Coloque metade da quantidade de manteiga em uma frigideira (preferivelmente de ferro) e aqueça bem.

3 Acrescente quatro escalopes à frigideira. Doure dos dois lados, tempere com o sal e a pimenta-do-reino. Retire e coloque em uma travessa, mantendo aquecidos. Faça o mesmo com os filés restantes.

4 Regue a frigideira em que fritou a carne com o conhaque e deixe evaporar. Acrescente a mostarda e o molho branco. Misture bem e junte o creme de leite. Aqueça bem, ajuste o sal e a pimenta-do-reino e despeje o molho sobre os filés.

5 Sirva com batatas sauté e brócolis passados na manteiga.

Filé ao Molho de Pimenta-Verde

- *800 g de filé-mignon*
- *2 colheres (sopa) de manteiga*
- *Sal e pimenta-do-reino*
- *2 colhères (chá) de pimenta-verde em grãos (poivre vert)*
- *¼ de xícara (chá) de conhaque*
- *1 colher (chá) de molho inglês*
- *1 xícara (chá) de* molho branco *(pág. 463)*
- *¼ de xícara (chá) de creme de leite fresco*

1 Corte a carne em oito escalopes de aproximadamente 100 g cada.

2 Coloque metade da quantidade de manteiga em uma frigideira (preferivelmente de ferro) e aqueça bem.

3 Acrescente quatro escalopes à frigideira. Doure dos dois lados, tempere com o sal e a pimenta-do-reino. Retire e coloque em uma travessa. Faça o mesmo com os filés restantes.

4 Acrescente a pimenta-verde à frigideira e regue com o conhaque. Deixe evaporar e adicione o molho inglês. Junte o molho branco. Misture bem e acrescente o creme de leite.

5 Coloque os filés novamente na frigideira, aqueça bem e acerte o sal e a pimenta-do-reino. Arrume a carne em uma travessa e regue com o molho.

6 Sirva com batatas cozidas e cenouras na manteiga.

FILÉ APIMENTADO

- *800 g de filé-mignon*
- *Sal*
- *1 colher (sopa) de pimenta-branca em pó*
- *4 colheres (sopa) de manteiga*
- *1 cálice de conhaque*
- *Pimenta-do-reino*

1 Corte a carne em quatro tournedos de, aproximadamente, 200 g cada um.

2 Bata os bifes ligeiramente, para deixá-los levemente achatados, e tempere-os com o sal e a pimenta-branca.

3 Leve ao fogo uma frigideira com a manteiga e deixe-a aquecer. Coloque os tournedos e frite-os durante 4 minutos de cada lado.

4 Regue com o conhaque e deixe no fogo por mais 2 minutos.

5 Disponha-os no prato em que vai servir e tempere com a pimenta-do-reino.

6 Sirva com batatas fritas e arroz.

FILÉ-MIGNON FESTIVO

- *1 porção de* molho com cogumelos *(pág. 464)*
- *1½ kg de filé-mignon em um único pedaço*
- *1 colher (sobremesa) de sal*
- *1 colher (café) de pimenta-do--reino*
- *2 colheres (sopa) de óleo*
- *3 colheres (sopa) de manteiga*

1 Prepare o *molho de cogumelos* conforme a receita e reserve.

2 Tempere o filé com o sal e a pimenta-do-reino.

3 Coloque uma assadeira retangular de alumínio sobre o fogão e acenda dois bicos de gás. Adicione à assadeira 1 colher (sopa) de óleo e deixe esquentar bem.

4 Coloque o filé na assadeira e deixe dourar de todos os lados. Quando a assadeira ficar seca, acrescente o óleo restante. Assim que a carne estiver no ponto, desligue o fogo e pincele a manteiga sobre a carne.

5 Leve a carne ao forno quente preaquecido por 30 minutos, virando-a de vez em quando.

6 Retire o filé do forno e coloque em uma travessa. Fatie e sirva com o molho de cogumelos.

7 Como acompanhamento, batata frita corada.

FILÉ À WELLINGTON

- *1½ kg de filé-mignon em um único pedaço*
- *100 g de patê de fígado ou presunto*
- *1 colher (sopa) de sal*
- *Pimenta-do-reino*
- *2 colheres (sopa) de manteiga*
- *1 porção de* molho madeira simples *(pág. 475)*
- *1 ovo ligeiramente batido*

Massa:

- *2½ xícaras (chá) de farinha de trigo*
- *3 colheres (sopa) de manteiga*
- *3 colheres (sopa) de água*
- *2 colheres (sopa) de vinho branco seco*
- *2 gemas*
- *½ colher (café) de sal*

1 Com uma faca, abra o filé no sentido do comprimento formando um retângulo.

2 Recheie-o com o patê.

3 Amarre com barbante de algodão em toda a volta e tempere com o sal e a pimenta-do-reino.

4 Coloque uma assadeira retangular de alumínio sobre o fogão e acenda dois bicos de gás. Adicione 1 colher (sopa) da manteiga e deixe aquecer.

5 Coloque o filé na assadeira e deixe dourar, acrescentando o restante da manteiga aos poucos, até que fique bem corado.

6 Retire o filé da assadeira e reserve o molho que ficou.

7 Coloque, em uma tigela, a farinha de trigo, a manteiga, a água, o vinho, as gemas e o sal e amasse até formar uma massa homogênea. Faça uma bola, embrulhe em plástico filme e leve à geladeira por 30 minutos.

8 Abra a massa com um rolo, procurando fazer um retângulo em que se possa embrulhar o filé.

9 Retire o barbante do filé e coloque-o sobre a massa. Meça a quantidade de massa necessária para cobrir o filé inteiro e recorte o excesso. Reserve.

10 Embrulhe o filé, fechando bem as extremidades da massa. Recorte a massa reservada em tiras com 1 cm de largura coloque-as em forma de losangos sobre a parte de cima da massa que envolve o filé.

11 Leve o filé a uma assadeira untada e enfarinhada e pincele com o ovo batido.

12 Asse em forno quente preaquecido durante 30 minutos ou até que a massa fique dourada.

13 Aqueça o molho madeira, misture com o molho reservado da fritura do filé e coloque em uma molheira.

14 Sirva o filé com jardineira de legumes.

TOURNEDO COM COGUMELO

- *1 kg de filé-mignon*
- *12 fatias de bacon ou toucinho*
- *Sal e pimenta-do-reino*
- *4 colheres (sopa) de óleo*
- *1 colher (sopa) de cebola picada*
- *1 colher (chá) de molho inglês*
- *2 colheres (sopa) de vinho branco seco*
- *1 colher (sopa) de ketchup*
- *½ xícara (chá) de cogumelos laminados*

1 Corte o filé em tournedos de 4 cm de altura. Circunde cada tournedo com uma fatia de bacon. Prenda com palitos ou amarre com barbante. Tempere a carne com o sal e bastante pimenta-do-reino.

2 Leve uma frigideira ao fogo com o óleo, aqueça bem e frite os tournedos com o lado do bacon na gordura da frigideira. Gire-os para que todo o bacon fique dourado.Vire os tournedos com a parte da carne na gordura e doure por 2 minutosde cada lado. Coloque-os na travessa em que serão servidos e elimine os palitos ou o barbante.

3 Frite a cebola na mesma frigideira por 2 minutos e junte o molho inglês, o vinho branco, o ketchup e os cogumelos. Deixe ferver.

4 Despeje o molho obtido sobre os tournedos e sirva.

Nota: *Tournedos são bifes grossos de contrafilé ou filé-mignon enrolados em tiras de toucinho ou bacon.*

SALTIMBOCCA À ROMANA

- *600 g de filé-mignon*
- *Sal e pimenta-do-reino*
- *12 folhas de sálvia fresca*
- *150 g de presunto cru em fatias*
- *Farinha de trigo*
- *2 colheres (sopa) de manteiga*
- *¼ de xícara (chá) de vinho branco*
- *1 xícara (chá) de* caldo de carne *(pág. 227)*

1 Corte a carne em 12 pequenos bifes.

2 Bata os bifes entre dois sacos plásticos para obter escalopes de aproximadamente 8 cm de diâmetro. Tempere com a pimenta-do-reino e pouco sal, porque o presunto é salgado.

3 Coloque uma folha de sálvia fresca sobre cada escalope e cubra-o com uma fatia de presunto dobrada ao meio. Prenda tudo com um palito para que o presunto não se solte.

4 Passe os escalopes na farinha de trigo e retire o excesso.

5 Coloque metade da quantidade de manteiga em uma frigideira, aqueça bem e doure primeiro do lado da carne. Assim que dourar, vire e doure do lado do presunto. Frite quatro escalopes por vez, adicionando um pouco de manteiga sempre que necessário.

6 Coloque todos os escalopes já dourados na frigideira, regue com o vinho, misture e deixe evaporar. Regue com o caldo de carne e cozinhe em fogo baixo por alguns minutos, para que o molho chegue à consistência desejada.

7 Sirva com purê de batatas.

OSSOBUCO À AMBROSIANA

- 6 ossobucos
- *Sal e pimenta-do-reino*
- *Farinha de trigo*
- *2 colheres (sopa) de manteiga*
- *1 cebola-grande picada*
- *1 cenoura picada*
- *2 talos de salsão picados*
- *125 ml de vinho seco (ou caldo de carne)*
- *¼ de xícara (chá) de salsa picada*
- *½ dente de alho picado*
- *1 colher (chá) de raspas de casca de limão*

1 Tempere os ossobucos com o sal e a pimenta-do-reino. Passe-os levemente na farinha de trigo.

2 Coloque a manteiga em uma panela e aqueça bem. Adicione os ossobucos e frite-os até ficarem bem corados de ambos os lados.

3 Junte a cebola, a cenoura e o salsão. Refogue por alguns minutos.

4 Regue com o vinho seco, deixe evaporar e junte água suficiente para cobrir completamente os ossobucos.

5 Cozinhe em fogo baixo, por cerca de 2 horas, com a panela tampada. Retire a tampa e deixe ferver por mais alguns minutos, até o molho ficar bem reduzido.

6 Misture a salsa, o alho e as raspas de casca de limão na panela. Acerte o ponto de sal do molho.

7 Deixe ferver por mais 5 minutos e sirva acompanhado de polenta ou risoto.

PUCHERO ARGENTINO

- *500 g de lagarto bovino cortado em cubos de 5 cm*
- *1 maminha pequena cortada em cubos de 5 cm*
- *1 folha de louro*
- *6 talos de salsa*
- *Sal e pimenta-do-reino*
- *4 alhos-porós*
- *4 dentes de alho descascados*
- *150 g de toucinho magro*
- *4 cebolas médias*
- *4 batatas*
- *1 nabo pequeno*
- *1 pimentão vermelho ou verde*

1 Coloque os pedaços de carne para cozinhar em uma panela de pressão com 3 litros de água. Adicione a folha de louro e a salsa.

2 Na primeira fervura, espume bem o caldo para retirar as impurezas. Adicione um pouco de sal, o alho-poró e o alho.

3 Corte o toucinho em pedaços grandes e leve à panela. Cozinhe em fogo baixo, depois que pegar pressão, por cerca de 1 hora ou até as carnes estarem macias. Adicione as cebolas e os demais legumes. Deixe cozinhar durante cerca de 30 minutos ou até os legumes estarem macios. Retire as carnes e os legumes do caldo e arrume o cozido em uma travessa.

Nota: Coe o caldo que ficou na panela e, faça um pirão engrossando-o com semolina ou farinha de mandioca. Pode-se também reservar o caldo para o preparo de sopas.

BIFE TEMPERADO

- *4 bifes (filé-mignon, alcatra, coxão mole, patinho)*
- *Sal e pimenta-do-reino*
- *1 dente de alho amassado*
- *2 colheres (sopa) de vinagre ou suco de limão*
- *2 colheres (sopa) de azeite ou óleo*

1 Corte os bifes não muito grossos, seguindo o fio da carne.

2 Bata-os levemente com um martelo de cozinha.

3 Tempere com o sal, a pimenta-do-reino, o alho e o vinagre.

4 Na hora de servir, frite no azeite bem quente dos dois lados, sem mexer nos bifes, a não ser no momento de virá-los.

5 Sirva rapidamente.

BIFE ACEBOLADO

- *4 bifes de contrafilé com 150 g cada*
- *Sal e pimenta-do-reino*
- *1 colher (sopa) de suco de limão*
- *3 colheres (sopa) de manteiga*
- *2 cebolas grandes cortadas em rodelas*
- *1 colher (sopa) de molho inglês*
- *1 colher (sopa) de salsa picada*

1 Tempere os bifes com o sal e a pimenta-do-reino, acrescentando algumas gotas do suco de limão.

2 Leve um pouco de manteiga ao fogo, em uma frigideira, e, quando estiver quente, frite os bifes dos dois lados e reserve-os.

3 Na mesma frigideira, acrescente um pouco mais de manteiga e as cebolas, frite até que fiquem ligeiramente douradas, adicione o molho inglês e misture.

4 Coloque as cebolas sobre os bifes e sirva-os a seguir, salpicando a salsa.

Nota: *Acompanhe os bifes com batatas cozidas ou arroz.*

BIFE SIMPLES

- *4 bifes de contrafilé ou alcatra com 150 g cada*
- *1 colher (chá) de sal*
- *½ colher (café) de pimenta-do-reino*
- *Manteiga*

1 Tempere os bifes com o sal e a pimenta-do-reino.

2 Leve um pouco de manteiga ao fogo, em uma frigideira, e, quando estiver quente, frite os bifes dos dois lados, acrescentando mais manteiga quando necessário.

3 Coloque-os em uma travessa e sirva com batatas fritas.

BIFE AO MOLHO ACEBOLADO COM TOMATE

- *1 receita de* bife simples *(pág. 520)*
- *1 colher (sopa) de óleo ou manteiga*
- *1 cebola grande cortada em rodelas*
- *1 xícara (chá) de tomate picado*
- *½ xícara (chá) de vinho branco seco*
- *Sal e pimenta-do-reino*

1 Tempere e frite os bifes simples. Reserve-os.

2 Coloque o óleo e a cebola na mesma frigideira em que fritou os bifes e frite até que a cebola fique macia

3 Acrescente o tomate picado e o vinho branco seco. Tampe a frigideira e deixe ferver durante 5 minutos.

4 Tempere com o sal e a pimenta-do-reino.

5 Espalhe o molho sobre os bifes e sirva com *purê de batata* (pág. 298).

BIFE A CAVALO

- *1 receita de* bife simples *(pág. 520)*
- *4 ovos*
- *Sal*

1 Prepare os bifes simples.

2 Simultaneamente, frite os ovos em outra frigideira, tendo o cuidado para que as gemas não se desmanchem. Tempere com uma pitada de sal.

3 Arrume um ovo em cima de cada bife.

4 Sirva com molho inglês.

BIFE À MILANESA

- *4 bifes (150 g cada um)*
- *Sal e pimenta-do-reino*
- *½ xícara (chá) de farinha de trigo*
- *2 ovos levemente batidos*
- *1 xícara (chá) de farinha de rosca*
- *2 xícaras (chá) de óleo*

1 Bata os bifes com um martelo de cozinha para que fiquem finos. Tempere com o sal e a pimenta-do-reino.

2 Passe-os na farinha de trigo, depois nos ovos batidos, em seguida na farinha de rosca, retirando o excesso. Frite no óleo não muito quente (para não queimar a farinha de rosca) até ficarem dourados.

3 Escorra em papel absorvente e sirva com legumes, batatas ou saladas.

BIFE COM COGUMELO

- *4 bifes (150 g cada um) de contrafilé*
- *1 colher (chá) de sal*
- *½ colher (café) de pimenta-do--reino*
- *Manteiga*
- *1 cebola pequena ralada*
- *1 xícara (chá) de cogumelos (frescos ou em conserva)*
- *½ xícara (chá) de polpa de tomate*
- *½ xícara (chá) de vinho branco seco*

1 Tempere os bifes com o sal e a pimenta-do-reino.

2 Leve um pouco de manteiga ao fogo em uma frigideira e, quando estiver quente, frite os bifes dos dois lados. Coloque--os em uma travessae conserve-os quentes.

3 Coloque na mesma frigideira, ainda com o molho que ficou, 1 colher (chá) de manteiga e a cebola. Deixe fritar.

4 Acrescente os cogumelos (inteiros), frite-os ligeiramente e adicione a polpa tomate e o vinho branco seco.

5 Tempere com uma pitada de sal e deixe levantar fervura.

6 Coloque o molho sobre os bifes e sirva com purê de batata.

BIFE À CORDON-BLEU

- *6 bifes (100 g cada) de contrafilé limpos*
- *1 colher (chá) de sal*
- *½ colher (café) de pimenta-do--reino*
- *6 fatias de presunto*
- *6 fatias de queijo prato*
- *½ xícara (chá) de farinha de trigo*
- *2 ovos ligeiramente batidos*
- *1 xícara (chá) de farinha de rosca*
- *½ xícara (chá) de óleo ou manteiga*

1 Tempere os bifes com o sal e a pimenta-do-reino.

2 Coloque 1 fatia de presunto e 1 de queijo sobre cada bife. Junte um bife a outro, formando três pares (como se fossem sanduíches). Prenda-os com palitos para que não soltem ao fritar.

3 Corte o excesso de presunto e queijo sobre cada bife, se ultrapassarem o tamanho da carne.

4 Passe os bifes recheados na farinha de trigo, nos ovos batidos e na farinha de rosca. Em seguida, frite-os em óleo ou manteiga não muito quente, até que fiquem dourados.

5 Escorra sobre papel absorvente e sirva com legumes cozidos na manteiga ou com salada verde.

BIFE À PARMIGGIANA

- *1 receita de* bife à milanesa *(pág. 521)*
- *1 xícara (chá) de* molho de tomate *(pág. 465)*
- *4 fatias de mozarela*
- *¼ de xícara (chá) de queijo parmesão ralado*

1 Prepare os bifes à milanesa e coloque-os em uma travessa.

2 Espalhe sobre eles o molho de tomate. Coloque sobre cada bife uma fatia de mozarela e polvilhe um pouco de parmesão.

3 Leve ao forno quente, para derreter o queijo.

4 Sirva com arroz branco.

BIFE ROLÊ COM OVOS

- *6 bifes finos (100 g cada) de coxão mole*
- *2 dentes de alho picados*
- *1 colher (chá) de sal*
- *½ colher (café) de pimenta-do-reino*
- *1 colher (café) de vinagre*
- *4 ovos cozidos e descascados*
- *5 colheres (sopa) de óleo*
- *2 cebolas picadas*
- *1 xícara (chá) de* caldo de carne *(p. 227) fervente*
- *1 folha de louro*
- *Folhas de manjericão*
- *1 maço pequeno de cheiro-verde amarrado*
- *2 xícaras (chá) de tomate batido no liquidificador*

1 Tempere a carne com o alho, o sal, a pimenta-do-reino e o vinagre. Pique grosseiramente os ovos cozidos.

2 Coloque sobre cada bife um pouco do ovo picado, enrole-o e prenda com dois palitos ou amarre-o com linha grossa. Reserve.

3 Em uma frigideira funda, leve o óleo ao fogo até esquentar bem. Frite os bifes até ficarem corados. Adicione a cebola e doure.

4 Acrescente um pouco do caldo de carne e tampe a frigideira por 2 minutos para refogar as cebolas e os bifes.

5 Junte o louro, o manjericão, o cheiro-verde, o tomate batido e o caldo restante. Tampe a caçarola. Deixe ferver, em fogo brando, por 20 minutos, para reduzir o molho e amaciar os bifes.

6 Elimine as folhas de louro e o cheiro-verde.

7 Sirva com arroz ou macarrão ao alho e óleo

Bife Rolê com Cerveja

- *6 bifes finos (100 g cada) de coxão mole*
- *2 dentes de alho picados*
- *1 colher (chá) de sal*
- *½ colher (café) de pimenta-do--reino*
- *1 colher (café) de vinagre*
- *200 g de bacon picado*
- *5 colheres (sopa) de óleo*
- *2 cebolas picadas*
- *1 xícara (chá) de cerveja*
- *1 folha de louro*
- *Folhas de manjericão*
- *1 maço pequeno de cheiro-verde amarrado*
- *2 xícaras (chá) de tomate batido no liquidificador*

1 Tempere a carne com o alho, o sal, a pimenta-do-reino e o vinagre.

2 Coloque sobre cada bife um pouco do bacon picado, enrole-o e prenda com dois palitos ou amarre-o com linha grossa. Reserve.

3 Em uma frigideira funda, leve o óleo ao fogo até esquentar bem. Frite os bifes até ficarem corados. Adicione a cebola picada e doure.

4 Acrescente um pouco da cerveja e tampe a frigideira por 2 minutos para refogar as cebolas e os bifes.

5 Junte o louro, o manjericão, o cheiro-verde, o tomate batido e a cerveja restante. Deixe ferver, em fogo baixo, por 20 minutos, para reduzir o molho e amaciar os bifes.

6 Elimine as folhas de louro e o cheiro-verde.

7 Sirva com arroz ou macarrão ao alho e óleo.

Bife Rolê com Cenoura e Bacon

1 Prepare como a receita de *bife rolê com ovos* (pág. 523), substituindo os ovos cozidos por cenouras descascadas cortadas em palitos e 100 g de bacon cortado em fatias.

2 Recheie cada bife com um pedaço de cenoura e uma fatia de bacon.

BIFE ROLÊ COM LINGUIÇA

- *150 g de linguiça calabresa defumada*
- *6 bifes finos (100 g cada) de coxão mole*
- *2 dentes de alho picados*
- *1 colher (chá) de sal*
- *½ colher (café) de pimenta-do-reino*
- *1 colher (café) de vinagre*
- *2 ovos cozidos*
- *¼ de xícara (chá) de azeitonas verdes picadas*
- *5 colheres (sopa) de óleo*
- *2 cebolas picadas*
- *1 xícara (chá) de* caldo de carne *(pág. 227) fervente*
- *1 folha de louro*
- *Folhas de manjericão*
- *1 maço pequeno de cheiro-verde amarrado*
- *2 xícaras (chá) de tomate batido no liquidificador*

1 Elimine a pele das linguiças e pique-as grosseiramente.

2 Tempere os bifes com o alho, o sal, a pimenta-do-reino e o vinagre. Pique grosseiramente os ovos cozidos.

3 Coloque sobre cada bife um pouco da linguiça picada, dos ovos cozidos e das azeitonas. Enrole-os e prenda com dois palitos ou amarre-os com linha grossa.

4 Em uma frigideira funda, leve o óleo ao fogo até esquentar bem. Frite os bifes até ficarem corados. Adicione a cebola e doure.

5 Acrescente um pouco do caldo fervente e tampe a frigideira por 2 minutos para refogar as cebolas e os bifes.

6 Junte o louro, o manjericão, o cheiro-verde, o tomate batido e o caldo restante. Deixe ferver, em fogo brando, por 20 minutos, para reduzir o molho e amaciar os bifes.

7 Elimine as folhas de louro e o cheiro-verde.

8 Sirva com arroz ou macarrão ao alho e óleo.

Nota: *Se preferir, substitua a linguiça calabresa por presunto picado.*

Almôndega

- *500 g de carne moída*
- *1 ovo*
- *2 colheres (sopa) de cebola picada*
- *1 colher (sopa) de salsa picada*
- *1 colher (sopa) de queijo parmesão ralado*
- *Sal, pimenta-do-reino e noz-moscada*
- *2 colheres (sopa) de farinha de trigo*
- *4 colheres (sopa) de óleo*
- Molho de tomate *(pág. 465)*

1 Junte a carne moída, o ovo, a cebola, a salsa, o parmesão ralado, o sal, a pimenta-do-reino e uma pitada de noz-moscada. Adicione a farinha de trigo.

2 Misture tudo muito bem e acerte o sal.

3 Faça bolas de tamanho regular e passe-as levemente na farinha de trigo. (Se a massa ficar demasiadamente mole, acrescente mais farinha de trigo.)

4 Frite em bastante óleo quente até que fiquem douradas. Escorra em papel absorvente.

5 Faça à parte o molho de tomate.

6 Assim que o molho ferver, coloque nele as almôndegas fritas e abafe, para que cozinhem por dentro e para que o molho engrosse.

7 Sirva bem quentes.

Almôndega à Russa

- *500 g de carne bovina moída*
- *1 colher (chá) de sal*
- *½ colher (café) de pimenta-do--reino*
- *Noz-moscada*
- *2 ovos*
- *4 colheres (sopa) de farinha de trigo*
- *½ xícara (chá) de vinho branco seco*
- *1 xícara (chá) de óleo*
- *1 cebola grande picada finamente*
- *1 xícara (chá) de* caldo de carne *(pág. 227) fervente*
- *1 colher (sopa) de extrato de tomate*

1 Tempere a carne com o sal, a pimenta-do-reino e a noz--moscada. Adicione os ovos e metade da quantidade de farinha. Amasse apenas para misturar os ingredientes.

2 Coloque a farinha restante em um prato e, ao lado, deixe a xícara com o vinho.

3 Com o auxílio de uma colher, retire porções de massa do tamanho de uma noz grande e, com as mãos molhadas no vinho branco, modele as almôndegas em forma de bolas.

4 Passe as almôndegas na farinha de trigo, frite em metade da quantidade de óleo e reserve-as.

5 Leve ao fogo, em uma panela, o óleo restante e a cebola. Quando a cebola estiver corada, acrescente um pouco do caldo de carne. Tampe a panela e deixe ferver por 3 minutos.

6 Junte o caldo restante e o extrato de tomate. Ferva e diminua a chama para cozinhar em fogo baixo, com a panela tampada, por cerca de 10 minutos.

7 Coloque as almôndegas e o molho em uma travessa funda e sirva com purê de batata ou arroz.

ALMÔNDEGA ESPECIAL

- *500 g de carne bovina moída*
- *100 g de bacon moído*
- *1 colher (chá) de sal*
- *½ colher (café) de pimenta-do--reino*
- *1 pitada de noz-moscada*
- *2 ovos*
- *4 colheres (sopa) de farinha de trigo*
- *½ xícara (chá) de vinho branco seco*
- *½ xícara (chá) de óleo*
- *1 cebola (grande) triturada*
- *1 xícara (chá) de* caldo de carne *(pag. 227) fervente*
- *1 colher (sopa) de extrato de tomate*

1 Misture a carne e o bacon moídos. Tempere com o sal, a pimenta-do-reino e a noz-moscada.

2 Acrescente os ovos e metade da quantidade de farinha. Amasse apenas para misturar os ingredientes.

3 Em um prato, coloque a farinha que sobrou e, ao lado, a xícara com o vinho branco seco.

4 Com o auxílio de uma colher, retire porções de massa do tamanho de uma noz grande e, com as mãos molhadas no vinho branco, modele as almôndegas em forma de bolas. Em seguida, passe-as na farinha de trigo e coloque em um prato grande. Reserve.

5 Leve ao fogo o óleo e a cebola em uma panela. Quando a cebola estiver corada, acrescente um pouco do caldo de carne. Tampe a panela e deixe ferver por 3 minutos.

6 Junte o caldo restante e o extrato de tomate. Deixe levantar fervura e reduza a chama para temperatura média.

7 Coloque cuidadosamente as almôndegas na panela, tampe e deixe cozinhar por 10 minutos ou até que as almôndegas fiquem cozidas por igual (experimente abrindo uma).

8 Coloque as almôndegas e o molho em uma travessa funda e sirva acompanhadas de purê de batata ou arroz.

ALMONDEGÃO DE BUDAPESTE

- *300 g de carne (coxão mole)*
- *1 xícara (chá) de* caldo de carne *(pág. 227)*
- *1 pão francês amanhecido*
- *½ xícara (chá) de leite*
- *2 colheres (sopa) de manteiga*
- *1 cebola grande picada finamente*
- *2 dentes de alho picados*
- *1 xícara (chá) de tomate sem pele picado*
- *100 g de linguiça calabresa moída*
- *1 colher (chá) de sal*
- *½ colher (café) de pimenta-do--reino*
- *1 pitada de noz-moscada*
- *1 colher (sopa) de farinha de trigo*
- *1 colher (sopa) de salsa picada*
- *1 ovo ligeiramente batido*
- *1 colher (sopa) de farinha de rosca*
- *1 colher (sopa) de queijo ralado*

1 Cozinhe a carne no caldo ou em água fervente até que esteja macia. Utilize a panela de pressão. Moa a carne depois de cozida Reserve o caldo do cozimento.

2 Coloque o pão de molho no leite.

3 Coloque a manteiga, a cebola e o alho em uma panela. Leve ao fogo, e refogue até a cebola ficar dourada.

4 Acrescente o tomate e metade da quantidade do caldo do cozimento reservadoo; tampe a panela e deixe ferver por 5 minutos.

5 Acrescente a carne e a linguiça moídas, o pão amolecido espremido e picado, o sal, a pimenta-do-reino e a noz-moscada. Refogue por mais 5 minutos.

6 Dissolva a farinha no caldo restante e misture ao refogado. Cozinhe por mais 5 minutos.

7 Acrescente a salsa. Retire do fogo e deixe amornar.

8 Coloque a massa de carne em um refratário redondo de tamanho médio previamente untado e polvilhado com farinha de rosca.

9 Alise a superfície da massa e pincele o ovo sobre ela.

10 Polvilhe a farinha de rosca previamente misturada com o queijo ralado.

11 Leve ao forno quente preaquecido e asse até dourar bem.

12 Retire do forno, deixe esfriar um pouco e sirva, acompanhado de saladas ou massas.

ALMONDEGÃO DE VIENA

- *2 colheres (sopa) de manteiga*
- *4 gemas*
- *1 pãozinho embebido em leite*
- *250 g de presunto*
- *150 g de carne cozida*
- *2 colheres (sopa) de farinha de rosca*
- *Sal e pimenta-branca*
- *2 colheres (sopa) de cheiro-verde picado*
- Molho de tomate *(pág. 465)*
- *Queijo parmesão ralado*

1 Em uma tigela, coloque a manteiga e amasse-a com uma espátula. Acrescente as gemas uma a uma, depois o pão embebido em leite, já espremido, e misture bem.

2 Quando a massa estiver compacta e uniforme, deixe-a descansar um pouco.

3 Enquanto isso, prepare o seguinte recheio: moa o presunto e a carne, misture a farinha de rosca, o sal, a pimenta-branca e, o sal, o cheiro-verde.

4 Estique um pedaço grande de plástico filme sobre uma superfície, coloque sobre ele a massa e, por cima dela, o recheio. Vá enrolando até ficar bem apertado e bem fechado.

5 Amarre as pontas do embrulho de plástico filme e mergulhe o almondegão em uma panela grande com bastante água fervente, de modo que ele fique todo coberto pela água. Deixe cozinhar por 1 hora ou mais.

6 Retire do fogo, abra o embrulho, vire o almondegão sobre um prato de servir e cubra-o com o molho de tomate e o parmesão.

BOLINHO DE CARNE

- *500 g de carne (coxão mole ou patinho) moída*
- *1 cebola média picada*
- *2 dentes de alho amassados*
- *2 colheres (sopa) de salsa picada*
- *1 colher (café) de pimenta-do-reino*
- *1 colher (chá) de sal*
- *1 xícara (chá) de farinha de trigo*
- *2 ovos ligeiramente batidos*
- *1 xícara (chá) de óleo*

1 Misture a carne, a cebola e o alho, a salsa, a pimenta-do-reino, o sal e metade da quantidade de farinha de trigo.

2 Retire porções de massa com uma colher (sopa) e modele os bolinhos.

3 Passe os bolinhos na farinha de trigo restante e depois nos ovos batidos.

4 Frite-os no óleo quente até ficarem corados.

5 Escorra sobre papel absorvente.

6 Arrume os bolinhos em uma travessa e sirva acompanhados de uma salada mista ou arroz e feijão.

BOLO DE CARNE SIMPLES

- *500 g de carne moída (patinho)*
- *1 cebola média picada*
- *2 gemas*
- *2 pães (tipo francês) amolecidos em leite ou caldo de carne*
- *1 colher (chá) de sal*
- *1 pitada de pimenta-do-reino*
- *1 pitada de noz-moscada*
- *2 ovos cozidos picados*
- *1 colher (sopa) de salsa picada*
- *10 azeitonas pretas descaroçadas*
- *2 colheres (sopa) de farinha de rosca*
- *1 colher (sopa) de queijo ralado*

1 Em uma tigela, coloque a carne, a cebola, as gemas e o pão espremido e desmanchado com as mãos. Tempere com o sal, a pimenta-do-reino e a noz-moscada. Misture bem até formar uma massa.

2 Unte com manteiga e polvilhe com farinha de rosca uma fôrma de bolo com orifício central e coloque metade da massa de carne nela.

3 Misture a salsa com os ovos cozidos e espalhe sobre a massa na fôrma, coloque as azeitonas e cubra com a outra metade da massa. Misture a farinha de rosca com o queijo ralado e polvilhe o bolo. Asse em forno quente preaquecido por 30 minutos ou até que se forme uma crosta dourada.

4 Retire do forno, deixe esfriar um pouco e desenforme no prato em que vai servir.

CROQUETE DE SOBRAS

- *1 xícara (chá) de miolo de pão francês*
- *½ xícara (chá) de leite*
- *3 xícaras (chá) de sobras de carne (cozidas ou assadas, bovina, suína, de aves)*
- *1 colher (sopa) de manteiga*
- *1 dente de alho amassado*
- *½ cebola picada*
- *Sal e pimenta-do-reino*
- *2 ovos*
- *Farinha de rosca*
- *Óleo*

1 Coloque o pão de molho no leite até que fique bem encharcado.

2 Refogue a carne com a manteiga, o alho, a cebola, o sal e a pimenta-do-reino. Retire do fogo e adicione o miolo de pão, já espremido e picado com as mãos, e 1 ovo. Misture muito bem.

3 Volte a panela ao fogo, mexa continuamente até tomar consistência.

4 Deixe esfriar, molde croquetes, passe no outro ovo batido e na farinha de rosca e frite em óleo quente.

Carne Moída Simples

- ½ xícara (chá) de óleo
- 1 cebola grande picada finamente
- 1 dente de alho picado
- 500 g de carne (coxão mole ou patinho) moída
- 1 xícara (chá) de tomates sem pele picados
- 1 colher (chá) de sal
- 1 pitada de pimenta-do-reino

1 Coloque o óleo, a cebola e o alho em uma panela e leve ao fogo. Refogue até que a cebola fique dourada.

2 Junte a carne e mexa até fritá-la.

3 Acrescente os tomates, o sal e a pimenta-do-reino. Tampe a panela e deixe cozinhar, em fogo brando, com o próprio vapor da panela.

4 Se necessário acrescente um pouquinho de água.

5 Sirva com arroz.

Nota: *Para reforçar o sabor do picadinho simples, pode-se adicionar salsa picada, azeitonas e ovos cozidos também picados.*

Carne Moída com Batata

- ½ xícara (chá) de óleo
- 1 cebola grande picada finamente
- 1 dente de alho picado
- 500 g de carne (coxão mole ou patinho) moída
- 1 xícara (chá) de tomates picados sem pele
- 500 g de batatas picadas em cubos
- 1 colher (chá) de sal
- 1 pitada de pimenta-do-reino

1 Coloque o óleo, a cebola e o alho em uma panela e leve ao fogo. Refogue até que a cebola fique dourada.

2 Junte a carne e mexa até fritá-la.

3 Acrescente os tomates, as batatas, o sal e a pimenta-do-reino. Cubra com água quente, tampe a panela e deixe cozinhar, em fogo baixo, até que as batatas estejam macias.

4 Destampe a panela e cozinhe mais alguns minutos para engrossar o molho. Acerte o ponto do sal.

5 Sirva com arroz.

Nota: *Você pode preparar essa mesma receita substituindo as batatas por cenouras.*

CARNE MOÍDA COM QUIABO

- *500 g de quiabo*
- *½ xícara (chá) de óleo*
- *1 cebola grande picada finamente*
- *1 dente de alho picado*
- *500 g de carne (coxão mole ou patinho) moída*
- *1 xícara (chá) de tomates sem pele picados*
- *1 colher (chá) de sal*
- *1 pitada de pimenta-do-reino*

1 Lave bem os quiabos e descarte os talos. Corte os quiabos em pedaços de 3 cm. Leve uma frigideira antiaderente ao fogo e aqueça bem. Refogue rapidamente o quiabo, em fogo alto, para evitar que solte a baba. Retire do fogo e reserve.

2 Coloque o óleo, a cebola e o alho em uma panela e refogue até que a cebola fique dourada.

3 Junte a carne e mexa até fritá-la.

4 Acrescente os tomates, os quiabos, o sal e a pimenta-do-reino. Adicione um pouco de água e tampe a panela. Cozinhe em fogo baixo com o próprio vapor que se formar.

5 Se necessário, acrescente mais um pouquinho de água.

6 Sirva com arroz.

MADALENA DE CARNE

- *½ xícara (chá) de óleo*
- *1 cebola grande picada finamente*
- *1 dente de alho picado*
- *500 g de carne (coxão mole ou patinho) moída*
- *1 xícara (chá) de tomates sem pele picados*
- *1 colher (chá) de sal*
- *1 pitada de pimenta-do-reino*
- *6 batatas grandes*
- *½ xícara (chá) de leite*
- *2 gemas*
- *2 colheres (sopa) de manteiga*
- *Queijo parmesão ralado*

1 Coloque o óleo, a cebola e o alho em uma panela e leve ao fogo. Refogue até que a cebola fique dourada.

2 Junte a carne e mexa até fritá-la.

3 Acrescente os tomates, o sal e a pimenta-do-reino. Tampe a panela e deixe cozinhar, em fogo baixo, com o próprio vapor que se formar.

4 Se for necessário, acrescente um pouquinho de água. Reserve.

5 Cozinhe as batatas em água fervente até que fiquem bem macias. Escorra, descasque e passe-as pelo espremedor. Coloque em uma panela e acrescente o leite, as gemas e a manteiga. Leve ao fogo e misture para aquecer bem. Tempere com o sal e a pimenta-do-reino.

6 Coloque a carne moída no fundo de um refratário e cubra com o purê de batata. Salpique o parmesão ralado e leve ao forno aquecido para dourar.

7 Sirva quente com arroz.

BOLO DE CARNE RECHEADO

- *1 kg de patinho moído*
- *1 pacote de sopa de cebola em pó*
- *1 ovo*
- *50 g de presunto fatiado*
- *50 g de queijo prato fatiado*
- *2 ovos cozidos picados*
- *¼ de xícara (chá) de azeitonas picadas*
- *6 fatias de bacon*

1 Misture bem até formar uma massa o patinho moído, a sopa de cebola e o ovo.

2 Sobre uma superfície forrada com plástico filme, abra essa massa em formato de retângulo e recheie com o presunto, o queijo, os ovos cozidos e as azeitonas.

3 Com a ajuda do plástico filme, enrole a massa sobre o recheio como um rocambole.

4 Unte uma assadeira, coloque nela o bolo de carne e cubra-o com o bacon em fatias.

5 Leve para assar em forno preaquecido.

QUIBE DE FORNO

- *2 xícaras (chá) de trigo fino para quibe*
- *1 kg de carne moída duas vezes (patinho ou coxão mole)*
- *1 cebola picada finamente*
- *¼ de xícara (chá) de hortelã picada*
- *1 colher (chá) de pimenta síria*
- *Sal*
- *4 colheres (sopa) de manteiga*

1 Lave o trigo em água corrente e coloque-o de molho por 15 minutos.

2 Depois de demolhado, coloque o trigo em uma peneira e esprema bem para eliminar o máximo de água.

3 Coloque a carne em uma tigela e tempere-a com a cebola e a hortelã. Acrescente o trigo, o sal e a pimenta síria. Amasse a mistura com as mãos para obter uma massa bem macia. Unte um refratário com a manteiga e coloque a carne.

4 Aperte e alise. Risque losangos, com uma faca, sobre a carne e leve ao forno.

5 Asse em forno médio por 35 a 40 minutos. Sirva acompanhado de gomos de limão.

Nota: Você pode substituir a pimenta síria por ½ colher (chá) de canela, uma pitada de cravo em pó e uma de pimenta-do-reino. e outra de cravo em pó.

MOUSSAKA

- *3 colheres (sopa) de manteiga*
- *3 colheres (sopa) de farinha de trigo*
- *2½ xícaras (chá) de leite*
- *Sal, pimenta-do-reino e noz-moscada*
- *1 kg de berinjelas*
- *¼ de xícara (chá) de azeite*
- *400 g de carne moída*
- *3 cebolas médias picadas*
- *3 dentes de alho picados*
- *1 folha de louro*
- *½ colher (chá) de orégano*
- *1 colher (café) de canela*
- *200 g de polpa de tomate*
- *2 colheres (sopa) de salsa*
- *1 xícara (chá) de farinha de rosca*
- *Queijo parmesão ralado*
- *1 receita de* molho branco *(pág. 463)*

1 Coloque a manteiga e a farinha em uma panela e leve ao fogo, misturando bem, até que a manteiga derreta. Acrescente o leite aos poucos, cozinhe por cerca de 15 minutos para o molho engrossar, tempere com o sal, a pimenta-do-reino e a noz-moscada. Reserve.

2 Corte as berinjelas no sentido do comprimento em fatias de 0,5 cm de espessura. Salpique com sal e coloque em uma peneira por cerca de 30 minutos para que percam a água.

3 Em uma panela grande, aqueça 3 colheres (sopa) de azeite e frite a carne até que esteja bem seca. Acrescente a cebola e o alho, refogue por alguns minutos e tempere com o louro, o orégano e a canela. Misture bem e acrescente a polpa de tomate. Abaixe o fogo e cozinhe por cerca de 30 minutos. Acerte o sal e a pimenta-do-reino e salpique a salsa.

4 Frite as fatias de berinjela no azeite restante até estarem douradas e escorra em papel absorvente.

5 Unte um refratário com manteiga e polvilhe um pouco de farinha de rosca. Arrume uma camada de berinjela frita e polvilhe 1/3 da quantidade de parmesão e farinha de rosca, coloque o refogado de carne e polvilhe novamente com o parmesão e a farinha de rosca. Cubra com o molho branco, espalhando bem. Salpique o restante de parmesão e farinha de rosca. Leve ao forno por cerca de 40 minutos ou até que a moussaka esteja bem gratinada.

STEAK TARTARE

- *400 g de filé-mignon picado em cubos bem pequenos*
- *Sal e pimenta-do-reino*
- *1 colher (chá) de molho inglês*
- *1 colher (sopa) de azeite*
- *4 gemas pequenas*
- *Gomos de limão*
- *2 colheres (sopa) de alcaparras*
- *4 colheres (sopa) de cebola picada*
- *2 colheres (chá) de salsa picada*
- *Pepinos em conserva*

1 Tempere a carne com o sal e a pimenta-do-reino e adicione o molho inglês e o azeite. Misture.

2 Divida em quatro partes e, com as mãos, forme 4 bolos, colocando um em cada prato. Achate-os um pouco e aperte-os no centro, colocando ali uma gema crua de ovo.

3 Sirva enfeitando cada prato com gomos de limão, alcaparras, cebola e salsa picada e pepinos em conserva.

4 Cada pessoa faz a mistura a seu gosto.

CARNE-SECA DESFIADA

- *500 g de carne-seca*
- *4 colheres (sopa) de óleo*
- *1 pimentão verde pequeno picado*
- *1 cebola média picada*
- *2 colheres (sopa) de vinagre*
- *1 colher (sopa) de coentro*
- *2 colheres (sopa) de cebolinha fatiada*
- *Sal e pimenta-do-reino*

1 Corte a carne-seca em cubos de 5 cm e lave-os bem. Coloque de molho em água fria e leve à geladeira, em recipiente tampado, por 8 horas. Escorra bem a água, coloque os cubos de carne em uma panela de pressão e cubra com água fria.

2 Feche a panela e cozinhe em fogo baixo por 40 minutos depois que pegar pressão. Deixar esfriar totalmente sem abrir a panela.

3 Após esfriar, retire os pedaços de carne da panela e desfie finamente, dispensando as partes gordurosas.

4 Coloque o óleo em uma panela e refogue a carne desfiada, em fogo alto até que fique bem sequinha e dourada; se necessário, adicione mais um pouco de óleo.

5 Adicione o pimentão e a cebola e refogue por 10 minutos; regue com o vinagre, misture bem e deixe evaporar; acerte o sal e coloque o coentro, a cebolinha e a pimenta-do-reino.

CARNE-SECA COM PURÊ DE MANDIOCA

- *1 receita de carne-seca desfiada (pág. 535)*
- *1 kg de mandioca (aipim)*
- *½ xícara (chá) de leite*
- *1 gema*
- *1 colher (sopa) de manteiga*
- *Sal e pimenta-do-reino*
- *100 g de queijo de coalho*

1 Prepare a receita de carne-seca desfiada e reserve.

2 Descasque a mandioca e corte-a em pedaços. Coloque para cozinhar em água fervente levemente salgada e cozinhe até que os pedaços estejam macios.

3 Escorra os pedaços de mandioca e passe pelo espremedor de batatas. Misture em uma panela com o leite e leve ao fogo, acrescentando a gema e a manteiga. Tempere com sal e pimenta-do-reino e misture. Se necessário, acrescente mais um pouco de leite.

4 Arrume a carne em um refratário, cubra com o purê e alise bem; salpique o queijo coalho ralado no ralo grosso e leve ao forno quente preaquecido por 10 minutos.

CARNE-SECA NO ESPETO

- *1 kg de carne-seca*
- *½ xícara (chá) de azeite*
- *Suco de 2 limões*
- *½ colher (café) de sal*
- *1 colher (sopa) de cheiro-verde*
- *3 pimentas-verdes amassadas ou pimenta-do-reino*

1 Deixe a carne-seca de molho em água, em recipiente tampado, na geladeira por, pelo menos 8 horas.

2 Seque a carne com pano de prato e coloque-a no espeto.

3 Asse até ficar tostada.

4 Enquanto assa, prepare o molho, misturando todos os ingredientes.

5 Coloque em uma molheira e sirva com a carne.

CARNE-SECA REFOGADA

- *500 g de carne-seca*
- *½ xícara (chá) de óleo*
- *2 cebolas cortadas em rodelas*
- *3 dentes de alho triturados*
- *1 xícara (chá) de água fervente*
- *1 xícara (chá) de tomates sem pele e sem sementes picados*
- *1 colher (sopa) de cheiro-verde picado*
- *1 pitada de pimenta-do-reino*
- *Sal*

1 Coloque a carne-seca de molho em água fria e leve à geladeira, em recipiente tampado, por 8 horas. Escorra bem a água e afervente a carne. Corte a carne em fatias e reserve.

2 Coloque o óleo em uma panela grande e refogue a cebola. Adicione as fatias de carne e frite-as bem.

3 Acrescente o alho e, logo que estiver dourado, junte a água fervente.

4 Tampe a panela e deixe cozinhar por 5 minutos.

5 Junte ao refogado os tomates, o cheiro-verde e a pimenta-do-reino e volte a refogar até que a carne fique macia.

6 Prove o sal.

PAÇOCA DE CARNE-SECA

- *500 g de carne-seca*
- *Óleo*
- *Farinha de mandioca ou de milho*

1 Repita o passo 1 da receita de *carne-seca refogada* (pág. 536), cortando a carne em pedaços bem pequenos. Frite em óleo bem quente.

2 Misture farinha de mandioca ou de milho e, em seguida, soque tudo muito bem em um pilão.

FAROFA DE CARNE-SECA

- *1 kg de carne-seca*
- *4 colheres (sopa) de manteiga*
- *1 cebola grande picada*
- *4 xícaras (chá) de farinha de mandioca torrada*
- *2 colheres (sopa) de cheiro-verde picado*
- *½ colher (café) de pimenta-do--reino*

1 Coloque a carne-seca de molho em água fria e leve à geladeira, em recipiente tampado, por 8 horas. Escorra bem a água, afervente a carne e desfie-a.

2 Leve a manteiga e a cebola ao fogo, mexa até fritar. Acrescente a carne-seca desfiada e frite bem.

3 Adicione a farinha de mandioca, o cheiro-verde e a pimenta-do-reino e misture bem.

4 Sirva acompanhando churrasco ou carnes assadas.

CARNE DE FUMEIRO OU CHARQUE

- *1 kg de coxão mole*
- *¼ de xícara (chá) de suco de limão*
- *Sal*
- *Óleo*
- *Alho em fatias*
- *Cebola em fatias*

1 Faça cortes superficiais ao longo de toda a carne e tempere-a com o suco de limão e o sal.

2 Deixe a carne descansar durante 24 horas nesse molho. Escorra e leve ao fumeiro (ou defumador para carnes) para realizar o processo de defumação e secagem.

3 Passados uns dias, pode prepará-la do seguinte modo: em uma frigideira, coloque óleo, alho em fatias, cebola também em fatias e, quando o óleo estiver bem quente, junte a carne.

4 Deixe fritar devagar, juntando aos poucos mais óleo.

5 Sirva com pedaços de limão e salsa picadinha.

VITELA

Para ser boa, a vitela deve ter de 6 semanas a 2 meses de idade e sua carne deve ser ligeiramente rosada e tenra. Essa carne é macia e úmida.

As melhores partes da vitela são as molejas, o fígado, as tripas, os rins, a perna redonda, o traseiro, a alcatra, as costeletas, o peito e o lombo. As molejas são a parte que fica embaixo da goela. São, segundo dizem, o pedaço mais apreciado pelos gourmets, embora outros prefiram as costeletas e outros, ainda, os rins.

VITELA TONNÉ

- *4 colheres (sopa) de óleo*
- *2 cebolas cortadas em rodelas*
- *2 dentes de alho cortados ao meio*
- *1 litro de vinho branco seco*
- *1 kg de lagarto de vitela limpo*
- *2 folhas de louro*
- *1 colher (chá) de sal*
- *½ colher (café) de pimenta-do--reino*
- *1 lata de atum*
- *4 filés de anchovas*
- *1 xícara (chá) de maionese*
- *2 pepinos em conserva fatiados*

1 Coloque o óleo, as cebolas e o alho em uma panela grande e leve-a ao fogo para que refoguem e fiquem macios.

2 Acrescente um pouco de vinho, mexa e tampe a panela, refogando por alguns minutos.

3 Coloque a carne na panela e vire-a de vez em quando, até ficar corada.

4 Junte um pouco mais de vinho, o louro, o sal e a pimenta -do-reino.

5 Tampe a panela e deixe cozinhar em fogo médio, acrescentando o vinho aos poucos.

6 Quando tiver evaporado todo o vinho, a carne estará macia: retire-a da panela e deixe-a esfriar. Reserve o molho que ficou na panela.

7 Corte a carne em fatias e reserve.

8 Bata no liquidificador o molho da carne reservado, o atum e as anchovas e triture. Acrescente a maionese e bata novamente, até que fique um molho espesso.

9 Arrume fatias de carne e espalhe o molho, em camadas alternadas, na travessa em que vai servir, de modo que a última camada seja de molho.

10 Guarneça a travessa e decore a gosto com as fatias de pepino em conserva.

11 Leve a travessa à geladeira por uma hora.

12 Sirva como entrada.

VITELA ASSADA

- *1 perna ou lombo de vitela*
- *Sal e pimenta-do-reino*
- *2 dentes de alho picados*
- *1 cebola picada*
- *2 colheres (sopa) de vinagre*
- *½ xícara (chá) de vinho branco*
- *1 ramo de alecrim*
- *2 ramos de salsa*
- *1 ramo de tomilho*
- *6 fatias de bacon*

1 Fure a carne com uma faca de cozinha e tempere-a com o sal, a pimenta-do-reino, o alho, a cebola, o vinagre, o vinho branco, o alecrim, a salsa e o tomilho.

2 Deixe a carne marinando por cerca de 2 horas.

3 Passado o tempo da marinada, disponha as fatias de bacon sobre a carne e leve ao forno quente preaquecido, em uma assadeira untada com óleo.

4 Despeje o molho por cima da carne, vire-a de vez em quando e regue com o molho que fica no fundo da assadeira.

5 Deixe a carne no forno até que fique corada de todos os lados e bem macia (o que se verifica espetando um garfo).

6 Desengordure o molho que ficou na assadeira e sirva a carne com ele.

Nota: *Para desengordurar o molho, leve-o, depois de frio, ao congelador por 20 minutos. A gordura ficará na parte de cima do molho, retire-a com uma colher.*

VITELA ASSADA COM CREME

- *1 litro de leite*
- *150 g de manteiga*
- *Sal, pimenta-do-reino e noz-moscada*
- *Salsa*
- *1 cebola em rodelas*
- *1 lombo de vitela lardeado*
- *Fatias de limão*
- *Fatias de cebola*

1 Ferva o leite com a manteiga, o sal, a pimenta-do-reino, a noz-moscada ralada, a salsa e a cebola.

2 Assim que o leite ferver, junte o lombo de vitela e deixe ferver de novo por algum tempo.

3 Quando a carne estiver quase cozida, retire a panela do fogo e deixe esfriar.

4 Coloque a vitela em uma assadeira. Cubra com as fatias de limão e de cebola. Unte com manteiga um pedaço grande de papel-alumínio e cubra a assadeira.

5 Leve ao forno quente preaquecido e deixe a carne corar.

6 Sirva com batatas passadas na manteiga.

VITELA DE CAÇAROLA

- *1 kg de vitela (alcatra ou lombo)*
- *Sal e pimenta-do-reino*
- *2 dentes de alho picados*
- *1 folha de louro*
- *2 colheres (sopa) de vinagre*
- *¼ de xícara (chá) de vinho branco*
- *4 colheres (sopa) de manteiga*
- *2 cebolas em rodelas*
- *4 tomates sem pele picados*
- *4 cenouras inteiras*
- *Água ou caldo*

1 Tempere a carne com o sal, a pimenta-do-reino, o alho, o louro, o vinagre e um pouco do vinho.

2 Deixe marinando por cerca de 3 horas. Retire a carne da marinada e reserve o molho. Coloque em uma caçarola com manteiga e leve ao fogo para refogar bem.

3 Junte o molho da marinada, a cebola, os tomates sem pele, as cenouras e a água.

4 Vire de vez em quando e vá pingando água até que fique bem macia.

5 Sirva com o próprio molho e as cenouras cortadas em pedaços.

COSTELETA DE VITELA À MILANESA

- *4 costeletas de vitela*
- *Sal, pimenta-do-reino e noz-moscada*
- *4 colheres (sopa) de manteiga*
- *2 colheres (sopa) de óleo*
- *2 ovos levemente batidos*
- *1 xícara (chá) de farinha de rosca*

1 Bata levemente as costeletas com um martelo de cozinha para que fiquem com espessura uniforme e alongada.

2 Tempere com sal, pimenta-do-reino e uma pitada de noz-moscada.

3 Aqueça em uma frigideira metade da quantidade de manteiga e metade da quantidade de óleo.

4 Passe as costeletas pelos ovos e em seguida empane-as na farinha de rosca, apertando bem com as mãos para que a farinha grude.

5 Frite duas costeletas até que estejam douradas dos dois lados. Elimine a manteiga utilizada na fritura e adicione a manteiga e o óleo restantes à frigideira. Frite as outras duas costeletas.

6 Sirva as costeletas acompanhadas de gomos de limão.

COSTELETA DE VITELA GRELHADA

- *6 costeletas de vitela*
- *Sal e pimenta-do-reino*
- *2 dentes de alho picados*
- *2 colheres (sopa) de suco de limão*
- *Manteiga*
- *Rodelas de limão*
- *Salsa picadinha*

1 Tempere as costeletas com o sal, a pimenta-do-reino, o alho, e o suco de limão.

2 Momentos antes de servir, passe-as, uma por uma, em manteiga derretida e leve-as para assar em uma grelha, na churrasqueira ou no grill, até que dourem dos dois lados.

3 Sirva, bem quentes, com rodelas de limão e salsa picadinha.

ESCALOPE DE VITELA AO MOLHO MADEIRA

- *600 g de vitela*
- *1 colher (chá) de sal*
- *½ colher (café) de pimenta-branca*
- *1 colher (sobremesa) de suco de limão*
- *4 colheres (sopa) de óleo*
- *1 colher (sopa) de manteiga*
- *1 cebola média ralada*
- *1 colher (chá) de farinha de trigo*
- *1 xícara (chá) de* caldo de carne *(pág. 227) fervente*
- *½ xícara (chá) de cogumelos fatiados*
- *½ xícara (chá) de vinho madeira*

1 Corte a vitela em 8 bifes.

2 Tempere com o sal, a pimenta-branca e o suco de limão.

3 Frite no óleo quente até ficarem dourados. Reserve.

4 Leve a manteiga e a cebola ao fogo. Polvilhe a farinha sobre elas, mexendo até que a cebola fique dourada.

5 Acrescente um pouco de caldo fervente e mexa bem, para dissolver a farinha. Junte todo o caldo e os bifes já fritos. Tampe a panela e deixe cozinhar, em fogo baixo, durante 15 minutos.

6 Adicione os cogumelos e o vinho madeira. Tampe a panela e deixe cozinhar, por mais 5 minutos, em fogo médio.

7 Sirva os escalopes acompanhados de purê de batata.

Nota: *O vinho madeira pode ser substituído por vinho branco seco.*

Carne Suína

Carne Suína

"A qualidade primacial de um cozinheiro é a exatidão. Deve ser também a do convidado."

BRILLAT-SAVARIN. TEXTO DA EDIÇÃO DE 1942 DE *DONA BENTA*.

CARNE SUÍNA

CORTES DO PORCO

1. cabeça
2. paleta
3. lombo/lombinho
4. pernil
5. barriga
6. perna dianteira

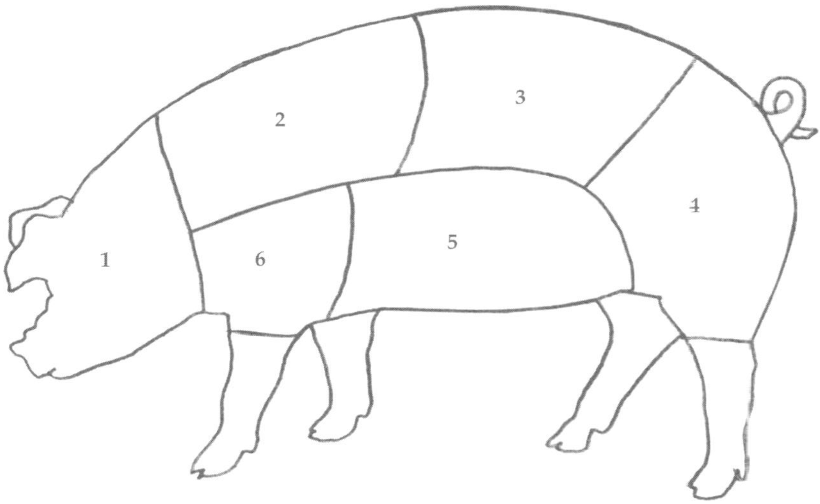

CARNE DE PORCO ASSADA

- *1 pedaço de carne de porco magra*
- *½ xícara (chá) de vinho branco*
- *½ xícara (chá) de vinagre*
- *2 colheres (sopa) de suco de limão*
- *Sal*
- *2 dentes de alho*
- *Salsa*
- *Cebolinha*
- *1 cebola picada finamente*
- *Pimenta-do-reino*
- *Óleo*

Farofa:

- *Farinha de mandioca*
- *Manteiga*
- *Ovos cozidos em pedaços*
- *Azeitonas picadas*

1 Fure a carne de porco com uma faca e tempere com o vinho branco, o vinagre, o suco de limão, o sal, o alho, a salsa, a cebolinha e a cebola.

2 Esfregue a carne com os temperos e regue com o molho que se formou.

3 Polvilhe a pimenta-do-reino e deixe marinando em recipiente tampado, na geladeira, por 12 horas.

4 No dia seguinte, leve a carne ao forno em uma assadeira funda com uma boa quantidade de óleo e todo o molho da marinada.

5 Enquanto assa, regue-a de vez em quando com o molho da assadeira.

6 Para preparar a farofa, em uma frigideira, derreta a manteiga, junte a farinha de mandioca, o ovo cozido e as azeitonas.

7 Sirva a carne fatiada acompanhada da farofa e de batatas cozidas passadas no molho que se formou na assadeira.

COSTELETA DE PORCO FRITA

- *8 costeletas de porco*
- *2 colheres (sopa) de suco de limão*
- *Sal e pimenta-do-reino*
- *2 dentes de alho*
- *2 colheres (sopa) de cheiro-verde picado*
- *Óleo*

Molho:

- *Suco de 2 limões*
- *Salsa picada*
- *½ cebola em rodelas*
- *Pimenta dedo-de-moça picada*
- *Sal*

1 Tempere as costeletas com o suco de limão, o sal, a pimenta-do-reino, o alho e o cheiro-verde. Deixe marinando pelo menos 1 hora.

2 Leve ao fogo uma frigideira com o óleo e, quando estiver quente, frite as costeletas de um lado e do outro, até ficarem bem douradas.

3 Misture todos os ingredientes do molho e sirva-o com a carne.

COSTELETA DE PORCO GRELHADA

- *8 costeletas de porco*
- *2 colheres (sopa) de suco de limão*
- *Sal e pimenta-do-reino*
- *2 dentes de alho*
- *2 colheres (sopa) de cheiro-verde picado*
- *Manteiga derretida*

1 Tempere as costeletas com o suco de limão, o sal, a pimenta-do-reino, o alho e o cheiro-verde. Deixe marinar por pelo menos, 1 hora.

2 Pincele as costeletas com a manteiga e coloque na churrasqueira ou grelha para que dourem de um lado e do outro.

3 Sirva com o *molho carioca* (pág. 469).

COSTELINHA DE PORCO AGRIDOCE

- *1 colher (sopa) de óleo*
- *1 cebola pequena picada*
- *½ xícara (chá) de açúcar mascavo*
- *½ xícara (chá) de vinagre*
- *2 colheres (sopa) de molho inglês*
- *1½ xícara (chá) de ketchup*
- *½ colher (chá) de cominho em pó*
- *1 colher (sopa) de páprica doce*
- *1 xícara (chá) de água*
- *Sal e pimenta-do-reino*
- *2 kg de costelinhas de porco*

1 Prepare o molho, refogando a cebola no óleo até estar bem macia. Acrescente o açúcar mascavo, misturando até dissolvê-lo, o vinagre e o molho inglês. Adicione o ketchup, o cominho e a páprica. Junte a água e cozinhe por 10 minutos ou até o molho engrossar. Tempere com o sal e a pimenta-do-reino, coe e reserve.

2 Coloque as costelinhas em uma assadeira untada com óleo e tempere com o sal e a pimenta-do-reino. Cubra com papel-alumínio e leve ao forno por 20 minutos. Retire as costelinhas do forno médio preaquecido, elimine o papel-alumínio e pincele com o molho, aumente a temperatura do forno e asse as costelinhas por mais 10 minutos, pincele novamente e asse por mais 10 minutos. Repita mais duas vezes essa operação. Sirva com mais molho à parte.

COSTELETA DE PORCO À MILANESA

- *8 costeletas de porco*
- *2 colheres (sopa) de suco de limão*
- *Sal e pimenta-do-reino*
- *2 dentes de alho*
- *2 colheres (sopa) de cheiro-verde picado*
- *Farinha de rosca*
- *2 ovos batidos*
- *Óleo*

1 Tempere as costeletas com o suco de limão, o sal, a pimenta-do-reino, o alho e o cheiro-verde e deixe marinar por, pelo menos, 1 hora.

2 Passe-as na farinha de rosca, depois, nos ovos e, novamente, na farinha de rosca. Frite em óleo quente.

3 Sirva com gomos de limão ou *molho tártaro* (pág. 479).

LOMBO À ALENTEJANA

- *1 kg de lombo de porco*
- *Sal e pimenta-do-reino*
- *2 dentes de alho espremidos*
- *Suco de 1 limão e de 1 laranja*
- *½ xícara (chá) de vinho branco seco*
- *3 colheres (sopa) de banha de porco*
- *1 colher (sopa) de extrato de tomate*

1 Tempere o lombo com o sal, a pimenta-do-reino, o alho, os sucos de limão e de laranja e o vinho. Deixe marinando por 2 horas.

2 Misture a banha com o extrato de tomate.

3 Retire o lombo do tempero e esfregue-o com a mistura de banha e tomate. Coloque em uma assadeira e acrescente o molho da marinada.

4 Asse em forno quente preaquecido, regando a carne, de vez em quando, com o próprio molho.

5 Depois de assado, corte o lombo em fatias e arrume em uma travessa, conservando-o quente.

6 Escorra o excesso de gordura do molho e adicione 1 xícara (chá) de água à assadeira. Coloque sobre a chama do fogão e ferva até que as partículas do assado se despreguem do fundo da assadeira. Coe, acerte o ponto do sal e coloque o molho em uma molheira.

7 Guarneça o lombo com *batata portuguesa* (pág. 292) maçãs assadas (inteiras e com a casca) e agrião.

Nota: *Se não tiver ou não quiser usar banha, use ¾ de xícara (chá) de manteiga ou óleo.*

LOMBO À BRASILEIRA

- *1 kg de lombo de porco*
- *1 cebola média picada*
- *2 dentes de alho picados*
- *1 colher (chá) de sal*
- *1 colher (café) de pimenta-do--reino*
- *2 folhas de louro*
- *4 colheres (sopa) de suco de limão*
- *½ xícara (chá) de tomate sem pele e sem sementes picado*
- *½ xícara (chá) de caldo de carne (pág. 227) ou água*
- *100 g de bacon fatiado*
- *Óleo*

1 Tempere o lombo com a cebola e o alho, o sal, a pimenta-do-reino, o louro e o suco de limão. Deixe marinando por 2 horas.

2 Coloque o lombo e todos os temperos em uma assadeira. Junte o tomate e o caldo de carne, espalhe as fatias de bacon por cima da carne e regue com o óleo.

3 Leve para assar em forno quente preaquecido e regue com o próprio molho de vez em quando.

4 Corte o lombo em fatias, arrume sobre uma travessa, guarneça com farofa e decore com gomos de limão.

LOMBO À FRANCESA

- *1 kg de lombo de porco*
- *2 cebolas médias picadas*
- *1 cenoura fatiada*
- *3 ramos de salsa amarrados*
- *Sal e pimenta-do-reino*
- *1 xícara (chá) de vinho branco seco*
- *4 colheres (sopa) de óleo*
- *2 colheres (sopa) de manteiga*
- *100 g de bacon cortado em fatias finas*
- *1 xícara (chá) de água*

1 Tempere o lombo com as cebolas, a cenoura, a salsa, o sal, a pimenta-do-reino e o vinho branco. Deixe marinando por 2 horas.

2 Coloque o lombo em uma assadeira e coloque sobre ele o molho da marinada, o óleo, a manteiga e o bacon.

3 Asse em forno quente, regando de vez em quando com o próprio molho, até ficar corado.

4 Retire da assadeira, deixe esfriar um pouco, corte em fatias de 1 cm de espessura e coloque em uma travessa. Reserve.

5 Com uma escumadeira, retire o excesso de gordura do molho que ficou na assadeira, acrescente a água e leve ao fogo para ferver até os temperos se desprenderem do fundo.

6 Verifique o tempero do molho e, se preciso, adicione uma pitada de sal.

7 Coloque o molho em uma molheira e sirva com o lombo.

LOMBO À MILANESA

- *500 g de lombo de porco*
- *Sal e pimenta-do-reino*
- *½ xícara (chá) de farinha de trigo*
- *½ xícara (chá) de farinha de rosca*
- *2 colheres (sopa) de água*
- *1 colher (sopa) de mostarda*
- *2 ovos*
- *Óleo*

1 Corte o lombo em fatias de 3 cm a 4 cm. Bata as fatias com o martelo de carne para fazer bifes com cerca de 20 cm de diâmetro. Tempere os bifes com o sal e a pimenta-do-reino.

2 Coloque a farinha de trigo em um prato e em outro coloque a farinha de rosca.

3 Coloque a água e a mostarda em um prato fundo e bata levemente para incorporar a mostarda. Adicione os ovos e bata levemente.

4 Passe cada bife de lombo pela farinha de trigo e retire o excesso. Passe pela mistura de ovos e em seguida pela farinha de rosca. Frite em uma frigideira com óleo quente. Doure um bife de cada vez.

5 Escorra em papel absorvente e sirva com gomos de limão e *molho tártaro* (pág. 479).

Nota: *O óleo não deve estar quente demais, pois o lombo deve cozinhar enquanto frita.*

LOMBO À MINEIRA

- *1 kg de lombo de porco*
- *1 cebola picada*
- *2 dentes de alho triturados*
- *Sal e pimenta-do-reino*
- *2 folhas de louro*
- *4 colheres (sopa) de suco de limão*
- *½ xícara (chá) de tomates sem pele e sem sementes picados*
- *1 xícara (chá) de* caldo de carne *(pág. 227)*
- *100 g de bacon fatiado*
- *¾ de xícara (chá) de óleo*

1 Tempere o lombo com a cebola, o alho, o sal, a pimenta-do-reino, o louro e o suco de limão. Deixe marinando 2 horas.

2 Coloque o lombo e todos os temperos em uma assadeira.

3 Junte o tomate e metade da quantidade do caldo de carne na assadeira e coloque as fatias de bacon por cima da carne.

4 Regue com o óleo.

5 Leve para assar em forno quente preaquecido, regando com o próprio molho de vez em quando.

6 Corte o lombo em fatias, coloque em uma travessa e conserve quente.

7 Com uma escumadeira, retire o excesso de gordura do molho.

8 Junte ao molho que ficou na assadeira o caldo de carne restante e leve ao fogo para que os temperos se desprendam do fundo. Está pronto o molho, que é conhecido como molho ferrugem.

9 Espalhe o molho ferrugem sobre o lombo e sirva-o com *tutu de feijão* (pág. 371), *couve à mineira* (pág. 316), torresmo, ovos cozidos cortados em quatro e linguiça frita.

Nota: *Se quiser um molho mais fluido, coe o molho ferrugem e sirva-o na molheira.*

LOMBO DE PANELA

- *1 kg de lombo de porco*
- *1 cebola média picada*
- *3 dentes de alho amassados*
- *1 maço de cheiro-verde amarrado*
- *1 folha de louro*
- *1 colher (chá) de colorau*
- *1 colher (chá) de molho de pimenta*
- *2 xícaras (chá) de vinho branco seco*
- *Sal*
- *1 xícara (chá) de óleo*
- *½ xícara (chá) de água*

1 Tempere o lombo com a cebola, o alho, o cheiro-verde, o louro, o colorau, o molho de pimenta, o vinho e o sal. Deixe marinando por 2 horas.

2 Retire o lombo dos temperos e reserve o molho da marinada. Em uma panela funda, esquente bem o óleo e core o lombo, virando-o para que tome cor por igual.

3 Acrescente o molho reservado. Tampe a panela e deixe cozinhar em fogo médio, mexendo e virando-o de vez em quando. O lombo deverá ficar bem corado e o molho, espesso.

4 Depois de pronto, corte o lombo em fatias, coloque em uma travessa e mantenha aquecido.

5 Com uma escumadeira, retire o excesso de gordura do molho que ficou na panela, elimine o cheiro-verde e a folha de louro.

6 Adicione a água e leve ao fogo para ferver até que todos os temperos se desprendam do fundo. O molho ficará com cor de ferrugem.

7 Coloque o molho obtido sobre o lombo ou, se preferir, coe-o e sirva em uma molheira.

8 Sirva o lombo com batatas coradas, arroz e farofa.

LOMBO COM ABACAXI

- *2 kg de lombo de porco*
- *1 colher (sopa) de sal*
- *4 dentes de alho amassados*
- *½ colher (café) de pimenta-branca*
- *2 xícaras (chá) de vinho branco seco*
- *1½ xícara (chá) de óleo*
- *1 abacaxi tipo pérola (maduro)*

1 Tempere o lombo com o sal, o alho, a pimenta branca e o vinho. Deixe marinar por 2 horas, virando de vez em quando.

2 Coloque o lombo em uma assadeira, regue com o óleo e o molho da marinada e leve ao forno quente preaquecido. Regue de vez em quando com o molho da assadeira.

3 Asse por 1 hora, vire o lombo e asse por mais 30 minutos, a fim de que fique dourado por igual.

4 Retire do forno, espere esfriar e corte o lombo em fatias de 1 cm de espessura.

5 Descasque o abacaxi e corte-o em rodelas também de 1 cm de espessura; corte-as ao meio e apare as bordas de modo que fiquem com o tamanho das fatias de lombo.

6 Em uma travessa, arrume as fatias de lombo e abacaxi, intercalando-as. Com uma escumadeira, retire a gordura do molho que ficou na assadeira e regue o lombo.

LOMBO AGRIDOCE

- *400 g de lombo de porco*
- *Sal e pimenta-do-reino*
- *2 pimentões verdes*
- *2 fatias de abacaxi*
- *1 cebola grande*
- *2 ovos*
- *2 xícaras (chá) de óleo*
- *1 xícara (chá) de farinha de trigo*
- *¾ de xícara (chá) de açúcar*
- *⅓ de xícara (chá) de vinagre*
- *3 colheres (sopa) de molho de soja*
- *1 colher (sopa) de extrato de tomate*
- *1½ colher (sopa) de amido de milho*
- *1 xícara (chá) de água*
- *Óleo*

1 Corte o lombo em fatias de 1 cm e corte as fatias em quadrados de 3 cm. Tempere com o sal e a pimenta-do--reino. Reserve.

2 Corte os pimentões em cubos de 3 cm. Faça o mesmo com as fatias de abacaxi e a cebola. Aqueça o óleo em uma panela. Bata ligeiramente os ovos, passe os cubos de lombo pelos ovos e depois pela farinha de trigo. Retire o excesso e doure aos poucos no óleo quente. Escorra em papel absorvente.

3 Para fazer o molho agridoce, em uma panela pequena, coloque o açúcar, o vinagre e o molho de soja. Leve ao fogo baixo até que o açúcar dissolva e acrescente o extrato de tomate. Dissolva o amido de milho na água fria e acrescente à panela, ferva por 30 segundos e reserve.

4 Em uma panela grande, coloque 4 colheres (sopa) do mesmo óleo em que fritou os pedaços de lombo. Aqueça e acrescente os cubos de cebola e de pimentão – refogue rapidamente em fogo alto. Coloque os cubos de abacaxi e os pedaços de lombo, misture bem e regue com o molho agridoce. Cozinhe em fogo baixo por 2 minutos.

5 Sirva com arroz branco.

LOMBO DE PORCO À PAULISTA

- *1 lombo de porco bem magro*
- *2 dentes de alho picados*
- *1 cebola grande picada*
- *Suco de 1 limão*
- *Sal e pimenta-do-reino*
- *Fatias de toucinho*

1 Tempere o lombo com o alho, a cebola, o limão, o sal e a pimenta-do-reino. Deixe marinando por 2 horas.

2 Em seguida, coloque o lombo em uma assadeira e cubra-o com fatias de toucinho.

3 Leve ao forno para assar até ficar bem corado.

4 Sirva com gomos de limão e uma farofa de farinha de mandioca feita com manteiga.

LOMBO À TOSCANA

Lombo:

- *1 kg de lombo de porco*
- *1 xícara (chá) de vinho branco seco*
- *1 colher (sobremesa) de sal*
- *1 cebola média picada*
- *2 dentes de alho picados*
- *1 folha de louro*
- *1 galho de alecrim*
- *1 colher (chá) de pimenta-do--reino em grão*
- *1 colher (chá) de colorau*
- *1 xícara (chá) de óleo*
- *1 xícara (chá) de água*

Molho à toscana:

- *1 xícara (chá) de gordura de assado ou óleo*
- *2 cebolas médias cortadas em rodelas*
- *3 dentes de alho cortados em fatias*
- *1 cenoura pequena ralada no ralo grosso*
- *1 colher (café) de páprica*
- *1 xícara (chá) de molho do assado ainda quente*
- *2 colheres (sopa) de extrato de tomate*
- *1 colher (sopa) de azeitonas pretas picadas*
- *1 colher (sopa) de alcaparras picadas*

1 Tempere o lombo com o vinho, o sal, a cebola, o alho, o louro, o alecrim, a pimenta-do-reino e o colorau.

2 Deixe marinando por 2 horas, virando-o de vez em quando para tomar gosto por igual. (Pode-se também marinar de véspera na geladeira.)

3 Coloque o lombo em uma assadeira, regue com o molho da marinada e com o óleo e asse em forno quente preaquecido, regando-o de vez em quando com o molho da assadeira.

4 Depois de assado, deixe o lombo esfriar um pouco, corte-o em fatias e reserve.

5 Com uma escumadeira, retire o excesso de gordura da assadeira e reserve essa gordura.

6 Adicione a água à assadeira e leve-a ao fogo para ferver até que os temperos se desprendam do fundo, obtendo assim o molho do assado, que também será reservado.

7 Prepare o molho à toscana do seguinte modo: coloque a gordura do assado, as cebolas, o alho e a cenoura em uma panela e leve ao fogo, mexendo de vez em quando. Refogue por 3 ou 4 minutos e polvilhe a páprica. Acrescente o molho do assado, o extrato de tomate, as azeitonas e as alcaparras. Tampe a panela e deixe ferver por cerca de 3 minutos, em fogo baixo.

8 Em uma travessa, em camadas alternadas, arrume as fatias de lombo e o molho à toscana. Sirva com *batata assada* (pág. 289) e brócolis ao alho e óleo.

Lombo Recheado à Florentina

- *1 kg de lombo de porco*
- *2 cebolas médias*
- *1 cenoura cortada em rodelas finas*
- *3 galhos de salsa amarrados*
- *1 colher (sobremesa) de sal*
- *1 colher (café) de pimenta-branca*
- *1 xícara (chá) de vinho branco seco*
- *1 xícara (chá) de espinafre cozido picadinho*
- *3 ovos (pequenos) cozidos inteiros e descascados*
- *4 colheres (sopa) de óleo*
- *2 colheres (sopa) de manteiga derretida*
- *100 g de bacon cortado em fatias finas*
- *1 xícara (chá) de água*

1 Tempere o lombo com as cebolas, a cenoura, a salsa, o sal, a pimenta-branca e o vinho branco. Deixe marinando por 2 horas.

2 Retire o lombo do tempero, reserve o molho da marinada, e corte-o ao meio, no sentido do comprimento, até quase o fim, de modo que as metades fiquem ligadas em uma das extremidades.

3 Faça mais dois cortes (um de cada lado do lombo), também no sentido do comprimento; espalhe neles o espinafre e os ovos.

4 Feche o lombo, prendendo as extremidades com palitos.

5 Trance um barbante de algodão entre os palitos e amarre as pontas firmemente. Coloque em uma assadeira.

6 Regue o lombo com o molho da marinada, o óleo, a manteiga e arrume as fatias de bacon sobre ele.

7 Asse o lombo em forno quente preaquecido, regando de vez em quando com o molho da assadeira, até ficar corado.

8 Depois de assado, deixe o lombo esfriar um pouco, retire o barbante e os palitos, corte-o em fatias de 1 cm de espessura e arrume-o em uma travessa. Reserve.

9 Com uma escumadeira, retire o excesso de gordura do molho que ficou na assadeira, acrescente a água e leve ao fogo para ferver até que os temperos se soltem do fundo da assadeira.

10 Verifique o tempero e, se preciso, adicione mais sal.

11 Coloque o molho em uma molheira e sirva o lombo com *batata palha* (pág. 291) e *arroz com amêndoa* (pág. 347).

LOMBO RECHEADO À FRANCESA

- *1 kg de lombo de porco*
- *2 cebolas médias cortadas em rodelas finas*
- *1 cenoura cortada em rodelas finas*
- *3 galhos de salsa amarrados*
- *1 colher (sobremesa) de sal*
- *1 colher (café) de pimenta-branca*
- *1 xícara (chá) de vinho branco seco*
- *1 maçã grande descascada e picada*
- *½ xícara (chá) de ameixas-pretas picadas*
- *4 colheres (sopa) de óleo*
- *2 colheres (sopa) de manteiga derretida*
- *100 g de bacon cortado em fatias finas*
- *1 xícara (chá) de água*

1 Tempere o lombo com a cebola, a cenoura, a salsa, o sal, a pimenta-branca e o vinho branco. Deixe marinando por 2 horas.

2 Retire o lombo do tempero, reserve o molho da marinada, e corte-o ao meio, no sentido do comprimento de até quase o fim, modo que as metades fiquem ligadas.

3 Faça mais dois cortes (um de cada lado do lombo), também no sentido do comprimento; espalhe neles a maçã e as ameixas previamente misturadas.

4 Feche o lombo, prendendo as extremidades com palitos.

5 Trance um barbante de algodão entre os palitos e amarre as pontas com dois nós firmes. Coloque em uma assadeira.

6 Regue o lombo com o molho da marinada, o óleo, a manteiga e arrume as fatias de bacon sobre ele.

7 Asse em forno quente preaquecido, regando-o de vez em quando com o molho da assadeira, até ficar corado.

8 Depois de assado, deixe o lombo esfriar um pouco, retire o barbante e os palitos, corte-o em fatias de 1 cm de espessura e coloque em uma travessa. Reserve.

9 Com uma escumadeira, retire o excesso de gordura do molho, acrescente a água ao molho que ficou na assadeira e leve ao bico do gás para ferver até os temperos se desprenderem do fundo.

10 Verifique o tempero e, se necessário, acrescente mais sal.

11 Coloque o molho em uma molheira.

12 Sirva com *batata palha* (pág. 291) ou *arroz com amêndoa* (pág. 347).

Nota: Se quiser, pode temperar o lombo de véspera e deixá-lo na geladeira.

CONSERVA DE LOMBO DE PORCO

- *1 lombo de porco*
- *4 colheres (sopa) de suco de limão*
- *1 cebola média picada*
- *2 dentes de alho picados*
- *¼ de xícara (chá) de azeite*
- *¼ de xícara (chá) de vinagre*
- *Sal e pimenta-do-reino*
- *Banha derretida*

1 Misture o limão, a cebola, o alho, o azeite e o vinagre. Tempere o lombo com bastante sal e pimenta-do-reino. Cubra com a marinada e leve à geladeira por 24 horas.

2 Retire o lombo da marinada e leve para assar em forno quente preaquecido até corar bem.

3 Depois de bem corado, mergulhe o lombo na banha derretida e deixe-o ali por até 90 dias.

4 Para servir, basta tirá-lo da banha derretida e levá-lo de novo ao forno.

PERNIL ASSADO

- *1 pernil de 4 kg*

Marinada:

- *2 xícaras (chá) de vinho branco seco*
- *1 xícara (chá) de vinagre branco*
- *1 colher (sopa) de pimenta-do--reino em grãos*
- *4 dentes de alho amassados*
- *2 folhas de louro*
- *1 colher (sopa) de sal*

Assado:

- *3 pimentões vermelhos*
- *3 pimentões verdes*
- *6 tomates sem pele*
- *2 cebolas grandes*
- *1 folha de louro*
- *1 ramo de cheiro-verde*
- *1 colher (sobremesa) de colorau*
- *1 colher (chá) de pimenta-branca*
- *1 colher (chá) de sal*
- *1 xícara (chá) de óleo*
- *2 xícaras (chá) da marinada*

1 Misture todos os ingredientes da marinada, coloque em uma travessa. Com uma faca, fure a carne do pernil em vários locais e banhe-o nessa marinada. Deixe marinando na geladeira, em recipiente tampado, por 24 horas.

2 Em uma assadeira, misture os pimentões, os tomates, as cebolas, o louro e o cheiro-verde, tudo grosseiramente picado.

3 Sobre essa mistura coloque o pernil e besunte-o com um molho feito com o colorau, a pimenta-branca, o sal e 2 colheres (sopa) de óleo. Despeje na assadeira as 2 xícaras (chá) da marinada.

4 Leve o pernil para assar, coberto com papel-alumínio em toda a extensão da assadeira, para que a carne cozinhe com o vapor, principalmente a que fica junto do osso.

5 Uma hora depois, retire o papel-alumínio e deixe assar durante 3 horas, regando a carne, de vez em quando, com o próprio molho. Se o molho secar, acrescente o restante da marinada.

6 Quando o pernil estiver assado, retire-o da assadeira e escorra o molho que se formou na assadeira para um recipiente refratário.

7 Fatie e sirva com o molho.

Linguiça Comum

- *1 kg de carne de porco meio gorda*
- *500 g de carne bovina (alcatra)*
- *2 colheres (sopa) de suco de limão*
- *250 ml de vinho branco seco ou um pouco de vinagre*
- *Sal e pimenta-do-reino*
- *2 dentes de alho*
- *1 cebola cortada em rodelas grossas*
- *2 galhos de salsa*
- *Cebolinha*
- *1 folha de louro*
- *Tripas*

1 Com uma faca, fure as duas peças de carne e coloque em um recipiente com tampa. Tempere-os bem com o suco de limão, o vinho branco, o sal, a pimenta-do-reino, o alho, a cebola, a salsa, a cebolinha e o louro, de modo que fiquem cobertos por esse molho.

2 Deixe as carnes marinando na geladeira por 24 horas, virando-as de vez em quando para que tomem bem o gosto dos temperos.

3 No dia seguinte, retire as carnes do molho e moa-as ou pique em pedaços bem miúdos. Encha as tripas, furando-as em intervalos regulares com um garfo. Amarre as pontas e pendure as linguiças sobre o fumeiro ou conserve na geladeira.

Linguiça Picante

- *1 kg de carne de porco meio gorda*
- *Sal e pimenta-do-reino*
- *2 dentes de alho amassados*
- *Pimenta calabresa seca*
- *4 colheres (sopa) de vinho branco seco*
- *Tripas*

1 Moa ou pique a carne em pedaços bem pequenos. Coloque em um recipiente com tampa e tempere com o sal, o alho, a pimenta calabresa e a pimenta-do-reino. Regue com o vinho branco seco. Tampe o recipiente e leve à geladeira para marinar por 24 horas.

2 No dia seguinte, encha as tripas com a carne moída temperada, usando o funil especial. Fure as tripas em intervalos regulares com um garfo e amarre as extremidades; pendure as linguiças sobre o fumeiro ou conserve na geladeira.

LINGUIÇA DE LOMBO

- *1,5 kg de lombo de porco*
- *2 colheres (sopa) de suco de limão*
- *250 ml de vinho branco ou um pouco de bom vinagre*
- *Sal e pimenta-do-reino*
- *2 dentes de alho picados*
- *1 cebola cortada em rodelas grossas*
- *Galhos de salsa*
- *Cebolinha*
- *1 folha de louro*
- *150 g de toucinho picado*
- *Tripas*

1 Com uma faca, fure a carne em vários locais. Coloque em um recipiente com tampa e tempere com o suco de limão, o vinho branco, o sal, a pimenta-do-reino, o alho, a cebola, a salsa, a cebolinha e o louro, de modo que a carne fique coberta por esse molho. Tampe o recipiente e leve para marinar na geladeira por 24 horas. Vire a carne de vez em quando para que tome bem o gosto dos temperos.

2 No dia seguinte, retire o lombo da marinada e moa-o ou pique em pedaços bem pequenos. Misture o lombo moído com pedaços de toucinho e, com essa mistura, encha as tripas. Fure as tripas em intervalos regulares, com um garfo, e amarre as extremidades; pendure as linguiças sobre o fumeiro ou conserve na geladeira.

LEITÃO ASSADO

- *1 leitão (ou leitoa)*
- *1 maço de cheiro-verde*
- *Sal*
- *4 dentes de alho amassados*
- *Pimenta-verde (opcional)*
- *¼ de xícara (chá) de suco de limão*
- *2 colheres (sopa) de vinagre*
- *Pimenta-do-reino*

1 Divida o leitão ao meio ou em quartos, lave bem com água fria e seque com um pano. Com uma faca, fure a carne em vários lugares.

2 Esfregue toda a carne com o cheiro-verde e, depois, com o alho misturado ao sal e à pimenta-verde. Regue com o suco de limão e o vinagre. Polvilhe a pimenta-do-reino. Coloque em um recipiente tampado e leve para marinar na geladeira por 12 horas, virando de vez em quando.

3 No dia seguinte, asse o leitão em forno baixo preaquecido até cozinhar bem, regando-o com o molho. Aumente depois o fogo para corar. (Querendo que o couro fique pururuca, esquente um pouco de óleo em uma frigideira no fogo e jogue-o, com cuidado, sobre a pele do leitão.)

4 Sirva com *tutu de feijão* (pág. 371).

Tênder Gostoso

- *1 tênder de 3 kg*
- *4 colheres (sopa) de mostarda*
- *2 latas de pêssego em calda*
- *2 latas de abacaxi em calda*
- *180 g de glucose de milho*
- *1 cálice de conhaque*
- *Cravos-da-índia*
- *Pimenta-do-reino em grãos*
- *6 maçãs verdes descascadas e cortadas em fatias*
- *100 g de ameixas-pretas sem caroço*

1 Com uma faca afiada, faça cortes em toda a superfície do tênder em forma de losangos.

2 Besunte o tênder com bastante mostarda.

3 Em uma tigela, misture as caldas do pêssego e do abacaxi, a glucose de milho e o conhaque e reserve.

4 Espete os cravos e os grãos de pimenta nos cruzamentos dos losangos cortados no tênder.

5 Espalhe a mistura de caldas reservada sobre o tênder.

6 Deixe o tender marinando por cerca de 2 horas, virando de vez em quando.

7 Leve ao forno quente e, de vez em quando, regue com a calda.

8 Quando estiver corado, retire-o da assadeira e leve de volta ao forno o molho que ficou nela, deixando apurar bem, até quase caramelizar. Coloque então o abacaxi e a maçã na assadeira e leve de volta ao forno até que fiquem assados.

9 Quando o tênder estiver frio, corte-o em fatias e enfeite com as frutas que foram ao forno e com os pêssegos e as ameixas.

10 Sirva com farofa.

TÊNDER À CALIFÓRNIA

- *1 tênder de 3 kg*
- *Cravos-da-índia*
- *125 ml de suco ou calda de abacaxi*
- *125 ml de suco de laranja*
- *100 g de manteiga*
- *2 latas de pêssego em calda*
- *2 latas de abacaxi em calda*
- *½ lata de ameixa-preta em calda*
- *½ lata de figo em calda*
- *1 vidro (pequeno) de cereja em calda*

1 Faça cortes superficiais de 2,5 cm na parte superior do tênder formando losangos e espete um cravo-da-índia em cada losango.

2 Coloque o tênder em uma assadeira untada com manteiga ou óleo.

3 Regue-o com o suco ou calda de abacaxi e o suco de laranja. Espalhe a manteiga, em pedacinhos, sobre ele.

4 Asse o tênder, durante 1 hora, em forno médio preaquecido, ou até ficar corado.

5 Coloque o tênder na travessa de servir e decore com as frutas em calda previamente escorridas.

TÊNDER À PAULISTA

- *1 tênder de 3 kg*
- *125 ml de suco de laranja*
- *125 ml de refrigerante de guaraná*
- *150 g de manteiga*
- *½ xícara (chá) de açúcar*
- *½ xícara (chá) de farinha de rosca*

1 Faça cortes superficiais de 2 cm na parte superior do tênder, formando losangos.

2 Coloque o tênder em uma assadeira untada e regue-o com o suco de laranja e com o guaraná.

3 Espalhe metade da quantidade de manteiga sobre o tênder e coloque o restante na assadeira.

4 Asse o tênder, em forno quente preaquecido, durante 40 minutos, regando-o de vez em quando com o molho da assadeira.

5 Retire a assadeira do forno e polvilhe o tênder com o açúcar e a farinha de rosca misturados.

6 Leve novamente ao forno por mais 20 minutos ou até ficar com a crosta dourada.

7 Sirva com farofa doce ou salgada.

Tênder à Virgínia

- *1 tênder de 3 kg*
- *1 xícara (chá) de açúcar mascavo*
- *24 cravos-da-índia*
- *200 g de manteiga*
- *2 latas de abacaxi em calda*
- *3 laranjas (tipo pera) descascadas e cortadas em fatias*
- *1 vidro (pequeno) de cereja em calda*

1 Faça cortes superficiais de 2 cm na parte superior do tênder formando losangos.

2 Salpique o açúcar mascavo e espete um cravo em cada losango.

3 Coloque o tênder, cuidadosamente, em uma assadeira previamente untada. Espalhe metade da quantidade de manteiga em pedacinhos sobre ele e coloque o restante dentro da assadeira.

4 Leve ao forno quente preaquecido por 30 minutos ou até o tênder ficar bem corado.

5 Arrume-o na travessa de servir e decore com as fatias de laranja e de abacaxi em calda e as cerejas, previamente escorridas.

6 Guarneça com as fatias de laranja e de abacaxi em calda, previamente escorridas, e decore com as cerejas.

Sarapatel

- *Miúdos de porco (coração, fígado, rim, bucho e tripas)*
- *Sal, suco de limão e fubá*
- *4 colheres (sopa) de óleo*
- *2 dentes de alho picados*
- *1 cebola grande picada*
- *Salsa e cebolinha picadas*
- *Pimenta-verde ou pimenta-do-reino*

1 Lave os miúdos do leitão muito bem. (O bucho e as tripas devem ser virados antes de lavar.) Para lavá-los, use o sal, o limão e um pouco do fubá, esfregando tudo muito bem.

2 Cozinhe todos os miúdos juntos com água levemente salgada.

3 Pique tudo bem miúdo e refogue em uma panela com o óleo, o alho e a cebola picada. Tempere com sal.

4 Depois de bem refogado, tampe a panela e vá pingando água até cozinhar bem.

5 Tempere com pimenta-verde ou pimenta-do-reino e deixe mais um pouco no fogo.

6 Pouco antes de servir, acrescente a salsa e a cebolinha.

7 Sirva com *angu de fubá* (pág. 379).

Outras Carnes

Outras Carnes

Cabrito, carneiro e cordeiro, coelho

Cabrito

Carneiro e Cordeiro

Coelho

CABRITO ASSADO NO FORNO

- *1 cabrito novo com 3 a 4 kg*
- *2 colheres (sopa) de sal*
- *6 dentes de alho amassados*
- *3 colheres (sopa) de cebolinha picada*
- *4 colheres (sopa) de salsa picada*
- *1 colher (sopa) de orégano*
- *200 g de toucinho ou bacon*
- *1 xícara (chá) de vinagre*
- *Pimenta-do-reino*
- *Óleo*
- *12 fatias de bacon*

1 Corte o cabrito em quartos.

2 Prepare o tempero, misturando o sal, o alho, a cebolinha, a salsa e o orégano.

3 Fure a carne do cabrito em diversos pontos com uma faca de ponta e esfregue-a bem com os temperos.

4 Coloque pedacinhos de toucinho fresco nos furos que fez com a ponta da faca.

5 Regue a carne com o vinagre, polvilhe a pimenta-do-reino e deixe marinando em recipiente tampado, na geladeira, por 24 horas.

6 No dia seguinte, coloque o cabrito em uma assadeira untada com óleo, distribua fatias de bacon, cubra com papel-alumínio e leve para assar em forno quente preaquecido. Retire o papel para dourar e regue de vez em quando com o próprio molho.

7 Sirva com brócolis e *batatas sauté* (pág. 293)

CABRITO ENSOPADO

- *500 g de* cabrito assado no forno *(pág. 565)*
- *4 colheres (sopa) de óleo*
- *2 cebolas em rodelas ou picadas*
- *Sal e pimenta-do-reino*
- *1 dente de alho*
- *4 tomates sem pele picados*
- *Cebolinha picada*
- *Salsa picada*
- *Orégano*

1 Corte o cabrito assado no forno em pedaços pequenos.

2 Leve uma panela ao fogo com o óleo e refogue o cabrito até dourar.

3 Retire um pouco do óleo; junte as cebolas, o sal, a pimenta-do-reino e o alho; refogue mais um pouco, mexendo bem, e coloque os tomates. Adicione um pouco de água quente e tampe a panela, para cozinhar.

4 Vá pingando água à medida que for preciso. Quando os tomates estiverem desmanchados, junte a cebolinha, a salsa e o orégano.

5 Acerte o sal e a pimenta-do-reino. Sirva com *polenta básica* (pág. 381).

CABRITO À BRAGANTINA

- *1 cabrito com os miúdos (coração e fígado)*
- *4 colheres (sopa) de azeite*
- *4 colheres (sopa) de manteiga*
- *½ colher (sopa) de pimenta-do--reino*
- *2 colheres (sopa) de colorau*
- *Sal*
- *6 limões fatiados*
- *6 a 8 batatas cozidas e cortadas em cubos*
- *4 ovos cozidos picados*
- *½ xícara (chá) de salsa picada*
- *1 cebola grande picada*
- *24 azeitonas sem caroço*

1 Unte o cabrito inteiro com uma mistura de azeite, manteiga, pimenta-do-reino, colorau e sal.

2 Cubra-o com as fatias de limão e deixe marinando em recipiente tampado por 6 a 12 horas na geladeira.

3 Para o recheio, corte os miúdos (coração e fígado) em pedaços pequenos e refogue-os na manteiga com a cebola. Tempere com sal e pimenta-do-reino.

4 Acrescente ao refogado do recheio as batatas, os ovos, a salsa e as azeitonas e deixe refogar mais um pouco. Acerte os temperos.

5 Pronto o refogado, recheie o cabrito.

6 Costure a abertura e leve para assar em uma assadeira até que a carne esteja bem macia.

CALDEIRADA DE CABRITO

- *3 cebolas cortadas em rodelas*
- *1 dente de alho amassado*
- *Sal e pimenta-do-reino*
- *1 pitada de cravo em pó*
- *Óleo ou azeite*
- *Fatias de toucinho*
- *1 cabrito cortado em pedaços pequenos*
- *4 xícaras (chá) de água*
- *2 xícaras (chá) de arroz*

1 Em uma panela, coloque a cebola, o alho, o sal, a pimenta-do-reino, o cravo, o óleo e o toucinho.

2 Refogue e, quando a cebola estiver dourada, adicione os pedaços de cabrito. Deixe refogar bem.

3 Quando o cabrito estiver dourado, retire os pedaços, junte a água e leve a panela novamente ao fogo com o arroz.

4 Assim que a água secar e o arroz estiver cozido, junte os pedaços de cabrito misture bem, e deixe ficar bem enxuto.

CARNEIRO COM BATATA

- *1 kg de carne de carneiro (espádua ou peito)*
- *¼ de xícara (chá) de suco de limão*
- *Sal*
- *2 cebolas em rodelas*
- *4 grãos de pimenta-do-reino*
- *1 pitada de noz-moscada*
- *Óleo ou azeite ou manteiga*
- *2 dentes de alho picados*
- *2 colheres (sopa) de salsa picada*
- *2 colheres (sopa) de vinho branco*
- *Água*
- *Batatas descascadas e cortadas em 4*

1 Corte a carne de carneiro em pedaços pequenos.

2 Tempere com o suco de limão, o sal, as cebolas, a pimenta-do-reino e a noz-moscada. Deixe marinando por cerca de 2 horas. Não descarte a marinada.

3 Em seguida, refogue os pedaços de carne, em uma panela, com o óleo, o alho e a salsa.

4 Junte o molho da marinada, o vinho branco, um pouco de água e algumas batatas descascadas e cortadas em quatro e deixe cozinhar em fogo baixo, com a panela tampada.

5 Quando estiverem cozidas as batatas, destampe a panela para que o molho engrosse.

COSTELETA DE CORDEIRO DUQUESA

- *12 costeletas de cordeiro*
- *Sal e pimenta-do-reino*
- *Noz-moscada*
- *2 colheres (sopa) de manteiga*
- *1 receita de* purê de batata *(pág. 298)*
- *1 colher (sopa) de queijo ralado*
- *1 colher (sopa) de manteiga*
- *½ xícara (chá) de leite*
- *2 gemas*
- *1 clara*
- *1 ovo batido*
- *Farinha de rosca*
- *Óleo*

1 Lave as costeletas, retire as peles e raspe a ponta dos ossos. Tempere com o sal, a pimenta-do-reino e a noz-moscada.

2 Em uma frigideira grande e funda, derreta a manteiga e frite ligeiramente as costeletas.

3 Prepare o purê de batata e misture nele o queijo ralado, a manteiga, o leite, as gemas, a clara e tempere com sal.

4 Envolva as costeletas nessa mistura de purê e passe-as, uma por uma, no ovo batido e na farinha de rosca. Frite em óleo quente.

COSTELETA DE CARNEIRO MILANESA

- *8 costeletas de carneiro*
- *Sal*
- *Suco de limão*
- *Farinha de trigo*
- *2 ovos batidos*
- *Farinha de rosca*
- *Óleo*

1 Retire as peles que ficam junto ao osso das costeletas.

2 Bata as costeletas com um batedor ou com as costas de uma faca, achatando-as bem, e tempere com o sal e o suco de limão. Deixe marinando nesse tempero por 30 minutos.

3 Retire as costeletas do tempero, enxugue-as com um pano e passe na farinha de trigo, depois, nos ovos batidos e na farinha de rosca.

4 Frite em óleo quente até que fiquem bem douradas.

5 Sirva com gomos de limão e *molho de hortelã* (pág. 471).

COSTELETA DE CORDEIRO EMPANADA

- *16 costeletas de cordeiro*
- *Sal e pimenta-do-reino*
- *Cheiro-verde*
- *1 colher (sopa) de alecrim picado*
- *1 colher (sopa) de salsa picada*
- *½ xícara (chá) de manteiga*
- *1 xícara (chá) de farinha de rosca*
- *½ xícara (chá) de queijo ralado*
- *2 ovos*
- *Óleo*

1 Retire a gordura das costeletas, de modo que fiquem bem redondas, e tempere-as com o sal, a pimenta-do-reino, o cheiro-verde, o alecrim e a salsa.

2 Passe-as na manteiga derretida e, em seguida, na farinha de rosca misturada com o queijo ralado.

3 Bata os ovos levemente e passe neles as costeletas.

4 Passe-as, de novo, uma a uma, na farinha de rosca com o queijo ralado, e torne a passá-las na manteiga derretida.

5 Doure as costeletas em óleo quente, escorra e sirva com gomos de limão e *batatas sauté* (pág. 293).

COSTELETA DE CARNEIRO GRELHADA

- *12 costeletas de carneiro*
- *Sal e pimenta-do-reino*
- *Azeite*

1 Bata as costeletas com uma faca e apare-as para que fiquem bem redondas.

2 Tempere com o sal e a pimenta-do-reino.

3 Pincele com o azeite e coloque na grelha sobre brasas ou em uma chapa bem quente.

4 Assim que ficarem bem macias e grelhadas, sirva quentes, acompanhadas de *purê de batata* (pág. 298) e *molho de hortelã* (pág. 471).

CORDEIRO COM PURÊ DE BATATA-ROXA

- *½ xícara (chá) de vinho branco*
- *1 dente de alho picado*
- *2 colheres (sopa) de gengibre picado*
- *12 costeletas de cordeiro*
- *600 g de batata-roxa ou batata--doce*
- *2 colheres (sopa) de manteiga*
- *3 colheres (sopa) de creme de leite*
- *Sal e pimenta-do-reino*
- *Farinha de trigo*
- *2 colheres (sopa) de suco de limão*
- *1 xícara (chá) de* caldo de carne ou frango *(pág. 227 e 228)*
- *Hortelã picada*

1 Prepare uma marinada com o vinho branco, o alho e o gengibre. Coloque as costeletas do cordeiro na marinada por 20 minutos.

2 Asse as batatas até estarem bem macias, passe-as pelo espremedor e acrescente a manteiga, o creme de leite, o sal e a pimenta-do-reino. Mantenha aquecido.

3 Retire o cordeiro da marinada e reserve o líquido. Seque levemente o cordeiro e tempere com o sal e a pimenta-do-reino. Passe pela farinha de trigo, retire o excesso e doure as costeletas na manteiga. Retire da frigideira, escorra o excesso de manteiga e regue a frigideira com o líquido da marinada reservado. Deixe evaporar, acrescente o suco de limão e regue com o caldo de carne.

4 Acerte o sal e a pimenta-do-reino. Retorne as costeletas à frigideira e salpique a hortelã picada. Sirva com o purê de batata-roxa.

PERNA DE CARNEIRO ASSADA À GRINGO

- *1 perna de carneiro limpa*
- *¼ de xícara (chá) de suco de limão*
- *2 colheres (sopa) de salsa picada*
- *2 folhas de louro*
- *3 dentes de alho*
- *Sal e pimenta-do-reino*
- *1 colher (sopa) de manjerona*
- *1 cebola grande picada*
- *2 talos de cebolinha picados*
- *250 ml de vinho branco*
- *¼ de xícara (chá) de vinagre*
- *4 colheres (sopa) de azeite*

1 Faça uma marinada com o suco de limão, a salsa, o louro, o alho, o sal, a pimenta-do-reino, a manjerona, cebola e a cebolinha.

2 Esfregue a perna de carneiro com esses temperos e deixe marinando por cerca de 1½ hora.

3 Depois desse tempo, sem retirar a carne da marinada, regue com o vinho, o vinagre e o azeite e deixe marinando por mais 30 minutos.

4 Leve ao forno quente preaquecido em uma assadeira untada com óleo. Regue com o molho da marinada.

5 Enquanto o carneiro estiver assando regue-o regularmente com o molho da assadeira.

COELHO

COMO MARINAR OU TEMPERAR UM COELHO

Esfregue bem o coelho com uma mistura de sal, alho, louro, cheiro-verde, cebola, pimenta--do-reino e pimenta fresca socados em um pilão e, regando, em seguida, com vinagre branco, vinho e um bom fio de azeite. Deixe ficar assim por algum tempo, tendo o cuidado de mexer os pedaços de vez em quando. Para assados, as melhores partes são o lombo e as coxas.

COELHO À ANDALUZA

- *1 coelho cortado em pedaços*
- *4 colheres (sopa) de azeite*
- *Sal*
- *2 cebolas fatiadas*
- *6 tomates sem pele picados*
- *2 dentes de alho amassados*
- *2 pimentões vermelhos fatiados*
- *1 bouquet garni (amarrado de ervas como tomilho, louro, salsa, alecrim e alho-poró)*
- *3 xícaras (chá) de vinho branco*
- *1 colher (sopa) de vinagre*

1 Coloque os pedaços de coelho em uma panela com azeite e doure-os. Tempere com o sal e adicione a cebola, os tomates, o alho, os pimentões, o bouquet garni, o vinho branco e o vinagre.

2 Deixe cozinhar em fogo baixo durante 2 horas, se necessário, adicionando mais um pouco de água.

3 Acerte o ponto do sal do molho e sirva.

Coelho à Baiana

- *1 coelho cortado em pedaços*
- *4 colheres (sopa) de óleo*
- *Farinha de trigo*
- *1 xícara (chá) de* caldo de frango ou carne *(pág. 228 e 227)*
- *1 xícara (chá) de suco de laranja azeda*
- *Pimenta-malagueta*
- *2 pimentões picados*
- *2 colheres (sopa) de gengibre ralado*
- *Sal*
- *2 colheres (sopa) de salsa*
- *200 g de cogumelos fatiados*

1 Em uma panela, frite os pedaços de coelho no óleo. Assim que estiverem dourados, retire os pedaços de coelho da panela e reserve o óleo.

2 Passe os pedaços de coelho na farinha de trigo e volte-os para a mesma panela em que foram fritos com o óleo. Acrescente o caldo, o suco de laranja, a pimenta-malagueta, os pimentões, o gengibre, o sal, a salsa e os cogumelos e deixe cozinhar até que o coelho fique macio.

3 Sirva com arroz branco.

Coelho à Caçadora

- *4 colheres (sopa) de óleo*
- *1 coelho cortado em pedaços*
- *Sal e pimenta-do-reino*
- *1 cebola picada*
- *¼ de xícara (chá) de salsa picada*
- *100 g de bacon picado*
- *2 dentes de alho amassados*
- *2 copos de vinho branco*
- *1 colher (chá) de vinagre*
- *1 pedaço de folha de louro*
- *½ xícara (chá) de* caldo de carne *(pág. 227)*

1 Coloque o óleo em uma panela e aqueça bem. Tempere os pedaços de coelho com o sal e a pimenta-do-reino e adicione à panela. Doure os pedaços e adicione a cebola, a salsa e o alho. Refogue bem e adicione o vinho branco, o vinagre, louro e o caldo de carne.

2 Tampe a panela e deixe cozinhando, em fogo baixo, durante o tempo necessário para que o coelho fique macio. Se secar muito, adicione um pouco de água durante o cozimento.

3 Quando a carne estiver macia, destampe a panela e aumente o fogo, deixando reduzir o molho.

4 Sirva quente.

COELHO COM PRESUNTO CRU E ASPARGO

- *1 coelho limpo e desossado*
- *Sal e pimenta-do-reino*
- *½ xícara (chá) de vinho branco seco*
- *½ xícara (chá) de vinho do Porto*
- *6 fatias de presunto cru*
- *12 aspargos frescos*
- *1 ramo de alecrim*
- *1 ramo de sálvia*
- *2 colheres (sopa) de azeite*
- *1 xícara (chá) de* caldo de frango *(pág. 228)*

1 Peça ao açougueiro para que desosse o coelho e abra-o no formato de um retângulo.

2 Tempere o coelho com o sal e a pimenta-do-reino e coloque em uma travessa. Regue com o vinho branco e com o vinho do Porto. Deixe marinar por 2 horas. Escorra bem, reservando o líquido.

3 Seque levemente a parte interna com papel absorvente e cubra com as fatias do presunto cru. Coloque os aspargos sobre o presunto cru no sentido do comprimento.

4 Enrole o coelho lateralmente como se fosse um rocambole. Ficará com cerca de 40 cm de comprimento. Coloque o ramo de alecrim e o de sálvia sobre o coelho e amarre-o bem com um barbante. Coloque em uma assadeira e tempere com mais um pouco de sal e pimenta-do-reino. Regue com o azeite e com o líquido da marinada reservado.

5 Leve para assar em forno moderado por cerca de 1 hora a 1 ½ hora, regando com o líquido da assadeira. Retire do forno e deixe esfriar um pouco. Elimine o barbante.

6 Com o que restou na assadeira, faça o molho, colocando a assadeira com os resíduos sobre a chama do fogão e regando com o caldo de frango. Misture bem e raspe a assadeira com uma colher de pau. Ferva e coe o molho.

7 Corte o coelho em fatias de 2 cm. Arrume em uma travessa e regue com o molho.

8 Sirva com *purê de batata* (pág. 298) e legumes cozidos.

COELHO AO VINHO MADEIRA

- *1 coelho de 2,5 kg*
- *1 colher (sobremesa) de sal*
- *200 g de manteiga*
- *2 xícaras (chá) de óleo*
- *500 ml de* caldo de carne *(pág. 227)*
- *1 xícara (chá) de polpa de tomate*
- *1 ramo de cheiro-verde*
- *½ colher (chá) de pimenta-branca*
- *2 colheres (sopa) de manteiga*
- *1 cebola picada finamente*
- *½ xícara (chá) de vinho madeira*

1 Corte o coelho pelas juntas e, depois, em pedaços.

2 Tempere com o sal e, 1 hora depois, em uma panela, frite na manteiga misturada com o óleo.

3 Quando estiver dourado, escorra a gordura da panela e junte o caldo de carne fervente, a polpa de tomate, o cheiro-verde e a pimenta-branca. Deixe cozinhar em fogo baixo até que a carne fique macia (aproximadamente 1 hora).

4 Separadamente, derreta as 2 colheres (sopa) de manteiga e refogue a cebola. Junte o vinho, aqueça bem e adicione à panela com o coelho.

5 Deixe cozinhar em fogo baixo, para reduzir o molho formado, por mais 15 minutos.

6 Sirva acompanhado de *purê de batata* (pág. 298).

COELHO À FRANCESA

- *12 cebolas bem pequenas (pirulito)*
- *100 g de toucinho cortado em cubos*
- *2 colheres (sopa) de manteiga*
- *1 coelho cortado em pedaços*
- *2 colheres (sopa) de farinha de trigo*
- *3 xícaras (chá) de vinho tinto*
- *1 xícara (chá) de água*
- *Sal e pimenta-do-reino*
- *2 colheres (sopa) de salsa picada*
- *12 batatas tipo bolinha cozidas em água levemente salgada*

1 Em uma panela, doure as cebolas com o toucinho e a manteiga.

2 Quando as cebolas estiverem douradas, retire-as, reservando-as e coloque na panela os pedaços de coelho.

3 Assim que a carne dourar, acrescente a farinha de trigo e deixe cozinhar por 2 minutos. Adicione o vinho tinto, a água, o sal e a pimenta-do-reino.

4 Meia hora antes de servir, adicione à panela as cebolas, a salsa e a batata.

5 Com uma colher, remova o excesso de gordura que se forma na superfície do molho da panela. Acerte o ponto do sal e sirva.

Miúdos e outros cortes

Miúdos e outros cortes

Coração, dobradinha, fígado, língua, miolo, mocotó, rabada, rim

Coração

Dobradinha

Fígado

Língua

Miolo

Rim

Mocotó

Rabada

CORAÇÃO

PREPARAÇÃO

- *1 coração (de boi, vitela, cabrito, carneiro ou porco)*
- *Água*
- *1 maço de cheiro-verde*
- *1 folha de louro*
- *Sal*

1 Lave o coração, retire a gordura com uma faca afiada e corte-o em pedaços médios.

2 Afervente os pedaços de coração em água com o cheiro-verde e o louro.

3 Quando o coração estiver quase macio, tempere-o com o sal. Ferva um pouco mais.

4 Elimine a água e os temperos. O coração está pronto para ser usado em qualquer receita.

CORAÇÃO REFOGADO

- *4 colheres (sopa) de óleo*
- *1 cebola grande picada*
- *2 dentes de alho amassados*
- *2 xícaras (chá) de tomate picado*
- *1 pitada de cominho*
- *1 pitada de pimenta-do-reino*
- *1 colher (chá) de sal*
- *1 colher (sopa) de salsa picada*
- *1 xícara (chá) de vinho branco seco*
- *1* coração preparado *(pág. 577) e picado*

1 Leve o óleo, o alho e a cebola ao fogo até ficarem dourados.

2 Acrescente o tomate, todos os temperos e o coração.

3 Tampe a panela e deixe cozinhar, em fogo baixo, durante 30 minutos, aproximadamente, ou até reduzir o molho e o coração ficar macio.

Nota: *Sirva com arroz branco ou sobre* pirão de farinha de mandioca *(pág. 380). Você pode substituir o vinho branco por caldo de carne.*

DOBRADINHA

PREPARAÇÃO

- *500 g de dobradinha*
- *Água*
- *Limão*
- *Sal*

1 Lave a dobradinha, corte-a em pedaços grandes e raspe-a com faca não afiada.

2 Lave novamente a dobradinha e esfregue com o limão cortado ao meio.

3 Lave mais uma vez a dobradinha e deixe-a de molho, em água e suco de limão, de um dia para outro ou durante 2 horas, no mínimo.

4 Cozinhe a dobradinha em água e sal até que esteja macia.

5 Quando estiver macia, elimine a água e corte-a em pedaços pequenos.

6 A dobradinha está pronta para ser usada em qualquer prato.

DOBRADINHA COM FEIJÃO-BRANCO

- *2 xícaras (chá) de feijão-branco*
- *1 litro de água*
- *200 g de paio ou linguiça defumada*
- *60 g de bacon*
- *2 folhas de louro*
- *2 cebolas picadas*
- *1 dente de alho amassado*
- *2 tomates sem pele picados*
- *¼ de xícara (chá) de óleo*
- *500 g de* dobradinha preparada *(pág. 578)*
- *1 colher (chá) de sal*
- *Pimenta-do-reino*
- *Cominho (opcional)*

1 Lave o feijão e deixe de molho na água de um dia para o outro. Escorra, coloque o feijão em uma panela grande e cubra-o com a água. Adicione o paio, o bacon e o louro.

2 Tampe a panela e deixe cozinhar até o feijão ficar quase macio.

3 Em outra panela, refogue as cebolas, o alho e o tomate no óleo.

4 Acrescente um pouco de água, junte a dobradinha ao refogado e refogue um pouco mais.

5 Coloque o refogado com a dobradinha no feijão, que ainda está cozinhando.

6 Tempere com o sal, a pimenta-do-reino e o cominho e deixe cozinhar até que o feijão e as carnes fiquem macios. Se necessário, acrescente mais água fervente.

7 Retire o paio e o bacon e corte em fatias finas, coloque no feijão.

8 Sirva acompanhada de arroz.

FÍGADO

PREPARAÇÃO

- *Fígado (de boi, de vitela, de porco, de cabrito, de carneiro ou de aves)*

1 Lave o fígado e retire os nervos, a gordura e a pele que o envolve.

2 Corte-o de acordo com a receita que vai preparar.

BIFE DE FÍGADO

- *500 g de bifes de fígado bovino*
- *Sal e pimenta-do-reino*
- *1 dente de alho picado*
- *2 colheres (sopa) de azeite*
- *2 colheres (sopa) de suco de limão*
- *2 colheres (sopa) de manteiga*
- *1 cebola fatiada finamente*
- *2 ou 3 tomates sem pele picados*
- *Cheiro-verde*
- *Molho inglês (opcional)*

1 Tempere os bifes com o sal, a pimenta-do-reino, o alho, o azeite e o suco de limão.

2 No momento de servir, frite os bifes, dos dois lados, em um pouco de manteiga bem quente.

3 Na própria frigideira, junte mais um pouco de manteiga e a cebola. Deixe fritar um pouco, acrescente os tomates e refogue bem. Pingue um pouco de água, junte o cheiro-verde picado e deixe o molho ferver.

4 Sirva os bifes cobertos com o molho, juntando, se gostar, algumas gotas de molho inglês.

BIFE DE FÍGADO ACEBOLADO

- *500 g de fígado bovino cortado em bifes*
- *½ xícara (chá) de vinagre branco*
- *2 cebolas cortadas em rodelas*
- *3 dentes de alho cortados em fatias*
- *1 colher (chá) de sal*
- *1 colher (café) de molho de pimenta*
- *3 colheres (sopa) de óleo*
- *½ xícara (chá) de* caldo de carne *(pág. 227) quente*
- *1 colher (sopa) de extrato de tomate*

1 Tempere os bifes de fígado com o vinagre, as cebolas, o alho, o sal e o molho de pimenta. Deixe marinando por 30 minutos. Reserve a marinada.

2 Leve ao fogo o óleo, em uma frigideira funda, e, quando estiver quente, frite os bifes dos dois lados. Reserve.

3 No óleo que ficou na frigideira frite as cebolas e o alho que serviram de tempero para o fígado.

4 Acrescente os bifes, o caldo e o extrato de tomate à frigideira. Tampe a frigideira e deixe cozinhar, em fogo baixo, durante 5 minutos.

5 Sirva com *purê de batata* (pág. 298) ou de *mandioquinha* (pág. 328).

BIFE DE FÍGADO AO MOLHO DE VINHO BRANCO

- *500 g de fígado bovino cortado em bifes finos*
- *2 colheres (sopa) de suco de limão*
- *1 colher (chá) de sal*
- *1 pitada de pimenta-do-reino*
- *3 colheres (sopa) de manteiga*
- *1 colher (sobremesa) de farinha de trigo*
- *½ xícara (chá) de* caldo de carne *(pág. 227) fervente*
- *1 xícara (chá) de polpa de tomate*
- *½ xícara (chá) de vinho branco seco*

1 Tempere o fígado com o suco de limão, o sal e a pimenta-do-reino. Deixe marinando por 20 minutos.

2 Coloque 2 colheres (sopa) da manteiga em uma frigideira funda e leve ao fogo. Quando estiver quente, frite os bifes de fígado dos dois lados. Reserve.

3 Coloque a manteiga restante na frigideira e leve ao fogo. Quando derreter, acrescente a farinha, e deixe dourar.

4 Acrescente o caldo pouco a pouco, mexendo bem após cada adição.

5 Junte a polpa de tomate e o vinho branco seco.

6 Coloque os bifes no molho obtido, tampe a frigideira e deixe ferver, em fogo baixo, por 5 minutos.

7 Sirva com *purê de batata* (pág. 298) ou *arroz básico* (pág. 345).

BIFE DE FÍGADO COM PIMENTÃO

- *500 g de fígado bovino cortado em bifes*
- *½ xícara (chá) de vinagre branco*
- *2 pimentões verdes ou vermelhos cortados em tiras*
- *1 colher (chá) de sal*
- *1 colher (café) de molho de pimenta*
- *3 colheres (sopa) de óleo*
- *½ xícara (chá) de* caldo de carne *(pág. 227) quente*
- *1 colher (sopa) de extrato de tomate*

1 Tempere os bifes com o vinagre, os pimentões, o sal e o molho de pimenta. Deixe marinando durante 30 minutos. Reserve a marinada.

2 Leve ao fogo o óleo, em uma frigideira funda, e, quando estiver quente, frite os bifes dos dois lados. Reserve.

3 No óleo que ficou na frigideira, frite os pimentões que temperaram o fígado até ficarem macios.

4 Acrescente os bifes, o caldo e extrato de tomate ao molho. Tampe a frigideira e deixe cozinhar, em fogo baixo, durante 5 minutos.

FÍGADO À VENEZIANA

- *500 g de fígado bovino cortado em tiras largas*
- *Leite*
- *¼ de xícara (chá) de azeite*
- *4 cebolas fatiada*
- *Sal e pimenta-do-reino*
- *Farinha de trigo*
- *2 colheres (sopa) de manteiga*
- *Suco de limão*
- *2 colheres (sopa) de salsa picada*

1 Coloque as tiras de fígado de molho em um pouco de leite.

2 Coloque o azeite em uma frigideira grande e adicione as cebolas. Leve ao fogo e doure bem as cebolas. Retire as cebolas e reserve.

3 Escorra as tiras de fígado do leite e seque levemente com papel absorvente. Tempere com o sal e a pimenta-do-reino e passe as tiras na farinha de trigo, removendo o excesso.

4 Na mesma frigideira em que dourou as cebolas, coloque a manteiga. Aqueça bem e coloque as tiras de fígado. Doure de um lado, vire e doure o outro lado.

5 Coloque as cebolas novamente na frigideira e regue tudo com um pouco de suco de limão. Tempere com sal e pimenta--do-reino e adicione a salsa. Misture bem e sirva quente.

FÍGADO AO MOLHO MADEIRA

- *500 g de fígado bovino picado*
- *1 colher (sopa) de suco de limão*
- *1 dente de alho*
- *Sal e pimenta-do-reino*
- *3 colheres (sopa) de manteiga*
- *1 colher (sopa) de salsa*
- *2 tomates sem pele picados*
- *Sal*
- *1 colher (sopa) de farinha de trigo*
- *2 cálices de vinho madeira seco*
- *½ xícara (chá) de* caldo de carne *(pág. 227) ou água quente*

1 Deixe o fígado de molho no suco de limão com o sal, o alho e a pimenta-do-reino durante alguns minutos.

2 Frite o fígado em uma frigideira funda com 2 colheres (sopa) de manteiga até que fique corado. Reserve.

3 Leve a manteiga restante à frigideira, adicione a salsa, os tomates, o sal e a farinha de trigo.

4 Termine de cozinhar o fígado nesse molho, mexendo sempre.

5 Pouco antes de retirar do fogo, adicione ao molho o vinho madeira seco e o caldo. Deixe ferver mais alguns minutos para que o molho encorpe.

6 No momento de levar à mesa, decore com salsa picadinha.

PATÊ DE FÍGADO DE FRANGO

- *500 g de fígado de frango*
- *1 xícara (chá) de farinha de trigo*
- *2 xícaras (chá) de leite*
- *2 ovos ligeiramente batidos*
- *1 colher (sopa) de sal*
- *150 g de manteiga derretida*
- *1 pitada de cravo moído*
- *1 pitada de noz-moscada*
- *½ colher (café) de pimenta-do-reino*

1 Moa o fígado em um processador. Reserve.

2 Desmanche a farinha de trigo no leite e misture com os ovos.

3 Passe essa mistura por uma peneira e junte o fígado, o sal, a manteiga, o cravo, a noz-moscada e a pimenta-do-reino.

4 Unte uma fôrma para bolo inglês com manteiga, coloque nela a pasta obtida e leve para cozinhar, em forno quente preaquecido, durante 1 hora.

5 Deixe esfriar e sirva com torradas.

LÍNGUA BOVINA COZIDA

- *1 língua bovina*
- *4 limões*
- *1 cebola*
- *2 cravos-da-índia*
- *Pimenta-do-reino em grãos*
- *1 folha de louro*
- *1 maço de cheiro-verde amarrado*

1 Lave a língua com bastante água e o suco dos limões.

2 Descasque a cebola, deixe-a inteira e espete nela os cravos. Em uma panela de pressão, coloque a cebola, a pimenta-do-reino em grãos, o louro, o cheiro-verde e água suficiente para cobrir tudo. Leve a panela ao fogo, quando pegar pressão, abaixe o fogo e cozinhe por 25 minutos.

3 Após esse tempo, deixe a carne esfriar e retire, apenas com as mãos, toda a pele que cobre a língua, ela deverá sair facilmente.

4 A língua está pronta para ser usada em qualquer prato.

LÍNGUA DE PANELA

- *½ xícara (chá) de óleo*
- *2 cebolas picadas*
- *2 dentes de alho triturados*
- *150 g de bacon cortado em fatias grossas*
- *1 xícara (chá) de tomate sem pele picado*
- *1 cenoura média cortada em rodelas grossas*
- *1 maço de salsa amarrado*
- *1 folha de louro*
- *1 colher (sopa) de vinagre*
- *2 xícaras (chá) de água fervente*
- 1 língua bovina cozida *inteira (pág. 583)*
- *1 colher (chá) de sal*
- *½ colher (café) de pimenta-do-reino*

1 Leve o óleo, as cebolas, o alho e o bacon ao fogo, em uma panela grande, até que as cebolas fiquem coradas.

2 Adicione o tomate, a cenoura, a salsa, o louro, o vinagre e um pouco de água quente.

3 Tampe a panela e refogue.

4 Coloque e a água quente que sobrou na panela e deixe cozinhar até ela ficar quase macia. Vire-a de vez em quando e mexa o molho, para não pegar no fundo da panela.

5 Tempere com o sal e a pimenta-do-reino e deixe ferver, com a panela tampada, até a carne ficar bem macia.

6 Retire a língua e as fatias de bacon da panela, corte a língua em fatias e coloque em uma travessa com o bacon.

7 Elimine o cheiro-verde e o louro. Bata o molho no liquidificador e despeje-o, ainda quente, sobre a língua.

8 Sirva com *purê de batata* (pág. 298).

LÍNGUA AO FRICASSÊ

- *½ xícara (chá) de óleo*
- *2 cebolas picadas*
- *2 dentes de alho triturados*
- *1 xícara (chá) de tomate e picado*
- *1 maço de salsa amarrado*
- *1 folha de louro*
- *1 colher (sopa) de vinagre*
- *2 xícaras (chá) de água fervente*
- *1* língua bovina cozida *inteira (pág. 583)*
- *1 colher (chá) de sal*
- *½ colher (café) de pimenta-do-reino*
- *2 gemas*
- *1 colher (sopa) de suco de limão*

1 Leve o óleo, as cebolas e o alho ao fogo em uma panela grande até as cebolas ficarem coradas.

2 Adicione o tomate, a salsa, o louro, o vinagre e um pouco de água quente.

3 Tampe a panela e refogue.

4 Coloque a língua e a água quente restante no molho, deixando cozinhar até a língua ficar quase macia. (Vire-a de vez em quando, para não pegar no fundo da panela.)

5 Tempere com o sal e a pimenta-do-reino e ferva em panela semitampada até que ela fique bem macia.

6 Retire a língua da panela, corte-a em fatias e coloque em uma travessa.

7 Coe o molho e leve-o ao fogo para esquentar. Acrescente as gemas e o suco de limão, mexendo sempre, mas não deixando ferver.

8 Espalhe o molho sobre a língua.

9 Sirva com *arroz básico* (pág. 345).

Nota: *Não deixe o molho fricassê ferver, para não talhar.*

LÍNGUA À PARMIGGIANA

- *1* língua bovina cozida *(pág. 583) e cortada em fatias*
- *1 porção de* molho de tomate *(pág. 365)*
- *150 g de mozarela fatiada*
- *1 colher (sopa) de azeite*

1 Arrume as fatias de língua bovina em um prato refratário.

2 Prepare o molho de tomate e regue as fatias de língua com ele.

3 Coloque a mozarela fatiada sobre as fatias de língua.

4 Regue com o azeite e leve ao forno quente para gratinar.

5 Sirva com *purê de batata* (pág. 298).

LÍNGUA COM PRESUNTO À MILANESA

- *1 língua bovina cozida (pág. 583) e cortada em fatias*
- *200 g de presunto cortado em fatias grossas*
- *1½ xícara (chá) de farinha de trigo*
- *3 ovos*
- *1½ xícara (chá) de farinha de rosca*
- *2 xícaras (chá) de óleo*

1 Coloque uma fatia de presunto sobre cada fatia de língua.

2 Passe-as na farinha de trigo, nos ovos batidos e na farinha de rosca.

3 Frite em óleo quente até ficarem douradas.

4 Escorra em papel absorvente.

LÍNGUA AO VINAGRETE

- *1 língua bovina cozida (pág. 583) e cortada em fatias*
- Molho vinagrete *(pág. 479)*

1 Arrume as fatias de língua em uma travessa funda.

2 Adicione o molho vinagrete.

3 Cubra a travessa com papel-alumínio e leve à geladeira até o dia seguinte.

4 Sirva fria, acompanhada de saladas.

MIOLO

PREPARAÇÃO

1 Lave bem o miolo (de boi, de vitela, de cabrito, de carneiro ou de porco) e deixe em vinagre e água durante 1 hora. Em seguida, retire cuidadosamente a pele que o envolve, lave-o de novo e afervente-o. Retire-o da água e deixe esfriar.

2 Depois de frio, pique-o ou corte em fatias, de acordo com a receita que vai preparar.

MIOLO À ITALIANA

- 1 miolo preparado *(pág. 586)*
- *2 ovos separados*
- *1 colher (sopa) de farinha de trigo*
- *1 colher (sopa) de sal*
- *2 colheres (sopa) de queijo ralado*
- *1 xícara (café) de leite*
- *Óleo*

1 Corte o miolo em pedaços pequenos e reserve-os.

2 Em uma tigela, misture as gemas, a farinha, o sal, o queijo e o leite, mexa bastante para misturar bem.

3 Bata as claras em neve e acrescente à mistura. Adicione o miolo que ficou reservado.

4 Leve o óleo ao fogo em uma frigideira e, quando estiver quente, frite a mistura às colheradas.

5 Escorra bem o óleo e coloque sobre papel absorvente.

MIOLO À MILANESA

- 1 miolo preparado *(pág. 586) cortado em fatias*
- *1 colher (chá) de suco de limão*
- *1 colher (café) de sal*
- *1 pitada de pimenta-do-reino*
- *1 xícara (chá) de farinha de trigo*
- *2 ovos ligeiramente batidos*
- *1 xícara (chá) de farinha de rosca*
- *Óleo*

1 Tempere as fatias de miolo com o suco de limão, o sal e a pimenta-do-reino.

2 Passe as fatias de miolo temperadas na farinha de trigo, nos ovos batidos e na farinha de rosca.

3 Frite-as em óleo quente até ficarem douradas.

4 Escorra o excesso de óleo sobre papel absorvente.

5 Sirva com gomos de limão.

RIM

PREPARAÇÃO

1 Lave o rim (de boi, de vitela, de cabrito, de carneiro, de coelho ou de porco) e retire a pele e o a gordura, que lhe dá um gosto ruim.

2 Lave-o novamente e corte-o fininho.

3 Coloque em uma panela (sem água) e leve-o ao fogo por 3 minutos, mexendo de vez em quando para que o líquido seja eliminado.

4 Lave-o mais uma vez em água corrente. O rim está pronto para ser temperado de acordo com a receita.

RIM GUISADO COM BATATA

- 1 rim bovino preparado *(pág. 587) cortado em pedaços*
- *Sal e pimenta-do-reino*
- *2 dentes de alho*
- *1 cebola picada finamente*
- *1 colher (sopa) de azeite*
- *2 tomates sem pele picados*
- *4 fatias de presunto gordo*
- *4 batatas cozidas cortadas em rodelas*
- *¼ de xícara (chá) de vinho branco*
- *2 colheres (sopa) de salsa picada*
- *1 colher (sopa) de suco de limão*

1 Tempere os pedaços de rim com o sal, o alho e a cebola.

2 Leve ao fogo o azeite em uma panela e, quando esquentar, acrescente o rim com os temperos e deixe refogar bem.

3 Junte a pimenta-do-reino e os tomates e continue a refogar mais um pouco.

4 Acrescente as fatias de presunto cortadas em tiras e as batatas cozidas, refogando por mais alguns minutos.

5 Junte, por fim, o vinho branco e a salsa. Acerte o sal e deixe ferver mais um pouco.

6 Regue com o suco de limão e sirva bem quente.

Rim à Boêmia

- *1* rim bovino preparado *(pág. 587) cortado em fatias finas*
- *1 colher (chá) de sal*
- *1 pitada de pimenta-do-reino*
- *3 colheres (sopa) de óleo*
- *6 cebolas pequenas inteiras (pirulito)*
- *1 folha de louro*
- *½ xícara (chá) de* caldo de carne *(pág. 227) quente*
- *1 colher (sobremesa) de salsa picada*

1 Tempere o rim com o sal e a pimenta-do-reino e deixe marinar por 20 minutos.

2 Frite-o no óleo quente e, na mesma frigideira, frite também as cebolas.

3 Acrescente o louro, o caldo de carne e a salsa.

4 Tampe a frigideira e deixe cozinhar em fogo baixo até reduzir o molho.

5 Sirva acompanhado de arroz.

Rim no Espeto

- *2* rins bovinos preparados *(pág. 587) cortados em fatias finas*
- *1 colher (chá) de sal*
- *1 pitada de pimenta-do-reino*
- *2 colheres (sopa) de manteiga derretida*
- *½ xícara (chá) de farinha de rosca*

1 Tempere os rins com o sal e a pimenta-do-reino e deixe marinar por 20 minutos.

2 Coloque as fatias de rim nos espetos.

3 Pincele-as com a manteiga e polvilhe a farinha de rosca.

4 Leve ao fogo não muito forte sobre a grelha ou a churrasqueira, deixando assar por 7 minutos de cada lado ou até que os rins fiquem no ponto.

5 Acompanhe de *molho vinagrete* (pág. 479) e fatias de pão caseiro.

Rim ao Porto

- *1* rim bovino preparado *(pág. 587) cortado em pedaços pequenos*
- *Sal e pimenta-do-reino*
- *2 dentes de alho picados*
- *1 colher (sopa) de vinagre*
- *1 colher (sopa) de manteiga*
- *1 cebola picada finamente*
- *2 cálices de vinho do Porto*
- *1 colher (sopa) de farinha de trigo*
- *Salsa picada*

1 Tempere os pedaços de rim com o sal, o alho, a pimenta-do-reino e o vinagre.

2 Coloque a manteiga em uma panela, acrescente a cebola e o rim e refogue por cerca de 5 minutos (não deixe por muito tempo para não ficar duro).

3 Retire o rim da panela e reserve. Acrescente à panela o vinho do Porto, um pouco de água, a farinha de trigo e mexa bem. Volte o rim para a panela, adicione a salsa e deixe ferver por mais 2 minutos.

4 Sirva com *purê de batata* (pág. 298) ou *risoto italiano de açafrão* (pág. 362).

MOCOTÓ

PREPARAÇÃO

1 Lave bem o mocotó, que já vem raspado e limpo do açougue.

2 Deixe-o de molho em água e sal durante 1 hora.

3 Cozinhe-o, em uma panela grande, com bastante água, 1 maço de cheiro-verde, folhas de louro, pimenta-do-reino em grão e um pouco de sal, até ficar macio.

4 Desligue o fogo e deixe esfriar.

5 Elimine a gordura que ficou por cima, retire do fogo e corte-o em pedaços, desprezando os ossos.

6 O mocotó e a água gelatinosa do cozimento estão prontos para serem usados em pratos salgados.

ENSOPADO DE MOCOTÓ

- *2 ou 3* mocotós preparados *(pág. 589)*
- *3 colheres (sopa) de óleo*
- *1 cebola picada finamente*
- *Sal e pimenta-do-reino*
- *2 dentes de alho picados*
- *4 tomates sem pele picados*
- *2 colheres (sopa) de cheiro-verde picado*
- *Pimenta-verde amassada (opcional)*
- Croûtons *(pág. 163)*

1 Prepare os mocotós de acordo com as instruções e leve à geladeira com o caldo por 24 horas.

2 No dia seguinte, retire, com uma escumadeira, toda a gordura que ficou em cima dos mocotós; e corte-os em pedaços. Reserve o caldo.

3 Leve ao fogo uma panela com o óleo, a cebola, o sal, a pimenta-do-reino e o alho. Refogue e acrescente os tomates, o cheiro-verde e, se gostar, pimenta-verde amassada, refogando tudo um pouco mais.

4 Junte 2 conchas do caldo em que cozinhou os mocotós, deixe ferver, acrescente os pedaços de mocotó e deixe ferver até o molho engrossar.

5 Ao servir, forre uma travessa funda com os croûtons e vire por cima, bem quente, o ensopado de mocotó.

Nota: O caldo em que os mocotós foram cozidos poderá ser aproveitada para a preparação de uma geleia de mocotó *(pág. 736).*

Mocotó com Feijão-branco

- *2 xícaras (chá) de feijão-branco*
- *200 g de paio ou linguiça defumada*
- *100 g de bacon*
- *2 folhas de louro*
- *½ xícara (chá) de óleo*
- *2 cebolas picadas*
- *1 dente de alho amassado*
- *1 tomate picado*
- *1* mocotó preparado *(pág. 589) cortado em pedaços*
- *1 colher (chá) de sal*
- *1 pitada de pimenta-do-reino*
- *1 pitada de cominho*

1 Lave o feijão e deixe-o de molho na água de um dia para outro.

2 Coloque o feijão em uma panela de pressão grande, cubra com água e junte o paio, o bacon e o louro.

3 Tampe a panela e deixe cozinhar até que o feijão fique quase macio.

4 Enquanto o feijão cozinha, refogue, no óleo, as cebolas, o alho e o tomate.

5 Acrescente um pouco de água, junte o mocotó ao refogado e refogue um pouco mais.

6 Coloque o refogado com o mocotó no feijão, que ainda deve estar cozinhando.

7 Tempere com o sal, a pimenta-do-reino e o cominho e deixe cozinhar até que o feijão e as carnes fiquem macios. (Se necessário, acrescente mais água fervente.)

8 Retire o paio e o bacon da panela, corte-os em fatias finas, e volte-os para a panela do feijão.

9 Sirva acompanhado de arroz.

Rabada ao Vinho Tinto

- *1 rabo de boi*
- *Sal*
- *1 bouquet garni (amarrado de ervas como tomilho, louro, salsa, alecrim e alho-poró)*
- *¼ de xícara (chá) de óleo*
- *1 cebola grande fatiada*
- *8 tomates sem pele picados*
- *Cheiro-verde picado*
- *Pimenta-do-reino*
- *Pimenta-verde (opcional)*
- *1 ou 2 conchas de água*
- *½ copo de vinho tinto*

1 Corte o rabo pelos nós, coloque na panela de pressão, cubra com água, adicione o bouquet garni e cozinhe até a carne ficar bem macia. Reserve a água do cozimento.

2 Em uma panela, coloque o óleo e refogue a cebola, os tomates, o cheiro-verde, a pimenta-do-reino e, se gostar, a pimenta-verde.

3 Junte os pedaços de rabo ao refogado e acrescente o vinho. Ferva e adicione 1 ou 2 conchas da água do cozimento reservada. Deixe ferver em fogo baixo até que a carne esteja macia.

4 Deixe engrossar o molho, acerte o ponto do sal e da pimenta e sirva bem quente.

Rabada com Molho de Tomate

- *¼ de xícara (chá) de óleo*
- *2 cebolas cortadas em rodelas*
- *1 kg de tomates picados*
- *1 maço de cheiro-verde amarrado*
- *1 colher (chá) de sal*
- *½ colher (café) de pimenta-do-reino*
- *2 xícaras (chá) de água*
- *1 rabo de boi cortado pelos nós*
- *½ xícara (chá) de vinho branco seco*

1 Coloque o óleo em uma panela e refogue as cebolas até que fiquem douradas.

2 Acrescente os tomates, o cheiro-verde, o sal, a pimenta-do-reino e a água. Ferva em fogo baixo por 10 minutos.

3 Acrescente os pedaços de rabo e o vinho branco. Tampe a panela e deixe em fogo baixo até a carne ficar macia.

4 Sirva acompanhada de *polenta frita* (pág. 382).

Peixes e Frutos do Mar

Peixes e Frutos do Mar

Peixes em Geral

Bacalhau

Camarão

Lagosta

Lula

Caranguejo e Siri

Ostra

"Há bem pouco as donas de casa, nos grandes jantares, se ufanavam em mandar para a mesa um enorme dourado, *uma* piabanha *respeitável ou uma avantajada* piracanjuba *recheada, num travessão azul-nanquim, com as infalíveis folhas de alface, as batatinhas* doré, *as azeitonas maduras e as rodelas de ovo e de limão galego a servirem-lhe de ornamento indispensável."*

Texto da edição de 1944 de *Dona Benta.*

Peixes em Geral

Peixes em Geral

COMO ESCOLHER OS PEIXES

As características do peixe de boa qualidade são as seguintes: olhos brilhantes e claros, brânquias avermelhadas, ventre bem cilindrado, carne consistente, cheiro agradável, escamas bem aderentes e nadadeiras perfeitas. O peixe nessas condições pode ser usado sem o menor receio.

Deve-se rejeitar sempre o pescado que apresente olhos embaçados, brânquias acinzentadas, ventre comprimido, carne mole, cheiro forte e desagradável, escamas facilmente destacáveis e nadadeiras arruinadas.

O peixe fresco sempre é melhor, e para reconhecê-lo basta verificar se as guelras estão úmidas e bem vermelhas e se os olhos estão ressaltados e brilhantes.

COMO PREPARAR E COMO SERVIR OS PEIXES

Existe uma regra sobre a maneira de servir peixes.

Se o peixe é muito grande, aproveite apenas o centro cortado em postas.

Os peixes pequenos, como as sardinhas, são servidos inteiros tanto fritos como ensopados.

As pescadas, fritas, cozidas ou grelhadas, devem ser servidas abertas ao meio, em todo o comprimento da espinha, de modo que esta fique perfeitamente destacada.

COMO LIMPAR O PEIXE

Primeiro retire as escamas. Com a parte de trás da lâmina de uma faca, raspe, delicadamente, a pele do peixe na direção oposta a que as escamas se formam, da cauda para a cabeça. Os movimentos devem ser rápidos, delicados e curtos para que não danifiquem a pele do peixe. Faça isso dos dois lados e confira se retirou pelo menos a maioria das escamas. Coloque o peixe embaixo da água corrente para tirar alguma escama que ainda tenha sobrado.

Com uma faca bem afiada, faça um corte horizontal no peixe. Esse corte deve ser superficial, começando da cabeça e indo até quase o final da cauda. Não deixe que a faca entre demais na barriga do peixe; isso pode furar o intestino. Retire, então, as vísceras e lave o interior em água corrente. Esse corte facilitará a retirada das espinhas e a limpeza completa do peixe.

COMO FRITAR O PEIXE

A gordura utilizada para fritar o peixe não deve servir para outras frituras, pois vai interferir no sabor dos alimentos.

Uma vez que o peixe esteja limpo e temperado, e passe-o por farinha de trigo ou pela massa que se tenha preparado.

Segure o peixe pela cabeça e, ao colocá-lo na frigideira, mergulhe primeiro a extremidade da cauda para verificar se está na temperatura ideal. Se a extremidade se tornar instantaneamente quebradiça ou frágil, é porque a temperatura está boa; então, é só colocar o peixe dentro, virando-o para que frite igualmente dos dois lados.

Para evitar que o peixe grude e se parta, alguns cozinheiros recomendam salpicar no fundo da frigideira um pouco de sal grosso.

MASSA PARA FRITAR PEIXES

Em uma tigela, coloque 110 gramas de farinha de trigo peneirada, 1 pitada de sal e outra de páprica. Coloque água, aos poucos, nessa mistura até formar uma massa homogênea. Bata bem para a massa não empelotar. Adicione 1 clara de ovo batida em neve e algumas gotas de azeite (o azeite é indispensável).

Mergulhe filés de peixe, camarões ou lulas nessa massa e frite em abundante óleo quente.

BOLINHO DE PEIXE

- *2 colheres (sopa) de manteiga*
- *½ xícara (chá) de cebola picada*
- *2 xícaras (chá) de peixe cozido e desfiado*
- *4 batatas cozidas amassadas*
- *Sal e pimenta-do-reino*
- *2 ovos levemente batidos*
- *1 colher (sopa) de salsa picada*
- *Óleo*

1 Em uma panela, faça um refogado com a manteiga e a cebola picada.

2 Assim que o refogado começar a corar, junte o peixe e misture.

3 Retire a panela do fogo, adicione as batatas o sal e a pimenta-do-reino.

4 Acrescente os ovos e misture bem até formar uma massa mole. Adicione salsa e misture.

5 Com duas colheres, molde os bolinhos e frite em bastante óleo até dourarem.

6 Sirva com rodelas de limão.

LINGUADO À BELLE MEUNIÈRE

- *4 filés de linguado*
- *Sal e pimenta-do-reino*
- *Farinha de trigo*
- *2 colheres (sopa) de manteiga*

Molho:

- *100 g de cogumelos*
- *200 g de camarões limpos, sem casca e sem cabeça*
- *2 colheres (sopa) de alcaparras*
- *2 colheres (sopa) de suco de limão*
- *Sal e pimenta-do-reino*
- *2 colheres (sopa) de salsa picada*
- *Batatas cozidas*

1 Tempere os filés com sal e pimenta-do-reino.

2 Passe pela farinha de trigo e retire o excesso.

3 Coloque metade da quantidade de manteiga em uma frigideira antiaderente e leve ao fogo. Quando a manteiga estiver borbulhando, doure os filés dos dois lados. Reserve, mantendo-os aquecidos.

4 Coloque o restante da manteiga na frigideira e acrescente os cogumelos cortados em lâminas; refogue e acrescente os camarões. Cozinhe até os camarões ficarem macios (cerca de 5 minutos) e acrescente as alcaparras, o suco de limão, o sal e a pimenta-do-reino.

5 Coloque os peixes em uma travessa e regue com um pouco de suco de limão, salpique a salsa e cubra com o molho. Sirva com batatas cozidas.

MOQUECA DE CAÇÃO

- *1 kg de cação cortado em postas*
- *1 limão*
- *Coentro*
- *Sal*
- *1 cebola picada*
- *¼ de xícara (chá) de azeite de dendê*
- *2 cebolas em fatias*
- *4 tomates fatiados*
- *2 pimentões verdes ou vermelhos*
- *¼ de xícara (chá) de cebolinha picada*
- *¼ de xícara (chá) de salsa picada*
- *400 ml de leite de coco*
- *Pimenta-malagueta*
- *2 colheres (sopa) de extrato de tomate*
- *Farinha de mandioca crua*

1 Tempere o cação com o limão, o coentro e o sal. Reserve.

2 Em uma panela larga, refogue a cebola com o azeite de dendê.

3 Na panela em que foi refogada a cebola, coloque, em várias camadas, o peixe, a cebola fatiada, os tomates, os pimentões, a cebolinha e a salsa, até terminarem os ingredientes. Tempere com um pouco mais de sal.

4 Acrescente à panela o leite de coco, a pimenta-malagueta e o extrato de tomate.

5 Tempere com um pouco mais de sal, tampe a panela e cozinhe em fogo baixo.

6 Depois de pronta a moqueca, retire um pouco do caldo que se formou e faça com ele, separadamente, um pirão, adicionando a farinha de mandioca.

MOQUECA DE PEIXE

- *2 kg de namorado em postas largas*
- *Suco de 2 limões*
- *Sal*
- *1 dente de alho amassado*
- *½ xícara (chá) de azeite de dendê*
- *1 cebola grande picada*
- *Cheiro-verde picado*
- *Cebolinha e coentro picados*
- *1 pimentão em rodelas*
- *5 tomates sem pele e sem sementes picados*
- *1 colher (chá) de gengibre ralado*
- *5 pimentas-malagueta picadas*
- *150 g de camarões secos*
- *2 xícaras (chá) de leite de coco*

1 Tempere as postas do peixe com o suco de limão, o sal e o alho. Deixe marinar por 30 minutos.

2 Em uma panela, coloque metade da quantidade de azeite de dendê e refogue a cebola, o cheiro-verde, a cebolinha, o coentro, o pimentão, os tomates, o gengibre e a pimenta-malagueta até formar um molho.

3 Acrescente ao molho as postas de peixe e os camarões e deixe refogar, em fogo baixo, até cozinhar o peixe. Acerte o ponto do sal.

4 Adicione o leite de coco e o restante do azeite de dendê.

5 Sirva com arroz.

MOQUECA DE NAMORADO

- *2 kg de namorado em postas largas*
- *Suco de 1 limão*
- *1 dente de alho amassado*
- *½ colher (café) de pimenta-branca*
- *1 xícara (chá) de azeite*
- *2 cebolas cortadas em rodelas*
- *4 tomates sem pele e sem sementes picados*
- *2 pimentões cortados em 4*
- *1 amarrado de cheiro-verde*
- *1 colher (chá) de colorau*
- *Sal*
- *500 ml de leite de coco*

1 Tempere o peixe com o suco de limão, o alho e a pimenta--branca. Deixe marinando por 30 minutos.

2 Leve ao fogo o azeite e a cebola. Quando dourar, junte os tomates, os pimentões, o cheiro-verde e o colorau. Tampe a panela e deixe refogar.

3 Quando os tomates se desmancharem, junte as postas de peixe. Tampe novamente a panela e deixe cozinhar com o próprio vapor.

4 Verifique o sal; adicione o leite de coco; deixe cozinhar mais um pouco e desligue.

5 Retire o cheiro-verde e os pimentões quando colocar na travessa de servir.

6 Sirva com arroz branco.

PEIXE À FIORENTINA

- *4 filés de linguado*
- *Sal e pimenta-do-reino*
- *1 receita de* molho branco *(pág. 367)*
- *1 xícara (chá) de espinafre cozido e picado*
- *2 colheres (sopa) de manteiga*
- *Farinha de trigo*
- *4 colheres (sopa) de queijo parmesão ralado*

1 Tempere os filés de peixe com o sal e a pimenta-do-reino.

2 Prepare o molho branco e adicione a ele o espinafre bem escorrido. Acerte o sal e a pimenta-do-reino e reserve.

3 Aqueça bem uma frigideira grande e adicione manteiga. Passe os filés de peixe na farinha de trigo, remova o excesso e doure-os de dois em dois.

4 Unte um refratário com um pouco de manteiga e coloque os filés de peixe. Cubra com o molho e salpique o parmesão.

5 Leve ao forno quente para gratinar o queijo.

6 Sirva com batatas cozidas e arroz branco.

PEIXE ASSADO RECHEADO

- *1 peixe inteiro (garoupa, dourado, anchova, tainha ou outro peixe grande)*
- *Sal e pimenta-do-reino*
- *1 cebola picada*
- *2 dentes de alho picados*
- *1 maço pequeno de cheiro-verde*
- *¼ de xícara (chá) de suco de limão*
- *½ xícara (chá) de vinho branco*
- *Azeite, limão e sal*

***Recheio*:**

- *2 colheres (sopa) de óleo*
- *2 colheres (sopa) de manteiga*
- *1 cebola pequena picada*
- *1 dente de alho amassado*
- *2 tomates sem pele*
- *150 g de camarões pequenos limpos*
- *1 colher (sopa) de salsa picada*
- *10 azeitonas pretas sem caroço*
- *Coentro picado*
- *Sal e pimenta-do-reino*
- *Farinha de mandioca*

1 Depois de retirar as escamas e as vísceras e lavar bem o peixe, esfregue-o com o sal e a pimenta-do-reino.

2 Bata em um processador a cebola, o alho, o cheiro-verde, o limão e o vinho branco. Esfregue a pasta obtida em toda a superfície do peixe, por dentro e por fora. Cubra e leve para marinar na geladeira por 1 hora.

3 Para o recheio, aqueça o óleo e a manteiga em uma panela e coloque a cebola e o alho. Refogue e acrescente os tomates picados. Cozinhe em fogo baixo e adicione os camarões, a salsa, as azeitonas picadas e o coentro. Misture bem e tempere com sal e pimenta-do-reino.

4 Adicione farinha de mandioca suficiente para fazer um recheio firme.

5 Encha a barriga do peixe com o recheio e costure-a, ou feche-a com palitos.

6 Arrume o peixe recheado em uma assadeira e regue com a marinada em que ele foi temperado. Leve ao forno por 45 minutos aproximadamente, pois o tempo de forno depende do tamanho e do peso do peixe.

7 Enquanto assa, regue-o de vez em quando com um pouco do próprio molho da assadeira.

8 Sirva com batatas cozidas ou pirão.

PEIXE ENSOPADO

- *1 kg de postas de peixe*
- *Sal e pimenta-do-reino*
- *1 cebola grande picada*
- *4 tomates sem pele em rodelas*
- *¼ de xícara (chá) de cebolinha picada*
- *¼ de xícara (chá) de salsa picada*
- *Pimenta-verde*
- *3 colheres (sopa) de suco de limão*
- *¼ de xícara (chá) de azeite*

1 Tempere as postas de peixe com o sal, a pimenta-do-reino, a cebola, os tomates, a cebolinha, a salsa, a pimenta-verde, o suco de limão e o azeite. Deixe marinando na geladeira por 1 hora.

2 Arrume o peixe com toda a marinada em uma panela e tampe. Leve ao fogo e cozinhe com a panela tampada até que o peixe esteja macio. Sirva com arroz branco ou com batatas cozidas e pirão.

PEIXE ASSADO INTEIRO

- *1 peixe de 2 kg a 3 kg*
- *Sal e pimenta-do-reino*
- *¼ de xícara (chá) de suco de limão ou vinagre*
- *¼ de xícara (chá) de azeite*
- *Salsa, alecrim e cebolinha picados*
- *100 g de manteiga*

1 Depois de retirar as escamas e as vísceras e lavar bem o peixe, faça alguns talhos profundos transversais nas laterais do peixe. Tempere com sal e pimenta-do-reino.

2 Misture o suco de limão, o azeite, a salsa, o alecrim e a cebolinha. Despeje sobre o peixe e deixe marinar por 2 horas.

3 Retire o peixe da marinada, unte-o com a manteiga e coloque em uma assadeira.

4 Regue com um fio de azeite e leve ao forno quente, regando regularmente com o molho da assadeira.

PEIXE COZIDO COM LEGUMES

- *2 chuchus descascados*
- *4 batatas médias*
- *2 cenouras descascadas*
- *4 cebolas médias*
- *6 folhas de repolho*
- *1 kg de postas de peixe*
- *Sal e pimenta-do-reino*
- *2 colheres (sopa) de óleo*
- *2 dentes de alho picados*
- *1 pimentão picado*
- *2 tomates sem pele picados*
- *1 colher (chá) de colorau*
- *1 colher (sopa) de cheiro-verde picado*
- *Farinha de mandioca*
- *1 colher (sopa) de farinha de trigo*

1 Corte os chuchus e as batatas em quatro partes. Corte as cenouras ao meio.

2 Coloque 3 litros de água levemente salgada para ferver em uma panela grande e acrescente as batatas e as cenouras. Cozinhe em fogo baixo por 10 minutos e acrescente as cebolas inteiras.Cozinhe por mais 4 minutos e adicione os chuchus. Coloque o repolho. Cozinhe até que fique tudo bem macio. Com uma escumadeira, retire os legumes cozidos da panela e mantenha-os aquecidos. Reserve o caldo do cozimento.

3 Tempere o peixe com sal e pimenta-do-reino.

4 Em uma panela grande, faça um refogado com o óleo, o alho, o pimentão e os tomates, adicione o colorau e o cheiro-verde. Refogue bem e coloque as postas de peixe na panela.

5 Regue com o caldo do cozimento reservado. Acrescente os legumes novamente à panela e cozinhe até que o peixe esteja macio. Separe metade do caldo em uma panela pequena e coloque para ferver. Acrescente aos poucos a farinha de mandioca nessa panela para fazer o pirão, mexendo bem para dar ponto.

6 Dissolva a farinha de trigo em um pouco do caldo e misture ao cozido de peixes. Ferva por mais 3 minutos. Acerte o sal e a pimenta-do-reino e sirva o peixe com o pirão.

PEIXE EM ESCABECHE

- *1 receita de* massa para fritar peixes *(pág. 599)*
- *1 receita de* molho escabeche *(pág. 472)*
- *12 filés de pescada*
- *Sal e pimenta-do-reino*
- *Óleo*

1 O peixe em escabeche deve ser preparado na véspera e conserva-se por muitos dias, desde que o molho o cubra bem.

2 Prepare a massa e o molho escabeche. Reserve.

3 Tempere os filés de pescada com sal e pimenta-do-reino, passe-os pela massa e frite em abundante óleo quente. Escorra em papel absorvente e arrume em uma travessa.

4 Regue com o molho escabeche e leve à geladeira por 24 horas.

5 Sirva como entrada.

POSTA DE PEIXE COM MOLHO DE ALCAPARRA

- *4 postas grandes de peixe*
- *2 colheres (sopa) de suco de limão*
- *Sal e pimenta-do-reino*
- *2 colheres (sopa) de azeite*
- *3 colheres (sopa) de manteiga*
- *2 colheres (sopa) de salsa picadinha*
- *50 g de alcaparras*

1 Tempere as postas de peixe com o suco de limão, o sal e a pimenta-do-reino e deixe marinar por 2 horas.

2 Coloque o azeite em uma assadeira ou em um refratário e arrume as postas de peixe com o molho da marinada. Leve ao forno quente por cerca de 20 minutos e vá regando, de vez em quando, com o molho da assadeira.

3 Coloque uma pequena panela em fogo baixo e adicione a manteiga, uma pitada de pimenta-do-reino e a salsa. Não deixe a manteiga derreter totalmente, quando ela estiver amolecida, junte as alcaparras bem espremidas e misture tudo muito bem até atingir a consistência de um creme grosso.

4 Arrume as postas de peixe em um prato ou sirva no próprio refratário em que foram ao forno. Regue com o molho de alcaparra e sirva-as bem quentes, acompanhadas de batatas cozidas e rodelas de limão.

VATAPÁ DE PEIXE

- *2 colheres (sopa) de manteiga*
- *1 xícara (chá) de azeite de dendê*
- *500 g de tomates sem pele e sem sementes picados*
- *500 g de cebolas médias picadas*
- *5 pimentões vermelhos picados*
- *5 pimentões verdes picados*
- *1 xícara (chá) de cheiro-verde picado*
- *1 xícara (chá) de salsa picada*
- *1 xícara (chá) de cebolinha picada*
- *1 colher (chá) de colorau*
- *500 g de camarões sete-barbas limpos*
- *Sal*
- *1 kg de filés de linguado*
- *100 g de pão francês amanhecido*
- *200 ml de leite de coco*
- *250 g de castanhas-do-pará ou amendoim*
- *2 pimentas-malagueta esmagadas*
- *500 g de camarões médios limpos*

1 Em uma panela, coloque a manteiga, metade da quantidade do azeite de dendê, os tomates e as cebolas e refogue por 5 minutos ou até que os tomates se desfaçam.

2 Adicione os pimentões, o cheiro-verde, a salsa, a cebolinha e o colorau. Deixe em fogo baixo.

3 Em outra panela, coloque os camarões sete-barbas e água suficiente para cobri-los. Junte 1 colher (chá) de sal e deixe ferver por 5 minutos.

4 Retire do fogo, escorra e passe os camarões pelo processador.

5 Acrescente-os ao refogado, mexa e mantenha em fogo baixo.

6 Coloque o peixe em uma panela com água e leve ao fogo por 5 minutos. Retire, escorra e acrescente-o ao refogado.

7 Coloque os pães de molho no leite de coco por 10 minutos. Depois bata-os no liquidificador, em velocidade média, por 3 minutos. Reserve.

8 Bata as castanhas-do-pará no processador e junte ao refogado. Misture tudo muito bem para que os filés de peixe se desmanchem, ficando um peixe desfiado e incorporado aos outros ingredientes. Cozinhe em fogo baixo por mais 10 minutos.

9 Prove o sal e, se preciso, acrescente mais, aos poucos.

10 Junte a pimenta-malagueta, mexa e mantenha a panela no fogo.

11 Quando o peixe estiver bem desfiado, acrescente os camarões médios inteiros, fervidos por 4 minutos em água e sal, com exceção de 6 deles, que devem ser reservados para a decoração.

12 Adicione os pães demolhados e vá mexendo até obter um creme que desgrude da panela.

13 Desligue o fogo, junte o restante do azeite de dendê e misture bem. Arrume o vatapá em uma travessa, decore com os camarões reservados e sirva, bem quente, com arroz branco.

VATAPÁ À BAIANA

- *6 pães franceses com casca*
- *1 litro de leite*
- *50 g de camarões secos*
- *100 g de amendoins torrados e sem pele*
- *100 g de castanhas de caju*
- *250 g de farinha de mandioca crua*
- *1 cebola grande picada*
- *3 dentes de alho*
- *1 raiz de gengibre*
- *2 cocos grandes ralados*
- *750 ml de água quente*
- *8 tomates sem peles*
- *Salsinha, cebolinha e coentro*
- *1 xícara (chá) de azeite de dendê*
- *Sal e pimenta-do-reino*
- *1 kg de camarões frescos limpos*

1 Coloque os pães de molho no leite. Quando estiverem amolecidos, bata os pães com o leite no liquidificador. Reserve.

2 Aqueça os camarões secos no forno e elimine as cabeças, os olhos e as cascas. Reserve, separadamente, os camarões e as cabeças e cascas.

3 Bata no liquidificador o amendoim, as castanhas de caju, os camarões secos, a farinha de mandioca, a cebola, o alho e o gengibre, reduzindo tudo a uma farofa fina. Peneire duas vezes essa farofa. Reserve.

4 Deixe o coco ralado de molho na água quente por 30 minutos. Coloque em um pano de prato seco e esprema sobre um recipiente, para extrair o leite de coco, que deverá estar bem grosso. Reserve.

5 Junte as cascas do camarão ao bagaço do coco espremido e leve para ferver com um pouco de água. Deixe ferver por alguns minutos, esprema em um pano de prato, se necessário, coe e reserve.

6 Bata no liquidificador os tomates, a salsa, a cebolinha e o coentro.

7 Em uma panela, junte os tomates batidos, o pão batido, a farofa peneirada e o caldo das cascas com o coco e leve ao fogo médio.

8 Adicione o azeite de dendê, sempre mexendo com uma colher de pau.

9 Acrescente o sal e a pimenta-do-reino e continue mexendo.

10 Quando o vatapá estiver cozido, ele começará a enrugar e desgrudar da panela. Adicione, então, o leite do coco que ficou reservado e os camarões frescos. Cozinhe por mais alguns minutos. Prove para verificar o sal e a pimenta.

11 Sirva com arroz branco.

DOURADO ASSADO

- *1 dourado*
- *Sal e pimenta-do-reino*
- *1 a 2 cebolas picadas*
- *1 maço de salsa e cebolinha picada*
- *1 folha de louro*
- *Suco de 1 limão*
- *Azeite*
- *100 g de manteiga derretida*

1 Retire as escamas e as vísceras do peixe e lave-o bem.

2 Coloque o sal, a pimenta-do-reino, a cebola, a salsa, a cebolinha e o louro em um socador e faça uma farofa. Esfregue essa mistura por todo o peixe, por dentro e por fora.

3 Coloque o peixe em uma travessa, regue-o com o suco de limão e deixe marinando por 15 minutos.

4 Passe o peixe para uma assadeira. Ele pode ser colocado deitado de comprido ou com a barriga para baixo, o que lhe dará melhor aspecto depois de assado. Regue com o azeite, a manteiga e o molho em que ficou marinando.

5 Leve para assar e, enquanto assa, regue de vez em quando com um pouco do molho da assadeira.

6 Sirva com fatias de limão e batatas coradas.

ENGUIA FRITA

- *1 enguia*
- *2 xícaras (chá) de vinho branco*
- *1 maço pequeno de cheiro-verde*
- *1 folha de louro*
- *Sal e pimenta-do-reino*
- *2 ovos*
- *1 colher (sopa) de azeite*
- *Farinha de rosca*
- *Óleo*

1 Retire e descarte a pele, as vísceras e a cabeça da enguia e lave-a bem.

2 Corte em postas e leve ao fogo, em uma panela, com o vinho branco, o cheiro-verde, o louro, o sal e a pimenta-do-reino.

3 Quando cozida, retire do fogo, escorra o molho e seque os pedaços em papel absorvente.

4 Bata os ovos com um pouco de sal e um fio de azeite.

5 Passe cada posta na farinha de rosca, depois nos ovos batidos e, de novo, na farinha, e frite em óleo bem quente.

GAROUPA ASSADA

- *1 garoupa*
- *Suco de 1 limão*
- *Sal e pimenta-do-reino*
- *1 ramo de cheiro-verde*
- *2 cebolas*
- *2 xícaras (chá) de vinho branco*
- *Manteiga*

1 Retire as escamas e as vísceras do peixe e lave-o bem. Tempere com o limão, o sal e a pimenta-do-reino.

2 Bata no liquidificador o cheiro-verde, as cebolas e metade da quantidade de vinho branco, fazendo um purê.

3 Coloque o peixe em uma assadeira e junte o vinho restante.

4 Coloque por cima do peixe alguns pedaços de manteiga e despeje o purê de cebolas em volta dele na assadeira.

5 Leve ao forno, para assar, durante cerca de 25 minutos.

6 Sirva com batatas coradas e o molho que preferir.

PEIXE INTEIRO COM MOLHO DE CAMARÃO

- *1 receita de* molho napolitano *(pág. 476)*
- *1 peixe de 2 kg a 3 kg (de carne branca e firme)*
- *2 colheres (sopa) de suco de limão*
- *Sal e pimenta-do-reino*
- *2 cebolas picadas*
- *4 colheres (sopa) de manteiga*
- *125 ml de vinho branco seco*
- *3 colheres (sopa) de azeite*
- *500 g de camarões limpos*
- *2 colheres (sopa) de salsa picada*

1 Prepare o molho napolitano conforme a receita.

2 Limpe o peixe e tempere com o limão, o sal, a pimenta-do-reino e metade da quantidade de cebola picada.

3 Deixe marinando por 1 hora. Passado esse tempo, leve para uma assadeira untada.

4 Coloque a manteiga em pedacinhos sobre o peixe e regue com o vinho branco. Leve ao forno para assar.

5 Faça, à parte, um refogado com o azeite e o restante das cebolas picadas. Quando a cebola estiver macia, adicione os camarões temperados com sal e pimenta-do-reino.

6 Refogue por 4 minutos e junte o molho napolitano pronto. Misture bem e cozinhe por mais 5 ou 6 minutos. Adicione a salsa e acerte o ponto do sal.

7 Retire o peixe do forno, arrume-o em uma travessa e despeje por cima o molho de camarões.

LAMBARI OU MANJUBA FRITOS

- *1 kg de lambaris ou manjubas*
- *Sal*
- *Farinha de trigo*
- *Óleo*

1 Retire as escamas e as vísceras dos peixes e lave-os bem.

2 Tempere com sal e passe na farinha de trigo. Frite-os em óleo quente até ficarem corados.

3 Sirva com gomos de limão.

PESCADINHA FRITA

- *1 kg de postas ou filés de pescada*
- *Sal e pimenta-do-reino*
- *¼ de xícara (chá) de suco de limão*
- *Farinha de trigo*
- *Óleo*

1 Misture o sal, a pimenta-do-reino e o suco de limão e coloque as postas de pescada para marinar nessa mistura por 20 minutos.

2 Enxugue as postas com papel absorvente e, passe-as, uma a uma, na farinha de trigo. Frite em óleo quente, deixando dourar bem, sem que queimem.

3 Ao retirá-las do fogo, arrume-as sobre papel absorvente para que fiquem bem enxutas.

Nota: As postas de pescada ficarão mais macias e gostosas se forem passadas no leite antes de serem envolvidas na farinha de trigo.

PESCADA À DORÉ

- *4 a 6 pescadas*
- *Sal e pimenta-do-reino*
- *Azeite*
- Massa para fritar peixes *(pág. 601)*
- *Óleo*

1 Retire as escamas das pescadas e lave-as bem. Retire as barbatanas, abra-as ao meio, pelo dorso, fazendo um corte rente à espinha.

2 Retire as espinhas, apare os lados da barriga, lave e enxugue bem os filés.

3 Tempere os filés com sal, pimenta-do-reino e azeite.

4 Deixe marinar por 10 minutos. Passado esse tempo, retire os filés da marinada, escorra e enxugue-os bem com papel absorvente.

5 Mergulhe os filés na massa e frite em óleo bem quente.

6 Escorra em papel absorvente e sirva com gomos de limão e *batatas sauté* (pág. 293).

FILÉ DE PESCADA À MILANESA

- *600 g de filés de pescada*
- *2 colheres (sopa) de suco de limão*
- *Sal e pimenta-do-reino*
- *3 ramos de salsa*
- *1 colher (chá) de azeite*
- *Farinha de rosca*
- *2 ovos batidos*
- *2 xícaras (chá) de óleo*
- *Gomos de limão ou queijo ralado*

1 Coloque os filés em um prato com o suco de limão, o sal, a pimenta-do-reino, a salsa em ramos, um pouco de água e um fio de azeite. Deixe marinando por cerca de 15 minutos. Escorra e enxugue os filés com papel absorvente.

2 Passe-os na farinha de rosca, depois nos ovos batidos e, novamente, na farinha de rosca. Frite em óleo bem quente.

3 Sirva com gomos de limão ou polvilhe queijo ralado.

FILÉ DE PESCADA COM MOLHO TÁRTARO

- *1 kg de filés de pescada branca de tamanho médio*
- *2 colheres (sopa) de suco de limão*
- *1 colher (sobremesa) de sal*
- *½ xícara (chá) de farinha de trigo*
- *3 ovos*
- *1 xícara (chá) de óleo de milho*

Molho:

- *250 g de maionese*
- *100 g de picles picados finamente*
- *1 colher (chá) de alcaparras*

1 Coloque os filés em uma travessa, tempere com o suco de limão e o sal. Deixe marinar por 15 minutos.

2 Enxugue os filés em papel absorvente, passe-os, um a um, na farinha de trigo e nos ovos batidos.

3 Aqueça bem o óleo e coloque 3 ou 4 filés de cada vez na frigideira. Doure os peixes dos dois lados, escorra e coloque sobre papel absorvente.

4 Para fazer o molho tártaro, misture a maionese com os picles e as alcaparras.

5 Arrume os peixes em uma travessa, espalhe o molho sobre eles ou sirva-o separado em uma molheira.

PIABA COZIDA

- *1 kg de piabas*
- *2 colheres (sopa) de suco de limão*
- *Sal e pimenta-do-reino*
- *2 colheres (sopa) de óleo*
- *1 cebola cortada em rodelas*
- *2 tomates sem pele picados*
- *¼ de xícara (chá) de cheiro-verde picado*
- *Farinha de mandioca*

1 Retire as escamas e as vísceras dos peixes e lave-os bem. Tempere com o suco de limão, o sal e a pimenta-do-reino e deixe marinando até a hora de ir ao fogo.

2 Faça um refogado com o óleo, a cebola, os tomates e o cheiro-verde.

3 Adicione os peixes, inteiros ou cortados e deixe refogar um pouco mais. Se necessário, coloque um pouco de água para o cozimento.

4 Depois de cozidos, retire os peixes com uma escumadeira e coe o molho.

5 Reserve uma parte do molho e na outra coloque um pouco de farinha de mandioca e mais um pouco de água, fazendo um pirão.

6 Sirva com o molho e o pirão.

FILÉ DE SALMÃO GRELHADO

- *500 g de salmão fresco*
- *½ colher (chá) de sal*
- *1 colher (sopa) de farinha de trigo*
- *1 colher (sopa) de manteiga derretida*

1 Corte o salmão em 4 filés e tempere com o sal. Deixe marinar por 10 minutos.

2 Passe os filés na farinha de trigo, unte-os com a manteiga e grelhe, na chapa ou frigideira bem quente, por 5 minutos de cada lado.

3 Sirva com *molho de alcaparras* (pág. 470) e batatas cozidas.

SALMÃO COM MARACUJÁ

- *4 filés de salmão*
- *Sal e pimenta-branca*
- *1 colher (sopa) de manteiga amolecida*

***Molho**:*

- *½ xícara (chá) de suco de maracujá concentrado*
- *1 maracujá maduro*
- *1 colher (chá) de açúcar*
- *Sal*
- *3 colheres (sopa) de manteiga gelada*

1 Tempere o salmão com o sal e a pimenta-branca.

2 Unte com a manteiga amolecida 4 retângulos de papel-alumínio; arrume cada filé sobre um retângulo e embrulhe. Coloque os embrulhos de salmão em uma assadeira e leve ao forno médio preaquecido. Asse por 25 minutos.

3 Coloque em uma panela o suco de maracujá, a polpa do maracujá maduro com as sementes, o açúcar e o sal. Leve ao fogo alto até que o suco comece a ferver, abaixe o fogo e ferva por 4 minutos. Retire a panela do fogo e adicione, aos poucos, a manteiga gelada e cortada em cubos, misturando sem parar para engrossar o molho.

4 Retire o peixe do forno, remova-o do alumínio com cuidado e transfira para uma travessa ou para pratos individuais. Regue com um pouco do molho. Sirva com legumes cozidos no vapor.

SALMÃO COM MOLHO HOLANDÊS

- *1 receita de* molho holandês *(pág. 474)*
- *4 filés de salmão*
- *Sal e pimenta-do-reino*
- *1 cebola*
- *1 cenoura*
- *1 alho-poró*
- *2 xícaras (chá) de água*
- *½ xícara (chá) de vinho branco*
- *1 folha de louro*

1 Prepare a receita de molho holandês conforme indicado.

2 Tempere o salmão com sal e pimenta-do-reino e reserve por 15 minutos.

3 Pique grosseiramente a cebola, a cenoura e o alho-poró. Coloque-os em uma frigideira funda e acrescente a água, o vinho branco, e o louro, sal e os grãos de pimenta-do-reino. Ferva esse caldo por 15 minutos.

4 Coloque os filés de peixe no caldo preparado e tampe. Cozinhe em fogo baixo por 15 minutos.

5 Retire cuidadosamente os filés de peixe do caldo e arrume-os em uma travessa ou em pratos individuais. Regue com um pouco do molho holandês e coloque o molho restante em uma molheira. Sirva com batatas cozidas e passadas na manteiga.

SARDINHA À PORTUGUESA

- *24 sardinhas frescas*
- *3 dentes de alho*
- *¼ de xícara (chá) de suco de limão*
- *Sal e pimenta-do-reino*
- *1 xícara (chá) de azeite*
- *Pimenta-do-reino em grãos*
- *1 cebola grande picada*

1 Limpe as sardinhas e descarte as espinhas. Misture o alho, o suco de limão, o sal e a pimenta-do-reino e coloque as sardinhas para marinar por 20 minutos.

2 Em uma panela de barro untada com azeite, monte camadas de peixe, alguns grãos de pimenta-do-reino, ½ colher (sopa) de cebola picada, 1 colher (sopa) de azeite e sal.

3 Quando a panela estiver quase cheia, cubra com mais azeite e deixe ferver em fogo baixo, muito lentamente, com a panela tampada, durante cerca de uma hora.

4 Sirva quando estiverem completamente frias.

SARDINHA NA BRASA

- *12 sardinhas frescas limpas*
- *Sal e pimenta-do-reino*
- *1 xícara (chá) de farinha de trigo*
- *¼ de xícara (chá) de fubá mimoso*
- *Azeite e suco de limão*
- *1 colher (sopa) de salsa picada*

1 Elimine a cabeça das sardinhas e abra-as ao meio. Remova a espinha central. Tempere as sardinhas com sal e pimenta-do-reino. Misture a farinha de trigo com o fubá. Coloque em um prato e enfarinhe os filés de sardinha dos dois lados, retirando o excesso.

2 Coloque em uma grelha sobre as brasas de uma churrasqueira e asse rapidamente, virando as sardinhas para dourarem bem dos dois lados.

3 Arrume em uma travessa e regue com azeite de boa qualidade e suco de limão. Salpique a salsa e sirva como antepasto.

TRAÍRA FRITA

- *Traíra*
- *Suco de limão*
- *Azeite*
- *Sal e pimenta-do-reino*
- *Farinha de trigo*
- *Óleo*

1 Retire as escamas e as vísceras do peixe, lave-o bem e corte em postas.

2 Prepare uma marinada com suco de limão, azeite, sal e pimenta-do-reino.

3 Coloque as postas na marinada até a hora em que for fritá-las.

4 No momento de levá-las à frigideira, enxugue muito bem as postas com papel absorvente e passe-as em farinha de trigo.

5 Frite as postas em óleo bem quente.

6 Sirva com um molho de sua preferência.

BACALHAU

Bacalhau

REMOVENDO O SAL

Pelo fato de ser um peixe seco à base de sal, para o preparo de qualquer receita que utiliza o bacalhau é necessário eliminar seu sal.

Corte o bacalhau em pedaços e lave-os em água corrente. Coloque-os em uma tigela e cubra com água fria. Leve à geladeira por 24 horas, em recipiente tampado, e troque a água duas ou três vezes nesse intervalo de tempo. Utilize conforme solicitado na receita.

Dependendo da qualidade e da espessura do peixe, o tempo em que fica de molho para retirar o sal pode variar para mais ou para menos, portanto verifique regularmente, experimentando lascas do peixe ainda cru.

BACALHOADA À MODA

- *1 kg de bacalhau*
- *2 maços de couve*
- *2 kg de batatas cortadas em rodelas não muito finas*
- *4 tomates cortados em rodelas*
- *Sal com alho amassado*
- *Pimenta-do-reino*
- *Cheiro-verde picado finamente*
- *3 cebolas grandes cortadas em rodelas*
- *12 ovos cozidos cortados em rodelas*
- *Azeitonas pretas*
- *Azeite*

1 Dessalgue o bacalhau conforme explicado anteriormente.

2 No dia seguinte, retire as peles e espinhas e corte-o em postas.

3 Rasgue e afervente a couve.

4 Cozinhe as batatas em água levemente salgada, deixando-as al dente.

5 Em uma panela, monte os ingredientes em camadas, o tomate, sal com alho, pimenta-do-reino, cheiro-verde e cebola. A couve, as postas de bacalhau, as batatas, os ovos e as azeitonas. Repita as camadas até terminarem os ingredientes.

6 Regue tudo com azeite e leve ao forno para assar por cerca de 1 hora.

BACALHAU À ESPANHOLA

- *750 g de bacalhau*
- *4 tomates sem pele cortados em rodelas*
- *2 pimentões vermelhos cortados em tiras*
- *4 batatas cortadas em rodelas e cozidas al dente*
- *2 cebolas cortadas em rodelas*
- *1 xícara (chá) de azeite*
- *1 colher (sopa) de colorau*

1 Dessalgue o bacalhau conforme instruções da página 615.

2 No dia seguinte, afervente o bacalhau, corte-o em pedaços e descarte as espinhas.

3 Em uma panela, arrume em camadas os pedaços de bacalhau, os tomates, os pimentões, as batatas e as cebolas.

4 Regue com um bom azeite e polvilhe um pouco de colorau.

5 Tampe bem a panela e leve para cozinhar, em fogo fraco por cerca de 1 hora.

BACALHAU ENFORMADO

- *500 g de bacalhau*
- *1 cebola média picada*
- *3 tomates sem pele picados*
- *3 pimentões picados*
- *1 colher (sopa) de extrato de tomate*
- *½ xícara (chá) de óleo*
- *4 batatas médias*
- *3 claras em neve*
- *3 gemas*
- *¾ de xícara (chá) de amido de milho*
- *2 colheres (sopa) de manteiga*
- *1 colher (chá) de fermento em pó*
- *5 colheres (sopa) de queijo ralado*
- *1 xícara (chá) de leite*
- *Sal e pimenta-do-reino*
- *Azeitonas sem caroços*

1 Dessalgue o bacalhau conforme instruções da página 615.

2 No dia seguinte, escorra e retire as peles e as espinhas.

3 Passe por um processador o bacalhau juntamente com a cebola, os tomates e os pimentões. Misture o extrato de tomate.

4 Em uma panela, aqueça o óleo e refogue a mistura de bacalhau. Reserve.

5 À parte, cozinhe as batatas com as cascas. Depois, escorra-as, descasque enquanto quentes e passe no espremedor. Reserve.

6 Junte as claras em neve com as gemas, o amido de milho, a manteiga, o fermento, o queijo, o refogado de bacalhau e a batata amassada.

7 Por último, adicione o leite, mexa bem, prove o sal e a pimenta, despeje em um refratário untado e leve para assar, em forno moderado preaquecido, durante 25 minutos.

8 Guarneça com as azeitonas sem caroços.

BACALHAU À BAIANA

- *1 kg de bacalhau cortado em postas pequenas*
- *½ xícara (chá) de azeite*
- *1 cebola picada*
- *1 dente de alho amassado*
- *4 tomates sem pele e sem sementes picados*
- *1 pimentão verde cortado em rodelas*
- *Suco de 1 limão*
- *2 colheres (sopa) de salsa picada*
- *1 xícara (chá) de leite de coco*
- *¼ de xícara (chá) deazeite de dendê*

1 Dessalgue o bacalhau conforme instruções da página 615.

2 No dia seguinte, retire o bacalhau da água, escorra, retire a pele e as espinhas.

3 Leve ao fogo o azeite e a cebola. Doure, acrescente o alho e os tomates. Refogue até que os tomates desmanchem. Acrescente o bacalhau e o pimentão. Misture bem.

4 Junte água fervente sempre que necessário, até que o bacalhau fique cozido.

5 Adicione o suco de limão, a salsa e o leite de coco. Ferva por 5 minutos, regue com o azeite de dendê e sirva.

BACALHAU COM LEITE DE COCO

- *1 kg de bacalhau cortado em pedaços*
- *5 colheres (sopa) de óleo*
- *1 cebola grande ralada*
- *1 dente de alho amassado*
- *1 pimentão verde cortado em tiras*
- *1 pimentão vermelho cortado em tiras*
- *2 colheres (sopa) de farinha de trigo*
- *5 tomates batidos no liquidificador e peneirados*
- *1½ xícara (chá) de água quente*
- *1 pitada de pimenta-do-reino*
- *1 xícara (chá) de leite de coco*
- *½ xícara (chá) de creme de leite*
- *½ xícara (chá) de cheiro-verde picado*
- *Sal*

1 Dessalgue o bacalhau conforme instruções da página 615.

2 No dia seguinte, afervente o bacalhau e retire a pele e as espinhas. Reserve.

3 Em uma panela com o óleo, refogue a cebola e o alho, junte os pimentões e refogue por mais alguns minutos. Polvilhe a farinha de trigo e mexa. Adicione o bacalhau, os tomates e a água quente.

4 Tampe a panela e deixe cozinhar por 15 minutos.

5 Tempere com a pimenta-do-reino; junte o leite de coco, o creme de leite e o cheiro-verde e ajuste o sal se necessário. Deixe aquecer bem.

6 Retire do fogo e sirva com arroz branco.

BACALHAU GRATINADO

- *800 g de bacalhau*
- *3 colheres (sopa) de manteiga*
- *3 colheres (sopa) de farinha de trigo*
- *3 xícaras (chá) de leite*
- *2 gemas*
- *1 colher (sopa) de mostarda*
- *2 colheres (sopa) de suco de limão*
- *Sal e pimenta-do-reino*
- *Noz-moscada a gosto*
- *¾ de xícara (chá) de creme de leite fresco*
- *6 batatas médias*
- *½ xícara (chá) de azeite*
- *2 cebolas picadas*
- *2 colheres (sopa) de parmesão ralado*

1 Dessalgue o bacalhau conforme instruções da página 615.

2 Afervente o bacalhau, retire a pele e as espinhas desfie grosseiramente.

3 Coloque a manteiga e a farinha em uma panela, leve ao fogo e misture bem até que estejam bem incorporadas.

4 Acrescente o leite aos poucos, misturando bem para que fique um molho branco cremoso. Cozinhe por 10 minutos em fogo baixo. Reserve.

5 Em uma tigela, misture as gemas, a mostarda e o suco de limão; acrescente ao molho branco e misture rapidamente. Tempere com sal, pimenta-do-reino e noz-moscada.

6 Leve ao fogo novamente, acrescente o creme de leite e cozinhe tudo por mais 3 minutos. Reserve.

7 Descasque as batatas e corte-as em cubos de 2 cm. Coloque o azeite em uma frigideira grande e frite as batatas por 10 minutos. Acrescente a cebola e refogue até que as batatas estejam macias. Tempere com sal e pimenta-do-reino.

8 Coloque a mistura de batatas e cebolas em um refratário, cubra com o bacalhau desfiado e regue com o molho branco.

9 Polvilhe o parmesão e leve ao forno preaquecido para dourar. Sirva com arroz branco.

BACALHAU À MODA DE NICE

- *500 g de bacalhau*
- *4 colheres (sopa) de azeite*
- *1 cebola grande fatiada*
- *8 tomates sem pele e sem sementes picados*
- *2 colheres (sopa) de salsa picada*
- *1 dente de alho picado*
- *1 pitada de açafrão em pó*
- *½ colher (chá) de páprica*
- *Sal*
- *8 batatas descascadas*
- *100 g de azeitonas sem caroço*

1 Dessalgue o bacalhau conforme instruções da página 615. No dia seguinte, corte-o em pedaços e afervente por 10 minutos. Retire a pele e as espinhas.

2 Em outra panela, preferivelmente de barro, aqueça o azeite, junte a cebola e, assim que estiver dourada, junte os tomates, a salsa, alho, o açafrão, a páprica e o sal.

3 Tampe a panela e deixe cozinhar, lentamente, em fogo baixo por cerca de 10 minutos.

4 Corte as batatas em rodelas finas e coloque-as no refogado. Acrescente água quente suficiente para cobrir tudo.

5 Deixe cozinhar devagar e, assim que as batatas estiverem cozidas, coloque sobre elas os pedaços de bacalhau e as azeitonas. Tampe a panela e cozinhe em fogo baixo por mais 10 minutos.

6 Sirva na própria panela, acompanhado de arroz branco.

BACALHAU À MODA DO PORTO

- *1 kg de bacalhau*
- *1 xícara (chá) de azeite*
- *¼ de xícara (chá) de cheiro-verde*
- *2 cebolas cortadas em fatias finas*
- *2 pimentões cortados em fatias finas*
- *12 fatias de pão fritas em azeite*
- *3 ovos cozidos*
- *10 batatas cozidas fatiadas*
- *Azeitonas*

1 Dessalgue o bacalhau conforme instruções da página 615. No dia seguinte, corte-o em fatias, afervente e retire a pele e as espinhas.

2 Faça, à parte, um refogado com o azeite, o cheiro-verde, a cebola e o pimentão.

3 Em uma panela grande, de preferência de barro, monte camadas de bacalhau, pão frito, batatas, ovos, azeitonas e refogado de cebola com pimentão, até que a última camada seja de bacalhau.

4 Leve para cozinhar, em fogo baixo.

5 Quando a camada de bacalhau de cima estiver bem macia, é sinal de que tudo estará cozido e pronto para ser servido.

6 Leve à mesa na própria panela.

BACALHOADA PORTUGUESA

- *1 kg de bacalhau*
- *4 batatas grandes*
- *3 cebolas inteiras*
- *1 maço de couve-tronchuda*
- *1 xícara (chá) de azeite*
- *2 cebolas fatiadas*
- *4 tomates grandes sem pele picados*
- *Sal e pimenta-do-reino*
- *1 folha de louro*
- *2 colheres (sopa) de salsa picada*
- *¼ de xícara (chá) de vinagre*
- *3 ovos cozidos cortados em 4*
- *Azeitonas grandes*

1 Dessalgue o bacalhau conforme instruções da página 615. No dia seguinte, afervente-o e retire a pele e as espinhas.

2 Cozinhe as batatas, descascadas, em água e sal, juntamente com as cebolas inteiras.

3 Retire os talos das folhas de couve e afervente-as também em água e sal.

4 Leve ao fogo uma panela com o azeite e refogue as cebolas fatiadas. Acrescente os tomates, a pimenta-do-reino, o louro e a salsa picada. Ferva até que os tomates fiquem bem cozidos. Tempere com pouco sal e o vinagre.

5 Em outra panela funda, arrume, lado a lado, os pedaços de bacalhau, as batatas cozidas (inteiras), as cebolas cozidas e, por fim, as folhas de couve; regue com o molho de tomate e leve a panela ao fogo para ferver por alguns minutos.

6 Enfeite com os ovos cozidos e as azeitonas.

BOLINHO DE BACALHAU

- *300 g de bacalhau*
- *½ colher (sopa) de manteiga*
- *300 g de batatas cozidas e bem amassadas*
- *1 colher (sopa) de farinha de trigo*
- *½ xícara (chá) de leite*
- *Salsa picadinha*
- *4 ovos separados*
- *Sal*
- *Óleo*

1 Dessalgue o bacalhau conforme instruções da página 615. No dia seguinte, afervente-o e retire a pele e as espinhas.

2 Desfie bem o bacalhau ou passe-o por um processador e coloque-o em uma tigela. Adicione a manteiga, as batatas, a farinha de trigo, o leite, a salsa e as gemas. Acerte o ponto do sal e misture tudo. Bata as claras em neve e incorpore-as delicadamente à massa.

3 Molde os bolinhos e frite em óleo quente.

CAMARÃO

Camarão

BOBÓ DE CAMARÃO I

- *1 kg de camarões frescos*
- *¼ de xícara (chá) de suco de limão*
- *3 dentes de alho amassado*
- *1 colher (sobremesa) de sal*
- *1½ kg de mandioca*
- *½ xícara (chá) de azeite de oliva*
- *1 cebola grande ralada*
- *500 g de tomates sem pele e sem sementes*
- *1 pimentão vermelho em rodelas*
- *1 colher (chá) de coentro picado*
- *1 xícara (chá) de azeite de dendê*
- *2 xícaras (chá) de leite de coco*
- *2 pimentas-malagueta amassadas*
- Molho para bobó de camarão *(pág. 622)*

1 Descasque os camarões, limpe-os, retire as tripas e lave-os.

2 Tempere com o suco de limão. Misture os dentes de alho amassados com o sal e utilize o equivalente a 1 dente para temperar os camarões. Reserve.

3 Descasque a mandioca e corte em cubos, retirando a fibra do meio.

4 Leve ao fogo uma panela grande com a metade da quantidade de azeite e a cebola. Deixe dourar.

5 Adicione à panela metade da quantidade de tomates, o restante do alho amassado com sal e o pimentão. Refogue até os tomates desmancharem.

6 Junte a mandioca e cubra com água, tampe e deixe cozinhar.

7 Quando a mandioca estiver cozida, adicione mais 250 ml de água fria, abaixe o fogo e deixe cozinhar até que ela desmanche e se torne um creme.

8 Em outra panela, coloque o azeite e os tomates restantes, deixe ferver até os tomates desmancharem, tempere com sal, adicione o coentro e refogue os camarões por cerca de 3 minutos.

9 Adicione os camarões refogados à panela com o creme de mandioca acrescente o azeite de dendê, o leite de coco e as pimentas-malagueta; ferva um pouco mais.

10 Sirva com arroz branco e o molho para bobó de camarão.

Bobó de Camarão II

- *1½ kg de camarões*
- *2 colheres (sopa) de suco de limão*
- *1 pitada de pimenta-do-reino*
- *1 colher (chá) de sal*
- *1½ kg de mandioca picada*
- *1½ litro de água fervente*
- *1 folha de louro*
- *2 cebolas raladas*
- *2 xícaras (chá) de leite de coco*
- *5 colheres (sopa) de azeite de oliva*
- *1 dente de alho amassado*
- *½ xícara (chá) de cheiro-verde picado*
- *2 pimentões vermelhos picados*
- *8 tomates sem pele e sem sementes picados*
- *2 colheres (sopa) de azeite de dendê*
- Molho para bobó de camarão *(veja abaixo)*

1 Descasque os camarões e limpe-os. Tempere com o suco de limão, a pimenta-do-reino e o sal.

2 Cozinhe a mandioca, na água fervente, com o louro e 1 cebola. Tempere com sal. Escorra a mandioca e bata no liquidificador com metade da quantidade de leite de coco.

3 Enquanto isso, leve ao fogo o azeite com a outra cebola e o alho. Refogue por 5 minutos; adicione o cheiro-verde, os pimentões e os tomates. Cozinhe até os ingredientes estarem macios. Junte os camarões e cozinhe por mais alguns minutos.

4 Misture a mandioca já preparada.

5 Deixe levantar fervura, acrescente o leite de coco restante e o azeite de dendê (não deixe ferver).

6 Sirva quente, com arroz e o molho para bobó de camarão.

Molho para Bobó de Camarão

- *1 tomate grande cortado em cubos*
- *1 pimentão verde cortado em cubos*
- *1 cebola cortada em cubos*
- *2 colheres (sopa) de suco de limão*
- *2 colheres (sopa) de azeite*
- *1 colher (sopa) de vinagre*
- *2 pimentas-malagueta picadas*
- *Sal*
- *Coentro picado (opcional)*

1 Misture bem todos os ingredientes e, se gostar, acrescente um pouco de coentro picado.

2 Coloque em uma molheira e sirva acompanhando o bobó.

Bolinho de Camarão

- *1 kg de camarões limpos*
- *2 colheres (sopa) de óleo*
- *4 tomates sem pele picados*
- *Sal*
- *2 dentes de alho amassados*
- *1 cebola pequena picada*
- *2 colheres (sopa) de cheiro-verde picado*
- *1 colher (sopa) de manteiga*
- *2 colheres (sopa) de azeite*
- *2 xícaras (chá) de leite*
- *2 colheres (sopa) de farinha de trigo*
- *4 gemas desmanchadas*
- *Óleo*

1 Refogue os camarões no óleo com os tomates, o sal, o alho, a cebola e o cheiro-verde. Depois de cozidos, separe 24 dos camarões mais bonitos e pique finamente o restante.

2 Coloque na panela a manteiga e o azeite. Aqueça e adicione os camarões picados e o leite engrossado com a farinha de trigo. Refogue mais um pouco.

3 Retire do fogo e adicione as gemas. Leve de novo para cozinhar, misturando até despregar do fundo da panela. Acerte o ponto do sal.

4 Retire do fogo e deixe esfriar completamente. Molde os bolinhos em um formato redondo meio achatado, colocando no centro um camarão inteiro como recheio, e frite-os.

Camarão à Baiana

- *2 cebolas médias bem picadas*
- *2 colheres (sopa) de manteiga*
- *2 colheres (sopa) de óleo*
- *3 dentes de alho amassados*
- *1 kg de tomates sem pele e sem sementes batidos no liquidificador*
- *Sal*
- *1 kg de camarões médios limpos*
- *1 colher (sopa) de pimenta dedo--de-moça picada*
- *1 xícara (chá) de leite de coco*

1 Leve ao fogo uma panela com as cebolas, a manteiga, o óleo e o alho e deixe fritar por 3 minutos.

2 Acrescente os tomates, tempere com sal e deixe em fogo baixo durante 15 minutos, ou até obter um molho espesso.

3 Acrescente os camarões limpos, lavados e temperados com sal. Adicione a pimenta dedo-de-moça. Deixe no fogo até que os camarões estejam cozidos.

4 Adicione o leite de coco, deixe ferver por mais 2 minutos e sirva.

CAMARÃO À PORTUGUESA

- *1 kg de camarões médios limpos com a casca*
- *8 xícaras (chá) de água*
- *½ xícara (chá) de sal*
- *Óleo*

1 Lave bem os camarões em água corrente.

2 Misture a água com o sal para fazer uma salmoura. Coloque nela os camarões e deixe-os de molho por 30 minutos.

3 Escorra e leve ao forno morno por alguns minutos para que comecem a secar.

4 Coloque abundante óleo numa frigideira e, quando estiver bem quente, frite aos poucos os camarões até que as cascas fiquem bem douradas e crocantes.

5 Sirva com gomos de limão.

CAMARÃO À PROVENÇAL

- *20 camarões grandes*
- *½ xícara (chá) de farinha de trigo*
- *1 colher (chá) de sal*
- *1 colher (café) de pimenta-do-reino*
- *½ xícara (chá) de azeite*
- *2 colheres (sopa) de manteiga*
- *6 dentes de alho picados*
- *2 colheres (sopa) de suco de limão*
- *2 colheres (sopa) de salsa picada*

1 Limpe os camarões, eliminando as cascas e as tripas. Mantenha a cauda.

2 Prepare uma mistura com a farinha de trigo, o sal e a pimenta-do-reino.

3 Coloque metade da quantidade de azeite em uma frigideira e leve ao fogo.

4 Seque os camarões em papel absorvente e passe-os na farinha temperada, elimine o excesso de farinha e coloque-os no azeite quente, fritando de 5 em 5 camarões. Doure 3 minutos de cada lado e retire, mantendo-os aquecidos. Termine de fritar os camarões.

5 Acrescente o azeite restante à frigideira e coloque a manteiga. Aqueça e adicione o alho picado, refogue por 2 minutos e coloque novamente os camarões na frigideira. Regue com o suco de limão, salpique a salsa picada e, se necessário, acerte o sal do molho.

6 Sirva com arroz branco passado no molho que restar na frigideira.

CAMARÃO AO FORNO COM REQUEIJÃO

- *500 g de camarões médios limpos*
- *Sal e pimenta-do-reino*
- *Farinha de trigo*
- *4 colheres (sopa) de óleo*
- *2 colheres (sopa) de manteiga*
- *1 cebola picada finamente*
- *6 tomates sem pele picados*
- *2 colheres (sopa) de salsa picada*
- *250 g de requeijão cremoso*

1 Tempere os camarões com o sal e a pimenta-do-reino. Passe-os pela farinha de trigo e elimine o excesso. Reserve.

2 Em uma panela de fundo largo, aqueça um pouco do óleo com 1 colher (sopa) de manteiga.

3 Nessa mistura, doure aos poucos os camarões empanados na farinha, escorra e coloque mais óleo e manteiga na panela a cada nova adição de camarões. (A farinha passada nos camarões antes de serem fritos se depositará no fundo da panela e fará com que o molho fique mais espesso depois de pronto.)

4 Quando todos os camarões estiverem fritos, retire-os da panela e refogue nela a cebola até que fique bem macia, raspando bem o fundo da panela com uma colher de pau.

5 Acrescente os tomates e a salsa.

6 Coloque um pouco de água e deixe ferver por 20 minutos em fogo baixo para que o molho encorpe. Tempere com sal e pimenta-do-reino e coloque os camarões fritos de volta na panela. Ferva por mais 5 minutos.

7 Espalhe metade da quantidade de requeijão no fundo um refratário. Espalhe sobre ele o molho com os camarões e finalize com o restante do requeijão.

8 Leve ao forno quente até que ferva e fique dourado por cima.

9 Sirva quente com arroz branco.

CAMARÃO COM REQUEIJÃO

- *2 kg de camarões-rosa limpos*
- *Sal e pimenta-do-reino*
- *1 cebola ralada em ralo grosso*
- *½ xícara (chá) de óleo*
- *500 g de requeijão cremoso*
- *2 colheres (sopa) de vinho branco seco*
- *½ xícara (chá) de ketchup*

1 Tempere os camarões com sal e pimenta-do-reino.

2 Leve ao fogo a cebola ralada e o óleo. Espere dourar e adicione os camarões. Refogue durante 5 minutos.

3 Mexa os camarões até que o líquido seque.

4 Junte o requeijão e tampe a panela por 2 minutos, a fim de que este derreta bem.

5 Adicione o vinho branco e o ketchup. Deixe no fogo mais 5 minutos, mexendo de vez em quando, para misturar bem. Acerte o ponto de sal do molho.

6 Sirva quente, acompanhando arroz.

CAMARÃO COM CURRY

- *1 kg de camarões limpos e sem casca*
- *2 colheres (sopa) de manteiga*
- *1 cebola média picada finamente*
- *1 colher (sopa) de farinha de trigo*
- *Sal e pimenta-do-reino*
- *1 colher (sobremesa) de curry*
- *1 xícara (chá) da água em que foram cozidos os camarões*
- *1 xícara (chá) de creme de leite fresco*
- Chutney de manga *(pág. 466)*

1 Cozinhe os camarões em um pouco de água fervente levemente salgada. Retire os camarões e reserve a água do cozimento.

2 Leve ao fogo a manteiga com a cebola e, quando começar a dourar, adicione a farinha de trigo, o sal, a pimenta-do-reino e o curry. Refogue por 2 minutos e, aos poucos, adicione a água em que foram cozidos os camarões.

3 Quando começar a ferver, adicione os camarões e, em seguida, o creme de leite. Acerte o ponto do sal e da pimenta-do-reino.

4 Retire do fogo após 5 minutos e sirva acompanhado de arroz branco e chutney de manga.

CAMARÃO COM PALMITO

- *1 kg de camarões médios*
- *2 colheres (sopa) de óleo*
- *1 cebola picada finamente*
- *4 tomates sem pele picados*
- *2 colheres (sopa) de cheiro-verde picado*
- *Sal e pimenta-do-reino*
- *1 xícara (chá) de* caldo de camarão *(pág. 190)*
- *1 colher (sopa) de farinha de trigo*
- *¼ de xícara (chá) de leite frio*
- *1 xícara (chá) de palmito em conserva picado*

1 Descasque, limpe e cozinhe os camarões.

2 Refogue no óleo a cebola, os tomates, o cheiro-verde, o sal e a pimenta-do-reino.

3 Coloque os camarões no refogado e acrescente o caldo. Cozinhe por 6 minutos. Desmanche a farinha de trigo no leite e acrescente à panela.

4 Assim que ferver, junte o palmito e misture com cuidado. Acerte o sal e a pimenta-do-reino.

5 Sirva com arroz branco.

CAMARÃO NA MORANGA

- *1 moranga média*
- *Óleo*
- *1½ xícara (chá) de* caldo de camarão *(pág. 229) ou de* caldo de legumes *(pág. 228)*
- *4 colheres (sopa) de manteiga*
- *1 cebola grande picada*
- *1 colher (sopa) de coentro picado (opcional)*
- *1 kg de camarões médios limpos*
- *½ xícara (chá) de polpa de tomate*
- *2 colheres (sopa) de farinha de trigo*
- *Sal e pimenta-do-reino*
- *300 g de requeijão cremoso*

1 Corte cuidadosamente a tampa da moranga. Descarte as sementes e unte a casca e a tampa com um pouco de óleo.

2 Coloque novamente a tampa e embrulhe a moranga em papel-alumínio. Asse em forno quente preaquecido por 30 minutos. Retire o papel-alumínio e coloque novamente no forno para que a polpa da moranga fique macia (cerca de 20 minutos, dependendo do tamanho).

3 Com uma colher, retire parte da polpa

4 Bata em um liquidificador a polpa da moranga com o caldo de camarão.

5 Coloque em uma panela a manteiga. Aqueça bem e acrescente a cebola e o coentro. Refogue em fogo baixo até que a cebola fique macia. Junte os camarões e refogue por 2 ou 3 minutos. Salpique a farinha de trigo e misture bem. Adicione o caldo batido com a polpa da moranga. Cozinhe por 5 minutos, acerte o ponto do sal e da pimenta-do-reino.

6 Coloque a preparação dentro da moranga e adicione o requeijão às colheradas; misture delicadamente. Leve ao forno para aquecer bem. Sirva com arroz.

CASADINHO DE CAMARÃO

- *1 kg de camarões frescos*
- *3 colheres (sopa) de azeite*
- *1 cebola pequena picada*
- *2 colheres (sopa) de cheiro-verde picado*
- *Sal*
- *3 colheres (sopa) de manteiga*
- *2 xícaras (chá) de leite*
- *2 gemas*
- *3 colheres (sopa) de farinha de trigo*
- *2 tomates sem pele picados*
- *Queijo parmesão ralado*
- *Farinha de rosca*
- *2 ovos*

1 Limpe os camarões e divida-os em 2 partes iguais. Conserve uma metade com os camarões inteiros. Moa ou pique a outra metade para fazer a massa.

2 Em uma panela com o azeite, refogue a cebola, o cheiro-verde e os camarões inteiros. Tempere com sal.

3 Em outra panela, coloque 2 colheres (sopa) de manteiga, o leite e as gemas. Adicione a farinha de trigo, tempere com sal e cozinhe até obter um mingau bem grosso.

4 Em uma terceira panela, coloque 1 colher (sopa) de manteiga e os tomates. Refogue, junte os camarões moídos e refogue mais, sem mexer, para que não se desmanchem.

5 Depois de pronto o refogado, misture-o ao mingau grosso (que já deve estar pronto), e junte queijo ralado.

6 Leve a massa à geladeira, para tomar consistência, a fim de facilitar o preparo dos casadinhos.

7 Pegue 2 camarões inteiros, cruze-os, espete-os com um palito e cubra com a massa. Passe na farinha de rosca e nos ovos batidos e frite em óleo quente perto da hora de servir.

FRITADA DE CAMARÃO

- *300 g de camarões limpos e sem as cascas*
- *4 colheres (sopa) de óleo*
- *2 colheres (sopa) de cebola picada*
- *Sal e pimenta-do-reino*
- *3 tomates sem pele*
- *4 ovos separados*
- *2 colheres (sopa) de salsa picada*

1 Leve os camarões para refogar no óleo com a cebola, o sal, a pimenta-do-reino e os tomates picados.

2 Quando o molho estiver espesso e os camarões cozidos, retire a panela do fogo.

3 Bata as gemas e tempere com sal e a salsa picada. Incorpore ao molho de camarões.

4 Bata as claras em neve e incorpore delicadamente à mistura.

5 Coloque em um refratário retangular untado.

6 Asse em forno preaquecido em temperatura moderada, até que forme uma crosta dourada.

Nota: Se não quiser assar, leve o molho de camarões ao fogo em uma frigideira antiaderente com um pouco de manteiga e despeje os ovos batidos em cima, virando-os com um garfo, cuide para que o fogo não seja muito forte, para que a mistura não pegue no fundo e os ovos não fiquem queimados.

MOLHO CREMOSO DE CAMARÃO

- *2 colheres (sopa) de manteiga*
- *1 cebola média ralada em ralo grosso*
- *1 colher (sopa) de farinha de trigo*
- *2 xícaras (chá) de leite*
- *500 g de camarões cozidos em água e sal, descascados e limpos*
- *1 pitada de pimenta-branca*
- *1 pitada de noz-moscada*
- *Sal*
- *Salsa picada*

1 Leve a manteiga e a cebola ao fogo. Quando começarem a dourar, adicione a farinha, mexendo bem até tostar ligeiramente.

2 Acrescente aos poucos o leite, os camarões picados, a pimenta-branca, a noz-moscada e o sal. Deixe ferver em fogo baixo até engrossar, sem parar de mexer.

3 Apague o fogo e continue mexendo para esfriar um pouco, sem criar película.

4 Sirva sobre peixes grelhados ou com massas em geral. Salpique com salsa.

MUSSE DE CAMARÃO

- *1 litro de água*
- *500 g de camarões médios limpos*
- *1 colher (sopa) de gelatina em pó incolor*
- *1 xícara (chá) de maionese*
- *2 colheres (sopa) de ketchup*
- *1 colher (sopa) de suco de limão*
- *1 cubo de caldo de peixe ou legumes*
- *Sal e pimenta-do-reino*
- *½ xícara (chá) de creme de leite fresco*
- *2 claras*
- *Óleo*

1 Coloque a água para ferver e adicione os camarões com as cascas. Ferva por 10 minutos. Escorra os camarões e reserve a água. Retire as cascas dos camarões e reserve-os.

2 Cubra a gelatina com um pouco de água fria e deixe hidratar.

3 Coloque no liquidificador os camarões, a maionese, o ketchup e o suco de limão e processe até obter uma pasta. Escorra a gelatina e dissolva em banho-maria juntamente com o cubo de caldo em ½ xícara da água do cozimento dos camarões. Adicione ao liquidificador e bata até obter um creme homogêneo. Tempere com sal e pimenta-do-reino, incorpore o creme de leite sem bater e deixe esfriar completamente.

4 Bata as claras em neve e acrescente delicadamente à mistura de camarões. Unte um refratário com um pouco de óleo e coloque a mistura dentro dele. Leve à geladeira por 6 a 8 horas no mínimo. Sirva como entrada.

LAGOSTA

Lagosta

A carne desse crustáceo é finíssima e muito apreciada. A lagosta tem, no centro do corpo, uma tripa verde, que deve ser retirada ao prepará-la. A lagosta pode ser cozida em água temperada com sal ou em *court-bouillon* (pág. 465). Dependendo do tamanho, são suficientes 15 minutos para cozinhá-la. Deixe esfriar no próprio caldo do cozimento.

LAGOSTA À NEWBURG

- *2 caudas de lagostas cozidas*
- *3 colheres (sopa) de manteiga*
- *¼ de xícara (chá) de vinho branco*
- *2 colheres (sopa) de conhaque*
- *Sal e pimenta-do-reino*
- *Pimenta caiena*
- *1 xícara (chá) de creme de leite ou nata*
- *3 gemas*

1 Divida a lagosta, já preparada e cozida, ao meio e pelo comprimento, retire toda a carne e corte-a em pedaços regulares.

2 Refogue os pedaços de carne com metade da quantidade de manteiga.

3 Acrescente ao refogado o vinho branco e o conhaque. Tempere com sal e uma pitada de pimenta-do-reino e da pimenta caiena.

4 Aumente o fogo e deixe ferver até que o líquido se reduza à metade.

5 Misture o creme de leite com as gemas e reserve.

6 Retire a panela do fogo e adicione o creme de leite. Acerte o sal.

7 Leve novamente a panela ao fogo, mexa para evitar que seu conteúdo entre em ebulição. Retire do fogo e incorpore a manteiga restante quando o molho estiver bem aquecido e bem cremoso.

8 Sirva quente.

Lagosta à Thermidor

- *2 lagostas de aproximadamente 1 kg*
- *2 colheres (sopa) de manteiga*
- *3 colheres (sopa) de farinha de trigo*
- *500 ml de leite*
- *4 gemas*
- *Sal e pimenta-branca*
- *200 g de queijo emmenthal ralado*
- *1 colher (sopa) de ketchup*
- *1 vidro de cogumelos*
- *250 g de creme de leite*
- *2 colheres (sopa) de parmesão ralado*

1 Afervente as lagostas em água e sal durante 10 minutos.

2 Retire toda a carne das carcaças e retire a tripa do mesmo modo como se procede com o camarão. Reserve as carcaças.

3 Leve ao fogo, em uma panela, a manteiga e a farinha. Deixe dourar e, mexendo sempre com uma colher de pau, adicione o leite quente.

4 Quando engrossar, retire a panela do fogo e junte as gemas, uma de cada vez, mexendo bem após cada adição.

5 Verifique o sal e junte a pimenta-branca.

6 Volte a panela ao fogo e retire quando começar a ferver.

7 Adicione a carne picada das lagostas, o queijo *emmenthal*, o ketchup e os cogumelos fatiados, deixando cozinhar por alguns minutos.

8 Junte o creme de leite e não deixe ferver.

9 Com a mistura obtida, encha as carcaças das lagostas, polvilhe com o parmesão ralado e leve ao fogo para gratinar, o que demora de 5 a 10 minutos.

10 Sirva com arroz na manteiga.

LULA

Lula

LULA À CATALÃ

- *8 dentes de alho descascados*
- *2 pimentões vermelhos*
- *½ xícara (chá) de azeite*
- *½ colher (chá) de páprica picante*
- *1 kg de lulas limpas*
- *2 colheres (sopa) de vinho branco*
- *4 colheres (sopa) de suco de limão*
- *Sal e pimenta-do-reino*
- *3 colheres (sopa) de salsa picada*

1 Fatie finamente os dentes de alho. Retire as sementes dos pimentões e corte-os em tiras muito finas.

2 Aqueça o azeite em uma frigideira grande e coloque o alho e o pimentão, refogue em fogo baixo até que os pimentões estejam macios e o alho levemente dourado.

3 Salpique a páprica e aumente o fogo.

4 Adicione as lulas à frigideira e refogue por cerca de 4 minutos.

5 Acrescente o vinho branco e deixe evaporar. Apague o fogo e regue com o suco de limão. Tempere com sal e bastante pimenta-do-reino. Coloque em uma travessa.

6 Salpique a salsa e sirva com fatias de pão.

LULA EMPANADA

- *500 g de lulas limpas*
- *½ xícara (chá) de farinha de trigo*
- *Óleo*
- *Sal*

1 Corte as lulas em anéis de 1 cm e seque-as bem.

2 Coloque os anéis em um saco plástico com a farinha de trigo. Feche o saco e agite bem. Coloque as lulas em uma peneira e balance para retirar o excesso de farinha.

3 Frite as lulas aos poucos em bastante óleo até estarem douradas. Salpique sal e sirva com gomos de limão.

Caranguejo e Siri

Caranguejo e Siri

Esses crustáceos, que variam muito de tamanho, são saborosos e nutritivos. Antes de cozinhá-los, retire a pequena barbatana do meio da cauda e a tripa preta que fica junto a ela. Se não retirada, essa tripa deixa um gosto desagradável no caranguejo.

Caranguejo Cozido

- *12 caranguejos limpos*
- *1 receita de* court-bouillon *(pág. 466)*
- *Azeite*

1 Cozinhe os caranguejos no court-bouillon por 15 a 20 minutos.

2 Retire-os do caldo, escorra bem e arrume-os em uma travessa.

3 Regue com azeite e sirva com gomos de limão.

Virado de Caranguejo

- *500 g de carne limpa de caranguejos*
- *3 colheres (sopa) de manteiga*
- *1 cebola picada*
- *2 tomates sem pele picados*
- *1 colher (sopa) de colorau*
- *Sal e pimenta-do-reino*
- *1 dente de alho picado finamente*
- *2 colheres (sopa) de azeite*
- *1 xícara (chá) de leite*
- *2 xícaras (chá) de farinha de milho*

1 Compre a carne de caranguejo já limpa ou cozinhe alguns caranguejos e retire a carne toda (do corpo e das pernas).

2 Faça um refogado com a manteiga, a cebola, os tomates, o colorau, o sal, a pimenta-do-reino e o alho.

3 Assim que o refogado estiver no ponto (não deixe secar muito), coloque nele a carne dos caranguejos, o azeite e o leite.

4 Engrosse o virado, adicionando, aos poucos, a farinha de milho. Se resultar em um virado muito seco, adicione um pouco de água fervente. Acerte o tempero do sal e da pimenta-do-reino.

5 Sirva com molho de pimenta vermelha. Se quiser pode colocar o virado para rechear as carcaças dos caranguejos.

Nota: *O virado deve ficar com boa consistência, mas não muito duro.*

Frigideira de Caranguejo

- *4 colheres (sopa) de óleo*
- *1 cebola picada finamente*
- *1 dente de alho picado*
- *1 pimentão verde pequeno picado*
- *500 g de carne limpa de caranguejo*
- *½ xícara (chá) de leite de coco*
- *Sal e pimenta-do-reino*
- *5 ovos grandes*
- *Farinha de rosca*
- *1 cebola cortada em fatias*
- *1 pimentão vermelho fatiado*
- *1 tomate fatiado*

1 Coloque o óleo em uma frigideira e leve ao fogo, acrescente a cebola, o alho e o pimentão verde. Refogue bem em fogo baixo, até que tudo fique macio. Acrescente a carne de caranguejo, refogue e regue com o leite de coco. Tempere com sal e pimenta-do-reino, apague o fogo e deixe esfriar.

2 Separe os ovos e bata as gemas em uma tigela. Acrescente ao refogado de caranguejo e tempere com sal e pimenta-do-reino.

3 Bata as claras em neve e acrescente aos caranguejos, misturando devagar.

4 Unte um refratário com manteiga e polvilhe farinha de rosca. Despeje a mistura no recipiente. Decore com as fatias de cebola, de pimentão e de tomate. Salpique um pouco da farinha de rosca e leve ao forno preaquecido para assar por 25 minutos ou até que esteja bem dourado.

Siri Recheado

- *4 siris*
- *1 cebola picada*
- *4 colheres (sopa) de salsa picada*
- *Sal e pimenta-do-reino*
- *2 colheres (sopa) de pão de milho esfarelado*

1 Cozinhe os siris e deixe esfriar.

2 Arranque as patas, quebre-as e aproveite a carne.

3 Retire da carcaça a parte que segura as patas e a carne com a massa amarelo-acinzentada.

4 Coloque a carne em uma tigela, e acrescente todos os outros ingredientes e misture bem.

5 Encha as cascas dos siris com essa mistura e sirva como entrada, acompanhadas de gomos de limão e molho de pimenta-vermelha.

Casquinha de Siri

- *2 xícaras (chá) de pão amanhecido cortado em cubos*
- *¾ de xícara (chá) de leite de coco*
- *2 colheres (sopa) de óleo*
- *1 cebola pequena picada*
- *1 dente de alho picado*
- *1 pimentão pequeno picado*
- *300 g de carne de siri*
- *2 tomates sem pele e sem sementes picados*
- *1 colher (sopa) de farinha de trigo*
- *Sal e pimenta-do-reino*
- *1 colher (sopa) de coentro picado*
- *2 colheres (sopa) de farinha de rosca*
- *4 colheres (sopa) de queijo parmesão ralado*

1 Em uma tigela, cubra os pedaços de pão com o leite de coco para que fiquem bem embebidos. Aqueça o óleo em uma panela e acrescente a cebola, o alho e o pimentão.

2 Refogue por 10 minutos e adicione a carne de siri e os tomates. Misture bem.

3 Junte a farinha de trigo, misture novamente e acrescente o pão e o leite em que ficou de molho. Cozinhe até que o pão desmanche e que a mistura fique cremosa. Retire do fogo.

4 Tempere com sal e pimenta-do-reino e acrescente o coentro. Deixe esfriar completamente. Recheie as casquinhas do siri ou conchas apropriadas. Salpique a farinha de rosca e o parmesão ralado e leve-as ao forno para dourar.

Nota: *Se gostar das casquinhas com sabor mais picante, adicione ao refogado uma pimenta dedo-de-moça bem picada.*

OSTRAS

Ostras

CUIDADOS E MODO DE ABRIR

As ostras pequenas são as mais apreciadas. São consumidas geralmente cruas, ligeiramente salpicadas de pimenta-do-reino ou regadas com caldo de limão. Nunca é demais recomendar muito cuidado na escolha das ostras:

- É preciso que sejam frescas e que, ao abri-las, contenham água. Do contrário, não servem para o consumo, pois podem causar sérias intoxicações.
- Escolha ostras frescas e vivas de um fornecedor de confiança.
- Para abrir as ostras, coloque uma a uma sobre um pano limpo, com o lado mais arredondado para baixo, e introduza uma faca pequena no meio da concha para separar as metades; torça a faca para fazer pressão na concha e, assim que sentir que a pressão aliviou, passe-a em torno da concha para cortar o músculo.

OSTRA À FLORIANO

- *12 ostras frescas*
- *2 colheres (sopa) de manteiga*
- *1 maço pequeno de cheiro-verde picado*
- *Sal e pimenta-do-reino*
- *1 xícara (chá) de vinho branco*
- *3 gemas*
- *1 colher (sopa) de suco de limão*
- *Farinha de rosca*
- *Manteiga derretida*

1 Abra as conchas, retire as ostras e coloque-as, com a sua água, em um prato. Reserve as conchas.

2 Em uma panela, coloque a manteiga, o cheiro-verde, o sal, a pimenta-do-reino e o vinho branco. Acrescente as ostras com a própria água.

3 Deixe ferver até que o molho reduza bem. Retire a panela do fogo, junte as gemas e o caldo de limão, misture bem, volte ao fogo e cozinhe até o molho engrossar.

4 Lave bem as conchas e recheie-as com a mistura obtida.

5 Polvilhe a farinha de rosca e regue com a manteiga derretida e levemente temperada com sal.

6 Leve ao forno quente preaquecido.

OSTRA AO NATURAL

- *12 ostras frescas*
- *Gelo triturado*
- *Gomos de limão*
- *Pimenta-do-reino*

1 Escolha ostras frescas e vivas de um fornecedor de confiança.

2 Para abri-las coloque uma a uma sobre um pano limpo, com o lado mais arredondado para baixo, e introduza uma faca pequena no meio da concha para separar as metades; torça a faca para fazer pressão na concha, e, assim que sentir que a pressão aliviou, passe-a em torno da concha para cortar o músculo.

3 Retire a parte superior da concha, preservando o líquido da ostra na concha inferior. Arrume as conchas em que as ostras ficaram sobre uma camada de gelo triturado.

4 Coloque ao lado gomos de limão e pimenta-do-reino para ser moída na hora.

Ostra à New Orleans

- *24 ostras*
- *1 receita de* massa para fritar peixes *(pág. 564)*
- *Sal e pimenta-do-reino*
- *Óleo*

Molho:

- *1 colher (sopa) de molho inglês*
- *½ colher (chá) de molho de pimenta vermelha*
- *1 colher (sopa) de pasta de raiz-forte*
- *½ xícara (chá) de polpa de tomate*
- *2 colheres (sopa) de suco de limão*
- *1 colher (chá) de cebola bem picada*
- *4 colheres (sopa) de maionese*
- *Sal e pimenta-do-reino*

1 Prepare a massa para fritar peixes.

2 Abra as ostras, retire-as das conchas e seque em papel absorvente. Salpique um pouco de sal e pimenta-do-reino.

3 Aqueça bem o óleo. Mergulhe as ostras na massa, escorra o excesso e doure-as rapidamente no óleo quente.

4 Para o preparo do molho, basta misturar todos os ingredientes em uma pequena tigela. Sirva-o em uma molheira acompanhando as ostras.

Caldas, Glacês e Recheios Doces

Caldas, Glacês e Recheios Doces

"Os animais saciam-se; o homem come; só o apreciador sabe comer."

BRILLAT-SAVARIN. TEXTO DA EDIÇÃO DE 1942 DE *DONA BENTA*.

CALDAS

GLACÊS

RECHEIOS DOCES

CALDAS

CALDA DE AÇÚCAR

A calda de açúcar é feita no fogo, com água fervente, na seguinte proporção:

- *açúcar: 500 g – água: 250 ml para caldas médias ;* ou
- *açúcar: 500 g – água: 2 xícaras (chá) para caldas grossas.*

CLARIFICAÇÃO

A maneira mais simples de clarificar a calda é juntar à mistura de água e açúcar uma clara batida (antes de levar ao fogo).

A clara, coagulando-se pela ebulição, vem à superfície em forma de espuma, e as impurezas ficam grudadas nela. Retire essa espuma com uma escumadeira e, se quiser (não é indispensável), coe a calda em um pano de prato limpo.

PONTO DE VOAR

Mergulhe a escumadeira na calda e levante-a: se logo se formarem alguns fios finos e longos (que parecem quebrar, mas não se desmancham), está no ponto.

PONTO DE BALA MOLE OU DE AÇÚCAR

Despeje um pouco de calda em uma xícara com água fria. Procure juntar toda a calda com a ponta dos dedos. Se conseguir fazer isso com facilidade, está no ponto.

PONTO DE QUEBRAR

Despeje um pouco de calda em uma xícara com água fria e procure fazer com ela uma bala, juntando-a inteira com a ponta dos dedos: se formar a bala imediatamente e ela ficar dura e quebradiça, estará no ponto.

PONTO DE ESPADANA

A calda está em ponto de espadana quando escorre da escumadeira em lâminas ou quando, imergindo a escumadeira na calda e levantando-a em seguida, você vê a calda cair pelos buracos, formando pequenas pérolas.

PONTO DE PASTA

É o ponto mais tênue. Mergulhe a escumadeira bem no centro da panela e erga-a dando voltas. A calda está no ponto quando cai formando franja, saindo às vezes um fio mais longo do meio de toda essa franja.

PONTO DE ESPELHO

Proceda como para obter o ponto de pasta. Só que, no ponto de espelho, a calda deve ficar mais transparente: ela se afina com uma transparência de espelho.

PONTO DE FIO BRANDO

Retire um pouco de calda em um pratinho. Assim que esfriar, molhe nela o polegar, junte o indicador e afaste-o: se formar um fio mole, está no ponto.

PONTO DE FIO

Proceda como para obter o ponto de fio brando: quando o fio ficar mole, mas sem quebrar, um fiozinho puxa-puxa, a calda estará no ponto de fio.

AÇÚCAR QUEIMADO OU CARAMELO

Coloque 1 xícara (chá) bem cheia de açúcar em uma panela e vá mexendo com uma colher de pau até que o açúcar derreta todo. Acrescente, depois, 1 xícara (chá) de água, mexa, deixe que o açúcar derreta e que a calda vá fervendo até tomar o ponto para untar fôrmas de pudim.

CALDA PARA CREMES E PUDIM

Opção 1:

- *250 g de açúcar*
- *⅓ de xícara de água quente*

1 Coloque o açúcar em uma panela pequena e vá mexendo até que derreta por igual.

2 Quando a calda ficar com uma cor dourada, junte um pouco de água quente, desmanchando bem o caramelo que se formou.

3 Coloque na fôrma.

Opção 2:

- *Açúcar*
- *1 colher (sopa) de água*

1 Na fôrma em que vai assar o pudim, coloque uma porção de açúcar (variável conforme o tamanho do recipiente a ser revestido) e leve ao fogo. Deixe derreter, sem água, até que o caramelo tome uma cor marrom-clara.

2 Junte a água e agite a fôrma em todos os sentidos, de modo que a calda escorra bem por todos os lados e forre toda a fôrma.

CALDA DE CHOCOLATE

- *300 g de chocolate amargo*
- *½ xícara (chá) de glucose de milho ou mel*
- *¼ de xícara (chá) de água*
- *1 xícara (chá) de leite*
- *1 colher (café) de essência baunilha*

1 Leve o chocolate ao fogo, em banho-maria, e junte a glucose de milho ou o mel.

2 Acrescente a água e deixe ferver por alguns minutos até começar a engrossar.

3 Retire do fogo, adicione o leite e a baunilha e misture bem.

Nota: Use esse molho para cobrir fatias de bolo ou para acompanhar sorvetes.

CALDA DE CHOCOLATE PARA PUDIM

- *120 g de chocolate meio amargo*
- *1 xícara (chá) de água*
- *3 colheres (sopa) de creme de leite*
- *1 colher (chá) de manteiga*

1 Dissolva o chocolate no banho-maria com 1 xícara (chá) de água.

2 Bata o creme de leite com a manteiga e junte o chocolate frio. Misture bem e sirva acompanhando o pudim.

GLACÊS

Glacês

FONDANT

- *1 xícara (chá) de água*
- *500 g de açúcar*
- *1 colher (chá) de suco de limão*

1 Misture bem a água e o açúcar em uma panela, leve ao fogo e tampe. Ferva tampada por 3 minutos. Retire a tampa e ferva por cerca de 12 minutos até obter o ponto de fio grosso.

2 Despeje sobre uma pedra de mármore e borrife com o suco de limão. Misture com uma espátula de madeira fazendo o movimento de vaivém. A calda vai adquirir uma textura de pasta branca e macia. Teste para ver se consegue modelar a massa. Deixe esfriar e guarde em um recipiente.

3 Quando for utilizar, derreta o fondant em banho-maria e aplique conforme solicitado na receita. O fondant pode ser colorido com algumas gotas do corante alimentar de sua preferência.

GLACÊ A FRIO

- *2 claras*
- *Açúcar bem fino ou peneirado*
- *1 colher (sopa) de suco de limão*

1 Coloque as caras em uma tigela, junte, aos poucos, o açúcar peneirado e vá batendo até formar uma pasta lisa e macia, fácil de trabalhar.

2 Acrescente à pasta o suco de limão e continue a bater mais um pouco.

3 Se o glacê passar do ponto, dissolva-o com um pouco de água quente; se não chegou ao ponto, bata mais, até obter a consistência desejada.

GLACÊ DE FRUTAS, LICOR OU XAROPE

- *250 g de açúcar*
- *4 colheres (sopa) de suco de fruta ou licor, ou xarope*

Bata o açúcar (peneirado) com o suco da fruta de sua preferência, o licor ou o xarope, até obter o ponto necessário.

Nota: *Assim se faz glacê de abacaxi, de laranja, de rum etc.*

GLACÊ DE LARANJA PARA TORTA

- *¾ de xícara (chá) de suco de laranja*
- *4 colheres (sopa) de açúcar*

Misture o suco de laranja com o açúcar e leve ao fogo baixo até engrossar um pouco. Despeje quente sobre a torta.

GLACÊ DE CAFÉ

- *250 g de manteiga*
- *350 g de açúcar de confeiteiro*
- *2 colheres (sopa) de café preparado e frio*

1 Bata a manteiga até formar um creme claro.

2 Junte o açúcar de confeiteiro peneirado e bata para que se incorpore à manteiga.

3 Prepare um café bem forte, deixe esfriar e adicione ao glacê, colher por colher, batendo constantemente.

4 Leve à geladeira por 15 minutos e ele estará pronto para ser usado.

Nota: *Próprio para massas tipo pão de ló, de nozes e amanteigadas.*

GLACÊ DE REVESTIMENTO

- *1 clara*
- *Açúcar*
- *1 colher (sobremesa) de suco de limão*

1 Bata a clara em neve e junte, aos poucos, o açúcar.

2 Acrescente o limão e mais açúcar, até o ponto de suspiro firme.

3 Passe o glacê de revestimento sobre o bolo e deixe secar bem.

GLACÊ REAL PARA TRABALHO COM BICOS

- *1 clara*
- *Açúcar de confeiteiro*
- *1 colher (chá) de suco de limão*

1 Bata a clara em neve.

2 Junte aos poucos o açúcar, intercale o limão e mais açúcar, até o ponto para ser trabalhado em bico.

GLACÊ DE CHOCOLATE EM PÓ

- *250 g de açúcar (peneirado)*
- *125 g de chocolate em pó*
- *6 colheres (sopa) de água*
- *1 colher (sopa) de manteiga*

1 Misture todos os ingredientes e bata bem até ficar firme.

2 Empregue em bolos.

GLACÊ DE CHOCOLATE COM BAUNILHA

- *1 colher (sopa) de leite*
- *2 xícaras (chá) de açúcar*
- *2 colheres (sopa) de chocolate em pó*
- *2 colheres (sopa) de manteiga*
- *1 colher (chá) de essência de baunillha*

1 Misture o leite, com o açúcar e o chocolate e leve ao fogo baixo, até derreter tudo. Vá mexendo até chegar em ponto de bala mole (pág. 646).

2 Retire do fogo, adicione a manteiga e a baunilha. Deixe esfriar até ficar morno, e bata mais um pouco.

3 Sirva sobre bolos.

GLACÊ DE CHOCOLATE MEIO AMARGO

- *125 g de chocolate meio amargo picado*
- *200 g de açúcar peneirado*
- *1 clara batida em neve*

1 Leve o chocolate ao banho-maria. Quando estiver mole, retire do fogo e junte o açúcar e a clara, batendo muito bem, com uma colher de pau, até obter um creme bem liso.

2 Depois de aplicá-lo como cobertura, leve o doce coberto à boca do forno quente para que o glacê seque e obtenha brilho.

GLACÊ DE CHOCOLATE ESPLÊNDIDO

- *100 g de chocolate em pó*
- *200 g de açúcar*
- *¼ de xícara de água*

1 Coloque o chocolate em uma tigela

2 Com o açúcar e a água, faça uma calda em ponto de fio (pág. 647) e misture, pouco a pouco, ao chocolate, mexendo sempre, até que o chocolate fique bem dissolvido.

3 Empregue imediatamente, antes de esfriar.

GLACÊ DE RUM

- *250 g de açúcar*
- *4 colheres (sopa) de rum ou licor kümmel*
- *1 colher (chá) de gim*

Peneire o açúcar, misture-o com o rum, acrescente o gim e misture muito bem.

GLACÊ DE CHOCOLATE QUENTE

- *150 g de chocolate ao leite picado*
- *6 colheres (sopa) de água*
- *250 g de açúcar refinado*

1 Derreta o chocolate em banho-maria com a água (mais ou menos 6 colheres das de sopa).

2 Junte o açúcar e vá mexendo até chegar em ponto de calda grossa.

3 Derrame em cima do bolo, levando-o ligeiramente ao forno quente, para secar.

GLACÊ DE CONFEITEIRO

- *2 claras*
- *200 g de açúcar*
- *2 colheres (sopa) de suco de limão ou 1 colher (chá) de vinagre*
- *2 colheres (sopa) de fécula de batata*

1 Bata as claras com o açúcar até o açúcar dissolver bem.

2 Adicione o suco de limão e continue a bater. Junte, por fim, a fécula de batata e bata mais um pouco.

3 Conserve o glacê na tigela, cobrindo-o com pano úmido até a hora de usar.

Nota: Utilizado em cobertura de bolos.

GLACÊ DE MANTEIGA

- *2 ovos*
- *250 g de açúcar*
- *300 g de manteiga em temperatura ambiente*
- *1 colher (café) de essência de baunilha*

1 Misture os ovos com o açúcar e leve ao fogo em banho--maria por 5 minutos, para o açúcar derreter um pouco e os ovos esquentarem.

2 Retire do fogo e bata na batedeira por 10 minutos ou até ficarem fofos como para pão de ló.

3 Junte a manteiga aos poucos, adicione a baunilha e bata um pouco mais.

4 Deixe a tigela do creme em lugar fresco ou na parte baixa da geladeira durante 15 minutos.

Nota: *Indicado para cobertura de bolos de massa amanteigada, de nozes e massas folhadas.*

GLACÊ DE LIMÃO

- *250 g de açúcar*
- *2 colheres (sopa) de suco de limão*
- *2 colheres (sopa) de água*

Peneire o açúcar, junte o suco de limão e a água e bata bem.

GLACÊ DE MANTEIGA E CHOCOLATE

- *125 g de açúcar*
- *200 g de chocolate picado*
- *2½ colheres (sopa) de manteiga*
- *1 colher (sopa) de água*

Misture bem todos os ingredientes e leve ao banho-maria até o chocolate e a manteiga terem derretido e o açúcar dissolvido.

Nota: *Esse glacê deve ser usado imediatamente.*

Merengue Italiano

- *250 g de açúcar*
- *250 ml de água*
- *2 claras*
- *1 colher (café) de essência de baunilha ou gotas de suco de limão*
- *1 pitada de fermento químico em pó*

1 Com o açúcar e a água, faça uma calda ligeiramente dourada.

2 Bata as claras em ponto de neve e despeje a calda lentamente sobre elas. Bata na batedeira até que esfrie.

3 Perfume com a baunilha, acrescente o fermento em pó e bata bastante.

4 Cubra o bolo com uma espátula e deixe secar.

Merengue Francês

- *5 claras*
- *200 g de açúcar de confeiteiro*

1 Na batedeira, bata as claras, quando elas começarem a espumar, acrescente o açúcar lentamente e bata até formar picos firmes.

2 Como as claras são utilizadas cruas, esse merengue é ideal para sobremesas que vão posteriormente ao forno, como finalização de tortas, o suspiro e a pavlova.

Recheios Doces

Recheios Doces

CREME DE CAFÉ PARA BOLOS

- *4 colheres (sopa) de manteiga*
- *1 xícara (chá) de açúcar*
- *1 xícara (chá) de café preparado forte*
- *1 colher (café) de essência de baunilha*

1 Na batedeira, bata a manteiga e junte o açúcar aos poucos até formar um creme esbranquiçado.

2 Misture o café ao creme, aos poucos, até que ele fique menos denso e mais fácil de espalhar sobre o bolo.

3 Adicione a baunilha, mexa bem e espalhe o creme entre as camadas do bolo.

Nota: Este creme serve de recheio ou para decorar qualquer bolo comum. É uma maneira simples de torná-lo diferente.

CREME CHANTILLY

- *500 ml de creme de leite fresco gelado*
- *4 colheres (sopa) de açúcar de confeiteiro*

1 Bata o creme de leite gelado, na batedeira, em velocidade alta, por 5 minutos, até que comece a engrossar.

2 Diminua para a velocidade mais baixa da batedeira e acrescente uma colher de açúcar de cada vez, sem parar de bater.

3 Quando começar a formar ondas, desligue a batedeira e teste o ponto. Ao subir o batedor, o creme deve formar picos.

4 Sirva a seguir ou conserve pronto na geladeira por algumas horas.

Notas: Para que o creme de leite fique em um ponto bom, leve-o ao congelador por 20 minutos antes de preparar o chantilly. Cuidado para não bater demais, se passar do ponto, ele começará a virar manteiga. Você pode aromatizá-lo com 1 colher (café) de essência de baunilha.

CREME DE CONFEITEIRO I

- 6 colheres (sopa) de farinha de trigo
- 500 g de açúcar
- 1 pitada de sal
- 6 gemas
- 1 litro de leite
- 1 pedaço de casca de limão

1 Misture a farinha com o açúcar e o sal.

2 Junte as gemas e dissolva tudo com o leite.

3 Passe por uma peneira.

4 Coloque a mistura em uma panela e junte a casca do limão.

5 Leve ao fogo e mexa até ferver.

6 Cozinhe por 2 ou 3 minutos, sem parar de mexer, e retire do fogo.

7 Descarte a casca do limão e deixe esfriar. Se quiser que fique mais liso, bata na batedeira.

Nota: Lave bem a casca do limão, seque e, com o descascador de legumes, faça tiras da casca com cuidado para não extrair a parte branca, ela pode deixar a receita amarga.

CREME DE CONFEITEIRO II

- ½ xícara (chá) de açúcar
- 3 colheres (sopa) de farinha de trigo
- 3 gemas
- 1 colher (chá) de essência de baunilha
- 2 xícaras (chá) de leite

1 Peneire o açúcar e a farinha juntos adicione as gemas, a baunilha e o leite e bata no liquidificador até misturar tudo muito bem.

2 Leve ao fogo e deixe ferver mexendo constantemente até que o creme engrosse. Deixe esfriar mexendo regularmente.

CREME DE CONFEITEIRO COM CHOCOLATE

Adicione à receita de *creme de confeiteiro I* ou *II* (pág. 659) 30 g de chocolate meio amargo picado e derreta no creme ainda quente.

CREME DE CONFEITEIRO COM CAFÉ

Adicione à receita de *creme de confeiteiro I* ou *II* (pág. 659) 1 colher (sopa) de café solúvel e dissolva no creme ainda quente.

RECHEIO DE FRUTAS

- *1 abacaxi de tamanho médio*
- *2 peras*
- *2 maçãs*
- *250 g de uvas Itália*
- *150 g de ameixas-pretas*
- *100 g de uvas-passas pretas*
- *600 g de açúcar*

1 Descasque o abacaxi, as peras e as maçãs. Rale as frutas no ralo grosso do ralador e coloque em uma panela.

2 Descasque as uvas com cuidado e corte-as ao meio. Retire as sementes e junte às outras frutas.

3 Retire os caroços e pique as ameixas-pretas. Junte às outras frutas.

4 Misture o açúcar e mexa bem até que ele dissolva.

5 Leve ao fogo baixo e mexa de vez em quando, para que não pegue no fundo.

6 Quarenta minutos depois, retire um pouco em um prato e verifique se as frutas estão cozidas. (Se for preciso, cozinhe mais, até reduzir o líquido que se formar na panela.)

Nota: *Se for empregar em tortas de massa folhada, esse recheio não deve ficar muito líquido. Já para massa de pão de ló, pode ser mais líquido.*

RECHEIO DE NOZES

- *250 g de açúcar*
- *1½ xícara (chá) de água*
- *250 g de nozes moídas*
- *6 gemas*
- *6 claras em neve*
- *1 cálice de vinho do Porto*

1 Dissolva o açúcar na água e leve ao fogo até obter uma calda em ponto de fio médio. (Para saber se chegou a esse ponto, retire da fervura um pouco de calda com uma colher e passe-a entre os dedos: se formar uma mistura pastosa, que se torna esbranquiçada, está no ponto.)

2 Enquanto a calda ferve, passe de vez em quando um pincel molhado em água fria por dentro da panela acima da calda, para dissolver os cristais de açúcar que se formam com a fervura.

3 Assim que a calda ficar pronta, retire-a do fogo e deixe esfriar um pouco.

4 Junte as nozes e mexa com uma colher de pau. Adicione as gemas ligeiramente batidas, as claras em neve e o vinho. Misture e leve ao fogo baixo.

5 Mexa constantemente, até aparecer o fundo da panela.

6 Retire do fogo e deixe esfriar. Está pronto.

Nota: Esse recheio é próprio para bolos de massa amanteigada ou de nozes.

RECHEIO DE QUEIJO E PASSAS

- *125 g de farinha de trigo*
- *100 g de queijo ralado*
- *300 g de açúcar*
- *4 gemas*
- *750 ml de leite*
- *100 g de uvas-passas brancas*

1 Misture a farinha com o queijo, o açúcar e as gemas; dissolva tudo com o leite.

2 Coloque as uvas-passas de molho em água por 10 minutos.

3 Leve a mistura ao fogo e mexa até ferver.

4 Deixe cozinhar por 4 ou 5 minutos para que o queijo derreta completamente.

5 Retire do fogo e continue mexendo até ficar morno.

6 Retire as uvas-passas do molho, escorra e adicione ao creme.

Nota: Este recheio é próprio para massas tipo pão de ló e tortas de massa folhada.

CREMES E PUDINS

Cremes e Pudins

"Un cuisinier, quand je dine,
Me semble un être divin,
Qui du fond de sa cuisine
Gouverne le genre humain."

DESAUGIERS. TEXTO DA EDIÇÃO DE 1942 DE *DONA BENTA*.

CREMES

PUDINS

Cremes

Cremes

AMBROSIA

- *1 litro de leite*
- *300 g de açúcar*
- *1 colher (chá) de água de flor de laranjeira*
- *6 ovos separados*

1 Ferva o leite e, com ele ainda quente, adicione o açúcar e mexa bem até que fique dissolvido.

2 Retire a panela do fogo, junte a água de flor de laranjeira e leve a panela ao fogo médio até o leite ferver outra vez.

3 Bata as claras em neve; junte as gemas e bata por mais 2 minutos. Despeje a mistura na panela com o leite fervente, tampe-a e deixe cozinhar, em fogo baixo, sem mexer, até a mistura ficar firme.

4 Com uma faca, corte a mistura já cozida (e firme) em pedaços médios e vire-os com a escumadeira. Deixe por mais 1 minuto no fogo.

5 Retire a panela do fogo e deixe a ambrosia esfriar durante 10 minutos.

6 Sirva em uma compoteira.

CREME DE ABACATE

- *2 abacates maduros*
- *¼ de xícara (chá) de leite*
- *¼ de xícara (chá) de açúcar*
- *1 colher (café) de essência de baunilha*

1 Corte os abacates ao meio, retire a polpa e leve a um liquidificador ou processador. Adicione o leite, o açúcar e a essência de baunilha. Bata até obter um creme bem liso.

2 Leve à geladeira por 1 hora.

3 Sirva gelado com gotas de suco de limão.

CREME ESPECIAL DE BAUNILHA

- *3½ xícaras (chá) de leite*
- *1 colher (chá) de essência de baunilha*
- *150 g de açúcar*
- *3 claras*
- *6 gemas*
- *1 receita de* calda para cremes e pudins *(pág. 647)*

1 Ferva o leite com a baunilha. Bata bem as claras. Separadamente, bata as gemas com o açúcar.

2 Junte as gemas com o leite e misture bem. Misture delicadamente as claras em neve. Leve à uma fôrma de pudim com a calda e cozinhe em banho-maria até ficar cremoso.

CREME DE PAPAIA COM CASSIS

- *1 mamão papaia maduro*
- *½ colher (chá) de essência de baunilha*
- *4 colheres (sopa) de licor creme de cassis*
- *4 bolas de sorvete de creme*

1 Coloque a polpa do papaia em um liquidificador, acrescente a baunilha e 2 colheres (sopa) do licor.

2 Bata até obter um creme liso. Coloque as bolas de sorvete e bata bem até obter um creme grosso e de textura homogênea.

3 Sirva-o em 2 taças, regando com o licor restante.

Nota: O licor de cassis pode ser substituído por licor de jabuticaba.

CREME RÁPIDO DE CHOCOLATE

- *3 gemas*
- *10 colheres (sopa) de açúcar*
- *4 xícaras (chá) de leite*
- *6 folhas de gelatina incolor ou 1 envelope (12 g) de gelatina em pó sem sabor*
- *1 xícara (chá) de água morna*
- *2 colheres (sopa) de chocolate em pó*

1 Bata as gemas com o açúcar até o ponto de gemada. Adicione o leite e leve ao fogo para engrossar. Retire do fogo e deixe amornar.

2 Derreta a gelatina na água (ou dissolva a gelatina em pó) e junte ao creme.

3 Acrescente o chocolate em pó e misture bem. Coloque em uma fôrma molhada e leve para gelar.

CREME DE CHOCOLATE COM BAUNILHA

- *6 gemas*
- *200 g de açúcar*
- *125 g de farinha de trigo*
- *125 g de chocolate em pó*
- *500 ml de leite*
- *1 colher (café) de essência de baunilha*

1 Bata as gemas com o açúcar por 5 minutos. Adicione a farinha peneirada com o chocolate em pó. Dilua tudo com o leite frio e a baunilha, misturando aos poucos.

2 Leve ao fogo e ferva por 2 minutos. Retire do fogo e mexa até esfriar, para não criar película na superfície.

3 Despeje o creme em taças individuais e coloque-o na geladeira por algumas horas.

4 Sirva-o com *creme chantilly* (pág. 658).

ESPUMONE

- *1 xícara (chá) de açúcar*
- *125 ml de água*
- *4 colheres (sopa) de chocolate em pó*
- *1 lata de leite condensado*
- *A mesma medida de leite*
- *4 ovos separados*
- *2 colheres (sopa) de açúcar*
- *1 lata de creme de leite sem soro*

1 Em uma panela, leve o açúcar ao fogo, quando ele estiver todo derretido, junte a água e o chocolate em pó. Deixe formar um caramelo ralo e coloque em uma fôrma com buraco no meio. Reserve.

2 Em uma panela, junte o leite condensado, o leite e as gemas e leve ao fogo baixo, mexendo sempre, até engrossar. Reserve, deixando esfriar completamente.

3 Bata as claras em neve. Junte o açúcar, misture bem e acrescente o creme de leite sem soro.

4 Quando o creme da panela esfriar, junte a mistura de claras com creme de leite a ele, mexa bem e despeje na fôrma caramelizada.

5 Leve ao congelador e desenforme no dia seguinte.

CREME SABOROSO

- *6 folhas de gelatina ou 1 envelope (12 g) de gelatina em pó sem sabor*
- *2 xícaras (chá) de água morna*
- *750 ml de leite*
- *1 fava de baunilha*
- *⅔ de xícara (chá) de açúcar*
- *8 gemas*
- *1 pitada de sal*
- *2 colheres (sopa) de chocolate em pó*
- *1 colher (café) de óleo de amêndoas*

1 Coloque a gelatina de molho na água morna, ou dissolva a gelatina em pó.

2 Coloque o leite em uma panela. Abra a fava de baunilha, raspe seu interior com uma faca sobre o leite e coloque a própria fava também no leite. Leve ao fogo para ferver. Quando ferver, desligue o fogo e deixe esfriar com a fava dentro.

3 Bata o açúcar com as gemas na batedeira até formar um creme claro. Coe o leite fervido com a baunilha e acrescente a esse creme. Adicione o sal e a gelatina dissolvida, misture bem e leve ao fogo baixo.

4 Quando o creme chegar no ponto de não escorrer das costas da colher, retire do fogo, passe em peneira fina e divida-o em duas partes iguais.

5 Junte o chocolate a uma das partes, misture bem e torne a levar ao fogo baixo até o chocolate dissolver bem.

6 Unte uma fôrma com o óleo de amêndoas e coloque em camadas o creme branco e o creme de chocolate até encher a fôrma.

7 Leve à geladeira.

CREME TRICOLOR

1° creme:

- *1 lata de leite condensado*
- *A mesma medida de leite*
- *3 gemas*
- *½ colher (chá) de essência de baunilha*
- *Bolachas tipo champanhe*

2° creme:

- *1 litro de leite*
- *3 colheres (sopa) de açúcar*
- *3 colheres (sopa) de amido de milho*
- *3 colheres (sopa) de chocolate em pó*

3° creme:

- *3 claras*
- *4 colheres (sopa) de açúcar*
- *1 lata de creme de leite (sem soro) gelado*
- *1 envelope de gelatina vermelha (morango, cereja ou framboesa)*
- *1 xícara (chá) de água quente, para dissolver a gelatina*

1 Para preparar o 1° creme, misture bem todos os ingredientes e leve ao fogo até engrossar. Derrame o creme em um refratário e cubra-o com bolachas tipo champanhe.

2 Para preparar o 2° creme, misture tudo muito bem e leve ao fogo para apurar. Quando ferver e engrossar, derrame sobre as bolachas tipo champanhe.

3 Para fazer o 3° creme, bata as claras em neve, junte o açúcar e bata mais. Acrescente, então, o creme de leite e misture bem a gelatina dissolvida na água quente e, quando tudo estiver bem misturado, despeje a mistura sobre o creme de chocolate. Leve à geladeira por algumas horas.

4 Sirva bem gelado.

CREME DE LARANJA

- *4 xícaras (chá) de suco de laranja*
- *4 colheres (sopa) de amido de milho*
- *¼ de xícara (chá) de açúcar*

1 Misture cuidadosamente os ingredientes e leve ao fogo. Cozinhe em fogo baixo, misturando constantemente até que o creme engrosse. Ferva, mexendo sempre, por um minuto.

2 Despeje em uma fôrma molhada e leve à geladeira. Se preferir, pode também deixar amornar um pouco e despejar em taças individuais.

CREME RUSSO

Para a 1ª camada:

- *1 litro de leite*
- *10 colheres (sopa) de açúcar*
- *4 colheres (sopa) de amido de milho*
- *½ colher (chá) de sal*
- *200 ml de leite de coco*
- *1 colher (chá) de essência de baunilha*
- *Ameixas-pretas cozidas na preparação da 2ª camada*

Para a 2ª camada:

- *2 maçãs descascadas*
- *100 g de ameixas-pretas*
- *1½ xícara (chá) de água*
- *2 folhas de gelatina vermelha*
- *5 colheres (sopa) de açúcar*
- *1 colher (chá) de essência de baunilha*
- *4 claras*

1 Primeira camada: misture o leite, o açúcar, o amido de milho, o sal e o leite de coco. Leve ao fogo, mexa até engrossar. Retire do fogo, adicione a baunilha e distribua em taças ainda quente. Coloque no centro de cada taça uma ameixa-preta que foi cozida na preparação da 2ª camada.

2 Segunda camada: corte as maçãs em pedaços e leve ao fogo com as ameixas, a água e o açúcar, deixe ferver durante 15 minutos. Retire do fogo, adicione a gelatina e a baunilha. Mexa devagar, retirando as ameixas que serão colocadas em cima da 1ª camada. Passe as maçãs e o caldo na peneira, formando um purê, e deixe esfriar. Bata as claras em neve, quando estiverem bem firmes, junte o purê de maçã, batendo sempre, até que tudo fique bem misturado.

3 Coloque a segunda camada sobre a primeira e leve à geladeira.

CREME SERESTA

1ª cobertura:

- *200 g de ameixas-pretas*
- *2 xícaras (chá) de água*
- *1 xícara (chá) de açúcar*
- *1 caixa pequena de gelatina em pó sabor morango*
- *1 xícara (chá) de água fervente*

Creme:

- *1 lata de leite condensado*
- *A mesma medida de leite*
- *1 lata de creme de leite sem soro*
- *2 gemas*

2ª cobertura:

- *300 g de bolacha tipo champanhe*
- *½ xícara (chá) de licor de cacau ou vinho branco*
- *½ xícara (chá) de leite*

1 Prepare a primeira cobertura: cozinhe as ameixas com a água e o açúcar. Deixe ferver por 5 minutos e apague o fogo. Retire os caroços das ameixas e reserve-as. Dissolva a gelatina na água fervente. Coloque as ameixas e a gelatina diluída no liquidificador, bata e reserve.

2 Faça o creme do seguinte modo: misture, em uma panela, todos os ingredientes do creme e leve ao fogo. Mexa sem parar, até engrossar. Quando pronto, coloque-o em um refratário.

3 Prepare a segunda cobertura: misture a bebida com o leite. Molhe rapidamente as bolachas na mistura (não deixe ficarem muito embebidas para não desmancharem) e arrume-as sobre o creme no refratário.

4 Coloque a primeira cobertura por cima das bolachas.

5 Leve para gelar.

PAMONHA

- *24 espigas de milho verde*
- *1 xícara (chá) de leite*
- *4 xícaras (chá) de açúcar*

1 Retire as palhas das espigas, reservando as que estiverem mais perfeitas. Faça com elas saquinhos, costurados à máquina.

2 Com uma faca, retire os grãos de milho das espigas e bata no liquidificador com o leite. Acrescente o açúcar e misture bem.

3 Leve uma panela grande cheia água ao fogo. Encha os saquinhos com a massa obtida, amarre as bocas e leve à panela quando a água já estiver fervendo.

4 Quando a palha ficar amarela, as pamonhas estarão cozidas. Retire-as da água e escorra em uma peneira.

5 Sirva frias ou mornas, dentro do saquinho.

CURAU

- *12 espigas de milho verde tenras*
- *500 ml de leite*
- *½ xícara (chá) de açúcar*
- *1 colher (sopa) de manteiga*
- *Canela em pó*

1 Com uma faca, retire os grãos de milho das espigas e bata no liquidificador com o leite. Passe por uma peneira e descarte o bagaço.

2 Acrescente o açúcar e a manteiga ao milho batido e leve ao fogo, mexendo sempre, até que o mingau tome uma boa consistência.

3 Retire do fogo e, ainda quente, despeje em pratos molhados.

4 Salpique a canela em pó.

CURAU COM COCO

- *12 espigas de milho verde*
- *200 ml de leite de coco*
- *1 pitada de sal*
- *1 xícara (chá) de açúcar*

1 Com uma faca, retire os grãos de milho das espigas e bata no liquidificador com um pouco de água, apenas o suficiente para não travar o mecanismo. Passe por uma peneira, sobre uma tigela, e descarte o bagaço.

2 Misture o milho batido, o leite de coco, o sal e o açúcar e leve ao fogo, mexendo sempre. Cozinhe o creme até desprender da panela.

3 Despeje em fôrma molhada e leve à geladeira.

MANJAR BRANCO

- *1 litro de leite*
- *250 g de coco fresco ralado*
- *4 colheres (sopa) de amido de milho*
- *200 g de açúcar*

1 Leve o leite ao fogo e, quando ferver, despeje-o sobre o coco ralado. Leve ao fogo novamente, por 2 minutos. Coe em um pano de prato e esprema bem. Dissolva o amido de milho em um pouco de leite frio e adicione ao leite de coco. Acrescente o açúcar e misture.

2 Leve ao fogo, mexendo sempre, para não encaroçar, até que fique em ponto de mingau grosso. Retire e despeje em fôrma molhada ou caramelada.

3 Depois de bem gelado, vire em um prato e sirva.

Nota: O manjar branco é também muito gostoso quando servido com geleia de ameixa-preta *(pág. 734)*.

BABA DE MOÇA I

- *500 g de açúcar*
- *2 xícaras (chá) de água*
- *200 ml de leite de coco*
- *4 gemas*
- *Canela em pó*

1 Leve ao fogo o açúcar e a água e deixe ferver até chegar em ponto de fio. (Para saber se foi atingido o ponto de fio, retire um pouquinho de calda para um pires, molhe nele o polegar, junte o indicador ao polegar molhado e afaste-o: se formar um fio mole, mas que não se rompe, como um fiozinho puxa-puxa, está no ponto.)

2 Atingido o ponto de fio, desligue o fogo e deixe a calda esfriar um pouco.

3 Misture à calda o leite de coco e as gemas batidas. Leve novamente ao fogo. Misture com uma colher de pau até engrossar.

4 Retire do fogo, deixe esfriar um pouco, distribua em cálices e polvilhe canela em pó.

BABA DE MOÇA II

- *1½ xícara (chá) de leite de coco*
- *300 g de açúcar*
- *5 gemas*

1 Misture o leite de coco e o açúcar em uma panela pequena, bem para dissolver o açúcar. Leve ao fogo baixo por 15 minutos.

2 Retire a panela do fogo e espere 5 minutos, até que a calda fique morna.

3 Enquanto isso, bata levemente as gemas com um garfo e, em seguida, misture-as à calda de leite de coco e açúcar. Mexa para incorporar.

4 Leve a panela ao fogo baixo e mexa a baba de moça até engrossar, durante aproximadamente 5 minutos. Retire do fogo e deixe esfriar por 10 minutos. Coloque em uma compoteira e leve à geladeira ou sirva em temperatura ambiente.

NUVENS

- *500 ml de leite*
- *150 g de açúcar*
- *1 colher (chá) de essência de baunilha*
- *6 ovos separados*
- *1 colher (sopa) de amido de milho*
- *3 colheres (sopa) de água fria*
- *1 colher (café) rasa de canela em pó*

1 Em uma panela, misture o leite, o açúcar e a baunilha. Leve ao fogo médio para ferver.

2 Enquanto isso, quebre os ovos, um a um, separando as claras das gemas. Bata as claras em neve bem firme.

3 Quando o leite ferver, vá juntando as claras às colheradas até encher quase toda a superfície do leite. Deixe ferver durante um minuto.

4 Vire cada porção de clara com a escumadeira e deixe cozinhar por mais um minuto.

5 Transfira as nuvens para uma compoteira. Reserve o leite.

6 À parte, dissolva o amido de milho na água fria e junte as gemas desmanchadas. Incorpore essa mistura ao leite fervente que sobrou, mexendo com uma colher de pau, e ferva durante 3 minutos.

7 Retire a panela do fogo e continue mexendo o creme por mais 5 minutos, para esfriar um pouco.

8 A seguir, despeje o creme delicadamente sobre as nuvens.

9 Polvilhe a canela e sirva.

DOCE FOFO DE OVOS

- *250 g de açúcar*
- *1½ xícara (chá) de água*
- *½ colher (café) de essência de baunilha*
- *5 ovos separados*
- *½ colher (café) de canela em pó*

1 Misture o açúcar e a água em uma panela e mexa bem para dissolver o açúcar.

2 Leve a panela ao fogo médio e deixe ferver durante 10 minutos.

3 Retire a panela do fogo e deixe a calda esfriar por 5 minutos.

4 Junte a baunilha e as gemas, ligeiramente batidas, à calda de açúcar.

5 Leve ao fogo e mexa com uma colher de pau, até ferver, durante 5 minutos. Retire do fogo e reserve.

6 Bata as claras em neve e misture-as ao doce que está na panela, levando-o novamente ao fogo e mexendo até que ferva.

7 Retire do fogo e deixe esfriar.

8 Leve o doce a uma compoteira e salpique a canela.

9 Sirva em temperatura ambiente.

OVOS MOLES DE AVEIRO

- *500 g de açúcar*
- *3 xícaras de água*
- *100 g de arroz*
- *12 gemas*

1 Misture o açúcar e a água e leve ao fogo até formar uma calda em ponto de espadana (pág. 646).

2 Cozinhe o arroz até ficar bem mole. Deixe amornar e bata no liquidificador. Junte a calda à massa de arroz.

3 Leve ao fogo, mexendo sempre, até que apareça o fundo da panela.

4 Retire do fogo, deixe esfriar um pouco e, depois, junte as gemas, uma por uma, misturando tudo muito bem.

5 Torne a levar ao fogo, mexendo sempre, até engrossar.

6 Deixe esfriar e sirva em compoteira.

OVOS NEVADOS

- *1 litro de leite*
- *6 ovos separados*
- *150 g de açúcar*
- *1 colher (chá) de essência de baunilha ou cascas de 2 limões*

1 Em uma panela grande, leve o leite ao fogo para ferver. Bata as claras em neve e, quando elas estiverem bem firmes coloque colheradas das claras em neve no leite, aos poucos, que deve estar fervendo. Deixe ferver um pouco e vire-as com a escumadeira para que cozinhem dos dois lados.

2 Conforme as claras forem cozinhando, coloque-as em uma tigela. Faça esse processo até cozinhar toda a quantidade de claras. Bata as gemas com o açúcar.

3 Uma vez que todas as claras foram cozidas, retire o leite do fogo, junte as gemas batidas e misture muito bem. Feito isso, torne a levar ao fogo, mexendo sempre, até engrossar. Junte a baunilha e despeje esse molho sobre as claras na tigela, com cuidado para não desmanchá-las.

Nota: Se for empregar as cascas de limão em vez de baunilha, lave bem a casca do limão, seque e, com o descascador de legumes, faça tiras da casca com cuidado para não extrair a parte branca, ela pode deixar a receita amarga. Junte-as ao leite quando adicionar as gemas e retire-as antes de colocar sobre as claras em neve.

TABEFE

- *10 gemas*
- *300 g de açúcar*
- *1 litro de leite*
- *100 g de amêndoas sem pele e moídas*
- *Canela em pó*

1 Bata as gemas com o açúcar, junte o leite e leve tudo ao fogo para ferver, mexendo sempre.

2 Assim que levantar fervura, retire do fogo, junte as amêndoas moídas e deixe esfriar um pouco.

3 Distribua em copinhos ou cálices, polvilhe a canela e sirva frio.

Doce de Aletria

- *200 g de manteiga*
- *500 g de aletria (macarrão cabelo de anjo)*
- *500 g de ricota*
- *1 lata de leite condensado*
- *1 xícara (chá) de nozes picadas*
- *2 xícaras (chá) de açúcar*
- *1 xícara (chá) de água*

1 Derreta a manteiga em uma panela grande, junte o macarrão e mexa com uma colher de pau até fritá-lo. Retire do fogo e reserve.

2 Amasse a ricota com um garfo e misture com o leite condensado e metade da quantidade de nozes picadas.

3 Arrume metade do macarrão reservado em uma fôrma de 22 cm de diâmetro. Coloque o creme de ricota por cima e cubra com o restante do macarrão. Asse em forno médio preaquecido por 20 minutos.

4 Para a calda misture o açúcar com a água e as nozes restantes. Leve ao fogo baixo, sem parar de mexer, até formar uma calda.

5 Despeje a calda sobre o doce (depois de assado), espere esfriar e sirva.

Aletria de Leite com Ovos

- *500 g de aletria (macarrão cabelo de anjo)*
- *2 xícaras (chá) açúcar*
- *1½ litro de leite*
- *6 gemas*
- *Canela em pó*

1 Branqueie a aletria em água fervente. Em uma panela grande, misture o leite e o açúcar e termine de cozinhar o macarrão.

2 Quando a aletria estiver cozida, retire a panela do fogo, adicione as gemas, misture bem e volte a panela ao fogo para que as gemas cozinhem.

3 Arrume em pratinhos e polvilhe a canela.

DOCE DE COCO

- *400 g de açúcar*
- *2½ xícaras (chá) de água*
- *250 g de coco fresco ralado em ralo fino*

1 Coloque o açúcar e a água em uma panela pequena e misture bem até dissolver o açúcar.

2 Leve ao fogo médio por 20 minutos, até obter uma calda em ponto de fio forte. (Mergulhe uma escumadeira na calda e levante-a: se o açúcar cair em fio grosso, estará no ponto.)

3 Adicione o coco ralado e mexa, com uma colher de pau, durante 2 minutos, até ferver.

4 Deixe o doce de coco esfriar por 10 minutos. Coloque em uma compoteira.

5 Sirva.

DOCE DE LEITE

- *2 litros de leite*
- *500 g de açúcar*

1 Leve o leite a uma panela.

2 Coloque uma colher de madeira apoiada, de ponta a ponta, na borda da panela. Quando o leite começar a subir, entrará em contato com a colher e não derramará no fogão.

3 Leve ao fogo médio por 1½ hora ou até o leite reduzir a 500 ml.

4 Adicione o açúcar ao leite fervente e mexa com uma colher de pau, em movimento de vaivém, até o leite engrossar. (Demora mais ou menos 20 minutos.) Coloque o doce, frio, em uma compoteira.

ARROZ-DOCE I

- *1 xícara (chá) de arroz*
- *2 xícaras (chá) de água*
- *1 Casca de 1 limão*
- *1 xícara (chá) de açúcar*
- *1 colher (sobremesa) de manteiga*
- *8 gemas peneiradas*
- *Canela*

1 Lave o arroz em água quente e, depois, em água corrente. Deixe secar por 10 minutos.

2 Leve ao fogo a água com a casca de limão e espere levantar fervura. Junte o arroz. Cozinhe em fogo alto, diminuindo depois, como se faz com o arroz salgado.

3 Quando a água evaporar, o arroz deve estar cozido, mas ainda al dente. Adicione o açúcar e a manteiga e cozinhe mais um pouco em fogo baixo.

4 Leve um pouco de arroz para uma tigela, junte as gemas e misture tudo novamente na panela, mexendo sempre e com cuidado.

5 Ferva durante mais 2 minutos. Coloque em uma travessa e polvilhe a canela.

Nota: *Lave bem a casca do limão, seque e, com o descascador de legumes, faça tiras da casca com cuidado para não extrair a parte branca, ela pode deixar a receita amarga.*

ARROZ-DOCE II

- *2 xícaras (chá) de arroz*
- *4 xícaras (chá) de água*
- *1 pitada de sal*
- *1 litro de leite*
- *⅓ de xícara (chá) de açúcar*
- *1 colher (sobremesa) rasa de manteiga*
- *4 gemas*
- *Canela em pó*

1 Cozinhe o arroz na água com uma pitada de sal, até que fique bem cozido e seco. Coloque o arroz cozido em outra panela junte o leite e leve ao fogo, para que cozinhe mais um pouco.

2 Quando estiver bem mole, adicione o açúcar e a manteiga. Cozinhe em fogo baixo, mexendo de vez em quando para que não grude no fundo da panela. Quando estiver bem cremoso, retire do fogo e adicione as gemas. Volte ao fogo e misture por mais 30 segundos. Deixe esfriar um pouco.

3 Quando estiver quase morno, salpique a canela em pó e sirva.

DOCE DE QUEIJO MINEIRO

- *500 g de açúcar*
- *500 ml de água*
- *150 g de queijo meia cura ralado bem fino*
- *4 gemas*

1 Misture o açúcar e a água em uma panela e mexa até dissolver o açúcar.

2 Leve ao fogo médio e deixe ferver por 20 minutos.

3 Retire a panela do fogo. Deixe a calda de açúcar esfriar por 10 minutos.

4 Adicione o queijo e as gemas e mexa rapidamente.

5 Leve ao fogo e mexa durante 5 minutos, deixando o doce ferver e engrossar.

6 Retire do fogo e deixe esfriar por 10 minutos.

7 Coloque o doce na compoteira. Sirva-o.

CANJICA

- *500 g de canjica branca*
- *2 litros de água*
- *1 litro de leite*
- *½ xícara (chá) de açúcar*
- *1 lata de leite condensado*

1 Deixe a canjica de molho em água fria por, pelo menos, 8 horas. Escorra, coloque a água em uma panela de pressão com a canjica e deixe cozinhar em fogo médio por 20 minutos depois de pegar pressão.

2 Em outra panela, aqueça o leite com o açúcar, acrescente a canjica cozida e deixe cozinhar em fogo baixo por 10 minutos, mexendo sempre.

3 Acrescente o leite condensado e deixe apurar em fogo baixo por 5 minutos, sem parar de mexer.

4 Sirva morna polvilhada de canela em pó.

Nota: Para se certificar de que a canjica esteja cozida, coloque alguns grãos em água gelada e experimente. Se ainda não estiver macia, cozinhe por mais 10 minutos na panela de pressão. Acrescente um pouco mais de água quente se necessário para o cozimento.

CANJICA À BAIANA

- *500 g de canjica branca*
- *2 litros de água*
- *1 litro de leite*
- *1 colher (sopa) de manteiga*
- *Pedaços de canela em pau*
- *200 ml de leite de coco*
- *Amendoins torrados*

1 Deixe a canjica de molho em água fria por, pelo menos, 8 horas. Escorra, coloque a água em uma panela de pressão com a canjica e deixe cozinhar em fogo médio por 20 minutos depois de pegar pressão.

2 Acrescente o litro de leite, a manteiga e os pedaços de canela à panela e deixe ferver até engrossar.

3 Junte o leite de coco e os amendoins torrados e moídos.

Nota: *Para se certificar de que a canjica esteja cozida, coloque alguns grãos em água gelada e experimente. Se ainda não estiver macia, cozinhe por mais 10 minutos na panela de pressão. Acrescente um pouco mais de água quente se necessário para o cozimento. Deixe ferver novamente e sirva.*

ZABAIONE

- *6 gemas*
- *8 colheres (sopa) de açúcar*
- *6 colheres (sopa) de vinho marsala ou Porto*
- *Biscoitos tipo champanhe*

1 Coloque as gemas em uma tigela que possa ir ao banho-maria, acrescente o açúcar e bata bem com uma colher de pau até obter um creme liso, espumoso e aveludado. Acrescente aos poucos o vinho e misture.

2 Leve ao banho-maria, batendo sem parar com um batedor de arame até que o creme esteja bem cozido e espumoso. A água do banho-maria não deve ferver.

3 Despeje em taças individuais e sirva morno ou gelado, acompanhado de biscoitos champanhe.

PUDINS

Pudins

PUDIM DE ABACAXI

- *1 abacaxi médio*
- *12 ovos*
- *500 g de açúcar*
- *1 abacaxi médio*
- *1 colher (sopa) de amido de milho*

1 Descasque o abacaxi, pique em pedaços, descarte o miolo e bata no liquidificador. Peneire e reserve 250 ml do suco.

2 Leve ao liquidificador os ovos, o suco reservado, o açúcar e o amido de milho e bata rapidamente, somente até misturar tudo.

3 Coloque em uma fôrma de pudim untada com manteiga e polvilhada de açúcar e leve para cozinhar em banho-maria.

PUDIM BAIANO

- *250 g de açúcar*
- *6 gemas*
- *Cravo e de canela em pó*
- *125 g de coco fresco ralado*
- *1 colher (sopa) de manteiga*

1 Faça com o açúcar uma calda em ponto de espelho (pág. 646), deixe esfriar e misture as gemas, o cravo, a canela, o coco e a manteiga.

2 Misture tudo muito bem, coloque em uma fôrma para pudim untada com manteiga e leve ao forno médio.

3 Desenforme depois de frio.

PUDIM DE BANANA

- *6 bananas nanicas grandes*
- *¼ de xícara (chá) de vinho branco*
- *1½ colher (sopa) de manteiga*
- *150 g de açúcar*
- *3 ovos*

1 Coloque as bananas com a casca, cubra com água e leve para ferver até que as cascas comecem a se partir.

2 Descasque as bananas e bata bem com os outros ingredientes no liquidificador.

3 Quando tudo estiver bem batido, despeje em uma fôrma para pudim untada e leve ao forno quente preaquecido para corar.

PUDIM DE CAFÉ

- *1 colher (sopa) bem cheia de manteiga*
- *2 colheres (sopa) de farinha de trigo*
- *1 xícara (chá) de café preparado bem forte*
- *1 xícara (chá) de leite*
- *4 ovos separados*
- *1 xícara (chá) de açúcar*
- Creme chantilly *(pág. 658)*

1 Derreta a manteiga, adicione a farinha e deixe dourar um pouco, acrescente o café e o leite, mexendo sempre, até formar um creme.

2 Retire do fogo e, quando estiver morno, junte as gemas uma por uma, alternadamente com colheradas de açúcar, misturando bem, até que terminem os ingredientes.

3 Junte as claras batidas em neve e misture delicadamente. Coloque em uma fôrma para pudim untada com manteiga e cozinhe em banho-maria durante 45 minutos. Deixe esfriar para desenformar.

4 Sirva-o com o *creme chantilly* (pág. 658).

PUDIM DE COCO COM QUEIJO

- *600 g de açúcar*
- *125 g de coco fresco ralado*
- *½ xícara (chá) de queijo meia cura ralado*
- *12 ovos separados*
- *1½ xícara (chá) de farinha de arroz ou farinha de trigo*
- *2 colheres (sopa) de manteiga*
- *1 cálice de vinho do Porto*
- *Canela e noz-moscada*

1 Com o açúcar, faça uma calda em ponto de pasta (pág. 646), deixe esfriar um pouco e misture com o coco e o queijo ralado.

2 Desmanche, sem bater, 12 gemas e 3 claras e junte-as à massa. Misture bem.

3 Junte a farinha, a manteiga, o vinho, canela em pó e uma pitada de noz-moscada ralada e misture muito bem.

4 Coloque em uma fôrma untada com manteiga e leve para assar no forno médio preaquecido.

5 Retire do forno, deixe esfriar e desenforme.

PUDIM DE QUEIJO

- *4 ovos*
- *10 colheres (sopa) de açúcar*
- *4 colheres (sopa) de queijo parmesão ralado*
- *2 colheres (sopa) de farinha de trigo*
- *500 ml de leite*
- *1 receita de* calda para cremes e pudins *(pág. 647)*

1 Bata bem os ovos com o açúcar, de modo que fique bem espumante.

2 Junte os outros ingredientes e misture tudo muito bem.

3 Coloque a calda em uma fôrma para pudim, despeje o pudim sobre ela e asse em banho-maria.

PUDIM DE COCO

- *125 g de manteiga*
- *200 ml de leite de coco*
- *6 ovos separados*
- *125 g de farinha de trigo*
- *450 g de açúcar*

1 Bata a manteiga com o leite de coco até obter uma pasta homogênea. Adicione 3 gemas e a farinha de trigo e misture bem.

2 Com o açúcar, faça uma calda em ponto de pasta (pág. 646). Despeje dentro dessa calda os ingredientes já batidos, misturando muito bem.

3 Deixe esfriar, junte as últimas 3 gemas e bata bastante. Só então acrescente as claras batidas em neve e bata tudo durante cerca de 5 minutos.

4 Coloque em uma fôrma para pudim untada com manteiga e leve ao forno médio preaquecido para assar por 40 minutos.

QUINDÃO CREMOSO

- *12 gemas*
- *300 g de açúcar*
- *1 colher (sopa) de manteiga*
- *1½ xícara (chá) de coco fresco ralado ou 125 g de coco seco hidratado com ½ xícara (chá) de água*

1 Passe as gemas por uma peneira; misture o açúcar, a manteiga e o coco. Despeje a mistura em uma fôrma para pudim untada com bastante manteiga e polvilhada com açúcar. Deixe descansar 30 minutos.

2 Asse, coberto, em banho-maria, em forno médio, até começar a cozinhar; depois, passe para forno baixo, até que, ao espetar um palito, ele saia seco.

3 Deixe esfriar bem, desenforme e leve para gelar.

QUINDIM TRADICIONAL

- *12 gemas*
- *3 ovos inteiros*
- *500 g de açúcar*
- *125 g de coco fresco ralado*
- *2 colheres (sopa) de manteiga*
- *1 colher (chá) de essência de baunilha (opcional)*

1 Misture todos os ingredientes, sem bater.

2 Unte uma fôrma com furo no meio com bastante manteiga e polvilhe-a fartamente com açúcar.

3 Coloque o doce na fôrma e deixe descansar por 2 horas.

4 Asse em banho-maria, em forno médio preaquecido, durante, aproximadamente, 45 minutos.

5 Retire do forno e deixe amornar. Desenforme ainda morno. Leve à geladeira.

PUDIM ITALIANO

- *5 ovos separados*
- *5 colheres (sopa) de açúcar*
- *5 colheres (sopa) de farinha de trigo*
- *5 colheres (sopa) de queijo meia cura ralado*
- *1 pitada de sal*
- *1 colher (sopa) de manteiga*
- *750 ml de leite*
- *1 receita de* calda para cremes e pudins *(pág. 647)*

1 Bata as claras em neve e reserve.

2 Bata as gemas com o açúcar e acrescente a farinha de trigo peneirada, o queijo ralado, o sal, a manteiga e o leite. Misture bem e adicione as claras em neve, mexendo muito bem.

3 Despeje em fôrma para pudim forrada com a calda e leve ao forno em banho-maria (é preciso que a água esteja fervendo e a fôrma deverá ser tampada, para que o pudim não fique muito tostado em cima).

4 Quando o pudim já estiver firme, retire a tampa para que ele core um pouco. (Para saber se o pudim está pronto, enfie um palito no centro dele: se o palito sair enxuto, está cozido.)

5 Desenforme depois de frio.

PUDIM HOLANDÊS

- *100 g de amêndoas descascadas*
- *4 colheres (sopa) de farinha de trigo*
- *3 xícaras (chá) de leite*
- *1 pitada de sal*
- *2 colheres (sopa) de manteiga*
- *4 gemas*
- *150 g de açúcar*
- *100 g de uvas-passas sem sementes*
- *Canela em pó e açúcar*

1 Pique finamente as amêndoas e reserve.

2 Desmanche a farinha de trigo no leite, junte o sal e a manteiga e leve ao fogo.

3 Quando formar um creme, retire do fogo, deixe esfriar e junte as gemas, uma a uma, mexendo sempre. Junte o açúcar, as uvas-passas e, por fim, as amêndoas.

4 Misture tudo muito bem e coloque em uma fôrma para pudim bem untada com manteiga. Leve ao forno médio preaquecido por cerca de 40 minutos. Desenforme depois de frio.

5 Depois de pronto, polvilhe com açúcar e canela.

Nota: *Você pode substituir as amêndoas por amendoins.*

CAÇAROLA ITALIANA

- *5 ovos*
- *5 colheres (sopa) de farinha de trigo*
- *5 colheres (sopa) de queijo parmesão ralado*
- *750 ml de leite*
- *½ xícara (chá) de açúcar*
- *1 colher (sopa) de manteiga*

1 Bata os ovos até espumarem e junte a farinha de trigo, o queijo ralado, o leite, o açúcar e a manteiga. Misture bem.

2 Leve para assar, em banho-maria, em uma fôrma para pudim untada com manteiga.

PUDIM DE NOZES E FIGO COM CREME

Pudim:

- *1 xícara (chá) de açúcar*
- *4 ovos separados*
- *1 xícara (chá) de leite*
- *1 xícara (chá) de nozes moídas*
- *1 xícara (chá) de figos secos bem picados*
- *5 colheres (sopa) de farinha de trigo*
- *1 colher (sopa) de fermento em pó*

Creme:

- *1 litro de leite*
- *12 gemas*
- *10 colheres (sopa) de açúcar*
- *1 colher (café) de essência de baunilha*

1 Para o pudim, bata o açúcar com as gemas. Depois misture, alternando com o leite, as nozes, os figos, a farinha peneirada com o fermento e as claras em neve. Misture bem e coloque em uma fôrma para pudim untada com manteiga. Leve ao forno quente preaquecido por 25 minutos, aproximadamente.

2 Para o creme, bata todos os ingredientes levemente no liquidificador para que fiquem bem misturados. Cozinhe a mistura em banho-maria até engrossar.

3 Desenforme o pudim quando estiver frio e jogue o creme por cima.

PUDIM DE LARANJA

- *6 ovos*
- *250 ml de leite*
- *250 ml de suco de laranja*
- *2 xícaras (chá) de açúcar*
- *2 colheres (sopa) de amido de milho*
- *1 receita de* calda para cremes e pudins *(pág. 647)*

1 Bata os ovos, misture os outros ingredientes e passe tudo por uma peneira.

2 Coloque em uma fôrma para pudim forrada com a calda e leve ao forno em banho-maria.

3 Asse até que o pudim esteja firme (cerca de 45 a 50 minutos).

PUDIM DE PÃO

- *3 pães franceses amanhecidos*
- *1 litro de leite*
- *5 ovos separados*
- *250 g de açúcar*
- *1½ colher (sopa) de manteiga derretida e fria*
- *50 g de queijo meia cura ralado*
- *1 cálice de vinho do Porto*
- *½ colher (café) de noz-moscada*
- *½ colher (café) de canela em pó*
- *150 g de frutas cristalizadas*
- *150 g de uvas-passas sem sementes*

1 Descasque o pão levemente, pique em pedaços e coloque de molho no leite morno por cerca de 2 a 3 horas.

2 Bata as claras em neve. Reserve.

3 Bata no liquidificador o pão com o leite, as gemas, o açúcar, a manteiga, o queijo ralado, o vinho do Porto, a noz-moscada e a canela.

4 Leve a massa a uma tigela e misture as claras em neve.

5 Corte as frutas cristalizadas em pequenos pedaços. Misture as frutas cristalizadas e as uvas-passas com a massa. Coloque em fôrma de buraco no meio untada com manteiga e asse em forno médio preaquecido.

Nota: Você pode forrar a fôrma com a calda para cremes e pudins *(pág. 647) antes de levar o pudim ao forno ou servi-lo acompanhado do creme da receita de pudim de* nozes e figo com creme *(pág. 687).*

PUDIM DE PÃO MOÍDO

- *3 pães amanhecidos moídos*
- *500 ml de leite*
- *½ colher (sopa) de manteiga*
- *4 colheres (sopa) de farinha de rosca*
- *¼ de xícara (chá) de açúcar*
- *Canela e cravo-da-índia em pó*
- *½ colher (chá) de essência de baunilha*
- *2 ovos bem batidos*
- *150 g de uvas-passas*

1 Pique os pães amanhecidos, com as mãos, em pedaços bem pequenos.

2 Em uma tigela, misture bem os pães picados com os outros ingredientes.

3 Coloque em fôrma para pudim untada com manteiga e asse em forno quente preaquecido até que o pudim esteja firme (cerca de 45 a 50 minutos).

PUDIM DE CARÁ

- *12 ovos*
- *450 g de açúcar*
- *2 xícaras (chá) de cará cozido*
- *½ colher (café) de canela*
- *150 g de uvas-passas sem sementes*
- *2 xícaras (chá) de queijo parmesão ralado*

1 Bata os ovos com o açúcar até estarem claros e espumosos.

2 Amasse bem o cará; adicione a canela, as uvas-passas e a mistura de ovos e açúcar. Acrescente o queijo ralado e misture bem.

3 Coloque a mistura em uma fôrma para pudim untada com manteiga.

4 Leve ao forno quente preaquecido. Deixe esfriar para desenformar.

PUDIM VELUDO

- *6 ovos*
- *750 ml de leite*
- *2 colheres (sopa) de amido de milho*
- *10 colheres (sopa) de açúcar*
- *Raspa da casca de 1 limão*
- *1 receita de* calda para cremes e pudins *(pág. 647)*

1 Junte todos os ingredientes e bata no liquidificador.

2 Coloque a massa em uma fôrma para pudim forrada com a calda e leve ao forno preaquecido para cozinhar em banho-maria.

3 Asse por aproximadamente 40 minutos. Retire do fogo e deixe amornar antes de desenformar.

QUEIJÃO

- *6 xícaras (chá) de leite*
- *300 g de açúcar*
- *6 ovos*

1 Faça, com o leite e o açúcar, um doce de leite em ponto mole e reserve para o dia seguinte.

2 No dia seguinte, bata os ovos mal batidos e adicione ao doce de leite, misturando bem.

3 Coloque em fôrma untada com manteiga ou *calda para cremes e pudins* (pág. 647) e asse em banho-maria.

Nota: Veja como fazer o doce de leite na página 677.

PAVÊS E CHARLOTES

Pavês e Charlotes

"A ordem dos comestíveis é dos mais substanciais aos mais leves. A das bebidas: das menos embriagantes às mais aromáticas."

BRILLAT-SAVARIN. TEXTO DA EDIÇÃO DE 1942 DE *DONA BENTA*.

PAVÊS

CHARLOTES

PAVÊS

Pavês

PAVÊ SIMPLES

- *4 gemas*
- *150 g de manteiga*
- *150 g de açúcar*
- *2 colheres (sopa) de chocolate em pó*
- *1 xícara (chá) de café preparado bem forte (frio ou gelado)*
- *150 g de bolachas champanhe*
- *100 g de amêndoas torradas picadas*

1 Bata as gemas com a manteiga e junte o açúcar; em seguida, adicione o chocolate em pó e vá acrescentando, aos poucos, o café, continuando a bater até a massa ficar bem firme.

2 Abra as bolachas ao meio no sentido do comprimento e passe o recheio em todas elas. Arrume-as em camadas e cubra com o recheio que sobrar. Arrume-as em camadas e cubra com o recheio que sobrar. Salpique as amêndoas.

PAVÊ DE CAFÉ

- *6 gemas*
- *250 g de açúcar*
- *250 g de manteiga*
- *1 colherinha (café) de essência de baunilha*
- *1 xícara (chá) de café preparado bem forte (frio ou gelado)*
- *300 g de bolachas champanhe*
- *100 g de amêndoas descascadas torradas picadas*

1 Faça o recheio do seguinte modo: bata as gemas com o açúcar; junte a manteiga e a baunilha; adicione o café aos pouquinhos e continue batendo até o creme firmar.

2 Arrume, em um refratário, camadas de bolachas e creme, alternadamente, até acabarem os ingredientes.

3 A última camada deve ser de creme. Salpique as amêndoas e leve à geladeira por 4 horas antes de servir.

Nota: *Para descascar as amêndoas facilmente, ferva-as em água durante 3 ou 4 minutos e torre-as depois em uma assadeira em forno quente durante 10 ou 15 minutos.*

PAVÊ DE COCO

- *1 litro de leite*
- *1 lata de leite condensado*
- *2 ovos separados*
- *2 colheres (sopa) de amido de milho*
- *1 colher (café) de essência de baunilha*
- *500 g de bolacha champanhe*
- *200 g de coco ralado*
- *1 pote de geleia de sua preferência*
- *1 lata de creme de leite gelado, sem o soro*
- *2 colheres (sopa) de açúcar*

1 Faça um creme com o leite, o leite condensado, as gemas, o amido de milho e a essência de baunilha.

2 Em um refratário grande, monte camadas na seguinte ordem: bolachas, creme, coco ralado e geleia. Sendo a última camada de bolachas.

3 Bata as claras em neve, acrescente o açúcar e bata mais um pouco para misturar. Fora da batedeira, misture delicadamente o creme de leite às claras em neve.

4 Espalhe o creme de claras por cima do pavê e leve-o à geladeira por pelo menos 4 horas antes de servir.

PAVÊ DE MILHO VERDE

- *8 espigas de milho verde*
- *500 g de açúcar*
- *1 colher (sopa) de manteiga*
- *400 ml de leite de coco*
- *300 g de bolachas champanhe*
- *250 ml de vermute ou vinho do Porto branco*
- *300 g de nozes moídas*

Cobertura:

- *4 claras*
- *200 g de açúcar*
- *2 latas de creme de leite gelado sem soro*
- *½ xícara (chá) de cerejas*
- *9 fatias de damascos cristalizados*

1 Com uma faca, retire os grãos das espigas de milho e bata no liquidificador com um pouco do leite de coco. Passe por uma peneira.

2 Em uma panela, junte o suco do milho, o açúcar, a manteiga e o leite de coco e leve ao fogo, misturando sempre, até o creme engrossar. Retire do fogo e deixe esfriar.

3 Umedeça as bolachas rapidamente no vermute e, em um refratário, monte camadas de bolacha, creme de milho e nozes, nessa ordem, até terminarem os ingredientes.

4 Para fazer a cobertura, bata as claras em neve e junte o açúcar aos poucos até formar um suspiro firme.

5 Misture o creme de leite, delicadamente, com as claras em neve e espalhe sobre o pavê.

6 Cubra com papel-alumínio e leve à geladeira por, pelo menos, 6 horas antes de servir. Decore com as cerejas e os damascos e sirva gelado.

TIRAMISU

- *4 gemas*
- *⅔ de xícara (chá) de açúcar*
- *400 g de mascarpone*
- *2 colheres (sopa) de vinho marsala ou do Porto*
- *3 claras*
- *2 colheres (sopa) de açúcar*
- *1 xícara (chá) de café preparado forte e frio*
- *1 colher (sopa) de conhaque*
- *250 g de bolacha champanhe*
- *Cacau em pó*
- *Raspas de chocolate meio amargo*

1 Coloque as gemas na batedeira e bata com o açúcar até obter uma gemada bem clara, espumosa e firme. Bata o mascarpone com um garfo e misture o vinho marsala. Acrescente delicadamente à gemada. Leve à geladeira.

2 Bata as claras em neve com o açúcar e misture delicadamente ao creme de gemas.

3 Em uma tigela rasa, misture o café ao conhaque. Umedeça as bolachas rapidamente nessa mistura e, em um refratário, monte quatro camadas na seguinte ordem: bolachas, creme, bolachas, creme. Leve à geladeira por, pelo menos, 6 horas antes de servir.

4 Polvilhe o cacau em pó e as raspas de chocolate meio amargo. Sirva gelado.

Nota: Mascarpone é um tipo de queijo cremoso preparado a partir do creme de leite. É encontrado em alguns supermercados. Se não encontrar, pode substituí-lo por cream cheese ou ricota fresca passada na peneira.

PAVÊ DE PASSAS E CEREJAS

- *200 g de manteiga*
- *300 g de açúcar*
- *5 gemas*
- *200 g de creme de leite*
- *150 g de bolachas champanhe*
- *100 g de passas uvas-passas*
- *50 g de cerejas ao marasquino escorridas e picadas*
- *1 receita de* creme chantilly *(pág. 658)*

1 Bata a manteiga com 200 g do açúcar intercalando com as gemas, sem parar de bater. Reserve.

2 Misture o creme de leite com o restante do açúcar e bata, na batedeira, por 5 minutos. Misture-o, delicadamente, ao creme reservado.

3 Forre uma fôrma de bolo inglês com papel-alumínio. Monte camadas de biscoito, creme, uvas-passas, biscoito, creme, cerejas até terminarem os ingredientes.

4 Cubra com papel-alumínio e leve à geladeira por, pelo menos, 8 horas.

5 Vire o pavê no prato em que vai servir e retire o papel.

6 Coloque o creme chantilly no saco de confeitar com o bico perlê.

7 Faça listras de chantilly enviesadas sobre o pavê e outras (desencontradas) sobre as primeiras.

8 Decore a borda com o bico pitanga.

9 Faça o mesmo na base do pavê, decorando com pitangas de chantilly.

10 Leve à geladeira até a hora de servir.

CHARLOTES

Charlotes

Charlote

1º creme:

- *1 lata de leite condensado*
- *A mesma medida de leite*
- *3 gemas*
- *1 colher (café) de essência de baunilha*
- *150 g de bolachas champanhe*
- *Licor de cacau, vinho branco ou leite*

2º creme:

- *2 xícaras de leite*
- *2 colheres (sopa) de amido de milho*
- *2 colheres (sopa) de chocolate em pó*
- *2 colheres (sopa) de açúcar*

Cobertura:

- *3 claras*
- *3 colheres (sopa) de açúcar*
- *1 lata de creme de leite (sem soro) gelado*

1 Para fazer o 1º creme, coloque em uma panela, o leite condensado, o leite, as gemas ligeiramente batidas e a baunilha e leve para ferver, mexendo sempre, até engrossar.

2 Espere o creme amornar e coloque em um refratário. Cubra com as bolachas champanhe umedecidas em bebida (licor de cacau ou vinho branco) ou leite.

3 Para fazer o 2º creme, misture todos os ingredientes em uma panela, leve ao fogo e deixe engrossar, mexendo sempre. Espalhe-o por cima das bolachas no refratário.

4 Para preparar a cobertura, bata bem as claras em neve; junte o açúcar e bata mais; até que fique bem firme. Misture, delicadamente, o creme de leite com as claras.

5 Coloque a cobertura em cima do creme de chocolate e polvilhe chocolate granulado.

6 Leve à geladeira por, pelo menos, 6 horas até a hora de servir.

Charlote Real

- *150 g de chocolate ao leite picado*
- *5 ovos separados*
- *8 colheres (sopa) de açúcar*
- *200 g de bolachas champanhe*
- *6 colheres (sopa) de rum*
- *3 colheres (sopa) de água*
- *½ xícara (chá) de creme chantilly (pág. 658)*
- *½ xícara (chá) de cereja ao marasquino*

1 Derreta o chocolate em banho-maria. Reserve.

2 Na batedeira, bata as gemas com o açúcar até formar um creme claro. Aos poucos, junte o chocolate derretido e continue batendo até ficar um creme homogêneo. Bata as claras em neve e misture delicadamente ao creme.

3 Forre uma fôrma alta redonda pequena com papel-alumínio e coloque parte das bolachas embebidas na mistura de rum e água, em pé, ao redor da lateral da fôrma.

4 Pique o restante das bolachas, misture ao creme e despeje o creme no centro da fôrma tomando cuidado para que as bolachas da lateral se mantenham em pé. Em seguida, leve à geladeira e deixe por 4 horas ou até o dia seguinte.

5 Desenforme, virando sobre o prato em que será servida a charlote.

6 Retire o papel-alumínio e decore com o chantilly (formando pitangas), coloque uma cereja em cada pitanga e conserve na geladeira até a hora de servir.

CHARLOTE ANGLAISE

- *4 gemas*
- *½ xícara (chá) de açúcar*
- *1 colher (sobremesa) de manteiga*
- *2 colheres (sopa) de amido de milho*
- *1 colher (chá) de essência de baunilha*
- *500 ml de leite*
- *100 g de uvas-passas sem sementes*
- *3 colheres (sopa) de vinho do Porto ou similar*
- *4 colheres (sopa) de licor de cacau*
- *600 g de bolacha champanhe*
- *1 lata de pêssegos em calda*

1 Bata em uma batedeira as gemas com o açúcar e a manteiga, junte o amido de milho, misture bem e junte a baunilha e o leite, mexendo tudo muito bem.

2 Leve a mistura ao fogo, mexendo sempre, até que engrosse e forme um creme. Retire do fogo, misture as uvas-passas nele e reserve.

3 Em um prato fundo, misture o vinho do Porto com o licor de cacau e a calda dos pêssegos.

4 Forre um refratário retangular com papel-alumínio. Umedeça rapidamente as bolachas na mistura de bebidas e coloque parte delas no fundo e nas laterais do refratário.

5 Pique os pêssegos em calda e espalhe-os sobre as bolachas. Espalhe o creme no refratário e cubra-o com o restante das bolachas.

6 Se sobrar um pouco da mistura de bebidas, despeje por cima das bolachas.

7 Cubra todo o refratário com papel-alumínio e leve à geladeira por, pelo menos, 8 horas. Quando for servir, retire o papel-alumínio de cima do refratário, vire-o sobre a travessa de servir e retire o restante do papel-alumínio. Sirva gelado.

CHARLOTE RUSSA

- *7 folhas de gelatina branca ou 1 envelope (12 g) de gelatina incolor*
- *½ xícara (chá) de água fervente*
- *1 colher (café) de sementes de erva-doce*
- *3 xícaras (chá) de leite*
- *1 lata de leite condensado*
- *½ colher (chá) de essência de baunilha*
- *4 gemas*
- *1½ xícara (chá) de açúcar*
- *1 lata de creme de leite*
- *Geleia de sua preferência*
- *150 g de bolachas champanhe*
- *Passas sem caroços (opcional)*

1 Derreta a gelatina na água fervente e junte a erva-doce.

2 Ferva o leite e o leite condensado com a baunilha até engrossar um pouco. Retire do fogo e reserve.

3 Bata as gemas com o açúcar e despejeo leite engrossado reservado ainda quente por cima dessa mistura.

4 Leve ao fogo baixo, mas não deixe ferver.

5 Espere esfriar, junte a gelatina e passe por uma peneira fina. Leve à geladeira.

6 Quando o creme estiver firme, junte o creme de leite, mexendo delicadamente até misturar bem.

7 Unte o fundo e as laterais de um refratário com a geleia de sua preferência. Arrume sobre a geleia, no fundo e nas laterais, as bolachas.

8 Se quiser, distribua as uvas-passas embebidas em rum ou pinga sobre as bolachas no refratário. Espalhe o creme por cima e cubra todo o refratário com papel-alumínio. Leve à geladeira por, pelo menos, 6 horas.

9 Retire o papel-alumínio que estava cobrindo o refratário, vire a charlote sobre um prato de servir e sirva gelada.

Bavaroises, Gelatinas e Musses

Bavaroises, Gelatinas e Musses

"Embora os mestres de cozinha prefiram o termo 'moscovita' por lhes parecer mais lógico e mais racional, a denominação de 'bavaroise' está consagrada pelo uso, tornando difícil substituí-la. Entretanto, um e outro termo designam a mesma coisa; um creme gelado a despeito de algumas obras os darem como coisas diferentes."

Texto da edição de 1944 de *Dona Benta*.

Bavaroises

Gelatinas

Musses

Bavaroises

Bavaroises

BAVAROISE DE CHOCOLATE

- *500 g de chocolate meio amargo*
- *4 gemas*
- *1 envelope (12 g) de gelatina incolor*
- *½ xícara (chá) de água fria*
- *1 xícara (chá) de leite fervente*
- *500 ml de creme de leite fresco gelado*
- *½ xícara (chá) de açúcar*
- *1 receita de* creme de baunilha *(pág. 704)*
- *Cerejas*

1 Pique o chocolate e derreta em banho-maria. Reserve.

2 Mexa o chocolate com uma espátula, em movimento de vaivém, até que fique maleável.

3 Adicione as gemas e continue misturando.

4 Nesse meio-tempo, amoleça a gelatina na água fria por 10 minutos, junte o leite fervente e dissolva-a, mexendo um pouco. A seguir, coe e adicione ao chocolate.

5 Bata o creme de leite com o açúcar até formar um creme misture ao chocolate e mexa bem.

6 Passe a fôrma que vai usar em água fria; coloque o creme dentro dela e leve à geladeira por, pelo menos, 6 horas.

7 Desenforme sobre o prato em que vai servir e jogue o creme de baunilha morno por cima.

8 Decore com as cerejas.

CREME DE BAUNILHA PARA BAVAROISE DE CHOCOLATE

- *1 colher (sopa) de amido de milho*
- *2 colheres (sopa) de açúcar*
- *2 gemas*
- *1½ xícara (chá) de leite*
- *½ colher (café) de essência de baunilha*

1 Misture o amido de milho, o açúcar, as gemas e o leite. Mexa para dissolver os ingredientes secos.

2 Passe por uma peneira, adicione a baunilha e leve ao fogo. Mexa até ferver durante cerca de 2 minutos.

3 Retire do fogo, sem parar de mexer, e deixe o creme esfriar um pouco (para não criar película). Despeje sobre a bavaroise de chocolate.

BAVAROISE DE BAUNILHA

- *3 folhas de gelatina incolor (6 g de gelatina em pó incolor)*
- *4 gemas*
- *120 g de açúcar*
- *350 ml de leite*
- *1 fava de baunilha*
- *300 ml de creme de leite fresco gelado*

Calda:

- *200 g de morangos*
- *2 colheres (sopa) de açúcar*
- *1 colher (chá) de suco de limão*
- *Folhas de hortelã para decorar*

1 Coloque as folhas de gelatina grosseiramente picadas para reidratar em água fria. Misture as gemas e o açúcar em uma tigela e bata levemente. Coloque o leite em uma panela com a fava de baunilha aberta ao meio, leve ao fogo baixo até que comece a borbulhar nas bordas da panela.

2 Coloque ⅓ da mistura do leite sobre as gemas e mexa bem. Coloque essa mistura na panela com o leite restante e leve ao banho-maria, mexendo com uma colher de pau até que o creme espesse (o ponto correto é quando cobre as costas da colher com uma película). Retire do fogo, escorra a gelatina reidratada e acrescente à mistura do leite ainda bem quente; mexa novamente, coe em uma peneira e leve essa mistura à geladeira, mexendo regularmente até que esteja levemente gelada (cuidado para não solidificar).

3 Bata o creme de leite em ponto de chantilly e incorpore delicadamente à mistura de gemas. Coloque em uma fôrma de buraco no meio molhada e leve à geladeira por cerca de 6 horas. Prepare a calda de morangos batendo os ingredientes no liquidificador.

4 Desenforme a bavaroise e sirva com a calda decorando com as folhas de hortelã.

BAVAROISE DE COCO

- *1 litro de água*
- *10 folhas de gelatina incolor ou 2 envelopes de gelatina em pó incolor*
- *1 xícara (chá) de açúcar*
- *4 claras em neve*
- *200 ml de leite de coco*
- *1 lata de creme de leite*

1 Leve ao fogo a água com a gelatina picada e o açúcar, até ferver. Deixe esfriar.

2 Junte as claras em neve com o leite de coco, misturando bem, e acrescente à outra mistura fria.

3 Bata o creme de leite ligeiramente e junte-o à mistura completa.

4 Coloque em taças e leve para gelar.

BAVAROISE DE MORANGO

- *4 xícaras (chá) de morangos*
- *1 envelope (12 g) de gelatina em pó incolor*
- *3 colheres (sopa) de água*
- *½ colher (chá) de essência de baunilha*
- *½ xícara (chá) de açúcar*
- *1 colher (sopa) de suco de limão*
- *1 xícara (chá) de creme de leite fresco gelado*

1 Reserve 6 morangos para a decoração e pique o restante. Coloque a gelatina em um recipiente pequeno e hidrate com a água fria. Deixe descansar por 3 minutos.

2 Leve a gelatina ao banho-maria para que ela dissolva. Em uma panela, coloque os morangos picados, a baunilha, o açúcar e o suco de limão. Leve ao fogo baixo e cozinhe até que os morangos estejam macios (cerca de 5 minutos). Retire do fogo e deixe esfriar levemente.

3 Bata os morangos com a calda e a gelatina no liquidificador até obter um creme. Deixe esfriar completamente.

4 Bata o creme de leite até o ponto de chantilly e acrescente delicadamente ao creme de morangos. Coloque em uma fôrma umedecida e leve à geladeira por 4 horas no mínimo. Retire cuidadosamente da fôrma.

5 Decore com os morangos inteiros reservados e sirva gelada.

GELATINAS

Gelatinas

GELATINA SIMPLES

- *4 ovos*
- *½ xícara (chá) de açúcar*
- *500 ml de leite*
- *4 folhas de gelatina vermelha ou ½ envelope (6 g) de gelatina em pó vermelha sem sabor*
- *4 folhas de gelatina incolor ou ½ envelope (6 g) de gelatina em pó incolor*
- *1 cálice de vinho branco*

1 Separe as claras das gemas e bata as claras até ficarem consistentes, adicionando o açúcar aos poucos.

2 Aqueça o leite, desmanche nele as folhas de gelatina e, em seguida, as gemas, mexendo sem parar. Com o leite ainda quente, adicione as claras que foram batidas com o açúcar e, por fim, junte o vinho branco.

3 Coloque em uma fôrma de bolo umedecida com água fria e leve à geladeira por, pelo menos, 4 horas.

4 No momento de servir, passe em volta da fôrma um pano molhado em água fervente e vire a gelatina sobre um prato.

GELATINA DE ABACAXI E AMEIXA-PRETA

- *4 caixas de gelatina sabor abacaxi*
- *2 litros de água*
- *1 lata de abacaxi em calda*
- *Ameixas-pretas*

1 Ferva 1 litro de água e dissolva nela a gelatina. Acrescente a água restante e misture bem.

2 Coloque metade da quantidade de gelatina em uma fôrma para bolo umedecida com água. Leve à geladeira para endurecer.

3 Retire as fatias de abacaxi da calda, escorra bem e corte-as ao meio. Disponha o abacaxi sobre a gelatina já endurecida e leve novamente à geladeira.

4 Despeje na fôrma o restante da gelatina dissolvida e deixe-a na geladeira durante, pelo menos, 4 horas para endurecer bem.

5 No momento de servir, passe em volta da fôrma um pano molhado em água fervente e vire a gelatina sobre um prato.

6 Enfeite com as ameixas-pretas.

TAÇAS MARAVILHOSAS

- *1 abacaxi*
- *500 ml de água*
- *250 g de açúcar*
- *9 folhas de gelatina incolor ou 1 envelope (12 g) de gelatina em pó incolor*
- *9 folhas de gelatina vermelha ou 1 envelope (12 g) de gelatina em pó vermelha sem sabor*
- *1 litro de leite*
- *6 ovos separados*
- *12 colheres (sopa) de açúcar*
- *1 colher (sopa) de amido de milho*
- *½ colher (chá) de essência de baunilha*

1 Descasque o abacaxi e corte em fatias; leve ao fogo com a água e o açúcar. Deixe ferver por 3 minutos, retire do fogo e leve à geladeira por, pelo menos, 8 horas.

2 Separe a calda do abacaxi e meça; se não der 3 xícaras, coloque água para completar. Leve essa calda ao fogo até ferver e hidrate a gelatina com ela. Passe por uma peneira e deixe esfriar. Despeje um pouco em cada taça e leve à geladeira.

3 Bata as gemas com metade da quantidade de açúcar para misturar bem e coloque em uma panela. Dissolva o amido de milho em um pouco do leite e adicione à panela. Coloque o restante do leite e a baunilha e leve ao fogo para engrossar. Retire, deixe esfriar e coloque nas taças, sobre a gelatina.

4 Bata as claras com o restante do açúcar e, quando atingir o ponto de suspiro, distribua nas taças e leve à geladeira por, pelo menos, 4 horas.

GELATINA DE FRUTAS

- *10 folhas de gelatina incolor ou 2 envelopes de gelatina em pó incolor*
- *5 folhas de gelatina vermelha ou ½ envelope de gelatina em pó vermelha sem sabor*
- *6 xícaras (chá) de água*
- *4 colheres (sopa) de suco de limão*
- *3 xícaras (chá) de açúcar*
- *3 claras em neve*
- *Morangos, uvas, cerejas ou outras frutas em pedaços*

1 Pique e dissolva as folhas de gelatina na água quente e passe por uma peneira.

2 Junte, em seguida, o suco dos limões, o açúcar e as claras em neve. Mexa bem.

3 Leve novamente ao fogo para ferver e, depois, coe em um pano de prato úmido.

4 Umedeça uma fôrma de bolo com água fria e faça a seguinte montagem: uma camada da gelatina coada, ainda morna; sobre ela, uma camada de morangos; leve à geladeira para endurecer um pouco. A seguir, nova camada de gelatina morna, outra de uvas; leve novamente à geladeira para endurecer um pouco. Faça outra camada de gelatina, morna e uma de cerejas, leve à geladeira. Continue as camadas de gelatina, variando as frutas a gosto, até encher a fôrma.

5 Leve à geladeira por, pelo menos, 4 horas. No momento de servir, passe em volta da fôrma um pano molhado em água fervente e vire a gelatina sobre um prato.

GELATINA RÁPIDA DE FRUTAS

- *20 folhas de gelatina incolor ou 3 envelopes de gelatina em pó incolor*
- *5 folhas de gelatina vermelha sem sabor ou 1 envelope de gelatina em pó vermelha sem sabor*
- *6 xícaras (chá) de água fervente*
- *3 xícaras (chá) de suco de laranja*
- *Suco de 2 limões*
- *1 cálice de vinho do Porto*
- *1 cálice de licor*
- *Frutas frescas cortadas em pedaços pequenos*
- *1 lata de pêssegos em calda*
- *2 colheres (sopa) de açúcar*

1 Desmanche as folhas de gelatina na água fervente e coe em uma peneira fina.

2 À gelatina obtida junte o suco das laranjas e o dos limões, o vinho do Porto, o licor, as frutas frescas e o pêssego (com a calda).

3 Coloque em uma fôrma de bolo umedecida com água fria e leve à geladeira por, pelo menos, 4 horas.

4 No momento de servir, passe em volta da fôrma um pano molhado em água fervente e vire a gelatina sobre um prato.

GELATINA DE LARANJA

- *8 folhas de gelatina incolor ou 1 envelope (12 g) de gelatina em pó incolor*
- *1 folha de gelatina vermelha sem sabor*
- *1 xícara (chá) de água fervente*
- *500 ml de suco de laranja*
- *Suco de 1 limão*
- *10 colheres (sopa) de açúcar*

1 Dissolva a gelatina na água fervente.

2 Junte os sucos de laranja e de limão e dissolva o açúcar neles.

3 Misture bem os sucos adoçados e a gelatina dissolvida.

4 Distribua em taças e leve à geladeira por, pelo menos, 4 horas antes de servir.

GELATINA DE MAÇÃ

- *500 g de maçãs*
- *100 g de açúcar*
- *5 folhas de gelatina ou 1 envelope (12 g) de gelatina em pó incolor*
- *½ xícara de água fervente*

1 Descasque as maçãs, pique-as e leve para cozinhar com o açúcar em fogo baixo. Quando estiverem bem cozidas, amasse-as com um garfo formando um purê.

2 À parte, hidrate as folhas de gelatina na água fervente.

3 Junte a gelatina ao purê de maçãs, misture bem, coloque em uma fôrma de bolo umedecida com água fria e leve à geladeira.

4 No momento de servir, passe em volta da fôrma um pano molhado em água fervente e vire a gelatina sobre um prato.

GELATINA COM MORANGO

- *4 ovos*
- *¾ de xícara (chá) de açúcar*
- *500 ml de leite*
- *2 folhas de gelatina vermelha sem sabor*
- *2 folhas de gelatina incolor*
- *1 cálice de vinho branco*
- *Morangos*

1 Separe as claras das gemas e bata as claras até ficarem consistentes, adicionando o açúcar aos poucos.

2 Aqueça o leite, hidrate nele as folhas de gelatina e, em seguida, misture as gemas, mexendo sem parar. Com o leite ainda quente, acrescente as claras que foram batidas com o açúcar e, por fim, junte o vinho branco.

3 Despeje em taças, coloque em cada taça 2 ou 3 morangos bem maduros e leve à geladeira por, pelo menos, 4 horas.

GELATINA DE NOZES

- *2 envelopes de gelatina incolor sem sabor*
- *2 xícaras (chá) de água fria*
- *500 ml de leite fervente*
- *½ xícara (chá) de rum*
- *150 g de nozes moídas*
- *2 xícaras (chá) de açúcar*
- *500 ml de creme de leite fresco*
- *50 g de nozes cortadas em 4*

1 Hidrate a gelatina na água fria durante 5 minutos. Depois, dissolva no leite fervente.

2 Adicione o rum, junte as nozes moídas e metade da quantidade de açúcar ao leite, misture bem e deixe esfriar.

3 À parte, bata o creme de leite com o restante do açúcar até o ponto de chantilly.

4 Reserve na geladeira 4 colheres (sopa) do chantilly.

5 Misture o leite com a gelatina e as nozes ao restante do chantilly. Coloque essa mistura em uma fôrma de bolo alta umedecida com água fria e leve à geladeira por, pelo menos, 6 horas.

6 No momento de servir, passe em volta da fôrma um pano molhado em água fervente e vire a gelatina sobre um prato.

7 Decore com o chantilly reservado na geladeira e os pedaços de nozes.

8 Sirva gelada.

MARIA-MOLE

- *2 envelopes de gelatina em pó incolor*
- *1½ xícara (chá) de água fervente*
- *500 g de açúcar*
- *100 g de coco ralado desidratado*

1 Coloque a gelatina em uma tigela; junte a água fervente; dissolva bem, sem levar ao fogo; adicione o açúcar e bata bem (na batedeira) até endurecer.

2 Coloque em uma fôrma untada com manteiga e leve à geladeira por, pelo menos, 4 horas. Corte em pedaços e passe-os pelo coco ralado.

Nota: *Se quiser fazer maria-mole vermelha, é só usar gelatina vermelha em pó sem sabor.*

SAGU

- *4 xícaras (chá) de água*
- *1 xícara (chá) de sagu*
- *750 ml de vinho tinto seco*
- *1 pedaço de canela em pau*
- *2 cravos-da-índia*
- *1¼ xícara (chá) de açúcar*
- *1 receita de* creme chantilly *(pág. 658)*

1 Coloque para ferver a água em uma panela e adicione o sagu. Assim que voltar a ferver, apague o fogo e deixe na água por 15 minutos; acenda o fogo novamente e deixe ferver, misturando para não grudar no fundo da panela. Verifique se o sagu está transparente.

2 Coloque o vinho em outra panela, adicione os cravos e a canela e ferva por 10 minutos. Adicione a mistura de vinho à panela em que preparou o sagu e cozinhe para que ele fique macio. Se necessário, acrescente água fervente aos poucos.

3 Acrescente o açúcar e ferva por mais 2 minutos. Despeje em taças individuais e leve à geladeira.

4 Sirva com o chantilly.

MUSSES

Musses

Musse (*mousse*, em francês) significa espuma e é, por definição, algo delicado, fofo, macio: um creme básico ao qual se adicionam claras em neve, gelatina, chocolate, polpa ou suco de frutas, frutas cristalizadas, licor etc. O creme dá a textura; as claras deixam leve. Dependendo da receita, a gelatina confere mais firmeza à consistência, sem endurecê-la.

Musse de Banana

- *8 bananas nanicas picadas*
- *1 colher (chá) de suco de limão*
- *6 colheres (sopa) de açúcar*
- *2 folhas de gelatina incolor ou ½ envelope de gelatina em pó incolor*
- *4 colheres (sopa) de licor de cereja*
- *4 colheres (sopa) de rum*
- *1 lata de creme de leite*
- *Bananas em rodelas*

1 Leve as bananas, o suco de limão e o açúcar ao fogo baixo, mexendo sempre, até as bananas desmancharem (15 minutos, aproximadamente).

2 Junte a gelatina previamente amolecida em água fria à panela e mexa até dissolver.

3 Retire do fogo e misture delicadamente o licor, o rum e o creme de leite.

4 Distribua em taças e leve à geladeira por, pelo menos, 4 horas.

5 Decore as taças com as rodelas de banana na hora de servir.

Musse de Chocolate I

- *3 ovos separados*
- *6 colheres (sopa) de açúcar*
- *3 colheres (sopa) de chocolate em pó*
- *500 ml de leite*
- *4 folhas de gelatina ou 1 envelope (12 g) de gelatina em pó incolor*
- *1 xícara (chá) de água fervente*
- *250 g de creme de leite fresco*
- *½ colher (chá) de essência de baunilha*
- *Chocolate meio amargo ralado ou amêndoas laminadas*

1 Bata as gemas com o açúcar, junte o chocolate até formar uma pasta e misture o leite aos poucos. Leve ao fogo e cozinhe para engrossar. Retire do fogo e deixe esfriar.

2 Bata as claras em neve, adicione a gelatina já desmanchada na água fervente e bata bem.

3 Acrescente o chocolate, já frio, aos poucos, mexendo sempre, e adicione o creme de leite ligeiramente batido e a essência de baunilha. Misture muito bem, coloque em taças e leve à geladeira por, pelo menos, 4 horas.

4 Enfeite com amêndoas ou chocolate meio amargo ralado.

MUSSE DE CHOCOLATE II

- *6 folhas de gelatina ou 1 envelope (12 g) de gelatina em pó incolor*
- *½ xícara (chá) de água fervente*
- *1 xícara de água fria*
- *500 g de chocolate ao leite*
- *250 g de açúcar*
- *50 g de manteiga*
- *12 gemas*
- *Raspas de chocolate para decorar*

1 Amoleça as folhas de gelatina em água fria e dissolva-as na água fervente.

2 Pique o chocolate e derreta-o em banho-maria.

3 Junte o açúcar, a manteiga e as gemas ao chocolate derretido, mexendo bem.

4 Retire do fogo, adicione a gelatina e as claras em neve e misture delicadamente até que os ingredientes se incorporem uns aos outros.

5 Coloque a musse em uma travessa funda e leve para gelar durante 2 horas, ou até adquirir consistência.

6 Depois de pronta, decore-a com raspas de chocolate.

MUSSE CLÁSSICA DE CHOCOLATE

- *6 claras*
- *2 colheres (sopa) de manteiga*
- *200 g de chocolate meio amargo*
- *8 gemas*
- *½ xícara (chá) de açúcar*
- *1 colher (sopa) de conhaque*

1 Bata as claras em neve e leve à geladeira.

2 Derreta a manteiga e o chocolate picado em banho-maria.

3 Bata na batedeira as gemas e o açúcar, até obter uma gemada clara e espumosa.

4 Misture o chocolate derretido à gemada. Adicione o conhaque.

5 Incorpore delicadamente as claras em neve ao creme de chocolate. Coloque em taças individuais ou em uma travessa funda.

6 Leve à geladeira por, pelo menos, 4 horas.

7 Sirva a musse gelada, acompanhada com *creme chantilly* (pág. 658).

Musse de Baunilha com Calda de Chocolate

Musse:

- *1 envelope (12 g) de gelatina em pó incolor*
- *1 xícara (chá) de açúcar*
- *½ xícara (chá) de água*
- *2 claras*
- *1 lata de creme de leite*
- *1 colher (chá) de essência de baunilha*

Calda:

- *1 xícara (chá) de leite*
- *2 gemas*
- *2 colheres (sopa) de açúcar*
- *2 colheres (sopa) de chocolate em pó*
- *1 colher (chá) de raspas de casca de laranja*
- *½ xícara (chá) de licor de cacau*

1 Hidrate a gelatina em 5 colheres (sopa) de água, leve ao banho-maria para dissolver e reserve.

2 Prepare a musse do seguinte modo: leve ao fogo o açúcar com a água e deixe ferver até obter uma calda grossa. Na batedeira, bata as claras em neve e junte aos poucos a calda quente sem parar de bater. Ainda sem parar de bater até que tudo fique bem incorporado, junte a gelatina dissolvida. Retire da batedeira e misture, delicadamente, misture o creme de leite e a baunilha. Coloque em uma fôrma levemente untada com óleo e leve à geladeira por 2 horas.

3 Para fazer a calda, bata no liquidificador o leite, as gemas, o açúcar e o chocolate; leve ao fogo baixo, mexendo sempre, até engrossar; junte as raspas de laranja e retire do fogo; acrescente o licor de cacau.

4 Desenforme a musse e sirva-a com a calda (de preferência, bem gelada).

Musse Branca com Calda de Chocolate

- *1 envelope (12 g) de gelatina em incolor ou 6 folhas de gelatina*
- *125 ml de água fervente*
- *6 claras*
- *6 colheres (sopa) de açúcar*
- *2 latas de creme de leite gelado, sem soro*

Calda:

- *1 xícara (chá) de chocolate em pó*
- *1 xícara (chá) de açúcar*
- *4 colheres (sopa) de mel*
- *2 colheres (sopa) de manteiga*
- *2 xícaras (chá) de leite*

1 Dissolva a gelatina na água fervente. Reserve.

2 Bata as claras em neve, acrescente o açúcar e continue a bater até ficar um suspiro firme.

3 Retire da batedeira, junte o creme de leite, mexa bem e, por último, adicione a gelatina dissolvida, já fria.

4 Distribua em taças e leve à geladeira por, pelo menos, 4 horas.

5 Misture todos os ingredientes da calda e leve ao fogo para ferver e engrossar.

6 Cubra as taças de musse com a calda e volte à geladeira até a hora de servir.

MUSSE DE COCO

- 3 folhas de gelatina branca ou ½ envelope de gelatina em pó incolor
- Água fria
- 2 colheres (sopa) de água fervente
- 1 lata de leite condensado
- 1 xícara (chá) de coco ralado
- 3 claras

1 Coloque a gelatina de molho em água fria durante alguns minutos.

2 Escorra a gelatina e dissolva-a na água fervente.

3 Bata no liquidificador ou misture bem o leite condensado com o coco e a gelatina. Coloque a mistura em uma tigela.

4 Bata as claras em neve e misture delicadamente com os ingredientes da tigela.

5 Coloque em taças e leve à geladeira por, pelo menos, 4 horas.

MUSSE DE JACA

- 2 envelopes de gelatina em pó incolor
- 1 xícara (chá) de água fervente
- 2 xícaras (chá) de polpa de jaca
- 2 colheres (sopa) de suco de limão
- 2 colheres (sopa) de açúcar
- 3 claras
- 1 xícara (chá) de açúcar de confeiteiro

1 Dissolva a gelatina na água fervente. Reserve.

2 Leve ao liquidificador a polpa de jaca, o suco de limão e o açúcar refinado. Bata bem e adicione a gelatina previamente dissolvida. Reserve.

3 Bata as claras em neve e adicione aos poucos o açúcar de confeiteiro até formar um suspiro firme. Incorpore o suspiro delicadamente à mistura de jaca. Despeje em taças individuais ou em uma fôrma levemente untada com óleo

4 Leve à geladeira, pelo menos, por 4 horas. Sirva bem gelada.

MUSSE DE LARANJA

- 1 envelope (12 g) de gelatina em pó incolor
- 1 xícara (chá) de água fervente
- 4 xícaras (chá) de suco de laranja
- 1½ xícara (chá) de açúcar
- 1 lata de creme de leite sem soro

1 Dissolva a gelatina na água fervente.

2 Leve o suco de laranja, o açúcar e a gelatina dissolvida ao liquidificador e bata bem.

3 Retire a mistura do liquidificador e junte o creme de leite delicadamente a ela. Coloque em uma fôrma levemente untada com óleo e leve à geladeira por, pelo menos, 4 horas.

MUSSE DE LIMÃO

- *3 claras*
- *1 envelope (12 g) de gelatina em pó incolor*
- *¾ de xícara (chá) de água fria*
- *½ xícara (chá) de suco de limão*
- *1 lata de leite condensado*
- *Raspas de casca de limão para decorar*

1 Bata as claras em neve e leve à geladeira. Coloque a gelatina em uma tigela e cubra com um pouco da água fria, deixe repousar por 3 minutos e acrescente a água restante.

2 Leve a gelatina ao banho-maria e misture até que esteja dissolvida. Retire do fogo e adicione o suco de limão e o leite condensado. Misture bem e deixe esfriar completamente.

3 Incorpore delicadamente as claras em neve. Coloque em taças individuais ou em uma fôrma de pudim levemente untada com óleo. Leve à geladeira por, pelo menos, 4 horas. Desenforme depois de gelada.

4 Decore com raspas da casca de limão.

MUSSE SIMPLES DE LIMÃO

- *3 claras*
- *1 lata de leite condensado*
- *⅓ de xícara (chá) de suco de limão*
- *⅓ de xícara (chá) de açúcar*

1 Bata as claras em neve. Reserve na geladeira.

2 No liquidificador, bata o leite condensado com o suco de limão e o açúcar. Passe para uma tigela e misture as claras em neve, delicadamente.

3 Distribua em taças e leve à geladeira por 3 horas.

MUSSE DE MAÇÃ

- *6 folhas de gelatina ou 1 envelope (12 g) de gelatina em pó incolor*
- *3 maçãs vermelhas ou verdes*
- *1 xícara (chá) de água*
- *1 xícara (chá) de açúcar*
- *1 lata de creme de leite*
- *3 claras em neve*

1 Hidrate a gelatina com 5 colheres (sopa) de água fria. Reserve.

2 Retire as cascas e as sementes das maçãs, pique-as e leve fogo com a água e metade da quantidade de açúcar. Deixe ferver até reduzir a calda à metade (15 minutos, aproximadamente).

3 Passe as maçãs cozidas por uma peneira sobre uma tigela. Reserve a polpa da maçã e dissolva a gelatina já hidratada na calda da tigela, que ainda deve estar quente.

4 Leve ao fogo a polpa das maçãs com o restante do açúcar e deixe cozinhar, com a panela tampada, por 15 minutos.

5 Bata no liquidificador a calda, o doce de maçãs e o creme de leite. Retire e misture, delicadamente, as claras em neve.

6 Coloque em uma fôrma levemente untada com óleo e leve à geladeira por, pelo menos, 4 horas. Desenforme na hora de servir e decore a gosto.

MUSSE DE MARACUJÁ CREMOSA

- *1 envelope (12 g) de gelatina incolor*
- *½ xícara (café) de água fria*
- *½ xícara (chá) de água fervente*
- *200 g de manteiga*
- *400 g de açúcar*
- *1 lata de creme de leite*
- *½ xícara (chá) de suco concentrado de maracujá*
- *8 gemas*
- *4 claras em neve*

1 Hidrate a gelatina com a água fria e dissolva-a na água fervente. Reserve.

2 Bata na batedeira, a manteiga com o açúcar até formar um creme. Adicione o creme de leite, o suco, as gemas e a gelatina dissolvida e bata mais um pouco para misturar bem.

3 Passe o creme por uma peneira e misture, delicadamente, as claras em neve.

4 Distribua em taças e leve à geladeira por, pelo menos, 4 horas.

MUSSE DE MARACUJÁ COM CALDA

Para a musse:

- *3 claras*
- *1 envelope (12 g) de gelatina em pó incolor*
- *¾ de xícara (chá) de água fria*
- *1 xícara (chá) de suco de maracujá concentrado*
- *1 lata de leite condensado*

Para a calda:

- *2 maracujás maduros*
- *3 colheres (sopa) de açúcar*
- *⅓ de xícara (chá) de água*

1 Bata as claras em neve e leve à geladeira. Coloque a gelatina em uma tigela e cubra com um pouco da água fria, deixe repousar por 3 minutos e acrescente a água restante.

2 Leve a gelatina ao banho-maria até que esteja dissolvida. Retire do fogo e adicione o suco de maracujá e o leite condensado. Misture bem e deixe esfriar completamente.

3 Incorpore delicadamente as claras em neve. Coloque em taças individuais ou em uma fôrma levemente untada com óleo. Leve à geladeira por, pelo menos, 4 horas. Desenforme depois de gelada.

4 Prepare a calda colocando em uma panela a polpa e as sementes dos maracujás. Adicione a água e o açúcar. Leve ao fogo e ferva por 2 minutos. Retire e deixe esfriar.

5 Sirva a musse com a calda.

MUSSE DE MORANGO

- *300 g de morangos frescos*
- *150 g de açúcar*
- *Suco de ½ limão*
- *1 cálice de licor triple sec*
- *1 xícara (chá) de leite*
- *2 folhas de gelatina vermelha ou ½ envelope de gelatina em pó vermelha sem sabor*
- *250 g de creme de leite*

1 Separe alguns morangos inteiros para decorar as taças. Bata no liquidificador o restante dos morangos com o açúcar, o suco de limão e o licor. Acrescente o leite e bata até misturar bem. Leve à geladeira por 10 minutos.

2 Desmanche a gelatina em 2 colheres de água fervente e, quando estiver bem derretida, junte-a à mistura de morangos. Volte à geladeira para gelar ligeiramente.

3 Bata levemente o creme de leite e misture-o à musse. Distribua em taças, decore com os morangos inteiros e leve à geladeira até o momento de servir.

MUSSE DE MORANGO SOFISTICADA

- *6 folhas de gelatina vermelha sem sabor ou 1 envelope (12 g) de gelatina em pó vermelha sem sabor*
- *½ xícara (chá) de água quente*
- *3 ovos separados*
- *200 g de açúcar*
- *1½ xícara (chá) de morangos batidos no liquidificador*
- *1 cálice de licor de cerejas*
- *Morangos picados*
- *1 receita de* creme chantilly

(pág. 658)

1 Dissolva a gelatina na água quente. Reserve.

2 Bata as gemas com o açúcar até que se forme um creme esbranquiçado e, separadamente, as claras em neve. Reserve.

3 Misture às gemas batidas, os morangos batidos, o licor, a gelatina dissolvida e, por fim, as claras em neve, incorporando-as delicadamente.

4 Coloque em uma fôrma de buraco no meio previamente umedecida e leve à geladeira por, pelo menos, 4 horas.

5 Quando estiver solidificada, desenforme, encha o buraco com os morangos picados (misturados com um pouco de licor e de açúcar) e cubra com o chantilly.

MUSSE RÁPIDA DE MORANGO

- *3 folhas de gelatina incolor ou ½ envelope de gelatina em pó incolor*
- *Água fria*
- *2 colheres (sopa) de água fervente*
- *1 lata de leite condensado*
- *1½ xícara (chá) de morangos picados*
- *2 colheres (sopa) de suco de limão*
- *3 claras em neve*

1 Coloque a gelatina de molho em água fria por alguns minutos.

2 Escorra a gelatina e dissolva-a na água fervente.

3 Bata, no liquidificador, o leite condensado com os morangos, o suco de limão e a gelatina dissolvida.

4 Misture delicadamente as claras em neve.

5 Coloque a musse em taças e leve à geladeira por, pelo menos, 4 horas.

MUSSE DE UVA

- *1 envelope (12 g) de gelatina em pó incolor*
- *½ xícara de água fervente*
- *4 claras*
- *9 colheres (sopa) de açúcar*
- *1 lata de creme de leite*
- *500 ml de suco de uva concentrado ou integral*
- *1 colher (sopa) de amido de milho*

1 Dissolva a gelatina na água fervente. Reserve.

2 Bata as claras em neve, junte 6 colheres (sopa) de açúcar e bata mais um pouco. Misture com as claras a gelatina derretida, o creme de leite e metade da quantidade de suco de uva. Distribua em taças ou coloque em uma fôrma levemente untada com óleo e leve à geladeira por, pelo menos, 4 horas.

3 Leve ao fogo o restante do suco com o restante do açúcar e o amido de milho, mexa bem até engrossar um pouco. Depois de a musse estar gelada, coloque esse creme por cima dela e leve à geladeira até a hora de servir.

Suflês Doces

Suflês Doces

"Esperar muito tempo por um convidado é falta de cortesia para os que já estão presentes."

BRILLAT-SAVARIN. TEXTO DA EDIÇÃO DE 1942 DE *DONA BENTA*.

SUFLÊS DOCES

SUFLÊ DE CAFÉ

- *1 litro de leite*
- *1 pitada de sal*
- *½ xícara (chá) de açúcar*
- *4 colheres (sopa) de fécula de batata*
- *3 ovos*
- *½ xícara (chá) de café preparado bem forte frio*

1 Leve ao fogo o leite, o sal, o açúcar, a fécula e as gemas, mexa até formar um creme. Retire do fogo, deixe esfriar um pouco e junte o café. Bata as claras em neve e misture, delicadamente, ao creme.

2 Coloque em um refratário untado com manteiga e leve para assar, em banho-maria, no forno médio preaquecido. Quando o suflê tiver crescido, mas ainda não pegou cor, polvilhe açúcar e deixe assar por mais alguns minutos, até o açúcar formar uma crostinha.

3 Sirva quente ou frio.

SUFLÊ DE CHOCOLATE

- *½ xícara (chá) de manteiga*
- *½ xícara de açúcar*
- *4 ovos separados*
- *½ xícara (chá) de chocolate em pó*
- *½ xícara (chá) de farinha de rosca*
- *1 colher (chá) de essência de baunilha*
- *1 colher (chá) de fermento em pó*

1 Bata na batedeira a manteiga com o açúcar até formar um creme.

2 Acrescente as gemas, o chocolate, a farinha de rosca e a baunilha.

3 Bata as claras em neve e incorpore delicadamente ao creme de chocolate. Incorpore o fermento e misture novamente.

4 Asse em refratário untado e polvilhado farinha de rosca, em forno médio preaquecido.

5 Sirva quente ou frio.

SUFLÊ DE PASSAS AO RUM

- *1 colher (sopa) de uvas-passas sem sementes*
- *1 colher (sopa) de rum*
- *8 ovos separados*
- *4 colheres (sopa) de açúcar*
- *1 colher (sopa) de manteiga*
- *4 colheres (sopa) de fécula de batata*
- *1 litro de leite*

1 Deixe as uvas-passas de molho no rum por 30 minutos. Bata as claras em neve e reserve.

2 Em uma panela, misture o açúcar, a manteiga, a fécula e o leite e leve ao fogo para engrossar. Quando tiver formado um creme, deixe esfriar um pouco e acrescente as uvas-passas escorridas e as claras em neve. Misture delicadamente.

3 Coloque em um refratário untado com manteiga e polvilhado com farinha de rosca e leve para assar, em banho-maria, no forno médio preaquecido.

4 Depois que o suflê já tiver crescido, polvilhe açúcar, deixe assar mais alguns minutos e sirva quente ou frio.

SUFLÊ DE GOIABADA

- *2 colheres (sopa) de manteiga*
- *2 colheres (sopa) de farinha de trigo*
- *1 xícara (chá) de leite*
- *3 ovos separados*
- *1 xícara (chá) de goiabada mole*
- *Açúcar para polvilhar*

1 Coloque em uma panela a manteiga e a farinha de trigo, leve ao fogo e misture bem para incorporar. Adicione o leite, pouco a pouco, misturando até obter um creme espesso. Cozinhe mexendo por 2 minutos. Retire do fogo, deixe esfriar um pouco e adicione as gemas. Misture bem.
2 Aqueça levemente a goiabada para que ela fique mais macia e misture-a ao creme de gemas. Deixe esfriar.
3 Bata as claras em neve e incorpore delicadamente ao creme já frio.
4 Unte um refratário próprio para suflês com manteiga e polvilhe bastante açúcar. Coloque a massa no refratário e asse em forno médio preaquecido até estar bem crescido e dourado. Sirva quente.

SUFLÊ DE MAÇÃ

- *3 ovos*
- *6 colheres (sopa) de açúcar*
- *3 maçãs (com casca) assadas no forno*
- *3 colheres (sopa) de farinha de trigo*
- *1 colher (café) de fermento em pó*
- *1 colher (café) de canela*
- *1 colher (sopa) de açúcar*

1 Bata as claras em neve e junte o açúcar.
2 Passe a polpa das maçãs por um mixer e junte às claras.
3 Acrescente as gemas, a farinha de trigo, o fermento e a canela.
4 Unte um refratário com manteiga e polvilhe com farinha de rosca. Coloque a massa no refratário e leve para assar em forno baixo preaquecido.
5 Depois de pronto, polvilhe com a canela e o açúcar. Sirva quente ou frio.

SUFLÊ DE SALZBURGO

- *1 gema*
- *2 colheres (sopa) de açúcar*
- *1½ xícara (chá) de leite morno*
- *5 ovos separados*
- *2½ colheres (sopa) de farinha de trigo*
- *1 pitada de sal*
- *3 colheres (sopa) de manteiga*
- *1 xícara (chá) de açúcar*
- *2½ colheres (sopa) de farinha de trigo*
- *1 pitada de sal*
- *Açúcar de confeiteiro*

1 Misture a gema, o açúcar e o leite morno em uma panela e leve ao fogo em banho-maria.

2 Mexa sempre enquanto cozinha até formar um creme ralo que cobre as costas da colher. Reserve.

3 Bata as claras em neve, misture a farinha de trigo e o sal. Reserve.

4 Bata a manteiga com o açúcar até formar um creme esbranquiçado. Bata as gemas até ficarem espumosas e misture com esse creme, formando a massa do suflê.

5 Misture bem as claras em neve com a massa.

6 Coloque o creme obtido nos passos 1 e 2 no fundo de uma fôrma de 20 cm de diâmetro untada com manteiga.

7 Sobre o creme na fôrma, coloque a massa do suflê às colheradas, sem alisar nem prensar, de modo que se formem montes irregulares. Leve para assar em forno médio preaquecido até dourar. Cerca de 10 a 15 minutos.

8 Polvilhe o açúcar de confeiteiro e sirva imediatamente acompanhado de geleia de amora e *creme chantilly* (pág. 658).

FONDUES DOCES

Fondues Doces

Fondues Doces

FONDUE DE CHOCOLATE I

- *200 g de chocolate ao leite*
- *200 g de chocolate amargo*
- *250 ml de creme de leite fresco*
- *1 xícara (chá) de abacaxi em calda escorrido e cortado em triângulos*
- *12 damascos secos*
- *24 morangos lavados e secos*
- *2 bananas nanicas cortadas em rodelas*
- *2 maçãs descascadas e cortadas em cubos*
- *1 xícara (chá) de uvas Itália*
- *1 xícara (chá) de gomos de mexerica cortados ao meio*
- *½ xícara (chá) de cerejas ao marasquino escorridas*

1 Leve os dois tipos de chocolate picados para derreter em banho-maria. Mexa até ficar liso, o que demora mais ou menos 8 minutos.

2 Adicione o creme de leite e mexa por 2 minutos até misturar bem. Coloque na panela própria para fondue, leve à mesa e coloque sobre a espiriteira para manter a fondue quente.

3 Antecipadamente, arrume as frutas em recipientes separados, colocando garfos de fondue ao lado.

FONDUE DE CHOCOLATE II

- *5 fatias de abacaxi cortadas em cubos grandes*
- *5 metades de pêssegos em calda escorridos e cortados em cubos grandes*
- *2 peras descascadas cortadas em cubos grandes*
- *1 xícara (chá) de uvas Itália*
- *24 morangos*
- *12 cerejas em calda escorridas*
- *12 gomos de mexerica cortados na metade*
- *500 g de chocolate ao leite ralado*
- *300 ml de creme de leite fresco*
- *1 cálice de licor de cacau*

1 Arrume todas as frutas em recipientes separados e coloque-os sobre a mesa. Arrume também os garfos próprios para fondue.

2 Leve o chocolate para derreter em banho-maria. Quando ele estiver bem líquido, acrescente o creme de leite e o licor de cacau, pouco a pouco, misturando bem após cada adição.

3 Passe para a panela própria para fondue e coloque-a sobre a espiriteira, que deve estar sobre a mesa com as frutas. Cada um espeta a fruta de sua preferência, mergulha-a no chocolate quente e degusta.

GELEIAS E DOCES DE FRUTA

Geleias e Doces de Fruta

"Nem tanto ao mar nem tanto à terra, diz o rifão. Nem verde e nem maduro demais. O fruto deve ser comido assim que chega ao estado de maturação. (...) A fervura faz-lhes perder a vitalidade das vitaminas. *É por isso que se devem açucarar bastante os doces em calda (compota), para compensar as propriedades perdidas com a cozedura."*

TEXTO DA EDIÇÃO DE 1944 DE *DONA BENTA*.

Geleias

Compotas

Frutas em Calda

Doces de Frutas

Frutas Cristalizadas

GELEIAS

Geleias

GELEIA DE AMEIXA-PRETA

- *500 g de ameixas-pretas sem caroço*
- *6 xícaras (chá) de água*
- *Açúcar*
- *Mel (opcional)*

1 Deixe as ameixas de molho na água por, pelo menos, 8 horas. Passado o tempo, retire as ameixas da água, deixe escorrer em uma peneira e coe a água do molho não descartando-a, pois também será utilizada.
2 Meça a quantidade de xícaras de ameixas obtida e adicione o mesmo número de xícaras de açúcar, assim como da água do molho que foi coada.
3 Leve tudo ao fogo baixo e mexa regularmente, com uma colher de pau, até que apareça o fundo da panela. Retire do fogo.
4 Você pode adicionar à geleia uma colher de mel e tornar a levar a panela ao fogo até que novamente apareça o fundo.

GELEIA DE AMORA OU FRAMBOESA

- *1 kg de framboesas ou amoras*
- *600 g de açúcar*

1 Coloque as framboesas ou as amoras em uma panela e cubra com o açúcar. Leve ao fogo e cozinhe lentamente, amassando de leve as frutas com a ajuda de um garfo.
2 Cozinhe até obter o ponto de geleia. Retire do fogo e deixe esfriar.
3 Guarde em vidros esterilizados e hermeticamente fechados.

GELEIA DE BANANA

- *24 bananas-nanicas*
- *Açúcar*
- *½ xícara (chá) de suco de limão-cravo*

1 Cozinhe as bananas descascadas, em pouca água, até se desfazerem. Passe por uma peneira e pese. Leve ao fogo com o mesmo peso de açúcar. Adicione o suco dos limões.
2 Deixe ferver e vá adicionando água aos poucos até que a geleia tome uma cor avermelhada e comece a aparecer o fundo da panela. Retire, deixe esfriar e guarde em compoteiras ou vidros esterilizados e hermeticamente fechados.

GELEIA DE DAMASCO

- *500 g de damascos sem caroço*
- *6 xícaras (chá) de água*
- *Açúcar*
- *Mel (opcional)*

1 Deixe os damascos de molho na água por 12 horas. Passado o tempo, retire os damascos da água, deixe escorrer em uma peneira e coe a água do molho não descartando-a, pois também será utilizada.

2 Meça quantas xícaras de damasco obteve e adicione o mesmo número de xícaras de açúcar, assim como da água que foi coada.

3 Leve tudo ao fogo baixo e mexa sempre com uma colher de pau, até que apareça o fundo da panela.

4 Se quiser, adicione à geleia uma colher de mel e torne a levar a panela ao fogo, cozinhando até que novamente apareça o fundo da panela. Guarde em vidros esterilizados e hermeticamente fechados.

GELEIA DE GOIABA

- *2,5 kg de goiabas*
- *3 limões-galegos pequenos*
- *1 kg de açúcar cristal*

1 Pique as goiabas com as cascas e as sementes e coloque para cozinhar com os limões descascados e cortados.

2 Depois de bem cozidas, bata as goiabas no liquidificador e coe em uma peneira.

3 Faça, com o açúcar, uma calda em ponto de quebrar (pág. 646) e adicione as goiabas batidas. Deixe ferver, mexendo de vez em quando, até ficar no ponto de geleia. Para saber se está no ponto, pingue a geleia em um prato seco: se não esparramar, está pronta. Guarde em vidros esterilizados e hermeticamente fechados.

GELEIA DE LARANJA

- *24 laranjas maduras*
- *Açúcar*

1 Lave bem as laranjas e corte-as em 4 partes, sem remover a casca. Elimine as sementes e fatie finamente as partes, com a polpa e a casca.

2 Pese e adicione 6 xícaras de água fria para cada 500 g de laranjas. Deixe de molho por 24 horas. Escorra, troque a água e ferva até a casca estar macia. Escorra novamente e pese.

3 Coloque em uma panela e adicione 500 g de açúcar para cada 500 g de laranjas. Leve ao fogo e cozinhe em fogo baixo até conseguir a textura de geleia.

4 Acondicione em vidros esterilizados e guarde na geladeira.

Geleia de Marmelo

- *2 kg de marmelo*
- *Açúcar*

1 Descasque os marmelos, corte-os em 4, deixando as sementes, e leve-os para cozinhar em água suficiente para cobri-los.

2 Cozinhe até os frutos se desfazerem e coe em um pano grosso, espremendo, para que o suco saia completamente. Meça a quantidade de xícaras (chá) de suco obtida.

3 Para cada xícara (chá) de suco, adicione 2 xícaras (chá) de açúcar e leve ao fogo até dar ponto.

4 Para saber se está no ponto, coloque uma colherinha do doce em uma xícara de água fria. Quando o doce não se desmanchar na água, está no ponto.

5 Retire do fogo e deixe esfriar. Conserve em vidros esterilizados na geladeira.

Geleia de Mocotó

- *1 mocotó de vaca*
- *3 a 4 litros de água*
- *3 colheres (sopa) de suco de limão*
- *½ xícara (chá) de vinho do Porto*
- *Açúcar*
- *8 claras em neve*
- *1 colher (sopa) de sementes de erva-doce*
- *Noz-moscada ralada*
- *4 cravos-da-índia*
- *2 pedaços de canela em pau*

1 Cozinhe o mocotó na água fervente até se desfazer.

2 Retire do fogo e, com uma colher, remova a gordura que subir à superfície durante o cozimento. Depois de remover a maior parte, absorva com papel absorvente, até eliminar toda a gordura.

3 Coe o caldo em um pano de prato molhado, adicione o suco do limão e o vinho do Porto. Adoce a gosto e, por fim, misture bem as claras em neve.

4 Leve ao fogo e, quando começar a ferver, adicione os ingredientes restantes.

5 Deixe ferver por mais alguns minutos, coe novamente em um pano de prato. Distribua o caldo em tacinhas ou fôrmas individuais e leve à geladeira para que a geleia firme.

Geleia de Morango

- *1 kg de morangos*
- *Açúcar*
- *Água*

1 Leve os morangos para cozinhar, em um pouco de água, até se desfazerem. Bata os morangos cozidos no liquidificador e meça a massa obtida em xícaras (chá). Leve a uma panela e adicione a mesma quantidade de xícaras (chá) de açúcar.

2 Cozinhe em fogo baixo, mexendo regularmente até aparecer o fundo da panela.

3 Deixe esfriar e guarde em vidros esterilizados na geladeira.

Compotas

Compotas

COMPOTA DE AMORA

- *1 kg de amoras*
- *500 g de açúcar*
- *1 pedaço de canela em pau*
- *½ colher (chá) de erva-doce*
- *3 cravos-da-índia*

1 Coloque as amoras para ferver, em pouca água, até se desfazerem.
2 Prepare a calda de açúcar em *ponto de espadana* (pág. 646), acrescente a canela, a erva-doce e os cravos.
3 Junte a calda às amoras e dê mais uma fervura.
4 Sirva depois de fria.

COMPOTA DE ABACAXI

- *1 abacaxi maduro*
- *½ xícara (chá) de vinho do Porto*
- *250 g de açúcar*
- *Canela em pó*
- *2 cravos-da-índia*

1 Descasque o abacaxi, corte-o em fatias de 1 cm de espessura e coloque-as em uma tigela funda.
2 Em uma panela, coloque o vinho do Porto, o açúcar, uma pitada de canela e os cravos e ferva em fogo baixo até que o açúcar derreta bem, mas sem ferver.
3 Coe o conteúdo da panela e despeje-o quente em cima do abacaxi.
4 Sirva 2 horas depois.

COMPOTA DE ARAÇÁ

- *1 kg de araçás*
- *500 g de açúcar*
- *Canela em pau*
- *Erva-doce*
- *Cravos-da-índia*

1 Coloque os araçás para ferver, em pouca água, até se desfazerem.
2 Prepare a calda de açúcar, em ponto de espadana (pág. 646), acrescente a canela, a erva-doce e os cravos.
3 Junte a calda aos araçás e dê mais uma fervura.

COMPOTA DE CASTANHA PORTUGUESA

- *20 castanhas portuguesas cozidas*
- *1 xícara (chá) de açúcar*
- *1 xícara (chá) de água*
- *1 colher (café) de essência de baunilha*

1 Retire a casca e a pele das castanhas e coloque de molho em água morna com um pouco de açúcar por 10 minutos.

2 Com o açúcar e a água, prepare uma calda rala, junte as castanhas e deixe cozinhar até as castanhas ficarem levemente brilhantes.

3 Quando as castanhas estiverem macias e bem impregnadas da calda, retire a panela do fogo e junte a essência de baunilha.

4 Deixe esfriar e sirva em uma compoteira.

COMPOTA DE LARANJA

- *500 g de minilaranjas*
- *500 ml água*
- *250 g de açúcar*

1 Coloque as laranjas inteiras, com casca, em uma panela, cubra com água e leve para ferver. Assim que ferver, retire do fogo e descarte a água. Repita esse processo por mais quatro vezes.

2 Leve uma panela com a água, o açúcar e as laranjas aferventadas ao fogo e deixe cozinhar, sem tampa, até as laranjas ficarem brilhantes. Cerca de 2 horas.

3 Leve a uma compoteira e sirva as laranjas frias.

4 Essas laranjas podem ser servidas com mel e *creme chantilly* (pág. 658).

COMPOTA DE MAÇÃS INTEIRAS

- *8 maçãs*
- *2 colheres (sopa) de suco de limão*
- *¼ de xícara (chá) de água*
- *500 g de açúcar*

1 Descasque as maçãs, retire os miolos, conservando-as inteiras. Coloque de molho em água fria com o suco de limão durante 2 horas.

2 Em uma panela grande em que caibam as maçãs em uma só camada, prepare uma calda rala com a água e o açúcar.

3 Coloque as maçãs nessa calda e cozinhe as maçãs em fogo baixo.

4 Depois de cozidas, retire as maçãs, e coloque-as em uma compoteira. Cozinhe mais um pouco a calda para ficar reduzida. Apague o fogo e deixe esfriar.

5 Despeje a calda sobre as maçãs. Sirva gelado.

COMPOTA DE MAÇÃ SEM AÇÚCAR

- *1 kg de maçãs*
- *2 xícaras (chá) de água*
- *1 sachê de chá preto*
- *200 g de damascos*
- *150 g de uvas-passas*
- *Noz-moscada*

1 Descasque as maçãs, reservando as cascas. Leve metade da quantidade de água para ferver em uma panela pequena e acrescente metade das cascas das maçãs. Ferva por 2 minutos e apague o fogo. Espere esfriar, coe e reserve esse chá.

2 Em outra panela, ferva a água restante, apague o fogo e acrescente o sachê de chá. Deixe em infusão para que o chá fique bem forte.

3 Pique grosseiramente os damascos. Corte as maçãs em cubos de 2 cm x 2 cm e coloque em um refratário. Acrescente as uvas-passas e os damascos picados, salpique a noz-moscada e regue com o chá preto e com o chá das casca de maçã coado. Cubra o refratário com papel-alumínio e leve ao forno médio preaquecido.

4 Asse por 2 horas, mexendo a cada 30 minutos. Deixe esfriar e conserve na geladeira. Esta compota é ótima para ser servida com sorvete ou com iogurte.

COMPOTA DE MAMÃO VERDE

- *2 mamões verdes*
- *Açúcar*
- *Água*
- *Cascas de 1 limão*

1 Risque os mamões para que percam o leite. Mais ou menos uma hora depois, corte-os em pedaços. Elimine as sementes, raspe-os um pouco por dentro e rale todos os pedaços sem tirar a casca. Deixe de molho até o dia seguinte.

2 No dia seguinte, escorra muito bem, meça a quantidade de mamão em xícaras (chá) e junte a mesma quantidade de xícaras de açúcar. Leve tudo ao fogo com um pouco de água e com as cascas de limão. Deixe cozinhar em fogo baixo e mexa de vez em quando. Quando começar a secar, mexa sem parar, até aparecer o fundo da panela. Deixe esfriar e guarde em compoteiras.

COMPOTA DE MARACUJÁ

- *1 kg de maracujás*
- *500 g de açúcar*
- *1 pedaço de canela em pau*
- *Sementes de erva-doce*
- *Cravos-da-índia*

1 Coloque a polpa dos maracujás para ferver, em pouca água, até se desfazerem.

2 Prepare uma calda de açúcar em ponto de espadana (pág. 646), acrescente a canela, a erva-doce e os cravos.

3 Junte a calda aos maracujás e dê mais uma fervura.

4 Deixe esfriar e sirva.

COMPOTA DE MORANGO

- *1 kg de açúcar*
- *1 kg de morangos bem maduros*

1 Prepare, com o açúcar, uma calda em ponto de fio (pág. 647).

2 Quando a calda atingir o ponto, acrescente os morangos e espere levantar fervura.

3 Assim que ferver, vá retirando a espuma que se forma na superfície da calda. Retire do fogo, deixe descansar um pouco.

4 Ferva novamente, retire do fogo e deixe esfriar.

COMPOTA DE PERA

- *12 peras*
- *3 xícaras (chá) de água*
- *Suco de 1 limão*
- *3 cravos-da-índia*
- *1 pedaço de canela em pau*
- *6 xícaras (chá) de açúcar*
- *½ xícara (chá) de vinho branco seco*

1 Descasque as peras, corte-as ao meio e leve a uma panela com a água, o suco do limão, os cravos, a canela e o açúcar. Leve ao fogo baixo e ferva até que as peras fiquem macias.
2 Junte o vinho branco. Ferva por mais 5 minutos e retire as peras para uma compoteira.
3 Apure a calda por mais alguns instantes e despeje-a sobre as peras.
4 Sirva depois de fria.

COMPOTA DE PÊSSEGO

- *12 pêssegos maduros*
- *500 g de açúcar*
- *1 cálice de kirsch ou vodca*

1 Leve os pêssegos à água fervendo até que soltem as peles. Retire-os da água, remova as peles completamente, corte-os ao meio e retire os caroços.
2 Cubra o fundo de uma panela com metade da quantidade de açúcar, coloque sobre ele os pêssegos e cubra-os com o restante do açúcar.
3 Leve a panela ao fogo, espere até ferver, escume, retire os pêssegos, deixe-os esfriar e passe-os para uma compoteira.
4 Despeje o kirsch na calda que ficou na panela, misture bem, deixe ferver mais um pouco. Retire do fogo e, depois de esfriar, vire a calda sobre os pêssegos da compoteira.
5 Sirva depois de fria.

Frutas em Calda

Frutas em Calda

ABACAXI EM CALDA

- *1 abacaxi maduro*
- *Açúcar*
- *¼ de xícara (chá) de vinho branco*

1 Descasque o abacaxi, corte em fatias grossas e remova o miolo das fatias. Arrume-as em uma panela, cubra com bastante açúcar. Deixe descansar assim durante 2 horas.

2 Leve ao fogo baixo, deixe ferver até a calda ficar em bom ponto e junte o vinho. Deixe ferver novamente e sirva depois de frio.

DOCE DE BATATA-DOCE EM PEDAÇOS

- *2 kg de batatas-doces*
- *Açúcar*
- *½ colher (café) de noz-moscada*
- *3 cravos-da-índia*
- *1 pedaço de canela em pau*

1 Afervente as batatas-doces com casca. Quando estiverem quase moles, retire da água, deixe escorrer, descasque-as e corte em fatias redondas grossas.

2 Pese as batatas e meça o mesmo peso de açúcar. Faça uma calda rala, com o açúcar, adicione a noz-moscada ralada, os cravos e a canela em pau. Coloque as fatias de batata-doce nessa calda e deixe que acabem de ser cozidas em fogo baixo.

3 Retire os pedaços de batata-doce, depois de cozidos, com cuidado para não se quebrarem, coloque em uma compoteira grande, deixe a calda engrossar mais e despeje-a por cima deles.

CAJU EM CALDA

- *12 cajus grandes e bem maduros*
- *3 xícaras (chá) de açúcar*
- *1 xícara (chá) de água*

1 Descasque os cajus e deixe-os de molho em água com limão, para não escurecerem.

2 Leve ao fogo uma panela com água e, quando estiver fervendo, acrescente os cajus. Deixe no fogo até que levante fervura novamente.

3 Faça uma calda com o açúcar e a água. Quando estiver em ponto de pasta (pág. 646), escorra os cajus e coloque-os nela, deixe no fogo para tomar novamente o ponto.

4 Leve os cajus, depois de frios, a uma compoteira.

DOCE DE CIDRA

- *12 cidras*
- *2 kg de açúcar*
- *4 cravos-da-índia*
- *1 pedaço de canela em pau*

1 Lave bem as cidras e rale a casca levemente, para retirar uma fina camada dela. Corte as cidras ao meio, retire e descarte os miolos. O doce será feito com a casca e a parte branca da fruta. Coloque as cidras em uma panela grande com bastante água. Leve para ferver em fogo alto, quando ferver, retire do fogo.

2 Deixe esfriar, escorra a água e coloque as cidras de molho em água fria por 3 dias. Troque a água 2 vezes por dia, para que desapareça totalmente o amargo das frutas.

3 Passados os 3 dias, escorra as cidras e deixe sair todo o líquido retido. Em outra panela, prepare uma calda rala com o açúcar, os cravos e a canela. Volte a cidra para a panela grande, coloque-a em camadas e cubra cada camada com a calda rala feita à parte. Leve para ferver, em fogo baixo, por cerca de 2 horas. Retire do fogo, mas mantenha a cidra na panela. Deixe descansar por 12 horas.

4 No dia seguinte, leve a panela novamente ao fogo e ferva. Apague o fogo e deixe a cidra de molho na calda por mais 12 horas.

5 No 3º dia, ferva o doce mais um pouco. Se as cidras estiverem bem cozidas e a calda bem espessa, o doce está pronto.

CEREJA EM CALDA

- *1 kg de cerejas grandes*
- *Água*
- *Açúcar*

1 Retire os cabinhos e os caroços das cerejas (utilize o descaroçador de azeitonas) e deixe-as de molho em água fria por 15 minutos. Escorra e pese as cerejas.

2 Com uma quantidade de açúcar igual ao peso das cerejas, faça uma calda e adicione as frutas . Deixe ferver durante cerca de 15 minutos.

3 Retire as cerejas e coloque-as em uma compoteira. Deixe a calda no fogo para que fique mais grossa e, depois, despeje-a sobre as frutas.

DOCE DE FIGO VERDE

- *1 kg de figos verdes*
- *1 pitada de bicarbonato de sódio*
- *Açúcar*

1 Passe óleo nas mãos ou utilize luvas descartáveis (para que o leite dos figos não as queime) e corte os cabinhos dos figos. Do lado oposto, faça um corte superficial em cruz, colocando-os em um recipiente com água fria. Em seguida, coloque os figos em uma panela, cubra com água e leve para ferver com o bicarbonato de sódio. Feito isso, retire-os da panela e coloque de molho em água fria por 3 dias, mudando sempre a água.

2 No 3º dia, pese os figos e, com uma quantia de açúcar equivalente ao dobro do peso dos figos, faça, separadamente, uma calda rala. Junte, então, os figos à calda e deixe ferver por 30 minutos. Retire do fogo e reserve os figos na própria panela por 12 horas.

3 No dia seguinte, volte a panela ao fogo para que ferva mais um pouco e reserve novamente.

4 Repita a operação por 3 ou 4 dias: o doce só estará bom quando os figos estiverem bem passados pela calda. (Se a calda engrossar antes que fiquem bem passados, junte mais água.)

Nota: Para limpar os figos verdes, faça um corte em cada um, para que não murchem. Cubra-os com água e leve-os ao fogo para que fervam durante 3 minutos. Escorra-os, deixe-os esfriar, coloque-os num saco plástico, feche o saco e leve ao congelador, deixando de um dia para outro. No dia seguinte, lave cada um em água corrente esfregando-os com um paninho até que a pele dos figos se solte.

BANANA EM CALDA

- *½ xícara (chá) de manteiga*
- *1 xícara (chá) de açúcar mascavo*
- *2 colheres (chá) de canela em pó*
- *1 xícara (chá) de rum*
- *8 bananas descascadas*

1 Coloque em uma frigideira a manteiga, o açúcar e a canela. Deixe o açúcar desmanchar. Acrescente metade do rum e misture bem.

2 Coloque as bananas cortadas ao meio no sentido do comprimento. Abaixe o fogo e cozinhe até que as bananas estejam macias.

3 Acrescente o rum restante e flambe as bananas. Sirva com sorvete de creme ou com fatias de queijo branco.

DOCE DE FIGO MADURO

- *12 figos maduros*
- *600 g de açúcar*

1 Descasque os figos levemente, com cuidado para não ferir a polpa rosada. Em uma panela em que caibam todos os figos em uma única camada, faça uma calda de açúcar rala. Coloque os figos nessa calda e deixe ferver em fogo baixo por 2 horas. Passado esse tempo, retire a panela do fogo sem mexer nos figos, para que não se desfaçam. Reserve por 12 horas.

2 No dia seguinte, volte a panela ao fogo baixo e deixe ferver por mais 30 minutos, sempre sem mexer nos figos. Reserve por mais 12 horas.

3 No 3º dia, leve os figos novamente ao fogo para que a calda engrosse e eles fiquem bem passados. Deixe esfriar e coloque-os, com cuidado, em uma compoteira.

DOCE DE MARACUJÁ

- *24 maracujás-mirins (verdes)*
- *1 colher (sopa) de suco de limão*
- *700 g de açúcar*

1 Descasque os maracujás e corte-os ao comprido, até o meio, para que fiquem inteiros e com os cabinhos. Por essa abertura, retire a polpa e leve os maracujás para a cozinhar em água com o suco de limão.

2 Com o açúcar, prepare uma calda rala. Depois de cozidos, escorra os maracujás e coloque-os nessa calda. Se for guardá-los, deixe a calda ficar mais espessa.

DOCE DE MAMÃO EM PEDAÇOS

- *2 mamões verdes*
- *Açúcar*
- *4 cravos-da-índia*
- *1 pedaço de canela em pau*

1 Risque os mamões verdes e deixe-os sobre um prato por 1 hora para que percam o leite. Passado esse tempo, descasque os mamões, corte-os em pedaços, retire as sementes e limpe bem o miolo.

2 Pese os mamões em pedaços e coloque-os com o mesmo peso de açúcar em uma panela. Acrescente os cravos e a canela, leve ao fogo e deixe cozinhar em fogo baixo. Quando o mamão estiver cozido e a calda com boa consistência, retire do fogo, deixe esfriar e guarde em uma compoteira.

GOIABA EM CALDA

- *24 goiabas*
- *3 xícaras (chá) de açúcar*
- *3 xícaras (chá) de água*
- *Vinho do Porto (opcional)*

1 Descasque as goiabas. Corte-as ao meio, retire os caroços e lave-as muito bem. Cozinhe em água fervente até ficarem macias, tendo o cuidado de não deixar amolecer demais. Escorra sobre uma peneira.

2 Faça uma calda rala com o açúcar e a água e coloque as goiabas cozidas nela. Leve novamente ao fogo até a calda ficar espessa. Adicione o vinho do Porto, espere ferver e retire.

3 Deixe esfriar e coloque em uma compoteira. Para aumentar a durabilidade do doce, reduza a calda por mais tempo.

MANGA FLAMBADA

- *2 mangas*
- *2 colheres (sopa) de manteiga*
- *4 colheres (sopa) de açúcar*
- *1 dose de conhaque*
- *2 doses de licor de laranja*

1 Descasque as mangas e corte em 8 fatias grossas.

2 Coloque a manteiga em uma frigideira grande e leve ao fogo. Aqueça bem e adicione as fatias de manga. Doure por 1 minuto de cada lado e salpique o açúcar.

3 Vire as fatias de manga e deixe que o açúcar dissolva.

4 Regue com o conhaque e com o licor. Flambe e sirva com sorvete de coco ou de creme.

Doces de Frutas

Doces de Frutas

Doce de Abóbora Simples

- *2 kg de abóbora de pescoço madura*
- *Açúcar (o mesmo peso da abóbora já descascada)*
- *Água*
- *4 cravos-da-índia ou 1 colher (café) de essência da baunilha*
- *Canela em pau*

1 Descasque a abóbora, corte em pedaços e pese os pedaços. Pese a mesma quantidade de açúcar. Em uma panela, coloque a abóbora, o açúcar, os cravos e a canela. Leve para cozinhar em fogo baixo com a panela tampada. Mexa de vez em quando para não grudar no fundo.

2 Deixe a abóbora cozinhar até ficar tão macia que possa ser desmanchada com uma colher de pau na própria panela. Continue cozinhando até que comece a desgrudar da panela, a calda começar a secar e aparecer o fundo.

3 O doce ainda deve estar um pouco úmido, ele absorve a calda e fica mais firme ao esfriar. Coloque em uma compoteira.

Doce de Abóbora com Coco

- *1,5 kg de abóbora moranga madura*
- *2 xícaras (chá) de água*
- *1 kg de açúcar*
- *5 cravos-da-índia*
- *2 pedaços de canela em pau*
- *150 g de coco ralado*

1 Descasque a abóbora, corte-a em pedaços pequenos e coloque em uma panela. Adicione a água, tampe a panela e cozinhe até ficar macia.

2 Depois de cozida, escorra a água, amasse com um garfo até ficar bem desmanchada e coloque em uma panela com o açúcar, os cravos e a canela.

3 Leve a panela ao fogo médio e cozinhe, mexendo sempre, até desprender do fundo da panela.

4 Retire do fogo, misture o coco ralado e leve novamente ao fogo, deixe cozinhar até desprender do fundo da panela.

5 Sirva em uma compoteira.

Bananada Paulista

- *12 bananas*
- *1 xícara (chá) de açúcar*
- *Suco de 2 limões*
- *Polpa de 4 laranjas sem as peles*

1 Misture os ingredientes e leve ao fogo, mexendo sempre a partir do momento em que começar a ferver.

2 Quando a massa estiver despregando do fundo, retire do fogo. O doce, depois de pronto, fica avermelhado.

BANANADA

- *12 bananas-nanicas ou bananas-maçãs*
- *Açúcar*

1 Descasque as bananas e corte-as ao meio. Leve a uma panela com um pouco de água e cozinhe até ficarem bem macias. Desmanche com um garfo e passe por uma peneira para perder o excesso de água. Pese a massa.

2 Pese uma quantidade de açúcar equivalente à metade do peso das bananas. Leve ao fogo em uma panela de fundo grosso e faça uma calda bem espessa. Feita a calda, junte a massa e cozinhe, mexendo sempre, até o fundo aparecer. Nessa altura, o doce deverá estar marrom-escuro.

DOCE DE BATATA-DOCE

- *1,5 kg de batatas-doces*
- *Açúcar*
- *1 colher (café) de essência de baunilha*

1 Cozinhe as batatas com casca até ficarem bem macias. Descasque, esprema e pese a massa resultante. Coloque a massa em uma panela e adicione o mesmo peso de açúcar.

2 Leve ao fogo baixo e vá mexendo até aparecer o fundo da panela.

3 Junte a baunilha, retire do fogo e deixe esfriar.

GOIABADA

- *Goiabas vermelhas e bem maduras*
- *Açúcar*

1 Corte as goiabas ao meio, retire as sementes, lave-as e escorra. (Escolha uma parte dos miolos das goiabas mais bonitas e coloque-os de molho em pouca água).

2 Afervente as goiabas e bata no liquidificador até obter uma massa homogênea, se preciso, acrescente um pouco de água. Pese a massa.

3 Pese o açúcar na mesma quantidade que a massa de goiaba pesou e faça uma calda em ponto de quebrar (pág. 646). Coloque a massa de goiaba e o açúcar em uma panela e leve ao fogo, mexendo sempre com uma colher de pau.

4 Quando a goiabada estiver consistente, coe a água em que os miolos estavam de molho, descarte os miolos e coloque a água na panela. Continue a mexer a goiabada até que apareça o fundo do tacho.

5 A goiabada pode ficar em ponto de colher ou no ponto de ser cortada em pedaços; dependendo do tempo que ficar no fogo: quanto mais tempo no fogo, mais durinha ficará.

DOCE DE CIDRA RALADA

- *10 cidras*
- *Água*
- *Açúcar*

1 Lave bem as cidras. Corte-as ao meio, retire os miolos e descarte-os. Passe a casca e a parte branca no ralo grosso do ralador. Deixe de molho em água fria por 3 dias, trocando a água duas vezes ao dia.

2 Passado esse tempo, escorra a água e esprema bem as cidras para retirar todo o líquido absorvido. Pese a cidra ralada e leve a uma panela. Separe o mesmo peso de açúcar e coloque na panela com a cidra.

3 Leve ao fogo baixo e cozinhe até amolecer e apurar, quando, ao mexer, o fundo da panela aparecer. Guarde em geladeira.

MARMELADA

- *2 kg de marmelos*
- *Açúcar*

1 Esfregue os marmelos com um pano grosso para retirar os pelos. Retire os caroços dos marmelos, corte em pedaços e leve para cozinhar em fogo baixo com bastante água.

2 Depois de cozidos, escorra-os em uma peneira e bata no liquidificador. Pese a massa obtida.

3 Para cada quilo de massa, pese 1,5 kg de açúcar e faça uma calda.

4 Cozinhe a calda até o ponto de quebrar (pág. 646). Retire-a do fogo, junte a massa de marmelo, dissolvendo-a bem e mexendo com uma colher de pau.

5 Volte a panela ao fogo baixo, mexendo sempre, para que a marmelada não pegue no fundo. Quando começar a aparecer o fundo do tacho, retire do fogo, mexa ainda um pouco e despeje em fôrmas.

6 Deixe essas fôrmas descobertas em temperatura ambiente por 4 ou 5 dias, até que se forme uma espécie de crosta sobre a marmelada.

GOIABADA CASCÃO

- *2 kg de goiabas vermelhas e bem maduras*
- *1 receita de goiabada (pág. 751)*

Corte as goiabas em 4 partes, coloque em uma panela com água e, assim que ferver, retire e reserve. Faça uma goiabada simples e, quando começar a aparecer o fundo do tacho, junte as goiabas aferventadas a ela e vá mexendo sempre, até que o doce fique bem apurado.

DOCE DE MAÇÃ

- *8 maçãs*
- *Manteiga*
- *250 g de açúcar*
- *1 colher (sopa) de suco de limão*
- *2 colheres (sopa) de água*

1 Descasque as maçãs, lave-as e corte em 4 partes. Cozinhe com a manteiga, o açúcar, o suco de limão e a água em fogo baixo,mexendo sempre para não pegar no fundo da panela.

2 Quando o doce estiver bem cozido, passe por uma peneira por uma e guarde em uma compoteira.

MARMELADA VERMELHA

- *2 kg de marmelos*
- *Água*
- *Açúcar*

1 Retire os caroços dos marmelos, corte em pedaços e cozinhe com água. Retire-os da panela e reserve a água do cozimento.

2 Escorra os marmelos e bata no liquidificador obtendo uma massa. Pese a massa obtida.

3 Pese 1,5 kg de açúcar para cada quilo de massa e faça uma calda em ponto de quebrar (pág. 646).

4 Junte a calda com a massa de marmelo, mexa com uma colher de pau, acrescente 250 ml da água em que os marmelos foram cozidos e continue mexendo para não pegar no fundo. Se não tiver ficado de cor vermelha, junte mais 250 ml mesma água e continue mexendo, fazendo a mesma coisa até que a marmelada se torne vermelha. Deixe ferver até engrossar e aparecer o fundo da panela ao mexer. Retire do fogo e coloque em fôrmas.

5 Deixe essas fôrmas descobertas em temperatura ambiente 4 ou 5 dias, até que se forme uma espécie de crosta sobre a marmelada.

Doce de Pera

- *2 kg de peras*
- *Açúcar*

1 Descasque as peras e retire as sementes. Cozinhe com um pouco de água até ficarem bem macias. Bata no liquidificador até obter uma massa. Pese a massa obtida.

2 Pese metade da quantidade do peso de massa de açúcar e faça uma calda grossa.

3 Junte a calda à massa e leve ao fogo em tacho de cobre, mexendo até aparecer o fundo.

Doce de Pêssego

- *1 kg de pêssegos maduros*
- *Açúcar*

1 Retire as peles e os caroços dos pêssegos e cozinhe com um pouco de água até ficarem bem macios. Bata no liquidificador até obter uma massa. Pese a massa obtida.

2 Pese o açúcar com o mesmo peso da massa e faça uma calda em ponto de quebrar (pág. 646). Junte a calda com a massa de pêssegos e leve tudo ao fogo, mexendo sempre com uma colher de pau até o doce despregar do fundo.

Doce de Uvas

- *1 kg de uvas pretas maduras*
- *500 g de açúcar*

1 Coloque as uvas em uma panela, sem água, e leve ao fogo.

2 Depois de cozidas, bata no liquidificador e passe em uma peneira para descartar as cascas. Junte o açúcar e leve ao fogo baixo, mexendo sempre, até aparecer o fundo da panela.

3 Sirva gelado.

Frutas Cristalizadas

Frutas Cristalizadas

ABÓBORA CRISTALIZADA

- *1 kg de abóbora de pescoço madura*
- *1 colher (sopa) de cal virgem*
- *3 litros de água*
- *1 kg de açúcar*
- *5 cravos-da-índia*
- *1 pedaço de canela em pau*
- *Açúcar cristal*

1 Descasque a abóbora, elimine as sementes e corte-a em pedaços. Dissolva a cal em 2 litros de água e coloque os pedaços de abóbora de molho por 4 horas. Passado esse tempo, escorra muito bem, lave os pedaços em água corrente e fure-os com um garfo

2 Em uma panela grande, coloque o açúcar, o restante da água, os cravos e a canela e leve ao fogo, quando o açúcar estiver dissolvido e a calda começar a ferver, coloque os pedaços de abóbora, feche a panela e cozinhe por 1 hora em fogo baixo.

3 Abra a panela e deixe ferver mais um pouco até a água evaporar e formar uma calda ligeiramente espessa. Apague o fogo e deixe esfriar.

4 Retire os pedaços de abóbora da calda, coloque em uma peneira para escorrer um pouco, passe no açúcar cristal e deixe secar em temperatura ambiente. Depois de seca, guarde em um recipiente fechado.

LARANJA CRISTALIZADA

Prepare do mesmo modo que a receita de *cidras cristalizadas* (pág. 757), substituindo as cidras por laranjas de casca grossa.

LIMÃO SICILIANO CRISTALIZADO

Prepare do mesmo modo que a receita de *cidras cristalizadas* (pág. 757), substituindo as cidras por limões sicilianos.

CIDRAS CRISTALIZADAS

- *12 cidras*
- *1 kg de açúcar*
- *4 cravos-da-índia*
- *1 pedaço de canela em pau*
- *Açúcar cristal*

1 Lave bem as cidras e rale a casca levemente, para retirar uma fina camada dela. Corte as cidras ao meio, retire e descarte os miolos. O doce será feito com a casca e a parte branca da fruta. Coloque as cidras em uma panela grande com bastante água. Leve para ferver em fogo alto, quando ferver, retire do fogo.

2 Após a fervura, retire do fogo, deixe esfriar e elimine a água. Coloque as cidras de molho em água fria por 3 dias. Troque a água 2 vezes por dia para que desapareça quase totalmente o amargo das frutas.

3 Passados os 3 dias, escorra as cidras e deixe sair todo o líquido retido. Em outra panela, prepare uma calda rala com o açúcar, os cravos e a canela. Volte a cidra para a panela grande, coloque-a em camadas e cubra cada camada com a calda rala feita à parte. Leve para ferver, em fogo baixo, por cerca de 2 horas. Retire do fogo, mas mantenha a cidra na panela. Deixe descansar por 12 horas.

4 No dia seguinte, leve a panela novamente ao fogo, ferva o doce, apague o fogo e deixe descansar por mais 12 horas.

5 No 3º dia, ferva o doce mais um pouco, as cidras devem ficar bem cozidas e a calda bem espessa. Retire os pedaços de cidra da calda, coloque em uma peneira para escorrer um pouco, passe no açúcar cristal e deixe secar em temperatura ambiente. Depois de secos, guarde em um recipiente fechado.

DOCE DE ABÓBORA EM PEDAÇOS

- *1 kg de abóbora moranga madura*
- *Água*
- *1 colher (sopa) de cal virgem*
- *500 g de açúcar*
- *5 cravos-da-índia*
- *1 pedaço de canela em pau*
- *1 colher (café) de essência de baunilha*

1 Descasque a abóbora, elimine as sementes e corte-a em pedaços. Dissolva a cal em 2 litros de água e coloque os pedaços de abóbora de molho por 4 horas.

2 Escorra a água e fure os pedaços com um garfo. Lave-os em água corrente e escalde com água fervente.

3 Com o açúcar, prepare uma calda em ponto de fio.

4 Coloque a abóbora na calda, acrescente o cravo, a canela e a baunilha e ferva um pouco. Deixe na calda por 12 horas.

5 No dia seguinte, coloque os pedaços de doce em uma peneira para que a calda escorra bem e eles sequem, em temperatura ambiente. Guarde em recipiente fechado.

BATATA-DOCE CRISTALIZADA

- *1 receita de* doce de batata-doce *(pág. 751)*
- *Açúcar cristal*

1 Faça como indica a receita de doce de batata-doce, deixando o ponto bem firme (espesso).

2 Deixe esfriar. Polvilhe as mãos com açúcar cristal, pegue colheradas de doce, molde-os como preferir, passe-os no açúcar cristal novamente, para formar uma camada mais espessa e deixe secar em lugar aberto em temperatura ambiente. Guarde em recipiente fechado.

FIGO CRISTALIZADO

- *1 kg de figos verdes*
- *2 kg de açúcar*
- *Açúcar cristal*

1 Para limpar os figos verdes, faça um corte em cada um, para que não murchem (utilize uma luva descartável para proteger as mãos do leite que o figo solta). Coloque-os em uma panela, cubra com água e leve ao fogo para que fervam durante 3 minutos. Escorra-os, deixe esfriar, coloque em um saco plástico, feche o saco e leve ao congelador por, pelo menos, 12 horas. Passado esse tempo, retire do congelador e esfregue-os, em água corrente, com um paninho até que a pele dos figos se solte.

2 Com o açúcar, faça uma calda rala, junte figos à calda e deixe ferver por 30 minutos (a calda deve cobrir totalmente os figos). Retire do fogo e reserve, sem tocar nos figos por, pelo menos, 12 horas.

3 No dia seguinte, leve a panela ao fogo para que ferva mais um pouco e retire-a novamente.

4 Repita o passo 3 por mais 4 dias. Quando os figos estiverem bem embebidos pela calda, coloque-os em uma peneira e deixe que escorram bastante em lugar aberto à temperatura ambiente.

5 Depois de bem escorridos, passe no açúcar cristalizado e deixe que sequem novamente.

MAMÃO CRISTALIZADO

- *1 mamão verde*
- *1 litro de água*
- *1 colher (sopa) de cal virgem*
- *500 g de açúcar*
- *Açúcar cristal*

1 Misture a cal com a água em uma tigela de vidro ou inox.

2 Descasque o mamão e corte-o em pedaços de 5 cm. Elimine as sementes e deixe-os de molho por 2 horas na mistura de água e cal virgem.

3 Depois dessas 2 horas, escorra muito bem. Com o açúcar e um pouco de água, prepare uma calda rala (suficiente para cobrir os pedaços de mamão), acrescente o mamão e cozinhe em fogo baixo.

4 Conforme a calda for secando, junte água aos poucos. Quando o mamão estiver cozido e a calda espessa, retire a panela do fogo e, sem mexer no conteúdo da panela, reserve por 8 horas.

5 Passado esse tempo, escorra os pedaços de mamão em uma peneira, passe-os no açúcar cristal e deixe secarem em lugar aberto à temperatura ambiente.

Doces, Docinhos e Balas

Doces, Docinhos e Balas

"Il est bien positif que sans de bonnes matières premières, les plus grand cusinier du monde ne vous fera jamais rien de bon."

GOUFFÉ. TEXTO DA EDIÇÃO DE 1942 DE DONA BENTA.

DOCES E DOCINHOS

Balas

Doces e Docinhos

Doces e Docinhos

Cuidados e Segredos na Preparação de Docinhos de Festa

Se possível, tenha em sua cozinha toda a aparelhagem necessária e própria para o preparo de docinhos: fôrmas e forminhas, assadeiras, peneiras, balança, colher de pau, abridor de latas, batedor de ovos, pincel etc.

Antes de começar a preparar uma receita, leia a lista de ingredientes e o modo de fazer para providenciar com antecedência, os ingredientes necessários.

Mexa os doces com uma colher de pau, em movimentos contínuos, procurando atingir o fundo e os lados da panela.

Para enrolar os docinhos com maior facilidade, deixe-os esfriar bem e enrole-os com as mãos untadas.

Forminhas de papel com docinhos tipo queijadinha ou mãe-benta devem ser colocadas dentro de forminhas de empada, para que não deformem.

Em docinhos que levam açúcar queimado, tenha o cuidado de não deixar que escureça muito, pois pode amargar.

Para retirar a pele das amêndoas facilmente, deixe-as de molho em água fervente por 2 minutos e, em seguida, esprema-as entre os dedos.

Para que a massa dos docinhos esfrie com maior facilidade, coloque-a em prato untado, evitando que haja desperdício.

Para docinhos assados em forminhas e em banho-maria, coloque a água com cuidado quando a assadeira já estiver no forno (com recipiente de bico-jarra), para evitar que entre água nos docinhos na hora de transportá-los para o forno.

Utilize panela funda para o preparo de docinhos, pois, quando fervem, pulam muito.

Ao passar calda vidrada em docinhos, faça-o com calda bem quente, pois a calda fria deixa uma camada muito grossa. Segure os docinhos por um palito e mergulhe-os rapidamente na calda, colocando-os em superfície untada com manteiga.

Beijinho de Abacaxi

- *2 abacaxis*
- *150 g de coco ralado*
- *800 g de açúcar*
- *Cravos-da-índia*

1 Descasque os abacaxis, pique e bata no liquidificador.

2 Coloque o abacaxi batido, com o caldo, em uma panela, o coco ralado e o açúcar. Misture muito bem e leve ao fogo baixo, mexendo sempre até dar ponto de enrolar, ou seja, quando a massa estiver desprendendo do fundo da panela.

3 Retire do fogo, deixe esfriar, faça bolinhas, enfeite cada uma com um cravo e coloque em forminhas para doces.

Docinho de Abacaxi

- *500 g de abacaxi picado*
- *6 gemas*
- *150 g de coco ralado*
- *500 g de açúcar*
- *Açúcar cristalizado*
- *Cravo-da-índia*

1 Bata o abacaxi no liquidificador e passe por uma peneira para escorrer bem o caldo. Reserve.

2 Passe as gemas por uma peneira, coloque em uma panela, acrescente o abacaxi, o coco ralado e o açúcar e misture bem.

3 Leve ao fogo baixo e mexa constantemente com uma colher de pau, até obter o ponto de enrolar, ou seja, quando a massa estiver desprendendo do fundo da panela.

4 Despeje a massa em um recipiente untado com um pouco de óleo, deixe esfriar, enrole os docinhos e passe em açúcar cristal.

5 Os docinhos podem ser modelados no formato de um pequeno abacaxi e enfeitados com um cravo.

ABACAXIZINHO

- *1 abacaxi médio maduro*
- *⅔ de xícara (chá) de água*
- *2 xícaras (chá) de açúcar*
- *5 gemas*
- *3 xícaras (chá) de coco ralado*
- *100 g de chocolate meio amargo*

1 Bata o abacaxi no liquidificador, aproveitando todo o caldo.

2 Prepare com a água e o açúcar uma calda espessa, retire do fogo e junte o abacaxi, as gemas e o coco. Volte a panela ao fogo médio, mexendo sempre, até que a massa se desprenda do fundo da panela.

3 Retire do fogo, deixe esfriar e enrole os docinhos em formato de abacaxi. Com uma faca, faça riscos na diagonal, cruzando-os para imitar a casca da fruta.

4 À parte, derreta o chocolate em banho-maria e, com um saco de confeitar com bico perlê ou um palito, decore os docinhos com pequenas gotas colocadas no meio dos losangos formados pelos riscos feitos na diagonal.

5 Coloque em forminhas de papel e enfeite com pedaços de papel verde imitando a coroa do abacaxi.

OLHO DE SOGRA

- *60 ameixas-pretas*
- *1¼ de xícara (chá) de leite*
- *500 g de açúcar*
- *4 gemas*
- *3 xícaras (chá) de coco ralado*
- *Açúcar cristal*

1 Limpe as ameixas com um pano úmido e coloque-as de molho na água morna para hidratar.

2 Misture o leite com o açúcar e leve ao fogo baixo, até que adquira consistência de mingau ralo.

3 Retire do fogo. Bata as gemas ligeiramente e misture com o coco ralado. Incorpore bem essa mistura com o mingau na panela.

4 Leve a panela novamente ao fogo e cozinhe, mexendo sempre, até que a massa desprenda do fundo da panela. Deixe esfriar.

5 Unte as mãos e molde 60 bolinhas. Escorra bem as ameixas, abra-as ao meio no sentido do comprimento, sem separa as duas metades, retire o caroço com cuidado e recheie cada ameixa com uma bolinha.

6 Passe os docinhos no açúcar cristal e coloque em forminhas de alumínio.

AMEIXA RECHEADA COM NOZES

- *1 kg de ameixas-pretas*
- *1 xícara (chá) de coco ralado*
- *1 xícara (chá) de açúcar*
- *6 gemas*
- *1 colher (café) de essência de baunilha*
- *50 g de nozes moídas*
- *Açúcar cristal*

1 Deixe as ameixas de molho em água morna para hidratar. Escorra as ameixas e corte-as ao meio, no sentido do comprimento, cuidado para não separar as metades, e retire os caroços.

2 Coloque em uma panela o coco e o açúcar e leve ao fogo, mexendo sempre, até formar um doce mole. Deixe esfriar. Bata as gemas ligeiramente, junte ao doce de coco e acrescente a baunilha. Leve ao fogo para apurar, mexendo sempre, até desprender do fundo da panela. Misture bem as nozes moídas.

3 Espere o doce esfriar e recheie as ameixas. Polvilhe-as com açúcar cristal e coloque em forminhas de papel.

AMANDINE

- *250 g de amêndoas sem casca*
- *250 g de açúcar*
- *2 claras*
- *1 colher (café) de água de flor de laranjeira*
- *Amêndoas finamente picadas*

1 Em um processador, bata as amêndoas, junte aos poucos o açúcar e 1 clara.

2 Misture bem, junte a água de flor de laranjeira, amasse com as mãos e quando a massa estiver homogênea, molde-a em pequenas bolinhas Se a massa ficar mole, adicione um pouco mais de açúcar.

3 Bata ligeiramente a clara restante. Quando todas as bolinhas estiverem prontas, passe uma por uma na clara e nas amêndoas picadas. Deixe secar por 2 horas em lugar aberto e leve ao forno baixo por 3 minutos.

AMANTEIGADO DELICIOSO

- *500 g de açúcar*
- *10 gemas*
- *500 g de amêndoas sem pele moídas*
- *3 claras em neve*

1 Com o açúcar, faça uma calda em ponto de bala (pág. 646) meio mole e, quando estiver quase fria, adicione as gemas, as amêndoas moídas e as claras em neve.

2 Misture tudo muito bem e leve ao fogo, mexendo sempre, até que apareça o fundo da panela.

3 Retire do fogo e deixe descansar por 12 horas.

4 No dia seguinte, enrole os amanteigados.

BEM-CASADO DE AMÊNDOA

- *500 g de açúcar*
- *2 xícaras (chá) de água*
- *350 g de amêndoas moídas*
- *8 gemas*
- *1 colher (chá) de essência de baunilha*
- *1 colher (sopa) de chocolate em pó*

1 Faça uma calda com o açúcar e a água; deixe esfriar, junte as amêndoas moídas e torne a levar ao fogo, mexendo sempre, até que a massa se desprenda da panela. Junte as gemas e a essência de baunilha e divida a mistura obtida em duas partes iguais.

2 Leve uma das partes novamente ao fogo até que enxugue bem, despregando do fundo da panela. Retire do fogo e deixe esfriar.

3 Junte o chocolate em pó à outra parte de massa e leve também ao fogo até que se despregue do fundo da panela. Deixe esfriar.

4 Quando as duas massas estiverem frias, faça bolinhas, achate-as na palma da mão e una uma branca com uma escura. Arrume em forminhas de papel frisado.

DELICIOSAS

- *150 g de amêndoas sem pele e moídas*
- *250 g de farinha de trigo*
- *100 g de açúcar*
- *125 g de manteiga*
- *Geleia de sua preferência*
- Creme chantilly *(pág. 658)*

1 Misture bem as amêndoas moídas com a farinha de trigo, o açúcar e a manteiga.

2 Forre forminhas de miniempadas untadas com manteiga com a massa obtida e asse em forno médio preaquecido.

3 Desenforme as massas, recheie com um pouco de geleia e enfeite com o chantilly no momento de servir.

DOCINHO ALEMÃO

- *250 g de manteiga*
- *½ xícara (chá) de amêndoas ou castanhas-do-pará moídas*
- *150 g de açúcar*
- *1 colher (chá) de fermento químico em pó*
- *350 g de farinha de trigo*
- *3 gemas*
- *2 claras*
- *Amêndoas finamente picadas*

1 Misture a manteiga, as amêndoas moídas, o açúcar, o fermento, a farinha e as gemas e amasse até formar uma massa homogênea.

2 Molde bolinhas, passe na clara ligeiramente batida e nas amêndoas picadas.

3 Leve ao forno quente preaquecido para assar.

GELEINHA DE CACHAÇA

- *10 folhas de gelatina incolor ou 2 envelopes de gelatina em pó incolor*
- *4 folhas de gelatina vermelha ou 1 envelope de gelatina em pó vermelha sem sabor*
- *2 xícaras (chá) de água fervente*
- *500 g de açúcar cristal*
- *1 xícara (chá) de cachaça*
- *1 colher (café) de essência de abacaxi*
- *Açúcar refinado*

1 Dissolva as gelatinas na água fervente.

2 Adicione o açúcar, a cachaça e a essência de abacaxi. Leve ao fogo até ferver.

3 Coloque em uma assadeira e leve para gelar.

4 Depois de gelado, corte em quadrados com uma faca untada com manteiga.

5 Passe os quadradinhos no açúcar refinado.

Nota: *Você pode utilizar outros sabores de essência, como limão, laranja, banana etc.*

MARZIPÃ

- *1 kg de amêndoas sem pele*
- *400 g de açúcar*
- *1 colher (chá) de água de flor de laranjeira ou essência de amêndoas*

1 Lave bem as amêndoas em água fria, para que fiquem bem brancas; e leve-as, por uns minutos, ao forno baixo, para secar.

2 Moa as amêndoas no processador e junte o açúcar peneirado. Adicione a água de flor de laranjeira e leve ao fogo baixo, mexendo sempre, até a massa se despregar do fundo da panela. Aperte a massa com uma colher molhada e, se não pegar, está no ponto.

3 Deixe esfriar bem ou guarde a massa para o dia seguinte coberta com um pano úmido.

4 No dia seguinte ou no momento de fazer os doces, leve a massa para uma superfície polvilhada de açúcar e abra-a com o rolo: corte, então, flores com cortadores próprios ou modele frutas ou bichinhos.

5 Depois de prontos, leve-os ao forno morno, já apagado, para secar.

Nota: *Para que os doces fiquem perfeitos, é preciso que as amêndoas estejam bem moídas e a massa uniforme. Modeladas as frutas ou flores, elas podem ser pintadas com tintas comestíveis ou coloridas com corantes alimentares.*

QUINDIM DE AMÊNDOA

- *500 g de açúcar*
- *125 g de amêndoas picadas*
- *1 xícara (chá) de leite*
- *2 colheres (sopa) de manteiga*
- *12 gemas*
- *Canela em pó*

1 Com o açúcar, faça uma calda em ponto de espelho (pág. 646). Retire do fogo e misture as amêndoas, o leite, a manteiga e as gemas misturadas e passadas em peneira fina. Cozinhe em fogo baixo, mexendo sempre para não queimar, até que engrosse.

2 Quando estiver bem cozido e cremoso, distribua em taças e salpique canela em pó.

TOUCINHO DO CÉU

- *1 kg de açúcar*
- *250 g de manteiga*
- *12 gemas*
- *250 g de amêndoas moídas*
- *250 g de farinha de trigo*
- *Açúcar de confeiteiro*

1 Faça uma calda com o açúcar em ponto de pasta (pág. 646), junte a manteiga e deixe esfriar.

2 Depois de fria a calda, adicione as gemas, as amêndoas e a farinha e misture muito bem.

3 Coloque em uma assadeira e leve ao forno não muito quente para corar.

4 Corte em losangos e passe no açúcar de confeiteiro.

DOCINHO DE AMENDOIM

- *2 xícaras (chá) de amendoins torrados sem casca*
- *2 xícaras (chá) de açúcar*
- *2 ovos*
- *Açúcar*

1 Coloque os amendoins em um processador para triturá-los. Adicione o açúcar e os ovos. Misture bem e leve ao fogo em uma panela.

2 Cozinhe misturando até que o doce se solte das laterais da panela.

3 Despeje em uma superfície untada com óleo. Depois de morno, corte em quadradinhos e salpique açúcar.

Cajuzinho

- *3 xícaras (chá) de açúcar*
- *2 xícaras (chá) de água*
- *1 colher (sopa) de manteiga*
- *2 xícaras (chá) de amendoim sem pele, torrado moído*
- *6 gemas*
- *¾ de xícara (chá) de açúcar cristal*
- *¼ de xícara (chá) de amendoim inteiro, sem pele e torrado*

1 Dissolva o açúcar na água e leve ao fogo até obter uma calda em ponto de fio (pág. 647) médio.

2 Retire a panela do fogo, adicione a manteiga e espere esfriar um pouco.

3 Junte o amendoim e as gemas previamente passadas na peneira. Misture bem e leve ao fogo médio, mexendo sempre até a massa se soltar da panela.

4 Despeje a massa em um prato untado com manteiga e deixe esfriar por 2 ou 3 horas.

5 Com uma colher (chá) previamente untada com manteiga e enrole em forma de cajus. Passe no açúcar cristal e coloque um amendoim inteiro na extremidade maior.

6 Arrume os cajuzinhos em forminhas de papel.

Pé de moleque

- *4 xícaras (chá) de açúcar*
- *2 xícaras de glucose de milho*
- *500 g de amendoim*
- *1 colher (sopa) de bicarbonato*

1 Leve o açúcar, a glucose de milho e o amendoim ao fogo até dourar e, quando o amendoim começar a estalar, retire a panela do fogo.

2 Adicione o bicarbonato e bata bem.

3 Coloque em uma assadeira ou superfície untada com óleo, deixe esfriar um pouco e corte.

PÉ DE MOLEQUE COM RAPADURA

- *2 xícaras (chá) de rapadura picada*
- *1 xícara (chá) de água*
- *1 xícara (chá) de açúcar*
- *400 g de amendoim*
- *1 lata de leite condensado*
- *1 colher (chá) de bicarbonato de sódio*

1 Leve ao fogo a rapadura com a água e deixe até derreter.

2 Retire, coe em um pano de prato, junte o açúcar e o amendoim; leve de novo ao fogo, mexendo sempre, até torrar o amendoim e a calda ficar bem espessa (15 minutos de fogo).

3 Acrescente o leite condensado e o bicarbonato. Mexa por mais 10 minutos.

4 Retire do fogo e bata com uma colher de pau até ficar opaco.

5 Despeje sobre superfície untada, alise com o rolo para massas também untado, deixando-o na espessura desejada.

6 Depois de frio, corte em quadradinhos.

CAROLINA

- *1 litro de água*
- *200 g de manteiga*
- *1 pitada de sal*
- *500 g de farinha de trigo*
- *8 ovos*

1 Ferva a água com a manteiga e o sal.

2 Acrescente a farinha de trigo e misture bem, para não encaroçar.

3 Cozinhe bem. Retire do fogo e deixe esfriar.

4 Depois que esfriar, acrescente os ovos, mexendo bem até ficar em ponto de pingar.

5 Coloque em um saco de confeitar com bico de 1 cm de diâmetro e faça bolinhas de massa em uma assadeira untada, deixe uma distância de quatro dedos entre uma e outra. Leve ao forno bem quente preaquecido.

6 Quando as carolinas estiverem assadas, desligue o forno e mantenha-as dentro dele por cerca de 20 minutos, para não murcharem.

7 Você pode recheá-las com creme doce ou salgado.

CAROLINA COM CREME

Massa:

- *3 xícaras (chá) de leite*
- *1 xícara (chá) de manteiga*
- *500 g de farinha de trigo*
- *12 ovos*
- *2 colheres (sopa) de açúcar*

Recheio:

- *3 xícaras (chá) de leite*
- *2 colheres (sopa) de amido de milho*
- *6 gemas*
- *1 colher (café) de essência de baunilha*
- *1 xícara de açúcar*

1 Ferva o leite com a manteiga e, mexendo sempre, misture a farinha de trigo, batendo aos poucos para não encaroçar, até obter uma massa bem cozida.

2 Coloque a massa em uma tigela e deixe esfriar. Adicione os ovos, um a um, misturando muito bem a cada adição. Adicione o açúcar e misture bem.

3 Coloque a massa em um saco de confeitar com bico de 1 cm de diâmetro e faça bolinhas sobre uma assadeira untada com manteiga deixando uma distância de quatro dedos entre elas. Leve para assar em forno bem quente preaquecido.

4 Depois de assadas, mantenha as assadeiras no forno desligado por mais 20 minutos para não murcharem. Quando retirar do forno, abra as carolinas um pouco de um lado e, por essa abertura, introduza, com um saco de confeitar, em cada uma o recheio.

5 Para fazer o recheio, junte todos os ingredientes e leve a mistura ao fogo para cozinhar, mexendo sempre para não empelotar.

Nota: *Como recheio, você pode usar creme de chocolate, de amêndoas, de café ou outro creme de sua escolha.*

BOLINHA DE CASTANHA-DO-PARÁ

- *800 g de açúcar*
- *250 g de castanhas-do-pará*
- *8 gemas*
- *½ colher (chá) de essência de baunilha*
- *Cravos-da-índia ou confeitos prateados*

1 Faça uma calda com 400 g do açúcar em ponto de fio (pág. 647).

2 Passe as castanhas pelo processador. Misture com as gemas e a essência e despeje tudo na calda, fora do fogo.

3 Misture bem e leve ao fogo até dar ponto, ou seja, até o doce começar a se soltar do fundo da panela.

4 Atingido o ponto, coloque a massa em uma superfície fria e molde bolinhas.

5 Com o açúcar restante, faça uma calda rala, passe as bolinhas por essa calda, enfeite com os cravos e deixe secar.

Nota: *Se preferir, passe as bolinhas no açúcar cristalizado.*

Docinho de Castanha Portuguesa

- *500 g de castanhas portuguesas*
- *400 g de açúcar*
- *1 colher (café) de essência de baunilha*
- *1 receita de* glacê a frio *(pág. 650)*

1 Corte a pontinha das castanhas, coloque em uma panela de pressão, cubra com água e leve ao fogo. Deixe cozinhar por cerca de 20 minutos depois que pegar pressão. Escorra as castanhas, descasque com elas ainda quentes e passe por um espremedor.

2 Com o açúcar, faça uma calda em ponto de fio (pág. 647), acrescente a baunilha e junte, fora do fogo, a massa de castanhas, misturando tudo muito bem.

3 Leve tudo novamente ao fogo, mexendo sempre, até que desprenda do fundo da panela.

4 Coloque sobre uma superfície polvilhada de açúcar. Passe açúcar nas mãos e molde pequenas bolinhas de massa. Insira um palito em cada bolinha e mergulhe uma por uma no glacê. Deixe secar e coloque em forminhas de alumínio.

Nota: Utilize qualquer outro glacê de sua preferência.

Bolotinhas de Chocolate

- *150 g de amêndoas levemente torradas*
- *80 g de açúcar*
- *3 colheres (sopa) de chocolate em pó*
- *150 g de biscoito champanhe*
- *3 xícaras (chá) de leite*
- *Licor amaretto ou similar*
- *Chocolate em pó*

1 Triture as amêndoas em um processador até obter uma farofa fina.

2 Quebre os biscoitos em pedaços bem pequenos e misture com as amêndoas, o açúcar e o chocolate. Hidrate essa mistura com o leite e o licor e misture até formar uma massa homogênea.

3 Molde bolinhas, passe-as no chocolate em pó, deixe secar e arrume-as em forminhas de papel.

BRIGADEIRO

- *1 lata de leite condensado*
- *1 colher (sopa) de manteiga*
- *2 colheres (sopa) de chocolate em pó*
- *Chocolate granulado*

1 Misture o leite condensado com a manteiga e o chocolate em pó.

2 Leve ao fogo, mexendo sempre, até desprender totalmente do fundo da panela (cerca de 10 minutos).

3 Retire, passe para um prato untado com manteiga e deixe esfriar.

4 Enrole em forma de bolinhas, passe-as pelo chocolate granulado e coloque em forminhas de papel.

Nota: *Você pode, se quiser, rechear os brigadeiros com uvas-passas embebidas em rum, amêndoas, nozes, castanha de caju ou frutas cristalizadas picadas.*

BRIGADEIRO MACIO

- *1 lata de leite condensado*
- *A mesma medida de leite*
- *4 colheres (sopa) de chocolate em pó*
- *Chocolate granulado*

1 Misture o leite condensado, o leite e o chocolate em pó. Leve ao fogo, mexendo sempre.

2 Deixe apurar bem até aparecer o fundo da panela.

3 Coloque em um prato untado com manteiga, deixe esfriar, molde bolinhas, passe-as pelo chocolate granulado e arrume em forminhas de papel ou alumínio.

DOCINHO DE AMÊNDOA COM CHOCOLATE

- *500 g de açúcar*
- *500 g de amêndoas sem pele moídas*
- *100 g de chocolate em pó*

1 Com o açúcar, faça uma calda em ponto de pasta (pág. 646). Retire a calda do fogo, junte as amêndoas moídas e volte ao fogo, mexendo sempre, até desprender do fundo da panela. Com a panela ainda no fogo baixo, junte o chocolate e misture bem.

2 Deixe amornar e, com as mãos polvilhadas de açúcar, molde o doce em formato de bolinhas. Coloque em forminhas de alumínio.

Marronzinho de Nozes

- *500 g de batata-doce amarela*
- *1 xícara (chá) de açúcar*
- *1 colher (sopa) de chocolate em pó*
- *100 g de nozes pesadas sem cascas picadas*
- *½ xícara (chá) de açúcar cristal*

1 Cozinhe as batatas em água fervente até ficarem macias. Deixe esfriarem um pouco, descasque e esprema.

2 Coloque as batatas amassadas, o açúcar e o chocolate em pó em uma panela, leve ao fogo médio e mexa constantemente até a massa desprender do fundo da panela. Retire do fogo.

3 Adicione as nozes e mexa para misturar bem.

4 Coloque a massa em um prato untado com manteiga e deixe esfriar.

5 Retire porções de massa com uma colher untada com manteiga e enrole forma de bolinhas.

6 Passe cada docinho no açúcar cristal e coloque em forminhas de papel ou alumínio.

Quadrados de Chocolate e Nozes

- *3 xícaras (chá) de açúcar*
- *1 xícara (chá) de leite*
- *1 xícara (chá) de nozes moídas*
- *1 xícara (chá) de chocolate em pó*
- *1 colher (sopa) de manteiga*

1 Coloque em uma panela todos os ingredientes e leve ao fogo, mexendo sempre.

2 Quando a massa estiver despregando do fundo da panela, despeje-a em superfície untada com manteiga.

3 Corte em quadrados.

SALAME DE CHOCOLATE COM AMÊNDOA

- *3 xícaras (chá) de leite*
- *3 colheres (sopa) de chocolate em pó*
- *2 xícaras (chá) de açúcar*
- *1 colher (sopa) de mel*
- *1 colher (sopa) de suco de limão*
- *100 g de avelãs*
- *100 g de amêndoas*

1 Leve o leite ao fogo com o chocolate, o açúcar e o mel, deixando ficar em ponto de açucarar.

2 Retire do fogo, junte o suco de limão e bata por alguns minutos. Feito isso, despeje sobre uma superfície untada com manteiga.

3 Retire a pele das avelas e das amêndoas e corte-as em diversos tamanhos para imitarem a gordura do salame, junte ao chocolate e amasse muito bem. Quando começar a açucarar, enrole a massa, no formato de um salame.

4 Embrulhe em papel-alumínio e sirva em fatias, como se fosse um salame. Se a massa tiver ficado mole, leve-a à geladeira até endurecer.

SALAME DE CHOCOLATE MEIO AMARGO

- *400 g de chocolate meio amargo*
- *100 g de bolachas de maisena*

1 Pique o chocolate bem miúdo e derreta-o em banho-maria.

2 Quebre as bolachas em pedaços de tamanhos diferentes e misture ao chocolate. Mexa rapidamente e retire do fogo.

3 Coloque essa mistura sobre um retângulo de papel-alumínio untado levemente com manteiga e embrulhe dando uma forma retangular.

4 Role a mistura embrulhada em papel-alumínio para que fique com a forma cilíndrica de salame.

5 Leve à geladeira por, pelo menos, 2 horas. Passe por cima do papel-alumínio uma folha de celofane, prendendo as extremidades com laços de fita.

BEIJO DE COCO

- *250 g de açúcar*
- *250 ml de leite*
- *6 gemas*
- *200 g de coco ralado*
- *1 colher (chá) de baunilha*
- *Açúcar cristal*
- *Cravos-da-índia*

1 Misture o açúcar com o leite e leve ao fogo até formar um mingau ralo.

2 Retire do fogo, junte as gemas, uma a uma, e, em seguida, o coco. Misture tudo muito bem, leve novamente ao fogo até que começar a despregar do fundo da panela.

3 Junte a baunilha e misture bem. Coloque a massa em um prato untado com manteiga e deixe esfriar um pouco.

4 Molde bolinhas, passe no açúcar cristal e enfeite cada uma com um cravo.

BEIJINHO DE COCO

- *1 lata de leite condensado*
- *2 xícaras (chá) de coco fresco ralado*
- *2 gemas*
- *1 colher (sopa) de manteiga*
- *1 colher (chá) de essência de baunilha*
- *Açúcar cristal*
- *Confeito prateado*

1 Coloque o leite condensado, o coco, as gemas, a manteiga e a baunilha em uma panela e leve ao fogo, mexendo sem parar, até despregar do fundo da panela completamente.

2 Coloque em um prato untado com um pouco de manteiga e deixe esfriar.

3 Depois de frio, molde bolinhas, passe pelo açúcar cristal, coloque em forminhas de papel e decore com confeito prateado.

BOM-BOCADO

- *2 cocos*
- *400 g de açúcar*
- *100 g de manteiga*
- *60 g de farinha de trigo*
- *3 gemas*
- *3 ovos inteiros*

1 Rale os dois cocos e esprema em um pano para retirar o leite grosso sem água.

2 Com o açúcar, faça uma calda em ponto de pasta (pág. 646), deixe esfriar e adicione a manteiga, a farinha de trigo, as gemas, os ovos batidos levemente e o leite de coco. Bata bem e leve para assar em forminhas untadas com manteiga.

3 Quando estiverem assados, retire-os das forminhas com bastante cuidado.

BOM-BOCADO COM QUEIJO

- *1 kg de açúcar cristal*
- *1½ xícara (chá) de água*
- *12 colheres (sopa) de farinha de trigo*
- *12 gemas*
- *3 colheres (sopa) de queijo ralado*
- *150 g de coco ralado*
- *2 colheres (sopa) de manteiga*

1 Com o açúcar e a água, faça uma calda em ponto de fio (pág. 647).

2 Quando a calda estiver fria, adicione os outros ingredientes a ela e mexa bem.

3 Coloque em forminhas (para bom-bocado) untadas e leve para assar em forno médio preaquecido até dourar.

BOM-BOCADO DE COCO

- *500 g de açúcar*
- *6 ovos separados*
- *125 g de coco ralado*
- *125 g de manteiga*
- *125 g de farinha de trigo*

1 Faça, com o açúcar, uma calda grossa e deixe esfriar.

2 Bata as claras em neve. Adicione o coco, a manteiga e a farinha à calda já fria e misture bem. Delicadamente, misture as claras em neve à massa.

3 Misture tudo muito bem, distribua em forminhas untadas com manteiga e leve ao forno médio preaquecido até dourar.

BOM-BOCADO RICO DE COCO

- *500 g de açúcar*
- *1 xícara (chá) de coco ralado*
- *12 gemas*
- *1 colher (sopa) de manteiga*

1 Faça, com o açúcar, uma calda grossa e deixe esfriar.

2 Junte o coco, as gemas e a manteiga à calda já fria, misture tudo muito bem e leve para assar, em banho-maria, no forno quente até dourar.

BOM-BOCADO DE QUEIJO E COCO

- *500 g de açúcar*
- *½ xícara (chá) de coco ralado*
- *12 gemas*
- *¼ de xícara (chá) de queijo ralado*
- *1 colher (sopa) de manteiga*

1 Faça, com o açúcar, uma calda grossa e deixe esfriar.

2 Junte o coco, as gemas, o queijo ralado e a manteiga à calda já fria, misture tudo muito bem e leve para assar, em banho-maria, no forno quente. Asse até que estejam dourados. Retire do forno, deixe esfriar e remova-os das forminhas.

BOM-BOCADO DE LIQUIDIFICADOR

- *2 xícaras (chá) de leite*
- *1½ xícara (chá) de açúcar*
- *1 xícara (chá) de fubá*
- *1½ xícara (chá) de queijo ralado*
- *1 colher (sopa) de farinha de trigo*
- *1 colher (sopa) de fermento em pó*
- *2 colheres (sopa) de manteiga*
- *1 colher (chá) de baunilha*
- *3 ovos*
- *1 pitada de sal*

1 Bata todos os ingredientes no liquidificador.

2 Despeje em forminhas individuais untadas com manteiga ou óleo e leve para assar em forno médio preaquecido até dourar.

BOM-BOCADO DE MILHO VERDE

- *6 espigas de milho verde*
- *1 xícara (chá) de água*
- *1 lata de leite condensado*
- *3 ovos*
- *2 colheres (sopa) de manteiga*
- *3 colheres (sopa) de farinha de trigo*
- *Canela em pó*

1 Rale as espigas de milho (raspe bem os sabugos para melhor aproveitamento), junte a água e passe por uma peneira.

2 Acrescente o leite condensado, os ovos, a manteiga e a farinha e bata no liquidificador.

3 Coloque em uma assadeira de 27 x 18 cm, untada e polvilhada com canela em pó.

4 Asse, em banho-maria, em forno médio preaquecido até dourar.

5 Depois de frio, corte em quadradinhos e coloque-os em forminhas de papel.

6 Querendo, polvilhe açúcar e canela sobre o bom-bocado assim que retirá-lo do forno.

BOM-BOCADO DO NORTE

- *500 g de açúcar*
- *6 claras*
- *12 gemas*
- *50 g de queijo fresco ralado*
- *1½ colher (sopa) de manteiga*
- *2 colheres (sopa) de farinha de trigo*

1 Com o açúcar, faça uma calda grossa; deixe esfriar. Bata as claras em neve e reserve.

2 Junte as gemas, o queijo, a manteiga e a farinha à calda já fria e misture bem tomando cuidado para não encaroçar. Por último, misture as claras em neve delicadamente.

3 Leve ao forno médio preaquecido, em forminhas bem untadas com manteiga até dourar.

4 Desenforme os bons-bocados ainda quentes.

BRASILEIRAS

- *150 g de açúcar*
- *4 gemas*
- *125 g de coco ralado*
- *1 colher (sopa) de manteiga*
- *1 colher (sopa) de farinha de trigo*

1 Com o açúcar, faça uma calda em ponto de fio (pág. 647), acrescente as gemas e misture o restante dos ingredientes.

2 Leve ao fogo, mexendo sempre, até que a massa despregue da panela. Deixe esfriar.

3 Molde pequenas bolinhas, coloque em assadeira untada e leve ao forno quente preaquecido para dourar.

BAIANINHAS

- *500 g de açúcar*
- *2 colheres (sopa) de manteiga*
- *125 g de coco ralado*
- *18 gemas*

1 Misture todos os ingredientes em uma tigela e deixe descansar de 15 a 20 minutos.

2 Unte forminhas individuais (de quindim) e encha com a mistura. Leve para assar em forno médio preaquecido até dourar.

BREJEIRINHAS

- *2 colheres (sopa) de manteiga*
- *500 g de açúcar*
- *2 colheres (sopa) de farinha de trigo*
- *¼ de colher (chá) de sal*
- *8 gemas*
- *125 g de coco ralado*
- *1 xícara (chá) de leite*
- *4 claras*

1 Misture a manteiga com o açúcar, a farinha de trigo peneirada, o sal, as gemas e o coco ralado. Incorpore aos poucos o leite.

2 Bata as claras em neve e incorpore delicadamente à mistura.

3 Leve ao forno médio preaquecido, em forminhas untadas com manteiga, até dourar.

CAJUZINHO DE COCO

- *125 g de coco ralado*
- *400 g de açúcar*
- *2 claras*
- *4 gemas*
- *Amêndoas*

1 Misture muito bem o coco, o açúcar, as claras e as gemas, em uma panela, e leve ao fogo, mexendo sempre, até aparecer o fundo da panela. Retire e deixe esfriar.

2 Para modelar os cajus, passe clara nas mãos e faça os cajus, espetando na parte mais fina uma amêndoa, para imitar a castanha.

3 Depois de todos modelados, coloque em assadeira polvilhada de farinha de trigo, pincele com gema e leve ao forno quente preaquecido para dourar.

Nota: Se quiser, você pode fazer a massa em um dia e enrolar no dia seguinte.

COCADA DE SOL

- *2 xícaras (chá) de coco fresco ralado*
- *2 xícaras (chá) de açúcar*
- *2 claras*
- *Açúcar cristal*

1 Misture o coco, o açúcar e as claras em uma tigela.

2 Amasse muito bem, faça as cocadas em forma de pequenas pirâmides ou de gomos e coloque em assadeira polvilhada com o açúcar cristal. Leve ao sol para secar.

COCADA ASSADA

- *300 g de coco ralado*
- *300 g de açúcar*
- *8 claras*

1 Misture tudo, leve ao fogo e mexa bem. Cozinhe até apurar.

2 Retire do fogo, com uma colher de sopa, separe porções da cocada em uma assadeira untada e leve para assar em forno baixo preaquecido até dourar.

COCADA DE COLHER

- *300 g de açúcar*
- *2 xícaras (chá) de água*
- *3 cravos-da-índia*
- *1 pedaço de canela em pau*
- *300 g de coco ralado em ralo médio*
- *6 gemas*

1 Em uma panela pequena, misture o açúcar e a água e mexa bem até o açúcar dissolver.

2 Acrescente os cravos e a canela. Cozinhe em fogo médio por 15 minutos até obter uma calda em ponto de fio (pág. 647) médio.

3 Retire os cravos e a canela da calda e descarte-os. Com a panela ainda no fogo, adicione o coco ralado e mexa com colher de pau em movimento de vaivém, durante 5 minutos. Retire a cocada do fogo e deixe amornar.

4 Adicione as gemas e mexa bem até incorporarem. Volte a panela ao fogo e cozinhe mais um pouco, mexendo sempre, até levantar fervura.

5 Retire a panela do fogo, deixe a cocada amornar e sirva em uma compoteira.

COCADA DE FITA

- *500 g de coco em fitas*
- *500 g de açúcar refinado*
- *Açúcar cristal*
- *Confeitos coloridos (opcional)*

1 Coloque as fitas de coco de molho em água fria.

2 Com o açúcar refinado, faça uma calda bem grossa. Quando estiver no ponto, adicione o coco em fitas, misturando com um garfo. Deixe esfriar um pouco.

3 Com porções da mistura, arrume montinhos sobre uma assadeira polvilhada com o com açúcar cristal.

4 Sobre os montinhos, enquanto quentes, coloque os confeitos e deixe a cocada secar ao sol ou em lugar aberto à temperatura ambiente.

COCADA COM AÇÚCAR MASCAVO

- *1½ xícara (chá) de coco ralado com a pele marrom*
- *1½ xícara (chá) de açúcar mascavo*
- *1 colher (sopa) de gengibre ralado*

1 Leve ao fogo o coco juntamente com o açúcar e o gengibre e um pouco de água, mexendo sempre, até que apareça o fundo da panela.

2 Retire do fogo e deixe esfriar. Faça as cocadas e coloque para secar em uma superfície untada com de manteiga.

Nota: *Se preferir, coloque a cocada inteira na superfície untada e, assim que começar a esfriar, corte em pedaços.*

COCADA COM OVOS

- *1 kg de açúcar*
- *500 g de coco ralado*
- *12 gemas*
- *1 colher (café) de essência de baunilha ou canela em pau e cravos-da-índia*

1 Com o açúcar, faça uma calda em ponto de fio (pág. 647) e retire do fogo.

2 Junte à calda o coco ralado e as gemas, misture tudo muito bem e volte ao fogo, mexendo sempre, até que desgrude do fundo da panela.

3 Retire do fogo e junte a baunilha.

4 Sirva, depois de fria, em compoteira ou em tacinhas individuais.

Nota: *Se, no lugar da baunilha, preferir perfumar com canela em pau e cravos, junte-os à mistura da calda com os outros ingredientes antes de levá-la ao fogo.*

COCADINHA COM AMEIXA

- *500 g de coco ralado*
- *1 colher (sopa) de amido de milho*
- *500 g de açúcar*
- *8 gemas*
- *1 colher (café) de essência de baunilha*
- *50 g de ameixas-pretas sem caroço picadas ou cerejas cristalizadas picadas*
- *¾ de xícara (chá) de açúcar cristal*

1 Misture o coco, o amido de milho, o açúcar, as gemas e a baunilha em uma panela. Leve ao fogo médio. Mexa com colher de pau até a massa formar uma bola em volta da colher.

2 Adicione as ameixas-pretas ou as cerejas e mexa o suficiente para misturá-las.

3 Coloque a massa sobre um prato untado com manteiga e deixe esfriar.

4 Enrole porções em forma de bolinhas, passe no açúcar cristal e arrume em forminhas de papel.

COCADINHA DECORADA

- *500 g de coco ralado*
- *1 colher (sopa) de amido de milho*
- *500 g de açúcar*
- *8 gemas*
- *1 colher (café) de essência de baunilha*
- *¾ de xícara (chá) de açúcar cristal*
- *40 cravos-da-índia*

1 Misture o coco, a o amido de milho, o açúcar, as gemas e a baunilha em uma panela. Cozinhe em fogo médio, mexendo sempre, até a massa formar uma bola em volta da colher.

2 Coloque em prato untado com manteiga e deixe esfriar.

3 Separe pequenas porções de massa com uma colher (chá) untada com manteiga, enrole-os, formando bolinhas, e passe no açúcar cristal. Arrume em forminhas de papel e espete um cravo em cada um.

QUEIJADINHA DE CASQUINHA

Recheio:

- *500 g de açúcar*
- *250 g de coco ralado*
- *12 gemas*

Massa:

- *500 g de farinha de trigo*
- *3 gemas*
- *1 xícara (chá) de manteiga*
- *2 colheres (sopa) de vinho do Porto ou conhaque*
- *Água fria*

1 Para o recheio, prepare uma calda grossa com o açúcar, retire do fogo e deixe esfriar. Adicione o coco e as gemas à calda já fria e leve novamente ao fogo, mexendo sempre, até desgrudar do fundo da panela. Reserve.

2 Para a massa, amasse a farinha com as gemas, a manteiga, o vinho do Porto e adicione água fria até formar uma massa lisa e homogênea. Deixe descansar por 15 minutos.

3 Abra a massa bem fina, com um rolo, e forre forminhas de empada.

4 Distribua o recheio entre as forminhas e leve para assar em forno médio preaquecido até dourar.

QUEIJADINHA FÁCIL

- *1 xícara (chá) de coco ralado*
- *1 lata de leite condensado*
- *1 colher (sopa) de queijo parmesão ralado*
- *2 gemas*

1 Misture bem todos os ingredientes e despeje a mistura em forminhas de papel (que devem estar dentro de forminhas de empadas).

2 Asse, em banho-maria, em forno quente preaquecido até dourar.

QUERO MAIS

- *250 g de açúcar*
- *1 clara*
- *125 g de coco ralado*
- *1 colher (sopa) de manteiga*
- *4 gemas*
- *1 colher (sopa) de amido de milho*

1 Com o açúcar, faça uma calda bem grossa e deixe esfriar. Bata a clara à parte, em ponto de neve e reserve.

2 Misture bem o coco, a manteiga, as gemas e o amido de milho à calda já fria. Delicadamente, misture a clara em neve. Distribua em forminhas de empada untadas com manteiga e leve ao forno baixo preaquecido até dourar.

QUINDIM

- *125 g de coco ralado*
- *500 g de açúcar*
- *125 g de manteiga*
- *60 g de farinha de trigo*
- *6 gemas*
- *1 colher (café) de água de flor de laranjeira*

1 Faça uma calda com o coco com o açúcar em ponto de espelho (pág. 646).

2 Acrescente a manteiga e a farinha de trigo. Bata bem.

3 Adicione as gemas com a água de flor de laranjeira.

4 Coloque em forminhas individuais untadas com manteiga e polvilhadas com açúcar e leve ao forno quente, em banho-maria, até, ao espetar um palito, ele sair seco.

QUINDIM DE COCO

- *125 g de coco ralado*
- *7 ovos*
- *1 colher (sopa) de manteiga derretida*
- *3 xícaras (chá) de açúcar*

1 Misture o coco, os ovos, a manteiga e o açúcar e deixe repousando por 30 minutos. Despeje em forminhas de papel e coloque estas dentro de forminhas de empada.

2 Asse em forno médio preaquecido até que os quindins estejam firmes.

TIGELINHAS AMARELAS

- *450 g de açúcar*
- *450 g de coco ralado*
- *250 g de manteiga*
- *24 gemas*

1 Misture bem todos os ingredientes e distribua em ramequins pequenos untados com manteiga.

2 Leve ao forno quente, em banho-maria, até ficar um creme firme.

DOCINHO DE DAMASCO

- *300 g de damascos secos*
- *1 xícara (chá) de água*
- *500 g de açúcar*
- *1 colher (sobremesa) de manteiga*
- *5 colheres (sopa) de açúcar cristal*
- *50 g de amêndoas*

1 Lave os damascos em água corrente e, escorra, coloque em uma panela com a água, leve ao fogo médio e deixe ferver por 5 minutos. Retire do fogo e deixe esfriar.

2 Bata os damascos no liquidificador com a água do cozimento até formar uma pasta. Coloque em uma panela com o açúcar e a manteiga e cozinhe em fogo médio, mexendo sempre, até a massa se soltar da panela ou formar uma bola em volta da colher.

3 Coloque em uma assadeira untada com manteiga e deixe descansar, em temperatura ambiente, por, pelo menos, 8 horas.

4 Corte os docinhos em quadrados de 4 cm, passe-os pelo açúcar cristal e junte as pontinhas diagonalmente opostas, formando cestinhas. Arrume em forminhas de papel.

5 Mergulhe as amêndoas em água fervente durante 2 minutos, escorra, retire a pele, seque em forno quente por 2 minutos e coloque 2 em cada docinho, uma de cada lado da cestinha.

DOCE DE LEITE EM QUADRADINHOS

- *1 litro de leite*
- *250 g de açúcar*

1 Coloque o leite em uma panela e leve ao fogo médio por 1½ hora ou até o leite reduzir pela metade. Apoie uma colher de pau deitada sobre a borda, de um lado ao outro, da panela para que o leite não derrame enquanto ferve.

2 Reserve 1 colher (sopa) do açúcar e adicione o restante ao leite fervente. Mexa sempre com a colher de pau, em movimento de vaivém, até o leite engrossar (demora mais ou menos 20 minutos).

3 Retire do fogo e bata um pouco. Adicione a colher de açúcar restante e bata novamente.

4 Despeje sobre uma superfície fria levemente molhada e, depois de frio, corte o doce em quadradinhos.

Beijo de Freira

- *450 g de amido de milho*
- *1 xícara (chá) de leite de coco*
- *3 gemas*
- *1 colher (sopa) de manteiga*
- *1 lata de leite condensado*
- *Pitada de sal*

1 Amasse tudo muito bem, molde bolinhas de cerca de 2 cm e achate-as com os dentes de um garfo para que fiquem marcados na massa.

2 Leve para assar em forno médio preaquecido, em assadeira untada com manteiga.

Casadinho de Doce de Leite

- *6 gemas*
- *1 clara*
- *250 g de açúcar*
- *400 g de amido de milho*
- *100 g de farinha de trigo*
- *1 colher (chá) de fermento químico em pó*
- *100 g de manteiga*
- *3 colheres (sopa) de aguardente*
- *1 colher (chá) de essência de baunilha*
- *350 g de doce de leite*
- *Açúcar de confeiteiro*

1 Junte as gemas com a clara e o açúcar e bata até que fique um creme bem liso.

2 Sobre uma mesa ou uma tigela, peneire o amido de milho, a farinha e o fermento.

3 Abra um espaço no meio e coloque ali a manteiga, a aguardente, a essência de baunilha e o creme de gemas e açúcar.

4 Trabalhe bem a massa com a palma das mãos, até que fique lisa e homogênea. Abra a massa com 0,5 cm de espessura, corte em pequenos círculos e coloque em assadeira untada e enfarinhada.

5 Asse em forno médio preaquecido por 25 minutos.

6 Depois de assados, una-os com o doce de leite e polvilhe açúcar de confeiteiro.

Merengue Simples

- *500 g de açúcar*
- *8 claras*
- *½ colher (chá) de essência de baunilha*
- Creme chantilly *(pág. 658)*

1 Faça com o açúcar uma calda em ponto de fio (pág. 647) grosso.

2 Bata as claras em neve, junte a baunilha e, depois, vá derramando em cima delas a calda devagar, batendo até esfriar.

3 Em assadeira untada e enfarinhada, coloque colheradas de merengue, deixe alguns centímetros de distância entre elas.

4 Leve para assar em forno baixo preaquecido por cerca de 30 minutos. Deligue o fogo e mantenha a assadeira dentro dele até que os merengues sequem completamente (cerca de 4 horas). Una-os de dois em dois com *creme chantilly* (pág. 658).

MERENGUE COM FERMENTO

- *250 g de açúcar*
- *125 ml de água*
- *4 claras*
- *1 colher (chá) de fermento químico em pó*
- *½ colher (chá) de essência de baunilha*
- Creme chantilly *(pág. 658)*

1 Dissolva o açúcar na água e faça uma calda em ponto de fio (pág. 647) grosso.

2 Bata as claras em neve, quando estiverem firmes despeje, vagarosamente, a calda fervente sobre elas e continue a bater até esfriar. Adicione o fermento e a essência de baunilha.

3 Em assadeira untada e enfarinhada, coloque colheradas de merengue, deixe alguns centímetros de distância entre elas.

4 Leve para assar em forno baixo preaquecido por cerca de 30 minutos. Deligue o fogo e mantenha a assadeira dentro dele até que os merengues sequem completamente (cerca de 4 horas). Una-os de dois em dois com o creme *chantilly*.

MERENGUE COM AMÊNDOAS

- *1¼ de xícara (chá) de açúcar*
- *8 claras*
- *½ xícara (chá) de amêndoas torradas moídas*

1 Bata as claras em neve, adicionando o açúcar aos poucos, batendo sempre. Quando estiver bem firme, desligue a batedeira e acrescente delicadamente as amêndoas picadas.

2 Unte com manteiga uma forma de pudim, despeje o merengue dentro e leve para assar no forno em banho-maria.

NOZES CARAMELADAS

Massa:

- *150 g de nozes moídas*
- *150 g de açúcar de confeiteiro*
- *150 g de chocolate meio amargo ralado*
- *2 gemas*
- *270 g de nozes cortadas ao meio*

Calda:

- *2 xícaras (chá) de açúcar*
- *½ xícara (chá) de água*
- *1 colher (sopa) de vinagre*

1 Para fazer a massa: misture as nozes moídas, o açúcar, o chocolate e as gemas. Aperte um pouco da massa (1 colher de chá) entre 2 metades de nozes, como um sanduíche. Deixe secar em local aberto, em temperatura ambiente, por 2 horas.

2 Para fazer a calda: leve ao fogo o açúcar, a água e o vinagre; mexa até que o açúcar dissolva. Cozinhe, sem mexer, até que doure e chegue ao ponto de caramelo (pág. 647); apague o fogo.

3 Espete os docinhos com um garfo e mergulhe um por um na calda. Coloque-os sobre uma grade para a calda endurecer.

Nota: Quando a calda da panela começar a endurecer, volte para o fogo baixo.

Docinho de Batata-doce com Nozes

- *1 kg de batatas-doces*
- *Açúcar*
- *100 g de chocolate em pó*
- *200 g de nozes picadas*
- *Açúcar de confeiteiro*
- *Nozes cortadas ao meio*

1 Cozinhe as batatas-doces com casca até estarem macias. Descasque e passe por espremedor.

2 Meça a massa obtida em xícaras e adicione a mesma medida de açúcar. Leve ao fogo e mexa até a massa começar a desgrudar da panela.

3 Adicione o chocolate e as nozes; misture tudo muito bem e cozinhe, mexendo sempre, até desgrudar da panela. Deixe esfriar.

4 Molde pequenas bolas, achate-as um pouco, passe no açúcar de confeiteiro e enfeite cada doce com uma metade de noz. Leve para secar em forno morno aberto.

Docinho Fantasia

- *2 latas de leite condensado*
- *250 g de nozes picadas*
- *4 gemas*
- *2 colheres (sopa) de glucose de milho*
- *1 colher (sobremesa) de manteiga*
- *100 g de ameixas-pretas sem caroço picadas*
- *100 g de tâmaras sem caroço picadas*
- *50 g de chocolate meio amargo*
- *10 g de açúcar*

1 Em uma panela, misture o leite condensado, as nozes e as gemas passadas por peneira. Adicione a glucose de milho, a manteiga, as ameixas e as tâmaras. Misture novamente e coloque o chocolate ralado em ralo grosso.

2 Leve ao fogo e mexa constantemente até a massa desgrudar do fundo da panela.

3 Coloque em um prato untado com manteiga e deixe esfriar por, pelo menos, 8 horas.

4 Molde a massa em bolinhas do tamanho de ovos de codorna. Passe cada docinho em açúcar e embrulhe em papel para embrulhar bala de coco.

BIRIBA DE NOZES

- *1 lata de leite condensado*
- *4 ovos*
- *250 g de nozes moídas*

1 Misture tudo muito bem.

2 Coloque em forminhas de papel e leve para assar em forno médio preaquecido até dourar.

CAMAFEU ORIGINAL

- *250 g de açúcar*
- *5 gemas*
- *250 g de nozes moídas*
- *1 cálice de licor*
- *1 colher (sopa) de chocolate em pó*
- *1 clara*
- *Nozes cortadas ao meio*
- *½ receita de* glacê de confeiteiro *(pág. 654)*

1 Misture o açúcar com as gemas, as nozes moídas, o licor, o chocolate e a clara batida em neve.

2 Depois de tudo bem misturado, leve ao fogo e cozinhe, mexendo sempre, até desgrudar do fundo da panela.

3 Espalhe em superfície fria untada na espessura de 1 cm e corte em círculos com um cálice.

4 Espalhe no centro de cada círculo um pouco do glacê e, sobre ele, ¼ da metade de uma noz.

CAMAFEU DE NOZES

- *1½ xícara (chá) de nozes moídas*
- *1 lata de leite condensado*
- *1 colher (sopa) de manteiga*
- *½ colher (chá) de essência de baunilha*
- *400 g de* fondant *(pág. 650)*
- *Nozes para decorar*

1 Coloque em uma panela a manteiga e o leite condensado. Leve ao fogo e, assim que ferver, acrescente as nozes; misture em fogo baixo até que o doce se despregue do fundo da panela. Retire do fogo, acrescente a essência de baunilha e misture bem. Deixe esfriar.

2 Unte levemente as mãos com um pouco de óleo e molde os docinhos, formando bolinhas. Derreta o fondant em banho-maria.

3 Mergulhe os docinhos no fondant quente e coloque sobre papel-manteiga para secar.

4 Decore com metades de nozes enquanto a cobertura ainda estiver quente. Assim que os docinhos ficarem firmes e secos, coloque nas forminhas de papel.

Caramelo de Natal

- *1 xícara (chá) de glucose de milho*
- *½ xícara (chá) de água*
- *¼ de colher (chá) de sal*
- *3 xícaras (chá) de açúcar cristal*
- *2 claras*
- *1 colher (chá) de essência de baunilha*
- *¾ de xícara (chá) de frutas cristalizadas e nozes picadas finamente*

1 Ferva a glucose de milho com a água, o sal e o açúcar até que, deixando cair uma gota da mistura em água fria, forme-se uma bolinha dura.

2 Bata as claras em neve e, gradualmente, despeje nelas a calda fervente. Vá batendo até que comece a endurecer.

3 Junte a baunilha e as frutas e nozes, batendo mais.

4 Coloque em uma fôrma retangular levemente untada com óleo.

5 Deixe esfriar e corte em quadradinhos.

6 Embrulhe os quadradinhos em papel celofane colorido.

Biscoito Hussardo

- *5 colheres (sopa) de manteiga*
- *3 colheres (sopa) de açúcar*
- *3 gemas*
- *5 colheres (sopa) de amido de milho*
- *3 colheres (sopa) de farinha de trigo*
- *1 xícara (chá) de nozes moídas*
- *Açúcar de confeiteiro*
- Goiabada *(pág. 751)*

1 Na batedeira, bata a manteiga, adicione o açúcar aos poucos e, sem parar de bater, acrescente as gemas até formar um creme.

2 Diminua a velocidade ao mínimo e adicione o amido de milho. Misture a farinha e as nozes, formando uma massa macia. Embrulhe em plástico filme e leve à geladeira por 30 minutos.

3 Molde a massa em bolinhas de 2 cm de diâmetro, e passe-as no açúcar de confeiteiro. Coloque as bolinhas em uma assadeira forrada com papel-manteiga e, com a ponta do dedo, faça um pequeno buraco no centro de cada bolinha.

4 Leve as bolinhas para uma assadeira forrada com papel-manteiga e, com a ponta do dedo, faça uma pequena depressão no centro de cada bolinha. Coloque um pedaço de goiabada em cada biscoito.

5 Asse em forno baixo preaquecido por 10 a 15 minutos ou até ficarem corados.

Pé de moleque Americano

- *3 xícaras (chá) de açúcar*
- *1 xícara (chá) de leite*
- *½ xícara (chá) de chocolate em pó*
- *1 colher (sopa) de manteiga*
- *1 colher (café) de essência de baunilha*
- *1 xícara (chá) de nozes moídas*

1 Junte o açúcar, o leite, o chocolate em pó, a manteiga e a baunilha; leve ao fogo até engrossar e adicione as nozes moídas.

2 Retire do fogo, bata um pouco e coloque sobre uma superfície fria untada com manteiga.

3 Deixe esfriar um pouco; passe o rolo até ficar com 0,5 cm de espessura e corte em losangos.

Segredinho de Amor

- *500 g de açúcar*
- *8 gemas*
- *500 g de nozes picadas*
- *1½ xícara (chá) de água*
- *2 claras*
- *Ameixas-pretas*
- *1 receita de* glacê a frio *(pág. 650)*

1 Misture o açúcar com as gemas, as nozes picadas, a água e as claras batidas em neve.

2 Leve ao fogo e, quando despregar do fundo da panela, retire e molde pequenos croquetes colocando meia ameixa-preta dentro de cada um.

3 Passe os docinhos no glacê e confeite-os.

Fios de Ovos I

- *1 litro de água*
- *2 kg de açúcar*
- *26 gemas*
- *Água de flor de laranjeira (opcional)*

1 Com a água e o açúcar, faça uma calda em ponto de fio (pág. 647) brando. Passe todas as gemas por uma peneira bem fina.

2 Coloque um pouco das gemas no funil apropriado para fios de ovos e despeje-as na calda fervente fazendo movimentos circulares ao redor da panela.

3 Adicione um pouco de água fria na calda, imediatamente, retire os fios formados colocando-os sobre uma peneira.

4 À medida que for tirando e dispondo os fios na peneira, borrife-os ligeiramente com água fria, evitando assim que grudem uns nos outros.

5 Depois que todos os fios estiverem prontos, arrume-os em pequenas porções em forminhas e por cima um pouco da calda em que foram cozidos. Se quiser, perfume essa calda com água de flor de laranjeira.

FIOS DE OVOS II

- *12 gemas*
- *1½ g de açúcar*
- *1½ litro de água*

1 Passe as gemas por uma peneira fina.

2 Leve ao fogo o açúcar dissolvido na água. Ferva até formar uma calda rala, mas que não chegue a ponto de fio fraco (pág. 647). Retire a espuma que se formar e passe um pincel (molhado em água fria) em volta da panela; desse modo, vai eliminar os cristais de açúcar que se formam com a fervura.

3 Com o funil próprio para fios de ovos, despeje as gemas sobre a calda, que deve estar fervendo em fogo alto.

4 Retire os fios de ovos com uma escumadeira e deixe escorrer sobre uma peneira. Antes de esfriarem, separe-os com dois garfos.

5 Querendo fios de ovos mais doces, apure a calda e mergulhe-os nela quando estiver morna.

6 Escorra-os 10 minutos antes de utilizar ou servir.

PAPOS DE ANJO

- *24 gemas*
- *1 kg de açúcar*
- *1¼ de litro de água*
- *½ xícara (chá) de rum*
- *Açúcar cristal ou refinado (opcional)*

1 Passe as gemas por uma peneira. Coloque na batedeira e bata até que estejam bem claras e espumosas.

2 Unte forminhas com manteiga, despeje nelas as gemas batidas e leve-as ao forno em banho-maria por cerca de 30 minutos.

3 Enquanto isso, prepare a calda: leve ao fogo, em uma panela grande, o açúcar e a água; deixe ferver até o ponto de fio (pág. 647) brando; retire do fogo e adicione o rum, mexendo bem. Deixe esfriar.

4 Desenforme os papos de anjo e coloque-os dentro da calda por, pelo menos, 8 horas.

5 Escorraos papos de anjo da calda e passe-os em açúcar cristal ou refinado. Pode-se também conservar os papos de anjo na calda.

SUSPIRO

- *2 claras*
- *Casca de ½ limão*
- *4 colheres (sopa) de açúcar*

1 Bata as claras em neve até ficarem bem firmes; adicione a casca de limão e, depois, vá acrescentando as colheres de açúcar uma a uma, batendo sempre depois de juntar cada colher.

2 Retire a casca de limão e pingue a massa em uma assadeira forrada com papel-manteiga.

3 Leve ao forno em temperatura mínima (cerca de 60 °C) e, quando os suspiros estiverem secos, retire-os.

4 Para tirar os suspiros do papel, molhe este por baixo, o que facilitará o trabalho.

Notas: *Para soltar os suspiros do papel-manteiga com mais facilidade, molhe levemente o papel por baixo. Para manter o forno na temperatura certa, deixe a porta entreaberta, apoiada por um pano de prato.*

SUSPIRO TURCO

- *500 g de manteiga*
- *750 g de açúcar*
- *750 g de farinha de trigo*

1 Bata bem a manteiga com o açúcar, até formar um creme esbranquiçado. Adicione a farinha de trigo e incorpore bem.

2 Molde um suspiro como bolinha e faça um teste colocando um suspiro no forno: se achatar, é porque a massa está mole. Nesse caso, adicione mais farinha de trigo.

3 Termine de moldar o restante da massa e asse em assadeira untada em forno baixo preaquecido.

CAIPIRINHAS

- *3 colheres (sopa) de manteiga*
- *3 colheres (sopa) de açúcar*
- *3 gemas*
- *Farinha de trigo*
- Goiabada *(pág. 751) cortada em pedaços pequenos*

1 Misture a manteiga, o açúcar e as gemas e adicione farinha até formar uma massa macia, mas que dê para moldar.

2 Faça bolinhas com porções da massa e, em cada bolinha, aperte um pedacinho de goiabada.

3 Leve ao forno quente preaquecido, em assadeira untada.

Balas

Balas

BALA DE COCO

- *200 ml de leite de coco*
- *1 kg de açúcar*

1 Leve o leite de coco ao fogo com o açúcar, sem mexer. Com um pincel molhado em água, limpe as bordas da panela, pois se ficarem cristais de açúcar, a bala pode açucarar. Quando começar a engrossar, experimente o ponto em uma xícara com água fria: se desmanchar ainda não está bom, se não desmanchar, retire e veja se está em ponto de puxar.

2 Retire do fogo e espalhe sobre uma superfície untada com manteiga. Deixe esfriar um pouco e meça o ponto: quando levantar com uma faca e a bala desgrudar facilmente, estará bom para puxar. Fica melhor e mais fácil quando são duas pessoas; nesse caso, divida a massa em duas partes. A bala tem de ser puxada rapidamente para ficar branca e não açucarar.

3 Puxe, com as mãos untadas com manteiga, esticando até que a massa fique bem branca. Faça cordões e corte com uma tesoura.

Notas: *Se não tiver uma superfície de mármore utilize uma de inox. Para que fique bem gelada, coloque um saco plástico com pedras de gelo sobre ela e seque-a bem antes de despejar a massa da bala.*

BALA DE COCO COM NOZES

- *200 ml de leite coco*
- *1 kg de açúcar*
- *1 xícara (chá) de nozes bem picadas*
- *Manteiga para untar*

1 Leve o leite de coco ao fogo com o açúcar, sem mexer. Com um pincel molhado em água, limpe as bordas da panela, pois se ficarem cristais de açúcar, a bala pode açucarar. Quando começar a engrossar, experimente o ponto em uma xícara com água fria: se desmanchar ainda não está bom, se não desmanchar, retire e veja se está em ponto de puxar.

2 Retire do fogo, adicione nozes bem picadas e espalhe sobre uma superfície de mármore untada com manteiga. Deixe esfriar um pouco e meça o ponto: quando levantar com uma faca e a bala desgrudar facilmente, estará bom para puxar. Fica melhor e mais fácil quando são duas pessoas; nesse caso, divida a massa em duas partes. A bala tem de ser puxada rapidamente para ficar branca e não açucarar.

3 Puxe, com as mãos untadas com manteiga, esticando até que a massa fique bem branca. Faça cordões e corte com uma tesoura.

Notas: *Se não tiver uma superfície de mármore utilize uma de inox. Para que fique bem gelada, coloque um saco plástico com pedras de gelo sobre ela e seque-a bem antes de despejar a massa da bala.*

BALA SIMPLES

- *2 xícaras (chá) de açúcar*
- *1 xícara (chá) de água*

1 Misture bem o açúcar e a água em uma panela.

2 Leve a mistura ao fogo, não mexa mais e deixe a calda apurar até o ponto de quebrar.

3 Espalhe sobre uma superfície de mármore untada com óleo e, quando começar a esfriar, levante por uma ponta, pegue pela parte de baixo e, com uma tesoura, corte em pedaços pequenos, enrolando-os como balas.

4 Depois de frios, envolva-os em papel celofane.

BALA DE ESSÊNCIA

Prepare a receita de *bala simples* (pág. 801) e adicione algumas gotas da essência escolhida, após retirar a mistura do fogo. Proceda como para a bala simples. Entre os sabores mais comuns estão hortelã, limão, laranja, abacaxi e morango.

BALA DE AMÊNDOA

- *500 g de amêndoas sem pele*
- *250 g de açúcar*
- *7 gemas*
- *2 claras*
- *Açúcar cristal*

1 Bata as amêndoas no processador para que fiquem bem moídas.

2 Com o açúcar, faça uma calda em ponto de pasta (pág. 646), retire do fogo, espere amornar e misture as amêndoas, as gemas e as claras.

3 Leve a mistura ao fogo baixo e cozinhe , mexendo sempre, até que desprenda do fundo da panela. Retire, coloque em um recipiente e reserve por, pelo menos, 8 horas.

4 No dia seguinte, molde as balas, passe no açúcar cristal e embrulhe em papel para embrulhar balas de coco.

BALA DE AMENDOIM TORRADO

- *500 g de amendoim sem pele torrado*
- *250 g de açúcar*
- *7 gemas*
- *2 claras*
- *Açúcar cristal*

1 Moa o amendoim processador.

2 Com o açúcar, faça uma calda em ponto de pasta (pág. 646), retire do fogo, espere amornar e misture os amendoins, as gemas e as claras.

3 Leve a mistura obtida ao fogo baixo e cozinhe, mexendo até que desprenda do fundo da panela. Retire, coloque em um recipiente e reserve por, pelo menos, 8 horas.

4 No dia seguinte, molde as balas, passe no açúcar cristal e embrulhe em papel para embrulhar balas de coco.

BALA DE BANANA

- *12 bananas nanicas maduras*
- *500 g de açúcar*
- *1 colher (sopa) de manteiga*

1 Corte as bananas em rodelas, junte o açúcar e a manteiga; coloque em uma panela e leve ao fogo baixo, mexendo sempre, até desprender do fundo da panela.

2 Espalhe sobre uma superfície de mármore untada com manteiga, corte em quadradinhos e embrulhe em papel para embrulhar balas de coco.

BALA DE CAFÉ

- *3 xícaras (chá) de açúcar*
- *1 xícara (chá) de café forte preparado e frio*
- *1 xícara (chá) de leite*
- *3 colheres (sopa) de mel*
- *1 colher (sopa) de manteiga*
- *1 colher (sopa) de farinha de trigo*
- *1 gema*

1 Misture tudo e leve ao fogo até o ponto de bala.

2 Espalhe sobre uma superfície de mármore untada com manteiga, deixe esfriar, corte as balas e embrulhe em papel para embrulhar balas de coco.

BALA DE CASTANHA-DO-PARÁ

- *500 g de castanhas-do-pará*
- *250 g de açúcar*
- *7 gemas*
- *2 claras*
- *Açúcar cristal*

1 Moa as castanhas no processador.

2 Com o açúcar, faça uma calda em ponto de pasta (pág. 646), retire do fogo, espere amornar e misture as castanhas moídas, as gemas e as claras.

3 Leve a mistura ao fogo baixo e cozinhe mexendo até que desprenda do fundo da panela. Retire do fogo, coloque em um recipiente e reserve por, pelo menos, 8 horas.

4 No dia seguinte, faça as balas, passe no açúcar cristal e embrulhe em papel para embrulhar bala de coco.

BALA DE CHOCOLATE

- *500 g de açúcar*
- *1½ xícara (chá) de leite*
- *6 colheres (sopa) de chocolate em pó peneirado*
- *3 colheres (sopa) de mel*
- *Suco de 1 limão*

1 Misture o açúcar, o leite, o chocolate, o mel e o suco de limão e leve ao fogo, mexendo sempre, até o ponto de bala.

2 Espalhe sobre ma superfície de mármore untada com manteiga; deixe esfriar, corte as balas e embrulhe em papel para embrulhar bala de coco.

BALA DE CHOCOLATE COM CANELA

- *1 litro de leite*
- *1 colher (sopa) de chocolate em pó peneirado*
- *4 xícaras (chá) de açúcar*
- *1 colher (sopa) de manteiga*
- *2 colheres (sopa) de mel*
- *1 colher (café) de bicarbonato*
- *3 pedaços de canela em pau*

1 Misture o leite com o chocolate; adicione o açúcar misturado com a manteiga e junte os outros ingredientes. Mexa bem e leve ao fogo.

2 Quando estiver em ponto de bala, retire do fogo e sobre uma superfície de mármore, sem mexer (não aproveite a raspa da panela).

3 Deixe esfriar, corte as balas e embrulhe em papel para embrulhar bala de coco.

BALA DE DAMASCO

- *100 g de damasco*
- *1 xícara (chá) de água fervente*
- *Açúcar*

1 Coloque os damascos de molho na água fervente por, pelo menos, 8 horas.

2 Retire os damascos do molho, escorra bem e amasse-os com um.

3 Atingido o ponto de enrolar, faça as balas e embrulhe em papel de seda.

BALA DE LEITE

- *4 xícaras (chá) de leite*
- *3 xícaras (chá) de açúcar*
- *8 colheres (sopa) de mel*
- *1 pitada de bicarbonato*

1 Misture bem todos os ingredientes e leve ao fogo, cozinhe, mexendo sempre, até o ponto de bala.

2 Espalhe sobre uma superfície de mármore untada com manteiga, deixe esfriar e corte.

BALA DE NOZES

- *500 g de nozes sem casca*
- *250 g de açúcar*
- *7 gemas*
- *2 claras*
- *Açúcar cristal*

1 Moa as nozes no processador.

2 Com o açúcar, faça uma calda em ponto de pasta (pág. 646), retire do fogo, espere amornar e misture as nozes, as gemas e as claras.

3 Leve a mistura ao fogo baixo e cozinhe, mexendo sempre, até que desprenda do fundo da panela. Retire do fogo, coloque em um recipiente e reserve por, pelo menos, 8 horas.

4 No dia seguinte, faça as balas, passe em açúcar cristal e embrulhe em papel para embrulhar balas de coco.

Bala Delícia

- *3 xícaras (chá) de açúcar*
- *2 xícaras (chá) de leite*
- *2 xícaras (chá) de nozes moídas ou amendoim*
- *2 colheres (sopa) de manteiga*
- *1 colher (chá) de essência de baunilha*

1 Coloque em uma panela o açúcar, o leite, as nozes a manteiga e a baunilha. Misture tudo e leve ao fogo. Cozinhe, mexendo sempre, até desprender do fundo da panela.

2 Retire do fogo e espalhe sobre uma superfície de mármore ligeiramente untada com manteiga ou óleo.

3 Deixe esfriar, corte as balas e embrulhe em papel para embrulhar balas de coco.

Bala de Ovos

- *1¼ de xícara (chá) de açúcar*
- *3 colheres (sopa) de água*
- *1 colher (sopa) de manteiga*
- *2 ovos*
- *20 gemas*
- *½ colher (chá) de essência de baunilha (opcional)*
- *Calda em ponto de quebrar (pág. 646)*

1 Faça, com o açúcar e a água, uma calda grossa. Retire do fogo, deixe amornar e adicione a manteiga e os ovos. Leve ao fogo baixo; junte as gemas e cozinhe, mexendo sempre, até desgrudar do fundo da panela. Retire do fogo, adicione a baunilha e deixe esfriar.

2 Faça pequenas bolas; espete cada uma com um palito untado com manteiga e passe-as, uma por uma, na calda em ponto de quebrar.

3 Deixe escorrer bem e coloque as balas em superfície de mármore untada manteiga.

4 Embrulhe as balas, depois de frias, em papel celofane.

Bala de Ovos com Coco

- *1¼ de xícara (chá) de açúcar*
- *3 colheres (sopa) de água*
- *1 colher (sopa) de manteiga*
- *2 ovos*
- *15 gemas*
- *125 g de coco ralado*
- *Calda em ponto de quebrar (pág. 646)*

1 Faça, com o açúcar e a água, uma calda grossa. Retire do fogo, deixe amornar e adicione a manteiga e os ovos. Leve ao fogo baixo; junte as gemas e o coco ralado e cozinhe, mexendo sempre, até desgrudar do fundo da panela. Retire do fogo e deixe esfriar.

2 Faça pequenas bolas; espete cada uma com um palito untado com manteiga e passe-as, uma por uma, na calda em ponto de quebrar.

3 Deixe escorrer bem e coloque as balas em superfície de mármore untada com manteiga.

4 Embrulhe as balas, depois de frias, em papel celofane.

Bolos, Roscas e Bolinhos

Bolos, Roscas e Bolinhos

"*No correr deste livro, usando a linguagem adequada, sem rodeios e sem pretensões, as receitas serão explicadas claramente, coligidas e coordenadas de fontes várias. Não faltarão pratos típicos e nem extravagâncias dignas de época.*"

TEXTO DA EDIÇÃO DE 1942 DE DONA BENTA.

BOLOS

Roscas

Bolinhos

BOLOS

Bolos

Bolo de Abacaxi

- *2 ovos separados*
- *1 xícara (chá) de açúcar*
- *½ xícara (chá) de leite*
- *1 xícara (chá) de farinha de trigo*
- *2 colheres (chá) de fermento em pó*
- *Açúcar mascavo*
- *Manteiga*
- *Fatias de abacaxi fresco*
- Chantilly *(pág. 658) (opcional)*

1 Bata as gemas com o açúcar até ficarem bem claras e espumosas, junte o leite e bata mais um pouco. Bata as claras em neve e adicione delicadamente à mistura de gemas.

2 Acrescente a farinha de trigo peneirada com o fermento e misture tudo muito bem, batendo bastante.

3 Forre o fundo de uma fôrma com açúcar mascavo, salpique pedacinhos de manteiga, arrume as fatias de abacaxi e despeje a massa sobre tudo. Leve ao forno preaquecido em temperatura média. Para saber se o bolo está pronto, espete um palito no centro do bolo, de modo que chegue até o fundo da fôrma, se ele sair limpo, o bolo estará assado.

4 Quando o bolo estiver assado, vire-o sobre um prato, de modo que as fatias de abacaxi fiquem para cima, e cubra-o com chantilly.

Bolo d'Água

- *4 ovos separados*
- *8 colheres (sopa) de água*
- *2 xícaras (chá) de açúcar*
- *2 xícaras (chá) de farinha de trigo*
- *1 colher (sopa) de fermento em pó*

1 Bata as claras em neve e reserve. Bata as gemas com a água.

2 Acrescente o açúcar nas gemas batidas e continue batendo.

3 Coloque a farinha e o fermento peneirados e, por último, misture, delicadamente com uma espátula as claras em neve.

4 Leve para assar em fôrma untada, em forno médio preaquecido. Para saber se o bolo está pronto, espete um palito no centro do bolo, de modo que chegue até o fundo da fôrma, se ele sair limpo, o bolo estará assado.

*Nota: **Esta receita é excelente para fazer rocambole doce.***

Bolo d'Água Macio

- *4 ovos separados*
- *1 xícara (chá) de açúcar*
- *4 colheres (sopa) de água*
- *1 xícara (chá) de farinha de trigo*
- *1 colher (sobremesa) de fermento em pó*
- Chantilly *(pág. 658)*

1 Bata as claras em neve e reserve. Bata as gemas com o açúcar até obter um creme esbranquiçado.

2 Adicione a água e a farinha aos poucos, mexendo sempre.

3 Acrescente delicadamente as claras batidas em neve e o fermento em pó.

4 Leve ao forno médio preaquecido por cerca de 25 minutos, em fôrma untada com manteiga.

5 Enfeite com chantilly e sirva.

BOLO DE AMEIXA

Doce de ameixa:

- *1 kg de ameixas-pretas*
- *2 xícaras (chá) de açúcar*

Massa:

- *6 ovos separados*
- *2 xícaras (chá) de açúcar*
- *4 colheres (sopa) de manteiga*
- *4 xícaras (chá) de farinha de trigo*
- *1 pitada de sal*
- *2 colheres (sobremesa) de fermento em pó*

1 Retire os caroços das ameixas, cubra-os com água e leve para ferver até ficarem amolecidas. Deixe esfriar e reserve.

2 Bata as claras em neve e reserve.

3 Bata as gemas com o açúcar e a manteiga até formar um creme. Acrescente a farinha, o sal e o fermento.

4 Adicione delicadamente, com uma espátula, o doce de ameixa reservado e as claras em neve.

5 Asse em fôrma untada com buraco no meio e forno preaquecido em temperatura média. Para saber se o bolo está pronto, espete um palito no centro do bolo, de modo que chegue até o fundo da fôrma, se ele sair limpo, o bolo estará assado.

Nota: Esta receita rende 2 bolos.

BOLO DE FÉCULA DE BATATA

- *5 ovos separados*
- *2 xícaras (chá) de açúcar*
- *1 xícara (chá) de manteiga*
- *2 xícaras (chá) de farinha de trigo*
- *2 xícaras (chá) de fécula de batata*
- *1 xícara (chá) de leite*
- *1 colher (sopa) de fermento em pó*

1 Bata as claras em neve e reserve. Bata as gemas com o açúcar e a manteiga até formar um creme.

2 Adicione à batedeira a farinha de trigo e a fécula de batata intercalando com o leite, batendo sempre. Acrescente o fermento e as claras em neve e misture, delicadamente, com uma espátula.

3 Coloque em uma fôrma untada e asse em forno médio preaquecido. Para saber se o bolo está pronto, espete um palito no centro do bolo, de modo que chegue até o fundo da fôrma, se ele sair limpo, o bolo estará assado.

BOLO DE BANANA COM NOZES

- *3 bananas nanicas maduras*
- *1⅓ de xícara (chá) de açúcar*
- *2 ovos*
- *100 g de manteiga derretida*
- *1 colher (chá) de essência de baunilha*
- *1½ xícara (chá) de farinha de trigo peneirada*
- *1 colher (chá) de fermento em pó*
- *1 pitada de sal*
- *1 colher (chá) de bicarbonato de sódio*
- *½ xícara (chá) de nozes picadas*
- *Açúcar de confeiteiro*
- *Canela em pó*

1 Coloque as bananas em uma tigela e amasse bem com o açúcar.

2 Na batedeira, bata as bananas, os ovos a manteiga e a essência de baunilha. Em outro recipiente, misture a farinha, o fermento, o sal e o bicarbonato. Adicione à massa, sem bater em excesso.

3 Adicione as nozes, delicadamente, com uma espátula. Coloque em uma fôrma untada e enfarinhada e leve ao forno médio preaquecido por cerca de 50 minutos. Para saber se o bolo está pronto, espete um palito no centro do bolo, de modo que chegue até o fundo da fôrma, se ele sair limpo, o bolo estará assado.

4 Misture o açúcar com a canela, desenforme o bolo e polvilhe essa mistura.

BOLO DE CASTANHA-DO-PARÁ

- *3 ovos separados*
- *1 xícara (chá) de açúcar*
- *1 colher (sopa) de manteiga*
- *¼ de xícara (chá) de leite*
- *1 xícara (chá) de farinha de trigo*
- *250 g de castanhas-do-pará moídas*
- *1 colher (chá) de fermento em pó*

1 Bata as claras em neve e reserve. Bata o açúcar, as gemas e a manteiga até que estejam bem cremosos. Adicione o leite e a farinha de trigo, aos poucos, sem bater em excesso. Misture, delicadamente, as claras em neve com uma espátula.

2 Misture as castanhas-do-pará e o fermento, até incorporá-los à massa.

3 Leve para assar em forno médio preaquecido, em fôrma untada com manteiga. Para saber se o bolo está pronto, espete um palito no centro do bolo, de modo que chegue até o fundo da fôrma, se ele sair limpo, o bolo estará assado.

BOLO DE CHOCOLATE I

Massa:

- *3 ovos separados*
- *2 xícaras (chá) de açúcar*
- *1 xícara (chá) de manteiga*
- *2 xícaras (chá) de farinha de trigo*
- *2 colheres (sopa) de chocolate em pó*
- *2 xícaras (chá) de leite*
- *1 colher (sopa) de fermento em pó*

Recheio:

- *2 xícaras (chá) de leite*
- *2 colheres (sopa) de chocolate em pó*
- *2 colheres (sopa) de manteiga*
- *1 xícara (chá) de açúcar*

1 Bata as claras em neve e reserve. Bata bem o açúcar, as gemas e a manteiga

2 Acrescente a farinha e o chocolate peneirados, alternando-os com o leite.

3 Bata bem e junte o fermento em pó e, por fim, as claras em neve.

4 Despeje em uma fôrma untada e leve ao forno médio preaquecido. Para saber se o bolo está pronto, espete um palito no centro do bolo, de modo que chegue até o fundo da fôrma, se ele sair limpo, o bolo estará assado.

5 Junte os ingredientes do recheio, leve-os ao fogo e vá mexa até engrossar bem.

6 Com o creme obtido, recheie e cubra o bolo.

BOLO DE CHOCOLATE II

Massa:

- *6 ovos separados*
- *125 g de manteiga*
- *1½ xícara (chá) de açúcar*
- *2 colheres (sopa) de chocolate em pó*
- *1½ xícara (chá) de farinha de trigo*
- *1 colher (sopa) de fermento em pó*

Recheio:

- *125 g de manteiga*
- *3 colheres (sopa) de chocolate em pó*
- *5 ovos*
- *5 colheres (sopa) de açúcar*

Cobertura:

- *1 receita de* glacê de chocolate em pó *(pág. 652)*

1 Bata as claras em neve e reserve. Bata na batedeira a manteiga com o açúcar. Adicione as gemas uma a uma, sem parar de bater, coloque o chocolate em pó, as claras em neve e, por último, a farinha peneirada e o fermento.

2 Asse em forno médio preaquecido em duas assadeiras baixas untadas com manteiga. Para saber se o bolo está pronto, espete um palito no centro do bolo, de modo que chegue até o fundo da fôrma, se ele sair limpo, o bolo estará assado.

3 Para o recheio, amasse bem a manteiga com o chocolate em pó. Cozinhe, em banho-maria, os ovos ligeiramente batidos com o açúcar, até obter um creme; retire do fogo e despeje na tigela com o chocolate. Misture bem.

4 Espalhe o recheio sobre um dos bolos, cubra com o outro bolo e cubra com o glacê.

BOLO FORMIGUEIRO

Massa:

- *4 ovos separados*
- *2 xícaras (chá) de açúcar*
- *3 colheres (sopa) de manteiga*
- *1 xícara (chá) de leite*
- *2 xícaras (chá) de farinha de trigo*
- *100 g de coco ralado*
- *150 g de chocolate granulado*
- *1 colher (sopa) de fermento em pó*

Cobertura:

- *3 colheres (sopa) de manteiga*
- *1 xícara (chá) de chocolate em pó*
- *1 xícara (chá) de leite*
- *½ xícara (chá) de açúcar*

1 Bata as claras em neve e reserve. Bata as gemas com o açúcar e a manteiga; acrescente o leite e a farinha e continue batendo.

2 Acrescente as claras em neve e misture delicadamente com uma espátula. Adicione o coco ralado, o chocolate granulado e, por último, o fermento em pó peneirado.

3 Coloque a massa em fôrma untada com manteiga e leve para assar em forno médio preaquecido. Para saber se o bolo está pronto, espete um palito no centro do bolo, de modo que chegue até o fundo da fôrma, se ele sair limpo, o bolo estará assado.

4 Prepare a cobertura, misturando todos os ingredientes e levando ao fogo para ferver.

5 Quando a mistura estiver fervendo, despeje-a sobre o bolo ainda quente.

BOLO BRIGADEIRO

Massa:

- *5 ovos separados*
- *1 xícara (chá) de açúcar*
- *1 xícara (chá) de leite*
- *2 xícaras (chá) de farinha de trigo*
- *½ xícara (chá) de chocolate em pó*
- *1 colher (sopa) de fermento em pó*

Cobertura e recheio:

- *2 latas de leite condensado*
- *2 colheres (sopa) de manteiga*
- *½ xícara (chá) de chocolate em pó*
- *½ xícara (chá) de chocolate granulado*

1 Bata as claras em neve até que fiquem firmes.

2 Junte as gemas, uma a uma, e acrescente o açúcar. Acrescente o leite, sem parar de bater.

3 Delicadamente, com uma espátula, incorpore a farinha, o chocolate e o fermento.

4 Coloque em uma fôrma untada e enfarinhada e leve para assar em forno médio preaquecido. Para saber se o bolo está pronto, espete um palito no centro do bolo, de modo que chegue até o fundo da fôrma, se ele sair limpo, o bolo estará assado. Desenforme e corte o bolo ao meio.

5 Leve o leite condensado, a manteiga e o chocolate em pó ao fogo e deixe cozinhar, sem parar de mexer, até formar um creme.

6 Coloque parte desse creme sobre uma das metades do bolo, feche com a outra metade e cubra-o com o restante do creme. Espalhe o chocolate granulado por todo o bolo e leve para gelar até a hora de servir.

CARRÉ DE CHOCOLATE

- *4 ovos separados*
- *1 pitada de sal*
- *2 colheres (sopa) de manteiga*
- *3 xícaras (chá) de açúcar peneirado*
- *1 xícara (chá) de leite*
- *4 xícaras (chá) de farinha de trigo*
- *2 xícaras (chá) de chocolate em pó*
- *1 colher (sopa) de fermento em pó*

Cobertura:

- *400 g de chocolate meio amargo*
- *1 lata de creme de leite*
- *1 colher (sopa) de manteiga*

1 Bata as claras em neve com o sal e reserve.

2 Bata bem a manteiga com o açúcar e as gemas, junte o leite alternado-o com a farinha, o chocolate e o sal.

3 Acrescente o fermento e as claras em neve e misture delicadamente com uma espátula.

4 Asse em assadeira untada, em forno médio preaquecido.

5 Para fazer a cobertura, derreta o chocolate e a manteiga em banho-maria, retire do fogo, acrescente o creme de leite e misture bem até formar um creme homogêneo. Espalhe sobre o bolo, leve para gelar e corte-o em quadrados.

BOLO DE COCO

Massa:

- *8 xícaras (chá) de coco ralado*
- *6 claras*
- *3 xícaras (chá) de açúcar*
- *3 colheres (sopa) de amido de milho*

Cobertura:

- *6 gemas*
- *4 colheres (sopa) de açúcar*
- *1 colher (sopa) de amido de milho*
- *2 xícaras (chá) de leite*
- *1 colher (chá) de essência de baunilha*
- *1 colher (sopa) de manteiga*
- *1 xícara (chá) de creme de leite batido*

1 Toste o coco em uma frigideira até ficar dourado. Deixe esfriar. Bata as claras em neve bem firme e junte, aos poucos, o açúcar, batendo bem. Acrescente 6 xícaras (chá) do coco tostado e o amido de milho. Coloque em uma fôrma de fundo removível untada e forrada com papel-manteiga também untado. Leve ao forno baixo preaquecido por cerca de 40 minutos. Para saber se o bolo está pronto, espete um palito no centro do bolo, de modo que chegue até o fundo da fôrma, se ele sair limpo, o bolo estará assado. Desenforme quente e remova o papel.

2 Para preparar a cobertura, bata as gemas até triplicarem de volume. Aos poucos, adicione o açúcar, batendo bem. Dilua o amido de milho no leite, misture ao creme e leve ao banho-maria. Mexa constantemente até engrossar. Retire do fogo e adicione a baunilha e a manteiga, batendo bem. Deixe esfriar por completo e misture delicadamente o creme de leite batido (ponto de chantilly).

3 Espalhe a cobertura sobre o bolo e polvilhe-o fartamente com o restante do coco ralado tostado misturado a um pouquinho de açúcar.

BOLO DE COCO EM CAMADAS

Massa:

- *3 ovos separados*
- *3 xícaras (chá) de açúcar*
- *125 g de manteiga*
- *3 xícaras (chá) de farinha de trigo*
- *500 ml de leite*
- *1 pitada de sal*
- *2 colheres (chá) de fermento em pó*

Recheio:

- *500 g de açúcar*
- *6 gemas*
- *250 g de coco ralado*
- *2 colheres (chá) de essência de baunilha*

Cobertura:

- *6 claras*
- *200 g de açúcar de confeiteiro*
- *50 g de coco ralado*

1 Bata as claras em neve e reserve. Bata o açúcar com as gemas e a manteiga; junte as claras em neve, a farinha, o leite e o sal. Por último, junte o fermento, sem bater, misturando-o na massa. Coloque em uma assadeira untada e leve ao forno médio preaquecido. Para saber se o bolo está pronto, espete um palito no centro do bolo, de modo que chegue até o fundo da fôrma, se ele sair limpo, o bolo estará assado.

2 Para o recheio, prepare com o açúcar uma calda em ponto de fio (pág. 647) brando. Deixe esfriar um pouco e junte as 6 gemas, uma a uma, mexendo com uma colher de pau até ficarem perfeitamente misturadas à calda. Acrescente o coco ralado e leve ao fogo baixo para cozinhar. Mexa regularmente, para não pegar no fundo da panela. Quando a cocada estiver espessa, retire do fogo e acrescente a essência de baunilha. Reserve.

3 Para a montagem, corte o bolo em 3 camadas, unindo-as com o recheio.

4 Para a cobertura, bata as claras com o açúcar em ponto de suspiro. Cubra toda a superfície do bolo com esse glacê e, por cima, espalhe o coco ralado.

BOLO BAIANO

- *2 xícaras (chá) de açúcar*
- *3 gemas*
- *1 xícara (chá) de amido de milho*
- *2 xícaras (chá) de farinha de trigo*
- *200 ml de leite de coco*
- *1 colher (chá) de fermento em pó*

1 Bata a manteiga com o açúcar, adicione as gemas uma a uma, sempre batendo. Acrescente o amido de milho e a farinha de trigo e, por último, o leite de coco, batendo muito bem. Por fim, adicione o fermento.

2 Asse em fôrma untada, em forno médio preaquecido. Para saber se o bolo está pronto, espete um palito no centro do bolo, de modo que chegue até o fundo da fôrma, se ele sair limpo, o bolo estará assado.

BOLO COROA DE FRANKFURT

Massa:

- *6 ovos separados*
- *400 g de açúcar*
- *8 colheres (sopa) de água*
- *200 g de amido de milho*
- *200 g de farinha de trigo*
- *1 colher (café) de essência de baunilha*
- *Casca ralada de 1 limão*
- *1 colher (sopa) de fermento em pó*

Recheio e cobertura:

- *750 ml de leite*
- *3 colheres (sopa) de amido de milho*
- *1 lata de leire condensado*
- *250 g de manteiga*
- *200 ml de leite de coco*

Finalização:

- *150 g de coco ralado grosso*
- *1 xícara (chá) de açúcar*
- *1 colher (sopa) de manteiga*

1 Bata as claras em neve e reserve. Bata as gemas com o açúcar e a água. Acrescente o amido de milho e a farinha peneirados; adicione a baunilha, as raspas de limão, e o fermento. Misture, delicadamente, com uma espátula as claras em neve. Coloque em duas assadeiras untadas e leve para assar em forno médio preaquecido. Para saber se o bolo está pronto, espete um palito no centro do bolo, de modo que chegue até o fundo da fôrma, se ele sair limpo, o bolo estará assado.

2 Para preparar o recheio, junte o leite, o amido de milho e o leite condensado e leve ao fogo até formar um creme. Deixe esfriar.

3 Bata a manteiga com o leite de coco e, quando estiverem bem misturados, junte-os ao creme, que deve estar frio. Misture até formar um creme homogêneo.

4 Para preparar a finalização, leve o coco ralado ao fogo com o açúcar e a manteiga, mexendo até o coco ficar douradinho.

5 Depois de assados os bolos, espalhe parte do recheio em cima de um dos bolos, coloque o outro bolo por cima e cubra toda a superfície com o restante do creme. Polvilhe o coco dourado para finalizar.

BOLO FLORESTA NEGRA

Massa:

- *8 ovos*
- *1½ xícara (chá) de açúcar*
- *1 colher (chá) de essência de baunilha*
- *¾ de xícara (chá) de farinha de trigo*
- *¾ de xícara (chá) de cacau em pó*
- *1 pitada de sal*
- *200 g de manteiga*

Calda:

- *½ xícara (chá) de açúcar*
- *½ xícara (chá) de água*
- *¼ de xícara (chá) de kirsch ou vodca*

Recheio e cobertura:

- *1 litro de creme de leite fresco gelado*
- *½ xícara (chá) de açúcar de confeiteiro*
- *1 colher (chá) de essência de baunilha*
- *100 g de cerejas em calda escorridas*
- *400 g de raspas de chocolate meio amargo*

1 Bata os ovos e o açúcar até que forme um creme esbranquiçado. Acrescente a baunilha e bata por mais 30 segundos.

2 Coloque em uma tigela a farinha de trigo peneirada juntamente com o cacau e o sal. Derreta a manteiga. Com a batedeira na velocidade mínima, acrescente, aos poucos, a mistura de farinha e cacau, alternando com a manteiga.

3 Coloque a massa em uma fôrma alta de 22 cm de diâmetro untada e enfarinhada e leve ao forno para assar em forno médio preaquecido por cerca de 30 minutos. Para saber se o bolo está pronto, espete um palito no centro do bolo, de modo que chegue até o fundo da fôrma, se ele sair limpo, o bolo estará assado. Deixe o bolo esfriar, desenforme e corte-o em 3 camadas iguais.

4 Para preparar a calda, coloque, em uma panela pequena, o açúcar e a água e ferva por 4 minutos. Retire a calda do fogo e acrescente o kirsch. Reserve.

5 Para o recheio e a cobertura, coloque o creme de leite na batedeira e vá acrescentando o açúcar aos poucos, até obter o ponto de chantilly firme, por último acrescente a baunilha e misture delicadamente. Leve à geladeira.

6 Pique grosseiramente as cerejas, reservando 6 inteiras para a decoração. Para a montagem, separe as 3 camadas de bolo e pincele-as bem com a calda. Coloque uma das camadas em um prato para bolo e cubra com ¼ do chantilly, salpique com metade das cerejas picadas, coloque a outra camada de bolo e cubra com mais ¼ do chantilly.

7 Acrescente as cerejas restantes e cubra com a terceira camada de bolo. Cubra todo o bolo com o chantilly restante e decore com as cerejas inteiras e as raspas de chocolate. Leve à geladeira por 2 horas antes de servir.

Bolo de Laranja

- *4 ovos separados*
- *½ xícara (chá) de manteiga*
- *½ xícara (chá) de açúcar*
- *Casca ralada de 1 laranja*
- *½ xícara (chá) de suco de laranja*
- *1½ xícara (chá) de farinha de trigo*
- *½ xícara (chá) de amido de milho*
- *1 colher (chá) de fermento em pó*

1 Bata as claras em neve e reserve.
2 Bata bem a manteiga com o açúcar; adicione as gemas, a casca ralada e o suco de laranja.
3 Diminua a velocidade da batedeira e adicione a farinha, o amido de milho e o fermento. Bata bem até a massa ficar lisa e macia.
4 Desligue a batedeira e incorpore as claras em neve com a ajuda de uma espátula.
5 Leve ao forno médio preaquecido em fôrma untada com manteiga. Para saber se o bolo está pronto, espete um palito no centro do bolo, de modo que chegue até o fundo da fôrma, se ele sair limpo, o bolo estará assado.

Bolo de Mel

- *1 xícara (chá) de mel*
- *5 colheres (sopa) de manteiga*
- *3 ovos*
- *2 xícaras (chá) de farinha de trigo*
- *3 colheres (chá) de fermento em pó*

1 Bata o mel e a manteiga. Junte os ovos e bata bem. Acrescente, a farinha e o fermento e misture delicadamente.
2 Coloque em fôrma untada com manteiga e leve ao forno médio preaquecido. Para saber se o bolo está pronto, espete um palito no centro do bolo, de modo que chegue até o fundo da fôrma, se ele sair limpo, o bolo estará assado.

BOLO DE CREME DE MENTA GELADO

Massa:

- *8 ovos separados*
- *300 g de manteiga*
- *500 g de açúcar*
- *300 g de chocolate amargo ralado em ralo médio*
- *1 cálice de licor de cacau*
- *700 g de farinha de trigo*
- *2 colheres (sobremesa) de fermento em pó*
- *2 xícaras (chá) de leite*

Creme de menta:

- *3 claras*
- *400 g de açúcar refinado*
- *400 g de gordura vegetal*
- *1 cálice de licor de menta*
- *1 colher (chá) de água fria*
- *1 pitada de corante vegetal verde*

Decoração:

- *100 g de amêndoas laminadas*

1 Bata as claras em neve bem firme e reserve. Bata a manteiga até amolecer. Adicione o açúcar aos poucos, depois incorpore as gemas uma a uma, batendo bem após cada adição. Junte o chocolate ralado e o licor de cacau e bata por mais 5 minutos.

2 Peneire a farinha com o fermento e adicione à massa, intercalando com o leite e mexendo com uma espátula. Incorpore as claras em neve. Coloque a massa em duas fôrmas com 20 cm de diâmetro, untadas com manteiga e forradas com papel-manteiga também untado. Asse em forno médio preaquecido durante 40 minutos. Para saber se o bolo está pronto, espete um palito no centro do bolo, de modo que chegue até o fundo da fôrma, se ele sair limpo, o bolo estará assado.

3 Estando prontas, retire as massas do forno e deixe-as esfriar durante 2 horas; desenforme e retire o papel-manteiga. Reserve.

4 Para fazer o creme de menta, bata as claras em neve bem firme e adicione, aos poucos, o açúcar refinado, sem parar de bater. A seguir, adicione, colher por colher, a gordura vegetal. Bata o creme até ficar bem liso.

5 Junte o licor de menta e bata por mais 5 minutos; dissolva o corante na água, adicione ao creme e bata por mais 10 minutos. Reserve.

Montagem do bolo:

1 Forre uma fôrma redonda, lisa, com 24 cm de diâmetro e 12 cm de altura, com papel-manteiga. Coloque 6 colheres (sopa) de creme no fundo da fôrma e espalhe-o com uma colher. Disponha sobre o creme uma das massas de chocolate reservadas e pressione-a ligeiramente, o suficiente para aderir ao creme. Coloque o creme de menta em um saco de confeitar

com bico grosso e preencha o espaço vazio entre a massa de bolo e a fôrma com esse creme.

2 Coloque mais 6 colheres (sopa) de creme de menta sobre a massa e espalhe com a colher. Disponha a massa restante sobre o creme e pressione-a para aderir. Coloque mais creme de menta no saco de confeitar, e preencha novamente o espaço vazio entre a massa de bolo e a fôrma. Coloque sobre a massa o creme de menta restante e espalhe-o, de maneira uniforme, com uma colher.

3 Cubra a superfície da fôrma com papel-manteiga e deixe o bolo na geladeira durante 24 horas. No dia seguinte, retire o papel que cobre a superfície da fôrma e vire-a sobre o prato em que será servido o bolo, retirando o papel que forra a fôrma e que pode ter aderido ao bolo. À parte, esquente uma faca na chama de um bico de gás durante um minuto e, com ela, alise alguma imperfeição no creme, provocada pelo papel-manteiga.

4 Cubra a parte de cima do bolo com as amêndoas laminadas.

Nota: Este bolo pode ser preparado com 2 dias de antecedência. Conserve-o na geladeira até o momento de servir.

BOLO DE LIMÃO

Massa:

- *½ xícara (chá) de leite*
- *2 colheres (sopa) de suco de limão*
- *3 xícaras (chá) de farinha de trigo*
- *½ colher (chá) de sal*
- *2 colheres (chá) de fermento em pó*
- *1 colher (chá) de raspas de casca de limão*
- *200 g de manteiga em temperatura ambiente*
- *2 xícaras (chá) de açúcar*
- *4 ovos*

Cobertura:

- *⅔ de xícara (chá) de açúcar*
- *⅓ de xícara (chá) de suco de limão*

1 Misture em um recipiente o leite e o suco de limão, reserve. Peneire em uma tigela a farinha de trigo, o sal e o fermento, adicione as raspas de limão e reserve.

2 Em uma batedeira em velocidade média, bata a manteiga e o açúcar, até a mistura estar bem cremosa. Acrescente os ovos um a um, batendo bem após cada adição. Abaixe a velocidade da batedeira ao mínimo e acrescente alternadamente, em três adições, a mistura de leite e a de farinha, terminando com a mistura de farinha.

3 Divida a massa em duas fôrmas para bolo inglês com cerca de 25 cm x 10 cm untadas e leve ao forno médio preaquecido por cerca de 40 minutos. Para saber se o bolo está pronto, espete um palito no centro do bolo, de modo que chegue até o fundo da fôrma, se ele sair limpo, o bolo estará assado.

4 Enquanto isso, prepare a cobertura, misturando bem os ingredientes. Retire os bolos do forno e regue com a cobertura de limão.

5 Deixe esfriar por 10 minutos e retire-os das fôrmas, deixando-os esfriar completamente.

BOLO DE MILHO VERDE

- *2½ xícaras (chá) de milho verde cru*
- *2 ½ xícaras (chá) de leite*
- *1 colher (sopa) de manteiga*
- *4 ovos*
- *1 xícara (sopa) de açúcar*
- *1 colher (sopa) de fermento em pó*
- *1 pitada de sal*

1 Bata todos os ingredientes no liquidificador.

2 Coloque a massa em um fôrma untada com manteiga e leve para assar em forno médio preaquecido. Para saber se o bolo está pronto, espete um palito no centro do bolo, de modo que chegue até o fundo da fôrma, se ele sair limpo, o bolo estará assado.

Bolo de Morango

- *2 xícaras (chá) de farinha de trigo*
- *2 colheres (sopa) de açúcar*
- *1 colher (sopa) de fermento em pó*
- *½ colher (café) de sal*
- *2 colheres (sopa) de manteiga*
- *¾ de xícara (chá) de leite*
- *500 g de morangos*
- *1 xícara (chá) de açúcar*
- Creme chantilly *(pág. 658)*

1 Peneire juntos os ingredientes secos. Junte a manteiga e misture. Adicione o leite e amasse levemente até formar uma massa homogênea.

2 Divida a massa ao meio e abra cada metade em formato circular.

3 Coloque uma das massas em uma fôrma grande e funda untada, unte a massa com manteiga e coloque a outra massa por cima dela. Asse em forno médio preaquecido por cerca de 25 minutos.

4 Destaque as duas massas ainda quentes e pincele com manteiga.

5 Separe alguns morangos para enfeitar e amasse o restante com o açúcar.

6 Coloque os morangos amassados sobre uma massa, arrume a outra massa por cima, cubra com o chantilly e decore com os morangos inteiros.

Bolo de Nozes

Massa:

- *6 claras*
- *1 xícara (chá) de manteiga*
- *1 xícara (chá) de açúcar*
- *1 xícara (chá) de leite*
- *3 xícaras (chá) de farinha de trigo*
- *2 colheres (chá) de fermento em pó*
- *2 xícaras (chá) de nozes moídas*

Glacê:

- *¾ de xícara (chá) de leite*
- *2 xícaras (chá) de açúcar*
- *300 g de chocolate meio amargo ralado*
- *2 colheres (sopa) de manteiga derretida*
- *1 colher (chá) de essência de baunilha*

1 Bata as claras em neve e reserve. Bata bem a manteiga com o açúcar e adicione o leite, alternando com a farinha de trigo. Junte as claras em neve delicadamente, com uma espátula. Adicione o fermento e as nozes moídas, e misture bem até que a massa comece a fazer bolhas.

2 Leve para assar em fôrma untada com manteiga, em forno médio preaquecido. Para saber se o bolo está pronto, espete um palito no centro do bolo, de modo que chegue até o fundo da fôrma, se ele sair limpo, o bolo estará assado.

3 Faça o glacê, fervendo o leite com o açúcar e o chocolate, até ficar em ponto de bala mole; retire do fogo e junte a manteiga e a baunilha. Retire do fogo e mexa bem até ficar morno.

4 Corte o bolo em duas camadas. Passe parte do glacê em uma camada e coloque a outra camada sobre ele. Cubra o bolo com o glacê restante.

BOLO DE NOZES SELETO

Massa:

- *2½ xícaras (chá) de açúcar*
- *12 ovos separados*
- *½ xícara (chá) de farinha de rosca*
- *500 g de nozes moídas*
- *1 colher (chá) de noz-moscada*

Recheio:

- *500 g de ameixas-pretas*
- *1 xícara (chá) de açúcar*
- *1 colher (chá) de essência de baunilha*

1 Bata as claras em neve e reserve. Prepare a massa, batendo bem o açúcar com as gemas. Junte as claras em neve e, por fim, adicione a farinha de rosca e as nozes moídas. Misture tudo muito bem e acrescente a noz-moscada. Asse em forno médio preaquecido, em assadeira grande untada e forrada com papel-manteiga também untado.

2 Para o recheio, retire os caroços das ameixas. Leve-as ao fogo com o açúcar e água suficiente para cobri-las. Cozinhe bem e retire do fogo. Desfaça um pouco as ameixas, amassando-as com um garfo e junte a baunilha.

3 Corte o bolo em duas camadas e distribua o recheio na camada inferior. Cubra com a parte superior e, se gostar, passe uma cobertura de *merengue francês* (pág. 656) sobre o bolo.

BOLO DE NOZES PARA CHÁ

- *2 xícaras (chá) de açúcar*
- *2 colheres (sopa) de manteiga*
- *3 gemas*
- *1 xícara (chá) de leite*
- *1 xícara (chá) de nozes moídas*
- *3 xícaras (chá) de farinha de trigo*
- *1 colher (chá) de fermento em pó*
- *1 receita de* merengue francês *(pág. 656)*
- *Nozes cortadas ao meio*

1 Bata o açúcar com a manteiga e junte as gemas.

2 Junte o leite, as nozes, a farinha de trigo e o fermento, batendo bem.

3 Leve para assar em forma untada e forno médio preaquecido. Para saber se o bolo está pronto, espete um palito no centro do bolo, de modo que chegue até o fundo da fôrma, se ele sair limpo, o bolo estará assado.

4 Desenforme, cubra com o merengue e enfeite com as nozes cortadas ao meio.

RUSSOS

Massa:

- *6 ovos separados*
- *1 xícara (chá) de açúcar*
- *250 g nozes moídas*
- *50 g amêndoas moídas*
- *3 colheres (sopa) de farinha de trigo*

Recheio:

- *100 g de manteiga*
- *100 g de açúcar*
- *1 clara levemente batida*
- *1 colher (chá) de baunilha*

1 Bata as claras em neve e reserve. Bata as gemas com o açúcar, junte as claras em neve, as nozes e as amêndoas moídas e a farinha. Depois de tudo bem misturado, leve ao forno baixo preaquecido em assadeira untada.

2 Deixe esfriar, desenforme e corte em quadrados ou círculos, usando forminhas para cortar bolachas.

3 Abra os pedaços ao meio e recheie.

4 Para o recheio, bata a manteiga, até ficar bem branca. Junte o açúcar, continuando a bater, e, por último, junte a clara e a essência de baunilha, até ficar um creme bem fino.

BOLO DELICIOSO

Massa:

- *6 ovos separados*
- *250 g de açúcar*
- *500 g de nozes moídas*
- *3 colheres (sopa) de farinha de rosca*

Recheio:

- *2 xícaras (chá) de calda em ponto de fio (pág. 647)*
- *4 gemas*
- *1 receita de* merengue italiano *(pág. 656)*

1 Bata as claras em neve, quando estiverem firmes, acrescente as gemas, uma a uma. Adicione o açúcar peneirado, as nozes moídas e, por último, a farinha de rosca.

2 Coloque a massa em uma assadeira grande retangular untada, de forma que fique um bolo baixo, e leve ao forno médio preaquecido.

3 Depois de pronto, corte o bolo em 3 partes iguais, no sentido da largura do retângulo.

4 Para o recheio, leve a calda em ponto de fio para aquecer, junte as gemas e deixe engrossar, tomando cuidado para não açucarar.

5 Una as 3 partes do bolo com o recheio e cubra-o com merengue.

Bolo de Queijo

- *3 ovos separados*
- *3 xícaras (chá) de açúcar*
- *2 colheres (sopa) de manteiga*
- *1 pitada de sal*
- *1 xícara (chá) de leite*
- *3 xícaras (chá) de farinha de trigo*
- *½ xícara (chá) de queijo parmesão ralado*
- *1 colher (chá) de fermento em pó*

1 Bata as claras em neve e reserve.

2 Bata o açúcar com a manteiga. Acrescente as gemas, o sal e o leite, batendo sempre. Acrescente por último a farinha misturada com o queijo e o fermento e as claras em neve, misturando delicadamente com uma espátula.

3 Coloque a massa em uma fôrma untada com manteiga e polvilhada com farinha de rosca. Leve ao forno médio preaquecido. Para saber se o bolo está pronto, espete um palito no centro do bolo, de modo que chegue até o fundo da fôrma, se ele sair limpo, o bolo estará assado.

Quadradinhos de Queijo

- *2 xícaras (chá) de açúcar*
- *1 xícara (chá) de queijo prato ralado*
- *1 colher (sopa) de manteiga*
- *6 gemas*
- *4 claras em neve*
- *6 colheres (sopa) de farinha de trigo*
- *Açúcar*
- *Água de flor de laranjeira*

1 Faça com o açúcar uma calda grossa e, enquanto estiver quente, junte o queijo ralado, a manteiga, as gemas e as claras em neve. Misture tudo muito bem e vá acrescentando a farinha, colher por colher.

2 Depois de bem batida, leve a massa ao forno médio preaquecido, em uma assadeira untada com manteiga.

3 Quando o bolo estiver pronto, corte-o em quadradinhos e passe-os em açúcar borrifado com água de flor de laranjeira.

Beijo de Sogra

- *250 g de açúcar*
- *1 colher (sopa) de manteiga*
- *3 ovos*
- *1½ xícara de leite*
- *1 xícara (chá) de queijo parmesão ralado*
- *500 g de farinha de trigo*
- *1 colher (chá) de bicarbonato*

1 Misture o açúcar com a manteiga, os ovos, o leite, o queijo ralado e, por último, a farinha de trigo peneirada com o bicarbonato. Misture tudo muito bem.

2 Leve ao forno médio preaquecido, em fôrma untada com manteiga.

Bolo Branco

- *2 xícaras (chá) de açúcar*
- *2 colheres (sopa) de manteiga*
- *1 xícara (chá) de leite*
- *2½ xícaras (chá) de farinha de trigo*
- *1 colher (sopa) de fermento em pó*
- *5 claras em neve*
- *Casca ralada de 1 limão*
- *Geleia*

1 Bata bem o açúcar com a manteiga. Adicione alternadamente o leite e a farinha de trigo e o fermento. Acrescente delicadamente as claras em neve e as raspas de limão.

2 Despeje em fôrma untada e polvilhada com farinha de trigo. Leve ao forno médio preaquecido.

3 Depois de pronto, desenforme o bolo e corte-o ao meio em duas camadas. Recheie com a geleia escolhida.

Colchão de Noiva

Massa:

- *6 ovos separados*
- *8 colheres (sopa) de açúcar*
- *4 colheres (sopa) de fécula de batata*
- *1 colher (chá) de fermento em pó*

Recheio:

- *12 colheres (sopa) de açúcar*
- *4 colheres (sopa) de água*
- *250 g de coco ralado*

1 Bata as claras, quando firmar, junte as gemas e o açúcar e bata bem. Acrescente a fécula de batata e, por último, o fermento. Coloque em uma assadeira untada com manteiga e leve para assar em forno médio preaquecido. Depois de assado, divida o bolo em 3 camadas.

2 Prepare o recheio: leve o açúcar ao fogo com a água. Assim que o açúcar derreter, adicione 200 g do coco ralado, misture bem e cozinhe por alguns minutos. Reserve.

3 Para montar o bolo, coloque em um prato uma camada de bolo e uma de recheio até o último pedaço, terminando com uma camada de bolo. Depois de pronto, cubra a última camada com o restante do coco ralado.

BOLO ESCURO

- *6 ovos separados*
- *3 colheres (sopa) de uvas-passas*
- *250 g de manteiga*
- *500 g de açúcar mascavo*
- *2 colheres (sopa) de canela em pó*
- *500 g de farinha de trigo*
- *375 ml de leite*
- *1 colher (chá) de bicarbonato de sódio*

1 Bata as claras em neve e reserve. Coloque as uvas-passas de molho em água morna. Bata bem a manteiga com o açúcar. Junte as gemas, uma a uma, e, em seguida, a canela peneirada com a farinha de trigo intercalando com o leite. Com uma espátula, misture, delicadamente, as claras em neve, o bicarbonato e as uvas-passas escorridas.

2 Coloque em fôrma untada com manteiga e leve para assar em forno médio preaquecido. Para saber se o bolo está pronto, espete um palito no centro do bolo, de modo que chegue até o fundo da fôrma, se ele sair limpo, o bolo estará assado.

BOLO CAMPINEIRO

- *5 ovos separados*
- *1 xícara (chá) de manteiga*
- *3 xícaras (chá) de açúcar*
- *1 xícara (chá) de leite*
- *4 xícaras (chá) de farinha de trigo*
- *1 colher (sopa) de fermento em pó*

1 Manteiga com o açúcar até formar um creme esbranquiçado. Adicione as gemas, uma a uma, continuando a bater. Acrescente o leite alternando com a farinha. Com uma espátula, misture, delicadamente, o fermento e as claras em neve.

2 Coloque em uma fôrma untada e polvilhada com farinha de trigo e asse em forno médio preaquecido. Para saber se o bolo está pronto, espete um palito no centro do bolo, de modo que chegue até o fundo da fôrma, se ele sair limpo, o bolo estará assado.

BOLO CONDESSA D'EU

- *200 g de amêndoas sem pele*
- *300 g de açúcar*
- *250 g de manteiga*
- *6 ovos*
- *100 g de farinha de trigo*
- *1 pitada de sal*
- *2 cálices de licor*

1 Coloque as amêndoas para moer em um processador com metade da quantidade de açúcar. Reserve.

2 Bata a manteiga com o restante do açúcar até que se forme um creme.

3 Junte as amêndoas moídas e adicione os ovos, um a um, batendo sempre.

4 Junte a farinha, o sal e, por último, o licor, batendo bem.

5 Quando a massa estiver uniforme, coloque em uma fôrma untada e forrada com papel-manteiga e leve para assar em forno médio preaquecido.

Bolo de Cozinheira

- *3 ovos*
- *1 xícara (chá) de leite ou iogurte*
- *1 xícara (chá) de açúcar*
- *1 colher (sopa) de banha amolecida*
- *1 colher (sopa) de manteiga amolecida*
- *Suco de 1 limão*
- *1 colher (sopa) de canela em pó*
- *3 xícaras (chá) de farinha de trigo*
- *2 colheres (chá) de fermento em pó*

1 Bata os ovos, o leite, o açúcar, a banha, a manteiga, o limão, a canela e a farinha no liquidificador.

2 Quando a massa estiver bem batida, junte o fermento.

3 Coloque a massa em uma fôrma untada com manteiga e polvilhada com farinha de rosca. Leve para assar em forno médio preaquecido. Para saber se o bolo está pronto, espete um palito no centro do bolo, de modo que chegue até o fundo da fôrma, se ele sair limpo, o bolo estará assado.

Bolinho da Escócia

- *350 g de farinha de trigo*
- *250 g de açúcar*
- *3 ovos*
- *100 g de manteiga*
- *1 colher (café) de fermento em pó*
- *1 colher (café) de essência de baunilha*
- *Açúcar de confeiteiro*

1 Amasse bem todos os ingredientes até obter uma massa consistente e homogênea.

2 Com a massa, faça bolinhas de mais ou menos 2 cm de diâmetro.

3 Achate cada bolinha com dois dedos e leve ao forno baixo preaquecido para assar por 15 minutos.

4 Depois de frios, polvilhe os bolinhos com açúcar de confeiteiro.

BOLO FUTURISTA

- *4 ovos separados*
- *8 colheres (sopa) de água*
- *2 xícaras (chá) de açúcar*
- *2 xícaras (chá) de farinha de trigo*
- *2 colheres (chá) de fermento em pó*
- *2 colheres (sopa) de chocolate em pó*

1 Bata as claras em neve e reserve. Bata as gemas com a água, junte o açúcar, a farinha de trigo peneirada. Por último, acrescente, delicadamente, com uma espátula o fermento e as claras em neve.

2 Divida a massa em duas partes iguais e, em uma parte, misture o chocolate em pó. Asse as massas em duas assadeiras untadas com manteiga, em forno médio preaquecido.

3 Depois de assados, corte os bolos em tiras e arrume-as no prato de servir prato, colocando, alternadamente, uma tira escura e outra branca.

BOLO IMPERADOR

- *5 ovos separados*
- *3 xícaras (chá) de açúcar*
- *3 xícaras (chá) de farinha de trigo*
- *1 xícara (chá) de amido de milho*
- *2 colheres (sopa) de manteiga*
- *1 xícara (chá) de leite ou cerveja*
- *1 colher (sopa) de fermento em pó*

1 Bata as gemas com o açúcar e a manteiga, batendo sempre, acrescente as claras e os outros ingredientes, na ordem da lista.

2 Coloque em uma fôrma untada com manteiga e polvilhada com farinha de rosca e leve para assar em forno médio preaquecido. Para saber se o bolo está pronto, espete um palito no centro do bolo, de modo que chegue até o fundo da fôrma, se ele sair limpo, o bolo estará assado.

BOLO INGLÊS FÁCIL

- *5 ovos separados*
- *1 xícara (chá) de açúcar*
- *1 colher (sopa) de manteiga*
- *1 xícara (chá) de farinha de trigo*
- *½ cálice de conhaque*
- *10 g de uvas-passas*
- *100 g de frutas cristalizadas picadas*

1 Bata as claras em neve e reserve. Bata as gemas com o açúcar e a manteiga; junte as claras em neve e depois a farinha, batendo sempre. Por último, misture com uma espátula o conhaque, as uvas-passas e as frutas cristalizadas.

2 Asse, em fôrma untada com manteiga, em forno médio preaquecido. Para saber se o bolo está pronto, espete um palito no centro do bolo, de modo que chegue até o fundo da fôrma, se ele sair limpo, o bolo estará assado.

Bolo Legalista

- *250 g de açúcar*
- *2 colheres (sopa) de manteiga*
- *4 gemas*
- *125 g de coco ralado*
- *120 g de farinha de trigo*
- *1 colher (chá) de fermento em pó*
- *2 claras em neve*

1 Bata o açúcar com a manteiga, as gemas (uma a uma), o coco e, por último, a farinha peneirada com o fermento. Com uma espátula, acrescente, delicadamente, claras em neve.

2 Depois de tudo bem misturado, leve ao forno médio preaquecido, em fôrma untada com manteiga e polvilhada com farinha de rosca. Para saber se o bolo está pronto, espete um palito no centro do bolo, de modo que chegue até o fundo da fôrma, se ele sair limpo, o bolo estará assado.

Bolo Majestoso

- *1 colher (chá) de fermento em pó*
- *1 xícara (chá) de leite*
- *2 xícaras (chá) de farinha de trigo*
- *1 xícara (chá) de amido de milho*
- *2 xícaras (chá) de açúcar*
- *1 xícara (chá) de manteiga*
- *4 gemas*
- *2 claras em neve*
- *1 colher (sopa) de chocolate em pó*

1 Misture o fermento com o leite, adicione os demais ingredientes e bata bem.

2 Leve para assar em forno médio preaquecido, em fôrma untada com manteiga Para saber se o bolo está pronto, espete um palito no centro do bolo, de modo que chegue até o fundo da fôrma, se ele sair limpo, o bolo estará assado.

Bolo Mary

- *2 ovos separados*
- *1 colher (sopa) de manteiga*
- *2 xícaras (chá) de açúcar*
- *1 xícara (chá) de leite*
- *2 xícaras (chá) de farinha de trigo*
- *1 xícara (chá) de amido de milho*
- *1 colher (sopa) de fermento em pó*

1 Bata as claras em neve e reserve.

2 Bata as gemas com a manteiga e acrescente o açúcar e o leite; depois junte a farinha, o amido de milho e o fermento.

3 Adicione as claras em neve e misture bem.

4 Leve para assar em fôrma untada e em forno médio preaquecido. Para saber se o bolo está pronto, espete um palito no centro do bolo, de modo que chegue até o fundo da fôrma, se ele sair limpo, o bolo estará assado.

BOLO DE MINUTO

- *2 ovos separados*
- *1 xícara (chá) de açúcar*
- *2 colheres (sopa) de manteiga*
- *1 xícara (chá) de leite*
- *1 colher (chá) de fermento em pó*
- *2 xícaras (chá) de farinha de trigo*
- *1 colher (chá) de essência de baunilha*

1 Bata as claras em neve, junte as gemas, bata mais. Acrescente o açúcar, batendo sempre, e a manteiga. Continue batendo e, por fim, adicione o leite (com o fermento dissolvido nele) e a farinha de trigo.
2 Adicione a baunilha.
3 Leve ao forno médio preaquecido em fôrma untada com manteiga e polvilhada com farinha de rosca. Para saber se o bolo está pronto, espete um palito no centro do bolo, de modo que chegue até o fundo da fôrma, se ele sair limpo, o bolo estará assado.

BOLO DE NATAL

- *12 ovos separados*
- *500 g de açúcar*
- *500 g de manteiga amolecida*
- *100 g de farinha de trigo*
- *100 g de amêndoas, nozes, ameixas-pretas, figos e damascos picadaos e misturados*
- *2 colheres (sopa) de chocolate em pó*
- *2 cálices de vinho do porto ou similar*
- *½ xícara (chá) de leite*
- *1 colher (sopa) de fermento em pó*

1 Bata as claras em neve e reserve. Bata as gemas com o açúcar. Adicione a manteiga, a farinha e as claras em neve.
2 Depois de tudo bem batido, adicione as frutas secas, o chocolate e o vinho.
3 Acrescente, por fim, o leite e o fermento em pó.
4 Coloque em assadeira untada e asse em forno médio preaquecido. Para saber se o bolo está pronto, espete um palito no centro do bolo, de modo que chegue até o fundo da fôrma, se ele sair limpo, o bolo estará assado.

Nota: A massa não deve ficar muito seca. Se preferir, asse em várias assadeiras do mesmo tamanho e monte um bolo em camadas recheando com doce de ovos, creme, goiabada ou qualquer outro doce. Cubra com glacê e enfeite com nozes.

BOLO DE SANTA CLARA

- *2 xícaras (chá) de açúcar*
- *2 colheres (sopa) de manteiga*
- *2 xícaras (chá) de farinha de trigo*
- *1 xícara (chá) de amido de milho*
- *1 xícara (chá) de leite*
- *2 ovos*
- *1 colher (sopa) de fermento em pó*

1 Bata o açúcar com a manteiga; adicione delicadamente os demais ingredientes e misture bem.
2 Leve ao forno (médio preaquecido) em fôrma untada com manteiga. Para saber se o bolo está pronto, espete um palito no centro do bolo, de modo que chegue até o fundo da fôrma, se ele sair limpo, o bolo estará assado.

BOLO ARCO-ÍRIS

- *3 ovos separados*
- *2 xícaras (chá) de açúcar*
- *3 colheres (sopa) de manteiga*
- *1 colher (sopa) de fermento em pó*
- *1½ xícara (chá) de leite*
- *3 xícaras (chá) de farinha de trigo*
- *1 pitada de sal*
- *Casca ralada de ½ limão*
- *1 receita de* creme chantilly *(pág. 658)*
- *Corantes alimentícios*

1 Bata as claras em neve e, batendo sempre, vá juntando as gemas, o açúcar e a manteiga previamente amolecida.

2 Dissolva o fermento no leite e acrescente à massa. Continue batendo e acrescente o sal e a farinha de trigo, aos poucos, até acabar. Adicione a casca de limão ralada.

3 Divida a massa em 6 fôrmas redondas pequenas de mesmo tamanho untadas e enfarinhadas e asse em forno médio preaquecido.

4 Prepare o chantilly e divida em 7 tigelas. Pingue, em 6 tigelas, corantes referentes às cores do arco-íris.

5 Monte o bolo intercalando as massas com o chantilly colorido e cubra-o com o chantilly branco. Leve à geladeira até o momento de servir.

BOLO DE SÃO PAULO

Massa:

- *6 gemas*
- *2 claras*
- *250 g de açúcar*
- *250 g de manteiga*
- *250 g de farinha de trigo*
- *100 g de amêndoas sem pele moídas*

Cobertura:

- *Suco de 1 laranja*
- *250 g de açúcar*
- *Raspas da casca da laranja*

1 Bata as claras em neve e reserve. Bata bem as gemas com o açúcar; junte a manteiga e bata até ficar um creme bem homogêneo. Acrescente as claras em neve, a farinha e as amêndoas, misturando delicadamente com uma espátula até incorporar todos os ingredientes.

2 Coloque a massa em uma assadeira untada e leve para assar em forno médio preaquecido. Para saber se o bolo está pronto, espete um palito no centro do bolo, de modo que chegue até o fundo da fôrma, se ele sair limpo, o bolo estará assado.

3 Para preparar o glacê de cobertura, coloque o suco de laranja, o açúcar e as raspas da casca da laranja em uma tigela e misture bem formando uma calda bem grossa.

4 Desenforme o bolo ainda quente e, imediatamente, espalhe o glacê com uma espátula. Deixe esfriar e corte em quadrados.

BOLO SEM CERIMÔNIA

- *4 ovos separados*
- *100 g de manteiga*
- *3 xícaras (chá) de açúcar*
- *750 ml de leite*
- *4 xícaras (chá) de farinha de trigo*
- *1 pitada de sal*
- *Casca de 1 limão*
- *1 colher (sobremesa) de fermento em pó*
- *Farinha de rosca*

1 Bata as claras em ponto de neve e adicione as gemas, a manteiga e o açúcar, misturando bem.

2 Peneire a farinha com o sal.

3 Sem parar de bater, junte, aos poucos, o leite e a farinha intercalando-os e terminando com a farinha.

4 Misture a casca do limão e o fermento com uma espátula.

5 Leve ao forno médio preaquecido, em fôrma untada com manteiga e polvilhada com farinha de rosca. Para saber se o bolo está pronto, espete um palito no centro do bolo, de modo que chegue até o fundo da fôrma, se ele sair limpo, o bolo estará assado.

BOLO DE SEVILHA

- *6 ovos separados*
- *3 xícaras (chá) de açúcar*
- *2 xícaras (chá) de manteiga amolecida*
- *2 xícaras (chá) de leite*
- *4 xícaras (chá) de farinha de trigo*
- *1 colher (sopa) de fermento em pó*
- *4 colheres (chá) de canela em pó*

1 Bata as claras em neve e reserve. Bata o açúcar com a manteiga e as gemas. Junte o leite, a farinha peneirada, o fermento e a canela, batendo mais um pouco.

2 Misture, delicadamente, com uma espátula, as claras em neve. Coloque a massa em uma fôrma untada com manteiga e polvilhada com farinha. Leve para assar em temperatura média, em forno preaquecido. Para saber se o bolo está pronto, espete um palito no centro do bolo, de modo que chegue até o fundo da fôrma, se ele sair limpo, o bolo estará assado.

BOLO SIMPLES

- *3 colheres (sopa) de uvas-passas*
- *3 ovos separados*
- *2 xícaras (chá) de açúcar*
- *1 colher (sopa) de manteiga*
- *1 xícara (chá) de leite*
- *3 xícaras (chá) de farinha de trigo*
- *1 colher (chá) de fermento em pó*
- *1 colher (chá) de bicarbonato de sódio*

1 Coloque as uvas-passas de molho em água morna. Bata as claras em neve e reserve.

2 Bata o açúcar com a manteiga; junte as gemas, o leite e a farinha peneirada com o fermento e o bicarbonato. Misture, delicadamente, com uma espátula, as claras em neve e as uvas-passas já escorridas.

3 Leve para assar em forno médio preaquecido, em fôrma untada com manteiga.

BOLO DE TRÊS OVOS

- *3 ovos separados*
- *2 xícaras (chá) de açúcar*
- *1 colher (sopa) de manteiga*
- *1 xícara (chá) de leite*
- *2 xícaras (chá) de farinha de trigo*
- *1 colher (chá) de fermento em pó*

1 Bata as claras em neve e reserve. Bata o açúcar com a manteiga, junte as gemas, e o leite intercalado com a farinha peneirada juntamente com o fermento. Com uma espátula, misture, delicadamente, as claras em neve.

2 Coloque em uma fôrma untada com manteiga e leve ao forno médio preaquecido para assar. Para saber se o bolo está pronto, espete um palito no centro do bolo, de modo que chegue até o fundo da fôrma, se ele sair limpo, o bolo estará assado.

BOLO 1, 2, 3, 4

- *4 ovos separados*
- *1 xícara (chá) de manteiga derretida e fria*
- *2 xícaras (chá) de açúcar*
- *3 xícaras (chá) de farinha de trigo*
- *1 colher (chá) de fermento em pó*

1 Bata as claras em neve e reserve.

2 Bata bem o açúcar com as gemas até formar um creme esbranquiçado, adicione a manteiga e a farinha de trigo peneirada com o fermento.

3 Misture as claras em neve à massa, delicadamente, com uma espátula.

4 Leve ao forno médio preaquecido em fôrma untada com manteiga

BROWNIE

- *180 g de manteiga*
- *180 g de chocolate meio amargo picado*
- *2 colheres (chá) de essência de baunilha*
- *6 ovos*
- *2½ xícaras (chá) de açúcar*
- *1¾ de xícara (chá) de farinha de trigo*
- *1 pitada de sal*
- *1½ xícara (chá) de nozes picadas*

1 Derreta a manteiga e o chocolate em banho-maria, quando amornar, misture a essência de baunilha. Reserve.

2 Bata os ovos na batedeira até estarem bem claros e espumosos, acrescente o açúcar aos poucos e continue batendo até que se forme um creme esbranquiçado.

3 Retire o creme de ovos da batedeira e, com uma espátula, misture, delicadamente, o chocolate derretido e a farinha de trigo peneirada com o sal. Misture as nozes picadas.

4 Coloque a massa em uma assadeira de 25 cm x 40 cm untada e enfarinhada e asse em forno médio preaquecido por 30 minutos. Retire do forno quando, ao ser espetado com um palito, saia um pouco de massa ainda grudada na ponta do palito. Deixe esfriar e corte em quadrados.

CUCA AMERICANA

Massa:

- *2 xícaras (chá) de farinha de trigo*
- *½ xícara (chá) de açúcar*
- *1 pitada de sal*
- *2 colheres (chá) de fermento em pó*
- *1 ovo grande*
- *¾ de xícara (chá) de leite*
- *1 colher (chá) de essência de amêndoas ou baunilha*

Cobertura:

- *1 xícara (chá) de açúcar mascavo*
- *2 xícaras (chá) de farinha de trigo*
- *1 colher (chá) de canela em pó*
- *1 xícara (chá) de manteiga derretida*
- *Açúcar de confeiteiro*

1 Em um recipiente, peneire a farinha de trigo com o açúcar, o sal e o fermento. Em outro recipiente, misture o ovo, o leite e a essência.

2 Coloque a mistura líquida sobre a mistura de farinha e incorpore com uma colher de pau, evitando bater a massa em excesso; ficará uma massa firme. Coloque em uma assadeira de 25 cm x 40 cm untada e enfarinhada e espalhe bem com uma espátula. Parecerá pouca massa, mas é o correto.

3 Em outro recipiente, prepare a cobertura, misturando o açúcar mascavo, a farinha de trigo e a canela. Despeje sobre essa mistura a manteiga derretida e, com a ponta dos dedos, incorpore os ingredientes, fazendo uma espécie de farofa. Salpique essa farofa sobre a massa do bolo.

4 Leve para assar em forno médio preaquecido por 25 minutos aproximadamente (teste com um palito). Retire do forno e deixe esfriar completamente. Salpique bastante açúcar de confeiteiro.

QUADRADOS PAULISTAS

Massa:

- *4 ovos separados*
- *1 xícara (chá) de manteiga*
- *2 xícaras (chá) de açúcar*
- *2 xícaras (chá) de farinha de trigo*
- *1 colher (chá) de fermento em pó*
- *½ xícara (chá) de leite*
- *1 receita de* glacê de laranja para torta *(pág. 651)*

1 Bata as claras em neve e reserve. Bata a manteiga com o açúcar, junte as gemas, uma a uma e continue batendo até formar um creme esbranquiçado. Junte a farinha intercalando com o leite. Com uma espátula, misture delicadamente as claras em neve e o fermento.

2 Coloque em uma assadeira untada com manteiga e leve ao forno médio preaquecido.

3 Ao retirar o bolo do forno, ainda quente, cubra com o glacê. Depois de frio, corte-o em quadrados.

Nota: Se preferir, faça o glacê com água, na mesma proporção do suco.

PÃO DE LÓ

- *2 xícaras (chá) de farinha de trigo*
- *1 xícara (chá) de amido de milho*
- *1 colher (sopa) de fermento em pó*
- *5 ovos separados*
- *2 xícaras (chá) de açúcar*
- *1 xícara (chá) de água*

1 Peneire a farinha, o amido de milho e o fermento juntos e reserve.

2 Bata as claras em neve. Adicione as gemas uma a uma. Acrescente o açúcar, sempre batendo bem. Junte a água, alternando-a com a mistura de farinha.

3 Misture delicadamente, coloque em uma assadeira untada e forrada com papel-manteiga. Asse em forno médio preaquecido.

PÃO DE LÓ DE ÁGUA

- *6 ovos separados*
- *¾ de xícara (chá) de água*
- *4 xícaras (chá) de açúcar*
- *3 xícaras (chá) de farinha de trigo*

1 Bata as claras em neve e reserve.

2 Bata as gemas com a água e adicione o açúcar, batendo tudo muito bem.

3 Adicione a farinha de trigo e, por último, as claras, misturando-as sem bater.

4 Coloque a massa em uma fôrma untada com manteiga e leve ao forno médio preaquecido.

PÃO DE LÓ DE CHOCOLATE

Massa:

- *8 ovos separados*
- *4 colheres (sopa) de açúcar*
- *4 colheres (sopa) de farinha de trigo*
- *1 colher (café) de fermento em pó*
- *4 colheres (sopa) de chocolate em pó*

Recheio e cobertura:

- *4 xícaras (chá) de açúcar*
- *2 colheres (sopa) de glucose de milho*
- *3 colheres (sopa) de manteiga*
- *1 pitada de sal*
- *1 xícara (chá) de leite*
- *2 xícaras (chá) de chocolate em pó*

1 Bata as claras em neve, junte as gemas, uma a uma, acrescente o açúcar aos poucos e continue a bater. Peneire a farinha com o fermento e o chocolate.

2 Adicione lentamente a mistura de farinha às claras e gemas batidas, batendo um pouco mais. Asse em forno médio preaquecido, por cerca de 30 minutos, em fôrma untada com manteiga e polvilhada com farinha de trigo.

3 Para preparar o recheio, misture o açúcar com a glucose de milho, a manteiga, o sal o leite e o chocolate em pó e leve ao fogo por cerca de 10 minutos, mexendo sempre.

4 Espere esfriar, desenforme o pão de ló e corte-o ao meio no sentido horizontal. Coloque metade do recheio na camada inferior, cubra com a outra camada e espalhe o restante do recheio por toda a superfície do bolo.

ROCAMBOLE

- *9 ovos separados*
- *9 colheres (sopa) de açúcar*
- *8 colheres (sopa) de farinha de trigo*
- *200 g de marmelada ou goiabada*
- *Licor (opcional)*

1 Bata as claras em neve e, quando estiverem bem firmes, continue batendo e junte as gemas, uma a uma, e o açúcar.

2 Quando os ovos e o açúcar estiverem bem batidos, retire da batedeira e vá agregando a farinha, colher por colher, delicadamente, com uma espátula, até que tudo fique muito bem misturado.

3 Leve ao forno médio preaquecido, em assadeira bem untada com manteiga e polvilhada com farinha de rosca.

4 Enquanto o bolo estiver assando, desfaça a marmelada ou goiabada em um pouquinho de água quente e junte, se quiser, um pouco de licor.

5 Quando retirar o bolo do forno, vire-o sobre um pano de prato úmido previamente polvilhado de açúcar e estendido sobre uma mesa. Passe por cima do bolo toda a marmelada desfeita e enrole-o com o auxílio do pano enquanto estiver quente, para não quebrar, deixando bem redondo.

6 Polvilhe o bolo com açúcar e queime-o, em xadrez, com um espeto de ferro em brasa.

Roscas

Roscas

Rosca Frita

- *2 colheres (sopa) de banha de porco*
- *1 xícara (chá) de açúcar*
- *1 ovo*
- *½ xícara (chá) de leite*
- *½ colher (chá) de noz-moscada ralada*
- *1 colher (chá) de sal*
- *3 xícaras (chá) de farinha de trigo*
- *1 xícara (chá) de amido de milho*
- *1 colher (sopa) de fermento em pó*
- *Óleo*
- *Açúcar*

1 Bata a banha até ficar macia; adicione o açúcar e o ovo batido. Acrescente alternadamente o leite e os ingredientes secos peneirados juntos. Se precisar, junte mais farinha.
2 Abra a massa, com um rolo, na espessura de 1,5 cm.
3 Corte a massa em círculos e corte um círculo menor o centro de cada um para formar as roscas. Frite em óleo quente até dourarem, virando-as uma vez.
4 Coloque as roscas para escorrer em papel absorvente e polvilhe açúcar.

Nota: Estas rosquinhas não precisam ser servidas quentes, mas devem ser consumidas dentro de 1 ou 2 dias.

Rosca Soberba

- *1 xícara (chá) de leite morno*
- *30 g de fermento biológico fresco*
- *½ xícara (chá) de açúcar*
- *½ xícara (chá) de manteiga*
- *2 ovos*
- *1 colher (chá) de sal*
- *500 g de farinha de trigo*
- *4 colheres (sopa) de açúcar*
- *1 colher (sopa) de canela*
- *2 xícaras (chá) de ameixas-pretas, uvas-passas e frutas cristalizadas picadas*

1 Utilize metade do leite morno para dissolver o fermento; na outra metade, dissolva o açúcar e a manteiga.
2 Bata ligeiramente os ovos com o sal e junte todos os ingredientes à farinha (menos as frutas), misturando-os bem e amassando com as mãos até obter uma massa lisa e homogênea.
3 Deixe a massa crescer em uma tigela coberta com pano de prato, em temperatura ambiente, longe do vento por 1½ hora.
4 Amasse novamente a massa, somente para liberar o ar nela contido e abra com um rolo na espessura de cerca de 1 cm. Misture o açúcar com a canela e espalhe sobre a massa, coloque por cima as frutas picadas e enrole a massa como um rocambole.
5 Junte as duas pontas do rocambole formando a rosca. Com uma faca bem afiada, abra cortes superficiais indo de cima para baixo, de dentro para fora da rosca, a espaços regulares, e incline essas "fatias", todas para o mesmo lado, imitando um formato de rosca de parafuso.
6 Deixe crescer novamente durante 1 hora, pincele com o ovo batido somente as partes externas das fatias e leve ao forno médio preaquecido por 30 minutos ou até ficar bem corada.

ROSCA RAINHA

- *250 g de farinha de trigo (para o fermento)*
- *25 g de fermento biológico fresco*
- *12 ovos separados*
- *250 g de açúcar*
- *500 g de farinha de trigo*
- *⅔ de xícara (chá) de gordura vegetal derretida*
- *⅔ de xícara (chá) de manteiga derretida*
- *¼ de xícara (chá) de canela em pó*
- 1 gema

1 Com os primeiros 250 g de farinha, amasse a farinha com o fermento biológico dissolvido em um pouco de água morna e deixe crescer por 20 minutos.

2 Bata as claras em neve e, com a batedeira ainda ligada, junte as gemas, uma a uma, adicione o açúcar e continue batendo até ficar bem espumoso.

3 Retire da batedeira, coloque em uma tigela grande e junte o fermento, a gordura vegetal e a manteiga derretidas, misture. Acrescente a canela e vá acrescentando os outros 500 g de farinha aos poucos e amassando com as mãos. Deve ficar uma massa que gruda nas mãos, não acrescente mais farinha. Cubra a tigela com um pano de prato e coloque para crescer em temperatura ambiente, longe do vento, até dobrar de tamanho.

4 Divida a massa em três parte iguais, faça uma trança e junte as duas pontas da trança formando uma rosca. Coloque em uma assadeira e deixe crescer por mais 30 minutos.

5 Depois de crescida, pincele com a gema e leve para assar em forno médio preaquecido.

Nota: *Você pode fazer uma rosca grande ou várias pequenas e pode polvilhar coco ralado ou açúcar cristal antes de levar ao forno.*

ROSCA PRINCESA

- *4 xícaras (chá) de farinha de trigo*
- *1 xícara (chá) de amido de milho*
- *2 colheres (sopa) de manteiga*
- *1 colher (sopa) de banha*
- *1½ xícara (chá) de açúcar*
- *2 ovos*
- *1 colher (sopa) de fermento químico em pó*
- *2 xícaras (chá) de leite*
- *1 gema*
- *Açúcar cristal*

1 Coloque a farinha, o amido de milho, a manteiga, a banha, o açúcar, os ovos e o fermento em uma tigela e acrescente o leite aos poucos amassando até formar uma massa que não grude nas mãos.

2 Divida a massa em 4 partes, molde-as como roscas, pincele com a gema e polvilhe o açúcar cristal e asse em forno médio preaquecido até dourar.

ROSCA DE REIS

- *15 g de fermento biológico fresco*
- *⅓ de xícara (chá) de leite morno*
- *3½ xícaras (chá) de farinha de trigo*
- *1 pitada de sal*
- *1 xícara (chá) de açúcar*
- *2 colheres (chá) de canela em pó*
- *¼ de colher (chá) de anis em pó*
- *7 ovos*
- *1 colher (chá) de essência de baunilha*
- *1 xícara (chá) de frutas cristalizadas*
- *½ xícara (chá) de uvas-passas*
- *½ xícara (chá) de manteiga derretida*
- *1 ovo batido*
- *Açúcar cristal*

1 Coloque o fermento em uma tigela e desmanche-o com 4 colheres (sopa) do leite morno. Deixe descansar por 5 minutos.

2 Adicione a farinha, o sal, o açúcar, a canela e o anis. Misture e adicione o leite restante e os ovos. Acrescente a essência de baunilha, metade da quantidade de frutas cristalizadas e as uvas-passas. Sove a massa por 10 minutos em uma mesa e, se necessário, adicione um pouco mais de farinha para dar o ponto.

3 Coloque a massa novamente na tigela e pincele com a manteiga derretida. Cubra e deixe a massa crescer por 1 hora ou até dobrar de volume.

4 Trabalhe a massa novamente por mais 5 minutos, depois divida-a em três partes. Role cada parte em uma mesa para fazer uma tira com cerca de 40 cm. Trance as três tiras e molde em forma de rosca.

5 Preaqueça o forno a 190 °C.

6 Transfira a massa para uma assadeira untada e pincele com o ovo batido. Pressione levemente as frutas cristalizadas restantes sobre a rosca e salpique o açúcar cristal.

7 Asse por aproximadamente 40 minutos.

ROSCA DE FRUTAS CRISTALIZADAS

Para fazer o fermento crescer:

- *250 ml de leite morno*
- *15 g de fermento biológico fresco*
- *1 colher (sopa) de açúcar*
- *2 colheres (sopa) de farinha de trigo*

Massa:

- *2 ovos ligeiramente batidos*
- *1 colher (sopa) de banha de porco*
- *1 colher (sopa) de óleo*
- *1 xícara (chá) de açúcar*
- *500 g de farinha de trigo*
- *½ xícara (chá) de frutas cristalizadas picadas*
- *1 gema*

1 Bata no liquidificador todos os ingredientes indicados para o fermento. Deixe crescer por 10 minutos em uma tigela coberta com um pano de prato.

2 Ao fermento crescido, junte os ovos, a banha, o óleo, o açúcar, as frutas cristalizadas e a farinha e sove bem. Se preciso, acrescente mais farinha até a massa não grudar mais nas mãos.

3 Molde a massa em formato de rosca, cubra com um pano de prato e deixe crescer até dobrar de tamanho.

4 Pincele com a gema e asse em forno médio preaquecido até dourar.

Bolinhos

Bolinhos

BOLINHO DE AMENDOIM

- *5 ovos separados*
- *2½ xícaras de açúcar*
- *5 ovos separados*
- *1 colher (sopa) de manteiga*
- *1 xícara (chá) de amendoim torrado e moído*
- *5 colheres (sopa) de farinha de trigo*

1 Bata as claras em neve e reserve. Misture o açúcar com as gemas e junte as claras em neve, batendo mais um pouco.

2 Acrescente a manteiga, batendo sempre. Adicione o amendoim e, por último, a farinha.

3 Quando tudo estiver bem batido, coloque em forminhas untadas com manteiga e asse em forno médio preaquecido até dourarem.

BOLINHO DE AMOR

- *1 kg de farinha de trigo*
- *500 g de açúcar*
- *250 g de manteiga*
- *10 ovos (separe 2 gemas para pincelar os bolinhos*
- *1 colher (sopa) de fermento em pó*
- *Açúcar cristal*

1 Junte a farinha, o açúcar, a manteiga, os ovos e o fermento e misture bem com as mãos.

2 Molde os bolinhos a seu gosto.

3 Pincele com a gema e polvilhe o açúcar cristal.

4 Asse em forno médio preaquecido até dourar.

BOLINHO APRESSADO

- *1 xícara (chá) de polvilho doce*
- *1 xícara (chá) de queijo ralado*
- *½ xícara (chá) de açúcar*
- *½ xícara (chá) de manteiga*
- *½ xícara (chá) de banha de porco derretida*
- *4 ovos*
- *½ xícara (chá) de leite*
- *1 pitada de sal*

1 Misture o polvilho com o queijo ralado e o açúcar; em seguida, junte a manteiga, a banha derretida e os ovos. Acrescente o leite. A massa deve ficar com a mesma consistência de uma massa de bolo comum, por isso, se preciso, adicione mais leite. Junte, por último, o sal.

2 Distribua em forminhas untadas com manteiga e asse em forno médio preaquecido até dourar.

Bolinho Argentino

- *500 g de açúcar*
- *2 colheres (sopa) de manteiga*
- *125 g de coco ralado*
- *10 gemas*
- *2 claras em neve*

1 Bata bem o açúcar com a manteiga e adicione o coco ralado, as gemas e as claras batidas em neve. Misture tudo muito bem.
2 Distribua em forminhas bem untadas com manteiga e asse em forno médio preaquecido até dourar.

Brevidade Rápida

- *6 ovos separados*
- *2 xícaras (chá) de açúcar*
- *1 colher (sopa) de casca de limão ralada*
- *4 xícaras (chá) de amido de milho*

1 Bata as claras em neve até ficarem bem firmes.
2 Junte as gemas e volte a bater.
3 Acrescente o açúcar e continue batendo até começar a espumar.
4 Adicione as raspas de limão e o amido de milho.
5 Coloque a massa em forminhas untadas, mas não as encha demais.
6 Asse em forno médio preaquecido até que fiquem firmes.

Brioche Delicado

- *3 ovos*
- *½ xícara (chá) de leite*
- *100 g de manteiga*
- *1 colher (chá) de sal*
- *300 g de farinha de trigo*
- *1 colher (sopa) de fermento em pó*
- *50 g de manteiga derretida*

1 Bata as claras em neve. Adicione as gemas e volte a bater; junte a farinha peneirada com o sal, misture bem e acrescente e o fermento.
2 Distribua em forminhas untadas, pincele com a manteiga derretida e leve ao forno médio preaquecido até dourar.

BRIOCHE DOCE

- *2 ovos separados*
- *1 colher (sopa) de manteiga*
- *1 xícara (chá) de açúcar*
- *1 xícara (chá) de leite*
- *2 xícaras (chá) de farinha de trigo*
- *1 colher (sopa) de fermento em pó*

1 Bata as claras em neve e reserve. Bata as gemas com a manteiga e o açúcar.

2 Acrescente o leite, a farinha, o fermento e, por último, misture, delicadamente, com uma espátula, as claras em neve.

3 Distribua em forminhas untadas e leve para assar em forno médio preaquecido até dourar.

BOLINHO CAPRICHOSO

- *6 ovos separados*
- *6 colheres (sopa) de manteiga*
- *20 colheres (sopa) de açúcar*
- *50 g de amêndoas moídas*
- *8 colheres (sopa) de farinha de trigo*
- *2 colheres (chá) de fermento em pó*
- *Raspas da casca de 1 limão*

1 Bata as claras em neve e reserve. Bata a manteiga com o açúcar. Adicione as gemas e as claras em neve, batendo mais um pouco.

2 Junte os outros ingredientes e bata até formar um creme espumoso.

3 Coloque em forminhas untadas com manteiga e asse em forno médio preaquecido até dourar.

BOLINHO CHINÊS COM FRUTA

Massa:

- *1 colher (sopa) de amido de milho*
- *1 clara*
- *1 xícara (chá) de água*
- *3 colheres (sopa) de óleo*
- *1 xícara (chá) de farinha de trigo*
- *1 colher (chá) de fermento em pó*

- *500 ml de óleo*
- *2 maçãs ou bananas*
- *Açúcar e canela em pó*

1 Prepare a massa, misturando bem o amido de milho com a clara e a água. Acrescente o óleo e misture novamente. Adicione a farinha de trigo e misture, evitando bater a massa em excesso. Coloque o fermento e misture novamente. Reserve.

2 Aqueça o óleo em uma panela, não deixando esquentar demais.

3 Descasque as maçãs e corte em cubos de 3 cm x 3 cm. Passe os cubos de frutas na massa e frite-os no óleo quente até ficarem bem dourados. Escorra em papel absorvente e salpique o açúcar e a canela. Sirva quente com sorvete de creme.

BOLINHO DE QUEIJO

- *250 g de açúcar*
- *6 ovos*
- *¼ de queijo meia cura ralado*
- *125 g de manteiga*
- *125 g de farinha de trigo*
- *Canela em pó*
- *Açúcar de confeiteiro*

1 Coloque em uma tigela o açúcar e os ovos; bata um pouco e junte o queijo ralado, a manteiga, a farinha de trigo e a canela em pó. Misture tudo muito bem

2 Distribua em forminhas untadas e leve ao forno médio preaquecido até dourar.

3 Desenforme e polvilhe açúcar de confeiteiro.

BOLINHO DA ROÇA

- *3 xícaras (chá) de polvilho azedo*
- *1 xícara (chá) de farinha de milho*
- *1 xícara (chá) de gordura vegetal ou banha de porco*
- *3 ovos*
- *1 colher (chá) de sementes de erva-doce*
- *1 pitada de sal*
- *2 xícaras (chá) de leite*

1 Em uma tigela, misture o polvilho, a farinha de milho, a gordura vegetal os ovos, as semente de erva-doce e o sal, junte o leite aos poucos e vá amassando até formar uma massa que desgrude das mãos.

2 Abra a massa com um rolo, corte em losangos e frite em óleo quente.

BROA SABOROSA

- *6 ovos*
- *350 g de farinha de trigo*
- *200 g de açúcar*
- *1 pitada de sal*
- *1 colher (sopa) de fermento em pó*

1 Junte todos os ingredientes e bata bem na batedeira, até formar um creme.

2 Coloque colheradas de massa em uma assadeira untada com manteiga, de modo que as broas fiquem bem longe umas das outras, pois crescem muito.

3 Asse em forno alto preaquecido até ficarem douradas.

BROINHA DE FUBÁ MIMOSO

- *2 xícaras (chá) de leite*
- *1 colher (sopa) de banha de porco ou gordura vegetal*
- *1 colher (sopa) de manteiga*
- *1 colher (chá) de sal*
- *1 colher (sopa) de manteiga*
- *1 xícara (chá) de fubá mimoso*
- *1 xícara (chá) de farinha de trigo*
- *Fubá mimoso*
- *3 ovos*

1 Esquente o leite com a banha, a manteiga, o sal e o açúcar.
2 Quando começar a ferver, adicione o fubá, mexendo sempre, até obter um angu em ponto duro.
3 Deixe esfriar e sove a massa acresentando os ovos.
4 Pegue porções de massa com uma colher de sorvete e coloque-as em uma xícara com fubá para empaná-las.
5 Coloque em uma assadeira polvilhada com fubá, deixando um espaço entre elas. Leve para assar em forno médio preaquecido.

Nota: *Você pode adicionar sementes de erva-doce a esta receita.*

FILHÓ DE MAÇÃS

- *4 maçãs*
- *2 ovos separados*
- *200 g de farinha de trigo*
- *2 gemas*
- *1 colher (sopa) de cachaça*
- *1 pitada de sal*
- *250 ml de leite*
- *Óleo*
- *Açúcar*
- *Canela*

1 Descasque as maçãs, elimine as sementes e corte-as em fatias finas. Bata as claras em neve e reserve.
2 Faça uma massa com a farinha de trigo, as gemas, a cachaça e o sal. Misture muito bem e junte o leite aos poucos, evitando assim que encaroce.
3 Quando a massa estiver homogênea, misture lentamente as duas claras em neve. Passe as fatias de maçã pela massa e frite em óleo quente.
4 Sirva os filhós polvilhados com açúcar e canela.

FLAMOUR

- *4 gemas*
- *2 claras em neve*
- *8 colheres (sopa) de açúcar*
- *1 colher (sopa) de manteiga*
- *5 colheres (sopa) de farinha de trigo*
- *200 ml de leite de coco*

1 Bata bem as gemas; em seguida, junte as claras em neve. Acrescente o açúcar, a manteiga, a farinha de trigo e, por último, o leite de coco. Bata tudo muito bem.
2 Coloque em forminhas untadas com manteiga e asse em forno médio preaquecido.

MUFFIN DE AMÊNDOA OU CASTANHA-DO-PARÁ

- *3 ovos separados*
- *½ xícara (chá) de manteiga*
- *½ xícara (chá) de açúcar*
- *2 xícaras (chá) de leite*
- *4 xícaras (chá) de farinha de trigo*
- *1 colher (chá) de fermento em pó*
- *1 xícara (chá) de amêndoas picadas ou castanhas-do-pará*

1 Bata as claras em neve e reserve. Bata a manteiga com o açúcar até obter um creme esbranquiçado. Adicione as gemas e ainda com a batedeira ligada, adicione as claras em neve.
2 Junte, aos poucos, o leite, a farinha peneirada e, por último, o fermento.
3 Acrescente as amêndoas picadas e misture bem.
4 Coloque em forminhas untadas com manteiga, enfeite cada um com uma amêndoa (ou castanha-do-pará) e leve ao forno médio preaquecido até dourar.

MUFFIN CLÁSSICO

- *1½ xícara (chá) de farinha de trigo*
- *¼ de xícara (chá) de açúcar*
- *1 pitada de sal*
- *2 colheres (chá) de fermento em pó*
- *2 ovos*
- *¾ de xícara (chá) de leite*
- *4 colheres (sopa) de manteiga derretida*

1 Peneire, em uma tigela, a farinha, o açúcar, o sal e o fermento em pó. Reserve.
2 Em outra tigela, bata levemente os ovos e acrescente o leite e a manteiga derretida. Misture bem.
3 Coloque os ingredientes líquidos sobre os secos e misture rapidamente, evitando bater em excesso.
4 Coloque em forminhas untadas e leve ao forno médio preaquecido até dourar.

Nota: *Você pode acrescentar à massa um dos ingredientes a seguir: 2 colheres (chá) de essência de baunilha, ¼ de xícara (chá) de gotas de chocolate, ¼ de xícara (chá) de frutas cristalizadas, ¼ de xícara (chá) de nozes trituradas ou 1 banana-nanica bem amassada.*

MUFFIN SIMPLES

- *3 ovos separados*
- *½ xícara (chá) de manteiga*
- *½ xícara (chá) de açúcar*
- *2 xícaras (chá) de leite*
- *4 xícaras (chá) de farinha de trigo*
- *3 colheres (chá) de fermento em pó*

1 Bata as claras em neve e reserve. Bata a manteiga com o açúcar até obter um creme esbranquiçado; junte as gemas e depois as claras em neve, batendo sempre.
2 Acrescente, aos poucos, o leite, a farinha peneirada e, por último, o fermento.
3 Depois de tudo bem batido, leve ao forno médio preaquecido em forminhas individuais untadas com manteiga até dourar.

RABANADA

- *2 pães franceses amanhecidos*
- *4 colheres (sopa) de açúcar*
- *1 xícara (chá) de leite*
- *2 ovos*
- *Óleo*
- *Açúcar*
- *Canela em pó*

1 Corte o pão em fatias de 1 cm. Misture o açúcar ao leite em uma tigela.
2 Mergulhe as fatias de pão no leite e passe-as nos ovos batidos. Frite em óleo bem quente.
3 À medida que forem fritando, vá dispondo-as em um prato e polvilhando com açúcar e canela.

REGALOS

- *2 xícaras (chá) de farinha de trigo*
- *5 colheres (chá) de fermento em pó*
- *1 colher (sopa) de açúcar*
- *1 colher (sopa) de sal*
- *1½ xícara (chá) de leite*
- *1 colher (sopa) de manteiga*

1 Misture todos os ingredientes até obter uma massa homogênea. Distribua a massa por forminhas bem pequenas untadas.
2 Asse, em forno médio preaquecido até dourar.

Nota: *Você pode juntar, também, ⅔ de xícara (chá) de queijo ralado depois de ter preparado a massa comum.*

SONHO

Massa:

- *50 g de fermento biológico fresco*
- *250 ml de leite morno*
- *250 ml de água morna*
- *250 g de açúcar*
- *1 colher (sopa) de manteiga*
- *1 colher (sopa) de óleo*
- *2 ovos*
- *Farinha de trigo*
- *Óleo*
- *Açúcar de confeiteiro*

Recheio:

- *Goiabada ou* creme de confeiteiro *(pág. 659) de sua preferência*

1 Em uma tigela, misture o fermento e o açúcar com o leite e a água até dissolverem. Cubra com um pano de prato e deixe crescer por 20 minutos.

2 Acrescente os outros ingredientes e vá juntando farinha e amassando até que a massa desgrude das mãos (ponto de enrolar).

3 Molde bolas não muito grandes, colocando um pedaço de goiabada dentro. Frite os sonhos em óleo quente. (Se quiser rechear com creme, faça as bolas, frite-as e depois corte ao meio para rechear.)

4 Depois de fritos, escorra em papel absorvente e polvilhe açúcar de confeiteiro.

SONHO SEM RECHEIO

- *3 ovos separados*
- *2 colheres (sopa) de açúcar*
- *1 pitada de sal*
- *3 xícaras (chá) de farinha de trigo*
- *500 ml de leite*
- *1 colher (sobremesa) de fermento em pó*
- *Óleo*
- *Açúcar*
- *Canela em pó*

1 Bata as claras em neve; junte as gemas, o açúcar, o sal e a farinha, aos poucos. Adicione o fermento e o leite, até obter uma massa macia.

2 Pingue colheradas de massa no óleo quente, virando-os com uma escumadeira para que dourem por igual.

3 Escorra em papel absorvente e polvilhe açúcar e canela.

Bolachas, Biscoitos e Sequilhos

Bolachas, Biscoitos e Sequilhos

*"**Lambisgoias.** – 2 copos de leite; 2 copos de gordura; 2 pratos de polvilho azedo. Com a gordura fervendo escalda-se o polvilho. Amassa-se então com os ovos até ficar bom para espremer no pano, que tenha um furinho redondo bem caseado ou então um saco próprio que tem um funil na ponta, espécie de um coador. Assadeira untada e forno quente."*

Receita recuperada da edição de 1942 de Dona Benta.

Bolachas

Biscoitos

Sequilhos

BOLACHAS

Bolachas

MINIALFAJOR

- *150 g de manteiga*
- *200 g de açúcar*
- *3 gemas*
- *1 clara*
- *½ cálice de conhaque*
- *1 xícara (chá) de amido de milho*
- *100 g de farinha de trigo*
- *½ colher (chá) de fermento em pó*
- *1 colher (chá) de essência de baunilha*
- *Raspas da casca de ½ limão*
- Doce de leite *(pág. 677)*
- *Coco ralado*

1 Coloque em uma vasilha a manteiga e o açúcar, batendo com uma colher até que a preparação fique cremosa. Junte as gemas e a clara e continue batendo.
2 Acrescente o conhaque e, pouco a pouco, o amido de milho misturado com a farinha, o fermento em pó, a baunilha e o limão.
3 Quando a massa estiver lisa e uniforme, deixe descansar e, em seguida, abra sobre uma mesa polvilhada com maisena.
4 Corte a massa em rodelas e coloque em uma assadeira para assar em forno médio preaquecido.
5 Depois de assadas, una uma rodela a outra com bastante doce de leite. Cubra toda a superfície do sanduíche de massa com doce de leite e polvilhe com coco ralado.

BENGALINHA DE VIENA

- *800 g de farinha de trigo*
- *2 colheres (sopa) de fermento em pó*
- *400 g de açúcar*
- *2 colheres (sopa) de manteiga*
- *4 gemas*
- *1 pitada de sal*
- *1 xícara (chá) de leite*
- *1 colher (sopa) de baunilha*
- *Açúcar cristal*

1 Amasse todos os ingredientes, exceto o açúcar cristal, com o leite. Em seguida, deixe a massa descansar.
2 Molde bengalinhas de massa, passe em açúcar cristal e asse em forno médio preaquecido.
3 Quando estiverem duras e secas, retire do forno.

BOLACHA DE AMÊNDOA

- *4 ovos separados*
- *500 g de farinha de trigo*
- *250 g de açúcar*
- *125 g de amêndoas moídas*
- *3 colheres (sopa) de manteiga*
- *½ colher (chá) de bicarbonato de sódio*
- *1 colher (chá) de essência de amêndoas*
- *Açúcar cristal*

1 Bata 3 claras em neve. Junte 3 gemas, a farinha, o açúcar, as amêndoas, 2 colheres (sopa) de manteiga, o bicarbonato e a baunilha.

2 Amasse bem, abra com um rolo e corte as bolachinhas com a boca de um cálice.

3 Pincele as bolachinhas com uma mistura de 1 ovo batido e 1 colher (sopa) de manteiga derretida, polvilhe açúcar cristal e leve ao forno médio preaquecido em assadeiras untadas e enfarinhadas.

BOLACHINHA DE AMOR E CANELA

- *250 g de farinha de trigo*
- *100 g de açúcar*
- *80 g de manteiga*
- *3 gemas*
- *1 colher (café) de fermento em pó*
- *Canela*
- *Açúcar*

1 Amasse bem todos os ingredientes até obter uma massa lisa, que solte das mãos.

2 Abra a massa com um rolo em uma espessura de 0,5 cm.

3 Use cortadores para cortar no formato desejado.

4 Coloque em assadeira untada e leve ao forno médio preaquecido por 20 minutos.

5 Depois de frias, polvilhe uma mistura de açúcar e canela.

BOLACHINHA DE COCO I

- *125 g de coco ralado fresco com a pele marrom*
- *1 kg de farinha de trigo*
- *2 xícaras (chá) de açúcar*
- *½ xícara (chá) de manteiga*
- *1 colher (sopa) de fermento em pó*
- *1 pitada de sal*
- *4 ovos*
- *Leite*
- *Açúcar cristal*

1 Junte o coco, a farinha, o açúcar, a manteiga, o fermento, o sal e os ovos. Coloque o leite aos poucos, até dar o ponto da massa, que deve ser firme.

2 Amasse bem e abra com um rolo até uma espessura de 0,5 cm.

3 Corte as bolachas e passe no açúcar cristal. Arrume em uma assadeira untada e asse em forno quente preaquecido, por 10 minutos.

BOLACHINHA DE COCO II

- *200 g de amido de milho*
- *20 g de manteiga*
- *5 colheres (sopa) de açúcar*
- *5 colheres (sopa) de farinha de trigo*
- *100 g de coco ralado seco*

1 Junte os ingredientes e amasse até obter uma massa bem densa e uniforme.
2 Faça bolinhas e achate com um garfo.
3 Coloque as bolachas na assadeira e leve para assar em forno médio preaquecido, por 15 minutos. Elas não devem ficar coradas.

BOLACHINHA COM GELEIA

- *250 g de farinha de trigo*
- *125 g de manteiga*
- *2 colheres (sopa) de açúcar*
- *½ colher (café) de essência de baunilha*
- *Geleia de sua preferência*
- *Canela em pó*

1 Amasse a farinha com a manteiga e 1 colher (sopa) de açúcar. Junte a essência de baunilha, torne a amassar e deixe descansar por 1 hora.
2 Abra a massa com um rolo e corte as bolachas com a boca de uma xícara de café.
3 Leve-as ao forno médio preaquecido em assadeira untada e enfarinhada por 20 minutos.
4 Depois de assadas e frias, junte as bolachas 2 a 2, unindo com a geleia e polvilhando-as açúcar e canela.

BOLACHINHA COM GOIABADA

- *¾ de xícara (chá) de farinha de trigo*
- *1 colher (chá) de fermento em pó*
- *½ de xícara (chá) de açúcar*
- *2 ovos*
- *2 colheres (sopa) de manteiga*
- *Goiabada*

1 Peneire a farinha, o fermento e ¼ de xícara (chá) de açúcar em uma tigela.
2 Junte os ovos e a manteiga e amasse até que a massa se solte das mãos.
3 Abra a massa na espessura de 1 cm.
4 Corte as bolachinhas com a boca de um cálice e coloque um pedacinho de goiabada no meio de cada uma.
5 Polvilhe açúcar e leve para assar em fogo médio preaquecido por 15 minutos.

BOLACHINHA DE MAISENA

- *2 colheres (sopa) de manteiga*
- *1 colher (sopa) de gordura vegetal*
- *½ xícara (chá) de açúcar*
- *4 xícaras (chá) de farinha de trigo*
- *1 xícara (chá) de amido de milho*
- *3 ovos*
- *500 ml de leite*
- *1 colher (chá) de fermento em pó*
- *Raspas da casca de 1 limão*
- *1 colher (chá) de sal*

1 Misture a manteiga, a gordura e o açúcar.
2 Junte a farinha, a maisena e os ovos e, amassando bem, adicione o leite aos poucos até obter uma massa densa e sequinha, mas que não grude nas mãos.
3 Coloque o fermento, as raspas do limão e o sal e incorpore bem à massa.
4 Abra a massa e corte as bolachas com um cortador redondo ou de outro formato.
5 Arrume os biscoitinhos em uma assadeira untada e enfarinhada e asse em forno médio preaquecido por 20 minutos.

BOLACHINHA DE NATA

- *2 xícaras (chá) de nata*
- *1 colher (sopa) de manteiga*
- *½ colher (sopa) de sal*
- *½ xícara (chá) de farinha de trigo*

1 Em uma tigela, coloque a nata, a manteiga e o sal. Amasse tudo e adicione a farinha aos poucos, até formar uma massa consistente.
2 Abra a massa bem fina com um rolo e corte as bolachinhas com a boca de um cálice ou cortador.
3 Em uma assadeira untada, leve ao forno médio preaquecido por 15 minutos.

BOLACHINHA DE NATA COM MAISENA

- *250 g de nata*
- *200 g de açúcar*
- *2 ovos*
- *1 colher (sopa) de manteiga*
- *1 colher (sopa) de fermento em pó*
- *400 g de amido de milho*

1 Junte e amasse tudo muito bem até que a massa se desprenda das mãos. Se for preciso, adicione mais amido de milho.
2 Enrole como cobrinhas, corte em pedaços de 2 cm e arrume em uma assadeira untada e enfarinhada. Leve para assar em forno médio, preaquecido.

Bolachinha de Nata com Baunilha

- *3 xícaras (chá) de farinha de trigo*
- *1 xícara (chá) de nata*
- *1 colher (sopa) de manteiga*
- *3 colheres (sopa) de açúcar*
- *1 colher (café) de essência de baunilha*
- *2 gemas*
- *1 colher (sopa) de fermento em pó*
- *1 colher (café) de sal*
- *Leite*
- *Açúcar cristal*

1 Misture todos os ingredientes, exceto o leito e o açúcar cristal e amasse bem. Deixe descansar por 30 minutos.

2 Abra a massa com o rolo, corte as bolachinhas com o molde escolhido e pincele com o leite e o açúcar cristal.

3 Asse em forno médio preaquecido em uma assadeira untada e enfarinhada por 20 minutos.

Bolachinha América

- *2 colheres (sopa) de manteiga*
- *¾ xícara (chá) de açúcar*
- *3 xícaras (chá) de farinha de trigo*
- *1 colher (sopa) de fermento em pó*
- *1 ovo batido*
- *70 ml de leite*
- *Óleo*
- *Canela em pó*

1 Bata a manteiga com ½ xícara (chá) de açúcar. Misture a farinha, o fermento o ovo e o leite. Vá amassando até ficar uniforme.

2 Abra a massa sobre uma mesa, corte em rodelas e retire os centros.

3 Frite em óleo quente e deixe escorrer sobre uma folha de papel-absorvente.

4 Polvilhe açúcar e canela.

BOLACHINHA HOLANDESA

- *1½ de farinha de trigo*
- *150 g de manteiga*
- *1 pitada de sal*
- *¼ de xícara (chá) de açúcar*
- *2 gemas*
- *¼ de xícara (chá) de amêndoas peladas e picadas*

1 Misture 1¼ de xícara (chá) de farinha, a manteiga e o sal e amasse bem a massa. Deixe descansar por 15 minutos.
2 Depois, abra a massa com um rolo até ficar com a espessura de 0,5 cm e corte em meias-luas com um cortador ou com a boca de uma xícara de café.
3 Passe açúcar de um lado das meias-luas; do outro, passe farinha de trigo. Coloque em tabuleiros untados, de modo que a parte passada no açúcar fique para cima.
4 Pincele com as gemas batidas, salpique com as amêndoas picadas e leve para assar em forno médio preaquecido por 15 minutos.

BOLACHINHA MIMOSA

- *250 g de açúcar*
- *2 ovos*
- *2 colheres (sopa) de manteiga*
- *Sementes de erva-doce*
- *Suco de 1 limão*
- *1 pitada de sal*
- *500 g de fécula de batata*

1 Bata bem o açúcar com os ovos e vá adicionando a manteiga, a erva-doce, o sal e o suco de limão. Se desejar, acrescente mais suco de limão.
2 Misture tudo muito bem e acrescente a fécula aos poucos.
3 Amasse, corte com cortadores e leve para assar em forno baixo por 15 minutos.

BOLACHINHA MINEIRA

- *400 g de amido de milho*
- *100 g de farinha de trigo*
- *250 g de manteiga*
- *300 g de açúcar*
- *1 pitada de sal*
- *2 ovos inteiros*
- *2 gemas*
- *1 colher (chá) de fermento em pó*

1 Misture todos os ingredientes em uma vasilha e amasse bastante.
2 Abra a massa com um rolo e corte as bolachas com um cálice ou cortador do formato desejado.
3 Leve para assar em forno médio preaquecido em assadeira untada e enfarinhada por 15 minutos.

CASADINHO

- *6 gemas*
- *3 claras bem batidas*
- *300 g de açúcar*
- *300 g de farinha de trigo*
- *1 colher (sobremesa) de fermento em pó*
- *Marmelada, goiabada ou creme de sua preferência*
- *Canela em pó*

1 Misture bem as gemas, as claras batidas, 250 g de açúcar e a farinha de trigo peneirada, juntando em seguida o fermento.
2 Abra a massa com um rolo e corte as bolachas com um cálice ou cortador do formato desejado.
3 Leve ao forno médio preaquecido em tabuleiros untados e enfarinhados por 10 minutos.
4 Depois de assadas, una as bolachinhas, duas a duas, com marmelada, goiabada ou creme, passando a seguir em açúcar com canela.

CASADINHO EM LUA DE MEL

- *150 g de açúcar*
- *100 g de manteiga*
- *Farinha de trigo*
- *1 pitada de sal*
- *Mel ou geleia*
- *Açúcar baunilhado*

1 Misture o açúcar com a manteiga. Junte a farinha de trigo peneirada, o sal e amasse bem.
2 Abra a massa com um rolo e corte as bolachas com um cálice ou cortador do formato desejado.
3 Leve para assar em forno médio preaquecido por 15 minutos.
4 Depois de assadas, una duas a duas com mel ou geleia e passe no açúcar baunilhado.

Biscoitos

Biscoitos

Petit-four de Nozes

- *6 claras*
- *250 g de açúcar*
- *250 g de nozes*

1 Bata as claras em neve com o açúcar, como para suspiro. Depois, misture delicadamente as nozes.
2 Coloque em forminhas de papel e leve para assar em forno baixo preaquecido por 10 minutos.

Biscoitinho Adelaide

- *120 g de manteiga*
- *150 g de castanhas-do-pará trituradas*
- *1 colher (chá) de sal*
- *5 colheres (sopa) de amido de milho*
- *4 colheres (sopa) de açúcar*
- *2 colheres (sopa) de farinha de trigo*

1 Amasse bem a manteiga com as castanhas trituradas e o sal.
2 Junte aos poucos o amido de milho, 2 colheres (sopa) de açúcar e, por último, a farinha de trigo.
3 Depois de bem amassado, quando a massa despregar da vasilha, deixe descansar uns 15 minutos.
4 Forme biscoitinhos redondos e leve para assar em forno baixo preaquecido por 10 minutos.
5 Depois de assados, passe no açúcar.

Biscoito da Alsácia

- *6 claras*
- *2 ovos inteiros*
- *1½ xícara (chá) de açúcar*
- *1 xícara (chá) de farinha de trigo*
- *2 colheres (sopa) de conhaque*

1 Bata as 8 claras em neve. Junte as gemas e o açúcar, tornando a bater.
2 Acrescente a farinha de trigo e o conhaque e amasse tudo muito bem.
3 Quando tudo estiver uniforme, abra a massa com um rolo e corte com a boca de um cálice ou com cortadores de biscoitos.
4 Asse em forno em forno médio preaquecido por 15 minutos em uma assadeira untada e enfarinhada.

BISCOITINHO DE AMÊNDOA

- *2 ovos inteiros*
- *1 gema*
- *150 g de açúcar*
- *200 g de manteiga*
- *50 g de amêndoas peladas e moídas*
- *1 pitada de sal*
- *Farinha de trigo*

1 Junte todos os ingredientes, agregando a farinha de trigo aos poucos até que a massa fique consistente.

2 Enrole os biscoitos e leve para assar em forno baixo preaquecido por 10 minutos.

BISCOITO APRESSADO

- *400 g de farinha de trigo*
- *200 g de açúcar*
- *2 colheres (sopa) de manteiga derretida*
- *2 ovos*
- *½ colher (chá) de fermento em pó*
- *Raspas da casca de 1 limão*

1 Peneire a farinha sobre uma mesa, faça um monte e abra um buraco no meio. Coloque nele todos os outros ingredientes e amasse até que fique em ponto de enrolar.

2 Enrole os biscoitos e leve ao forno médio preaquecido por 10 minutos em assadeira untada.

BISCOITO CARIOCA

- *2 xícaras (chá) de fécula de batata*
- *1 xícara (chá) de açúcar*
- *1 xícara (chá) de fubá*
- *½ colher (sobremesa) de fermento em pó*
- *2 colheres (sopa) de manteiga*
- *1 ovo*
- *1 pitada de sal*

1 Junte os ingredientes e vá amassando até que a massa se desprenda das mãos.

2 Dê forma aos biscoitinhos, coloque em uma assadeira untada e leve para assar em forno médio preaquecido por 15 minutos.

BISCOITO DE CERVEJA

- *1 kg de farinha de trigo*
- *1 pitada de sal*
- *500 g de manteiga*
- *8 ovos*
- *250 ml de cerveja*
- *Açúcar cristal*

1 Misture a farinha com o sal e a manteiga e vá juntando os ovos, um a um, amassando bem. Quando a massa estiver bem uniforme adicione a cerveja e torne a amassar, batendo bem a massa.

2 Enrole cobrinhas de massa sobre uma mesa, corte em pedacinhos de 3 cm e polvilhe açúcar cristal.

3 Asse em forno médio preaquecido por 20 minutos.

BISCOITO PARA CHÁ

- *8 ovos separados*
- *¾ de xícara (chá) de açúcar*
- *8 colheres (sopa) de farinha de trigo*
- *Açúcar cristal*

1 Bata as claras até ficarem firmes. Junte as gemas e depois o açúcar, batendo sempre. Acrescente por último, mas sem bater, a farinha de trigo, misturando cuidadosamente na massa.

2 Forme os biscoitos, usando um saco de confeiteiro. Polvilhe com açúcar cristal e leve ao forno baixo preaquecido em assadeiras untadas por 20 minutos.

Biscoitinho de Coco

- *9 colheres (sopa) de farinha de trigo*
- *3 colheres (sopa) de manteiga*
- *3 colheres (sopa) de açúcar*
- *3 colheres (sopa) de coco ralado seco*
- *1 colher (chá) de fermento em pó*
- *1 ovo batido*
- *Açúcar cristal*

1 Amasse a farinha com a manteiga.
2 Junte o açúcar, o coco e o fermento, e só então adicione o ovo batido.
3 Amasse tudo até ficar uma massa bem lisa e homogênea.
4 Faça bolinhas, passe no açúcar cristal.
5 Leve para assar em forno médio preaquecido por 15 minutos em uma assadeira untada.

Biscoito Champanhe

- *7 ovos separados*
- *400 g de açúcar*
- *1 pitada de sal*
- *½ colher (chá) de bicarbonato de sódio*
- *1 xícara (chá) de manteiga*
- *½ colher (chá) de essência de baunilha*
- *Farinha de trigo*
- *1 clara*
- *Açúcar cristal*

1 Em uma batedeira, bata os ovos, iniciando com a velocidade baixa e aumentando progressivamente até dobrarem de tamanho. Certifique-se de que estejam em temperatura ambiente.
2 Junte o açúcar, o sal, o bicarbonato, a manteiga e a baunilha.
3 Retire da batedeira e amasse tudo muito bem com farinha de trigo até ficar lisa e homogênea.
4 Abra a massa com um rolo, corte os biscoitos com um cortador, passe na clara e polvilhe açúcar cristal
5 Asse em forno médio preaquecido por 20 minutos e, depois, abaixo a temperatura do forno ou coloque no grill até secar.

Biscoitinho de Coco com Maisena

- *200 g de amido de milho*
- *5 colheres (sopa) de farinha de trigo*
- *5 colheres (sopa) de açúcar*
- *1 xícara (chá) de manteiga*
- *3 colheres (sopa) de coco ralado seco*

1 Amasse bem o amido de milho com os outros ingredientes e forme pequenas bolinhas.
2 Coloque essas bolinhas separadas em uma assadeira.
3 Achate um pouco as bolinhas com um garfo e asse em forno médio preaquecido por 20 minutos. Eles não chegam a dourar.

Biscoito Favorito

- *500 g de farinha de trigo*
- *5 ovos*
- *1 colher (sopa) de manteiga*
- *6 colheres (sopa) de açúcar*
- *1 colher (sopa) de fermento em pó*
- *Açúcar cristal*

1 Coloque a farinha de trigo sobre uma mesa; junte os ovos, a manteiga, o açúcar e, por último, o fermento.
2 Amasse até ficar lisa e homogênea. Abra com um rolo e corte os biscoitos.
3 Polvilhe, um por um, com açúcar cristal e leve para assar em forno médio preaquecido por 15 minutos.

BISCOITO DE LEITE

- *300 g de farinha de trigo*
- *80 g de açúcar*
- *30 g de manteiga*
- *1 colher (café) de fermento em pó*
- *1 pitada de sal*
- *100 ml de leite frio*
- *2 gemas batidas*

1 Junte a farinha, o açúcar, a manteiga, o fermento e o sal. Misture bem e vá acrescentando leite aos poucos até obter uma massa lisa e macia.
2 Abra a massa com um rolo, deixando com uma espessura de 0,5 cm.
3 Corte tiras de 1 cm de largura e 4 cm de comprimento.
4 Torça as pontas de cada tira e coloque em uma assadeira untada.
5 Pincele com as gemas batidas e leve ao forno médio preaquecido por 20 minutos.

BISCOITINHO DE MILHO

- *3 xícaras (chá) de farinha de trigo*
- *1 xícara (chá) de farinha de milho*
- *1 colher (sopa) de fermento em pó*
- *2 colheres (sopa) de água*
- *2 xícaras (chá) de açúcar*
- *2 colheres (sopa) de gordura vegetal*
- *1 pitada de sal*
- *2 ovos*

1 Passe por uma peneira, a farinha de trigo, a de milho e o fermento e misture bem.
2 Junte à mistura todos os outros ingredientes e amasse até obter uma massa bem lisa.
3 Faça os biscoitos, dando a forma que quiser, e disponha em uma assadeira untada e enfarinha.
4 Asse em forno médio preaquecido por 30 minutos.

BISCOITINHO MIMOSO

- *3 colheres (sopa) de manteiga*
- *3 colheres (sopa) de açúcar*
- *3 gemas*
- *1 colher (chá) de raspa da casca de limão*
- *1 xícara (chá) de coco ralado seco*
- *4 xícaras (chá) de amido de milho*

1 Bata a manteiga e, aos poucos, junte o açúcar, batendo sempre.
2 À parte, bata as gemas e incorpore-as ao creme, juntamente com os outros ingredientes.
3 Faça bolinhas e leve ao forno médio preaquecido em uma assadeira untada por 20 minutos, ou até dourarem levemente.

ROSQUINHA DE PALERMO

Massa:

- *250 g de farinha de trigo*
- *100 g de açúcar*
- *25 g de manteiga*
- *1 colher (café) de fermento em pó*
- *Água*

Calda:

- *2 xícaras (chá) de açúcar*
- *1 xícara (chá) de água*
- *Raspas da casca de ½ limão*

1 Para a massa, misture todos os ingredientes, adicionando água, pouco a pouco, até obter uma massa consistente, que dê para enrolar. Faça rolos compridos e finos, cortando a cada 8 cm. Trance e dê o formato de rosca. Disponha em assadeira untada e leve ao forno médio preaquecido por 20 minutos. Depois de frios, mergulhe os biscoitos rapidamente na calda.

2 Para a calda, leve ao fogo o açúcar, a água e as raspas de limão. Deixe ferver até o ponto de fio bem grosso: escorra de uma colher um pouco da calda e, se o fio endurecer imediatamente, podendo ser facilmente quebrado com a ponta dos dedos, a calda estará no ponto. Retire do fogo e bata com uma colher até começar a esbranquiçar.

BISCOITINHO DE QUEIJO

- *3 ovos separados*
- *250 g de açúcar*
- *400 g de farinha de trigo*
- *125 g de manteiga*
- *125 g de queijo parmesão ralado*
- *1 colher (chá) de fermento em pó*
- *Farinha de rosca*

1 Bata as claras em neve. Adicione as gemas e o açúcar, sem deixar de bater.

2 Acrescente a farinha, a manteiga e o queijo, batendo sempre. Por último, adicione o fermento.

3 Depois de tudo bem incorporado, dê forma aos biscoitinhos e, em uma assadeira polvilhada com farinha de rosco, leve ao forno médio preaquecido por 20 minutos.

BISCOITO DA ROÇA

- *1 kg de fubá mimoso*
- *700 g de açúcar*
- *500 g de manteiga*
- *9 ovos separados*
- *Raspas da casca de 1 limão*
- *1 pitada de sal*
- *Leite, se necessário*

1 Em uma tigela, coloque o fubá, o açúcar, a manteiga, as gemas e as raspas do limão. Misture tudo muito bem.

2 Bata as claras em neve. Junte com o sal e o restante dos ingredientes. Se a massa não ficar lisa e homogênea, adicione um pouco de leite até ficar maleável para enrolar.

3 Faça argolinhas com a massa e leve ao forno médio preaquecido em assadeira untada por 20 minutos.

BISCUIT

- *3 xícaras (chá) de farinha de trigo*
- *1 colher (sopa) de fermento em pó*
- *1 colher (café) de sal*
- *1 xícara (chá) de leite*
- *2 colheres (sopa) de manteiga*

1 Junte todos os ingredientes e amasse tudo muito bem.
2 Faça bolinhas e leve-as para assar em tabuleiros untados.
3 Asse em forno médio preaquecido por 20 minutos.

COOKIE DIFERENTE

- *1¼ de xícara (chá) de açúcar*
- *3 xícaras (chá) de farinha de trigo*
- *1 colher (chá) de fermento em pó*
- *1 pitada de sal*
- *1 xícara (chá) de manteiga*
- *3 ovos*
- *1 colher (chá) de essência de baunilha*

1 Peneire os ingredientes secos, adicione a manteiga, bata com um garfo e junte os ovos e a essência de baunilha.
2 Abra a massa em uma espessura de 1 cm sobre uma mesa enfarinhada, corte em rodelas e disponha em uma assadeira.
3 Asse em forno médio preaquecido por 8 minutos.

COOKIE RECHEADO

Massa:

- *⅓ de xícara (chá) de manteiga*
- *1 xícara (chá) de açúcar*
- *3 ovos batidos*
- *4 colheres (sopa) de leite*
- *1 colher (chá) de essência de baunilha*
- *3 xícaras (chá) de farinha de trigo*
- *1 colher (chá) de fermento em pó*
- *1 pitada de sal*

Recheio:

- *½ xícara (chá) de açúcar*
- *2 colheres (chá) de farinha de trigo*
- *½ xícara (chá) de água*
- *½ xícara (chá) de uvas-passas picadas*
- *½ xícara (chá) de tâmaras ou figos picados*

1 Prepare a massa, batendo a manteiga até tomar uma cor esbranquiçada. Junte o açúcar, misture bem e vá adicionando os ovos, o leite e a essência de baunilha.
2 Adicione a farinha peneirada, o fermento e o sal.
3 Abra a massa em uma mesa enfarinhada e corte com a boca de um copo.
4 Prepare o recheio, levando uma panela ao fogo com o açúcar com a farinha. Misture e adicione a água e as frutas até que se forme um mingau grosso, mexendo sempre para não queimar.
5 Finalize os cookies colocando o recheio no centro de cada rodela e cobrindo com outra; aperte as extremidades com os dedos. Leve para assar em forno médio preaquecido por 15 minutos.

COOKIE CLÁSSICO

- *100 g de manteiga amolecida*
- *2 colheres (sopa) de gordura vegetal*
- *¾ de xícara (chá) de açúcar refinado*
- *¾ de xícara (chá) de açúcar mascavo*
- *1 ovo*
- *1 colher (chá) de essência de baunilha*
- *2 xícaras (chá) de farinha de trigo*
- *½ colher (chá) de sal*
- *1 colher (chá) de bicarbonato de sódio*
- *½ xícara de chips de chocolate ou chocolate picado*

2 Bata a manteiga e a gordura vegetal na batedeira e acrescente os açúcares branco e mascavo, incorporando bem. Acrescente o ovo e bata até ficar bem leve. Pare de bater, retire a massa da batedeira e misture a essência de baunilha.

3 Com a ajuda de uma colher, acrescente à massa a farinha de trigo, o sal e o bicarbonato. Misture até que os ingredientes estejam incorporados, evitando bater a massa em excesso. Acrescente os chips de chocolate e misture novamente.

4 Se a massa estiver muito mole, junte um pouco mais de farinha de trigo; se estiver muito firme, coloque um pouco de leite. A textura da massa deve ser de sorvete bem cremoso, porém firme.

5 Coloque colheradas da massa em uma assadeira não untada; cada colherada deve equivaler a 1 colher de sopa cheia. Deixe um espaço de 5 cm entre os cookies, pois eles se espalham. Asse em forno médio preaquecido por cerca de 8 minutos, retire e deixe esfriar um pouco antes de retirar da assadeira. Asse uma assadeira por vez no centro do forno.

Nota: Você pode substituir os chips de chocolate por chocolate granulado ou picado, ou ainda por nozes.

SUSPIRO DIFERENTE

- *250 g de açúcar*
- *250 g de fécula de batata*
- *1 colher (chá) de fermento em pó*
- *3 claras em neve*
- *Raspa da casca de 1 limão*

1 Misture e amasse tudo muito bem.

2 Faça bolinhas bem pequenas (elas crescem muito), achate-as e leve para assar em forno baixo preaquecido por 10 minutos.

Língua de Gato

- *4 claras*
- *7 gemas*
- *400 g de açúcar*
- *150 g de farinha de trigo*
- *150 g de fécula de batata*
- *1 colher (chá) de essência de baunilha*

1 Bata bem as claras, junte as gemas e o açúcar e bata mais.
2 Acrescente a farinha peneirada, a fécula e, por último, a essência de baunilha. Se a massa ficar muito mole, acrescente mais um pouco de fécula de batata.
3 Depois de tudo bem amassado, com um saco de confeitar forme os biscoitos em assadeiras untadas e enfarinhadas.
4 Asse em forno médio preaquecido por 10 minutos.

Palito Francês

- *500 g de farinha de trigo*
- *4 colheres (sopa) de açúcar*
- *1 colher (chá) de fermento em pó*
- *1 pitada de sal*
- *Vanilina em pó*
- *3 colheres (sopa) de manteiga*
- *2 ovos inteiros*
- *¼ de xícara (chá) de leite*
- *1 gema*
- *Açúcar cristal*

1 Em uma tigela, peneire a farinha, o açúcar, o fermento, o sal e a vanilina.
2 Misture 2 colheres (sopa) de manteiga, os ovos inteiros e o leite e amasse até que a massa não grude nas mãos.
3 Abra a massa com um rolo, não a deixando muito fina. Pincele com a gema e a manteiga restante e polvilhe bastante açúcar cristal.
4 Corte os palitos com o tamanho de 1 cm x 6 cm, aproximadamente. Coloque em uma assadeira untada e leve para assar em forno baixo preaquecido por 10 minutos.

PINGO AÇUCARADO

- *6 ovos*
- *1 colher (café) de sal*
- *1 colher (café) de fermento em pó*
- *Farinha de trigo*
- Calda de açúcar *em ponto de fio (pág. 645)*

1 Junte os ovos, o sal e o fermento. Adicione a farinha aos poucos, até que a massa não grude nas mãos.
2 Faça rolinhos, corte biscoitos bem pequenos e frite em óleo quente.
3 Depois de fritos, mergulhe na calda em ponto de fio quente e retire imediatamente.

TENTAÇÃO

- *250 g de manteiga*
- *2 colheres (sopa) de açúcar*
- *500 g de farinha de trigo*
- *2 cálices de cerveja*
- *½ colher (chá) de sal*
- *Açúcar cristal*

1 Misture a manteiga com o açúcar; junte a farinha de trigo (peneirada), a cerveja e o sal.
2 Amasse tudo muito bem. Forme biscoitos bem pequeninos, passe em açúcar cristal e ponha em tabuleiros untados e polvilhados.
3 Asse em forno médio preaquecido por 15 minutos.

ROSQUINHA FRITA

- *3 xícaras (chá) de farinha de trigo*
- *2 colheres (chá) de fermento em pó*
- *1 colher (chá) de sal*
- *½ xícara (chá) de açúcar*
- *1 colher (sopa) de banha*
- *1 colher (sopa) de manteiga*
- *2 ovos*
- *½ xícara (chá) de leite*

1 Peneire os ingredientes secos; depois misture tudo, juntando o leite aos poucos, até obter uma massa que não pegue nas mãos.
2 Abra com o rolo até ficar com 1 cm de espessura e corte em rodelas com cortador próprio ou com a boca de uma xícara de chá, furando no centro com um pequeno cortador ou com um cálice.
3 Frite em bastante óleo quente, aos poucos, virando, até ficarem inchadinhas e coradas.

DOUGHNUT

- *15 g de fermento biológico*
- *½ xícara (chá) de leite*
- *2 xícaras (chá) de farinha de trigo*
- *1 pitada de sal*
- *½ xícara (chá) de açúcar*
- *2 colheres (sopa) de manteiga*
- *1 ovo inteiro*
- *1 gema*
- *Açúcar de confeiteiro ou o glacê de sua preferência (pág. 650)*

1 Dissolva o fermento no leite morno.
2 Em uma tigela, bata bem a farinha com o sal, o açúcar, o leite, a manteiga, o ovo inteiro e a gema até obter uma massa que possa ser trabalhada com as mãos.
3 Amasse até que a massa se torne tão lisa que não grude nas mãos.
4 Deixe descansar durante 1 hora e amasse de novo por 2 minutos.
5 Abra a massa com o rolo na espessura de 1 cm. Recorte discos de 6 cm de diâmetro com a boca de um copo.
6 Com uma tampinha de garrafa pet, retire uma rodela do meio de cada disco e deixe as rosquinhas crescerem cobertas com um pano por mais 30 minutos.
7 Então, em bastante óleo, dos dois lados, frite até ficarem coradas. Polvilhe açúcar de confeiteiro ou cubra com glacê.

ROSQUINHA ALEMÃ

- *1 kg de farinha de trigo*
- *500 g de manteiga*
- *1 pitada de sal*
- *300 ml de cerveja*
- *Açúcar cristal*

1 Amasse a farinha com a manteiga e o sal; junte a cerveja e torne a amassar muito bem.
2 Quando a massa estiver lisa e homogênea, forme as rosquinhas, passe em açúcar cristal e leve ao forno médio preaquecido por 20 minutos.

ROSQUINHA PARA CHÁ

- *250 g de farinha de trigo*
- *250 g de fécula de batata*
- *250 g de açúcar*
- *125 g de manteiga*
- *4 ovos*

1 Junte todos os ingredientes, amasse bastante e, quando a massa estiver lisa e homogênea, dê forma às rosquinhas.
2 Asse em forno médio preaquecido, em assadeiras untadas e enfarinhadas, por 20 minutos.

ROSQUINHA AO LEITE FRITA

- *395 g de leite condensado*
- *3 ovos*
- *2 colheres (sopa) de fermento em pó*
- *Farinha de trigo*
- *Açúcar*
- *Canela em pó*

1 Junte o leite condensado, os ovos e o fermento. Amassando, adicione farinha de trigo aos poucos, até a massa se soltar das mãos.
2 Faça as rosquinhas do formato que quiser, frite em óleo quente e, depois, polvilhe açúcar e canela.

ROSQUINHA AROMÁTICA

- *3 xícaras (chá) de farinha de trigo*
- *2 ovos*
- *1 colher (sopa) de manteiga*
- *3 colheres (chá) de açúcar*
- *1 colher (sopa) de fermento em pó*
- *½ colher (chá) de noz-moscada em pó*
- *½ colher (chá) de canela em pó*
- *Leite, se necessário*

1 Junte a farinha, os ovos, a manteiga, 1 colher (sopa) de açúcar, o fermento, a noz-moscada, a canela e, para deixar a massa lisa, se precisar, acrescente leite. Amasse bem.
2 Abra a massa na espessura de 0,5 cm.
3 Corte as rosquinhas com a boca de um copo e, no centro, tire uma rodela com a boca de um cálice.
4 Frite as rosquinhas em óleo quente, escorra e passe no açúcar restante.

ROSQUINHA RÚSTICA

- *1 colher (chá) de açúcar*
- *2 colheres (sopa) de manteiga*
- *1 gema*
- *250 ml de leite*
- *1 colher (sopa) de bicarbonato de sódio*
- *1 pitada de sal*
- *3 xícaras (chá) de farinha de trigo*
- *Farinha de rosca*

1 Bata o açúcar com a manteiga; junte a gema, o leite, o bicarbonato de sódio e o sal. Amasse bem e vá adicionado a farinha de trigo aos poucos. A massa não deve ficar muito seca. Deixe descansar por 1 hora.

2 Faça as rosquinhas e leve por 15 minutos ao forno médio preaquecido, em tabuleiro untado e polvilhado com farinha de rosca.

ROSCA SECA

- *50 g de fermento biológico*
- *1½ kg de farinha de trigo*
- *1 pitada de sal*
- *6 ovos*
- *8 colheres (sopa) de açúcar*
- *4 colheres (sopa) de gordura*
- *Água morna*

1 De véspera, dissolva o fermento em um pouco de água morna e misture em 500 g de farinha. Amasse bem, cubra com um pano e deixe descansar por 8 a 12 horas.

2 Passado esse tempo, dissolva o sal em mais água morna. Polvilhe o restante da farinha sobre uma mesa, junte os ovos, o açúcar e a gordura. Adicione a água morna com sal aos poucos, enquanto amassa, até dar o ponto da massa. Ela deve ser bem seca. Junte o fermento feito na véspera e amasse bastante.

3 Dê forma às roscas e leve para assar em forno médio preaquecido por 25 minutos.

PERNA DE FIDALGO

- *250 g de farinha de trigo*
- *75 g de açúcar*
- *25 g de manteiga*
- *Raspas da casca de ½ limão*
- *1 colher (café) de fermento em pó*
- *1 colher (café) de sal*
- *Água*
- *1 gema batida*

1 Misture todos os ingredientes até que a massa fique lisa e homogênea.

2 Corte tiras, torça-as e enrole-as em forma de rosquinhas alongadas.

3 Coloque as rosquinhas em assadeiras untadas, pincele a gema e leve ao forno médio preaquecido por 20 minutos.

ROSQUINHA DE MAISENA

- *3 gemas*
- *100 g de açúcar*
- *125 g de manteiga*
- *200 g de amido de milho*
- *75 g de farinha de trigo*

1 Bata as gemas com o açúcar e a manteiga, aquecendo ligeiramente a preparação em banho-maria.
2 Retire do banho-maria e continue mexendo até esfriar.
3 Peneire o amido de milho e a farinha e junte à mistura, mexendo bem com uma colher.
4 Coloque a massa sobre a mesa e, sem amassar, forme com ela uma bola.
5 Corte a bola de massa em pedacinhos, faça rolinhos e depois una as pontas dando o formato de rosquinhas.
6 Coloque as rosquinhas em assadeiras untadas e asse em forno médio preaquecido por 15 minutos, ou até que fiquem levemente douradas.

ROSQUINHA DE CACHAÇA

- *1 kg de farinha de trigo*
- *½ xícara (chá) de açúcar*
- *1 colher (sopa) de manteiga*
- *2 colheres (sopa) de banha*
- *125 ml de cachaça*
- *4 ovos*
- *2 colheres (sopa) de fermento em pó*
- *1 colher (chá) de sal*
- *1 xícara (chá) de leite*

1 Misture todos os ingredientes e vá amassando até a massa ficar lisa e desgrudar da mão.
2 Deixe descansar por 2 horas e, depois, forme rosquinhas bem pequenas.
3 Em uma assadeira untada, leve para assar em forno médio preaquecido por 10 minutos.

Sequilhos

Sequilhos

SEQUILHO

- *500 g de amido de milho*
- *250 g de açúcar*
- *4 colheres (sopa) de leite*
- *4 colheres (sopa) de manteiga*
- *1 ovo*
- *1 pitada de sal*

1 Junte todos os ingredientes em uma vasilha e amasse tudo muito bem.

2 Faça bolinhas e achatea-as para formar os sequilhos. Em uma assadeira untada, leve em forno médio preaquecido por 20 minutos.

SEQUILHO DE MAISENA

- *½ colher (sopa) de sementes de erva-doce*
- *¼ de xícara (chá) de amido de milho*
- *¼ de xícara (chá) de farinha de trigo*
- *¼ de xícara (chá) de açúcar*
- *1 colher (sopa) de manteiga*
- *½ colher (sopa) de gordura vegetal*
- *2 ovos*

1 Triture bem as sementes de erva-doce em um pilão.

2 Junte todos os ingredientes em uma vasilha e amasse bastante. A massa fica farinhenta.

3 Faça bolinhas e achatea-as para formar os sequilhos. Em uma assadeira untada e enfarinhada, leve em forno médio preaquecido por 20 minutos.

SEQUILHO PAULICEIA

- *3 ovos separados*
- *1 xícara (chá) de açúcar*
- *1½ colher (sopa) de manteiga*
- *3 xícaras (chá) de polvilho doce*
- *1½ xícara (chá) de amido de milho*
- *1½ colher (sopa) de banha*
- *1 colher (café) de sal*
- *1 colher (sopa) de fermento em pó*
- *1 colher (café) de canela em pó*
- *Farinha de trigo (opcional)*

1 Bata as claras em neve e reserve.

2 Misture o açúcar com a manteiga, o polvilho peneirado, o amido de milho, as gemas, a banha e as claras batidas em neve.

3 Junte o sal, o fermento em pó e a canela, amassando tudo muito bem. Se for necessário, adicione um pouco de farinha de trigo para dar liga à massa.

4 Faça bolinhas, achatea-as e marque com um garfo para formar os sequilhos. Em uma assadeira untada e enfarinhada, leve em forno médio preaquecido por 20 minutos.

SEQUILHO DE NATA

- *250 g de nata*
- *200 g de açúcar*
- *1 ovo*
- *1 colher (sopa) de manteiga*
- *1 colher (chá) de fermento em pó*
- *Amido de milho*

1 Junte todos os ingredientes e vá amassando com amido de milho até a massa despregar das mãos.

2 Faça bolinhas, achatea-as e marque com um garfo para formar os sequilhos. Em uma assadeira untada e enfarinhada, leve em forno médio preaquecido por 20 minutos.

SEQUILHO DE POLVILHO

- *125 g de açúcar*
- *4 colheres (sopa) de manteiga*
- *2 ovos*
- *1 kg de polvilho doce*
- *125 g de coco fresco ralado*

1 Amasse rapidamente com a ponta dos dedos o açúcar com a manteiga. Junte os ovos e misture bem. Amasse o açúcar com a manteiga. Adicione o polvilho peneirado e incorpore bem à massa. Por último, adicione o coco ralado e termine de amassar.

2 Faça bolinhas, achatea-as e marque com um garfo para formar os sequilhos. Em uma assadeira untada e enfarinhada, leve em forno médio preaquecido por 20 minutos.

MOCINHA

- *1 kg de polvilho doce*
- *250 g de manteiga*
- *300 g de açúcar*
- *200 ml de leite de coco*
- *3 gemas*

1 Reserve ½ xícara do polvilho para forrar as assadeiras.

2 Junte ao restante do polvilho, a manteiga, depois o açúcar, em seguida o leite de coco e, por último, as gemas. Amasse tudo muito bem.

3 Faça bolinhas, achatea-as e marque com um garfo para formar os sequilhos. Em assadeiras salpicadas do polvilho restante, leve em forno médio preaquecido por 20 minutos.

Tortas e Pasteizinhos

Tortas e Pasteizinhos

Tortas

Pasteizinhos

"As tortas, uma das sobremesas mais apreciadas entre os estrangeiros, tornaram--se também quase um hábito entre nós, pois sempre que oferecemos um jantar, mesmo a pessoas muito íntimas, nos lembramos de mandar fazer ou de preparar pelas nossas próprias mãos uma torta qualquer."

Texto da edição de 1944 de *Dona Benta*.

TORTAS

Tortas

As tortas estão entre as sobremesas mais apreciadas. As doces são uma boa opção para finalizar qualquer refeição e também caem bem como lanche ou acompanhamento de chás.

Há fôrmas especiais para tortas. E, talvez a mais prática delas seja a com arc removível, o que facilita bastante o preparo das receitas. Entre as boas opções estão também os refratários para tortas, que distribuem o calor por igual, assando a torta com perfeição.

Entretanto, para fazer uma torta não é indispensável contar com fôrmas especiais; podemos fazê-las em qualquer travessa de vidro ou cerâmica que possa ir ao forno, em uma fôrma rasa, em uma assadeira de alumínio ou antiaderente.

O principal da torta é o recheio; a massa pouco varia. A receita da massa básica dada a seguir pode ser dobrada ou feita com a metade da quantidade dos ingredientes, de acordo com o tamanho da torta que será preparada. Embora algumas tortas indiquem uma massa diferente, a receita de massa básica pode ser usada em todas elas.

Os estrangeiros costumam acompanhar as tortas com um creme servido à parte. Esse creme geralmente é feito com um pouco de leite, açúcar, 1 ou 2 gemas, uma colher (chá) de maisena e algumas gotas de baunilha ou suco de laranja ou limão, e levado ao fogo até ficar firme. Outras opções é servir a torta acompanhada de chantilly ou sorvete de creme.

MASSA BÁSICA PARA TORTAS DOCES

- *1 xícara (chá) de manteiga*
- *3 colheres (sopa) de açúcar*
- *1 pitada de sal*
- *1 xícara (chá) de o amido de milho*
- *2 xícaras (chá) de farinha de trigo*
- *½ xícara (chá) de água gelada*
- *1 gema*

1 Misture a manteiga com o açúcar e o sal.

2 Junte o amido de milho, a farinha e a água.

3 Se necessário, adicione um pouco mais de farinha, para que a massa fique lisa e macia.

4 Enfarinhe a mesa e, com um rolo, estique a massa sobre ela.

5 Para montar a torta, forre a fôrma com metade da massa; sobre ela, coloque o recheio escolhido; feche a torta com a outra metade da massa, apertando bem as bordas. Pincele com a gema e leve para assar em forno preaquecido.

MASSA AMERICANA PARA TORTAS

- *2 xícaras (chá) de farinha de trigo*
- *1 colher (chá) de sal*
- *⅔ de xícara (chá) de gordura vegetal*
- *¼ de xícara (chá) de água*

1 Com a farinha de trigo faça um monte com um buraco ao meio.

2 Salpique o sal e coloque sobre a farinha a gordura vegetal no buraco.

3 Com a ponta dos dedos, desmanche a gordura e misture rapidamente à farinha até obter uma textura grossa.

4 Acrescente a água aos poucos, até a massa adquirir liga. Evite trabalhar a massa em excesso.

5 Embrulhe em um plástico filme e leve à geladeira por 30 minutos.

6 Abra a massa gelada e coloque o recheio escolhido sobre ela.

Nota: Esta receita rende uma torta com tampa de 24 cm.

CHEESECAKE COM FRAMBOESA

- *200 g de bolacha água e sal*
- *80 g de manteiga derretida*
- *1⅓ de xícara (chá) de açúcar*
- *800 g de* cream cheese *(queijo cremoso)*
- *1 colher (chá) de essência de baunilha*
- *3 colheres (sopa) de farinha de trigo*
- *3 ovos grandes*
- *1 xícara (chá) de iogurte natural*
- *1 colher (chá) de raspas de casca de limão*
- *200 g de geleia de framboesa*

1 Forre com papel-manteiga o fundo de uma fôrma de fundo removível com 24 cm de diâmetro.

2 Triture as bolachas finamente. Coloque a manteiga derretida, a bolacha e 2 colheres (sopa) de açúcar em uma tigela e incorpore bem. Forre o fundo da fôrma com a massa de bolachas, pressionando bem.

3 Aqueça o forno a 160 °C (baixo).

4 Coloque na batedeira o cream cheese, o restante do açúcar e a baunilha, bata até estar cremoso. Acrescente a farinha de trigo e continue batendo. Adicione os ovos, um a um, após cada ovo estar bem incorporado. Junte o iogurte e as raspas da casca de limão. Misture e cubra a massa com o recheio.

5 Leve ao forno por 1 hora. Retire do forno e passe imediatamente uma faca na borda da fôrma para que o *cheesecake* não grude nas laterais. Deixe esfriar por 15 minutos e coloque, ainda quente, na geladeira. Deixe gelar por 6 horas, no mínimo. Cubra a torta com a geleia de framboesas.

TORTA ALEMÃ DE RICOTA

- *500 g de ricota fresca*
- *4 ovos separados*
- *125 g de manteiga*
- *2 xícaras (chá) de açúcar*
- *1 pitada de sal*
- *1 colher (café) de raspas de casca de limão*
- *¾ de xícara (chá) de farinha de trigo*
- *1 colher (chá) de fermento químico em pó*
- *150 g de uvas-passas sem sementes picadas*
- *2 colheres (sopa) amido de milho*
- *Canela em pó*

1 Passe a ricota por uma peneira.

2 Bata as claras em neve.

3 Bata a manteiga até virar um creme e adicione as gemas, uma a uma, e o açúcar. Sempre batendo, junte a ricota, as claras em neve, o sal, as raspas de limão, a farinha peneirada com o fermento e, por último, as uvas-passas misturadas com o amido de milho.

4 Depois de bem batida, coloque a massa em uma fôrma de torta de aro removível untada com manteiga e polvilhada com farinha e canela em pó.

5 Asse em forno baixo preaquecido. Depois de assada e ainda morna, passe a torta para um prato, deixe esfriar e cubra com açúcar e canela.

TORTA DE AMEIXA À ITALIANA

Massa:

- *1 receita de* massa básica para tortas doces *(pág. 888)*

Recheio:

- *1 kg de ameixas-pretas sem caroço*
- *250 g de açúcar*
- *200 g de uvas-passas sem caroço*
- *1 xícara (chá) de vinho branco*
- *1 xícara (chá) de água*
- *6 gemas*
- *Manteiga*

1 Prepare a massa conforme indicado na receita. Com metade da massa, forre uma fôrma untada. Reserve.

2 Corte as ameixas em pedacinhos e leve ao fogo com o açúcar, as uvas-passas, o vinho e a água. Misture até formar um creme. Junte, então, 5 gemas batidas e continue a mexer, para que o creme fique espesso e as gemas cozinhem.

3 Despeje o recheio na fôrma forrada com a massa. Abra a massa restante e corte em tiras de 2 cm. Faça um gradeado por cima do recheio.

4 Pincele o gradeado com uma gema misturada com um pouco de manteiga. Leve a torta ao forno quente preaquecido.

TORTA DE AMEIXA-PRETA

Massa:

- *1 receita de* massa básica para tortas doces *(pág. 888)*

Recheio:

- *500 g de ameixas-pretas sem caroço*
- *2 xícaras (chá) de açúcar*
- *¼ de xícara (chá) de vinho do Porto*
- *1 gema*
- *Manteiga derretida*

1 Prepare uma massa doce de torta; divida em 2 partes. Abra uma parte e forre uma fôrma. Reserve.

2 Cozinhe as ameixas com pouca água. Quando estiverem macias, tire-as com uma escumadeira e junte ao caldo o açúcar, deixando a panela no fogo até que se forme uma pasta. Coloque novamente na panela as ameixas e adicione o vinho. Deixe ferver mais um pouco.

3 Coloque o recheio na massa dentro da fôrma. Abra a massa restante, corte em tiras e faça um gradeado por cima do recheio.

4 Pincele a torta com agema misturada à manteiga e leve ao forno médio preaquecido.

TORTA DE AMÊNDOA

Massa:
- *7 ovos separados*
- *250 g de açúcar*
- *250 g de amêndoas moídas*

Recheio:
- *4 colheres (sopa) de manteiga sem sal*
- *4 colheres (sopa) de açúcar*
- *4 colheres (sopa) de chocolate em pó peneirado*
- *1 colher (café) de essência de baunilha*
- *Açúcar de confeiteiro (opcional)*

1 Bata as claras em neve. Reserve.

2 Na batedeira, bata as gemas com o açúcar e junte as amêndoas moídas. Retire da batedeira e adicione delicadamente as claras batidas em neve.

3 Forre o fundo de 2 fôrmas de mesmo tamanho com a massa e leve para assar em forno médio preaquecido. Deixe esfriar e reserve.

4 Bata a manteiga com o açúcar e junte o chocolate em pó e a essência de baunilha.

5 Cubra uma das tortas com o recheio e coloque a outra por cima, pressione levemente. Se gostar, polvilhe açúcar de confeiteiro.

TORTA AMERICANA DE MAÇÃ

Massa:
- *1 receita de* massa básica para tortas doces *(pág. 888)*

Recheio:
- *5 maçãs descascadas e fatiadas*
- *1 colher (sopa) de suco de limão*
- *¾ de xícara (chá) de açúcar*
- *2 colheres (sopa) de amido de milho*
- *1 colher (chá) de canela em pó*
- *1 pitada de noz-moscada*
- *2 colheres (sopa) de manteiga*

1 Prepare a massa conforme a receita. Deixe descansar. Divida a massa em 2 partes e, com uma delas, forre uma fôrma.

2 Em uma tigela, misture as fatias de maçã com o suco de limão, o açúcar, o amido de milho, a canela e a noz-moscada.

3 Coloque o recheio sobre a massa e salpique pedacinhos de manteiga.

4 Abra a metade da massa restante e cubra a torta. Aperte bem as bordas e faça alguns furos sobre a massa com um palito (para a saída do vapor).

5 Asse em forno médio preaquecido até que a massa esteja bem dourada.

TORTA DE BANANADA

Massa:

- *3 xícaras (chá) de farinha de trigo*
- *2 xícaras (chá) de açúcar*
- *2 colheres (sopa) de manteiga*
- *1 colher (sopa) de fermento químico em pó*
- *1 colher (sopa) de óleo*
- *3 ovos*
- *1-2 colheres (sopa) de leite (se necessário)*

Recheio:

- *Bananada pronta*
- *½ colher (chá) de canela em pó*

1 Misture todos os ingredientes da massa e amasse. Se necessário, acrescente o leite.

2 Quando a massa dado liga, ajeite com as mãos ⅔ dela dentro de uma fôrma.

3 Por cima da massa, coloque a bananada e salpique canela.

4 Corte o restante da massa em tiras de 2 cm e enfeite a torta, cruzando as tiras sobre ela, para fazer um xadrez.

5 Asse em forno médio preaquecido.

TORTA DE BANANA FÁCIL

- *5 colheres (sopa) de amido de milho*
- *5 colheres (sopa) de farinha de trigo*
- *½ xícara (chá) de óleo*
- *3 ovos*
- *½ xícara (chá) de açúcar*
- *1 xícara (chá) de leite*
- *1 colher (sobremesa) de canela*
- *1 colher (sopa) de fermento químico em pó*
- *1 colher (chá) de essência de baunilha*
- *1 colher (chá) de raspas de casca de limão*
- *6 bananas-nanicas cortadas em rodelas*
- *Açúcar de confeiteiro*

1 Bata no liquidificador todos os ingredientes, exceto as bananas e o açúcar de confeiteiro. Deixe descansar por 30 minutos.

2 Em um refratário untado e enfarinhado, coloque uma camada de massa e, depois, cubra com rodelas de banana. Intercale as camadas até terminar a massa e as bananas, finalizando com a massa.

3 Asse em forno médio preaquecido até dourar. Quando estiver morna, polvilhe açúcar de confeiteiro.

TORTA DE CEREJA

Massa:

- *1 receita de* massa americana para tortas *(pág. 907)*

Recheio:

- *⅓ de xícara (chá) de farinha de trigo*
- *1 xícara (chá) de açúcar*
- *4 xícaras (chá) de cerejas frescas sem caroço*
- *2 colheres (sopa) de manteiga*
- *Açúcar de confeiteiro (opcional)*

1 Prepare a massa conforme indicado na receita.

2 Em uma tigela, coloque a farinha de trigo e o açúcar. Adicione as cerejas e misture bem. Reserve.

3 Abra ⅔ da massa e forre uma fôrma com 22 cm de diâmetro. Coloque o recheio dentro da massa.

4 Abra o restante da massa e corte tiras de 1 cm a 2 cm de largura. Cruze as tiras sobre a torta para fazer um gradeado. Aperte as emendas.

5 Asse em forno médio preaquecido por cerca de 35 minutos ou até que a massa esteja dourada e o recheio, borbulhando.

6 Retire do forno e deixe amornar antes de remover da fôrma. Se desejar, salpique açúcar de confeiteiro.

TORTA DE COCADA

Massa:

- *2 xícaras (chá) de farinha de trigo*
- *½ xícara (chá) de açúcar*
- *2 colheres (chá) de fermento químico em pó*
- *2 colheres (sopa) de manteiga*
- *2 colheres (sopa) de leite*
- *2 gemas*

Recheio:

- *2 xícaras (chá) de coco ralado*
- *2 xícaras (chá) de açúcar*
- *2 gemas*
- *2 colheres (sopa) de farinha de trigo*
- *250 ml de leite*

Cobertura:

- *3 claras*
- *½ xícara (chá) de açúcar*

1 Misture todos os ingredientes da massa e amasse até que fique lisa e uniforme. Estique a massa em uma assadeira e fure com um garfo. Asse em forno baixo preaquecido por 20 minutos ou até estar levemente dourada. Retire do forno, deixe esfriar e reserve.

2 Em uma panela, leve todos os ingredientes do recheio ao fogo baixo, mexendo até dar o ponto de cocada mole. Reserve.

3 Bata as claras em neve. Junte o açúcar e bata um pouco mais.

4 Cura a massa com o recheio e, por cima de tudo, coloque a clara em neve. Leve novamente ao forno baixo ou ao grill preaquecido, apenas para dourar o suspiro.

Torta de Coco

Massa:

- *½ receita de* massa básica para tortas doces *(pág. 888)*

Recheio:

- *4 xícaras (chá) de leite*
- *125 g de coco fresco ralado*
- *6 gemas*
- *2 colheres (sopa) de amido de milho*
- *⅓ de xícara (chá) de açúcar*

1 Prepare a receita da massa conforme indicado. Reserve.

2 Em uma caneca, ferva o leite. Junte o coco ralado e deixe ferver novamente. Tire do fogo, coe em um pano e esprema bem para tirar o leite do coco. Reserve o coco espremido.

3 Misture as gemas, o amido de milho e o açúcar ao leite de coco e leve ao fogo novamente para engrossar.

4 Estenda a massa em uma assadeira, fure-a com um garfo para não estufar e coloque sobre ela o recheio pronto.

5 Salpique o coco ralado espremido e leve para assar em forno médio preaquecido.

Torta de Frutas em Calda

Massa:

- *200 g de farinha de trigo*
- *1 colher (café) de fermento químico em pó*
- *100 g de açúcar*
- *1 ovo*
- *2 colheres (sopa) de leite*

Creme:

- *1 colher (sopa) de amido de milho*
- *125 g de açúcar*
- *2 gemas*
- *250 ml de leite*
- *1 colher (café) de essência de baunilha*

Montagem:

- *1 xícara (chá) de pêssegos em calda escorridos e fatiados*
- *½ xícara (chá) de figos em calda escorridos e cortados em gomos*
- *½ xícara (chá) de ameixas-pretas sem caroços e cortadas em quatro*

1 Em uma tigela, coloque a farinha peneirada com o fermento; no centro acrescente o açúcar, o ovo e o leite. Amasse e misture tudo, sem sovar. Leve à geladeira por 30 minutos.

2 Espalhe a massa no fundo de uma fôrma untada com aro removível e asse em forno médio preaquecido. Reserve.

3 Em uma panela, junte o amido de milho, o açúcar, as gemas, o leite e a baunilha. Leve ao fogo e dissolve tudo muito bem, mexendo até ferver. Deixe 2 minutos fervendo, retire do fogo e mexa até esfriar um pouco.

4 Espalhe o recheio sobre a massa. Indo da borda para o centro, posicione sobre o recheio um círculo com as fatias de pêssego, outro de figos, depois um de ameixa até cobrir por completo.

5 Leve à geladeira e só desenforme no momento de servir.

TORTA DE FRUTAS SECAS

- *2 colheres (sopa) de manteiga*
- *½ xícara (chá) de água fervente*
- *¼ de xícara (chá) de suco de laranja*
- *1 colher (sopa) de raspas da casca de laranja*
- *1 xícara (chá) de açúcar*
- *½ colher (chá) de essência de amêndoas*
- *2 ovos levemente batidos*
- *½ xícara (chá) de nozes ou amêndoas picadas*
- *1½ xícara (chá) de frutas cristalizadas picadas*
- *1½ xícara (chá) de farinha de trigo*
- *½ xícara (chá) de amido de milho*
- *¼ de colher (chá) de bicarbonato de sódio*
- *2 colheres (chá) de fermento químico em pó*
- *½ colher (chá) de sal*
- *Açúcar de confeiteiro*

1 Em uma tigela, coloque a manteiga e despeje sobre ela a água fervente, mexendo até dissolvê-la. Deixe esfriar.

2 Incorpore o suco e as raspas de laranja. Adicione o açúcar, a essência de amêndoas, os ovos, as nozes e as frutas secas.

3 Peneire os ingredientes secos, exceto o açúcar de confeiteiro, e misture à preparação.

4 Despeje em uma fôrma de pudim untada e enfarinhada e asse em forno médio preaquecido por 45 minutos ou até secar.

5 Retire do forno, desenforme e deixe esfriar.

6 Polvilhe açúcar de confeiteiro antes de servir.

TORTA DE GOIABADA

Massa:

- *1 xícara (chá) de maisena*
- *2½ xícaras (chá) de farinha de trigo*
- *⅔ de xícara (chá) de óleo*
- *½ colher (chá) de bicarbonato de sódio*
- *1 colher (chá) de fermento químico em pó*
- *1½ xícara (chá) de açúcar*
- *Suco e raspas de ½ limão*
- *1 colher (chá) de canela em pó*
- *2 ovos*

Recheio:

- *500 g de goiabada*
- *Suco de 2 laranjas*

1 Com a ponta dos dedos, misture levemente todos os ingredientes da massa até formar uma farofa grossa.

2 Coloque metade da farofa em uma fôrma de fundo removível untada.

3 Acomode o recheio sobre a massa e cubra com o restante da farofa.

4 Leve ao forno médio preaquecido por 35 minutos ou até dourar.

TORTA GELADA DE DOCE DE LEITE

- *200 g de açúcar*
- *120 g de manteiga*
- *4 gemas*
- *600 g de creme de leite sem soro*
- *400 g de bolacha maisena*
- *12 cerejas em calda*
- *250 g de doce de leite pastoso*
- *200 g de amendoim torrado sem pele e sem sal*

1 Na batedeira, bata 150 g do açúcar com a manteiga até a mistura ficar clara e cremosa.

2 Em uma tigela de vidro ou panela própria, misture as gemas com o açúcar restante e leve ao banho-maria, mexendo sem parar, até obter ponto de gemada.

3 Retire do fogo, junte a gemada ao creme de manteiga e continue misturando com um batedor de arame. Junte o creme de leite e incorpore rapidamente para não talhar. Reserve.

4 Forre uma fôrma de 25 cm com aro removível com uma camada de bolachas, regue com um pouco da calda das cerejas, coloque uma camada de creme. Espalhe levemente algumas colheradas do doce de leite com uma espátula e salpique um pouco do amendoim. Continue a montar as camadas até terminar os ingredientes, finalizando com uma camada de creme salpicado de amendoim.

5 Leve à geladeira por, no mínimo, 8 horas. Desenforme e decore com as cerejas.

TORTA INVERTIDA DE MAÇÃ

- *2 maçãs descascadas e fatiadas*

Calda:

- *1½ xícara (chá) de açúcar*
- *1 colher (sobremesa) de manteiga*
- *½ xícara (chá) de água fervente*

Creme:

- *3 xícaras (chá) de leite*
- *6 colheres (chá) de amido de milho*
- *1 colher (chá) de essência de baunilha*
- *1 gema*
- *½ xícara (chá) de açúcar*

Massa (pão de ló):

- *3 ovos separados*
- *3 colheres (sopa) de açúcar*
- *3 colheres (sopa) de farinha de trigo*
- *1 colher (chá) de fermento químico em pó*

1 Para preparar a calda, leve ao fogo o açúcar, a manteiga e a água fervente até caramelar.

2 Forre um refratário com a calda obtida e, em seguida, acomode nela as maçãs descascadas e fatiadas.

3 Faça um creme com o leite, o amido de milho, a baunilha, a gema e o açúcar, cozinhando-os até engrossar. Despeje-o sobre as maçãs.

4 Para fazer o pão de ló, bata as claras em neve. Depois, acrescente as gemas e continue batendo. Adicione o açúcar e, sempre batendo, coloque a farinha e o fermento.

5 Despeje a massa de pão de ló sobre o creme e asse em forno médio preaquecido por 40 minutos ou até dourar.

TORTA DE LIMÃO

Massa:
- *2 gemas*
- *2 colheres (sopa) de amido de milho*
- *2 colheres (sopa) de manteiga*
- *2 colheres (chá) de açúcar*
- *1 colher (chá) de fermento químico em pó*
- *1 colher (café) de sal*
- *1 xícara (chá) de farinha de trigo*

Recheio:
- *395 g de leite condensado*
- *¼ de xícara (chá) de suco de limão*

Cobertura:
- *2 claras*
- *2 colheres (sopa) de açúcar*

1 Junte todos os ingredientes da massa e vá pondo farinha até a massa ficar consistente, mas ainda maleável para ser aberta.

2 Estique a massa sobre o fundo e a lateral de uma fôrma de fundo removível e faça furos com um garfo para que não estufe. Asse em forno baixo preaquecido por 10 minutos. Reserve.

3 Em uma tigela, bata o leite condensado e vá acrescentando o suco de limão aos poucos, até o creme encorpar. Se gostar de um creme mais azedo, adicione mais suco de limão.

4 Bata as claras em neve. Depois acrescente o açúcar e continue batendo até obter o ponto de pico.

5 Coloque o creme obtido sobre a massa já assada e adicione a cobertura.

6 Leve ao forno baixo ou ao grill preaquecido apenas para dorar.

TORTA DE LIMÃO À MODA AMERICANA

Massa:
- *½ receita de* massa americana para tortas *(pág. 888)*

Recheio:
- *⅓ de xícara (chá) de amido de milho*
- *1⅓ de xícara (chá) de açúcar*
- *1¼ de xícara (chá) de água*
- *3 gemas levemente batidas*
- *½ xícara (chá) de suco de limão*
- *1 colher (chá) de raspas da casca de limão*
- *2 colheres (sopa) de manteiga*

Cobertura:
- *3 claras*
- *1 pitada de sal*
- *⅓ de xícara (chá) de açúcar*

1 Prepare a massa conforme indicado na receita e abra-a com a espessura de ½ cm. Forre um refratário de 22 cm de diâmetro com a massa, retire o excesso das bordas, faça alguns furos no fundo com a ponta de um garfo e leve ao forno preaquecido para assar por cerca de 15 minutos ou até que esteja dourada. Retire do forno e reserve.

2 Para o recheio, misture em uma panela a o amido de milho e o açúcar. Acrescente a água aos poucos e leve a mistura ao fogo baixo. Mexa sempre e deixe ferver por 1 minuto. Retire do fogo e despeje um pouco dessa mistura sobre as gemas, incorpore bem. Junte ao restante do creme e leve novamente ao fogo. Cozinhe por mais 1 minuto, misturando bem.

3 Retire do fogo e acrescente o suco de limão, as raspas da casca e a manteiga. Misture muito bem e despeje sobre a massa. Reserve.

4 Para a cobertura, bata em uma batedeira as claras com uma pitada de sal até que estejam bem firmes, vá acrescentando o açúcar aos poucos com a batedeira ligada e até que o suspiro esteja firme.

5 Cubra a torta com colheradas de suspiro, tendo o cuidado de espalhar o merengue até a borda da torta. Leve a torta ao forno médio preaquecido para dourar o suspiro.

6 Deixe na geladeira por 4 horas ou mais antes de servir.

TORTA DE MAÇÃ COM NOZES

Massa:

- *60 g de manteiga*
- *1 colher (sopa) de açúcar*
- *1 pitada de sal*
- *1 ovo*
- *1 colher (chá) de fermento químico em pó*
- *¾ de xícara (chá) de leite*
- *250 g de farinha de trigo*

Recheio:

- *4 maçãs cortadas em fatias*
- *150 g de xerém de amêndoas*
- *250 g de mix de uvas-passas claras e escuras sem sementes*
- *½ xícara (chá) de vinho do porto*
- *2 colheres (sopa) de açúcar*
- *150 g de frutas cristalizadas picadas*

Montagem:

- *1 gema*

1 Para preparar a massa, bata bem a manteiga e junte o açúcar, o sal e o ovo. Dissolva o fermento no leite morno e misture ao creme da manteiga. Adicione, por fim, a farinha e misture até soltar das mãos. Deixe a massa descansar por 30 minutos.

2 Prepare o recheio cortando as maçãs em fatias. Adicione as amêndoas e depois os outros ingredientes; misture tudo muito bem.

3 Para montar a torta, abra ⅔ da massa e e forre o fundo e os lados de uma fôrma. Coloque o recheio. Por cima, faça um gradeado com o restante da massa e pincele com a gema. Asse em forno médio preaquecido por 30 minutos ou até dourar.

TORTA DE MAÇÃ À FRANCESA

Massa:

- *1 xícara (chá) de farinha de trigo*
- *1 pitada de sal*
- *2 colheres (sopa) de açúcar*
- *100 g de manteiga*
- *1 ovo*
- *1 xícara (café) de água gelada*

Recheio:

- *4 maçãs grandes red delicious (argentina) ou verdes descascadas e fatiadas*
- *1 colher (sopa) de suco de limão*
- *Açúcar*
- *100 g de manteiga*

Montagem:

- *Açúcar de confeiteiro*
- Creme chantilly *(pág. 658)*.

1 Para preparar a massa, misture a farinha, o sal e 1 colher (sopa) de açúcar. Peneire, faça uma cavidade no meio e coloque nela a manteiga e o ovo. Amasse e adicione a água aos poucos. Coloque a massa em um saco plástico e deixe-a na geladeira até o dia seguinte. No dia seguinte, abra metade da massa até a espessura de 0,5 cm. Forre o fundo e a lateral de uma fôrma de 22 cm de diâmetro untada. Reserve.

2 Para preparar o recheio, regue as fatias de maçãs com o suco de limão. Adicione o açúcar a gosto e a manteiga em pedacinhos. Coloque o recheio na fôrma. Abra a massa restante e cubra a torta. Faça alguns furos com um garfo e leve ao forno médio preaquecido quente por 25 minutos.

3 Depois de assada, polvilhe a torta ainda quente com açúcar de confeiteiro e sirva com chantilly.

TORTA DE MAÇÃ SEM MASSA

- *4 maçãs descascadas e fatiadas*
- *395 g de leite condensado*
- *3 ovos separados*
- *3 colheres (sopa) de açúcar*

1 Arrume as maçãs em um refratário não untado.

2 Misture o leite condensado com as gemas, despeje sobre as maçãs e leve ao forno médio preaquecido por 20 minutos para assar as maçãs. Reserve.

3 Bata as claras em neve, junte o açúcar e coloque o suspiro por cima da torta.

4 Leve ao forno baixo ou grill preaquecido por 10 minutos para dourar e, em seguida, deixe esfriar.

5 Deixe gelar até o momento de servir.

Nota: *Esta mesma receita pode ser preparada com bananas ou peras.*

TORTA-MUSSE DE CHOCOLATE

- *6 ovos*
- *250 g açúcar*
- *250 g manteiga*
- *250 g de chocolate em pó*

Acompanhamento:

- Creme chantilly *(pág. 658).*

1 Separe 3 claras, bata em neve e leve à geladeira.

2 Coloque as gemas e as claras restantes em um recipiente. Acrescente metade do açúcar e misture bem. Leve a mistura ao banho-maria e cozinhe mexendo sem parar, até que a mistura atinja uma temperatura de cerca de 70 °C. Retire imediatamente e deixe esfriar.

3 Aqueça o forno na temperatura média. Coloque a manteiga em temperatura ambiente na batedeira e o açúcar restante. Bata por 10 minutos, até obter uma mistura bem lisa e macia. Acrescente aos poucos a mistura de ovos, batendo por mais 10 minutos. Peneire o chocolate em pó e vá juntando aos poucos à massa.

4 Quando o chocolate estiver totalmente incorporado, leve a massa à geladeira por 10 minutos. Misture delicadamente as claras em neve à massa. Unte e enfarinhe uma fôrma de aro removível de 22 cm e coloque ¼ da massa no fundo, alise bem e leve ao forno por 15 minutos. Retire do forno e deixe esfriar. Acrescente a musse restante sobre a massa e leve à geladeira por 6 horas, no mínimo.

5 Sirva acompanhada de chantilly.

TORTA SIMPLES DE MAÇÃ

- *2 colheres (sopa) de manteiga*
- *5 colheres (sopa) de açúcar*
- *1 colher (café) de fermento químico em pó*
- *1 pitada de sal*
- *2 colheres (sopa) de leite*
- *1 xícara (chá) de farinha de trigo*
- *3 maçãs verdes*
- *Canela em pó*

1 Misture em uma tigela a manteiga, 2 colheres (sopa) de açúcar, o fermento, o sal e o leite. Vá amassando e juntando farinha de trigo aos poucos e apenas o bastante para dar liga à massa, deixando-a lisa e macia.

2 Estenda a massa em uma fôrma untada e fure-a com um garfo.

3 Descasque e fatie as maçãs.

4 Coloque sobre a massa fatias finas de maçã e açúcar e canela a gosto, finalizando salpicando.

5 Asse em forno médio preaquecido por 20 minutos.

TORTA DE MAÇÃ HÚNGARA

Massa:

- *250 g de farinha de trigo*
- *70 g de açúcar*
- *150 g de manteiga*
- *5 gemas*

Recheio:

- *5 maçãs verdes grandes raladas*
- *150 g de açúcar*
- *1 colher (chá) de canela em pó*
- *1 colher (sopa) de suco de limão*
- *50 g de uvas-passas brancas*

1 Em uma tigela, coloque a farinha, o açúcar, a manteiga, 2 gemas e amasse bem. Leve à geladeira por 2 horas.

2 Abra a massa com um rolo até ficar com 0,5 cm de espessura. Forre o fundo e a lateral da fôrma untada com ⅔ de massa.

3 Em outro recipiente, junte todos os ingredientes do recheio e misture. Recheie a massa já disposta na fôrma.

4 Para fechar, faça um gradeado com rolinhos de massa e pincele as gemas restantes levemente batidas sobre a tampa.

5 Leve ao forno médio preaquecido por 45 minutos. Deixe esfriar por 1 hora antes de desenformar.

TORTA RÁPIDA DE MAÇÃ

- *4 maçãs*
- *1½ xícara (chá) de farinha de trigo peneirada*
- *1 xícara (chá) de açúcar*
- *1 colher (sopa) de fermento químico em pó*
- *4 ovos*
- *1 colher (café) de essência de baunilha*
- *Suco de 1 limão*
- *2 colheres (sopa) de manteiga derretida e dourada*
- *1 xícara (chá) de canela e açúcar misturados*

1 Descasque as maçãs e corte-as em fatias.

2 Misture bem, em uma vasilha, a farinha de trigo, o açúcar e o fermento em pó. Reserve.

3 Bata os ovos e misture-os à baunilha. Reserve.

4 Em uma fôrma untada, disponhas as maças e regue com o suco do limão.

5 Sobre as maçãs coloque a mistura de farinha, açúcar e fermento em pó.

6 Por cima da mistura, adicione a manteiga derretida, depois os ovos batidos e, por último, polvilhe a mistura de canela e açúcar.

7 Asse em forno médio preaquecido, por 30 minutos.

TORTINHA DE MAÇÃ

- *2 colheres (sopa) de manteiga*
- *6 colheres (sopa) de açúcar*
- *4 colheres (sopa) de água*
- *1 pitada de sal*
- *1 xícara (chá) de farinha de trigo*
- *1 maçã*
- *3 ovos*
- *1 xícara (chá) de leite*
- *Canela em pó*

1 Coloque numa vasilha a manteiga, 2 colheres (sopa) de açúcar, a água, uma pitada de sal e vá juntando farinha de trigo até obter uma massa macia.

2 Com a massa, forre forminhas untadas.

3 Parta a maçã em pedacinhos e misture 1 colher (sopa) de açúcar.

4 Coloque colheradas dos pedacinhos de maçã em cada forminha forrada.

5 Bata os ovos com 2 colheres (sopa) de açúcar e adicione o leite. Passe tudo na peneira e encha as forminhas com a mistura obtida.

6 Asse em forno médio preaquecido por 20 minutos. Ao tirar do forno, cubra com açúcar e canela.

TORTA DE MORANGO COM CHANTILLY

Massa:

- *1 receita de* massa básica para tortas doces *(pág. 888)*

Recheio:

- *Morangos*
- *Geleia de morango*
- *Água quente*
- Creme chantilly *(pág. 658)*

1 Prepare uma massa doce de torta e forre com ela uma fôrma funda devidamente untada, furando o fundo da massa para que não estufe e levando-a para assar em forno baixo preaquecido por 15 minutos.

2 Depois de assada, tire a massa do forno e deixe esfriar. Passe-a da fôrma para um prato e recheie com morangos regados com geleia de morangos diluída com um pouco de água quente.

3 Cubra com chantilly.

TORTA TRADICIONAL DE MORANGO

- *½ receita de* massa básica para tortas doces *(pág. 888)*

Creme:

- *¼ de xícara (chá) de amido de milho*
- *⅔ de xícara (chá) de açúcar*
- *5 gemas*
- *2 xícaras (chá) de leite fervente*
- *2 colheres (sopa) de manteiga*
- *1 colher (chá) de essência de baunilha*

Recheio:

- *250 g de morangos*
- *½ xícara (chá) de açúcar*
- *15 g de gelatina sabor morango*
- *2 colheres (sopa) de fécula de mandioca*
- *2 xícaras (chá) de água fria*
- *Amêndoas torradas e picadas*

1 Prepare a massa conforme indicado na receita.

2 Abra a massa em uma superfície levemente enfarinhada e com ela forre o fundo e a lateral (metade da altura) de uma fôrma de aro removível de 22 cm. até que esteja dourada. Retire do forno e deixe esfriar completamente.

3 Em uma tigela, junte o amido de milho, o açúcar e as gemas. Bata com um batedor de arame para incorporar. Acrescente um pouco do leite fervente e mexa bem. Coloque a mistura na panela com o leite restante e cozinhe em fogo baixo, mexendo bem até ferver novamente. Após 1 minuto de fervura, retire do fogo, adicione a manteiga e a baunilha. Deixe esfriar levemente e preencha a massa com o creme. Deixe esfriar por completo.

4 Corte os morangos ao meio e decore a torta. Para a cobertura final, misture bem o açúcar à gelatina e coloque a fécula. Acrescente aos poucos a água e continue mexendo. Leve ao fogo e cozinhe até engrossar. Deixe esfriar um pouco e despeje sobre a torta. Salpique as bordas de amêndoas e leve à geladeira.

TORTA DE NOZES

Massa:

- *6 ovos separados*
- *9 colheres (sopa) de açúcar*
- *6 colheres (sopa) de farinha de rosca*
- *100 g de nozes moídas*
- *1 colher (sopa) de fermento químico em pó*

Recheio:

- *1 lata de leite condensado*
- *200 g de nozes moídas*

1 Bata as gemas com o açúcar até ficar esbranquiçado. Reserve.

2 Em outra tigela, bata as claras em neve.

3 Incorpore delicadamente às claras em neve com as gemas, a farinha de rosca, as nozes e o fermento.

4 Asse em forno médio preaquecido por 15 minutos.

5 Cozinhe o leite condensado em uma panela de pressão cheia de água por 40 minutos.

6 Cubra a massa com o leite condensado cozido e salpique as nozes.

TORTA DE NOZES-PECÃ

Massa:

- *½ receita de* massa americana para tortas *(pág. 888)*

Recheio:

- *¾ de xícara (chá) de açúcar*
- *3 ovos grandes*
- *¼ de xícara (chá) de manteiga derretida*
- *1 xícara de (chá) glucose de milho*
- *1 pitada de sal*
- *1 colher (sopa) de rum*
- *1 xícara (chá) de nozes-pecã descascadas e picadas*

1 Prepare a massa conforme indicado na receita e forre uma fôrma de 22 cm de diâmetro de fundo removível. Reserve.

2 Em uma tigela, misture o açúcar, os ovos, a manteiga, a glucose, o sal e o rum. Bata levemente e acrescente as nozes.

3 Cubra a massa com o recheio e leve ao forno médio/baixo por cerca de 1 hora. Deixe esfriar para desenformar.

TORTA DE NOZES COM CHANTILLY

- *12 ovos separados*
- *300 g de açúcar*
- *200 g de nozes moídas*
- *150 g de farinha de rosca*
- *1 colher (chá) de fermento químico em pó*
- *2 xícaras (chá) de* creme chantilly *(pág. 658)*
- *300 g de frutas cristalizadas picadas*
- *100 g de nozes descascadas e cortadas em quartos*

1 Bata as claras em neve. Incorpore delicadamente as gemas e, aos poucos, o açúcar.

2 Misture à massa 150 g de nozes, a farinha de rosca e o fermento.

3 Forre 2 fôrmas redondas do mesmo tamanho e com fundo removível com a massa. Asse em forno médio preaquecido por 30 minutos. Retire do forno e deixe esfriar bem antes de desenformar. Reserve.

4 Misture 1½ xícara (chá) de chantilly com as frutas cristalizadas. Espalhe sobre um dos discos de massa já desenformado e cubra com o outro.

5 Decore a parte de cima da torta com o restante do chantilly e dê acabamento à lateral da torta. E finalize a decoração com pedaços das nozes não usadas.

6 Leve à geladeira por, no mínimo, 1 hora antes de servir.

Nota: *Se desejar, use saco de confeiteiro e bicos variados para fazer a decoração da torta.*

TORTA-PAVÊ DE PÊSSEGO

- *395 g de leite condensado*
- *1 xícara (chá) de leite*
- *1 gema*
- *1 colher (sopa) de amido de milho*
- *300 g de creme de leite*
- *300 g de bolachas champanhe*
- *450 g de pêssegos em calda*

1 Em uma panela, leve ao fogo baixo o leite condensado, o leite, a gema e o amido de milho, mexendo sempre, até obter um mingau.

2 Retire do fogo, adicione o creme de leite, misture bem e despeje em um refratário.

3 Sobre o creme, disponha as bolachas champanhe, uma ao lado da outra. Regue com a calda dos pêssegos e enfeite colocando as metades dos pêssegos sobre as bolachas.

4 Leve para gelar por, no mínimo, 1 hora antes de servir.

TORTA ROMANA COM GELEIA

- *150 g de manteiga gelada cortada em cubos*
- *300 g de farinha de trigo*
- *1 colher (sopa) de raspas da casca de limão*
- *1 pitada de sal*
- *100 g de açúcar*
- *2 gemas*
- *1 ovo inteiro*
- *150 g de geleia de damasco ou do sabor de sua preferência*

1 Sobre uma superfície lisa, coloque a farinha, as raspas da casca de limão, o sal e o açúcar. Faça um monte, abra um buraco ao centro e coloque os cubos de manteiga. Trabalhe rapidamente a massa com a ponta dos dedos até obter a consistência de areia farofa. Forme um vulcão novamente e acrescente as gemas e o ovo. Amasse até dar liga, embrulhe a massa em plástico filme e leve à geladeira por 40 minutos.

2 Abra ⅔ da massa com a espessura de 0,5 cm, em uma superfície enfarinhada. Forre o fundo de uma fôrma de aro removível. Amasse a geleia com um garfo para desmanchá-la e espalhe sobre a massa, deixando uma borda de 1 cm.

3 Abra a massa restante da mesma maneira e, com uma carretilha, corte tiras de 2 cm de largura. Vá colocando as tiras sobre a torta para fazer um xadrez. Corte as sobras e com outra tira circule a torta, cobrindo a borda de 1 cm que ficou reservada ao espalhar a geleia.

4 Leve ao forno médio preaquecido por 25 minutos ou até a torta estar dourada. Espere esfriar e sirva.

TORTINHA DE MAISENA

- *100 g de manteiga*
- *100 g de açúcar*
- *½ colher (sopa) de raspas de casca de laranja*
- *3 ovos separados*
- *200 g de amido de milho*
- *1 colher (chá) de fermento químico em pó*
- *100 g de frutas cristalizadas picadas*

1 Bata a manteiga com o açúcar até formar um creme. Junte as raspas de laranja. Bata as gemas e incorpore-as ao creme.

2 Bata as claras em neve. Reserve.

3 Em um recipiente, junte o amido de milho, o fermento e as frutas. Junte ao creme, incorporando bem. Por último, adicione as claras em neve.

4 Encha forminhas untadas e enfarinhadas, somente até a metade. Asse em forno médio preaquecido por 30 minutos ou até dourar.

STRUDEL

- *250 g de farinha de trigo*
- *1 colher (café) de sal*
- *250 g de manteiga*
- *½ xícara (chá) de água morna*
- *5 maçãs descascadas e fatiadas*
- *300 g de açúcar*
- *1 colher (sopa) de canela em pó*
- *100 g de farinha de rosca*
- *150 g de uvas-passas*
- *100 g de nozes picadas*
- *1 colher (sopa) de açúcar de confeiteiro*
- Creme de chantilly *(pág. 658)*

1 Coloque a farinha de trigo em uma tigela e adicione o sal, 1 colher (sopa) de manteiga derretida e a água. Misture bem e sove por 10 minutos.

2 Cubra a massa com u pano limpo e com a própria tigela onde estava enquanto prepara o restante da receita, para que fique abafada.

3 Junte as maçãs com açúcar e canela. Misture e reserve.

4 Junte a farinha de rosca, as passas e as nozes. Reserve.

5 Estenda a massa com um rolo e, quando estiver fina, coloque-a sobre um pano de cozinha limpo e enfarinhado. Puxe delicadamente com as mãos para estender e ficar tão fina quanto uma folha de papel.

6 Com uma tesoura, apare as extremidades da massa, retirando as sobras e deixando as bordas alinhadas.

7 Derreta o restante da manteiga em banho-maria.

8 Deixe uma borda e, sobre a massa estendida, espalhe as fatias de maçã e a farinha de rosca com as passas e as nozes. Borrife levemente a manteiga derretida sobre as maçãs.

9 Enrole como rocambole, coloque em uma assadeira e pincele a superfície com manteiga derretida. Asse em forno médio preaquecido por 30 minutos ou até estar bem dourada.

10 Polvilhe açúcar de confeiteiro sobre o strudel. Corte em fatias largas e sirva com chantilly.

PASTEIZINHOS

Pasteizinhos

Você pode preparar deliciosos pasteizinhos aproveitando as sobras de massa de torta. Para isso, basta unir os retalhos de massa doce, abri-los com um rolo, cortá-los com a boca de uma xícara de chá (das mais largas) ou em quadrados, colocar um pouco da geleia de sua preferência ou marmelada no centro, dobrar o pastel sobre si mesmo, pincelar com gema de ovo dissolvida em manteiga derretida e levar ao forno num tabuleiro untado. Se cortar a massa em quadrados, os pastéis ficam muito bonitos se, quando for montar, reunir as 4 pontas no centro, sobre o recheio, e torce um pouco, dando-lhes a aparência de pequenas almofadas.

PASTELZINHO À GENOVESA

Massa:

- *200 g de farinha de trigo*
- *200 g de manteiga*
- *200 g de ricota*
- *1 pitada de sal*

Recheio:

- *Geleia de sua preferência*

Acabamento:

- *1 colher (sopa) de manteiga*
- *1 gema*
- *Açúcar*
- *Canela em pó*

1 Coloque todos os ingredientes da massa em uma vasilha funda, amasse bem e deixe descansar por, no mínimo, 30 minutos.

2 Abra a massa com um rolo, corte-a com a boca de uma taça de vinho grande ou com a boca de uma xícara de chá larga.

3 Recheie os pasteizinhos com a geleia, dobre-os sobre si mesmos.

4 Derreta a manteiga e bata levemente com a gema. Pincele os pastéis com a mistura.

5 Polvilhe açúcar e canela e, em um tabuleiro untado, asse em forno alto preaquecido por 15 minutos.

PASTELZINHO DE CREME

Massa:

- *500 g de farinha de trigo*
- *1 pitada de sal*
- *2 ovos*
- *1 colher (sopa) de cachaça*
- *2 colheres (sopa) de gordura vegetal*
- *Água fria*

Recheio:

- *1 xícara (chá) de açúcar*
- *4 gemas*
- *1 colher (sopa) de manteiga*
- *2 colheres (sopa) de amido de milho*
- *1 litro de leite*
- *1 pitada de sal*
- *1 colher (chá) de essência de baunilha*
- *Óleo para fritar*
- *Canela em pó*
- *Açúcar*

1 Para preparar a massa, peneire a farinha e o sal sobre uma mesa, faça um buraco no centro e nela quebre os ovos. Junte a cachaça, a gordura e amasse com a água, até que se forme uma massa lisa e uniforme, não muito dura. Cubra a massa obtida com um pano úmido e deixe descansar , no mínimo, 1 hora.

2 Para preparar o recheio, bata o açúcar com as gemas e a manteiga. Junte o amido de milho, misture bem e vá acrescentando o leite aos poucos, mexendo sempre. Leve a mistura ao fogo baixo, mexendo sempre. Adicione a pitada de sal e continue a mexer, até que se forme um creme. Retire o creme do fogo, coloque a baunilha e bata um pouco mais, despejando-o em uma vasilha para esfriar.

3 Para montar os pastéis, abra a massa com um rolo, fazendo uma faixa comprida de cerca de 8 cm de largura. Corte essa faixa em quadrados e, no centro de cada um deles, coloque um pouco do recheio de creme. Dobre a massa sobre si mesma; aperte com os dedos ou garfo junto ao recheio, e corte as sobras com uma faca, cortador ou usando a boca de um copo. Aperte bem as bordas de cada pastel e, depois de todos prontos, frite-os em óleo bem quente. Escorra e coloque sobre papel absorvente. Salpique o açúcar e a canela antes de servir.

Nota: *Esses pasteizinhos também ficam muito bons quando recheados com pedacinhos de queijo meia-cura misturado com açúcar e canela, ou com esse mesmo queijo amassado com açúcar e canela, ou com bananas-nanicas partidas em rodelas, ou marmelada ou a geleia de sua preferência.*

WAFFLES E CREPES

Waffles e Crepes

"Homero foi o primeiro que no mundo coligiu os preceitos da arte culinária; Sócrates, o pai da filosofia, ensinou os gregos a comer, temperando as comidas com o mais apetitoso dos sais, o sal ático, o sal do espírito com que Platão também adubava suas ceias..."

TEXTO DA EDIÇÃO DE 1942 DE *DONA BENTA*.

WAFFLES

CREPES

WAFFLES

Waffles

WAFFLE

- *3 ovos separados*
- *1 colher (sopa) de amido de milho*
- *2 xícaras (chá) de farinha de trigo*
- *1 colher (chá) de canela em pó*
- *½ xícara (chá) de açúcar*
- *2 colheres (chá) de fermento químico em pó*
- *½ colher (chá) de noz-moscada ralada*
- *½ xícara (chá) de queijo ralado*
- *1½ xícara (chá) de leite*
- *½ xícara (chá) de manteiga derretida*
- *Mel*

1 Bata as claras em neve. Reserve.

2 Misture todos os ingredientes secos. Adicione as gemas misturadas ao leite. Coloque a manteiga derretida e, por último, as claras batidas em neve.

3 Prepare no aparelho para waffle ou sanduicheira ou ainda frite em frigideira pequena com manteiga, como uma crepe grossa.

4 Sirva regado com mel.

WAFFLE CLÁSSICO

- *2 xícaras (chá) de farinha de trigo*
- *1 colher (sopa) de açúcar*
- *2 colheres (chá) de fermento químico em pó*
- *½ colher (chá) de sal*
- *3 ovos separados*
- *1¾ de xícara (chá) de leite*
- *4 colheres (sopa) de manteiga derretida*

1 Peneire em um recipiente a farinha de trigo, o açúcar, o fermento e o sal. Reserve. Em outro recipiente, misture as gemas com o leite e a manteiga derretida. Reserve. Bata as claras em neve e reserve.

2 Despeje sobre a mistura de farinha e rapidamente incorpore os ingredientes. A massa deve ficar com grumos; se misturada em excesso resultará em waffles pesados e duros. Acrescente delicadamente as claras em neve à massa.

3 Aqueça o aparelho para waffles. Coloque um pouco de massa em cada molde do aparelho, feche a tampa e asse os waffles até que pare de sair vapor. Sirva com manteiga e mel, ou geleia.

WAFFLE DE BANANA

- *2 ovos separados*
- *2 xícaras (chá) de farinha de trigo*
- *3 colheres (chá) de fermento químico em pó*
- *1 colher (sopa) de açúcar*
- *½ colher (chá) de sal*
- *2 xícaras (chá) de leite*
- *½ xícara (chá) de manteiga*
- *2 bananas picadas e amassadas grosseiramente*

1 Bata as claras em neve e reserve.

2 Misture os ingredientes secos, junte as gemas e o leite e bata bem.

3 Depois de bem batido, adicione a manteiga, as bananas e, por fim, as claras em neve.

4 Prepare no aparelho para waffles ou na sanduicheira, ou ainda frite em uma frigideira pequena com manteiga, como uma crepe grossa.

Crepes

Crepes

CREPE DOCE

- *1 xícara (chá) de leite*
- *¾ de xícara (chá) de farinha de trigo*
- *2 colheres (sopa) de manteiga derretida*
- *2 ovos*
- *1 colher (sopa) de açúcar*
- *1 pitada de sal*

1 Coloque os ingredientes no liquidificador aos poucos, começando pelo leite. Bata até obter uma mistura lisa. Retire e deixe repousar por 45 minutos.

2 Unte uma frigideira antiaderente com um pouco de manteiga e leve ao fogo baixo. Aqueça e despeje na frigideira uma concha pequena da massa. Gire até cobrir levemente todo o fundo da frigideira.

3 Após 2 minutos, vire a crepe com a ajuda de uma espátula pequena e deixe cozinhar o outro lado. Transfira para um prato e mantenha aquecida.

4 Repita até terminar a massa.

5 Sirva quente ou frio.

CREPE COM GELEIA

- *1 receita de* crepe doce *(p. 916)*
- *½ xícara (chá) da geleia de sua preferência*
- *Açúcar de confeiteiro*

1 Prepare a massa conforme indicado na receita.

2 Disponha colheradas da geleia no centro de cada disco de crepe e enrole.

3 Polvilhe açúcar de confeiteiro antes de servir.

CREPE COM CALDA DE LARANJA

- *1 receita de* crepe doce
- *1 xícara (chá) de suco de laranja*
- *⅓ de xícara (chá) de glucose de milho*

1 Prepare a massa conforme indicado na receita. Mas faça discos grandes.

2 Leve ao fogo o suco de laranja e a glucose, deixando ferver em fogo baixo por 10 minutos.

3 Após a calda ficar pronta, dobre as crepes 4 ou 6 vezes em formato de leque e coloque em uma frigideira grande.

4 Ainda na frigideira, regue as crepes com a calda e deixe que ferva por mais 2 minutos. Sirva a seguir.

CREPE COM MORANGO FLAMBADO

- *1 receita de crepe doce (pág. 916)*
- *2 colheres (sopa) de manteiga*
- *300 g de morangos firmes*
- *1 xícara (chá) de açúcar*
- *¼ de xícara (chá) de conhaque*
- *¼ de xícara (chá) de licor triple sec*

Acompanhamento:

- *Sorvete de creme (opcional)*

1 Prepare as crepes conforme a receita e dobre cada uma em formato de leque. Reserve.

2 Coloque a manteiga em uma frigideira grande e adicione os morangos.

3 Misture para que aqueçam e adicione o açúcar. Cozinhe mexendo delicadamente para que o açúcar derreta. Regue com o conhaque e com o licor. Flambe.

4 Arrume as crepes em uma travessa e cubra com os morangos e a calda.

5 Sirva com sorvete de creme.

CREPE DE QUEIJO

- *6 ovos separados*
- *5 colheres (sopa) de açúcar*
- *6 colheres (sopa) de queijo ralado*
- *6 colheres (sopa) de farinha de trigo*
- *1 pitada de sal*
- *Manteiga*
- *Canela em pó*
- *Açúcar*

1 Bata as claras em neve e reserve.

2 Misture os ingredientes restantes em uma vasilha e adicione delicadamente as claras em neve.

3 Divida em porções e frite em uma frigideira pequena untada com manteiga.

4 Quando cada porção estiver frita de um lado, vire para fritar do outro lado.

5 Sirva quente, polvilhada de açúcar e canela.

CRÊPE SUZETTE

- *1 receita de crepe doce (pág. 916)*
- *6 colheres (sopa) de açúcar cristal*
- *2 colheres (sopa) de suco de limão*
- *¾ de xícara (chá) de suco de laranja*
- *⅓ de xícara (chá) de licor de laranja*
- *100 g de manteiga cortada em cubos*

1 Prepare as crepes conforme indicado na receita.

2 Para a calda, coloque o açúcar cristal em uma frigideira e leve ao fogo para derreter. Estando bem derretido, acrescente o suco de limão e o de laranja. Cozinhe até obter ponto de calda fina. Retire do fogo, acrescente o licor e leve novamente ao fogo, deixando o álcool evaporar, ou então flambe.

3 Acrescente a manteiga aos poucos, batendo com um batedor para obter uma calda cremosa. Dobre cada crepe em 4 (formato de leque) e regue com a calda ainda quente.

Sorvetes e Coberturas

Sorvetes e Coberturas

"Na preparação de sorvetes, não se devem empregar cremes que tenham sido feitos para outros fins, só com o intuito de aproveitá-los; os cremes devem ser frescos e preparados com leite puro e ovos no melhor estado possível..."

TEXTO DA EDIÇÃO DE 1942 DE *DONA BENTA*.

SORVETES

COBERTURAS

Sorvetes

Sorvetes

Na preparação de sorvetes de creme ou de frutas, devem ser observados princípios importantes para que o resultado seja compensador.

Os sucos de frutas devem ser misturados com água filtrada e açúcar refinado; as frutas devem estar perfeitas. Os cremes devem ser preparados com leite puro e ovos fresquíssimos.

Evite a utilização de corantes, essências aromáticas e xaropes. As frutas são mais saudáveis, além de ter gosto e aroma mais pronunciados.

A utilização de sorveteiras elétricas facilita o trabalho, por isso é aconselhável, mas não indispensável.

SORVETE DE ABACATE

- *3 abacates*
- *1 xícara (chá) de leite*
- *1 colher (café) de essência de baunilha*
- *1 cálice de rum ou marrasquino*
- *2 claras*
- *6 colheres (sopa) de açúcar*

1 No liquidificador, bata os abacates com o leite, a baunilha e o rum ou marrasquino. Reserve.

2 Bata as claras em neve, junte o açúcar e deixe em ponto de suspiro. Em seguida, misture ao abacate e leve ao congelador.

3 Quando estiver quase congelado, tire, bata na batedeira e leve novamente ao congelador.

SORVETE DE ABACAXI

- *1 xícara (chá) de água*
- *1 xícara (chá) de açúcar*
- *3 xícaras (chá) de suco de abacaxi (coado)*
- *2 claras*

1 Leve ao fogo a água e o açúcar e, quando ferverem, adicione o suco de abacaxi. Deixe esfriar e leve ao congelador.

2 Bata as claras em neve. Reserve.

3 Quando o caldo de abacaxi estiver gelado, leve ao liquidificador ou à batedeira com as claras em neve e bata bem.

4 Volte ao congelador por 1½ hora ou até ficar congelado.

SORVETE DE CHAMPANHE

- *10 gemas*
- *2 xícaras (chá) de açúcar*
- *500 ml de creme de leite*
- *2 xícaras (chá) de espumante seco*
- *1 receita de* creme chantilly *(pág. 658)*
- *20 cerejas ao marrasquino*

1 Misture as gemas com o açúcar. Leve à batedeira por 10 minutos, junte o creme de leite e leve ao fogo em banho--maria por 5 minutos. Mexa para as gemas não talharem.

2 Retire do fogo e adicione o espumante, levando ao congelador por 2 horas ou até que comece a endurecer.

3 Quando começar a endurecer, bata na batedeira para a massa ficar uniforme.

4 Em seguida, coloque o sorvete em um refratário, cubra com papel-alumínio e deixe no congelador por no mínimo 5 minutos antes de consumir ou até o dia seguinte.

5 Sirva acompanhado de chantilly e cerejas.

SORVETE DE CHOCOLATE

- *4 gemas*
- *1 colher (sopa) de cacau em pó*
- *1 xícara (chá) de açúcar*
- *1¼ xícara (chá) de leite*
- *1 xícara (chá) de creme de leite fresco*
- *80 g de chocolate meio amargo*
- *½ colher (chá) de essência de baunilha*

1 Bata as gemas, o cacau em pó e o açúcar em uma tigela até obter o ponto de gemada. Coloque o leite e o creme de leite em uma panela e leve ao fogo. Assim que começar a ferver, retire e acrescente o chocolate picado.

2 Misture bem para que o chocolate derreta.

3 Despeje o leite lentamente sobre a gemada, misturando sem parar. Coloque novamente na panela e leve para cozinhar em banho-maria até que engrosse. Retire do fogo e acrescente a essência de baunilha.

4 Deixe esfriar. Se possuir uma sorveteira elétrica, coloque a mistura e proceda conforme as instruções do aparelho. Caso não tenha o equipamento, coloque em uma tigela larga e leve ao congelador.

5 Assim que começar a endurecer, bata de novo na batedeira. Coloque novamente no congelador e repita o processo mais 3 vezes. Deixe congelar totalmente e sirva.

SORVETE DE COCO

- 3 claras
- 6 colheres (sopa) de açúcar
- 400 ml de leite de coco
- 130 ml de água

1 Bata as claras em neve, junte o açúcar e deixe em ponto de suspiro.

2 Dilua o leite de coco com a água e adicione aos poucos ao suspiro, incorporando delicadamente fora da batedeira. Misture bem.

3 Leve ao congelador e, quando endurecer, retire-o, bata na batedeira e leve novamente ao congelador.

SORVETE DE CREME

- 6 gemas
- 1 xícara (chá) de açúcar
- 1 colher (chá) de amido de milho
- 1 ¼ xícara (chá) de leite
- 1 xícara (chá) de creme de leite fresco
- 1 colher (chá) de essência de baunilha

1 Bata as gemas e o açúcar em uma tigela até obter uma gemada firme e clara. Acrescente o amido de milho e misture. Coloque o leite e o creme de leite em uma panela e leve ao fogo. Assim que começar a ferver, retire e despeje lentamente sobre a gemada, misturando bem.

2 Cozinhe a mistura em banho-maria até que o creme engrosse. Retire do fogo e acrescente a essência de baunilha.

3 Deixe esfriar. Se possuir uma sorveteira elétrica, coloque a mistura e proceda conforme as instruções do aparelho. Caso não tenha o equipamento, coloque em uma tigela larga e leve ao congelador.

4 Assim que começar a cendurecer, bata na batedeira. Coloque novamente no congelador e repita o processo mais 2 vezes. Deixe congelar totalmente e sirva.

SORVETE DE MANGA

- 4 mangas maduras
- 130 ml de água
- 3 claras
- ½ xícara (chá) de açúcar

1 Descasque, pique e passe as mangas no liquidificador e depois pela peneira.

2 Adicione a água e misture.

3 Bata as claras em neve, junte o açúcar e deixe em ponto de suspiro. Misture ao caldo das mangas.

4 Leve ao congelador deixe gelar, tire, bata na batedeira e leve outra vez ao congelador.

SORVETE DE LIMÃO

- 2 xícaras (chá) de açúcar
- 2 xícaras (chá) de água
- 1 xícara (chá) de suco de limão

1 Coloque o açúcar e a água em uma panela. Leve ao fogo e cozinhe até que o açúcar esteja dissolvido.

2 Retire e leve à geladeira para esfriar completamente. Acrescente o suco de limão. Misture bem e leve novamente à geladeira para que fique bem gelado.

3 Coloque na máquina elétrica para sorvetes e processe conforme as instruções do fabricante. Caso não possua o aparelho, coloque em forminhas de gelo e leve ao congelador.

4 Quando estiver congelado, bata no processador para obter uma textura de gelo bem triturado. Coloque em uma tigela e leve novamente ao congelador. Deixe firmar novamente e sirva em taças.

SORVETE DE MARACUJÁ

- ¼ de xícara (chá) de água
- ½ xícara (chá) de açúcar
- 1½ xícara (chá) de suco de maracujá concentrado
- 1½ xícara (chá) de iogurte natural

1 Coloque a água e o açúcar em uma panela pequena e leve ao fogo até dissolver o açúcar. Retire do fogo e deixe esfriar completamente. Acrescente o suco de maracujá e o iogurte. Misture muito bem e leve à geladeira por 4 horas.

2 Se possuir uma sorveteira elétrica, bata o sorvete conforme as instruções do aparelho. Caso não tenha o equipamento, coloque em uma tigela larga e leve ao congelador. Assim que começar a endurecer, bata novamente na batedeira.

3 Coloque novamente no congelador e repita o processo mais uma vez. Deixe que congele totalmente antes de servir.

Nota: Em vez de usar o suco concentrado de maracujá, você também pode usar maracujá natural. Para isso, bata a polpa da fruta no liquidificar e coe, obtendo um suco concentrado natural.

SORVETE DE MORANGO

- 250 g de morangos maduros
- ⅔ de xícara (chá) de açúcar
- 2 claras
- 250 ml de leite
- 150 g de creme de leite gelado

1 Bata os morangos no liquidificador com metade do açúcar. Reserve.

2 Bata as claras em neve e junte a elas a metade restante do açúcar.

3 Junte as claras batidas aos morangos e misture-os bem.

4 Acrescente o leite e o creme de leite.

5 Mexa muito bem, disponha em uma tigela e leve ao congelador.

6 Logo que solidificar, bata até ficar novamente macio. Coloque outra vez no congelador. Repita essa operação mais 2 vezes.

SORVETE TIPO ITALIANO

- 5 ovos separados
- 1 ½ xícara (chá) de açúcar
- 500 ml de creme de leite
- 2 colheres (sopa) de castanhas de caju picadas
- ½ xícara (chá) de frutas cristalizadas picadas (cidra, casca de laranja e figo)
- 6 biscoitos champanhe
- 1 cálice de licor de cacau
- 2 colheres (sopa) de farofa doce crocante

1 Bata as gemas com o açúcar por 10 minutos. Reserve.

2 Bata as claras em neve. Junte as claras em neve e o creme de leite às gemas.

3 Leve ao fogo em banho-maria por 5 minutos, mexendo para que as gemas não talhem.

4 Retire do fogo, deixe esfriar e adicione todas as frutas.

5 Amoleça os biscoitos no licor, esfarele-os bem e junte-os à massa. Leve ao congelador por 2 horas ou até que comece a endurecer.

6 Retire da geladeira e bata na batedeira, para que o sorvete fique uniforme.

7 Coloque em um refratário baixo, cubra com papel-alumínio e deixe por 5 horas no congelador.

8 Molhe um pano em água morna e envolva o refratário para desenformar o sorvete. Então, vire-o no prato em que vai servir.

9 Polvilhe a farofa crocante antes de servir.

Coberturas

Coberturas

COBERTURA DE CARAMELO

- *3 colheres (sopa) de manteiga*
- *1 xícara (chá) de açúcar*
- *1 colher (sopa) de glucose de milho*
- *1 xícara (chá) de creme de leite*
- *½ colher (chá) de essência de baunilha*

1 Coloque em uma panela 2 colheres (sopa) da manteiga, o açúcar e a glucose de milho. Leve ao fogo, misturando até obter uma calda caramelo-claro.

2 Retire do fogo e acrescente o creme de leite aos poucos, misturando sem parar.

3 Leve novamente ao fogo e cozinhe até obter uma mistura lisa e cremosa. Retire do fogo e acrescente a manteiga restante e a essência de baunilha. Mexa bem e deixe esfriar.

COBERTURA DE CHOCOLATE

- *1 xícara (chá) de chocolate em pó*
- *¼ de xícara (chá) de açúcar*
- *½ xícara (chá) de água*
- *3 colheres (sopa) de glucose de milho*

1 Misture bem todos os ingredientes em uma panela e leve ao fogo.

2 Cozinhe em fogo baixo para que a mistura reduza e fique espessa e cremosa.

3 Sirva acompanhando sorvetes.

COBERTURA DE MARSHMALLOW

- *1 xícara (chá) de água*
- *2¼ de xícaras (chá) de açúcar*
- *¼ de xícara (chá) de a glucose de milho.*
- *2 claras*
- *½ colher (chá) de essência de baunilha*

1 Leve ao fogo a água, o açúcar e o a glucose de milho.

2 Deixe ferver até obter uma calda em ponto de fio.

3 Bata as claras em neve e, com a batedeira ligada, vá acrescentando a calda, batendo até esfriar.

4 Acrescente a essência e bata por mais 2 ou 3 minutos.

FAROFA CROCANTE PARA SORVETE

- *4 colheres (sopa) de açúcar*
- *2 colheres (sopa) de castanhas de caju picadas*

1 Misture o açúcar com as castanhas de caju.

2 Leve ao fogo, mexendo sempre até que o açúcar derreta e fique marrom-claro.

3 Coloque a mistura sobre um mármore untado.

4 Espere 5 minutos e quebre o crocante com um martelo de cozinha até obter uma farofa.

Bebidas quentes

Bebidas quentes

Café

Chá

Chocolate

Café

Café

Para obter um bom café, você precisa prepará-lo com um produto de qualidade. Café excessivamente torrado, com grãos carbonizados, não tem bom sabor e perde grande parte do aroma. É condição essencial, portanto, para o preparo de um bom café a escolha de um pó de excelência, torrado e moído em casa ou no momento da compra e de boa procedência.

Proporção para o Preparo

1 Para café forte: 1 xícara de pó para 3 xícaras de água.

2 Para café fraco: 1 xícara de pó para 5 xícaras de água.

Nota: O ideal é tomar um café sempre fresco, passado na hora. Mas se for necessário reaquecê-lo, faça sempre em banho-maria.

CAFÉ SIMPLES I

1 Leve a água ao fogo e, enquanto aguarda a fervura, encha uma xícara de pó.

2 Levantada a fervura, retire imediatamente a panela do fogo e despeje na água o pó, mexendo com uma colher durante alguns segundos.

3 Torne a levar a panela ao fogo, mexendo lentamente. Assim que ferver, retire-a e despeje o seu conteúdo no coador.

4 Está pronto um bom café.

CAFÉ SIMPLES II

1 Leve a água ao fogo e, enquanto aguarda a água esquentar, coloque o pó no coador.

2 Assim que a água começar a entrar em ponto de ebulição (mas sem ferver), despeje-a sobre o pó.

CAFÉ COM CHANTILLY

1 Prepare o *café simples I* (pág. 934) ou o *café simples II* (pág. 934), conforme sua preferência.

2 Ofereça à parte o *creme chantilly* (pág. 658), de modo que cada pessoa possa servir-se da quantidade que quiser.

CAFÉ COM LEITE

1 Faça a mistura do café com o leite já nas xícaras: servido à francesa, a dose de café deverá ser menor que a de leite; à inglesa, o contrário.

2 Tanto o leite como o café devem ser servidos bem quentes.

CAFÉ CORRETO

1 Prepare o *café simples I* (pág. 934) ou o *café simples II* (pág. 934), conforme sua preferência. O importante é que ele seja forte e curto.

2 Adicione um toque de grappa à xícara.

PÓ PARA CAPPUCCINO

- *6 colheres (sopa) de café solúvel*
- *¼ de xícara (chá) de chocolate em pó*
- *1 colher (sopa) de canela em pó*
- *1 colher (chá) de bicarbonato de sódio*
- *1 xícara (chá) de leite em pó integral*

1 Coloque todos os ingredientes em um liquidificador bem seco. Bata para obter uma mistura homogênea e um pó bem fino.

2 Armazene em vidros bem secos.

3 Prepare o cappuccino no momento de beber. Na proporção desejada, misture ao pó água em ponto de ebulição mas sem ferver. Adoce a gosto.

CHÁ

A maneira de preparar e servir o chá varia, dependendo de cada cultura. Os chineses, por exemplo, tomam chá sem leite e sem açúcar; os russos, da mesma maneira, adicionando caldo de limão; os siberianos misturam com leite e sal; os ingleses ensinaram o mundo ocidental a tomar o chá com acompanhamentos; os mouros só bebem chá verde com muito açúcar e temperado com gotas de anis.

O vasilhame destinado ao preparo do chá não deve ser utilizado para outro fim, evitando, dessa maneira, que o gosto do chá seja alterado. Em caso algum, para a preparação do chá, deve-se usar água requentada ou então água que não seja fervente.

Ao servir chá quente, ele nunca deve estar apenas morno. Nesse caso, quanto mais quente, melhor. Essa a razão de se preferirem bules de metal, que conservam por mais tempo o calor. Os bules de porcelana devem ser escaldados antes de receber a infusão, o que se consegue enchendo-os com água fervente.

Infusões

O verdadeiro chá é preparado a partir de folhas de chá verde ou preto; no mais, as preparações, apesar de serem chamadas de chás, são infusões.

Pode-se preparar infusões de diversos ingredientes. As mais conhecidas são as de ervas como hortelã, menta, melissa, lavanda, camomila, erva-cidreira, erva-doce, boldo etc.

Para fazer infusões, basta ferver a erva escolhida com um pouco de água por 2 minutos. Apague o fogo e deixe em infusão por 3 minutos. Coe e sirva. E, se desejar, adoce com açúcar ou mel.

Chá com Creme

- *1 litro de água fervente*
- *1 colher (sopa) de chá preto*
- *300 g de creme de leite*

1 Prepare o chá, deixando em infusão por 3 minutos.

2 Sirva-o acompanhado de creme de leite disposto à parte. Adoce a gosto, se desejar.

Chá com Mel

- *1 litro de água fervente*
- *1 colher (sopa) de chá preto*
- *5 rodelas de limão*
- *5 colheres (sopa) de mel*

1 Prepare o chá, deixando em infusão por 10 minutos.

2 Coloque em cada xícara uma rodela de limão e 1 colher (chá) de mel.

3 Despeje nas xícaras o chá quente e sirva-o a seguir.

Chá com Uísque

- *1 litro de água fervente*
- *1 colher (sopa) de chá preto*
- *2 colheres (sopa) de suco de limão*
- *150 ml de uísque*

1 Prepare o chá, deixando em infusão durante 3 minutos.

2 Coe-o e despeje em um bule, acrescentando os demais ingredientes. Misture bem, adoce a gosto, se desejar, e sirva.

CHÁ FLAMBADO

- *1 litro de água fervente*
- *3 colheres (sopa) de chá preto*
- *1 xícara (chá) de açúcar*
- *½ colher (chá) de raspas de casca de limão*
- *¾ de xícara (chá) de conhaque*
- *12 rodelas finas de limão*

1 Prepare o chá e deixe em infusão por 3 minutos.

2 Enquanto isso, leve ao fogo o açúcar, as raspas de casca de limão e o conhaque. Logo que aquecer, flambe.

3 Coe o chá e despeje sobre ele a mistura de conhaque ainda flamejante. Misture bem.

4 Sirva a seguir, com as rodelas de limão dispostas no pires que acompanha a xícara.

CHÁ DA GABRIELA

- *1 litro de água fervente*
- *1 colher (sopa) de chá preto*
- *1 xícara (chá) de açúcar*
- *½ xícara (chá) de rum*
- *1 colher (café) de cravo torrado e moído*
- *1 colher (chá) de canela em pó*

1 Prepare o chá, deixando em infusão por 3 minutos.

2 Enquanto isso, leve ao fogo o açúcar, o rum, o cravo e a canela e, logo que aquecer, flambe.

3 Coe o chá e despeje sobre ele o rum ainda flamejante.

4 Após misturar bem, sirva.

CHÁ MONGOL

- *1 litro de água fervente*
- *2 colheres (sopa) de chá preto*
- *½ xícara (chá) de leite*
- *1 colher (sopa) de manteiga*
- *Uma pitada de sal*

1 Prepare o chá, deixando em infusão por 3 minutos.

2 Coe o chá, junte o restante dos ingredientes e leve de novo ao fogo, deixando ferver por mais 5 minutos.

3 Adoce a gosto, se desejar, e sirva quente.

Chá Quente com Conhaque

- *1 litro de água fervente*
- *3 colheres (sopa) de chá preto*
- *10 colheres (sopa) de conhaque*

1 Prepare o chá, deixando em infusão por 3 minutos.

2 Coe e junte o conhaque. Adoce a gosto, se desejar, e sirva bem quente.

Chá Real

- *1 litro de água fervente*
- *3 colheres (sopa) de chá preto*
- *2 colheres (sopa) de açúcar*
- *4 colheres (sopa) de* geleia de damasco *(pág. 735)*
- *1 xícara (chá) de conhaque*
- *10 rodelas finas de limão*

1 Ferva a água na chaleira, acrescente o chá, tampe e deixe no fogo durante 3 minutos. Após esse tempo, coe o chá e despeje em um bule.

2 Leve o açúcar, a geleia e o conhaque ao fogo, esquentando até flambar.

3 Despeje a mistura sobre o chá já coado, mexa bem e sirva acompanhado das rodelas de limão dispostas no pires que acompanha a xícara.

Chá-mate

1 Use 1 colher (sopa) de folhas de erva-mate para cada xícara de água fervente.

2 Se desejar, adoce a gosto antes de beber.

Mate Chimarrão

1 Coloque o mate moído até a metade da cuia própria para chimarrão e complete o restante dela com água fervente.

2 Esta é uma infusão que, tradicionalmente bebida amarga, assim recomenda-se não adoçar. Sirva com a bomba ou bombilha o mais quente que se consiga beber.

CHOCOLATE

Chocolate

É uma mistura de cacau aromatizado com baunilha, açúcar, leite e manteiga de cacau ou gordura. Pode ser saboreado em pedaços, utilizado em pó ou servido como uma bebida quente, deliciosa e reconfortante.

CHOCOLATADA

- *500 ml de leite*
- *4 colheres (sopa) de chocolate em pó*
- *2 colheres (sopa) de açúcar (opcional)*

1 Ferva o leite. Adicione o chocolate em pó e, se desejar, o açúcar.

2 Leve ao fogo, mexendo sempre, até ferver.

3 Coe e sirva bem quente.

CHOCOLATADA ESPECIAL

- *1 litro de leite*
- *200 g de chocolate meio amargo picado*
- *Açúcar (opcional)*

1 Ferva o leite.

2 Leve ao fogo 1 xícara (chá) do leite fervido e o chocolate meio amargo e mexa até o chocolate derreter.

3 Acrescente o leite restante e ferva.

4 Se desejar, adoce a gosto. Bata no liquidificar ou com um mixer.

5 Sirva bem quente.

Chocolate Lady

- *100 g de chocolate ao leite picado*
- *2 xícaras (chá) de água*
- *1 xícara (chá) de leite*

1 Dissolva no fogo baixo o chocolate na água.

2 Acrescente o leite.

3 Bata no liquidificador. Coloque em um bule e sirva.

Gemada de Chocolate

- *2 gemas*
- *2 colheres (sopa) de açúcar*
- *100 g de chocolate picado*
- *1 xícara (café) de água*

1 Bata as gemas com o açúcar, até ficarem esbranquiçadas. Reserve.

2 Dissolva no fogo baixo o chocolate na água e, depois, deixe ferver.

3 Entorne, aos poucos, o chocolate dissolvido sobre as gemas.

4 Sirva em seguida.

Chocolate Cremoso

- *250 g de chocolate ao leite picado*
- *200 g de creme de leite*
- *500 ml de leite*
- *Uma pitada de canela (opcional)*

1 Em banho-maria, derreta o chocolate picado.

2 Retire o chocolate do fogo, misture com o creme de leite até incorporar bem.

3 Coloca a mistura em uma panela pequena, adicione o leite e mexa bem por 10 minutos, ou até adquirir a cremosidade que deseja.

4 Se desejar, polvilhe canela. Sirva quente.

Sucos e Vitaminas

Sucos e Vitaminas

Sucos e Vitaminas

SUCO DE ABACAXI

- 1 abacaxi
- 1 litro de água

1 Descasque o abacaxi e corte-o em 4 porções no sentido do comprimento.

2 Retire o talo do abacaxi e pique.

3 Coloque tudo em uma panela e junte a água. Ferva durante 10 minutos. Retire do fogo e deixe esfriar um pouco.

4 Bata no liquidificador por 5 minutos

5 Coe em uma peneira.

6 Conserve na geladeira em vidro esterilizado ou sirva, adicionando açúcar, se desejar.

Nota: O cozimento do suco aumenta sua durabilidade, podendo ser conservado na geladeira por alguns dias. Se for consumir o suco imediatamente, não é necessário cozinhar a fruta: basta bater com água no liquidificador, coar e servir.

SUCO DE CAJU

- 1 kg de cajus maduros
- 1 litro de água

1 Descasque os cajus e corte-os ao meio, aproveitando a polpa.

2 Coloque-a em uma panela, junte a água e ferva por 2 minutos.

3 Retire do fogo, deixe esfriar, bata no liquidificador e coe em uma peneira.

4 Conserve na geladeira em vidro esterilizado ou sirva, adicionando açúcar, se desejar.

Nota: O cozimento do suco aumenta sua durabilidade, podendo ser conservado na geladeira por alguns dias. Se for consumir o suco imediatamente, não é necessário cozinhar a fruta: basta bater com água no liquidificador, coar e servir.

SUCO DE FRAMBOESA

- *250 g de framboesas*
- *500 ml de água*
- *4 cubos de gelo*

1 Misture no liquidificador as framboesas e, se desejar, e metade da água. Se desejar, adoce a gosto.

2 Bata por 5 minutos. Coe e adicione a água restante.

3 Sirva com os cubos de gelo.

SUCO DE FRUTAS CÍTRICAS

- *3 limões*
- *12 laranjas-pera*
- *½ abacaxi pequeno*
- *500 ml de água*
- *Gelo picado*

1 Esprema os limões e as laranjas ou passe na centrífuga para obter o suco.

2 Descasque o abacaxi, retire o talo e pique toda a polpa.

3 Coloque tudo no liquidificador, adicione a água e o gelo. Se desejar, adoce a gosto. Bata durante 5 minutos.

4 Coe e sirva.

SUCO DE FRUTAS COM AVEIA

- *1 xícara (chá) de suco de pêssego*
- *1 xícara (chá) de suco de goiaba*
- *1 xícara (chá) de suco de laranja*
- *500 ml de água*
- *3 colheres (sopa) de aveia*

1 Misture os sucos à água, mexendo para que dissolvam. Se desejar, adoce a gosto.

2 Coloque 1 ½ xícaras (chá) do suco e adicione a aveia.

3 Bata por 3 minutos. Misture o restante do suco, mexendo bem.

4 Sirva.

SUCO DE GOIABA

- *1 kg de goiabas vermelhas maduras*
- *1 litro de água*

1 Descasque as goiabas e corte-as ao meio.

2 Retire todos os miolos e jogue-os fora.

3 Misture as goiabas e a água em uma panela e ferva por 2 minutos.

4 Retire do fogo, deixe esfriar um pouco e bata no liquidificador.

5 Conserve na geladeira em vidro esterilizado ou sirva, adicionando açúcar, se desejar.

Nota: O cozimento do suco aumenta sua durabilidade podendo ser conservado na geladeira por alguns dias. Se for consumir o suco imediatamente, não é necessário cozinhar a fruta: basta bater com água no liquidificador, coar e servir.

SUCO DE MAÇÃ E UVA

- *3 maçãs descascadas e picadas*
- *1 xícara (chá) de suco de uva integral*
- *6 pedras de gelo picadas*

1 Misture todos os ingredientes no liquidificador e bata por 5 minutos.

2 Se desejar, adoce a gosto. Coe e sirva.

SUCO DE MANGA

- *3 mangas grandes*
- *750 ml de água*

1 Descasque e pique as mangas, colocando a polpa no liquidificador.

2 Junte a água e bata por 5 minutos. Coe em uma peneira.

3 Coloque em uma jarra e sirva gelado.

SUCO DE MARACUJÁ

- *500 g de maracujás*
- *750 ml de água*

1 Corte os maracujás ao meio, retire a polpa e bata no liquidificador.

2 Coe para uma jarra e adicione a água. Mexa bem.

3 Se desejar, adoce. Sirva gelado.

SUCO DE MEXERICA OU LARANJA

- *24 mexericas ou laranjas*

1 Corte ao meio as mexericas ou laranjas e esprema-as no espremedor de frutas.

2 Coe e, se desejar, adoce a gosto. Sirva gelado.

Nota: Não bata as mexericas no liquidificar ou extraia seu suco em uma centrífuga. Isso porque a pele branca da fruta amarga o suco.

SUCO DE MORANGO

- *1 kg de morangos*
- *500 ml de água*

1 Coloque os morangos e a água no liquidificador.

2 Bata por 5 minutos e coe com uma peneira fina.

3 Se desejar, adoce a gosto. Sirva gelado.

SUCO DE PÊSSEGO COM LARANJA

- *8 metades de pêssegos em calda*
- *1 xícara (chá) de calda de pêssegos*
- *2 xícaras (chá) de suco de laranja*
- *Gelo picado*

1 Pique as metades dos pêssegos e coloque no liquidificador.

2 Junte a calda, o suco de laranja e o gelo.

3 Bata por 5 minutos e sirva.

SUCO DE PÊSSEGO

- *1 kg de pêssegos maduros*
- *1 litro de água*

1 Descasque os pêssegos e pique toda a polpa

2 Coloque a polpa picada no liquidificador, junte 500 ml água e bata por 5 minutos. A seguir, coe.

3 Adicione o restante de água e mexa bem. Se desejar, adoce a gosto e sirva.

SUCO DE UVA

- *1 kg de uvas pretas*
- *1 litro de água*

1 Coloque as uvas soltas do cacho em uma panela, junte a água e ferva por 5 minutos.

2 Retire do fogo e coe.

3 Conserve em vidro esterilizado ou sirva imediatamente. Se desejar, adoce a gosto.

Nota: O cozimento do suco aumenta sua durabilidade, podendo ser conservado na geladeira por alguns dias. Se for consumir o suco imediatamente, não é necessário cozinhar a fruta: basta bater com água no liquidificador, coar e servir.

SODA ITALIANA LILÁS

- *250 ml de suco de uva integral*
- *250 ml de suco de laranja natural ou integral*
- *6 pedras de gelo picadas*
- *250 ml de água mineral com gás*

1 Misture todos os ingredientes. Se desejar, adoce a gosto.

2 Mexa levemente e sirva a seguir.

SUCO TROPICAL

- *1 xícara (chá) de suco de maracujá*
- *1 xícara (chá) de suco de goiaba*
- *1 xícara (chá) de suco de abacaxi*
- *500 ml de água*
- *6 cubos de gelo*

1 Misture o suco de maracujá, o suco de goiaba, o suco de abacaxi e a água. Mexa e misture bem.

2 Sirva adicionando à jarra os cubos de gelo e, se desejar, adoce a gosto.

CONSERVA DE SUCO DE FRUTA

- *1 litro do suco de fruta de sua preferência, natural e sem açúcar*

1 Encha o pote com o suco de frutas sem adoçá-lo e feche com a tampa. Force para que fique bem vedado.

2 Coloque um pote de vidro esterelizado em uma panela e encha-a água, até que chegue a ⅔ do pote.

3 Ferva durante 20 minutos, desligue o fogo e deixe o pote esfriar na própria água.

4 Conserve fora da geladeira por até 6 meses. Quando abrir a tampa do pote, consuma o suco imediatamente.

VITAMINA DE MAÇÃ

- *1½ xícara (chá) de leite*
- *1 colher (sopa) de açúcar*
- *½ maçã*
- *4 colheres (sopa) de farinha láctea*
- *Gelo picado*

Bata todos os ingredientes no liquidificador. Sirva a seguir, acrescentando gelo picado a gosto.

VITAMINA COM LEITE DE COCO

- *200 g de leite condensado*
- *1 maçã*
- *1 banana-nanica madura*
- *200 ml de leite de coco*
- *8 cubos de gelo picados*

1 No liquidificador, bata o leite condensado, a maçã picada, a banana e o leite de coco.

2 Junte o gelo, misture bem e sirva imediatamente.

VITAMINA VERÃO

- *395 g de leite condensado*
- *2 xícaras (chá) de água*
- *½ xícara (chá) de groselha*
- *½ abacaxi*
- *2 bananas*
- *4 colheres (sopa) de suco de limão*
- *Gelo picado*

1 Bata todos os ingredientes, exceto o gelo, no liquidificador.

2 Acrescente gelo picado a gosto e sirva.

REFRESCO VITAMINADO

- *1 cenoura grande*
- *1 tomate*
- *½ maçã descascada*
- *1 xícara (chá) de água*
- *1 xícara (chá) de suco de laranja*
- *395 g de leite condensado*
- *Gelo picado*

1 Pique a cenoura, o tomate e a maçã.

2 Bata no liquidificador com a água.

3 Acrescente o suco de laranja e o leite condensado, batendo mais um pouco.

4 Junte gelo picado a gosto e sirva a seguir.

REFRESCO CARAMELADO

- *1 xícara (chá) de açúcar*
- *1½ xícara (chá) de água*
- *300 g de creme de leite*
- *Gelo picado*

1 Leve ao fogo o açúcar, mexendo até caramelar.

2 Junte a água e deixe ferver até dissolver completamente.

3 Despeje o creme de leite no liquidificador e acrescente a calda aos poucos, com o liquidificador ligado.

4 Retire, junte gelo picado a gosto e sirva.

REFRESCO PRAIANO

- *1 maçã*
- *1 gema*
- *200 ml de leite de coco*
- *395 g de leite condensado*
- *800 ml de leite*
- *Gelo picado*

1 Bata a maçã, a gema, o leite de coco e o leite condensado no liquidificador.

2 Acrescente o leite e gelo picado a gosto. Sirva a seguir.

PONCHE INFANTIL

- *125 ml de suco de maracujá natural ou concentrado*
- *500 ml de suco de uva integral ou concentrado*
- *125 ml de suco de abacaxi natural*
- *200 g de guaraná em pó*
- *1½ litro de água com gás*
- *3 maçãs picadinhas com a casca*
- *Gelo picado*

1 Misture bem os sucos, o guaraná, a água mineral e as maçãs picadas. Se desejar, adoce a gosto.

2 Mexa novamente e sirva com gelo.

Nota: Se desejar, você pode usar refrigerante de guaraná. Neste caso, dispense o guaraná em pó e use 1½ litro de refrigerante e 1½ litro de água com gás.

REFRESCO DE CAJU

- *250 ml de suco de caju (pág. 947)*
- *250 ml de água com gás*
- *Gelo picado*

1 Junte os ingredientes e misture bem.

2 Se desejar, adoce e sirva com gelo.

REFRESCO DE COCO COM LEITE

- *1 ½ xícara (chá) de leite de coco*
- *1 ½ xícara (chá) de leite gelado*
- *Gelo picado*

1 Misture o leite de coco com o leite gelado.

2 Se desejar, adoce a gosto. Junte pedacinhos de gelo e bata no liquidificador.

REFRESCO DE LARANJA

- *5 laranjas*
- *1 limão*
- *1 colher (sopa) de raspas da casca de laranja*
- *Água gelada*

1 Esprema as laranjas e o limão.

2 Misture os sucos com as raspas de laranja e, se desejar, adoce a gosto.

3 Coe tudo em uma jarra, complete com água gelada e sirva.

Bebidas Alcoólicas

Bebidas Alcoólicas

Bebidas Alcoólicas

Drinques e Coquetéis

Ponche, Sangria e Quentão

Licores Caseiros

INFORMAÇÕES

Não existem regras rígidas para escolher o que servir para beber acompanhando as refeições, mas alguns conceitos básicos podem ser seguidos para proporcionar uma boa harmonização dos pratos servidos com as bebidas. Valem também o bom senso e as preferências pessoais. Procure, sempre que possível, servir as bebidas em copos adequados e na temperatura correta. Em todas as refeições deve-se servir água, mesmo que haja vinho e champanhe, já que é acompanhamento obrigatório para vinhos, principalmente os tintos.

Drinques e coquetéis – caipirinhas, batidas e outros coquetéis são servidos antes das refeições, acompanhando canapés e petiscos em geral.

Cervejas – podem ser servidas em almoços e jantares informais. Acompanham perfeitamente receitas da culinária brasileira e asiática.

Espumante – só podem ser chamados de "champanhe" (ou champagne) os espumantes produzidos na região de Champagne, na França. Vinhos espumantes produzidos em outros países e regiões não podem receber essa denominação. O espumante pode ser servido para acompanhar desde os aperitivos até o final da refeição, inclusive com as sobremesas. Combina perfeitamente com a maioria das receitas de sabor mais delicado. O ideal é, após gelar as garrafas, que elas sejam mantidas em baldes com gelo para que a bebida se conserve na temperatura adequada.

Vinhos brancos – acompanham carnes brancas de sabor delicado, peixes e frutos do mar em geral e pratos à base de legumes. Sirva sempre gelados, de preferência mantendo as garrafas em baldes com e gelo durante o serviço. Atualmente são oferecidas diversas marcas de vinhos produzidos em vários países e com os mais diferenciados tipos de uvas. Alguns mais secos, outros mais frutados ou mais adocicados. Entre os melhores estão os produzidos na França, Itália, Estados Unidos e Chile, porém bons vinhos são produzidos no Brasil, África do Sul, Argentina e Austrália. Escolha aquele que melhor se encaixar em seu orçamento.

Vinhos tintos – são servidos com carnes vermelhas e de sabor mais acentuado. Ideais para acompanhar assados, carnes de caça, massas com molhos robustos, queijos e embutidos em geral. Servidos à temperatura ambiente nos dias mais amenos, nos dias mais quentes, podem ser rapidamente refrescados. O ideal é abrir as garrafas com antecedência para que o vinho possa oxigenar e liberar suas propriedades. Escolha entre as diversas marcas e variedades aquele que parecer mais adequado ao seu orçamento; lembre-se de que nem sempre um vinho de custo alto é o melhor. Não se acanhe e peça informações e indicações aos vendedores.

Vinhos de sobremesa – são mais licorosos e adocicados. Combinam com sobremesas não muito ácidas e doces em geral. Podem ser servidos na temperatura ambiente ou levemente refrescados. Em sua maioria, são vinhos sofisticados e caros, como os tokaji ou os sauternes. No Brasil não temos a tradição de servir vinhos com sobremesas.

Conhaques, aguardentes e licores – devem ser oferecidos com o café ao final da refeição. Os conhaques devem ser servidos em taças apropriadas e, se possível, levemente aquecidos. Já as aguardentes, como cachaça, grappa e bagaceira, devem ser refrescadas antes de servidas. Quanto aos licores, dada a variedade, o ideal é que cada um escolha conforme suas preferências, lembrando que alguns clássicos sempre devem fazer parte de seu estoque de bebidas.

Drinques e Coquetéis

Drinques e Coquetéis

BELLINI

- *2 pêssegos maduros*
- *½ dose de licor de pêssego*
- *Espumante gelado*

1 Coloque os pêssegos maduros para gelar. Descasque-os, retire o caroço e coloque a polpa no liquidificador. Acrescente o licor de pêssego e bata bem.

2 Distribua a mistura de pêssegos em 4 taças (*flûte*) e complete com o espumante gelado.

CAIPIRINHA OU CAIPIROSCA DE LIMÃO

- *½ limão*
- *1 colher (sopa) de açúcar*
- *1 dose de cachaça ou vodca*
- *Cubos de gelo*

1 Fatie grosseiramente o limão. Coloque em um copo adicione o açúcar. Soque com um socador. Adicione a dose de cachaça ou vodca.

2 Misture delicadamente e encha o copo com cubos de gelo.

Nota: A caipirinha é preparada com cachaça e a caipirosca, com vodca.

CAIPIRINHA OU CAIPIROSCA DE FRUTAS VERMELHAS

- *4 morangos*
- *4 framboesas*
- *4 amoras*
- *1 colher (sopa) de açúcar*
- *1 dose de cachaça ou vodca*
- *Cubos de gelo*

1 Coloque em um copo os morangos, as framboesas e as amoras. Adicione o açúcar. Soque com um socador. Adicione a dose de cachaça ou vodca.

2 Misture delicadamente e encha o copo com cubos de gelo.

CHAMPANHE COQUETEL I

- *Gelo moído*
- *1 colherinha (café) de xarope de açúcar*
- *1 lance de licor de curaçau*
- *6 gotas de bitter angostura*
- *Espumante seco*
- *Uma tira larga da zest do limão*

1 Em uma grande taça de cristal, coloque o gelo moído, o xarope de açúcar, o curaçau e o bitter.

2 Misture delicadamente e termine de encher a taça com o espumante. enfeite a taça com a zest de limão.

Nota: Para esse preparo, não use a coqueteleira.

CHAMPANHE COQUETEL II

- *750 ml de espumante gelado*
- *12 gotas de bitter*
- *Abacaxi picado em cubinhos*

1 Em uma jarra, misture o espumante com o bitter.

2 Mexa com uma colher e sirva depois de adicionar os pedaços de abacaxi.

COQUETEL DE CONHAQUE COM MEL

- *1 dose de conhaque*
- *½ dose de mel*
- *2 limões cortados em rodelas*
- *½ dose de creme de leite fresco*
- *Gelo picado*

1 Coloque todos os ingredientes na coqueteleira.

2 Agite bem e sirva.

COQUETEL ITALIANO

- *1 dose de suco de limão*
- *1 dose de vodca*
- *1 colher (sobremesa) de açúcar*
- *½ dose de licor de sambuca*
- *Gelo picado*

1 Misture bem o suco do limão, a vodca e o açúcar.

2 Junte o licor e mexa com uma colher.

3 Adicione o gelo picado e sirva em copos pequenos, para aperitivo.

COQUETEL DE LEITE CONDENSADO

- *395 g de leite condensado*
- *400 ml de gim*
- *400 ml de conhaque*
- *400 ml de refrigerante de guaraná*
- *2 doses de licor de cacau*

Misture todos os ingredientes, bata no liquidificador e sirva.

COQUETEL DE LICOR DE CACAU

- *395 g de leite condensado*
- *300 g de creme de leite*
- *400 ml de licor de cacau*

Bata todos os ingredientes no liquidificador e sirva.

COQUETEL PARTY

- *100 ml de vermute*
- *50 ml de suco de abricó, pêssego ou damasco*
- *50 ml de suco de laranja integral*
- *Gotas de gim*
- *Cubos de gelo*
- *Azeitonas verde ou cerejas ao marrasquino*

1 Junte o vermute, o suco de abricó, o suco de laranja e o gim. Se desejar um drinque mais suave, coloque mais suco de laranja.

2 Adicione o gelo e agite bem na coqueteleira.

3 Sirva em cálices rasos, com uma azeitona ou cereja.

GOOD FELLOW

- *100 ml de uísque escocês*
- *50 ml de conhaque*
- *1 colher (sobremesa) de grenadine ou groselha*
- *1 clara*
- *Cubos de gelo*

1 Junte todos os ingredientes.

2 Agite bem antes de servir.

KIR

- *1 colher (sopa) de creme de cassis*
- *1 cereja ao marrasquino*
- *Vinho branco seco gelado*

1 Coloque o creme de cassis em uma taça tipo *flûte*. Disponha a cereja no fundo da taça e encha com o vinho branco seco bem gelado.

2 Misture delicadamente com uma colher de cabo longo e sirva.

LADY COQUETEL

- *100 ml de vermute francês*
- *100 ml de suco de laranja integral*
- *3 gotas de bitter*
- *Cubos de gelo*
- *Fruta de sua preferência cortada em cubinhos*

1 Junte o vermute, o suco e o bitter.

2 Guarneça com pedacinhos de fruta, adicione o gelo e sirva.

MANHATTAN COQUETEL (DOCE)

- *100 ml de uísque canadense*
- *300 ml de vermute*
- *4 gotas de licor de curaçau*
- *4 cubos de gelo*
- *4 tiras de zest de limão*

1 Em uma coqueteleira, junte o uísque, o vermute, o licor e o gelo.

2 Agite bem e sirva em cálices enfeitados com a zest

MANHATTAN COQUETEL (SECO)

- *100 ml de uísque canadense*
- *300 ml de vermute*
- *4 cubos de gelo*
- *4 tiras de zest de limão*

1 Em uma coqueteleira, junte o uísque, o vermute e o gelo.

2 Agite bem e sirva em cálices enfeitados com a zest

MARGARITA

- *2 colheres (chá) de suco de limão*
- *2 colheres (chá) de licor de laranja*
- *1 dose de tequila*
- *Cubos de gelo*

1 Esfregue a borda de uma taça com um pedaço de limão. Disponha o sal em um prato pequeno e encoste a borda umedecida de limão no sal, para fazer uma crosta.

2 Em uma coqueteleira, coloque o suco de limão, o licor, a tequila e os cubos de gelo. Agite bem.

3 Descarte as pedras de gelo, coloque nas taças e sirva.

MARTÍNI COQUETEL (DOCE)

- *1 colher (café) de grenadine*
- *10 gotas de marrasquino*
- *200 ml de vermute*
- *100 ml de gim*

1 Meia colherinha (chá) de xarope de grenadine, 10 gotas de marrasquino, ⅔ de vermute e ⅓ de gim.

2 Agite ligeiramente e sirva.

MARTÍNI COQUETEL (SECO)

- *120 ml de vermute francês*
- *120 ml de gim*
- *1 lance de bitter ou bitter de laranja*
- *Cubos de gelo*
- *1 tira de zest de limão ou 1 azeitona*

1 Na própria taça, junte o vermute, o gim, o bitter e o gelo.

2 Decore a borda com a zest ou disponha uma azeitona dentro da taça.

MOJITO

- *Zest em tiras da casca de 1 limão*
- *1 colher (chá) de açúcar*
- *1 ramo pequeno de hortelã*
- *1 dose de rum*
- *Cubos de gelo*
- *Club soda*

1 Coloque em um copo a zest de limão, o açúcar e algumas folhas da hortelã. Soque como se fosse preparar uma caipirinha. Acrescente o rum e misture bem.

2 Coloque cubos de gelo em um copo longo e decore com um raminho de hortelã. Coe a mistura de rum para o copo com gelo e complete com club soda.

OLD-FASHIONED

- *400 ml de uísque*
- *½ torrão de açúcar*
- *8 gotas de bitter*
- *1 rodela de laranja ou limão*
- *1 cubo de gelo*
- *200 ml de água*

1 Coloque todos os ingredientes em uma coqueteleira grande.

2 Agite bem e sirva em copos cônicos de cerca de 5 cm de altura.

COQUETEL DE FRUTAS

- *½ maçã verde*
- *1 metade de pêssego em calda*
- *1 rodelas de abacaxi*
- *6 uvas Itália ou moscatel*
- *1 dose de espumante*
- *1 dose de xarope concentrado de laranja ou suco de laranja integral*
- *1 dose de suco de uva integral*
- *Cubos de gelo*

1 Corte as frutas em pedacinhos e coloque em um copo.

2 Misture o espumante com o suco de laranja e coloque sobre as frutas.

3 Sem mexer para não misturar, adicione o suco de uva e o gelo.

COQUETEL DE MANGA

- *2 mangas maduras*
- *2 laranjas*
- *1 colher (sopa) de groselha*
- *250 ml de vinho doce*
- *4 colheres (sopa) de gelo moído*
- *Água de flor ou licor de sua preferência*

1 No liquidificador, bata a polpa das mangas.

2 Esprema o suco das laranjas.

3 Em uma jarra, junte o suco de manga, o suco de laranja, a groselha, o vinho e o gelo. Misture bem.

4 Perfume com água de flor ou algumas gotas do licor. E sirva gelado.

COQUETEL DE MORANGO

- *250 g de morango*
- *2 laranjas*
- *300 ml de vinho moscatel*
- *4 colheres (sopa) de gelo moído*
- *1 lance de marrasquino*

1 No liquidificador, bata os morangos.

2 Esprema o suco das laranjas.

3 Junte a polpa de morangos, o suco de laranja, o vinho e o gelo, mexa bem.

4 Acrescente o marrasquino e sirva gelado.

COQUETEL DE PÊSSEGO

- *450 g de pêssegos em calda*
- *750 ml de espumante gelado*
- *1 gota de essência de amêndoa*
- *1 gota de essência de baunilha*

No liquidificador, bata muito bem todos os ingredientes. Sirva gelado em copos próprios para coquetel.

PONCHE, SANGRIA E QUENTÃO

Ponche, Sangria e Quentão

BEBIDA PARA FESTAS

- *250 g de morango*
- *Açúcar*
- *1½ litro de vinho branco gelado*
- *750 ml de espumante gelado*
- *1 litro de água com gás gelada*

1 Limpe os morangos e salpique açúcar. Se forem grandes, corte em 2 ou 4 pedaços.

2 Junte aos morangos 750 ml do vinho e deixe na geladeira por 1½ hora.

3 Pouco antes de servir, adicione os outros ingredientes.

BRANDY GROG

- *1 colher (sopa) de açúcar*
- *150 ml de água fervente*
- *50 ml de rum ou conhaque*
- *1 rodela de limão*

Misture todos os ingredientes com uma colher e sirva quente.

CLERICOT DE VINHO

- *2 bananas*
- *2 laranjas*
- *2 pêssegos*
- *1 maçã*
- *Outras frutas da estação*
- *750 ml de vinho branco seco*
- *30 ml de licor de laranja*
- *30 ml de marrasquino*
- *Suco de ½ limão*
- *2 rodelas de limão*
- *Gelo picado*

1 Pique todas as frutas. Reserve.

2 Em uma jarra, coloque todos os ingredientes, exceto o gelo, misture bem com uma colher de cabo longo e deixe repousar por 1 hora na geladeira.

3 Adicione o gelo e sirva em taças para vinho branco.

Nota: Para quem não aprecia bebida alcoólica, pode suprimir os licores, adicionando açúcar à vontade e 250 ml de água com ou sem gás na hora de servir.

CORDON PONCHE

- *1 abacaxi cortado em cubinhos*
- *5 colheres (sopa) de açúcar*
- *750 ml de vinho branco seco*
- *750 ml de espumante*
- *1 litro de club soda*
- *Gelo picado*

Em uma poncheira, junte todos os ingredientes, misture com uma colher de cabo longo e sirva.

PONCHE À AMERICANA

- *1½ litro de espumante*
- *1 abacaxi*
- *3 xícaras (chá) de açúcar*
- *250 ml de kirsch, rum ou conhaque*

1 Corte o abacaxi em cubos pequenos. Reserve alguns pedaços maiores para a decoração.

2 Em uma poncheira, misture o espumante, o abacaxi em cubinhos, o açúcar e o kirsch, rum ou conhaque, mexa bem.

3 Assim que o açúcar estiver derretido, junte gelo picado.

4 Sirva em copos decorados com um pedaço de abacaxi.

PONCHE DE CONHAQUE

- *500 ml de* calda de açúcar *grossa (pág. 645)*
- *1 limão*
- *900 ml de conhaque*

1 Prepare a calda grossa de açúcar como indicado na receita. Reserve.

2 Retire a zest de todo o limão. E esprema o suco da fruta.

3 Junte a calda, o suco de limão, a zest e o conhaque ao fogo baixo, aquecendo, mas sem deixar ferver.

4 Coe e despeje em uma poncheira. Ao servir, deite fogo ao ponche.

PONCHE INGLÊS

- *2 limões*
- *2 (colheres) sopa de chá verde ou preto*
- *500 ml de água fervente*
- *4 colheres (sopa) de açúcar*
- *750 ml de conhaque, rum ou cachaça*

1 Retire a zest dos limões por completo. E esprema o suco deles.

2 Em um bule, coloque o chá, as zests e a água fervente.

3 Depois de 15 minutos, coe, junte o suco dos limões e reserve em uma garrafa térmica.

4 Leve o açúcar ao fogo e, quando estiver dourado, adicione o conhaque, rum ou cachaça.

5 Ferva em fogo brando até dissolver o açúcar e misture ao chá que reservou.

6 Esquente bem e sirva em copos de vidro grosso.

PONCHE PAPAI NOEL

- *Xarope de groselha*
- *6 laranjas*
- *750 ml de espumante*
- *1 xícara (chá) de uísque*
- *750 ml de vinho branco seco*
- *750 ml de refrigerante de guaraná*
- *1 xícara (chá) de glucose de milho*
- *1 abacaxi descascado e picado*
- *2 maçãs com casca e picadas*
- *500 g de uvas sem caroço, cortadas ao meio*

1 Dilua o xarope de groselha em água, coloque em formas de gelo e leve ao congelador até virar cubos.

2 Esprema o suco das laranjas. Reserve.

3 Em uma poncheira, misture o suco, a espumante, o uísque, o vinho, o guaraná, a glucose e as frutas picadas e leve à geladeira para gelar.

4 Na hora de servir, coloque um cubo de gelo de groselha em cada copo.

PONCHE TROPICAL

- *500 ml de suco de abacaxi natural*
- *500 ml de suco de laranja integral ou natural*
- *500 ml de suco de maracujá concentrado ou natural*
- *1 litro de vinho branco seco*
- *2 xícaras (chá) de açúcar*
- *2 maçãs picadas*
- *2 peras picadas*
- *1 xícara (chá) de morangos picados*
- *30 cubos de gelo picados*
- *2 litros de água com gás*
- *750 ml de espumante*

1 Coloque na poncheira os sucos, o vinho, o açúcar, as frutas e o gelo picado. Misture bem.

2 Leve à geladeira por 2 horas.

3 No momento de servir, adicione a água com gás e o espumante.

QUENTÃO

- *1 xícara (chá) de açúcar*
- *500 ml de água*
- *2 limões cortados em rodelas*
- *3 pedaços de canela em pau*
- *1 pedaço de gengibre cortado em fatias*
- *1 litro de cachaça*

1 Leve o açúcar ao fogo em uma panela pequena e mexa até caramelizar.

2 Acrescente a água e deixe ferver até a calda do açúcar apurar.

3 Adicione os limões, a canela, o gengibre e a cachaça. Tampe a panela e deixe ferver, em fogo baixo, por 5 minutos.

4 Sirva bem quente em canequinhas ou xícaras de cerâmica ou porcelana.

RATAFIA DE ABACAXI

- *1 abacaxi maduro*
- *500 g de açúcar*
- *1 pedaço de canela em pau*
- *2 cravos-da-índia*
- *2 bagas de zimbro*
- *1 litro de cachaça*

1 Descasque o abacaxi maduro, corte-o em pedaços pequenos e esmague-os. Junte o açúcar, a canela, os cravos--da-índia, as bagas de zimbro e a cachaça.

2 Deixe aromatizando, em garrafão bem arrolhado, por 1 mês.

3 Passado esse período, coe, filtre e engarrafe

RATAFIA DE AMORA

- *500 g de amoras bem maduras*
- *1 colher (sobremesa) de sementes de alcaravia*
- *1 pedaço pequeno de noz-moscada*
- *500 ml de cachaça*
- Calda de açúcar *em ponto de fio médio (pág. 645)*

1 Encha um vidro com as amoras, mas sem pressioná-las, as sementes de alcaravia e a noz-moscada.

2 Cubra tudo com a cachaça, arrolhe e deixe macerar por 20 dias ou mais.

3 Passado esse tempo, coe o líquido e misture com ele a calda de açúcar em ponto de fio médio, adoçando a gosto.

RATAFIA DE LARANJA

- *12 laranjas*
- *2 litros de cachaça*
- *1 kg de açúcar*

1 Sem descascar, corte as laranjas em fatias finas, retirando as sementes.

2 Em um vidro ou garrafa, mergulhe as fatias de laranja na cachaça e deixe repousar por 8 dias.

3 Coe, junte o açúcar e deixe descansar por mais uma semana.

4 Filtre e engarrafe.

RATAFIA DE LIMÃO

- *12 limões*
- *2 litros de cachaça*
- *1 kg de açúcar*

1 Sem descascar, corte os limões em fatias finas, retirando as sementes.

2 Em um vidro ou garrafa, mergulhe as fatias de limão na cachaça e deixe repousar por 8 dias.

3 Coe, junte o açúcar e deixe descansar por mais uma semana.

4 Filtre e engarrafe.

RATAFIA DE UVA

- *1 kg de uvas*
- *1 fava de baunilha*
- *1 colher (sopa) de água de flor de laranjeira*
- *1 g de noz-moscada*
- *Cachaça*
- *250 g de açúcar*

1 Esmague as uvas, passe por uma peneira fina e junte a fava de baunilha, a água de flor de laranjeira e a noz-moscada.

2 Leve tudo ao fogo até ferver, deixe esfriar e misture uma quantidade igual de cachaça e o açúcar.

3 Coloque em um vidro e deixe em repouso por 60 dias.

4 Filtre com papel próprio.

SANGRIA

- *½ xícara (chá) de água*
- *½ xícara (chá) de açúcar*
- *1 limão fatiado finamente*
- *1 laranja fatiada finamente*
- *6 pêssegos descascados e picados*
- *2 maçãs descascadas e cortadas em cubos*
- *¼ de xícara (chá) de conhaque*
- *¼ de xícara (chá) de licor de laranja*
- *750 ml de vinho branco ou tinto gelado*
- *Cubos de gelo*

1 Prepare um xarope de açúcar, colocando em uma panela a água e o açúcar. Leve ao fogo para dissolver o açúcar. Deixe esfriar completamente.

2 Coloque em uma jarra as frutas e regue com o conhaque e o licor de laranja. Deixe macerar por 20 minutos

2 Junte o xarope de açúcar. Despeje o vinho e misture delicadamente. Coloque gelo à vontade e sirva.

VINHO QUENTE À BRASILEIRA

- *1 litro de vinho tinto*
- *5 cravos-da-índia (opcional)*
- *2 pedaços de canela em pau (opcional)*
- *½ xícara (chá) de açúcar*

1 Em uma panela, misture o vinho tinto, os cravos-da-índia, a canela e o açúcar.

2 Leve ao fogo até esquentar bem, mas não deixe ferver.

3 Sirva quente, em canecas de cerâmica.

Nota: Também pode ser preparado sem o cravo-da-índia e a canela.

Licores Caseiros

Licores Caseiros

A preparação de licores em casa exige certos cuidados, principalmente quanto ao recipiente em que o licor será acondicionado. Ele deve ser obrigatoriamente de louça ou de vidro.

REGRAS BÁSICAS DE PREPARO

1 Utilize vasilhame de vidro, cristal ou louça; coador de papel, saco de flanela branca ou algodão hidrófilo.

2 A calda de açúcar, quando fria, deve ter, em média, 25 °C (areômetro de Baumé); para os demais pontos, verifique o grau mais indicado.

3 Os licores brancos ou claros devem ser preparados com açúcar refinado. Para dar cor aos licores escuros, utilize o caramelo (açúcar queimado).

4 Empregue sempre frutas em perfeito estado de conservação.

5 Use sempre álcool de boa procedência, álcool de vinho (espírito) ou cereais específicos para o preparo de licores. Na falta deles, utilize vodca ou cachaça. Nunca utilize álcool vendido em farmácia para uso externo.

LICOR DE AÇAFRÃO

- *50 ml de água*
- *1 xícara (chá) de açúcar*
- *1 g de açafrão em pó*
- *1 pedaço de canela em pau*
- *4 cravos-da-índia*
- *1 fava de baunilha*
- *4 anis estrelados*
- *2 colheres (sopa) de água de flor de laranjeira*
- *750 ml de álcool de cereais ou vodca*

1 Misture a água e o açúcar, coloque em uma panela e leve ao fogo para que o açúcar se dissolva. Retire do fogo, acrescente o açafrão em pó e misture bem.

2 Coloque o líquido em uma garrafa, acrescentando a canela, o cravo, o anis, a fava de baunilha cortada ao meio e a água de flor de laranjeira. Cubra com a vodca ou o álcool de cereais. Tampe e deixe descansar por 10 dias em local escuro.

3 Coe e transfira para uma garrafa limpa.

LICOR DE AMEIXA

- *500 g de ameixas-pretas*
- *1 fava de baunilha*
- *500 ml de álcool de cereais*
- *600 ml de água*
- *500 g de açúcar*

1 Coloque as ameixas e a baunilha em um vidro com o álcool, deixando macerar por 24 dias.

2 Depois desse tempo, prepare uma calda com a água e o açúcar e misture tudo, filtrando em seguida.

3 Engarrafe, arrolhe e guarde o licor por 30 dias.

LICOR DE BAUNILHA

- *3 favas de baunilha*
- *2 litros de álcool de cereais*
- *250 ml de água*
- *4 litros de* calda de açúcar *fria (30 °C) (pág. 645)*
- *Açúcar mascavo*
- *Essência de baunilha (opcional)*

1 Corte as favas em pedaços miúdos e coloque no álcool e na água. Deixe em repouso por 1 semana.

2 Depois disso, junte a calda de açúcar e acentue a coloração com o açúcar mascavo até chegar ao tom e ao dulçor desejados.

3 Se preferir, aromatize ainda mais com um pouco de essência de baunilha.

4 Filtre e engarrafe.

LICOR DE CACAU

- *550 g de açúcar*
- *½ xícara (chá) de cacau em pó*
- *600 ml de água*
- *300 ml de álcool de cereais*
- *1 colher (café) de essência de baunilha*

1 Caramelize 50 g de açúcar até ficar bem amarelinho.

2 Em outra panela, junte o restante do açúcar, o cacau e a água e leve ao fogo.

3 Assim que levantar fervura, misture o açúcar caramelizado e deixe no fogo até formar uma calda rala.

4 Retire do fogo e junte o álcool e a baunilha.

LICOR DE CASCA DE LARANJA

- *Cascas de laranja-cravo*
- *750 ml de cachaça*
- *2 xícaras (chá) de açúcar*

1 No processador, pique as cascas de laranja-cravo e coloque em um vidro ou garrafa, sem comprimir as cascas.

2 Misture 300 ml da cachaça com o açúcar e cubra as cascas com essa mistura, acabando de encher o vidro com o restante da cachaça.

3 Arrolhe e deixe em repouso por 20 a 30 dias.

4 Passado o tempo indicado, filtre e engarrafe.

LICOR DE CHÁ

- *100 g de chá verde ou preto*
- *1 litro de álcool de cereais*
- *1 kg de açúcar*
- *1 litro de água*
- *1 colher (chá) de essência de baunilha*

1 Em um recipiente de vidro, coloque o chá em repouso no álcool por 6 dias.

2 Passado esse tempo, faça uma calda com o açúcar, a água e a essência de baunilha.

3 Filtre a infusão, junte a calda fria e engarrafe.

LICOR DE CHOCOLATE

- *1 litro de álcool de cereais*
- *1 litro de água*
- *500 g de chocolate em pó*
- *1 limão cortado em fatias*
- *1 fava de baunilha*
- *1 kg de açúcar*

1 Misture tudo, exceto o açúcar, e deixe em repouso por 10 dias.

2 Passado esse tempo, dissolva o açúcar em água morna e junte-o à infusão, mexendo bastante.

3 Passe tudo por um filtro, engarrafe e guarde por 3 dias antes de servir.

LICOR DE JABUTICABA

- *1 kg de jabuticabas*
- *2 cravos-da-índia*
- *1 pedaço de canela em pau*
- *1 litro de álcool de cereais*
- *600 ml de água*
- *700 g de açúcar*

1 Em uma vasilha de vidro ou louça, esmague as jabuticabas e junte o cravo, a canela e o álcool de cereais.

2 Misture bem, tampe e deixe descansar por 14 dias, mexendo diariamente com uma colher.

3 No 14º dia, adicione a água e o açúcar, mexa bem e tampe.

4 No dia seguinte, mexa, coe e engarrafe.

KRUPNIK

- *500 ml de água*
- *400 g de açúcar*
- *600 g de mel*
- *30 cravos-da-índia*
- *1 pedaço de noz-moscada*
- *3 pedaços de canelas em pau*
- *1¼ litro de álcool de cereais*
- *3 favas de baunilha cortadas ao meio*
- *Zest da casca de laranja*
- *Zest da casca de limão*
- *Zest da casca de tangerina*
- *1 porção de cascas de laranja, limão e tangerina*

1 Leve ao fogo a água, o açúcar, o mel, os cravos-da-índia, a noz-moscada e a canela até ferver.

2 Passe por um voal e deixe esfriar.

3 Junte o álcool, a baunilha, as cascas de laranja, limão e tangerina, misturando tudo.

4 Deixe repousar, em recipiente tampado, por 15 dias.

5 Passado esse tempo, coe, filtre e engarrafe.

LICOR DE KÜMMEL

- *100 g de alcaravia*
- *1 litro de álcool de cereais*
- *900 g de açúcar cristal*

1 Faça uma infusão com a alcaravia e o álcool e deixe repousar em recipiente hermeticamente fechado por 8 dias.

2 Depois dos 8 dias, coe a infusão, junte o açúcar cristal, engarrafe e guarde, tendo o cuidado de agitar o recipiente de vez em quando para que o açúcar se impregne bem na mistura.

3 Sirva após 90 dias.

LICOR DE LEITE COM BAUNILHA

- *1 litro de álcool de cereais*
- *1 litro de leite*
- *1 kg de açúcar*
- *2 favas de baunilha*
- *2 limões cortados em rodelas*

1 Em um recipiente de vidro ou cristal, coloque o álcool, o leite, o açúcar, a baunilha cortada em pedaços e os limões em rodelas, deixando em repouso por 8 dias, mexendo com uma colher 2 vezes por dia.

2 Depois dos 8 dias, retire o líquido, passe 3 vezes por um filtro de pano ou papel e engarrafe.

LICOR DE LEITE

- *1½ litro de cachaça*
- *1 colher (chá) de cravos-da-índia*
- *4 pedaços de canela em pau*
- *1 colher (chá) de erva-doce*
- *1 noz-moscada moída*
- *1¼ kg de açúcar cristal*
- *3 xícaras (chá) de leite*

1 Em uma panela, leve a cachaça, os cravos, a canela, a erva-doce e a noz-moscada ao fogo. Deixe ferver por 5 minutos.

2 Junte o açúcar e deixe ferver por mais 10 minutos.

3 Passe em um voal e leve novamente ao fogo.

4 Quando abrir fervura, adicione o leite, pouco a pouco, mexendo sempre.

5 Assim que talhar, tire do fogo e filtre.

LICOR DE LEITE COM CHOCOLATE

- *1 litro de leite*
- *1 kg de açúcar*
- *100 g de chocolate ralado*
- *2 favas de baunilha cortada em pedaços*
- *2 rodelas de limão*
- *1 litro de álcool de cereais*

1 Ferva o leite e deixe esfriar. Junte o açúcar, o chocolate, a baunilha e, por último, o limão.

2 Deixe em infusão no álcool por 8 dias, mexendo diariamente com uma colher.

3 Depois dos 8 dias, passe em um pano, deixe assentar bem, filtre e engarrafe.

MANDARINATA

- *Zests finas da casca de 8 laranjas ou 10 tangerinas*
- *1 litro de álcool de cereais*
- *1 kg de açúcar*
- *10 gotas de essência de baunilha*

1 Em um recipiente de vidro ou louça, deixe as cascas de laranjas ou tangerinas em infusão no álcool por 10 dias, mexendo diariamente.

2 Após os 10 dias, filtre e prepare uma calda com o açúcar, juntando a essência de baunilha.

3 Quando a calda estiver fria, misture-a com a infusão e torne a filtrar.

Licor de Mate

- *500 g de mate em folhas*
- *1 litro de álcool de cereais*
- *1½ litro de* calda de açúcar *(pág. 645)*

1 Deixe as folhas de mate em infusão no álcool por 5 dias.

2 Passados os 5 dias, filtre com um pano ou papel e adicione a calda fria.

Peppermint

- *800 g de açúcar*
- *500 ml de água*
- *750 ml de álcool de cereais*
- *1 maço de hortelã ou 25 ml de essência de menta*
- *Corante comestível líquido verde (opcional)*

1 Em um recipiente de vidro, coloque o álcool e mergulhe o ramo de hortelã. Se optar pela essência, basta misturá-la ao álcool. Deixe em infusão por 8 dias.

2 Passado esse tempo, leve o açúcar e a água ao fogo e faça uma calda de açúcar média.

3 Filtre o álcool e adicione a calda fria. Se desejar uma cor impactante, coloque algumas gotas do corante. Engarrafe.

Licor de Pitanga

- *1 litro de álcool de cereais*
- *1 kg de pitangas maduras*
- *1 kg de açúcar*
- *1½ litro de água*

1 Coloque em um vidro o álcool, as pitangas e o açúcar. Deixe descansar por 4 dias, mexendo o líquido com uma colher vezes por dia.

2 Após os 4 dias, misture a água, filtre e engarrafe.

*"**Savrasti** (amargo indiano). – Tome 200 g de losna e deixe macerar em 1 garrafa de álcool de boa qualidade algum tempo. Depois coe e engarrafe.*

Serve-se, como o fernet em gotas na água, vermute, pinga, café, etc. É fortemente estomacal."

Receita recuperada da edição de 1944 de *Dona Benta*.

Curiosidades

Curiosidades

Neste capítulo foram incluídas algumas curiosidades de textos e receitas da versão original do livro *Dona Benta – Comer Bem*. Algumas das receitas caíram em desuso, e de outras já não se encontram os ingredientes com facilidade.

Há também propagandas e esboços de ilustrações, selecionadas do acervo da Editora, que mostram a dimensão do *Dona Benta* nas décadas passadas.

Decidiu-se manter essas referências na obra porque, além de fazerem parte do original, são referências de época, importantes para as futuras gerações.

uma bôa mesa é a felicidade do lar
Calorias e Vitaminas
Todo indivíduo tem necessidade, para a sua subsistência, de uma certa quantidade de calorias diárias. Estas são fornecidas ao organismo pelos alimentos. Em "COMER BEM" a senhora terá indicações completas sôbre calorias, vitaminas, alimentos que contêm ferro, cálcio e o valor dos mesmos para a sua saúde e de todos os seus.
COMER BEM
1894 Receitas Escolhidas e Experimentadas
860 de salgados
630 de doces
260 de bebidas
33 de sanduiches
11 de sorvetes
Volume com 600 páginas
O melhor presente para uma dona de casa. Vale por uma biblioteca de arte culinária, pela variedade e garantia das suas receitas.
A arte de fazer bons pratos é a melhor prenda para a mulher. Ás vezes mais seduz um prato bem preparado que a mais atraente toilete...
Em COMER BEM a senhora encontrará os pratos típicos de tôdas as regiões, as novidades e excelências das cozinhas brasileira, francesa, italiana, americana, alemã, inglesa, russa, etc., em receitas fáceis e econômicas. Qualquer pessoa, mesmo as mais inexperientes, poderá compulsar e executar essas receitas com sucesso garantido.
COMER BEM é o mais eficiente, racional e completo de todos os manuais de cozinha existentes. Maravilhas de gôsto para todos os paladares, mesmo os mais exigentes.
EM TÔDAS AS LIVRARIAS DO BRASIL
20$
COMPANHIA EDITORA NACIONAL
RUA DOS GUSMÕES, 639 — SÃO PAULO

Composição de um Cardápio Clássico de Época

Acrescentamos esta composição a título de curiosidade. Até a década de 1970 os grandes banquetes seguiam esta ordem de serviço: *aperitivo, sopas, pratos de copa, pratos da cozinha, peixes, entradas frias,* sorbets, *assados em geral, saladas, entremeios salgados, entremeios doces, queijos, frutas, café e licores.*

Atualmente os cardápios são mais compactos e simplificados por diversos motivos, entre eles a falta de tempo para preparar e consumir grandes refeições e também pela busca de uma alimentação mais natural e saudável.

Os Vinhos em 1940

Os bons vinhos devem ser servidos em suas garrafas originais, desarrolhadas cuidadosamente para que não sofram abalo. Há vinhos que devem ser gelados e outros que precisam ser *chambrés*, isto é, deixados por algumas horas na sala de refeições para que adquiram a temperatura do ambiente.

Importante: deve-se sempre ter o máximo cuidado na escolha do vinho. Vinhos duvidosos, falsificados e ordinários, de fabricação inferior ou não confiável podem prejudicar toda uma refeição. O vinho, quando de boa e legítima procedência e tomado em doses comedidas, age como estimulante. Em certos casos, facilita a digestão, pois provoca rapidamente as secreções pépticas.

uma bôa mesa é a felicidade do lar
COMER BEM
o melhor presente para uma dona de casa
VALE POR TÔDA UMA BIBLIOTECA DE ARTE CULINÁRIA, PELA VARIEDADE E GARANTIA DAS SUAS RECEITAS.
***
A arte de fazer bons pratos é a melhor prenda para a mulher.
Às vezes mais seduz um prato bem preparado que a mais atraente toilete...
Em COMER BEM a senhora encontrará os pratos típicos de tôdas as regiões, as novidades e excelências das cozinhas brasileira, francesa, italiana, americana, alemã, inglesa, russa, etc., em receitas fáceis e econômicas. Qualquer pessoa, mesmo as mais inexperientes, poderá compulsar e executar essas receitas com sucesso garantido.
COMER BEM é o mais eficiente, racional e completo de todos os manuais de cozinha existentes. Maravilhas de gôsto para todos os paladares, mesmo os mais exigentes
CALORIAS E VITAMINAS
Todo indivíduo tem necessidade, para a sua subsistência, de uma certa quantidade de calorias diárias. Estas são fornecidas ao organismo pelos alimentos. COMER BEM indicará a melhor maneira de racionalizar a alimentação, de modo a que cada organismo aufira o melhor proveito em calorias e em vitaminas. Em "COMER BEM" a senhora terá indicações completas sobre calorias, vitaminas, alimentos que contêm ferro, cálcio e o valor dos mesmos para a sua saúde e de todos os seus.
Volume com 600 páginas 20$000
EM TÔDAS AS LIVRARIAS
COMPANHIA EDITORA NACIONAL
RUA DOS GUSMÕES, 639 — S. PAULO
1894 RECEITAS
Escolhidas e Experimentadas
860 de salgados
630 de doces
260 de bebidas
33 de sanduiches
11 de sorvetes
"DONA BENTA"
CEN-503

COMER BEM ...
DONA BENTA
Edição de 1948
COMPANHIA
EDITORA NACIONAL
DONA BENTA
COMER BEM

Arranjo da Mesa

A decoração da mesa deve obedecer a um princípio de distinção que, à primeira vista, impressione agradavelmente. Nada de complicações e atravancamentos que a tornem pesada aos nossos olhos.

As linhas simples e sóbrias são as que mais atraem! Resta saber combinar e aproveitar com arte os utensílios – louças, cristais e metais –, de modo a dar à mesa uma disposição e um realce que revelem delicadeza e bom gosto.

Com o conjunto de elementos de que se pode dispor, não é difícil dar à mesa a feição que se deseja! É necessário que o bom gosto de cada um lhe saiba dar realce, aproveitando ao máximo os recursos com que se pode contar. As guarnições, os jogos e os aparelhos de linhas simples satisfazem, desde que sejam dispostos de maneira que as tonalidades de cor e os reflexos se harmonizem com o ambiente.

Um ambiente moderno requer cores vivas e linhas geométricas pronunciadas.

Modos de Servir da Década de 1940

Às diferentes maneiras de contornar ou rodear o prato, para levá-lo à mesa, dá-se o nome de *guarnições*. O mais simples e usual é o enfeite com ramos de salsa e folhas de alface inteiras ou cortadas em tiras finas, formando uma guirlanda em volta do prato.

Há, entretanto, guarnições mais interessantes que acompanham ou decoram de maneira mais atraente não só a carne e o peixe como as demais iguarias. É evidente que um prato, por mais simples que seja, quando bem arrumado, atrai melhor a atenção e mais de perto aguça o apetite. Deve-se evitar, portanto, o uso de ingredientes artificiais.

As guarnições devem estar em perfeita correspondência com o elemento ou a peça a que servem de acompanhamento; devem, por assim dizer, constituir um complemento imprescindível para a boa apresentação dos pratos, sem, entretanto, desnaturá-los. Inúmeros são os elementos de que se pode dispor para esse fim, sem recorrer a extravagâncias e exageros condenáveis e que viriam a desvirtuar os princípios básicos da boa cozinha.

As variedades de verdura e de legumes são sem conta. Basta escolher com arte e gosto as suas combinações, variando os efeitos das cores e do arranjo, de modo a estabelecer contrastes imprevistos, por exemplo, entre o vermelho vivo dos tomates e o verde transparente dos pimentões, o verde desbotado do chuchu e o amarelo-ouro das gemas ou o esmalte translúcido das claras, os tons oleosos das azeitonas e o encarnado dos camarões e dos crustáceos, e assim por diante.

Agradar aos olhos é despertar o apetite. Um pouco de boa vontade é suficiente para fazer lindas e variadas combinações. Não é preciso grandes dispêndios. Uma guirlanda de alface cortada em tiras finas em torno de um peixe é o bastante para lhe dar outra vida. Algumas rodelas de limão e algumas azeitonas com uns ramos de salsa já são suficientes para realçar um prato de lombo ou qualquer assado.

Além das verduras e dos legumes, podem-se empregar nas combinações – não só para efeito decorativo, como também para que se torne mais precioso o prato – ovos cozidos e cortados em rodelas ou picados como confeitos, queijo ralado, presunto, camarões, cogumelos, azeitonas, trufas, fatias de pão frito, biscoitos salgados, *petit-fours,* conservas, moluscos, crustáceos e uma variedade infinita de preparados, molhos e ingredientes. Tanto para os grandes como para os pequenos pratos, o princípio que deve presidir ao seu arranjo é o mesmo, obedecendo, está claro, às proporções necessárias.

Uma observação importante: é preciso considerar que os molhos e caldos de legumes empregados nas guarnições combinem ao menos com o da peça a que irão servir de acompanhamento decorativo, a fim de se evitarem repulsões decorrentes da mistura ou alteração do gosto típico do prato.

É por demais sabido que os molhos de tomate e outros idênticos combinam melhor com as preparações acompanhadas com guarnições que tenham como elementos trutas, miúdos de frango, cogumelos etc. Para os legumes, a preferência e a prática indicam os molhos ligados e os de manteiga.

De acordo com a tradição culinária, damos, nesta parte, uma relação de guarnições básicas, que poderão ser confeccionadas e variadas a critério de quem pretenda, fugindo ao trivial, apresentar os seus pratos com melhor aspecto e, portanto, com mais gosto.

Nova Edição
COMER BEM
Dona Benta
ESTA nova edição de COMER BEM, inteiramente revista, apresenta inúmeras receitas inéditas de salgados, bolos, doces, cocktails, sorvetes, etc., todas experimentadas por uma perita em arte culinária. Utilíssimos conselhos sôbre arranjos de mesa, conservação de utensílios de copa e cozinha, tabelas de pêsos e medidas e equivalência, tabela de valor nutritivo dos alimentos, etc..
UM ÚTIL PRESENTE PARA TODA DONA DE CASA! VALE POR UMA BIBLIOTECA DE ARTE CULINÁRIA!

SERVIÇO

Obedece rigorosamente à ordem do cardápio estabelecido. Findo o jantar, ainda é costume, em algumas casas, trazerem-se os *bowls* (pequenas vasilhas com água morna onde, simbolicamente, os convivas lavam as pontas dos dedos) sobre pratinhos forrados com minúsculos panos bordados; a seguir, é servido o café e, depois deste, os licores – na própria mesa ou fora dela. Essa é a norma clássica, que, entretanto, poderá ser modificada segundo as conveniências e os recursos de cada um.

SERVIÇO DE ALMOÇO DE CERIMÔNIA

Obedece ao cardápio estabelecido. Deve ser mais simples que o jantar e não requer, para os convidados, traje de absoluto rigor.

SERVIÇO COMUM

O serviço de todo dia, quanto mais simples, mais elegante. Cada dona de casa disporá as coisas da maneira que melhor convier e conforme os recursos com que contar.

COMER BEM
Um livro que vale por uma biblioteca de arte culinária
por DONA BENTA
Um utilissimo presente para toda dona de casa
Experimente estas deliciosas receitas
Sandwich ENROLADO página 117.
Pudim ROYAL ANGLAISE página 348.
Bolo de CASTANHA-do-PARÁ página 402.
Sorvete GOSTOSO página 511.
Edição de 1948
A simplicidade com que são ministradas as receitas dêste livro possibilita a qualquer pessôa, mesmo inexperiente em culinária, a fazer os mais saborosos quitutes.
O TRIVIAL está bem representado por receitas excelentes e práticas; os temperos indicados e as instruções sôbre o cozimento de assados, peixes, cereais, verduras, legumes, etc., dão aos pratos sabôr especial, que agrada aos mais exigentes paladares.
Volume com 560 páginas, cartonado Cr$ 40,00
COMPANHIA EDITORA NACIONAL
Rua dos Gusmões, 639 — São Paulo

GUARNIÇÕES DA DÉCADA DE 1940

Este é o texto original em que são sugeridos os acompanhamentos para as mais variadas receitas. Atualmente, em virtude de algumas mudanças em nossos hábitos, tais guarnições caíram em desuso, porém nada impede que sejam preparadas e servidas conforme as sugestões apresentadas.

ASSADO

Croquetes de batata ou rodelas ligeiramente douradas e tomates inteiros pequenos, assados e regados com um tênue fio de azeite; batatas inteiras douradas ao forno; buquês de couve-flor ligeiramente regados com molho branco, cenouras da mesma forma etc.

AVES

Batatas *sautées* minúsculas e cebolinhas fritas até dourar em manteiga ou óleo.

BIFES

Batatas palha, batatas fritas em rodelas, salada de alface, salada de rúcula em azeite e vinagre.

Acompanhamento: refogado de cebola ou molho inglês.

CARNE À MILANESA

Leito de alface, rodelas de limão, azeitonas, picles etc.

CARNE DE PANELA

Enfeite com batatas douradas, pimentões grelhados, tomates *sautées* em azeite; arroz em forminhas com molho de tomate; batatas fritas em fatias grossas ou cozidas no próprio molho de carne; folhas de alface etc.

"Comer Bem"*
Um bom prato...
o melhor caminho
para o coração
do homem...
O MELHOR PRESENTE
PARA UMA DONA DE CASA!
VALE POR UMA BIBLIOTECA
DA ARTE CULINÁRIA!
Nova Edição
DONA RENA
COMPANHIA
EDITORA
NACIONAL
PARA A CIDADE E PARA O CAMPO
*
EM TODAS AS
LIVRARIAS DO BRASIL
CR.$ 20,00
Estudar a possibilidade de a composição vir até
aqui. a assinatura pode ser bem pequena.

CARNEIRO, CABRITO

Cebola picada finamente e dourada em manteiga; batatas fritas cortadas em 4, em rodelas ou em fatias finas. Misture esses dois elementos no próprio molho da carne e distribua a combinação em volta do pedaço.

CARNE DE VACA ASSADA, DE PANELA OU DE FORNO

Cogumelos cortados em 4, cebolas em rodelas fritas; torresmos ligeiramente fritos (não devem ficar queimados) ou toicinho defumado cortado em pedaços curtos e fritos na manteiga. Essa guarnição, chamada à *la bourguignonne*, contorna geralmente peças que tenham sido cozidas ou assadas em molho à base de vinho tinto.

CARNES MARINADAS

Croquetes de batata; crosta de torta, aparas, recortes de massa cobertos com purê de castanhas ou com um molho compacto com azeitona, cenoura, cogumelo ou ovo cozido para enfeitar.

Acompanhamento: molho ligeiramente picante.

FILÉS

Uma porção de chucrute preparada ou temperada a gosto e fatias de presunto magro.

Acompanhamento: molho de carne ligado.

LOMBO

Rodelas de limão; farofa de manteiga com torresmos inteiros; cenouras *sautées* etc.

Comer Bem *
Sandwiches
Saladas
DONA BENTA *
Companhia

PEIXE, LAGOSTA ETC.

Guirlanda de alface picada bem miúda em toda a volta; 2 folhas inteiras em cada extremidade; azeitonas e rodelas de ovos cozidos.

Acompanhamento: molho de maionese.

PEIXE ASSADO

Alface, rodelas de limão, camarões, pontas de aspargos, brotos de bambu, palmito, azeitonas pretas.

Acompanhamento: molho de manteiga.

PEIXE EM POSTAS

Sendo ensopado, cozinhe os temperos peculiares, as batatas, as abóboras e os demais legumes no caldo do próprio peixe; sendo frito, sirva batatas *sautées*, ervilhas com molho de manteiga, pepininhos em conserva, azeitonas, palmito etc. O prato pode ser enfeitado com folhas inteiras de alface e rodelas de tomate ou de limão.

PERNIL

Deve ser arrumado em fatias sobre folhas de alface ou sobre o próprio molho que o rega (é preferível que este seja ligeiramente picante); vagens *sautées* ou miscelânea de legumes.

Acompanhamento: molho forte, vinagrete e limões cortados.

ROSBIFE

Legumes *sautées* soltos ou em miscelânea, alface ou chicória etc.

Acompanhamento: o próprio molho inglês ou mostarda.

Companhia Editora Nacional

Rua dos Gusmões, 639 - Caixa 2734 - São Paulo

End. Telegráfico: "EDITORA" - Telefones: 4-57-21: Diretoria; 4-67-30: Contabilidade, Caixa e Gerencia; 4-20-95: Departamento de Propaganda e Revisão; 4-89-36: Depósito (Pedidos)

DIRETORES:
Octalles Marcondes Ferreira
Themistocles Marcondes Ferreira

Memorandum

I ROSTO DE HOMEM I
I SORRIDENTE I

PRATOS

PRATOS

PRATOS

NUNCA ALMOCEI EM RESTAURANTES!
A COMIDA LÁ DE CASA É FEITA DE
ACÔRDO COM O "COMER BEM". E DO
NA BENTA É BATUTA MESMO!

I DESENHO DO LIVRO I

COQUETÉIS E BEBIDAS DE ÉPOCA

TODDIES

Os toddies preparados frios são melhores que os quentes. Na maioria, são menos alcoólicos que os *cobblers*. Os melhores são os resultantes da combinação com suco de frutas ou com xaropes

TODDY DE ABACAXI

1 Faça um refresco com suco de abacaxi e encha com ele ¾ do copo.

2 Complete com vinho branco ou vermute.

TODDY DE COCO

1 Misture a água de coco-verde (ou leite de coco) com gelo e um cálice de *Kümmel*.

2 Sirva com canudinhos.

MORANGO TODDY

1 Ponha na coqueteleira *(shaker)* 10 morangos bem limpos; amasse-os com uma colher; misture açúcar (2 colheres das de sobremesa), um cálice mal cheio de rum, um copo de vinho branco e 2 colheres (sopa) de gelo picado.

2 Bata e sirva.

RUM TODDY

1 Misture, num copo duplo, um cálice de rum, ½ cálice de *Kümmel*, uma colher (sopa) de açúcar, casca de limão e um salpico de bitter ou de Orange Bitter®.

2 Complete com água comum ou gelada.

OS GRANDES LIVROS DA CULINÁRIA!
DONA BENTA
COMER BEM
COMPANHIA EDITORA NACIONAL
SÃO PAULO
COMER BEM
por Dona Benta
Utilíssimo presente para tôda dona de casa e que vale por uma biblioteca de arte culinária. A simplicidade de suas receitas possibilita a qualquer pessoa, mesmo inexperiente, fazer os mais saborosos quitutes.
Cr$ 70,00
COMER MELHOR
por Dona Stella
Mais de 1.000 receitas experimentadas, reunidas em elegante caixa-fichário. Especialidades da cozinha internacional, em receitas fáceis e ao alcance das mais jovens donas de casa.
Cr$ 120,00
EM TÔDAS AS LIVRARIAS!

WINE TODDY

1 Misture bem um cálice de xarope de goma, 2 doses de vinho do porto ou xerez, 2 colheres (sopa) de açúcar e 2 copos de água *frappée.*

2 Sirva com fatias de laranja, morangos ou qualquer outra fruta.

CHILENO SMART

1 Misture, num copo duplo, um cálice de granadina (*grenadine*), um cálice de groselha, uma colher (sopa) de curaçau, uma gota de baunilha, ½ cálice de marrasquino.

2 Acabe de encher o copo com o leite gelado.

3 Polvilhe, se quiser, com canela ou noz-moscada.

CIDRA CUP

1 Misture, num jarro, o suco de um limão, o suco de 2 laranjas, o suco de uma lima, ½ xícara (chá) de açúcar, um cálice de curaçau, ½ cálice de laranja, uma garrafa de sifão (água com gás) e uma garrafa de vinho branco seco ou uma garrafa de vinho espumante.

2 Mexa bem e sirva.

CLARETE CUP

1 Misture, com pedaços de gelo, numa jarra de cristal: uma garrafa de vinho branco ou de Champanhe, um cálice de licor de pêssego, o suco de um limão, fatias de 2 maçãs ou de 2 laranjas, ½ abacaxi picado e 2 garrafas de sifão (água com gás).

2 Adicione açúcar a gosto.

3 Prepare 2 horas antes de servir.

EIS O LIVRO QUE VALE POR
UMA BIBLIOTECA
CULINARIA!
DONA BENTA
COMPANHIA EDITORA NACIONAL
S. PAULO

ERMIDA CUP

1 Misture, num jarro de cristal ou numa poncheira, os sucos de um limão e de 2 aranjas, um cálice de groselha, um cálice de curaçau, uma garrafa de vinho branco seco e uma garrafa de água tônica.

2 Adicione grandes pedaços de gelo e sirva, em taças, com pedacinhos de frutas.

MARAVILHA CUP

1 Faça uma salada de frutas bem variada e misture-lhe gelo picado, xarope de granadina (*grenadine*) e um cálice de pinga.

2 Deixe na geladeira e, na hora de servir, junte uma colher (sopa) bem cheia da mistura em cada taça, acabando de enchê-la com um vinho espumante ou com uma mistura de uma garrafa de vinho branco seco e 3 de água tônica.

BÉNÉDICTINE CRUSTA

1 Misture na coqueteleira *(shaker)* gelo em pedacinhos, 3 colheres (sopa) de açúcar, 4 limões-galegos, uma colher (sopa) de marrasquino, outra de bitter, ½ cálice de conhaque e ½ de licor *bénédictine*.

2 Sacoleje bem (até espumar) e sirva em copinhos barrados, na beirada, com limão e açúcar.

BRANDY CRUSTA

1 Descasque um limão de modo a lhe tirar a casca inteira em serpentina.

2 Ponha a casca do limão no fundo de um copo duplo com 2 tabletes de açúcar umedecidos em limão.

3 Ponha na coqueteleira *(shaker)* gelo partido, 2 colheres (sopa) de xarope de goma, ½ cálice de marrasquino, uma colherinha (chá) de bitter, o suco de um limão e um cálice de *brandy*.

4 Sacoleje bem e vire sobre a casca de limão.

5 Sirva em barriletes de cristal polvilhados de açúcar, enfeitando com pedacinhos de frutas ou com violetas soltas.

Economia!
Facilidade!
Sucesso!
COMER BEM
COMPANHIA EDITORA NACIONAL

GOUTHE D'ARBOIS

- *1 garrafa de vinho rosado de* Arbois
- *1 copo de conhaque*
- *½ copo de* bénédictine
- *Açúcar a gosto*
- *3 rodelas de laranja com casca*
- *2 rodelas de limão com casca*
- *Algumas folhas de hortelã*
- *Gelo picado*
- *Soda*

1 Coloque, num jarro de cristal, o vinho, o conhaque e o *bénédictine*.

2 Adicione o açúcar, as rodelas de laranja e o limão e as folhas de hortelã.

3 Deixe na geladeira.

4 Ao servir, junte uma porção do gelo picado e acabe de encher o jarro com soda.

JACQUELIN

- *1 kg de açúcar*
- *Suco de 12 limões*
- *½ litro de chá preto*
- *1 garrafa de* Sylvaner Barr
- *1 garrafa de rum*
- *1 garrafa de marrasquino*
- *Gelo picado*

1 Junte e misture o açúcar e o suco dos limões.

2 Coloque sobre a mistura o chá preto fervente.

3 Adicione uma garrafa de *Sylvaner Barr*, uma de rum e uma de marrasquino.

4 Deixe na geladeira.

5 Na hora de servir, junte o gelo picado.

DONA BENTA
COMER BEM
COMPANHIA EDITORA NACIONAL
SÃO PAULO
COMER BEM
POR DONA BENTA
O mais prático livro de
cozinha publicado no Brasil
Em suas horas de apuro, consulte COMER
BEM onde você encontrará mais de 1.000
receitas práticas e econômicas, desde os mais
simples pratos do TRIVIAL, até aos mais
finos da cozinha internacional. Receitas prè-
viamente experimentadas garantem a feitura
de pratos suculentos com absoluto sucesso.
NOVA EDIÇÃO, moderna apresentação, 124 ilustrações
a côres com sugestões de pratos artísticos para festas.
Volume com mais de 600 páginas, capa revestida de
plástico e dorso em percalina. Cr$ 1.600,00
À VENDA EM TÔDAS AS LIVRARIAS
edição da
COMPANHIA EDITORA NACIONAL
RUA DOS GUSMÕES, 639 — SÃO PAULO

MOLHOS PARA COQUETÉIS

Há molhos especialmente preparados para aromatizar coquetéis, como o barclay, o latuca (de Wetherston) e outros, que são indispensáveis nos coquetéis de crustáceos. Há, por exemplo, quem use e aprecie, em certos coquetéis secos, alguns salpicos de molho inglês, como há quem goste de adicionar aos coquetéis doces uma, 2 ou 3 gotas de bom vinagre ou de limão. Questão, simplesmente, de paladar.

MOLHO DE TOMATES PARA COQUETEL

- *1 kg de tomate*
- *1 colher (sopa) de açúcar*
- *1 colher (chá) de sal*
- *1 colher (chá) de molho inglês*
- *3 folhas de aipo (salsão)*
- *1 pitada de caiena (pimenta em pó)*
- *1 xícara (chá) de água quente*
- *1 colher (sopa) de suco de limão*

1 Amasse o tomate numa caçarola.

2 Junte à massa obtida o açúcar, o sal, o molho inglês, as folhas de aipo, a caiena (pimenta em pó), a água quente e misture tudo.

3 Ponha a mistura em forno brando e deixe-a por 20 minutos.

4 Acrescente, depois, o suco de limão e deixe esfriar.

5 Depois de fria, acondicione a mistura em vidros, conservando-a, durante 8 dias, na geladeira.

6 Sirva-a bem gelada.

–OS GRANDES LIVROS da CULINÁRIA!
–Deixe-o sempre ao alcance de suas mãos!
COMER MELHOR
por Dona STELLA
Mais de 1 000 receitas experimentadas, reunidas em elegante caixa-fichário. Especialidades da cozinha internacional, em receitas fáceis e ao alcance das mais jovens donas de casa.
Cr$ 250,00
DONA BENTA
COMER BEM
COMER BEM
por Dona BENTA
Utilíssimo presente para tôda dona de casa. Vale por uma biblioteca de arte culinária. A simplicidade de suas receitas possibilita sucesso a qualquer pessoa, mesmo inexperiente.
Cr$ 120,00
BOAS MANEIRAS
por CARMEN D'ÁVILA
Boas Maneiras resolverá prontamente tôdas as suas dificuldades — desde o colocar um pronome numa carta, servir corretamente um jantar de cerimônia, até o participar a ruptura de um noivado. Faça de Boas Maneira um eficiente e discreto secretário particular em sua vida social.
Cr$ 100,00
CARMEN DAVILA
O DIÁRIO DO BEBÊ
O DIÁRIO DO BEBÊ
Uma "peça" indispensável ao enxoval do nenê. Caprichosamente ilustrado a seis côres. Apresentado em fina caixa de proteção Cr$ 160,00, em encadernação de luxo, Cr$ 220,00.

Xaropes Caseiros

Os xaropes, em sua maioria, são preparados com essências artificiais. Dispondo de uma variedade extraordinária de frutas, podemos prepará-los em casa sem grandes dispêndios.

Nota: A maneira mais corrente de fazer esses xaropes é cozinhar as folhas ou frutos em um pouco de água e, assim que levantar fervura, juntar o açúcar necessário para que a água da cocção tome o ponto de xarope. Feito isso, coe e engarrafe.

Xarope de Agrião

1 Triture um maço de agrião, usando a centrífuga de legumes, e esprema-o através de um pano grosso para tirar o suco.

2 Ao suco obtido junte uma xícara (chá) de açúcar (para formar o xarope) e leve ao fogo.

3 Assim que levantar fervura, retire-o do fogo, deixe descansar um pouco, escume, verifique se está em ponto, coe e guarde num vidro.

4 Arrolhe o vidro depois de frio.

Xarope de Amoras

1 Tome uma boa porção de amoras bem maduras, esmigalhe-as e leve-as para ferver em quantidade de calda que corresponda ao peso das amoras.

2 Após a fervura, escume e coe através de um pano fino.

3 Engarrafe quando o xarope estiver quase frio.

Xarope de Cajá

1 Esprema os cajás com as mãos ou na centrífuga de legumes e, numa tigela de vidro, misture-lhes o suco com caldo de limão: para cada litro de suco de cajá, junte o suco de um limão.

2 Faça uma calda de açúcar correspondente ao dobro do líquido obtido, misture-a com o suco (mexendo com uma colher de pau) e leve ao fogo.

3 Assim que levantar fervura, retire do fogo, deixe descansar um pouco, escume, coe através de um pano espesso, engarrafe enquanto quente e arrolhe depois de frio.

Observação: Na preparação deste xarope não se pode usar nada de metal.

COMER BEM
Um livro que vale por uma
biblioteca de arte culinária
por DONA BENTA
Experimente estas Receitas
Sandwich ENROLADO
página 117
Pudim ROYAL ANGLAISE
página 348
Bolo de CASTANHA do PARÁ
página 402
Sorvete GOSTOSO
página 511
EDIÇÃO 1950
A SIMPLICIDADE com que são ministradas as receitas deste livro possibilita a qualquer pessoa, mesmo inexperiente em culinária, a fazer os mais saborosos quitutes. O TRIVIAL está bem representado por receitas excelentes e práticas; os temperos indicados e as instruções sôbre cozimento de assados, peixes, cereais, verduras, legumes, etc., dão aos pratos sabôr especial, que agrada aos mais exigentes paladares.
Pedidos à
EDITORA CIVILIZAÇÃO BRASILEIRA S.A.
Rua do Ouvidor, 102 — Rio de Janeiro
Rua 15 de Novembro, 144 — São Paulo
Atendemos pelo Serviço de Reembolso
Volume com 560 páginas
cartonado Cr$
40,00

XAROPE DE CAJU

1 Esprema os cajus com as mãos ou na centrífuga de legumes e, numa tigela de vidro, misture-lhes o suco com caldo de limão: para cada litro de suco de caju, adicione o suco de um limão.

2 Faça uma calda de açúcar correspondente ao dobro do líquido obtido, misture-a com o suco (mexendo com uma colher de pau) e leve ao fogo.

3 Assim que levantar fervura, retire do fogo, deixe descansar um pouco, escume, coe através de um pano espesso, engarrafe enquanto quente e arrolhe as garrafas depois de frio.

Observação: Na preparação deste xarope não se pode usar nada de metal.

XAROPE DE GUACO

1 Tome uma boa quantidade de folhas de guaco, triture-as na centrífuga de legumes e ponha-as para cozinhar numa calda de açúcar.

2 Assim que levantar fervura, tire do fogo, deixe descansar um pouco, escume, verifique se está em ponto de xarope, coe e guarde num vidro.

3 Depois de frio, arrolhe o vidro.

Observação: O xarope de guaco é muito bom para a tosse.

XAROPE DE LARANJA

1 Misture um copo de suco de laranja, raspas de casca de uma laranja, um litro de calda de açúcar em ponto de fio médio e leve ao fogo até levantar fervura.

2 Retire do fogo, deixe descansar um pouco, escume, coe através de um pano e engarrafe.

3 Arrolhe as garrafas quando o xarope estiver frio.

XAROPE DE LIMÃO

1 Misture um copo de suco de limão, raspas de cascas de um limão, um litro de calda de açúcar em ponto de fio médio e leve ao fogo até levantar fervura.

2 Retire do fogo, deixe descansar um pouco, escume, coe através de um pano e engarrafe.

3 Arrolhe as garrafas quando o xarope estiver frio.

DONA BENTA
COMER BEM
COMPANHIA EDITORA NACIONAL
SÃO PAULO
Aqui está o livro que
A SENHORA PRECISA
COMER BEM
Vale por uma biblioteca de livros de arte culinária - Receitas modernas - Práticas - Econômicas.
por Dona Benta
18 4 RECEITAS
de salgados - doces - bebidas - sanduiches e sorvetes.
Para todas as ocasiões: banquetes - lanches rápidos - almoços e jantares de cerimônia e comuns - chás - cocktails, etc.
★
Algumas Secções Especiais
• Guarnições e combinações de pratos
• Tabelas de calorias e vitaminas dos alimentos
• Regimens para diminuir, aumentar e conservar o pêso
• Cozinha vegetariana
• Alimentação da primeira infância
COMPRE HOJE SEU EXEMPLAR
Companhia Editora Nacional
Rua dos Gusmões, 639 - São Paulo
514

XAROPE DE PITANGA

1 Esprema as pitangas com as mãos e, numa tigela de vidro, misture-lhes o suco com caldo de limão: para cada litro de suco de pitanga, adicione o suco de um limão.

2 Faça uma calda de açúcar correspondente ao dobro do líquido obtido, misture-a com este (mexendo com uma colher de pau) e leve ao fogo.

3 Assim que levantar fervura, retire do fogo, deixe descansar um pouco, escume, coe através de um pano espesso. Engarrafe enquanto quente e, depois de frio, arrolhe as garrafas.

Observação: Na preparação deste xarope não se pode usar nada de metal.

XAROPE DE TAMARINDOS

1 Tome 2 xícaras (chá) de polpa de tamarindos e desmanche-a numa tigela com um copo de vinagre.

2 Misture-lhe 3 litros de calda de açúcar em ponto de fio médio e leve ao fogo até ferver.

3 Retire do fogo, coe e engarrafe.

4 Arrolhe as garrafas depois de frio.

Índice Alfabético

Índice Alfabético

D

E

Índice por Ingredientes

Índice por Ingredientes

Neste índice, selecionamos algumas de nossas receitas pelo ingrediente principal utilizado, facilitando consultas rápidas. Para consultar todas as receitas veja o índice alfabético, e para receitas específicas consulte o índice de abertura do capítulo referente à receita procurada.

Bibliografia

Bibliografia

Gouffé (Jules) – *Le Livre de Cuisine, comprenant la cuisine de ménage et la grande cuisine*. Paris, Hachette, 1867, gr. in – 8 demi-rel.

Artusi (Pellegrino) – *La Scienza in Cucina e l'Arte di Mangiar Bene.* Firenze, Bemporad edit.

Escoffier (A.) avec la collaboration de M. Philéas Gilbert et Émile Fetu – *Le Guide Culinaire*. Paris, Ernest Flammarion.

Jourdan-Lecoint (Dr.) – *Le Cuisinier des Cuisiniers* (1.000 recettes de Cordon-bleu). Paris, Ancienne Maison Morizot. A. Laplace, Libraire-Editeur, 1879.

Salani (Adriano) – Biblioteca per tutti – *Maniere di Fare, Preparare e Cucinare le Minestre, la Carne, gli Erbagi, i Legumi, le Uova, le Salse, i Dolci e Bevande Diverse*. Firenze.

Larousse – *La Cuisine et la Table Moderne*, par MM. les Drs. Lambling, A. Moreau, Mourier etc. Paris, Librairie Larousse.

Gournousky & Marcel Rouf – *La France Gastronomique*. Guide des merveilles culinaires et des bonnes auberges françaises. Paris, F. Rouf, éditeur.

Gonzaga (Antonio) – *Recetas de Cocina Familiar* (Platos, postres, helados y licores). Buenos Aires, s/ind. edit.

Focolare (Grilo del) – Tra fornelli e cazzarole (*Manuale di Cucina e Pasticceria*). Bologna, Capeli edi.

Pozeski (Dr. E.) – *Higiène Alimentaire*. Paris, Librairie Delagrave, 1922.

Cabrera (Angel) – *Industrias de la Alimentación*. Madrid, Calpe.

Rose (Mademoiselle) – *100 Façons de Préparer des Ceufs.* Paris, Ernest Flammarion, edit.

Rose (Mademoiselle) – *100 Façons de Préparer les Pommes de Terre.*

Rose (Mademoiselle) – *100 Façons de Préparer les Potages.*

Debora (Carmen) – *O Cozinheiro Econômico das Famílias*. Rio de Janeiro, Laemmert & Cia., edit. 1901.

Bento da Maia (Carlos) – *Tratado Completo de Cozinha e de Copa*. Lisboa, Guimarães & Cia., edit. 1940.

Plantier – *O Cozinheiro dos Cozinheiros*. Lisboa, s/d.

Dumas (Alexandre) – *Bric-à-Brac.*

ANOTAÇÕES

Anotações

ANOTAÇÕES

Anotações

Anotações

Anotações

Anotações

Anotações

Anotações

Anotações

Anotações

Anotações

Anotações

Anotações

Anotações

Anotações

Anotações

Anotações

Anotações

Anotações

Anotações

Anotações

Anotações

Anotações

ANOTAÇÕES

Anotações

Anotações

Anotações